2022

AGENTE ADMINISTRATIVO - EMPRESA BAIANA DE ÁGUAS E SANEAMENTO S.A. - EMBASA

EDITORA
AlfaCon
Concursos Públicos

Diretor Geral: Evandro Guedes
Diretor de TI: Jadson Siqueira
Diretor Editorial: Javert Falco
Gerente Editorial: Mariana Passos
Editor Responsável: Mateus Ruhmke Vazzoller
Coordenação de Editoração: Alexandre Rossa
Diagramação: Emilly Lazarotto

Língua Portuguesa
Pablo Jamilk
Informática
João Paulo
Raciocínio Lógico e Matemático
Daniel Lustosa
Legislação
André Adriano, Daniel Sena, Lilian Novakoski, Rafael Medeiros, Wallace França, Guilherme de Luca
Conhecimentos Específicos
Evandro Guedes, Giovana Carranza, Marisol Bufeman, Thais Vieira, Júlio Raizer, Isabel Rossoni

Dados Internacionais de Catalogação na Publicação (CIP)
Jéssica de Oliveira Molinari CRB-8/9852

A21

Agente administrativo : Empresa Baiana de Águas e Saneamento SA : EMBASA / Equipe de professores Alfacon. – 2. ed. - Cascavel, PR : AlfaCon, 2022.
386 p.

Bibliografia
ISBN 978-65-5918-498-9

1. Serviço público - Concursos – Brasil 2. Agente administrativo – Bahia 3. Língua portuguesa 4. Legislação 5. Informática 6. Raciocínio Lógico e matemático 7. Conhecimentos específicos

22-4225 **CDD 351.81076**

Impressão: Renovagraf

Índices para catálogo sistemático:
1. Serviço público - Brasil - Concursos

Dúvidas?
Acesse: www.alfaconcursos.com.br/atendimento
Núcleo Editorial:
Rua: Paraná, nº 3193, Centro - Cascavel/PR
CEP: 85.810-010
Núcleo Comercial/Centro de Distribuição:
Rua: Dias Leme, nº 489, Mooca - São Paulo/SP
CEP: 03118-040
SAC: (45) 3037-8888

Data de fechamento 1ª impressão: 05/08/2022

EDITORA AlfaCon Concursos Públicos
www.alfaconcursos.com.br/apostilas

Atualizações e erratas
Esta obra é vendida como se apresenta. Atualizações - definidas a critério exclusivo da Editora AlfaCon, mediante análise pedagógica – e erratas serão disponibilizadas no site www.alfaconcursos.com.br/codigo, por meio do código disponível no final do material didático Ressaltamos que há a preocupação de oferecer ao leitor uma obra com a melhor qualidade possível, sem a incidência de erros técnicos e/ou de conteúdo. Caso ocorra alguma incorreção, solicitamos que o leitor, atenciosamente, colabore com sugestões, por meio do setor de atendimento do AlfaCon Concursos Públicos.

APRESENTAÇÃO

A chance de fazer parte do Serviço Público chegou, e a oportunidade está no concurso para **Agente Administrativo - Empresa Baiana de Águas e Saneamento S.A. - Embasa.** Neste universo dos concursos públicos, estar bem-preparado faz toda a diferença e para ingressar nesta carreira, é fundamental que esteja preparado com os conteúdos que o AlfaCon julga mais importante cobrados na prova:

Aqui, você encontrará os conteúdos básicos de

- Língua Portuguesa
- Informática
- Raciocínio Lógico e Matemático
- Legislação
- Conhecimentos Específicos

O AlfaCon preparou todo o material com explicações, reunindo os principais conteúdos relacionados a prova, dando ênfase aos tópicos mais cobrados. ESTEJA ATENTO AO CONTEÚDO ONLINE POR MEIO DO CÓDIGO DE RESGATE, para que você tenha acesso a todo conteúdo do solicitado pelo edital.

Desfrute de seu material o máximo possível, estamos juntos nessa conquista!

Bons estudos e rumo à sua aprovação!

EDITORA
AlfaCon
Concursos Públicos

COMO ESTUDAR PARA UM CONCURSO PÚBLICO!

AlfaCon Concursos Públicos

Para se preparar para um concurso público, não basta somente estudar o conteúdo. É preciso adotar metodologias e ferramentas, como plano de estudo, que ajudem o concurseiro em sua organização.

As informações disponibilizadas são resultado de anos de experiência nesta área e apontam que estudar de forma direcionada traz ótimos resultados ao aluno.

CURSO ON-LINE GRATUITO

- Como montar caderno
- Como estudar
- Como e quando fazer simulados
- O que fazer antes, durante e depois de uma prova!

Ou pelo link: alfaconcursos.com.br/cursos/material-didatico-como-estudar

ORGANIZAÇÃO

Organização é o primeiro passo para quem deseja se preparar para um concurso público.

Conhecer o conteúdo programático é fundamental para um estudo eficiente, pois os concursos seguem uma tendência e as matérias são previsíveis. Usar o edital anterior - que apresenta pouca variação de um para outro - como base é uma boa opção.

Quem estuda a partir desse núcleo comum precisa somente ajustar os estudos quando os editais são publicados.

PLANO DE ESTUDO

Depois de verificar as disciplinas apresentadas no edital, as regras determinadas para o concurso e as características da banca examinadora, é hora de construir uma tabela com seus horários de estudo, na qual todas as matérias e atividades desenvolvidas na fase preparatória estejam dispostas.

PASSO A PASSO

VEJA AS ETAPAS FUNDAMENTAIS PARA ORGANIZAR SEUS ESTUDOS

PASSO 1

Selecionar as disciplinas que serão estudadas.

PASSO 2

Organizar sua rotina diária: marcar pontualmente tudo o que é feito durante 24 horas, inclusive o tempo que é destinado para dormir, por exemplo.

PASSO 3

Organizar a tabela semanal: dividir o horário para que você estude 2 matérias por dia e também destine um tempo para a resolução de exercícios e/ou revisão de conteúdos.

PASSO 4

Seguir rigorosamente o que está na tabela, ou seja, destinar o mesmo tempo de estudo para cada matéria. Por exemplo: 2h/dia para cada disciplina.

PASSO 5

Reservar um dia por semana para fazer exercícios, redação e também simulados.

Esta tabela é uma sugestão de como você pode organizar seu plano de estudo. Para cada dia, você deve reservar um tempo para duas disciplinas e também para a resolução de exercícios e/ou revisão de conteúdos. Fique atento ao fato de que o horário precisa ser determinado por você, ou seja, a duração e o momento do dia em que será feito o estudo é você quem escolhe.

AlfaCon Concursos Públicos

TABELA SEMANAL

SEMANA	SEGUNDA	TERÇA	QUARTA	QUINTA	SEXTA	SÁBADO	DOMINGO
1							
2							
3							
4							

SUMÁRIO

SUMÁRIO

SUMÁRIO

SUMÁRIO

Sumário

Sumário

LÍNGUA PORTUGUESA

1. NÍVEIS DE ANÁLISE DA LÍNGUA

Vamos começar o nosso estudo fazendo uma distinção entre quatro níveis de análise da Língua Portuguesa, afinal, você não pode confundir-se na hora de estudar. Fique ligado nessa diferença:

- → **Nível Fonético / Fonológico:** estuda a produção e articulação dos sons da língua.
- → **Nível Morfológico:** estuda a estrutura e a classificação das palavras.
- → **Nível Sintático:** estuda a função das palavras dentro de uma sentença.
- → **Nível Semântico:** estuda as relações de sentido construídas entre as palavras.

Na Semântica, estudaremos, entre outras coisas, a diferença entre linguagem de sentido denotativo (ou literal, do dicionário) e linguagem de sentido conotativo (ou figurado).

Ex: Rosa é uma flor.

01. Morfologia:

Rosa: substantivo;

Uma: artigo;

É: verbo ser;

Flor: substantivo

02. Sintaxe:

Rosa: sujeito;

É uma flor: predicado;

Uma flor: predicativo do sujeito.

03. Semântica:

Rosa pode ser entendida como uma pessoa ou como uma planta, depende do sentido.

Vamos, a partir de agora, estudar as classes de palavras.

2. MORFOLOGIA CLASSES DE PALAVRAS

Antes de mergulhar nas conceituações, vamos fazer uma lista para facilitar o nosso estudo: classe e exemplo.

Artigo: o, a, os, as, um, uma, uns, umas.

Adjetivo: Legal, interessante, capaz, brasileiro, francês.

Advérbio: Muito, pouco, bem, mal, ontem, certamente

Conjunção: Que, caso, embora.

Interjeição: Ai! Ui! Ufa! Eita.

Numeral: Sétimo, vigésimo, terço.

Preposição: A, ante, até, após, com, contra, de, desde, em, entre.

Pronome: Cujo, o qual, quem, eu, lhe.

Substantivo: Mesa, bicho, concursando, Pablo, José.

Verbo: Estudar, passar, ganhar, gastar.

2.1 Substantivos

Os substantivos são palavras que nomeiam seres reais ou imaginários, objetos, lugares ou estados de espírito.

Eles podem ser:

- → Comuns: quando designam seres da mesma espécie.

  gato, mulher, árvore
- → Próprios: quando se referem a um ser em particular.

  Bahia, Clarice Lispector, Japão
- → Concretos: que designam seres reais no mundo ou na mente.

  menino, bolo, jacaré, duende
- → Abstratos: que designam sentimentos, qualidades, estados ou ações dos seres.

  saudade, tristeza, dor, sono (sensações)

  beleza, destreza (qualidades)

  vida, morte (estados)

  estudo, trabalho, luta (ações)
- → Simples: que são formados por um único radical.

  garrafa, porta, camiseta, neve
- → Compostos: que são formados por mais de um radical.

  passatempo, guarda-chuva
- → Primitivos: que não derivam de outra palavra da língua portuguesa.

  pulso, dente
- → Derivados: que derivam de outra palavra.

  pulseira, dentista
- → Coletivos: que nomeiam seres da mesma espécie.

  alcateia, arquipélago, biblioteca

Há a possibilidade de que palavras de outras classes gramaticais tenham função de substantivo em uma frase, oração ou período, e quando isso ocorre são chamadas Palavras Substantivadas. Para isso, o artigo precede a palavra.

Ainda não sei o porquê do livro não ter sido devolvido.

2.2 Artigo

O artigo é a palavra variável que tem por função individualizar algo, ou seja, possui como função primordial indicar um elemento, por meio de definição ou indefinição da palavra que, pela anteposição do artigo, passa a ser substantivada. Os artigos se subdividem em:

Artigos definidos: **o, a, os, as** - porque definem o substantivo a que se referem.

Hoje à tarde, falaremos sobre **a** aula da semana passada.

Na última aula, falamos **do** conteúdo programático.

Artigos indefinidos: **um, uma, uns, umas** - porque indefinem o substantivo a que se referem.

Assim que eu passar no concurso, eu irei comprar **um** carro.

Pela manhã, papai, apareceu **um** homem da loja aqui.

É importante ressaltar que os artigos podem ser contraídos com algumas preposições essenciais, como demonstraremos na tabela a seguir:

Preposições	Artigo							
	Definido				Indefinido			
	o	a	os	as	um	uma	uns	umas
A	ao	à	aos	às	-	-	-	-
De	do	da	dos	das	dum	duma	duns	dumas
Em	no	na	nos	nas	num	numa	nuns	numas
Per	pelo	pela	pelos	pelas	-	-	-	-
Por	polo	pola	polos	polas	-	-	-	-

O artigo é utilizado para substantivar um termo. Ou seja, quer transformar algo em um substantivo? Coloque um artigo em sua frente.

"Cantar alivia a alma." (Verbo)

"O cantar alivia a alma." (Substantivo)

Emprego do artigo com a palavra "todo":

Quando inserimos artigos ao lado do termo "todo", em geral, o sentido da expressão passa a designar totalidade. Como no exemplo abaixo:

Pobreza é um problema que acomete todo país.

(todos os países)

Pobreza é um problema que acomete todo o país.

(o país em sua totalidade).

2.3 Pronome

Os pronomes são palavras que determinam ou substituem substantivos, indicando a pessoa do discurso – que é quem participa ou é objeto do ato comunicativo .

Os pronomes podem ser pessoais, possessivos, demonstrativos, indefinidos, relativos ou interrogativos.

Pronomes substantivos e adjetivos

É chamado pronome substantivo quando um pronome substitui um substantivo.

É chamado pronome adjetivo quando determina o substantivo com o qual se encontra.

Pronomes pessoais

Pronomes pessoais representam as pessoas do discurso, substituindo o substantivo.

Existem três pessoas do discurso – ou gramaticais:

> 1ª pessoa: eu, nós

> 2ª pessoa: tu, vós

> 3ª pessoa: ele, ela, eles, elas

Os pronomes pessoais podem ser:

→ Retos: têm função, em regra, como sujeito da oração.

→ Oblíquos: têm função de objeto ou complemento.

2.4 Pronomes de Tratamento

Estes são os pronomes utilizados para nos referirmos às pessoas. Eles podem ser cerimoniosos ou familiares, dependendo da pessoa com a qual falamos; considera-se a idade, o cargo e o título, dentre outros, para escolher o tratamento adequado.

É importante ressaltar que as abreviaturas devem, de modo geral, ser evitadas.

Exemplos de pronomes de tratamento:

Você: tratamento informal

Senhor, senhora: tratamento de respeito

Vossa Excelência: altas autoridades

Vossa Reverendíssima: para sacerdotes

Vossa Alteza: para príncipes, princesas e duques

Pronomes possessivos

São os pronomes que atribuem posse de algo às pessoas do discurso.

Eles podem estar em:

> 1ª pessoa do singular: meu, minha, meus, minhas

> 2ª pessoa do singular: teu, tua, teus, tuas

> 3ª pessoa do singular: seu, sua, seus, suas

> 1ª pessoa do plural: nosso, nossa, nossos, nossas

> 2ª pessoa do plural: vosso, vossa, vossos, vossas

> 3ª pessoa do plural: seu, sua, seus, suas

Pronomes demonstrativos

São os que indicam lugar, posição ou identidade dos seres, relativamente às pessoas do discurso.

São eles:

este(s), esta(s), esse(s), essa(s), aquele(s), aquela(s), aqueloutro(s), aqueloutra(s), mesmo(s), mesma(s), próprio(s), própria(s), tal, tais, semelhante(s).

Pronomes relativos

São palavras que representam substantivos já citados, com os quais estão relacionadas.

Eles podem ser:

→ Variáveis:

> Masculino: o qual, os quais, cujo, cujos, quanto, quantos.

> Femininos: a qual, as quais, cuja, cujas, quanta, quantas.

→ Invariáveis: quem, que, onde.

Os pronomes relativos podem unir duas orações como em:

Da árvore caíram maçãs, que foram recolhidas.

Pronomes indefinidos

São os pronomes que se referem, de forma imprecisa e vaga, à 3ª pessoa do discurso.

Eles podem ser:

→ Pronomes indefinidos substantivos

Têm função de substantivo: alguém, algo, nada, tudo, ninguém.

→ Pronomes indefinidos adjetivos

Têm função de adjetivo: cada, certo(s), certa (s).

→ Que variam entre pronomes adjetivos e substantivos

Variam de acordo com o contexto: algum, alguma, bastante, demais, mais, qual etc.

Locuções pronominais indefinidas

Cada qual, cada um, seja qual for, tal qual, um ou outro etc.

Pronomes interrogativos

São os pronomes utilizados em frases interrogativas e, assim como os pronomes indefinidos, não imprecisos para com a 3ª pessoa do plural.

Exemplos:

Quem foi?

Quantos professores vieram hoje?

Lutar contra quê?

Verbo

O verbo é uma palavra que exprime um estado, uma ação, um fato ou um fenômeno.

Ele possui diferentes formas, por suas flexões, para indicar a pessoa do discurso, o número, o tempo, o modo e a voz.

Pessoa e número

O verbo pode variar indicando a pessoa e o número:

> 1ª pessoa: eu ando (singular) / nós andamos

> 2ª pessoa: tu anda (singular) / vós andais

> 3ª pessoa: ele anda (singular) / eles andam

Tempos verbais

Os tempos têm a função de situar uma ação ou um acontecimento e podem ser:

→ Presente: Agora eu escrevo.

→ Pretérito (passado):

> Imperfeito: Depois de ler, ele fechava o livro.

> Perfeito: Ele fechou o livro.

> Mais-que-perfeito: Quando vi, ele já fechara o livro.

→ Futuro:

> Do presente: Indiara ganhará o presente.

> Do pretérito: Indiara ganharia o presente.

Modos verbais

Existem três modos de um fato se realizar:

→ Indicativo: Exprime um fato certo e positivo.

→ Imperativo: Exprime uma ordem, proibição, pedido, conselho.

→ Subjuntivo: Enuncia um fato hipotético, possível.

Formas nominais

As formas nominais enunciam, de forma imprecisa, vaga e impessoal, um fato.

São elas:

→ Infinitivo: prender, vender.

→ Gerúndio: prendendo, vendendo.

→ Particípio: prendido, vendido.

Além disso, o infinitivo pode ser pessoal ou impessoal, sendo:

→ Pessoal: quando tem sujeito.

→ Impessoal: quando não tem sujeito.

Também pode ser flexionado ou não flexionado

→ Flexionado: comeres tu, comermos nós, comerdes vós, comerem eles.

→ Não flexionado: comer eu, comer ele.

Verbos auxiliares

São os que se unem a uma forma nominal de outro verbo para formar voz passiva, tempos compostos e locuções verbais.

Principais verbos auxiliares: ter, haver, ser, estar.

Voz

Quanto à voz, os verbos podem ser classificados em:

→ Ativos

→ Passivos

→ Reflexivos

Conjugações

Podem-se agrupar os verbos em três conjugações, de acordo com a terminação do infinitivo.

> 1ª conjugação: terminados em -ar: cantar

> 2ª conjugação: terminados em -er: bater

> 3ª conjugação: terminados em -ir: fingir

As conjugações são caracterizadas pelas vogais temáticas A, E e I.

Elementos estruturais do verbo

É necessário identificar o radical, o elemento básico, e a terminação, que varia indicando tempo e modo, e pessoa e número.

Exemplo: dançar | danç- (radical) -ar (terminação)

Na terminação é encontrada ao menos um dos seguintes elementos:

→ Vogal temática: que caracteriza a conjugação.

→ Desinência modo-temporal: indica o modo e o tempo do verbo.

→ Desinência número pessoal: indica se seria a 1ª, 2ª ou 3ª pessoa e se seria do plural ou do singular.

Tempos primitivos e derivados

Os tempos podem ser divididos em primitivos e derivados, que podem ser:

→ Presente do infinitivo:

Exemplo: reclamar

- > Pretérito imperfeito do indicativo: reclamava, reclamavas.
- > Futuro do presente: reclamarei, reclamarás.
- > Futuro do pretérito: reclamaria, reclamarias.
- > Infinitivo pessoal: reclamar, reclamares.
- > Gerúndio: reclamando.
- > Particípio: reclamado.

→ Presente do indicativo:

Exemplo: guardo, guardas, guardais

- > Presente do subjuntivo - guardo: guarda, guardas, guarda, guardamos, guardais, guardam
- > Imperativo afirmativo - guardas: guarda, guardais

→ Pretérito perfeito do indicativo:

Exemplo: guardaram

- > Pretérito mais que perfeito do indicativo: guardara, guardaras
- > Pretérito imperfeito do subjuntivo: guardasse, guardasses
- > Futuro do subjuntivo: guardares

Modo imperativo

O imperativo se dá de duas formas:

→ Imperativo afirmativo:

- > 2ª pessoa do singular e a 2ª pessoa do plural: derivam das pessoas equivalentes do presente do indicativo e suprime-se o s final.
- > demais pessoas: continuam como no presente do subjuntivo, sem alteração.

→ Imperativo negativo: as pessoas são iguais às equivalentes do presente do subjuntivo.

Tempos compostos

→ Da voz ativa: é formado pelo particípio do verbo principal, precedido pelos verbos auxiliares ter ou haver.

→ Da voz passiva: é formado quando o verbo principal, no particípio, é precedido pelos auxiliares ter (ou haver) e ser, de forma conjunta.

→ Locuções verbais: são formadas por um verbo principal, no gerúndio ou infinitivo, precedido por um verbo auxiliar.

Verbos regulares, irregulares e defectivos

A conjugação dos verbos pode ser dividida em:

→ Regular: são os que seguem um modelo comum de conjugação, mantendo o radical invariável

→ Irregular: são os que são alterados no radical e/ou nas terminações.

→ Defectiva: são os que não são usados em certos modos por não terem a conjugação completa.

Emprego do verbo haver

O verbo haver é utilizado, principalmente, para expressar ter ou existir, mas pode indicar, também, estar presente, decorrer, fazer, recuperar, julgar, acontecer, comportar-se, entender-se e o ato de ter existência. Além disso, ele possui diversas particularidades na conjugação.

O verbo haver é um verbo irregular, que passa por alterações tanto no seu radical, quanto nas suas terminações, quando conjugado.

→ Presente do indicativo:

- > (eu) hei
- > (tu) hás
- > (ele) há
- > (nós) havemos
- > (vós) haveis
- > (eles) hão

No pretérito perfeito do indicativo, no pretérito mais-que-perfeito do indicativo, no pretérito imperfeito do subjuntivo e no futuro do subjuntivo, o radical hav- se transformará em houv-.

→ Pretérito perfeito do indicativo

- > (eu) houve
- > (tu) houveste
- > (ele) houve
- > (nós) houvemos
- > (vós) houvestes
- > (eles) houveram

→ Futuro do subjuntivo

- > (quando eu) houver
- > (quando tu) houveres
- > (quando ele) houver
- > (quando nós) houvermos
- > (quando vós) houverdes
- > (quando eles) houverem

Nos demais tempos verbais, o radical hav- passa a ser haj-, no presente do subjuntivo e no imperativo.

→ Presente do subjuntivo

- > (que eu) haja
- > (que tu) hajas
- > (que ele) haja
- > (que nós) hajamos
- > (que vós) hajais
- > (que eles) hajam

Quando o verbo haver é utilizado para indicar tempo ou com o sentido de existir, ele será impessoal e sem sujeito, sendo conjugado apenas na 3ª pessoa do singular.

> Presente do indicativo: há
> Pretérito perfeito do indicativo: houve
> Pretérito imperfeito do indicativo: havia
> Pretérito mais-que-perfeito do indicativo: houvera
> Futuro do presente do indicativo: haverá
> Futuro do pretérito do indicativo: haveria
> Presente do subjuntivo: que haja
> Pretérito imperfeito do subjuntivo: se houvesse
> Futuro do subjuntivo: quando houver

Esse verbo pode ser, também, verbo auxiliar na formação de tempos compostos. Para tal, ele substitui o verbo ter, apresentando ainda o mesmo sentido, e pode ser conjugado em todas as pessoas verbais.

→ Pretérito mais-que-perfeito composto do indicativo

> (Eu) havia + particípio do verbo principal
> (Tu) havias + particípio do verbo principal
> (Ele) havia + particípio do verbo principal
> (Nós) havíamos + particípio do verbo principal
> (Vós) havíeis + particípio do verbo principal
> (Eles) haviam + particípio do verbo principal

→ Haver ou a ver

Para referir-se a algo que possui relação para com alguma coisa, a expressão correta é a ver.

2.5 Adjetivo

É a palavra variável que expressa uma qualidade, característica ou origem de algum substantivo ao qual se relaciona.

Meu terno é azul, elegante e italiano.

Analisando, entendemos assim:

Azul: característica.

Elegante: qualidade.

Italiano: origem.

Estrutura e a classificação dos adjetivos. Com relação à sua formação, eles podem ser:

Explicativos: quando a característica é comum ao substantivo referido.

Fogo **quente**, Homem **mortal**. (Todo fogo é quente, todo homem é mortal)

Restritivos: quando a característica não é comum ao substantivo, ou seja, nem todo substantivo é assim caracterizado.

Terno **azul**, Casa **grande**. (Nem todo terno é azul, nem toda casa é grande)

Simples: quando possui apenas uma raiz.

amarelo, brasileiro, competente, sagaz, loquaz, inteligente, grande, forte etc.

Composto: quando possui mais de uma raiz.

amarelo-canário, luso-brasileiro, verde-escuro, vermelho-sangue etc.

Primitivo: quando pode dar origem a outra palavra, não tendo sofrido derivação alguma.

bom, legal, grande, rápido, belo etc.

Derivado: quando resultado de um processo de derivação, ou seja, oriundo de outra palavra.

bondoso (de bom), grandioso (de grande), maléfico (de mal), esplendoroso (de esplendor) etc.

Os adjetivos que designam origem de algum termo são denominados adjetivos pátrios ou gentílicos.

Uma lista de adjetivos pátrios de estado:

Adjetivos Pátrios	
Acre	Acriano
Alagoas	Alagoano
Amapá	Amapaense
Aracaju	Aracajuano ou Aracajuense
Amazonas	Amazonense ou Baré
Belém(PA)	Belenense
Belo Horizonte	Belo-horizontino
Boa Vista	Boa-vistense
Brasília	Brasiliense
Cabo Frio	Cabo-friense
Campinas	Campineiro ou Campinense
Curitiba	Curitibano
Espírito Santo	Espírito-santense ou Capixaba
Fernando de Noronha	Noronhense
Florianópolis	Florianopolitano
Fortaleza	Fortalezense
Goiânia	Goianiense
João Pessoa	Pessoense
Macapá	Macapaense
Maceió	Maceioense
Manaus	Manauense
Maranhão	Maranhense
Marajó	Marajoara
Natal	Natalense ou Papa-jerimum
Porto Alegre	Porto Alegrense
Ribeirão Preto	Ribeiropretense
Rio de Janeiro(Estado)	Fluminense
Rio de Janeiro(Cidade)	Carioca
Rio Branco	Rio-branquense
Rio grande do Norte	Rio-grandense-do-norte, Norte-riograndense ou Potiguar

Rio grande do Sul	Rio-grandense-do-sul, Sul-rio-grandense ou Gaúcho
Rondônia	Rondoniano
Roraima	Roraimense
Salvador	Salvadorense ou Soteropolitano
Santa Catarina	Catarinense. ou Barriga-verde
Santarém	Santarense
São Paulo (Estado)	Paulista
São Paulo (Cidade)	Paulistano
Sergipe	Sergipano
Teresina	Teresinense
Tocantins	Tocantinense

Países	
Croácia	Croata
Costa rica	Costarriquense
Curdistão	Curdo
Estados Unidos	Estadunidense, norte-americano ou ianque
El Salvador	Salvadorenho
Guatemala	Guatemalteco
Índia	Indiano ou hindu (os que professam o hinduísmo)
Israel	Israelense ou israelita
Irã	Iraniano
Moçambique	Moçambicano
Mongólia	Mongol ou mongólico
Panamá	Panamenho
Porto Rico	Porto-riquenho
Somália	Somali

Adjetivos pátrios compostos

Na formação de adjetivos pátrios compostos, o primeiro elemento aparece na forma reduzida e, normalmente, erudita.

Observe alguns exemplos:

Adjetivos Pátrios Compostos	
África	Afro-/Cultura afro-americana
Alemanha	Germano- ou teuto-/Competições teutoinglesas
América	Américo-/Companhia américo-africana
Ásia	Ásio-/Encontros ásio-europeus
Áustria	Austro-/Peças austro-búlgaras
Bélgica	Belgo-/Acampamentos belgo-franceses
China	Sino-/Acordos sino-japoneses
Espanha	Hispano-/Mercado hispano-português
Europa	Euro-/Negociações euro-americanas
França	Franco- ou galo-/Reuniões franco-italianas
Grécia	Greco-/Filmes greco-romanos
Índia	Indo-/Guerras indo-paquistanesas
Inglaterra	Anglo-/Letras anglo-portuguesas
Itália	Ítalo-/Sociedade ítalo-portuguesa
Japão	Nipo-/Associações nipo-brasileiras
Portugal	Luso-/Acordos luso-brasileiros

Locução adjetiva

Expressão que tem valor adjetival, mas que é formada por mais de uma palavra. Geralmente, concorrem para sua formação uma preposição e um substantivo. Veja alguns exemplos.

Locução Adjetiva	Adjetivo
de águia	Aquilino
de aluno	Discente
de anjo	Angelical
de ano	Anual
de aranha	Aracnídeo
de asno	Asinino
de baço	Esplênico
de bispo	Episcopal
de bode	Hircino
de boi	Bovino
de bronze	Brônzeo ou êneo
de cabelo	Capilar
de cabra	Caprino
de campo	Campestre ou rural
de cão	Canino
de carneiro	Arietino
de cavalo	Cavalar, equino, equídeo ou hípico
de chumbo	Plúmbeo
de chuva	Pluvial
de cinza	Cinéreo
de coelho	Cunicular
de cobre	Cúprico
de couro	Coriáceo
de criança	Pueril
de dedo	Digital
de diamante	Diamantino ou adamantino
de elefante	Elefantino
de enxofre	Sulfúrico
de estômago	Estomacal ou gástrico
de falcão	Falconídeos
de fera	Ferino
de ferro	Férreo
de fígado	Figadal ou hepático

de fogo	Ígneo
de gafanhoto	Acrídeo
de garganta	Gutural
de gelo	Glacial
de gesso	Gípseo
de guerra	Bélico
de homem	Viril ou humano
de ilha	Insular
de intestino	Celíaco ou entérico
de inverno	Hibernal ou invernal
de lago	Lacustre
de laringe	Laríngeo
de leão	Leonino
de lebre	Leporino
de lobo	Lupino
de lua	Lunar ou selênico
de macaco	Simiesco, símio ou macacal
de madeira	Lígneo
de marfim	Ebúrneo ou ebóreo
de Mestre	Magistral
de monge	Monacal
de neve	Níveo ou nival
de nuca	Occipital
de orelha	Auricular
de ouro	Áureo
de ovelha	Ovino
de paixão	Passional
de pâncreas	Pancreático
de pato	Anserino
de peixe	Písceo ou ictíaco
de pombo	Columbino
de porco	Suíno ou porcino
de prata	Argênteo ou argírico
de quadris	Ciático
de raposa	Vulpino
de rio	Fluvial
de serpente	Viperino
de sonho	Onírico
de terra	Telúrico, terrestre ou terreno
de trigo	Tritício
de urso	Ursino
de vaca	Vacum
de velho	Senil
de vento	Eólico
de verão	Estival
de vidro	Vítreo ou hialino
de virilha	Inguinal
de visão	Óptico ou ótico

Flexão do adjetivo

O adjetivo pode ser flexionado em gênero, número e grau.

Flexão de gênero (Masculino / Feminino)

Com relação ao gênero, os adjetivos podem ser classificados de duas formas:

Biformes: quando possuem uma forma para cada gênero.

Homem **belo** / mulher **bela**

Contexto **complicado** / questão **complicada**

Uniformes: quando possuem apenas uma forma, como se fossem elementos neutros.

Homem **fiel** / mulher **fiel**

Contexto **interessante** / questão **interessante**

Flexão de número (Singular / Plural)

Os adjetivos simples seguem a mesma regra de flexão que os substantivos simples, portanto essas regras serão descriminadas no quadro de número dos substantivos. Serão, por regra, flexionados os adjetivos compostos que, em sua formação, possuírem dois adjetivos. A flexão ocorrerá apenas no segundo elemento da composição.

Guerra greco-**romana** - Guerras greco-**romanas**

Conflito **socioeconômico** - Análises **socioeconômicas**

Por outro lado, se houver um substantivo como elemento da composição, o adjetivo fica invariável.

Blusa **amarelo-canário** - Blusas **amarelo-canário**

Mesa **verde-musgo** - Mesas **verde-musgo**

O caso em questão também pode ocorrer quando um substantivo passa a ser, por derivação imprópria, um adjetivo, ou seja, também serão invariáveis os "substantivos adjetivados".

Terno cinza -Ternos cinza

Vestido rosa -Vestidos rosa

E também:

surdo mudo - surdos mudos

pele vermelha - peles vermelhas

Azul- marinho e azul-celeste são invariáveis.

Flexão de grau (Comparativo e Superlativo)

Há duas maneiras de se estabelecer o grau do adjetivo: por meio do grau comparativo e por meio do grau superlativo.

Vejamos como isso ocorre.

Grau comparativo: estabelece um tipo de comparação de características, sendo estabelecido de três maneiras:

Inferioridade: O açúcar é **menos** doce (do) **que** os teus olhos.

Igualdade: O meu primo é **tão** estudioso **quanto** o meu irmão.

Superioridade: Gramática **é mais legal** (do) **que** Matemática.

Grau superlativo: reforça determinada qualidade em relação a um referente. Pode-se estabelecer o grau superlativo de duas maneiras:

Relativo: em relação a um grupo.

De superioridade: José é o **mais** inteligente dos alunos.

De inferioridade: O presidente foi o **menos** prestigiado da festa.

Absoluto: sem relações, apenas reforçando as características

Analítico (com auxílio de algum termo)

Pedro é muito magro.

Pedro é magro, magro, magro.

Sintético (com o acréscimo de – íssimo ou –érrimo)

Pedro é macérrimo.

Somos todos estudiosíssimos.

Veja, agora, uma tabela de superlativos sintéticos.

Superlativos	
Grau normal	Superlativos
Ágil	Agilíssimo
Agradável	Agradabilíssimo
Agudo	Acutíssimo ou Agudíssimo
Alto	Altíssimo, Sumo ou Supremo
Amargo	Amaríssimo ou Marguíssimo
Amável	Amabilíssimo
Amigo	Amicíssimo
Antigo	Antiquíssimo
Atroz	Atrocíssimo
Baixo	Baixíssimo ou Ínfimo
Bom	Ótimo ou Boníssimo
Capaz	Capacíssimo
Célebre	Celebérrimo
Cheio	Cheíssimo
Comum	Comuníssimo
Cristão	Cristianíssimo
Cruel	Crudelíssimo
Doce	Dolcíssimo ou Docíssimo
Difícil	Dificílimo
Eficaz	Eficacíssimo
Fácil	Facílimo
Feliz	Felicíssimo
Feroz	Ferocíssimo
Fiel	Fidelíssimo
Frágil	Fragílimo
Frio	Frigidíssimo ou Friíssimo
Geral	Generalíssimo
Grande	Grandíssimo ou Máximo
Horrível	Horribilíssimo
Honorifíco	Honorificentíssimo
Humilde	Humílimo ou Humildíssimo
Inimigo	Inimicíssimo
Inconstitucional	Inconstitucionalíssimo
Jovem	Juveníssimo
Livre	Libérrimo e Livríssimo
Louvável	Laudabilíssimo
Magnífico	Magnificentíssimo
Magro	Macérrimo ou Magríssimo
Mau	Péssimo ou malíssimo
Miserável	Miserabilíssimo
Mísero	Misérrimo
Miúdo	Minutíssimo
Notável	Notabilíssimo
Pequeno	Mínimo ou Pequeníssimo
Pessoal	Personalíssimo
Pobre	Paupérrimo ou Pobríssimo
Precário	Precaríssimo ou Precariíssimo
Próspero	Prospérrimo
Provável	Probabilíssimo
Sábio	Sapientíssimo
Sério	Seríssimo
Simpático	Simpaticíssimo
Simples	Simplíssimo ou Simplicíssimo
Tenaz	Tenacíssimo
Terrível	Terribilíssimo
Vão	Vaníssimo
Voraz	Voracíssimo
Vulgar	Vulgaríssimo
Vulnerável	Vulnerabilíssimo

Atente à mudança de sentido provocada pela alteração de posição do adjetivo.

Homem **grande** (alto, corpulento)

Grande homem (célebre)

Mas isso nem sempre ocorre. Se você analisar a construção "giz azul" e "azul giz", perceberá que não há diferença semântica.

2.6 Advérbio

É a palavra invariável que se relaciona ao verbo, ao adjetivo ou a outro advérbio para atribuir-lhes uma circunstância.

Os alunos saíram **apressadamente**.

O caso era muito **interessante**.

Resolvemos **muito bem** o problema.

É importante decorar essa lista de advérbios para que você consiga reconhecê-los na sentença.

→ Classificação do Advérbio:

Afirmação: sim, certamente, efetivamente etc.

Negação: não, nunca, jamais.

Intensidade: muito, pouco, assaz, bastante, mais, menos, tão, tanto, quão etc.

Lugar: aqui, ali, aí, aquém, acima, abaixo, atrás, dentro, junto, defronte, perto, longe, algures, alhures, nenhures etc.

Tempo: agora, já, depois, anteontem, ontem, hoje, jamais, sempre, outrora, breve etc.

Modo: assim, adrede, bem, mal, depressa, devagar, melhor, pior e a maior parte das palavras formadas de um adjetivo, mais a terminação "mente" (leve + mente = levemente; calma + mente = calmamente).

Inclusão: também, inclusive.

Designação: eis.

Interrogação: onde, como, quando, por que.

Também existem as chamadas locuções adverbiais que vêm quase sempre introduzidas por uma preposição: à farta (= fartamente), às pressas (= apressadamente), à toa, às cegas, às escuras, às tontas, às vezes, de quando em quando, de vez em quando etc.

Existem casos em que utilizamos um adjetivo como forma de advérbio. É o que chamamos de adjetivo adverbializado.

Aquele orador fala **belamente**.
advérbio de modo

Aquele orador fala **bonito**.
adjetivo adverbializado que tenta designar modo

2.7 Conjunção

É a palavra invariável que conecta elementos em algum encadeamento frasal. A relação em questão pode ser de natureza lógico-semântica (relação de sentido) ou apenas indicar uma conexão exigida pela sintaxe da frase.

Coordenativas

São as conjunções que conectam elementos que não possuem dependência sintática, ou seja, as sentenças que são conectadas por meio desses elementos já estão com suas estruturas sintáticas (sujeito / predicado / complemento) completas.

Aditivas: e, nem (= e não), também, que, não só... mas também, não só... como, tanto ... como, assim... como etc.

José não foi à aula **nem** fez os exercícios.

Devemos estudar **e** apreender os conteúdos.

Adversativas: mas, porém, contudo, todavia, no entanto, entretanto, senão, não obstante, aliás, ainda assim.

Os países assinaram o acordo, **mas** não o cumpriram.

A menina cantou bem, **contudo** não agradou ao público.

Alternativas: ou... ou, já ... já, seja... seja, quer... quer, ora... ora, agora... agora.

Ora diz sim, **ora** diz não.

Ou está feliz, **ou** está no ludibriando.

Conclusivas: logo, pois (depois do verbo), então, portanto, assim, enfim, por fim, por conseguinte, conseguintemente, consequentemente, donde, por onde, por isso.

O **concursando** estudou muito, **logo**, deverá conseguir seu cargo.

É professor, **por conseguinte** deve saber explicar o conteúdo.

Explicativas: Isto é, por exemplo, a saber, ou seja, verbi gratia, pois (antes do verbo), pois bem, ora, na verdade, depois, além disso, com efeito, que, porque, ademais, outrossim, porquanto etc.

Deve ter chovido, **pois** o chão está molhado.

O homem é um animal racional, **porque** é capaz de raciocinar.

Não converse agora, **que** eu estou explicando.

Subordinativas

São as conjunções que denotam uma relação de subordinação entre orações, ou seja, a conjunção subordinativa evidencia que uma oração possui dependência sintática em relação a outra. O que se pretende dizer com isso é que uma das orações envolvidas nesse conjunto desempenha uma função sintática para com sua oração principal.

Integrantes

Que, se

Sei **que** o dia do pagamento é hoje.

Vejamos **se** você consegue estudar sem interrupções.

Adverbiais

Causais: indicam a causa de algo.

Já que, porque, que, pois que, uma vez que, sendo que, como, visto que, visto como, como etc.

Não teve medo do perigo, **já que** estava protegido.

Passou no concurso, **porque** estudou muito.

Comparativas: estabelecem relação de comparação:

Como, tal como, mais...(do)que, menos...(do)que, tão como, assim como, tanto quanto etc.

Tal como procederes, receberás o castigo.

Alberto é aplicado **como** quem quer passar.

Concessivas (concessão): estabelecem relação de quebra de expectativa com respeito à sentença à qual se relacionam.

Embora, ainda que, dado que, posto que, conquanto, em que, quando mesmo, mesmo que, por menos que, por pouco que, apesar de (que).

Embora tivesse estudado pouco, conseguiu passar.

Conquanto estudasse, não conseguiu aprender.

Condicionais: estabelecem relação de condição.

Se, salvo se, caso, exceto se, contanto que, com tal que, caso, a não ser que, a menos que, sem que etc.

Se tudo der certo, estaremos em Portugal amanhã.

Caso você tenha dúvidas, pergunte a seu professor.

Consecutivas: estabelecem relação de consequência.

Tanto que, de modo que, de sorte que, tão...que, sem que etc.

O aluno estudou **tanto que** morreu.

Timeto Amon era **tão** feio **que** não se olhava no espelho.

Conformativas: estabelecem relação de conformidade.

Conforme, consoante, segundo, da mesma maneira que, assim como, como que etc.

Faça a prova **conforme** teu pai disse.

Todos agem **consoante** se vê na televisão.

Finais: estabelecem relação de finalidade.

Para que, a fim de que, que, porque.

Estudou muito **para que** pudesse ter uma vida confortável.

Trabalhei **a fim de que** o resultado seja satisfatório.

Proporcionais: estabelecem relação de proporção.

À proporção que, à media que, quanto mais... tanto mais, quanto menos... tanto menos, ao passo que etc.

À medida que o momento de realizar a prova chegava, a ansiedade de todos aumentava.

Quanto mais você estudar, **tanto mais** terá a chance de ser bem sucedido.

Temporais: estabelecem relação de tempo.

Quando, enquanto, apenas, mal, desde que, logo que, até que, antes que, depois que, assim que, sempre que, senão quando, ao tempo que, apenas que, antes que, depois que, sempre que etc.

Quando todos disserem para você parar, continue.

Depois que terminar toda a lição, poderá descansar um pouco.

Mal chegou, já quis sair.

2.8 Interjeição

É o termo que exprime, de modo enérgico, um estado súbito de alma. Sem muita importância para a análise a que nos propomos, vale apenas lembrar que elas possuem uma classificação semântica[1]:

Dor: ai! ui!

Alegria: ah! eh! oh!

Desejo: oxalá[2]! tomara!

Admiração: puxa! cáspite! safa! quê!

Animação: eia! sus! coragem!

Aplauso: bravo! apoiado!

Aversão: ih! chi! irra! apre!

Apelo: ó, olá! psit! pitsiu! alô! socorro!

Silêncio: psit! psiu! caluda!

Interrogação, espanto: hem!

Há, também, locuções interjeitivas: **Minha nossa! Meu Deus!**

A despeito da classificação acima, o que determina o sentido da interjeição é o seu uso.

2.9 Numeral

É a palavra que indica uma quantidade, multiplicação, fração ou um lugar numa série. Os numerais podem ser divididos em:

Cardinais: quando indicam um número básico: um, dois, três, cem mil...

Ordinais: quando indicam um lugar numa série: primeiro, segundo, terceiro, centésimo, milésimo...

Multiplicativos: quando indicam uma quantidade multiplicativa: dobro, triplo, quádruplo...

Fracionários: quando indicam parte de um inteiro: meio, metade, dois terços...

Algarismo		Cardinais	Ordinais
Romanos	Arábicos		
I	1	um	primeiro
II	2	dois	segundo
III	3	três	terceiro
IV	4	quatro	quarto
V	5	cinco	quinto
VI	6	seis	sexto
VII	7	sete	sétimo
VIII	8	oito	oitavo
IX	9	nove	nono
X	10	dez	décimo
XI	11	onze	undécimo ou décimo primeiro
XII	12	doze	duodécimo ou décimo segundo
XIII	13	treze	décimo terceiro
XIV	14	quatorze ou catorze	décimo quarto
XV	15	quinze	décimo quinto
XVI	16	dezesseis	décimo sexto
XVII	17	dezessete	décimo sétimo
XVIII	18	dezoito	décimo oitavo
XIX	19	dezenove	décimo nono
XX	20	vinte	vigésimo
XXI	21	vinte e um	vigésimo primeiro
XXX	30	trinta	trigésimo
XXXL	40	quarenta	quadragésimo
L	50	cinquenta	quinquagésimo

1 Segundo Napoleão Mendes de Almeida.

2 Curiosamente, esses elementos podem ser concebidos, em algumas situações, como advérbios de dúvida.

LX	60	sessenta	sexagésimo
LXX	70	setenta	septuagésimo ou setuagésimo
LXXX	80	oitenta	octogésimo
XC	90	noventa	nonagésimo
C	100	cem	centésimo
CC	200	duzentos	ducentésimo
CCC	300	trezentos	trecentésimo
CD	400	quatrocentos	quadringentésimo
D	500	quinhentos	quingentésimo
DC	600	seiscentos	seiscentésimo ou sexcentésimo
DCC	700	setecentos	septingentésimo
DCCC	800	oitocentos	octingentésimo
CM	900	novecentos	nongentésimo ou noningentésimo
M	1.000	mil	milésimo
X'	10.000	dez mil	dez milésimos
C'	100.000	cem mil	cem milésimos
M'	1.000.000	um milhão	milionésimo
M''	1.000.000.000	um bilhão	bilionésimo

Lista de numerais multiplicativos e fracionários:

Algarismos	Multiplicativos	Fracionários
2	duplo, dobro, dúplice	meio ou metade
3	triplo, tríplice	terço
4	quádruplo	quarto
5	quíntuplo	quinto
6	sêxtuplo	sexto
7	sétuplo	sétimo
8	óctuplo	oitavo
9	nônuplo	nono
10	décuplo	décimo
11	undécuplo	onze avos
12	duodécuplo	doze avos
100	cêntuplo	centésimo

Para realizar a leitura dos cardinais:

É necessário colocar a conjunção "e" entre as centenas e dezenas, assim como entre as dezenas e a unidade. Ex.: 3.068.724 = três milhões sessenta e oito mil setecentos e vinte e quatro. Quanto à leitura do numeral ordinal, há duas possibilidades: Quando é inferior a 2.000, lê-se inteiramente segundo a forma ordinal. 1766º = milésimo septingentésimo sexagésimo sexto. Acima de 2.000, lê-se o primeiro algarismo como cardinal e os demais como ordinais. Hodiernamente, entretanto, tem-se observado a tendência a ler os números redondos segundo a forma ordinal.

2.536º = dois milésimos quingentésimo trigésimo sexto.

8 000º = oitavo milésimo.

Para realizar a leitura do fracionário:

O numerador de um numeral fracionário é sempre lido como cardinal. Quanto ao denominador, há dois casos:

Primeiro: se for inferior ou igual a 10, ou ainda for um número redondo, será lido como ordinal 2/6 = dois sextos; 9/10 = nove décimos; centésimos (se houver).

São exceções: 1/2 = meio; 1/3 = um terço.

Segundo: se for superior a 10 e não constituir número redondo, é lido como cardinal, seguido da palavra "avos".

1/12 = um doze avos; 4/25 = quatro vinte e cinco avos.

Ao se fazer indicação de reis, papas, séculos, partes de uma obra, usam-se os numerais ordinais até décimo. A partir daí, devem-se empregar os cardinais. Século V (século quinto), século XX (vinte), João Paulo II (segundo), Bento XVI (dezesseis).

2.10 Preposição

É a palavra invariável que serve de ligação entre dois termos de uma oração ou, às vezes, entre duas orações. Costuma-se denominar "regente" o termo que exige a preposição e "regido" aquele que recebe a preposição:

Ele comprou um livro **de** poesia.

Ele tinha medo **de** ficar solitário.

Como se vê, a preposição "de", no primeiro caso, liga termos de uma mesma oração; no segundo, liga orações.

Preposições essenciais

São aquelas que têm como função primordial a conexão das palavras: a, ante, até, após, com contra, de, desde, em,entre, para, per, perante, por, sem, sob, sobre, trás. Veja o emprego de algumas preposições:

Os manifestantes lutaram **contra** a polícia.

O aluno chegou **ao** salão rapidamente.

Aguardo sua decisão **desde** ontem.

Entre mim e ti, não há qualquer problema.

Preposições acidentais

São palavras que pertencem a outras classes, empregadas, porém, eventualmente como preposições: conforme, consoante, durante, exceto, fora, agora, mediante, menos, salvante, salvo, segundo, tirante.

O emprego das preposições acidentais é mais comum do que parece:

Todos saíram da sala, **exceto** eu.

Tirante as mulheres, o grupo que estava na sala parou de falar.

Escreveu o livro **conforme** o original.

Locuções prepositivas

Além das preposições simples, existem também as chamadas locuções prepositivas, que terminam sempre por uma preposição simples: abaixo de, acerca de, acima de, a despeito de, adiante de, a fim de, além de, antes de, ao lado de, a par de, apesar de, a respeito de, atrás de, através de, de acordo com, debaixo de, de cima de, defronte de, dentro de, depois de, diante de, embaixo de, em cima de, em frente de(a), em lugar de, em redor de, em torno de, em vez de, graças a, junto a (de), para baixo de, para cima de, para com, perto de, por baixo de, por causa de, por cima de, por detrás de, por diante de, por entre, por trás de.

CONECTIVOS

Os conectivos têm a função de ligar palavras ou orações e eles podem ser coordenativos (ligam orações coordenadas) ou subordinativos (ligam orações subordinadas).

Coordenativos

→ Conjunções coordenativas:

Iniciam orações coordenadas:

Aditivas: e

Adversativas: mas

Alternativas: ou

Conclusivas: logo

Explicativas: pois

Subordinativos

→ Pronomes relativos:

Iniciam orações adjetivas:

que

quem

cujo/cuja

o qual/a qual

→ Conjunções subordinativas:

Iniciam orações adverbiais:

Causais: porque

Comparativas: como

Concessivas: embora

Condicionais: se

Conformativas: conforme

Consecutivas: (tão) que

Finais: para que

Proporcionais: à medida que

Temporais: quando

Iniciam orações substantivas:

Integrantes: que, se

Formas variantes

Algumas palavras possuem mais de uma forma, ou seja, junto à forma padrão existem outras formas variantes.

Em algumas situações, é irrelevante a variação utilizada, mas em outros deve-se escolher a variação mais generalizada.

Exemplos:

Assobiar, assoviar

Coisa, cousa

Louro, loiro

Lacrimejar, lagrimejar

Infarto, enfarte

Diabete, diabetes

Transpassar, traspassar, trespassar

3. PRONOMES

Em uma definição breve, podemos dizer que pronome é o termo que substitui um substantivo, desempenhando, na sentença em que aparece, uma função coesiva. Podemos dividir os pronomes em sete categorias, são elas: pessoais, tratamento, demonstrativos, relativos, indefinidos, interrogativos, possessivos.

Antes de partir para o estudo pormenorizado dos pronomes, vamos fazer uma classificação funcional deles quando empregados em uma sentença:

Pronomes substantivos: são aqueles que ocupam o lugar do substantivo na sentença.

Alguém apareceu na sala ontem.

Nós faremos todo o trabalho.

Pronomes adjetivos: são aqueles que acompanham um substantivo na sentença.

Meus alunos são os mais preparados.

Pessoa **alguma** fará tal serviço por **esse** valor.

3.1 Pessoais

Referem-se às pessoas do discurso:

Quem fala (1ª pessoa);

Com quem se fala (2ª pessoa);

De quem se fala (3ª pessoa).

Classificação dos Pronomes Pessoais (caso **Reto** x caso **Oblíquo**)

Pessoa Gramatical	Retos	Oblíquos	
		Átonos	Tônicos
1ª Singular	eu	me	mim, comigo
2ª Singular	tu	te	ti, contigo
3ª Singular	ele, ela	o, a, lhe, se	si, consigo
1ª Plural	nós	nos	nós, conosco
2ª Plural	vós	vos	vós, convosco
3ª Plural	eles, elas	os, as, lhes, se	si, consigo
Função	Sujeito	Complemento/Adjunto	

Emprego de alguns pronomes (**Certo** X **Errado**)

Eu e tu x mim e ti

1ª regra: depois de preposição essencial, usa-se pronome oblíquo.

Entre mim e ti, não há acordo.

Sobre Manoel e ti, nada se pode falar.

Devo **a** ti esta conquista.

O presente é **para** mim.

Não saia **sem** mim.

Comprei um livro **para** ti.

Observe a preposição essencial destacada nas sentenças.

2ª regra: se o pronome utilizado na sentença for sujeito de um verbo, deve-se empregar os do caso RETO.

Não saia sem **eu** deixar.

Comprei um livro para **tu** leres.

O presente é para **eu** desfrutar.

Observe que o pronome desempenha a função de sujeito do verbo destacado.

Ou seja: "mim" não faz nada!

Não vá se confundir com as sentenças em que a ordem frasal está alterada. Deve-se, nesses casos, tentar pôr a sentença na ordem direta.

Para mim, fazer exercícios é muito bom. → Fazer exercícios é muito bom para mim.

Não é tarefa para mim realizar esta revisão. → Realizar esta revisão não é tarefa para mim.

Com causativos e sensitivos:

Regra com verbos causativos (mandar, fazer, deixar) ou sensitivos (ver, ouvir, sentir).

Quando os pronomes oblíquos átonos são empregados com verbos causativos ou sensitivos, pode haver a possibilidade de desempenharem a função de sujeito de uma forma verbal próxima. Ex.:

Fiz **Juliana** chorar. (sentença original)

Fi-**la** chorar. (sentença reescrita com a substituição do termo Juliana pelo pronome oblíquo)

Em ambas as situações, a "Juliana é a chorona". Isso quer dizer que o termo feminino que está na sentença é sujeito do verbo chorar. Pensando dessa maneira, entenderemos a primeira função da forma pronominal "la" que aparece na sentença reescrita.

Outro fator a ser considerado é que o verbo "fazer" necessita de um complemento, portanto, é um verbo transitivo. Bem, ocorre que o complemento do verbo "fazer" não pode ter outro referente senão "Juliana". Então, entendemos que, na reescrita da frase, a forma pronominal "la" funciona como complemento do verbo "fazer" e sujeito do verbo "chorar".

Si e consigo

Estes pronomes somente podem ser empregados se se referirem ao sujeito da oração, pois possuem função reflexiva:

Alberto só pensa em si.
("Si" refere-se a "Alberto": sujeito do verbo "pensar")

O aluno levou as apostilas consigo.
("consigo" refere-se ao termo "aluno")

Estão erradas, portanto, frases como estas:

Creio muito em si, meu amigo.

Quero falar consigo.

Corrigindo:

Creio muito em **você**, meu amigo.

Quero falar **contigo**.

Conosco e convosco

Se vierem seguidos de uma expressão complementar, geralmente a palavra "todos", desdobram-se em "com nós" e "com vós":

Este trabalho é com nós mesmos.

Ele(s), ela(s) x o(s), a(s)

É muito comum ouvirmos frases como: "Vi ***ela*** na esquina", "Não queremos ***eles*** aqui". Então, é errado falar ou escrever assim, pois o pronome em questão está sendo utilizado fora de seu emprego original, ou seja, como um complemento (ao passo que deveria ser apenas sujeito). O certo é: "Vi-***a*** na esquina", "Não ***os*** queremos aqui".

"O" e "a"

São complementos diretos, ou seja, são utilizados juntamente aos verbos transitivos diretos, ou nos bitransitivos, como no exemplo a seguir:

Comprei **um carro** para minha namorada = Comprei-**o** para ela. (Ocorreu a substituição do Objeto Direto)

É importante lembrar que há uma especificidade em relação à colocação dos pronomes "o" e "a" depois de algumas palavras:

> Se a palavra terminar em R, S ou Z: tais letras devem ser suprimidas e o pronome há de ser empregado como **lo**, **la**, **los**, **las**.

Fazer as tarefas = fazê-**las**

Querer o dinheiro = querê-**lo**.

> Se a palavra terminar com **ão**, **õe** ou **m**: tais letras devem ser mantidas e o pronome há de ser empregado como **no**, **na**, **nos**, **nas**.

Compraram a casa = compraram-**na**

Compõe a canção = compõe-**na**.

Lhe

É um complemento indireto, equivalente a "a ele" ou "a ela": ou seja, é empregado juntamente a um verbo transitivo indireto ou a um verbo bitransitivo, como no exemplo:

Comprei um carro **para minha namorada** = comprei-**lhe** um carro. (Ocorreu a substituição do objeto indireto)

Muitas bancas gostam de trocar as formas "o" e "a" por "lhe", o que não pode ser feito sem que a sentença seja totalmente reelaborada.

3.2 De Tratamento

São pronomes de tratamento você, senhor, senhora, senhorita, fulano, sicrano, beltrano e as expressões que integram o quadro seguinte:

Pronome	Abreviatura Singular	Abreviatura Plural
Vossa Excelência(s)	V.Ex.ª	V.Ex.as
Usa-se para:		
Presidente (sem abreviatura), ministro, embaixador, governador, secretário de Estado, prefeito, senador, deputado federal e estadual, juiz, general, almirante, brigadeiro e presidente de câmara de vereadores;		
Pronome	**Abreviatura Singular**	**Abreviatura Plural**
Vossa(s) Magnificência(s)	V.Mag.ª	V.Mag.as
Usa-se para:		
Reitor de universidade para o qual também se pode usar V. Ex.ª;		
Pronome	**Abreviatura Singular**	**Abreviatura Plural**
Vossa(s) Senhoria(s)	V.Sª	V.S.as
Usa-se para:		
Qualquer autoridade ou pessoa civil não citada acima;		
Pronome	**Abreviatura Singular**	**Abreviatura Plural**
Vossa(s) Santidade(s)	V.S	VV.SS.
Usa-se para:		
Papa;		
Pronome	**Abreviatura Singular**	**Abreviatura Plural**
Vossa(s) Eminência(s)	V.Em.ª	V.Em.as
Usa-se para:		
Cardeal;		
Pronome	**Abreviatura Singular**	**Abreviatura Plural**
Vossa(s) Excelência(s) Reverendíssima(s)	V.Exª.Rev.ma	V.Ex.as.Rev.mas
Usa-se para:		
Arcebispo e bispo;		
Pronome	**Abreviatura Singular**	**Abreviatura Plural**
Vossa(s) Reverendíssima(s)	V.Rev.ma	V.Rev.mas
Usa-se para:		
Autoridade religiosa inferior às acima citadas;		
Pronome	**Abreviatura Singular**	**Abreviatura Plural**
Vossa(s) Reverência(s)	V.Rev.ª	V.Rev.mas
Usa-se para:		
Religioso sem graduação;		
Pronome	**Abreviatura Singular**	**Abreviatura Plural**
vossa(s) majestade(s)	v.m.	vv.mm.
Usa-se para:		
Rei e imperador;		
Pronome	**Abreviatura Singular**	**Abreviatura Plural**
Vossa(s) Alteza(s)	V.A.	VV.AA.
Usa-se para:		
Príncipe, arquiduque e duque.		

Todas essas expressões se apresentam também com SUA para cujas abreviaturas basta substituir o "V" por "S".

Emprego dos pronomes de tratamento

Vossa Excelência etc. x **Sua Excelência** etc.

Os pronomes de tratamento iniciados com "Vossa(s)" empregam-se em uma relação direta, ou seja, indicam o nosso interlocutor, pessoa com quem falamos:

Soube que V. Ex.ª, Senhor Ministro, falou que não estava interessado no assunto da reunião.

Empregaremos o pronome com a forma "Sua" quando a relação não é direta, ou seja, quando falamos SOBRE a pessoa:

A notícia divulgada é de que Sua Excelência, o Presidente da República, foi flagrado em uma boate.

Utilização da 3ª pessoa

Os pronomes de tratamento são de 3ª pessoa; portanto, todos os elementos relacionados a eles devem ser empregados também na 3ª pessoa, para que se mantenha a uniformidade:

É preciso que V. Ex.ª **diga** qual será o **seu** procedimento no caso em questão, a fim de que seus assessores possam agir a tempo.

Uniformidade de Tratamento

No momento da escrita ou da fala, não é possível ficar fazendo "dança das pessoas" com os pronomes. Isso quer dizer que se deve manter a uniformidade de tratamento. Para tanto, se for utilizada 3ª pessoa no início de uma sentença, ela deve permanecer ao longo de todo o texto. Preste atenção para ver como ficou estranha a construção abaixo:

Quando **você** chegar, eu **te** darei o presente.

"Você" é de 3ª pessoa e "te" é de 2ª pessoa. Não há motivo para cometer tal engano. Tome cuidado, portanto. Podemos corrigir a sentença:

Quando tu chegares, eu te darei o presente.

Quando você chegar, eu lhe darei o presente.

3.3 Demonstrativos

São os que localizam ou identificam o substantivo ou uma expressão no espaço, no tempo ou no texto.

	1ª Pessoa
Masculino	Este(s)
Feminino	Esta(s)
Neutro	Isto
No Espaço	Com o falante
No tempo	Presente
No Texto	O que se pretende dizer ou o imediatamente retomado
	2ª Pessoa
Masculino	Esse(s)
Feminino	Essa(s)
Neutro	Isso
No Espaço	Pouco afastado
No tempo	Passado ou futuro próximos
No Texto	O que se disse anteriormente
	3ª Pessoa
Masculino	Aquele(s)
Feminino	Aquela(s)
Neutro	Aquilo
No Espaço	Muito afastado
No tempo	Passado ou futuro distantes
No Texto	O que se disse há muito ou o que se pretende dizer

Quando o pronome retoma algo já mencionado no texto, dizemos que ele possui função **Anafórica**. Quando aponta para algo que será dito, dizemos que possui função **Catafórica**. Essa nomenclatura começou a ser cobrada em algumas questões de concurso público, portanto, é importante ter esses conceitos na ponta da língua.

Exemplos de emprego dos demonstrativos:

Veja este livro que eu trouxe, é muito bom.

Você deve estudar mais! Isso é o que eu queria dizer.

Vê aquele mendigo lá na rua? Terrível futuro o aguarda.

Há outros pronomes demonstrativos:

O, **a**, **os**, **as**, quando antecedem o relativo Que e podem ser permutados por: Aquele (s), Aquela (s), Aquilo:

Não entendi o que disseste. (Não entendi aquilo que disseste.)

Esta rua não é a que te indiquei. (Esta rua não é aquela que te indiquei.)

Tal: quando puder ser permutado por qualquer demonstrativo: Não acredito que você disse **tal** coisa. (aquela coisa)

Semelhante: quando puder ser permutado por qualquer demonstrativo: Jamais me prestarei a **semelhante** canalhice. (esta canalhice)

Mesmo: quando modificar os pronomes eu, tu, nós e vós: Eu **mesmo** investiguei o caso.

De modo análogo, classificamos o termo "**próprio**". (eu próprio, ela própria)

Mesmo pode ainda funcionar como pronome neutro em frases como: "é o mesmo", "vem a ser o mesmo".

Vejamos mais alguns exemplos:

José e **João** são alunos do ensino médio. Este gosta de matemática, **aquele** gosta de português.

Veja que a verdadeira relação estabelecida pelos pronomes demonstrativos focaliza, por meio do "este" o elemento mais próximo, por meio do "aquele" o elemento mais afastado.

Esta sala precisa de bons professores. / Gostaria de que esse órgão pudesse resolver meu problema.

Este(s), **esta(s)**, **isto** indicam o local de onde escrevemos. **Esse(s)**, **essa(s)**, **isso** indicam o local em que se encontra o nosso interlocutor.

3.4 Relativos

São termos que relacionam palavras em um encadeamento. Os relativos da Língua Portuguesa são:

Que: Quando puder ser permutado por "o qual" ou um de seus termos derivados. Utiliza-se o pronome "que" para referências a pessoas ou coisas.

O Qual: Empregado para referência a coisas ou pessoas.

Quem: É equivalente, segundo o mestre Napoleão Mendes de Almeida, a dois pronomes – aquele e que.

Quanto: Será relativo quando seu antecedente for o termo "tudo".

Onde: É utilizado para estabelecer referência a lugares, sendo permutável por "em que" ou "no qual" e seus derivados.

Cujo: Possui um sentido possessivo. Não permite permuta por outro relativo. Também é preciso lembrar que o pronome cujo não admite artigo, pois já é variável (cujo / cuja, jamais cujo o, cuja a).

O peão a **que** me refiro é Jonas.

A casa n**a qual** houve o tiroteio foi interditada.

O homem para **quem** se enviou a correspondência é Alberto.

Não gastes tudo **quanto** tens.

O estado para **onde** vou é Minas Gerais.

Cara, o pedreiro em **cujo** serviço podemos confiar é Marcelino.

A preposição que está relacionada ao pronome é, em grande parte dos casos, oriunda do verbo que aparece posteriormente na sentença. As bancas costumam cobrar isso!

3.5 Indefinidos

São os que determinam o substantivo de modo vago, de maneira imprecisa.

Variáveis				Invariáveis
Masculino		Feminino		
Singular	Plural	Singular	Plural	
Algum	Alguns	Alguma	Algumas	Alguém
Certo	Certos	Certa	Certas	Algo
Muito	Muitos	Muita	Muitas	Nada
Nenhum	Nenhuns	Nenhuma	Nenhumas	Ninguém
Outro	Outros	Outra	Outras	Outrem
Qualquer	Quaisquer	Qualquer	Quaisquer	Cada
Quando	Quantos	Quanta	Quantas	
Tanto	Tantos	Tanta	Tantas	
Todo	Todos	Toda	Todas	Tudo
Vário	Vários	Vária	Várias	
Pouco	Poucos	Pouca	Poucas	

Fique bem atento para as alterações de sentido relacionadas às mudanças de posição dos pronomes indefinidos.

Alguma pessoa passou por aqui ontem.

Pessoa alguma passou por aqui ontem.

Alguma pessoa = ao menos uma pessoa.

Pessoa alguma = ninguém.

3.6 Interrogativos

Chamam-se interrogativos os pronomes **que**, **quem**, **qual** e **quanto**, empregados para formular uma pergunta direta ou indireta:

Que conteúdo estão estudando?

Diga-me **que** conteúdo estão estudando.

Quem vai passar no concurso?

Gostaria de saber **quem** vai passar no concurso.

Qual dos livros preferes?

Não sei **qua**l dos livros preferes.

Quantos de coragem você tem?

Pergunte **quanto** de coragem você tem.

3.7 Possessivos

Com eles relacionamos a coisa possuída à pessoa gramatical possuidora. No quadro abaixo, estão relacionados aos pronomes pessoais.

Pessoais	Possessivos
eu	meu, minha, meus, minhas
tu	teu, tua, teus, tuas
ele, você, v.ex.ª. etc.	seu, sua, seus, suas
nós	nosso, nossa, nossos, nossas
vós	vosso, vossa, vossos, vossas
eles	seu, sua, seus, suas

Emprego

→ **Ambiguidade**: "Seu", "sua", "seus" e "suas" são os reis da ambiguidade (duplicidade de sentido)

O policial prendeu o maconheiro em **sua** casa.

(casa de quem?)

Meu pai levou meu tio para casa em seu carro.

(no carro de quem?)

Corrigindo:

O policial prendeu o maconheiro na casa deste.

Meu pai, em seu carro, levou meu tio para casa.

→ Emprego especial - Não se usam os possessivos em relação às partes do corpo ou às faculdades do espírito. Devemos, pois, dizer:

Machuquei a mão. (E não "a minha mão")

Ele bateu a cabeça. (E não "a sua cabeça")

Perdeste a razão? (E não "a tua razão")

4. SUBSTANTIVO

É a palavra variável que designa qualidades, sentimentos, sensações, ações etc.

Quanto a sua classificação, o substantivo pode ser:

Primitivo (sem afixos): pedra.

Derivado (com afixos): pedreiro/ empedrado.

Simples (1 núcleo): guarda.

Composto (mais de 1 núcleo): guarda-roupas.

Comum (designa ser genérico): copo, colher.

Próprio (designa ser específico): Maria, Portugal.

Concreto (existência própria): cadeira, lápis.

Abstrato (existência dependente): glória, amizade.

Os substantivos concretos

Designam seres de existência própria, como: padre, político, carro e árvore. Os substantivos abstratos nomeiam qualidades ou conceitos de existência dependente, como: beleza, fricção, tristeza e amor.

Os substantivos próprios

São sempre concretos e devem ser grafados com iniciais maiúsculas. Porém, alguns substantivos próprios podem vir a se tornar comuns, pelo processo de derivação imprópria que, geralmente, ocorre pela anteposição de um artigo e a grafia do substantivo com letra minúscula. (um judas = traidor / um panamá = chapéu). As flexões dos substantivos podem se dar em gênero, número e grau.

Gênero dos substantivos

Quanto à distinção entre masculino e feminino, os substantivos podem ser:

Biformes: quando apresentam uma forma para o masculino e outra para o feminino - gato, gata, homem, mulher.

Uniformes: quando apresentam uma única forma para ambos os gêneros. Nesse caso, eles estão divididos em:

Epicenos: usados para animais de ambos os sexos (macho e fêmea) - besouro, jacaré, albatroz;

Comum de dois gêneros: aqueles que designam pessoas. Nesse caso, a distinção é feita por um elemento ladeador (artigo, pronome) - terrícola, estudante, dentista, motorista;

Sobrecomuns: apresentam um só gênero gramatical para designar seres de ambos os sexos - indivíduo, vítima, algoz.

Em algumas situações, a mudança de gênero altera também o sentido do substantivo:

O cabeça (líder) / A cabeça (parte do corpo).

4.1 Número dos Substantivos

Tentemos resumir as principais regras de formação do plural nos substantivos.

Terminação	Variação	Exemplo
vogal ou ditongo	acréscimo do 's'	barco - barcos
m	ns	pudim - pudins
ão (primeiro caso)	ões	ladrão - ladrões
ão (segundo caso)	ães	pão - pães
ão (terceiro caso)	s	cidadão - cidadãos
r	es	mulher - Mulheres
z	es	cartaz - cartazes
n	es	abdômen - Abdômenes
s (oxítonos)	es	inglês - ingleses
al, el, ol, ul	is	tribunal - tribunais
il (oxítonos)	s	barril - barris
il (paroxítonos)	eis	fóssil - fósseis
zinho, zito	s	anelzinho - aneizinhos

Alguns substantivos são grafados apenas no plural: alvíssaras, anais, antolhos, arredores, belas-artes, calendas, cãs, condolências, esponsais, exéquias, fastos, férias, fezes, núpcias, óculos, pêsames.

Grau do substantivo:

Aumentativo / Diminutivo[1]

Analítico: quando se associam os adjetivos ao substantivo: carro grande, pé pequeno;

Sintético: quando se adiciona ao substantivo sufixos indicadores de grau, carrão, pezinho.

Sufixos:

Aumentativos: -ázio, -orra, -ola, -az, -ão, -eirão, -alhão, -arão, -arrão, -zarrão;

Diminutivos: -ito, -ulo-, -culo, -ote, -ola, -im, -elho, -inho, -zinho (o sufixo -zinho é obrigatório quando o substantivo terminar em vogal tônica ou ditongo: cafezinho, paizinho);

O aumentativo pode exprimir tamanho (casarão), desprezo (sabichão, ministraço, poetastro) ou intimidade (amigão); enquanto o diminutivo pode indicar carinho (filhinho) ou ter valor pejorativo (livreco, casebre), além das noções de tamanho (bolinha).

1 Quando não flexionamos o substantivo em algum grau, dizemos que ele está no grau normal.

5. VERBO

É a palavra com que se expressa uma ação (cantar, vender), um estado (ser, estar), mudança de estado (tornar-se) ou fenômeno da natureza (chover).

Quanto à noção que expressam, os verbos podem ser classificados da seguinte maneira:

Verbos Relacionais: exprimem estado ou mudança de estado. São os chamados verbos de ligação.

Verbo de ligação
ser
estar
continuar
andar
parecer
permanecer
ficar
tornar-se

Verbos Nocionais: exprimem ação ou fenômeno da natureza. São os chamados verbos significativos.

Os Verbos Nocionais podem ser classificados da seguinte maneira:

VI (Verbo Intransitivo): diz-se daquele que não necessita de um complemento para que se compreenda a ação verbal. Exemplos: morrer, cantar, sorrir, nascer, viver.

VT (Verbo Transitivo): diz-se daquele que necessita de um complemento para expressar o afetado pela ação verbal. Divide-se em três tipos:

Diretos: não possuem preposição para ligar o complemento verbal ao verbo. São exemplos os verbos querer, comprar, ler, falar etc.

Indiretos: possuem preposição para ligar o complemento verbal ao verbo. São exemplos os verbos gostar, necessitar, precisar, acreditar etc.

Diretos e Indiretos, ou Bitransitivos: possuem dois complementos, um não-preposicionado, outro com preposição. São exemplos os verbos pagar, perdoar, implicar etc.

Preste atenção na dica que segue:

João **morreu**.

(quem morre, morre. Não é preciso um complemento para entender o verbo).

Eu **quero** um aumento.

(quem quer, quer alguma coisa. É preciso um complemento para entender o sentido do verbo).

Eu **preciso** de um emprego.

(quem precisa, precisa "de" alguma coisa. Deve haver uma preposição para ligar o complemento ao seu verbo).

Mário **pagou** a conta ao padeiro.

(quem paga, paga algo a alguém. Há um complemento com preposição e um complemento sem preposição).

5.1 Estrutura e Conjugação dos Verbos

Os verbos possuem:

Raiz: o que lhes guarda o sentido (**cant**ar, **corr**er, **sorr**ir).

Vogal temática: o que lhes garante a família conjugacional. (**A**R, **E**R, **I**R).

Desinências: o que ajuda a conjugar ou nominalizar o verbo. (canta**ndo**, cantá**vamos**).

Os verbos apresentam três conjugações, quer dizer, três famílias conjugacionais. Em função da vogal temática, podem-se criar três paradigmas[2] verbais. De acordo com a relação dos verbos com esses paradigmas, obtém-se a seguinte classificação:

Regulares: seguem o paradigma verbal de sua conjugação sem alterar suas raízes (amar, vender, partir).

Irregulares: não seguem o paradigma verbal da conjugação a que pertencem. As irregularidades podem aparecer na raiz ou nas desinências (ouvir - ouço/ouve, estar - estou/estão).

Anômalos: apresentam profundas irregularidades. São classificados como anômalos em todas as gramáticas os verbos ser e ir.

Defectivos: não são conjugados em determinadas pessoas, tempo ou modo, portanto, apresentam algum tipo de "defeito" (falir - no presente do indicativo só apresenta a 1ª e a 2ª pessoa do plural). Os defectivos distribuem-se em grupos:

» impessoais;

» unipessoais (vozes ou ruídos de animais, só conjugados nas 3ªs pessoas);

» antieufônicos (a sonoridade permite confusão com outros verbos) - demolir; falir, abolir etc.

Abundantes: apresentam mais de uma forma para uma mesma conjugação.

Existe abundância conjugacional e participial. A primeira ocorre na conjugação de algumas formas verbais, como, por exemplo, o verbo "haver", que admite "nós havemos/hemos", "vós haveis/heis". A segunda ocorre com as formas nominais de particípio. A seguir segue uma lista dos principais abundantes na forma participial.

Verbos	Particípio regular – empregado com os auxiliares TER e HAVER	Particípio irregular – empregado com os auxiliares SER, ESTAR e FICAR
aceitar	aceitado	aceito
acender	acendido	aceso
benzer	benzido	bento
eleger	eegido	eleito
entregar	entregado	entregue
enxugar	enxugado	enxuto
expressar	expressado	expresso

2 Paradigma é o modo como se dá a conjugação.

expulsar	expulsado	expulso
extinguir	extinguido	extinto
matar	matado	morto
prender	prendido	preso
romper	rompido	roto
salvar	salvado	salvo
soltar	soltado	solto
suspender	suspendido	suspenso
tingir	tingido	tinto

5.2 Flexão Verbal

Relativamente à flexão verbal, anotamos:

Número: singular ou plural;

Pessoa gramatical: 1ª, 2ª ou 3ª;

Tempo: referência ao momento em que se fala (pretérito, presente ou futuro). O modo imperativo só tem um tempo, o presente;

Voz: ativa, passiva, reflexiva e recíproca (que trabalharemos mais tarde);

Modo: indicativo (certeza de um fato ou estado), subjuntivo (possibilidade ou desejo de realização de um fato ou incerteza do estado) e imperativo (expressa ordem, advertência ou pedido).

5.3 Formas Nominais do Verbo

As três formas nominais do verbo (infinitivo, gerúndio e particípio) não possuem função exclusivamente verbal.

Infinitivo: assemelha-se ao substantivo, indica algo atemporal - o nome do verbo, sua desinência característica é a letra R: ama**r**, realça**r**, ungi**r** etc.

Gerúndio: equipara-se ao adjetivo ou advérbio pelas circunstâncias que exprime de ação em processo. Sua desinência característica é -**NDO**: ama**ndo**, realça**ndo**, ungi**ndo** etc.

***Particípio*:** tem valor e forma de adjetivo - pode também indicar ação concluída, sua desinência característica é -**ADO** ou -**IDO** para as formas regulares: am**ado**, realç**ado**, ung**ido** etc.

5.4 Tempos Verbais

Dentro do **Modo Indicativo**, anotamos os seguintes tempos:

Presente do indicativo: indica um fato real situado no momento ou época em que se fala;

Eu amo, eu vendo, eu parto.

Pretérito perfeito do indicativo: indica um fato real cuja ação foi iniciada e concluída no passado;

Eu amei, eu vendi, eu parti.

Pretérito imperfeito do indicativo: indica um fato real cuja ação foi iniciada no passado, mas não foi concluída ou era uma ação costumeira no passado;

Eu amava, eu vendia, eu partia.

Pretérito mais-que-perfeito do indicativo: indica um fato real cuja ação é anterior a outra ação já passada;

Eu amara, eu vendera, eu partira.

Futuro do presente do indicativo: indica um fato real situado em momento ou época vindoura;

Eu amarei, eu venderei, eu partirei.

Futuro do pretérito do indicativo: indica um fato possível, hipotético, situado num momento futuro, mas ligado a um momento passado.

Eu amaria, eu venderia, eu partiria.

Dentro do **Modo Subjuntivo**, anotamos os seguintes tempos:

Presente do subjuntivo: indica um fato provável, duvidoso ou hipotético, situado no momento ou época em que se fala. Para facilitar a conjugação, utilize a conjunção "que";

Que eu ame, que eu venda, que eu parta.

Pretérito imperfeito do subjuntivo: indica um fato provável, duvidoso ou hipotético, cuja ação foi iniciada, mas não concluída no passado. Para facilitar a conjugação, utilize a conjunção "se";

Se eu amasse, se eu vendesse, se eu partisse.

Futuro do subjuntivo: indica um fato provável, duvidoso, hipotético, situado num momento ou época futura. Para facilitar a conjugação, utilize a conjunção "quando".

Quando eu amar, quando eu vender, quando eu partir.

5.5 Tempos Compostos da Voz Ativa

Constituem-se pelos verbos auxiliares **ter** ou **haver** + particípio do verbo que se quer conjugar, dito principal.

No **modo Indicativo**, os tempos compostos são formados da seguinte maneira:

Pretérito perfeito: presente do indicativo do auxiliar + particípio do verbo principal (Tenho amado);

Pretérito mais-que-perfeito: pretérito imperfeito do indicativo do auxiliar + particípio do verbo principal (Tinha amado);

Futuro do presente: futuro do presente do indicativo do auxiliar + particípio do verbo principal (Terei amado);

Futuro do pretérito: futuro do pretérito indicativo do auxiliar + particípio do verbo principal (Teria amado).

No **modo Subjuntivo** a formação se dá da seguinte maneira:

Pretérito perfeito: presente do subjuntivo do auxiliar + particípio do VP (Tenha amado);

Pretérito mais-que-perfeito: imperfeito do subjuntivo do auxiliar + particípio do VP (Tivesse amado);

Futuro composto: futuro do subjuntivo do auxiliar + particípio do VP (Tiver amado).

Quanto às **formas nominais**, elas são formadas da seguinte maneira:

Infinitivo composto: infinitivo pessoal ou impessoal do auxiliar + particípio do verbo principal (Ter vendido / Teres vendido);

Gerúndio composto: gerúndio do auxiliar + particípio do verbo principal (Tendo partido).

5.6 Vozes Verbais

Cuidado com esse conteúdo, costuma ser muito cobrado em provas de concursos públicos.

Quanto às vozes, os verbos apresentam voz:

Ativa: sujeito é agente da ação verbal;

(**O corretor** vende casas)

Passiva: sujeito é paciente da ação verbal;

(Casas são vendidas **pelo corretor**)

Reflexiva: o sujeito é agente e paciente da ação verbal.

(A garota feriu-**se** ao cair da escada)

Recíproca: há uma ação mútua descrita na sentença.

(Os amigos entreolh**aram-se**)

A voz passiva: sua característica é possuir um sujeito paciente, ou seja, que é afetado pela ação do verbo.

5.7 Tipos de Voz Passiva

Analítica: verbo auxiliar + particípio do verbo principal. Isso significa que há uma locução verbal de voz passiva.

Casas **são vendidas** pelo corretor

Veja mais alguns exemplos:

Ele fez o trabalho - O trabalho **foi feito** por ele (mantido o pretérito perfeito do indicativo)

O vento ia levando as folhas - As folhas iam **sendo levadas** pelo vento (mantido o gerúndio do verbo principal em um dos auxiliares).

Vereadores entregarão um prêmio ao gari - Um prêmio **será entregue** ao gari por vereadores (veja como a flexão do futuro se mantém na locução).

Sintética: verbo apassivado pelo termo "se" (partícula apassivadora) + sujeito paciente.

Roubou-se **o dinheiro do povo**.

Fez-se **o trabalho** com pressa.

É comum observar, em provas de concurso público, questões que mostram uma voz passiva sintética como aquela que é proveniente de uma ativa com sujeito indeterminado.

Alguns verbos da língua portuguesa apresentam **problemas de conjugação**. A seguir, **temos uma lista**, seguida de comentários sobre essas dificuldades de conjugação.

Compraram um carro novo (ativa);

Comprou-se um carro novo (passiva sintética).

5.8 Verbos com a Conjugação Irregular

Abolir: Defectivo - não possui a 1ª pessoa do singular do presente do indicativo, por isso não possui presente do subjuntivo e o imperativo negativo. (= banir, carpir, colorir, delinquir, demolir, descomedir-se, emergir, exaurir, fremir, fulgir, haurir, retorquir, urgir).

Acudir: Alternância vocálica o/u - presente do indicativo - acudo, acodes... e pretérito perfeito do indicativo - com u (= bulir, consumir, cuspir, engolir, fugir).

Adequar: Defectivo - só possui a 1ª e a 2ª pessoa do plural no presente do indicativo.

Aderir: Alternância vocálica e/i - presente do indicativo - adiro, adere... (= advertir, cerzir, despir, diferir, digerir, divergir, ferir, sugerir).

Agir:

Acomodação gráfica g/j - presente do indicativo - ajo, ages... (= afligir, coagir, erigir, espargir, refulgir, restringir, transigir, urgir).

Agredir:

Alternância vocálica e/i - presente do indicativo - agrido, agrides, agride, agredimos, agredis, agridem (= prevenir, progredir, regredir, transgredir).

Aguar:

Regular - presente do indicativo - águo, águas..., - pretérito perfeito do indicativo - aguei, aguaste, aguou, aguamos, aguastes, aguaram (= desaguar, enxaguar, minguar).

Prazer:

Irregular - presente do indicativo - aprazo, aprazes, apraz... / pretérito perfeito do indicativo - aprouve, aprouveste, aprouve, aprouvemos, aprouvestes, aprouveram.

Arguir:

Irregular com alternância vocálica o/u - presente do indicativo - arguo (ú), arguis, argui, arguimos, arguis, arguem - pretérito perfeito - argui, arguiste...

Atrair:

Irregular - presente do indicativo - atraio, atrais... / pretérito perfeito - atraí, atraíste... (= abstrair, cair, distrair, sair, subtrair).

Atribuir:

Irregular - presente do indicativo - atribuo, atribuis, atribui, atribuímos, atribuís, atribuem - pretérito perfeito - atribuí, atribuíste, atribuiu... (= afluir, concluir, destituir, excluir, instruir, possuir, usufruir).

Averiguar:

Alternância vocálica o/u - presente do indicativo - averiguo (ú), averiguas (ú), averigua (ú), averiguamos, averiguais, averiguam (ú) - pretérito perfeito - averiguei, averiguaste... - presente do subjuntivo - averigue, averigues, averigue... (= apaziguar).

Cear:

Irregular - presente do indicativo - ceio, ceias, ceia, ceamos, ceais, ceiam - pretérito perfeito indicativo - ceei, ceaste, ceou, ceamos, ceastes, cearam (= verbos terminados em -ear: falsear, passear... - alguns apresentam pronúncia aberta: estreio, estreia...).

Coar:

Irregular - presente do indicativo - coo, côas, côa, coamos, coais, coam - pretérito perfeito - coei, coaste, coou... (= abençoar, magoar, perdoar).

Comerciar:

Regular - presente do indicativo - comercio, comercias... - pretérito perfeito - comerciei... (= verbos em -iar , exceto os seguintes verbos: mediar, ansiar, remediar, incendiar, odiar).

Compelir:

Alternância vocálica e/i - presente do indicativo - compilo, compeles... - pretérito perfeito indicativo - compeli, compeliste...

Compilar:

Regular - presente do indicativo - compilo, compilas, compila... - pretérito perfeito indicativo - compilei, compilaste...

Construir:

Irregular e abundante - presente do indicativo - construo, constróis (ou construís), constrói (ou construí), construímos, construís, constroem (ou construem) - pretérito perfeito indicativo - construí, construíste...

Crer:

Irregular - presente do indicativo - creio, crês, crê, cremos, credes, creem - pretérito perfeito indicativo - cri, creste, creu, cremos, crestes, creram - imperfeito indicativo - cria, crias, cria, críamos, críeis, criam.

Falir:

Defectivo - presente do indicativo - falimos, falis - pretérito perfeito indicativo - fali, faliste... (= aguerrir, combalir, foragir-se, remir, renhir)

Frigir:

Acomodação gráfica g/j e alternância vocálica e/i - presente do indicativo - frijo, freges, frege, frigimos, frigis, fregem - pretérito perfeito indicativo - frigi, frigiste...

Ir:

Irregular - presente do indicativo - vou, vais, vai, vamos, ides, vão - pretérito perfeito indicativo - fui, foste... - presente subjuntivo - vá, vás, vá, vamos, vades, vão.

Jazer:

Irregular - presente do indicativo - jazo, jazes... - pretérito perfeito indicativo - jazi, jazeste, jazeu...

Mobiliar:

Irregular - presente do indicativo - mobílio, mobílias, mobília, mobiliamos, mobiliais, mobíliam - pretérito perfeito indicativo - mobiliei, mobiliaste...

Obstar:

Regular - presente do indicativo - obsto, obstas... - pretérito perfeito indicativo - obstei, obstaste...

Pedir:

Irregular - presente do indicativo - peço, pedes, pede, pedimos, pedis, pedem - pretérito perfeito indicativo - pedi, pediste... (= despedir, expedir, medir).

Polir:

Alternância vocálica e/i - presente do indicativo - pulo, pules, pule, polimos, polis, pulem - pretérito perfeito indicativo - poli, poliste...

Precaver-se:

Defectivo e pronominal - presente do indicativo - precavemo-nos, precaveis-vos - pretérito perfeito indicativo - precavi-me, precaveste-te...

Prover:

Irregular - presente do indicativo - provejo, provês, provê, provemos, provedes, provêem - pretérito perfeito indicativo - provi, proveste, proveu...

Reaver:

Defectivo - presente do indicativo - reavemos, reaveis - pretérito perfeito indicativo - reouve, reouveste, reouve... (verbo derivado do haver, mas só é conjugado nas formas verbais com a letra v).

Remir:

Defectivo - presente do indicativo - remimos, remis - pretérito perfeito indicativo - remi, remiste...

Requerer:

Irregular - presente do indicativo - requeiro, requeres... - pretérito perfeito indicativo - requeri, requereste, requereu... (derivado do querer, diferindo dele na 1ª pessoa do singular do presente do indicativo e no pretérito perfeito do indicativo e derivados, sendo regular)

Rir:

Irregular - presente do indicativo - rio, rir, ri, rimos, rides, riem - pretérito perfeito indicativo - ri, riste... (= sorrir)

Saudar:

Alternância vocálica - presente do indicativo - saúdo, saúdas... - pretérito perfeito indicativo - saudei, saudaste...

Suar:

Regular - presente do indicativo - suo, suas, sua... - pretérito perfeito indicativo - suei, suaste, sou... (= atuar, continuar, habituar, individuar, recuar, situar)

Valer:

Irregular - presente do indicativo - valho, vales, vale... - pretérito perfeito indicativo - vali, valeste, valeu...

Também merecem atenção os seguintes verbos irregulares:

→ **Pronominais:** Apiedar-se, dignar-se, persignar-se, precaver-se

Caber

Presente do indicativo: caibo, cabes, cabe, cabemos, cabeis, cabem;

Presente do subjuntivo: caiba, caibas, caiba, caibamos, caibais, caibam;

Pretérito perfeito do indicativo: coube, coubeste, coube, coubemos, coubestes, couberam;

Pretérito mais-que-perfeito do indicativo: coubera, couberas, coubera, coubéramos, coubéreis, couberam;

Pretérito imperfeito do subjuntivo: coubesse, coubesses, coubesse, coubéssemos, coubésseis, coubessem;

Futuro do subjuntivo: couber, couberes, couber, coubermos, couberdes, couberem.

Dar

Presente do indicativo: dou, dás, dá, damos, dais, dão;

Presente do subjuntivo: dê, dês, dê, demos, deis, deem;

Pretérito perfeito do indicativo: dei, deste, deu, demos, destes, deram;

Pretérito mais-que-perfeito do indicativo: dera, deras, dera, déramos, déreis, deram;

Pretérito imperfeito do subjuntivo: desse, desses, desse, déssemos, désseis, dessem;

Futuro do subjuntivo: der, deres, der, dermos, derdes, derem.

Dizer

Presente do indicativo: digo, dizes, diz, dizemos, dizeis, dizem;

Presente do subjuntivo: diga, digas, diga, digamos, digais, digam;

Pretérito perfeito do indicativo: disse, disseste, disse, dissemos, dissestes, disseram;

Pretérito mais-que-perfeito do indicativo: dissera, disseras, dissera, disséramos, disséreis, disseram;

Futuro do presente: direi, dirás, dirá etc.;

Futuro do pretérito: diria, dirias, diria etc.;

Pretérito imperfeito do subjuntivo: dissesse, dissesses, dissesse, disséssemos, dissésseis, dissessem;

Futuro do subjuntivo: disser, disseres, disser, dissermos, disserdes, disserem;

Estar

Presente do indicativo: estou, estás, está, estamos, estais, estão;

Presente do subjuntivo: esteja, estejas, esteja, estejamos, estejais, estejam;

Pretérito perfeito do indicativo: estive, estiveste, esteve, estivemos, estivestes, estiveram;

Pretérito mais-que-perfeito do indicativo: estivera, estiveras, estivera, estivéramos, estivéreis, estiveram;

Pretérito imperfeito do subjuntivo: estivesse, estivesses, estivesse, estivéssemos, estivésseis, estivessem;

Futuro do subjuntivo: estiver, estiveres, estiver, estivermos, estiverdes, estiverem;

Fazer

Presente do indicativo: faço, fazes, faz, fazemos, fazeis, fazem;

Presente do subjuntivo: faça, faças, faça, façamos, façais, façam;

Pretérito perfeito do indicativo: fiz, fizeste, fez, fizemos, fizestes, fizeram;

Pretérito mais-que-perfeito do indicativo: fizera, fizeras, fizera, fizéramos, fizéreis, fizeram;

Pretérito imperfeito do subjuntivo: fizesse, fizesses, fizesse, fizéssemos, fizésseis, fizessem;

Futuro do subjuntivo: fizer, fizeres, fizer, fizermos, fizerdes, fizerem.

Seguem esse modelo desfazer, liquefazer e satisfazer.

Os particípios desses verbos e seus derivados são irregulares: Feito, desfeito, liquefeito, satisfeito, etc.

Haver

Presente do indicativo: hei, hás, há, havemos, haveis, hão;

Presente do subjuntivo: haja, hajas, haja, hajamos, hajais, hajam;

Pretérito perfeito do indicativo: houve, houveste, houve, houvemos, houvestes, houveram;

Pretérito mais-que-perfeito do indicativo: houvera, houveras, houvera, houvéramos, houvéreis, houveram;

Pretérito imperfeito do subjuntivo: houvesse, houvesses, houvesse, houvéssemos, houvésseis, houvessem;

Futuro do subjuntivo: houver, houveres, houver, houvermos, houverdes, houverem.

Ir

Presente do indicativo: vou, vais, vai, vamos, ides, vão;

Presente do subjuntivo: vá, vás, vá, vamos, vades, vão;

Pretérito imperfeito do indicativo: Ia, ias, ia, íamos, íeis, iam;

Pretérito perfeito do indicativo: fui, foste, foi, fomos, fostes, foram;

Pretérito mais-que-perfeito do indicativo: fora, foras, fora, fôramos, fôreis, foram;

Pretérito imperfeito do subjuntivo: fosse, fosses, fosse, fôssemos, fôsseis, fossem;

Futuro do subjuntivo: for, fores, for, formos, fordes, forem.

Poder

Presente do indicativo: posso, podes, pode, podemos, podeis, podem;

Presente do subjuntivo: possa, possas, possa, possamos, possais, possam;

Pretérito perfeito do indicativo: pude, pudeste, pôde, pudemos, pudestes, puderam;

Pretérito mais-que-perfeito do indicativo: pudera, puderas, pudera, pudéramos, pudéreis, puderam;

Pretérito imperfeito do subjuntivo: pudesse, pudesses, pudesse, pudéssemos, pudésseis, pudessem;

Futuro do subjuntivo: puder, puderes, puder, pudermos, puderdes, puderem.

Pôr

Presente do indicativo: ponho, pões, põe, pomos, pondes, põem;

Presente do subjuntivo: ponha, ponhas, ponha, ponhamos, ponhais, ponham;

Pretérito imperfeito do indicativo: punha, punhas, punha, púnhamos, púnheis, punham;

Pretérito perfeito do indicativo: pus, puseste, pôs, pusemos, pusestes, puseram;

Pretérito mais-que-perfeito do indicativo: pusera, puseras, pusera, puséramos, puséreis, puseram;

Pretérito imperfeito do subjuntivo: pusesse, pusesses, pusesse, puséssemos, pusésseis, pusessem;

Futuro do subjuntivo: puser, puseres, puser, pusermos, puserdes, puserem.

Todos os derivados do verbo pôr seguem exatamente esse modelo: Antepor, compor, contrapor, decompor, depor, descompor, dispor, expor, impor, indispor, interpor, opor, pospor, predispor, pressupor, propor, recompor, repor, sobrepor, supor, transpor são alguns deles.

Querer

Presente do indicativo: quero, queres, quer, queremos, quereis, querem;

Presente do subjuntivo: queira, queiras, queira, queiramos, queirais, queiram;

Pretérito perfeito do indicativo: quis, quiseste, quis, quisemos, quisestes, quiseram;

Pretérito mais-que-perfeito do indicativo: quisera, quiseras, quisera, quiséramos, quiséreis, quiseram;

Pretérito imperfeito do subjuntivo: quisesse, quisesses, quisesse, quiséssemos, quisésseis, quisessem;

Futuro do subjuntivo: Quiser, quiseres, quiser, quisermos, quiserdes, quiserem;

Saber

Presente do indicativo: sei, sabes, sabe, sabemos, sabeis, sabem;

Presente do subjuntivo: saiba, saibas, saiba, saibamos, saibais, saibam;

Pretérito perfeito do indicativo: soube, soubeste, soube, soubemos, soubestes, souberam;

Pretérito mais-que-perfeito do indicativo: Soubera, souberas, soubera, soubéramos, soubéreis, souberam;

Pretérito imperfeito do subjuntivo: Soubesse, soubesses, soubesse, soubéssemos, soubésseis, soubessem;

Futuro do subjuntivo: souber, souberes, souber, soubermos, souberdes, souberem.

Ser

Presente do indicativo: Sou, és, é, somos, sois, são;

Presente do subjuntivo: Seja, sejas, seja, sejamos, sejais, sejam;

Pretérito imperfeito do indicativo: Era, eras, era, éramos, éreis, eram;

Pretérito perfeito do indicativo: Fui, foste, foi, fomos, fostes, foram;

Pretérito mais-que-perfeito do indicativo: Fora, foras, fora, fôramos, fôreis, foram;

Pretérito imperfeito do subjuntivo: Fosse, fosses, fosse, fôssemos, fôsseis, fossem;

Futuro do subjuntivo: For, fores, for, formos, fordes, forem.

As segundas pessoas do imperativo afirmativo são: Sê (tu) e sede (vós).

Ter

Presente do indicativo: Tenho, tens, tem, temos, tendes, têm;

Presente do subjuntivo: Tenha, tenhas, tenha, tenhamos, tenhais, tenham;

Pretérito imperfeito do indicativo: Tinha, tinhas, tinha, tínhamos, tínheis, tinham;

Pretérito perfeito do indicativo: Tive, tiveste, teve, tivemos, tivestes, tiveram;

Pretérito mais-que-perfeito do indicativo: Tivera, tiveras, tivera, tivéramos, tivéreis, tiveram;

Pretérito imperfeito do subjuntivo: Tivesse, tivesses, tivesse, tivéssemos, tivésseis, tivessem;

Futuro do subjuntivo: Tiver, tiveres, tiver, tivermos, tiverdes, tiverem.

Seguem esse modelo os verbos: Ater, conter, deter, entreter, manter, reter.

Trazer

Presente do indicativo: Trago, trazes, traz, trazemos, trazeis, trazem;

Presente do subjuntivo: Traga, tragas, traga, tragamos, tragais, tragam;

Pretérito perfeito do indicativo: Trouxe, trouxeste, trouxe, trouxemos, trouxestes, trouxeram;

Pretérito mais-que-perfeito do indicativo: Trouxera, trouxeras, trouxera, trouxéramos, trouxéreis, trouxeram;

Futuro do presente: Trarei, trarás, trará, etc.;

Futuro do pretérito: Traria, trarias, traria, etc.;

Pretérito imperfeito do subjuntivo: Trouxesse, trouxesses, trouxesse, trouxéssemos, trouxésseis, trouxessem;

Futuro do subjuntivo: Trouxer, trouxeres, trouxer, trouxermos, trouxerdes, trouxerem.

Ver

Presente do indicativo: Vejo, vês, vê, vemos, vedes, veem;

Presente do subjuntivo: Veja, vejas, veja, vejamos, vejais, vejam;

Pretérito perfeito do indicativo: Vi, viste, viu, vimos, vistes, viram;

Pretérito mais-que-perfeito do indicativo: Vira, viras, vira, víramos, víreis, viram;

Pretérito imperfeito do subjuntivo: Visse, visses, visse, víssemos, vísseis, vissem;

Futuro do subjuntivo: Vir, vires, vir, virmos, virdes, virem.

Seguem esse modelo os derivados antever, entrever, prever, rever. Prover segue o modelo acima apenas no presente do indicativo e seus tempos derivados; nos demais tempos, comporta-se como um verbo regular da segunda conjugação.

Vir

Presente do indicativo: Venho, vens, vem, vimos, vindes, vêm;

Presente do subjuntivo: Venha, venhas, venha, venhamos, venhais, venham;

Pretérito imperfeito do indicativo: Vinha, vinhas, vinha, vínhamos, vínheis, vinham;

Pretérito perfeito do indicativo: Vim, vieste, veio, viemos, viestes, vieram;

Pretérito mais-que-perfeito do indicativo: Viera, vieras, viera, viéramos, viéreis, vieram;

Pretérito imperfeito do subjuntivo: Viesse, viesses, viesse, viéssemos, viésseis, viessem;

Futuro do subjuntivo: Vier, vieres, vier, viermos, vierdes, vierem;

Particípio e gerúndio: Vindo.

Emprego do infinitivo

Apesar de não haver regras bem definidas, podemos anotar as seguintes ocorrências:

→ Usa-se o impessoal:

Sem referência a nenhum sujeito: É proibido **estacionar** na calçada;

Nas locuções verbais: Devemos **pensar** sobre a sua situação;

Se o infinitivo exercer a função de complemento de adjetivos: É uma questão fácil de **resolver**;

Se o infinitivo possuir valor de imperativo – O comandante gritou: "**marchar**!"

→ Usa-se o pessoal:

Quando o sujeito do infinitivo é diferente do sujeito da oração principal: Eu não te culpo por seres um imbecil;

Quando, por meio de flexão, se quer realçar ou identificar a pessoa do sujeito: Não foi bom agires dessa forma;

6. SINTAXE BÁSICA DA ORAÇÃO E DO PERÍODO

Sintaxe é a parte da Gramática que estuda a função das palavras ou das expressões em uma oração ou em um período.

Definições importantes:

Frase, oração e período (conceitos essenciais)

Frase: qualquer sentença dotada de sentido.

Ex.: Eu adoro estudar Português!

Ex.: Fogo! Socorro!

Oração: frase organizada em torno de uma forma verbal.

Os alunos farão a prova amanhã!

Período: conjunto de orações;

> Período simples: 1 oração.

Estudarei Português.

> Período composto: mais de 1 oração.

Estudarei Português e farei a prova.

6.1 Período simples (oração)

A oração é dividida em termos. Assim, o estudo fica organizado e impossibilita a confusão. São os termos da oração:

Essenciais;

Integrantes;

Acessórios.

Termos essenciais da oração

Sujeito e Predicado: são chamados de essenciais, porque são os elementos que dão vida à oração. Quer dizer, sem um deles (o predicado, ao menos) não se pode formar oração.

O **Brasil** caminha para uma profunda transformação social.
(sujeito) (predicado)

Sujeito

Sujeito é o termo sintático sobre o qual se declara ou se constata algo. Deve-se observar que há uma profunda relação entre o verbo que comporá o predicado e o sujeito da oração. Usualmente, o sujeito é formado por um substantivo ou por uma expressão substantivada.

Classificação do Sujeito:

Simples;

Composto;

Oculto, elíptico ou desinencial;

Indeterminado;

Inexistente;

Oracional.

Sujeito simples: aquele que possui apenas um núcleo.

O país deverá enfrentar difíceis rivais na competição.

A perda de fôlego de algumas das grandes economias também já foi notada por outras gigantes do setor.

> **Sujeito composto:** é aquele que possui mais de um núcleo.

Rigoberto e Jacinto são amigos inseparáveis.

Eu, meus **amigos** e todo o **resto** dos alunos faremos a prova.

Sujeito oculto, elíptico ou desinencial: aquele que não se encontra expresso na oração, porém é facilmente subentendido pelo verbo apresentado.

Acord**amos** cedo naquele dia. (Quem acordou? Nós)

Abr**i** o blusão, tirei o 38, e perguntei com tanta raiva que uma gota de meu cuspe bateu na cara dele.(R. Fonseca)

Vanderlei caminhou pela manhã. À tarde pass**eou** pelo lago municipal, onde encont**rou** a Anaconda da cidade.

Perceba que o sujeito não está grafado na sentença, mas é facilmente recuperável por meio da terminação do verbo.

Sujeito indeterminado: ocorre quando o verbo não se refere a um núcleo determinado. São situações de indeterminação do sujeito:

Terceira pessoa do plural sem um referente:

Nunca lhe **deram** nada.

Fizeram comentários maldosos a seu respeito.

Com verbos transitivos indiretos, intransitivo e relacionais (de ligação) acompanhados da partícula "se" que, no caso, será classificada como índice de indeterminação de sujeito.

Vive-se muito bem.

Precisa-se de força e coragem na vida de estudante.

Nem sempre **se está** feliz na riqueza.

Sujeito inexistente ou oração sem sujeito: ocorre em algumas situações específicas.

Com verbos impessoais (principalmente os que denotam fenômeno da natureza).

Em setembro **chove** muito.

Nevava em Palotina.

Com o verbo haver, desde que empregado nos sentidos de existir, acontecer ou ocorrer.

Há poemas perfeitos, não **há** poetas perfeitos.

Deveria haver soluções para tais problemas.

Com os verbos ir, haver e fazer, desde que empregado fazendo alusão a tempo transcorrido.

Faz um ano que não viajo. (verbo "fazer" no sentido de "tempo transcorrido")

Há muito tempo que você não aparece. (verbo "haver" no sentido de "tempo")

Vai para dois meses que não recebo salário. (verbo "ir" no sentido de "tempo")

Com os verbos ser ou estar indicando tempo.

Era noite fechada.

É tarde, eles não vêm!

Com os verbos bastar e chegar indicando cessamento.

Basta de tanta corrupção no Senado!

Chega de ficar calado quando a situação aperta!

Com o verbo ser indicando data ou horas.

São dez horas no relógio da torre.

Amanhã **serão** dez de dezembro.

Sujeito oracional: ocorre nas análises do período composto, quando se verifica que o sujeito de um verbo é uma oração.

É preciso **que você estude Língua Portuguesa**.

Predicado

É o termo que designa aquilo que se declara acerca do sujeito. É mais simples e mais prudente para o aluno buscar identificar o predicado antes do sujeito, pois, se assim o fizer, terá mais concretude na identificação do sujeito.

Classificação do predicado:

> Nominal;

> Verbal;

> Verbo-nominal.

Predicado Nominal: o predicado nominal é formado por um verbo relacional (de ligação) + predicativo.

Lembre os principais verbos de ligação: ser, estar, permanecer, continuar, ficar, parecer, andar e torna-se.

A economia da Ásia parecia derrotada após a crise.

O deputado, de repente, virou patriota.

Português é legal.

Predicado Verbal: o predicado verbal tem como núcleo um verbo nocional.

Empresários **investirão R$ 250 milhões em novo berço para Porto de Paranaguá**.

Predicado Verbo-nominal: ocorre quando há um verbo significativo (nocional) + um predicativo do sujeito.

O trem chegou atrasado. ("atrasado" é uma qualidade do sujeito que aparece após o verbo, portanto, é um predicativo do sujeito).

Pedro Paladino já nasceu rico.

Acompanhei a indignação de meus alunos preocupado.

Predicativo

O predicativo é um termo componente do predicado. Qualifica sujeito ou objeto.

Josefina era **maldosa**, **ruim**, **sem valor**. (pred. do sujeito)

Leila deixou o garoto **louco**. (pred. do objeto)

O diretor nomeou João **chefe da repartição**. (pred. do objeto)

Termos integrantes da oração

Objeto Direto (complemento verbal);

Objeto Indireto (complemento verbal);

Complemento Nominal;

Agente da Passiva.

Objeto Direto: é o complemento de um verbo transitivo direto.

Os bons cidadãos cumprem **as leis**. (quem cumpre, cumpre algo)

Em resumo: ele queria **uma mulher**. (quem quer, quer algo)

Objeto Indireto: é o complemento de um verbo transitivo indireto.

Os bons cidadãos obedecem **às leis**. (quem obedece, obedece a algo)

Necessitamos **de manuais mais práticos** nos dias de hoje. (quem necessita, necessita de algo)

Complemento Nominal: é o complemento, sempre preposicionado, de adjetivos, advérbios e substantivos que, em determinadas circunstâncias, pedem complemento, assim como os verbos transitivos indiretos.

O filme era impróprio para crianças.

Finalizou-se a construção do prédio.

Agiu favoravelmente ao réu.

Agente da Passiva: É o complemento que, na voz passiva, designa o ser praticante da ação sofrida ou recebida pelo sujeito.

Ex. de voz ativa: O zagueiro executou a jogada.

Ex. de voz passiva: A jogada foi executada **pelo zagueiro**. (Agente da passiva)

Conversas foram interceptadas pela **Polícia Federal**. (Agente da passiva)

Termos acessórios da oração

Adjunto Adnominal;

Adjunto Adverbial ;

Aposto;

Vocativo.

Adjunto Adnominal: a função do adjunto adnominal é desempenhada por qualquer palavra ou expressão que, junto de um substantivo ou de uma expressão substantivada, modifica o seu sentido. Vejamos algumas palavras que desempenham tal função.

Artigos: as alunas serão aprovadas.

Pronomes adjetivos: aquela aluna será aprovada.

Numerais adjetivos: duas alunas serão aprovadas.

Adjetivos: aluno **estudioso** é aprovado.

Locuções adjetivas: aluno **de gramática** passa no concurso.

Adjunto Adverbial: o Adjunto Adverbial é o termo acessório (que não é exigido por elemento algum da sentença) que exprime circunstância ao verbo e, às vezes, ao adjetivo ou mesmo ao advérbio.

Advérbios: os povos antigos trabalhavam mais.

Locuções Adverbiais: Li vários livros **durante as férias**.

Alguns tipos de adjuntos adverbiais: Tempo: **Ontem**, choveu muito.

Lugar: Gostaria de que me encontrasse **na esquina da padaria**.

Modo: Alfredo executou a aria **fantasticamente**.

Meio: Fui para a escola **a pé**.

Causa: **Por amor**, cometem-se loucuras.

Instrumento: Quebrou a **vidraça com uma pedra**.

Condição: **Se estudar muito**, será aprovado.

Companhia: Faremos sucesso **com essa banda.**

Aposto: o aposto é o termo sintático que, possuindo equivalência semântica, esclarece seu referente. Tipos de Aposto:

Explicativo: Alencar, **escritor romântico**, possui uma obra vastíssima.

Resumitivo ou recapitulativo: Estudo, esporte, cinema, **tudo** o chateava.

Enumerativo: Preciso de duas coisas: **saúde e dinheiro**.

Especificativo: A notícia foi publicada na revista **Veja**.

Distributivo: Havia grupos interessados: **o da direita e o da esquerda**.

Oracional: Desejo só uma coisa: **que vocês passem no concurso**.

Vocativo: O Vocativo é uma interpelação, é um chamamento. Normalmente, indica com quem se fala.

Ó mar, por que não me levas contigo?

Vem, **minha amiga**, abraçar um vitorioso.

6.2 Período Composto

Nesse tópico, você deverá realizar a análise de mais de uma oração, portanto, atenção! Há dois processos de composição de período em Língua Portuguesa. São eles: coordenação e subordinação.

Coordenação: ocorre quando são unidas orações independentes sintaticamente. Ou seja, são autônomas do ponto de vista estrutural. Vamos a um exemplo.

Altamiro pratica esportes e estuda muito.

Subordinação: ocorre quando são unidas orações que possuem dependência sintática. Ou seja, não estão completas em sua estrutura. O processo de subordinação ocorre de três maneiras:

Substantiva: quando a oração desempenhar a função de um substantivo na sentença (**sujeito, predicativo, objeto direto, objeto indireto, complemento nominal ou aposto**).

Adjetiva: quando a oração desempenhar a função de adjunto adnominal na sentença.

Adverbial: quando a oração desempenhar a função de adjunto adverbial na sentença.

Eu quero **que vocês passem no concurso**. (oração subordinada substantiva objetiva direta – a função de objeto direto está sendo desempenhada pela oração)

O Brasil, **que é um belíssimo país**, possui vegetação exuberante. (oração subordinada adjetiva explicativa)

Quando José entrou na sala, Manoel saiu. (oração subordinada adverbial temporal)

Processo de coordenação

Há dois tipos de orações coordenadas: **assindéticas** e **sindéticas**.

Assindéticas:

O nome vem da palavra grega *sýndetos*, que significa conjunção, união. Ou seja, oração que não possui conjunção quando está colocada ao lado de outra.

Valdevino **correu (OCA)**, **correu (OCA)**, **correu (OCA)** o dia todo.

Perceba que não há conjunções para ligar os verbos, ou seja, as orações estão colocadas uma ao lado da outra sem síndeto, portanto, são **Orações Coordenadas Assindéticas**.

Sindéticas:

Contrariamente às assindéticas, as sindéticas possuem conjunção para exprimir uma relação lógico-semântica. Cada oração recebe o nome da conjunção que a introduz. Por isso é necessário decorar as conjunções.

Aditivas: São introduzidas pelas conjunções e, nem, mas também, também, como (após "não só"), como ou quanto (após "tanto"), mais etc., dando a ideia de adição à oração anterior.

A seleção brasileira venceu a Dinamarca/ **e empatou com a Inglaterra**. (Oração Coordenada Assindética / **Oração Coordenada Sindética Aditiva**)

Adversativas: São introduzidas pelas conjunções mas, porém, todavia, contudo, entretanto, no entanto, não obstante, senão, apesar disso, embora etc., indicando uma relação de oposição à sentença anterior.

O time batalhou muito, / **mas não venceu o adversário.** (Oração Coordenada Assindética / **Oração Coordenada Sindética Adversativa**)

Alternativas: São introduzidas pelas conjunções ou... ou, ora... ora, já... já, quer... quer, seja... seja, nem... nem etc., indicando uma relação de alternância entre as sentenças.

Ora estuda, / ora trabalha,: (Oração Coordenada Sindética Alternativa / Oração Coordenada Sindética Alternativa)

Conclusivas: São introduzidas pelas conjunções pois (posposto ao verbo), logo, portanto, então, por conseguinte, por consequência, assim, desse modo, destarte, com isso, por isto, consequentemente, de modo que, indicando uma relação de conclusão do período anterior.

Comprei a carne e o carvão, / **portanto podemos fazer o churrasco**. (Oração Coordenada Assindética / **Oração Coordenada Sindética Conclusiva**)

Estou muito doente, / **não posso, pois, ir à aula**. (Oração Coordenada Assindética/ **Oração Coordenada Sindética Conclusiva**)

Explicativas: São introduzidas pelas conjunções que, porque, porquanto, por, portanto, como, pois (anteposta ao verbo), ou seja, isto é, indicando uma relação de explicação para com a sentença anterior.

Não converse, / **pois estou estudando**. (OCA / **Oração Coordenada Sindética Explicativa**)

Processo de subordinação

Orações Subordinadas Substantivas: dividem-se em 6 tipos, introduzidas, geralmente, pelas conjunções "**que**" e "**se**".

9. COLOCAÇÃO PRONOMINAL

Esta parte do conteúdo é relativa ao estudo da posição dos pronomes oblíquos átonos em relação ao verbo. Antes de iniciar o estudo, trate de memorizar os pronomes em questão, do contrário, você não progredirá.

Pronomes Oblíquos Átonos
me
te
o, a, lhe, se
nos
vos
os, as, lhes, se

Quatro casos de colocação:

Próclise (anteposto ao verbo)

Nunca **o** vi.

Mesóclise (medial em relação ao verbo)

Dir-te-ei algo.

Ênclise (posposto ao verbo)

Passa-**me** a resposta.

Apossínclise (intercalação de uma ou mais palavras entre o pronome e o verbo)

Talvez tu **me** já não creias.

9.1 Regras de Próclise

Palavras ou expressões negativas:

Não **me** deixe aqui neste lugar!

Ninguém **lhe** disse que seria fácil.

Pronomes relativos:

O material de que **me** falaste é muito bom.

Eis o conteúdo que **me** causa nojo.

Pronomes indefinidos:

Alguém **me** disse que você vai ser transferido.

Tudo **me** parece estranho.

Conjunções subordinativas:

Confiei neles, assim que **os** conheci.

Disse que **me** faltavam palavras.

Advérbios:

Sempre **lhe** disse a verdade.

Talvez **nos** apareça a resposta para essa questão.

Pronomes interrogativos:

Quem **te** contou a novidade?

Que **te** parece essa situação?

"Em + gerúndio"

Em **se** tratando de Gramática, eu gosto muito!

Nesta terra, em **se** plantando, tudo há de nascer.

Particípio

Ele havia avisado-**me** (errado)

Ele **me** havia avisado (certo)

Sentenças optativas

Deus **lhe** pague!

Deus **o** acompanhe!

9.2 Regras de Mesóclise

Emprega-se o pronome oblíquo átono no meio da forma verbal, quando ela estiver no futuro do presente ou no futuro simples do pretérito do indicativo.

Chamar-**te**-ei, quando ele chegar.

Se houver tempo, contar-**vos**-emos nossa aventura.

Contar-**te**-ia a novidade.

9.3 Regras de Ênclise

Não se inicia sentença, em Língua Portuguesa, por pronome oblíquo átono. Ou seja, não coloque o pronome átono no início da frase.

Formas verbais:

Do **infinitivo impessoal** (precedido ou não da preposição "a");

Do **gerúndio**;

Do **imperativo afirmativo**;

Alcança-**me** o prato de salada, por favor!

Urge obedecer-**se** às leis.

O garoto saiu da sala desculpando-**se**.

Tratando-**se** desse assunto, não gosto de pensar.

Dá-**me** motivos para estudar.

Se o gerúndio vier precedido da preposição "em", deve-se empregar a próclise.

Em **se** tratando de Gramática, eu gosto muito.

9.4 Casos Facultativos

Sujeito expresso, próximo ao verbo.

O menino se machucou **(-se)**.

Eu **me** refiro **(-me)** ao fato de ele ser idiota.

Infinitivo antecedido de "não" ou de preposição.

Sabemos que não se habituar **(-se)** ao meio causa problemas.

O público o incentivou a se jogar **(-se)** do prédio.

10. REGÊNCIA VERBAL E NOMINAL

Regência é a parte da Gramática Normativa que estuda a relação entre dois termos, verificando se um termo serve de complemento a outro e se nessa complementação há uma preposição.

Dividimos a Regência em:

Regência Verbal (ligada aos verbos).

Regência Nominal (ligada aos substantivos, adjetivos ou advérbios).

10.1 Regência Verbal

Deve-se analisar, nesse caso, a necessidade de complementação, a presença ou ausência da preposição e a possibilidade de mudança de sentido do texto.

Vamos aos casos:

Agradar e desagradar: São transitivos indiretos (com preposição a) nos sentidos de satisfazer, contentar:

A biografia de Aníbal Machado **agradou/desagradou** à maioria dos leitores.

A criança **agradava** ao pai por ser muito comportada.

Agradar: Pode ser transitivo direto (sem preposição) se significar acariciar, afagar:

Agradar a esposa.

Pedro passava o dia todo **agradando** os seus gatos.

Agradecer: Transitivo direto e indireto, com a preposição a, no sentido de demonstrar gratidão a alguém:

Agradecemos a Santo Antônio o milagre alcançado.

Agradecemos-lhes a benesse concedida.

O verbo em questão também pode ser transitivo direto no sentido de mostrar gratidão por alguma coisa:

Agradeço a dedicação de todos os estudantes.

Os pais **agradecem** a dedicação dos professores para com os alunos.

Aspirar: É transitivo indireto (preposição "a") nos sentidos de desejar, pretender ou almejar:

Sempre **aspirei** a um cargo público.

Manoel **aspirava** a ver novamente a família na Holanda.

Aspirar: É transitivo direto na acepção de inalar, sorver, tragar, ou seja, mandar para dentro:

Aspiramos o perfume das flores.

Vimos a empregada **aspirando** a poeira do sofá.

Assistir: É transitivo direto no sentido de ajudar, socorrer etc:

O professor **assistia** o aluno.

Devemos **assistir** os mais necessitados.

Assistir: É transitivo indireto (complemento regido pela preposição "a") no sentido de ver ou presenciar:

Assisti ao comentário da palestra anterior.

Você deve **assistir** às aulas do professor!

Assistir: É transitivo indireto (complemento regido pela preposição "a") no sentido de "ser próprio de", "pertencer a":

O direito à vida **assiste** ao ser humano.

Esse comportamento **assiste** às pessoas vitoriosas.

Assistir: É intransitivo no sentido de morar ou residir:

Maneco **assistira** em Salvador.

Chegar: É verbo intransitivo e possui os adjuntos adverbiais de lugar introduzidos pela preposição "a":

Chegamos a Cascavel pela manhã.

Este é o ponto a que pretendia **chegar**.

Caso a expressão indique posição em um deslocamento, admite-se a preposição em:

Cheguei no trem à estação.

Os verbos ir e vir têm a mesma regência de chegar:

Nós **iremos** à praia amanhã.

Eles **vieram** ao cursinho para estudar.

Custar: Ter valor ou preço: verbo transitivo direto:

O avião **custa** 100 mil reais.

Ter como resultado certa perda ou revés: verbo transitivo direto e indireto:

Essa atitude **custou**-lhe a vida.

Ser difícil ou trabalhoso: intransitivo:

Custa muito entender esse raciocínio.

Levar tempo ou demorar: intransitivo:

Custa a vida para aprender a viver.

Esquecer / lembrar: Possuem a seguinte regra - se forem pronominais, terão complemento regido pela preposição "de"; se não forem, não haverá preposição:

Lembrei-**me de** seu nome. / Esqueci-me de seu nome.

Lembrei seu nome. / Esqueci seu nome.

Gostar: É transitivo indireto no sentido de apreciar (complemento introduzido pela preposição "de"):

Gosto de estudar.

Gosto muito de minha mãe.

Gostar: Como sinônimo de experimentar ou provar é transitivo direto:

Gostei a sobremesa apenas uma vez e já adorei.

Gostei o chimarrão uma vez e não mais o abandonei.

Implicar: pode ser:

Transitivo direto (sentido de acarretar):

Cada escolha **implica** uma renúncia.

Transitivo direto e indireto (sentido de envolver alguém em algo):

Implicou a irmã no crime.

Transitivo indireto (sentido de rivalizar):

Joana estava **implicando** com o irmão menor.

O verbo informar é bitransitivo, ou seja, é transitivo direto e indireto. Quem informa, informa:

» Algo a alguém: **Informei** o acontecido para Jonas.

» Alguém de algo: **Informei**-o do acontecido.

» Alguém sobre algo: **Informei**-o sobre o acontecido.

Morar / Residir: Verbos intransitivos (ou, como preconizam alguns dicionários, transitivo adverbiado), cujos adjuntos adverbiais de lugar são introduzidos pela preposição "em":

José **mora** em Alagoas.

Há boas pessoas **residindo** em todos os estados do Brasil.

Obedecer: É um verbo transitivo indireto:

Os filhos **obedecem** aos pais.

Obedeça às leis de trânsito.

Embora transitivo indireto, admite forma passiva:

"Os pais são obedecidos pelos filhos."

O antônimo "desobedecer" também segue a mesma regra.

Perdoar: É transitivo direto e indireto, com objeto direto de coisa e indireto de pessoa:

Jesus **perdoou** os pecados aos pecadores.

Perdoava-lhe a desconsideração.

Perdoar admite a voz passiva:

"Os pecadores foram perdoados por Deus."

Precisar: É transitivo indireto (complemento regido pela preposição de) no sentido de "necessitar":

Precisaremos de uma nova Gramática.

Precisar: É transitivo direto no sentido de indicar com precisão:

Magali não soube **precisar** quando o marido voltaria da viagem.

Preferir É um verbo bitransitivo, ou seja, é transitivo direto e indireto, sempre exigindo a preposição a (preferir alguma coisa a outra):

Ex.: Adelaide **preferiu** o filé ao risoto.

Ex.: **Prefiro** estudar a ficar em casa descansando.

Ex.: **Prefiro** o sacrifício à desistência.

É incorreto reforçar o verbo "preferir" ou utilizar a locução "do que".

Proceder: É intransitivo na acepção de "ter cabimento":

Suas críticas são vazias, não **procedem**.

Proceder: É também intransitivo na acepção de "portar-se":

Todas as crianças **procederam** bem ao lavarem as mãos antes do lanche.

Proceder: No sentido de "ter procedência" é utilizado com a preposição de:

Acredito que a dúvida **proceda** do coração dos curiosos.

Proceder: É transitivo indireto exigindo a preposição a no sentido de "dar início":

Os investigadores **procederam** ao inquérito rapidamente.

Querer: É transitivo direto no sentido de "desejar":

Eu **quero** um carro novo.

Querer: É transitivo indireto (com o complemento de pessoa) no sentido de "ter afeto":

Quero muito a meus alunos que são dedicados.

Solicitar: É utilizado, na maior parte dos casos, como transitivo direto e indireto. Nada impede, entretanto, que se construa como transitivo direto:

O juiz **solicitou** as provas ao advogado.

Solicito seus documentos para a investidura no cargo.

Visar: É transitivo direto na acepção de mirar:

O atirador **visou** o alvo e disparou um tiro certeiro.

Visar: É transitivo direto também no sentido de "dar visto", "assinar":

O gerente havia **visado** o relatório do estagiário.

Visar: É transitivo indireto, exigindo a preposição a, na acepção de "ter em vista", "pretender", "almejar":

Pedro **visava** ao amor de Mariana.

As regras gramaticais **visam** à uniformidade da expressão linguística.

10.2 Regência Nominal

Alguns nomes (substantivos, adjetivos e advérbios) são comparáveis aos verbos transitivos indiretos: precisam de um complemento introduzido por uma preposição.

Acompanhemos os principais termos que exigem regência especial.

Substantivo		
Admiração a, por	Devoção a, para, com, por	Medo a, de
Aversão a, para, por	Doutor em	Obediência a
Atentado a, contra	Dúvida acerca de, em, sobre	Ojeriza a, por
Bacharel em	Horror a	Proeminência sobre
Capacidade de, para	Impaciência com	Respeito a, com, para com, por
Exceção a	Excelência em	Exatidão de, em
Dissonância entre	Divergência com, de, em, entre, sobre	Referencia a
Alusão a	Acesso a	Menção a

Adjetivos		
Acessível a	Diferente de	Necessário a
Acostumado a, com	Entendido em	Nocivo a
Afável com, para com	Equivalente a	Paralelo a
Agradável a	Escasso de	Parco em, de
Alheio a, de	Essencial a, para	Passível de
Análogo a	Fácil de	Preferível a

Ansioso de, para, por	Fanático por	Prejudicial a
Apto a, para	Favorável a	Prestes a
Ávido de	Generoso com	Propício a
Benéfico a	Grato a, por	Próximo a
Capaz de, para	Hábil em	Relacionado com
Compatível com	Habituado a	Relativo a
Contemporâneo a, de	Idêntico a	Satisfeito com, de, em, por
Contíguo a	Impróprio para	Semelhante a
Contrário a	Indeciso em	Sensível a
Curioso de, por	Insensível a	Sito em
Descontente com	Liberal com	Suspeito de
Desejoso de	Natural de	Vazio de
Distinto de, em, por	Dissonante a, de, entre	Distante de, para

Advérbios		
Longe de	Perto de	Relativamente a
Contemporaneamente a	Impropriamente a	Contrariamente a

É provável que você encontre um grande número de listas com palavras e suas regências, porém a maneira mais eficaz de se descobrir a regência de um termo é fazer uma pergunta para ele e verificar se, na pergunta, há uma preposição. Havendo, descobre-se a regência.

Ex.: A descoberta era **acessível** a todos.

Faz-se a pergunta: algo que é acessível é acessível? (a algo ou a alguém). Descobre-se, assim, a regência de acessível.

11. CRASE

O acento grave é solicitado nas palavras quando há a união da preposição "a" com o artigo (ou a vogal dependendo do caso) feminino "a" ou com os pronomes demonstrativos (aquele, aquela, aquilo e "a").

Ex.: Mário foi **à** festa ontem.

Tem-se o "a" preposição e o "a" artigo feminino.

Quem vai, vai a algum lugar / festa é palavra feminina, portanto, admite o artigo "a".

Chegamos **àquele** assunto (a + aquele).

A gravata que eu comprei é semelhante **à** que você comprou (a + a).

Decore os casos em que não ocorre crase, pois a tendência da prova é perguntar se há crase ou não. Sabendo os casos proibitivos, fica muito fácil.

11.1 Crase Proibitiva

Não se pode usar acento grave indicativo de crase:

Antes de palavras masculinas.

Ex.: Fez uma pergunta **a** Mário.

Antes de palavras de sentido indefinido.

Ex.: Não vai **a** festas, **a** reuniões, **a** lugar algum.

Antes de verbos.

Ex.: Todos estão dispostos **a** colaborar.

De pronomes pessoais.

Ex.: Darei um presente **a ela**.

De nomes de cidade, estado ou país que não utilizam o artigo feminino.

Ex.: Fui **a** Cascavel. / Vou **a** Pequim.

Da palavra "casa" quando tem significado de próprio lar, ou seja, quando ela aparecer indeterminada na sentença.

Ex.: Voltei a casa, pois precisava comer algo.

Quando houver determinação da palavra casa, ocorrerá crase.

"Voltei à casa de meus pais"

Da palavra "terra" quando tem sentido de solo;

Ex.: Os tripulantes vieram a terra.

A mesma regra da palavra "casa" se aplica à palavra terra.

De expressões com palavras repetidas;

Dia a dia, mano a mano, face a face, cara a cara etc.

Diante de numerais cardinais referentes a substantivos que não estão determinados pelo artigo:

Ex.: Irei assistir a duas aulas de Língua Portuguesa.

No caso de locuções adverbiais que exprimem hora determinada e nos casos em que o numeral estiver precedido de artigo, acentua-se:

"Chegamos às oito horas da noite."

"Assisti às duas sessões de ontem."

No caso dos numerais, há uma dica para facilitar o entendimento dos casos de crase. Se houver o "a" no singular e a palavra posterior no plural, não ocorrerá o acento grave. Do contrário, ocorrerá.

11.2 Crase Obrigatória

Locução adverbial feminina.

Ex.: À noite, à tarde, às pressas, às vezes, à farta, à vista, à hora certa, à esquerda, à direita, à toa, às sete horas, à custa de, à força de, à espera de, à vontade, à toa.

Termos femininos ou masculinos com sentido da expressão "à moda de" ou "ao estilo de".

Ex.: Filé à milanesa, servir à francesa, brigar à portuguesa, gol à Pelé, conto à Machado de Assis, discurso à Rui Barbosa etc.

Locuções conjuntivas proporcionais.

Ex.: À medida que, à proporção que.

Locuções prepositivas.

Ex.: À procura de, à vista de, à margem de, à beira de, à custa de, à razão de, à mercê de, à maneira de etc.

Para evitar ambiguidade: receberá o acento o termo afetado pela ação do verbo (objeto direto preposicionado).

Ex.: Derrubou a menina **à panela**.

Ex.: Matou a vaca **à cobra**.

Diante da palavra distância quando houver determinação da distância em questão:

Ex.: Achava-se à **distância de cem** (ou de alguns) **metros**.

Antes das formas de tratamento "senhora", "senhorita" e "madame" = não há consenso entre os gramáticos, no entanto, opta-se pelo uso.

Ex.: Enviei lindas flores **à senhorita**.

Ex.: Josias remeteu uma carta **à senhora**.

11.3 Crase Facultativa

Após a preposição até:

As crianças foram até **à escola**.

Antes de pronomes possessivos femininos:

Ele fez referência **à nossa causa!**

Antes de nomes próprios femininos:

Mandei um SMS **à Joaquina**.

Antes da palavra Dona.

Remeti uma carta à **Dona Benta**.

Não se usa crase antes de nomes históricos ou sagrados:

"O padre fez alusão a Nossa Senhora."

"Quando o professor fez menção a Joana D'Arc, todos ficaram entusiasmados."

12. PONTUAÇÃO

A pontuação assinala a melodia de nossa fala, ou seja, as pausas, a ênfase etc.

12.1 Principais Sinais e Usos

Vírgula

É o sinal mais importante para concurso público.

Usa-se a vírgula para:

Separar termos que possuem mesma função sintática no período:

José, **Maria**, **Antônio** e **Joana** foram ao mercado. (função de núcleo do sujeito)

Isolar o vocativo:

Então, **minha cara**, não há mais o que se dizer!

Isolar um aposto explicativo (cuidado com essa regra, veja que não há verbo no aposto explicativo):

O João, **ex-integrante da comissão**, veio fazer parte da reunião.

Isolar termos antecipados, como: complemento, adjunto ou predicativo:

Na semana passada, comemos camarão no restaurante português. (antecipação de adjunto adverbial)

Separar expressões explicativas, conjunções e conectivos:

isto é, ou seja, por exemplo, além disso, pois, porém, mas, no entanto, assim etc.

Separar os nomes dos locais de datas:

Cascavel, 02 de maio de 2012.

Isolar orações adjetivas explicativas (pronome relativo + verbo + vírgula):

O Brasil, **que é um belíssimo país**, possui ótimas praias.

Separar termos de uma enumeração:

Vá ao mercado e traga **cebola**, **alho**, **sal**, **pimenta e coentro**.

Separar orações coordenadas:

Esforçou-se muito, **mas não venceu o desafio**. (oração coordenada sindética adversativa)

Roubou todo o dinheiro, **e ainda apareceu na casa**. (oração coordenada sindética aditiva).

A vírgula pode ser utilizada antes da conjunção aditiva "e" caso se queira enfatizar a oração por ela introduzida.

Omitir um termo, elipse (no caso da elipse verbal, chamaremos "zeugma"):

De dia era um anjo, de noite um **demônio**. (omissão do verbo "ser")

Separar termos de natureza adverbial deslocado dentro da sentença:

Na semana passada, trinta alunos foram aprovados no concurso. (locução adverbial temporal)

Se estudar muito, você será aprovado no concurso. (oração subordinada adverbial condicional)

Ponto final

Usa-se o ponto final:

Ao final de frases para indicar uma pausa total; é o que marca o fim de um período:

Depois de passar no concurso, comprarei um carro.

Em abreviaturas:

Sr., a. C., Ltda., num., adj., obs., máx., *bat.*, *brit.* *etc.*

Ponto e vírgula

Usam-se ponto e vírgula para:

Separar itens que aparecem enumerados:

Uma boa dissertação apresenta:

Coesão;

Coerência;

Progressão lógica;

Riqueza lexical;

Concisão;

Objetividade;

Aprofundamento.

Separar um período que já se encontra dividido por vírgulas:

Não gostava de trabalhar; queria, no entanto, muito dinheiro no bolso.

Separar partes do texto que se equilibram em importância:

Os pobres dão pelo pão o trabalho; os ricos dão pelo pão a fazenda; os de espíritos generosos dão pelo pão a vida; os de nenhum espírito dão pelo pão a alma.(Vieira).

O capitalismo é a exploração do homem pelo homem; o socialismo é exatamente o contrário.

Dois Pontos

São usados dois pontos quando:

Se vai fazer uma citação ou introduzir uma fala:

José respondeu:

- Não, muito obrigado!

Se quer indicar uma enumeração:

Quero apenas uma coisa: que vocês sejam aprovados no concurso!

Aspas

São usadas aspas para indicar:

Citação presente no texto. Ex.:

"Há distinção entre categorias do pensamento" - disse o filósofo.

Expressões estrangeiras, neologismos, gírias. Ex.:

Na parede, haviam pintado a palavra "love". (expressão estrangeira)

Ficava "bailarinando", como diria Guimarães. (neologismo)

"Velho", esconde o "cano" aí e "deixa baixo". (gíria)

Reticências

São usadas para indicar supressão de um trecho, interrupção na fala, ou dar ideia de continuidade ao que se estava falando. Ex.:

(...) Profundissimamente hipocondríaco Este ambiente me causa repugnância Sobe-me à boca uma ânsia análoga à ânsia Que se escapa pela boca de um cardíaco(...)

Eu estava andando pela rua quando...

Eu gostei da nova casa, mas da garagem...

Parênteses

São usados quando se quer explicar melhor algo que foi dito ou para fazer simples indicações. Ex.:

Foi o homem que cometeu o crime (o assassinato do irmão).

Travessão

Indica a fala de um personagem:

Ademar falou. Ex.:

- Amigo, preciso contar algo para você.

Isola um comentário no texto. Ex.:

O estudo bem realizado - **diga-se de passagem, que quase ninguém faz** - é o primeiro passo para a aprovação.

Isola um aposto na sentença. Ex.:

A Semântica – **estudo sobre as relações de sentido** - é importantíssima para o entendimento da Língua.

Reforçar a parte final de um enunciado. Ex.:

Para passar no concurso, é preciso estudar muito — **muito mesmo.**

Trocas

A Banca, eventualmente, costuma perguntar sobre a possibilidade de troca de termos, portanto, atenção!

» Vírgulas, travessões e parênteses, quando isolarem um aposto, podem ser trocadas sem prejuízo para a sentença;

» Travessões podem ser trocados por dois pontos, a fim de enfatizar um enunciado.

Regra de ouro

Na ordem natural de uma sentença, é proibido:

→ Separar Sujeito e Predicado com vírgulas:

"Aqueles maravilhosos velhos ensinamentos de meu pai foram de grande utilidade. (certo) Aqueles maravilhosos velhos ensinamentos de meu pai, foram de grande utilidade. (errado)."

→ Separar Verbo de Objeto:

"O presidente do maravilhoso país chamado Brasil assinou uma lei importante. (certo) O presidente do maravilhoso país chamado Brasil assinou, uma lei importante. (errado)"

13. TIPOLOGIA TEXTUAL

O conteúdo relativo à tipologia textual é, deveras, fácil. Precisamos, apenas, destacar alguns elementos estruturantes a cada tipo de texto. Dessa forma, você conseguirá responder quaisquer questões relacionadas a essa temática.

O primeiro item que se deve ter em mente na hora de analisar um texto segundo sua tipologia é o caráter da predominância. Isso quer dizer que um mesmo agrupamento textual pode possuir características de diversas tipologias distintas, porém as questões costumam focalizar qual é o "tipo" predominante, o que mais está evidente no texto. Um pouco de bom-senso e uma pequena dose de conhecimento relativo ao assunto são necessários para obter sucesso nesse conteúdo.

Trabalharemos com três tipologias básicas: **narração, dissertação e descrição.** Vamos ao trabalho:

13.1 Narração

Facilmente identificável, a tipologia narrativa guarda uma característica básica: contar algo, transmitir a ocorrência de fatos e/ou ações que possuam um registro espacial e temporal. Quer dizer, a narração necessita, também, de um espaço bem marcado e de um tempo em que as ações narradas ocorram. Discorramos sobre cada aspecto separadamente.

São elementos de uma NARRAÇÃO:

Personagem: Quem pratica ação dentro da narrativa, é claro. Deve-se observar que os personagens podem possuir características físicas (altura, aparência, cor do cabelo etc.) e psicológicas (temperamento, sentimentos, emoções etc.), as quais podem ser descritas ao longo do texto.

Espaço: Trata-se do local em que a ação narrativa ocorre.

Tempo: É o lapso temporal em que a ação é descrita. Não se engane, o tempo pode ser enunciado por um simples "era uma vez".

Ação: Não existe narração sem ação! Ou seja, os personagens precisam fazer algo, ou sofrer algo para que haja ação narrativa.

Narrador: Afinal, como será contada uma estória sem uma voz que a narre? Portanto, este é outro elemento estruturante da tipologia narrativa. O narrador pode estar inserido na narrativa ou apenas "observar" e narrar os acontecimentos.

Note-se que, na tipologia narrativa, os verbos flexionados no pretérito são mais evidentes.

Eis um exemplo de narração, tente observar os elementos descritos acima, no texto:

Um Apólogo

Machado de Assis

Era uma vez uma agulha, que disse a um novelo de linha:

— Por que está você com esse ar, toda cheia de si, toda enrolada, para fingir que vale alguma cousa neste mundo?

— Deixe-me, senhora.

— Que a deixe? Que a deixe, por quê? Porque lhe digo que está com um ar insuportável? Repito que sim, e falarei sempre que me der na cabeça.

— Que cabeça, senhora? A senhora não é alfinete, é agulha. Agulha não tem cabeça. Que lhe importa o meu ar? Cada qual tem o ar que Deus lhe deu. Importe-se com a sua vida e deixe a dos outros.

— Mas você é orgulhosa.

— Decerto que sou.

— Mas por quê?

— É boa! Porque coso. Então os vestidos e enfeites de nossa ama, quem é que os cose, senão eu?

— Você? Esta agora é melhor. Você é que os cose? Você ignora que quem os cose sou eu e muito eu?— Você fura o pano, nada mais; eu é que coso, prendo um pedaço ao outro, dou feição aos babados...

— Sim, mas que vale isso? Eu é que furo o pano, vou adiante, puxando por você, que vem atrás obedecendo ao que eu faço e mando...

— Também os batedores vão adiante do imperador.

— Você é imperador?

— Não digo isso. Mas a verdade é que você faz um papel subalterno, indo adiante; vai só mostrando o caminho, vai fazendo o trabalho obscuro e ínfimo. Eu é que prendo, ligo, ajunto...

Estavam nisto, quando a costureira chegou à casa da baronesa. Não sei se disse que isto se passava em casa de uma baronesa, que tinha a modista ao pé de si, para não andar atrás dela. Chegou a costureira, pegou do pano, pegou da agulha, pegou da linha, enfiou a linha na agulha, e entrou a coser. Uma e outra iam andando orgulhosas, pelo pano adiante, que era a melhor das sedas, entre os dedos da costureira, ágeis como os galgos de Diana — para dar a isto uma cor poética. E dizia a agulha:

— Então, senhora linha, ainda teima no que dizia há pouco? Não repara que esta distinta costureira só se importa comigo; eu é que vou aqui entre os dedos dela, unidinha a eles, furando abaixo e acima...

A linha não respondia; ia andando. Buraco aberto pela agulha era logo enchido por ela, silenciosa e ativa, como quem sabe o que faz, e não está para ouvir palavras loucas. A agulha, vendo que ela não lhe dava resposta, calou-se também, e foi andando. E era tudo silêncio na saleta de costura; não se ouvia mais que o plic-plic-plic-plic da agulha no pano. Caindo o sol, a costureira dobrou a costura, para o dia seguinte. Continuou ainda nessa e no outro, até que no quarto acabou a obra, e ficou esperando o baile.

Veio a noite do baile, e a baronesa vestiu-se. A costureira, que a ajudou a vestir-se, levava a agulha espetada no corpinho, para dar algum ponto necessário. E enquanto compunha o vestido da bela dama, e puxava de um lado ou outro, arregaçava daqui ou dali, alisando, abotoando, acolchetando, a linha para mofar da agulha, perguntou-lhe:

— Ora, agora, diga-me, quem é que vai ao baile, no corpo da baronesa, fazendo parte do vestido e da elegância? Quem é que vai dançar com ministros e diplomatas, enquanto você volta para a caixinha da costureira, antes de ir para o balaio das mucamas? Vamos, diga lá.

Parece que a agulha não disse nada; mas um alfinete, de cabeça grande e não menor experiência, murmurou à pobre agulha:

— Anda, aprende, tola. Cansas-te em abrir caminho para ela e ela é que vai gozar da vida, enquanto aí ficas na caixinha de costura. Faze como eu, que não abro caminho para ninguém. Onde me espetam, fico.

Contei esta história a um professor de melancolia, que me disse, abanando a cabeça:

— Também eu tenho servido de agulha a muita linha ordinária!

13.2 Dissertação

O texto dissertativo, também chamado por alguns de informativo, possui a finalidade de discorrer sobre determinado assunto, apresentando fatos, opiniões de especialista, dados quantitativos ou mesmo informações sobre o assunto da dissertação. É preciso entender que nem sempre a dissertação busca persuadir o seu interlocutor, ela pode simplesmente transmitir informações pertinentes ao assunto dissertado.

Quando a persuasão é objetivada, o texto passa a ter também características argumentativas. A rigor, as questões de concurso público focalizam a tipologia, não seus interstícios, portanto, não precisa ficar desesperado com o fato de haver diferença entre texto dissertativo-expositivo e texto dissertativo-argumentativo. Importa saber que ele é dissertativo.

Toda boa dissertação possui a ***Introdução*** do tema, o ***Desenvolvimento*** coeso e coerente, que está vinculado ao que se diz na introdução, e uma ***Conclusão*** lógica do texto, evidenciando o que se permite compreender por meio da exposição dos parágrafos de desenvolvimento.

A tipologia dissertativa pode ser facilmente encontrada em editoriais, textos de divulgação acadêmica, ou seja, com caráter científico, ensaios, resenhas, artigos científicos e textos pedagógicos.

Exemplo de dissertação:

Japão foi avisado sobre problemas em usinas dois anos antes, diz Wikileaks

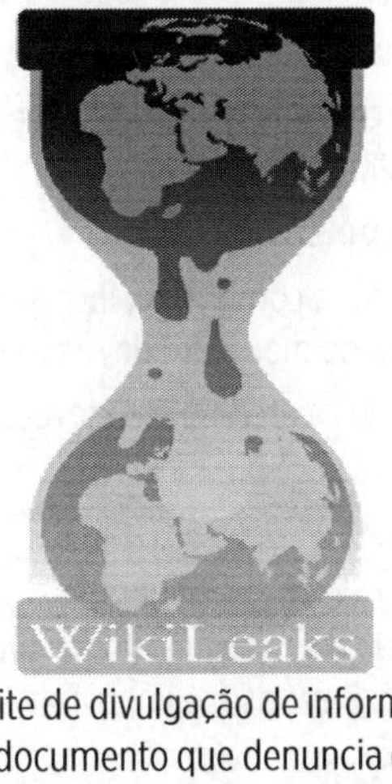

O Wikileaks, site de divulgação de informações consideradas sigilosas, vazou um documento que denuncia que o governo japonês já havia sido avisado pela vigilância nuclear internacional que suas usinas poderiam não ser capazes de resistir a terremotos. O relatório, assinado pelo embaixador Thomas Schieffer obtido pelo WikiLeaks foi publicado hoje pelo jornal britânico, The Guardian.

O documento revela uma conversa de dezembro de 2008 entre o então deputado japonês, Taro Kono, e um grupo diplomático norte-americano durante um jantar. Segundo o relatório, um membro da Agência Internacional de Energia Atômica (AIEA) disse que as normas de segurança estavam obsoletas para aguentar os fortes terremotos, o que significaria "um problema grave para as centrais nucleares". O texto diz ainda que o governo do Japão encobria custos e problemas associados a esse ramo da indústria.

Diante da recomendação da AIEA, o Japão criou um centro de resposta de emergência em Fukushima, capaz de suportar, apenas, tremores até magnitude 7,0.

13.3 Descrição

Em um texto descritivo, faz-se um tipo de retrato por escrito de um lugar, uma pessoa, um animal ou um objeto. Os adjetivos são abundantes nessa tipologia, uma vez que a sua função de caracterizar os substantivos é extremamente exigida nesse contexto. É possível existir um texto descritivo que enuncie características de sensações ou sentimentos, porém não é muito comum em provas de concurso público. Não há relação temporal na descrição. Os verbos relacionais são mais presentes, para poder evidenciar aspectos e características. Significa "criar" com palavras uma imagem.

Exemplo de texto descritivo:

Texto extraído da prova do BRB (2010) – Banca CESPE/UnB

Nome científico: *Ginkgo biloba L.*
Nome popular: *Nogueira-do-japão*
Origem: *Extremo Oriente*
Aspecto: *as folhas dispõem-se em leque e são semelhantes ao trevo; a altura da árvore pode chegar a 40 metros; o fruto lembra uma ameixa e contém uma noz que pode ser assada e comida*

14. COMPREENSÃO E INTERPRETAÇÃO DE TEXTOS

É bastante comum e compreensível que os concursandos tenham algum tipo de dificuldade nas questões de compreensão e interpretação de textos. Isso é oriundo do próprio histórico de leituras que o candidato possui, uma vez que grande parte dos concursandos querem gabaritar uma prova, ou mesmo conseguir um cargo público, sem possuir o menor hábito de leitura. Ou seja você precisa adquirir (se ainda não possui) o bom costume de ler.

Por "ler", entende-se buscar os meandros de um texto, de uma canção, de qualquer coisa com que entremos em contato. Mesmo um discurso ou um diálogo podem ser "lidos". O grande problema fica a cargo de que o bom brasileiro gosta de fazer qualquer coisa, menos de ler. Parece até que aquilo que era uma diversão, um bom entretenimento virou um pesadíssimo "fardo". Você não pode pensar desse modo. Ler deve ser uma prática constante.

E na hora do concurso? Como proceder?

Há três elementos fundamentais para boa interpretação:

Eliminação dos vícios de leitura ;

Organização;

"Malandragem".

Vícios de leitura

A pior coisa que pode acontecer com o concursando, quando recebe aquele texto "capetótico" para ler e interpretar, é cair num vício de leitura. Veja se você possui algum deles. Caso possua, tente eliminar o quanto antes.

O Movimento:

Como tudo inicia. O indivíduo pega o texto para ler e não para quieto. Troca a maneira de sentar, troca a posição do texto, nada está bom, nada está confortável. Em casa, senta para estudar e o que acontece? Fome. Depois? Sede. Então, a pessoa fica se mexendo para pegar comida, para tomar água, para ficar mais sossegado e o fluxo de leitura vai para o espaço. FIQUE QUIETO! O conceito é militar! Sente-se e permaneça assim até acabar a leitura, do contrário, vai acabar com a possibilidade de entender o que está escrito. Estudar com televisão, rádio, *msn* e qualquer coisa dispersiva desse gênero só vai atrapalhar você.

O Apoio:

Não é aconselhável utilizar apoios para a leitura, tais como: réguas, acompanhar a linha com a caneta, ler em voz baixa, passar o dedo pelo papel etc. Basta pensar que seus olhos são muito mais rápidos que qualquer movimento ou leitura em voz alta. Gaguejou, escorregou no papel, dançou.

O Garoto da Borboleta:

Se você possui os vícios "a" e "b", certamente é um "garoto da borboleta" também. Isso quer dizer que é um desatento que fica facilmente (fatalmente) disperso. Tudo chama sua atenção: caneta batendo na mesa, o concorrente barulhento, a pessoa estranha que está em sua frente, o tempo passando etc. Você vai querer ficar voltando ao início do texto porque não conseguiu compreender nada e, finalmente, vai perder as questões de interpretação.

Organização da leitura

Para que ocorra organização, é necessário compreender que todo texto possui:

Posto: aquilo que é dito no texto. O conteúdo expresso.

Pressuposto: aquilo que não está dito, mas que é facilmente compreendido.

Subentendido: o que se pode interpretar por uma soma de dito com não-dito.

Veja um exemplo:

Alguém diz: "felizmente, meu tio parou de beber." É certo que o dito se compõe pelo conteúdo da mensagem: o homem parou de beber. O não-dito, ou pressuposto, fica a cargo da ideia de que meu tio "bebia", agora, não bebe mais. Por sua vez, o subentendido pode ser abstraído como "meu tio possuía problemas com a bebida e eu assumo isso por meio da sentença que profiro". Não é difícil! É necessário, no entanto, possuir uma certa "malandragem linguística" para perceber isso de início. Veremos isso ao longo do texto.

As dicas de organização não são novas, mas são eficazes, vamos lá:

Ler mais de uma vez o texto (quando for curtinho, é lógico):

A primeira leitura é para tomar contato com o assunto, a segunda, para observar como o texto está articulado.

Ao lado de cada parágrafo, escreva a principal ideia (tópico frasal) ou argumento mais forte do trecho. Isso ajuda você a ter clareza da temática e como ela está sendo desenvolvida.

Se o texto for muito longo, recomenda-se ler primeiro a questão de interpretação, para, então, buscá-la na leitura.

Observar as relações entre parágrafos:

Observar que há relações de exemplificação, oposição, causalidade entre os parágrafos do texto, por isso, tente compreender as relações intratextuais nos parágrafos.

Ficar de olho aberto para as conjunções adversativas: no entanto, contudo, entretanto, etc.

Atentar para o comando da questão:

Responda àquilo que foi pedido.

» **Dica**: entenda que modificar e prejudicar o sentido não são a mesma coisa.

Palavras de alerta (polarizadoras):

Sublinhar palavras como: erro, incorreto, correto e exceto, para não se confundir no momento de responder à questão.

Inaceitável, incompatível e incongruente também podem aparecer.

Limitar os horizontes:

Não imaginar que você sabe o que o autor quis dizer, mas sim entender o que ele disse: o que ele escreveu. Não extrapolar a significação do texto. Para isso, é importante prestar atenção no significado das palavras.

Pode até ser coerente o que você concluiu, mas se não há base textual, descarte.

» **Ex.**: O homem **pode** morrer de infarto. / O homem **deve** morrer de infarto.

Busque o tema central do texto:

Geralmente aparece no primeiro parágrafo do texto.

Desenvolvimento:

Se o enunciado mencionar a argumentação do texto, você deve buscar entender o que ocorre com o desenvolvimento dos parágrafos.

Verificar se o desenvolvimento ocorre por:

- » Causa e consequência;
- » Enumeração de fatos;
- » Retrospectiva histórica;
- » Fala de especialista;
- » Resposta a um questionamento;
- » Sequência de dados;
- » Estudo de caso;
- » Exemplificação.

Relatores:

Atentar para os pronomes relativos e demonstrativos no texto. Ele auxiliam o leitor a entender como se estabelece a coesão textual.

Alguns deles:

- » Que;
- » Cujo;
- » O qual;
- » Onde;
- » Esse;
- » Este;
- » Isso;
- » Isto.

Entender se a questão é de interpretação ou de compreensão:

Interpretação

Parte do texto para uma conclusão. As questões que solicitam uma inferência apresentam as seguintes estruturas:

- » É possível entender que...
- » O texto possibilita o entendimento de que...
- » O texto encaminha o leitor para...
- » O texto possibilita deduzir que...
- » Depreende-se do texto que...
- » Com apoio no texto, infere-se que...
- » Entende-se que...
- » Compreende-se que...

Compreensão

Buscam-se as informações solicitadas pela questão no texto. As questões dessa natureza possuem as seguintes estruturas:

- » De acordo com o texto, é possível afirmar....
- » Segundo o texto...
- » Conforme o autor...
- » No texto...
- » Conforme o texto...

Tomar cuidado com as generalizações.

Na maior parte das vezes, o elaborador da prova utiliza a generalização para tornar a questão incorreta.

Atenção para as palavras "sempre, nunca, exclusivamente, unicamente, somente".

O que você não deve fazer!

"Viajar" no texto: interpretar algo para além do que o texto permite.

Ser "mão-de-vaca": interpretar apenas um trecho do texto.

Dar uma de "Zé Mané" e entender o contrário: fique atento a palavras como "pode", "não", "deve" etc.

"Malandragem da banca"

Talvez seja essa a característica mais difícil de se desenvolver no concursando, pois ela envolve o conhecimento do tipo de interpretação e dos limites estabelecidos pelas bancas. Só há uma maneira de ficar "malandro" estudando para concurso público: realizando provas! Pode parecer estranho, mas depois de resolver 200 questões da mesma banca, você já consegue prever como será a próxima questão. Prever é garantir o acerto! Então, faça exercícios até cansar e, quando cansar, faça mais um pouco. Assim você fica "malandro" na banca!

Vamos trabalhar com alguns exemplos agora:

Exemplo I

Entre os maiores obstáculos ao pleno desenvolvimento do Brasil, está a educação. Este é o próximo grande desafio que deve ser enfrentado com paciência, mas sem rodeios. É a bola da vez dentro das políticas públicas prioritárias do Estado. Nos anos 90 do século passado, o país derrotou a inflação — que corroía salários, causava instabilidade política e irracionalidade econômica. Na primeira década deste século, os avanços deram-se em direção a uma agenda social, voltada para a redução da pobreza e da desigualdade estrutural. Nos próximos anos, a questão da melhoria da qualidade do ensino deve ser uma obrigação dos governantes, sejam quais forem os ungidos pelas decisões das urnas.

Jornal do Brasil, Editorial, 21/1/2010 (com adaptações).

Agora o mesmo texto, devidamente marcado.

Entre **os maiores obstáculos** ao pleno desenvolvimento do Brasil, está a educação. Este é o **próximo grande desafio** que deve ser enfrentado com paciência, mas sem rodeios. É a **bola da vez** dentro das políticas públicas prioritárias do Estado. **Nos anos 90 do século passado,** o país derrotou a inflação — que corroía salários, causava instabilidade política e irracionalidade econômica. **Na primeira década deste século**, os avanços deram-se em direção a uma agenda social, voltada para a redução da pobreza e da desigualdade estrutural. **Nos próximos anos**, a questão da melhoria da qualidade do ensino deve ser uma **OBRIGAÇÃO DOS GOVERNANTES**, sejam quais forem os ungidos pelas decisões das urnas.

Comentário: Observe que destacamos para você elementos que podem surgir, posteriormente como questões. O texto inicia falando que há mais obstáculos além da educação. Também argumenta, posteriormente, que já houve outros desafios além desse que ele chama de "próximo grande desafio". Utilizando uma expressão de sentido **Conotativo** (bola da vez), o escritor anuncia que a educação ocupa posição de destaque quando o assunto se volta para as políticas públicas prioritárias do Estado.

No decorrer do texto, que se desenvolve por um tipo de retrospectiva histórica (veja o que está sublinhado), o redator traça um panorama dessas políticas públicas ao longo da história do país, fazendo uma previsão para os anos vindouros (o que foi destacado em caixa alta).

Exemplo II

Um passo fundamental para que não nos enganemos quanto à **natureza do capitalismo contemporâneo** e o significado das políticas empreendidas pelos países centrais para enfrentar a recente **crise econômica** é problematizarmos, com cuidado, o termo **neoliberalismo**: "começar pelas palavras talvez não seja coisa vã", escreve Alfredo Bosi em Dialética da Colonização.

A partir da década de 1980, buscando exprimir a natureza do capitalismo contemporâneo, muitos, principalmente os críticos, utilizaram esta palavra que, por fim, se generalizou. Mas o que, de fato, significa? O prefixo neo quer dizer novo; portanto, novo liberalismo. Ora, durante o século **XIX DEU-SE A CONSTRUÇÃO DE UM LIBERALISMO** que viria encontrar a sua crise definitiva na I Guerra Mundial em 1914 e na crise de 1929. Mas desde o período entre guerras e, sobretudo, depois, com o término da II Guerra Mundial, em 1945, tomou corpo um novo modelo, principalmente na Europa, que de certa forma se contrapunha ao velho liberalismo: era **O MUNDO DA SOCIALDEMOCRACIA**, da presença do Estado na vida econômica, das ações políticas inspiradas na reflexão teórica do economista britânico John Keynes, um crítico do liberalismo econômico clássico que viveu na primeira metade do século XX. Quando esse modelo também entrou em crise, no princípio da década de 1970, surgiu a perspectiva de **RECONSTRUÇÃO DA ORDEM LIBERAL**. Por isso, novo liberalismo, neoliberalismo.

(Grupo de São Paulo, disponível em http://www.correiocidadania.com.br/content/view/5158/9/, acesso em 28/10/2010)

Exemplo III

Em Defesa do Voto Obrigatório

O voto, direito duramente conquistado, **deve ser considerado um dever** cívico, sem o exercício do qual o **direito se descaracteriza ou se perde**, afinal liberdade e democracia são fins e não apenas meios. Quem vive em uma comunidade política não pode estar **DESOBRIGADO** de opinar sobre os rumos dela. Nada contra a desobediência civil, recurso legítimo para o protesto cidadão, que, no caso eleitoral, se pode expressar no voto nulo (cuja tecla deveria constar na máquina utilizada para votação). Com o **voto facultativo**, o direito de votar e o de não votar ficam inscritos, em pé de igualdade, no corpo legal. Uma parte do eleitorado deixará voluntariamente de opinar sobre a constituição do poder político. O desinteresse pela política e a descrença no voto são registrados como mera "escolha", sequer como desobediência civil ou protesto. **A consagração da alienação política** como um direito legal interessa aos conservadores, reduz o peso da soberania popular e desconstitui o sufrágio como universal.

Para o **cidadão ativo,** que, além de votar, se organiza para garantir os direitos civis, políticos e sociais, o enfoque é inteiramente outro. O tempo e o **TRABALHO DEDICADOS AO ACOMPANHAMENTO CONTINUADO DA POLÍTICA NÃO SE APRESENTAM COMO RESTRITIVOS DA LIBERDADE INDIVIDUAL.** Pelo contrário, são obrigações auto-assumidas no esforço de construção e aprofundamento da democracia e de vigília na defesa das liberdades individuais e públicas. A ideia de que a democracia se constrói nas lutas do dia a dia se contrapõe, na essência, ao modelo liberal. O cidadão escolado na disputa política sabe que a liberdade de não ir votar é uma armadilha. Para que o sufrágio continue universal, para que todo poder emane do povo e não, dos donos do poder econômico, o voto, além de ser um direito, **deve conservar a sua condição de dever cívico.**

Exemplo IV

Madrugada na aldeia

Madrugada na aldeia nervosa,
com as glicínias escorrendo orvalho,
os figos prateados de orvalho,
as uvas multiplicadas em orvalho,
as últimas uvas miraculosas.

O silêncio está sentado pelos corredores,
encostado às paredes grossas,
de sentinela.

E em cada quarto os cobertores peludos envolvem o sono:
poderosos animais benfazejos, encarnados e negros.
Antes que um sol luarento
dissolva as frias vidraças,
e o calor da cozinha perfume a casa
com lembrança das árvores ardendo,
a velhinha do leite de cabra desce as pedras da rua
antiquíssima, antiquíssima,
e o pescador oferece aos recém-acordados
os translúcidos peixes,
que ainda se movem, procurando o rio.

(Cecília Meireles. Mar absoluto, in Poesia completa. Rio de Janeiro: Nova Aguilar, 1994, p.311)

15. PARÁFRASE UM RECURSO PRECIOSO

Parafrasear, em sentido lato, significa reescrever uma sequência de texto sem alterar suas informações originais. Isso quer dizer que o texto resultante deve apresentar o mesmo sentido do texto original, modificando, evidentemente, apenas a ordem frasal ou o vocabulário. Há algumas exigências para uma paráfrase competente. São elas:

Usar a mesma ordem das ideias que aparecem no texto original.

Em hipótese alguma é possível omitir informações essenciais.

Não tecer comentários acerca do texto original, apenas parafrasear, sem frescura.

Usar construções sintáticas e vocabulares que, apesar de manterem o sentido original, sejam distintas das do texto base.

Os passos da paráfrase

Vamos entender que há alguns recursos para parafrasear um texto. Apresentarei alguns com a finalidade de clarear mais o assunto em questão.

A utilização de termos sinônimos.

O presidente assinou o documento, **mas** esqueceu-se de pegar sua caneta. / O presidente assinou o documento, **contudo** esqueceu-se de pegar sua caneta.

O uso de palavras antônimas, valendo-se de palavra negativa.

José era um **covarde.**

José **não** era um **valente.**

Emprego de termos anafóricos.

São Paulo e Palmeiras são dois times brasileiros. O São Paulo venceu o Palmeiras na semana passada. / São Paulo e Palmeiras são dois times brasileiros. **Aquele** (São Paulo) venceu **este** (Palmeiras) na semana passada.

Permuta de termo verbal por nominal, e vice-versa.

É importante que chegue cedo. / **Sua chegada** é importante.

Deixar termos elípticos.

Eu preciso da colaboração de todos. / Preciso da colaboração de todos.

Alteração da ordem frasal.

Adalberto venceu o último desafio de sua vida ontem. / Ontem, Adalberto venceu o último desafio de sua vida.

Transposição de voz verbal.

Joel cortou a seringueira centenária. / A seringueira centenária foi cortada por Joel.

Troca de discurso.

Naquela manhã, Oséas dirigiu-se ao pai dizendo: "Cortarei a grama sozinho." (discurso direto).

Naquela manhã, Oséas dirigiu-se ao pai dizendo que cortaria a grama sozinho. (discurso indireto).

Troca de palavras por expressões perifrásticas.

O Rei do Futebol esteve presente durante as celebrações. / **Pelé** esteve presente durante as celebrações.

Troca de locuções por palavras de mesmo sentido:

A turma **da noite** está comprometida com os estudos. / A turma **noturna** está mais comprometida com os estudos.

16. ORTOGRAFIA

A ortografia é a parte da Gramática que estuda a escrita correta das palavras. O próprio nome da disciplina já designa tal função. É oriunda das palavras gregas ***ortho*** que significa "correto" e ***graphos*** que significa "escrita". Neste capítulo, vamos estudar alguns aspectos da correta grafia das palavras: o emprego de algumas letras que apresentam dificuldade para os falantes do Português.

Atualmente, há um confusão a respeito do sistema ortográfico vigente. O último sistema foi elaborado em 1990, com base em um sistema de 1986, e será implantado em todos os países de língua lusófona. No Brasil, a adesão ao acordo se deu em 2009 e, como leva 4 anos para ser implantado, teríamos dois sistemas oficiais até 31 de dezembro de 2013. Bem, seria isso, se não houvesse a prorrogação do prazo até o ano de 2016. A partir de então, vale apenas o Novo Acordo Ortográfico.

Por certo, dúvidas pairam pela cabeça do aluno: que sistema devo usar? Qual sistema devo aprender? O melhor é estudar o sistema antigo, aprendendo quais foram as atualizações, assim, garante-se que não errará pela novidade ou pela tradição. A banca deve avisar no edital do concurso ou no comando da questão qual sistema ortográfico está levando em consideração. Como as maiores alterações estão no terreno de acentuação e emprego do hífen (para o Português falado no Brasil, evidentemente), não teremos grandes surpresas neste capítulo. Vamos ao trabalho.

O Alfabeto

As letras K, W e Y foram inseridas no alfabeto devido a uma grande quantidade de palavras que são grafadas com tais letras e não podem mais figurar como termos exóticos em relação ao português. Eis alguns exemplos de seu emprego:

Em abreviaturas e em símbolos de uso internacional:

Kg - quilograma / **w** - watt /

Em palavras estrangeiras de uso internacional, nomes próprios estrangeiros e seus derivados:

Kremlin, Kepler, Darwin, Byron, byroniano.

O alfabeto, também conhecido como abecedário, é formado (a partir do novo acordo ortográfico) por 26 letras.

Forma Maiúscula		Forma Minúscula	
A	B	a	b
C	D	c	d
E	F	e	f
G	H	g	h
I	J	i	j
K	L	k	l
M	N	m	n
O	P	o	p
Q	R	q	r
S	T	s	t
U	V	u	v
W	X	w	x
Y	Z	y	z

O emprego da letra "H"

A letra H demanda um pouco de atenção. Apesar de não possui verdadeiramente sonoridade, utilizamo-la, ainda, por convenção histórica. Seu emprego, basicamente, está relacionado às seguintes regras:

No início de algumas palavras, por sua origem:

Ex.: Hoje, hodierno, haver, Helena, helênico.

No fim de algumas interjeições:

Ah! Oh! Ih! Uh!

No interior de palavra compostas que preservam o hífen, nas quais o segundo elemento se liga ao primeiro:

Super-homem, pré-história, sobre-humano.

Nos dígrafos NH, LH e CH:

Tainha, lhama, chuveiro.

O emprego de "E" e "I"

Existe uma curiosidade a respeito do emprego dessas letras nas palavras que escrevemos: o fato de o "e", no final da palavra, ser pronunciado como uma semivogal faz com que muitos falantes sintam aquela vontade de grafar a palavra com "i". Bem, veremos quais são os principais aspectos do emprego dessas letras.

Escreveremos com "e"

Palavras formadas com o prefixo ante- (que significa antes, anterior):

Antebraço, antevéspera, antecipar, antediluviano etc.

A sílaba final de formas conjugadas dos verbos terminados em -OAR e -UAR (quando estiverem no subjuntivo). Ex.:

Abençoe (abençoar)

Continue (continuar)

Pontue (pontuar)

Algumas palavras, por sua origem: arrepiar, cadeado, creolina, desperdiçar, desperdício, destilar, disenteria, empecilho, indígena, irrequieto, mexerico, mimeógrafo, orquídea, quase, sequer, seringa, umedecer etc.

Escreveremos com "i"

Palavras formadas com o prefixo anti- (que significa contra). Ex.:

Antiaéreo, anticristo, antitetânico, anti-inflamatório.

A sílaba final de formas conjugadas dos verbos terminados em -AIR, -OER e -UIR:

Cai (cair)

Sai (sair)

Diminui (diminuir)

Dói (doer)

Os ditongos AI, OI, ÓI, UI:

Pai

Foi

Herói

Influi.

As seguintes palavras: aborígine, chefiar, crânio, criar, digladiar, displicência, escárnio, implicante, impertinente, impedimento, inigualável, lampião, pátio, penicilina, privilégio, requisito etc.

Vejamos alguns casos em que o emprego das letras "E" e "I" pode causar uma alteração semântica:

Escrito com "e"
Arrear = pôr arreios
Área = extensão de terra, local
Delatar = denunciar
Descrição = ação de descrever
Descriminação = absolver
Emergir = vir à tona
Emigrar = sair do país ou do local de origem
Eminente = importante

Escrito com "i"
Arriar = abaixar, desistir
Ária = peça musical
Dilatar = alargar, aumentar
Discrição = qualidade do discreto
Discriminar = separar, estabelecer diferença
Imergir = mergulhar
Imigrar = entrar em um país estrangeiro
Iminente = próximo, prestes e ocorre

O Novo Acordo Ortográfico explica que, agora, escreve-se com "i" antes de sílaba tônica. Veja alguns exemplos: acriano (admite-se, por ora, acreano), rosiano (de Guimarães Rosa), camoniano, nietzschiano (de Nietzsche) etc.

O emprego de O e U

Vejamos como empregar essas letras, a fim de que não mais possamos errar.

Apenas por exceção, palavras em Português com sílabas finais átonas (fracas) terminam por us; o comum é que se escreva com o ou os. Veja os exemplos: carro, aluno, abandono, abono, chimango etc.

Exemplos das exceções a que aludimos: bônus, vírus, ônibus etc.

Em palavras proparoxítonas ou paroxítonas com terminação em ditongo, são comuns as terminações –UA, -ULA, -ULO:

Tábua, rábula, crápula, coágulo.

As terminações –AO, -OLA, -OLO só aparecem em algumas palavras: mágoa, névoa, nódoa, agrícola[1], vinícola, varíola etc.

Fique de olho na grafia destes termos:

Com a letra O: abolir, boate, botequim, bússola, costume, engolir, goela, moela, moleque, mosquito etc.

Com a letra U: bulício, buliçoso, bulir, camundongo, curtume, cutucar, jabuti, jabuticaba, rebuliço, urtiga, urticante etc.

1 Em razão da construção íncola (quem vive, habitante), por isso, silvícola, terrícola etc.

O emprego de G e J

Essas letras, por apresentarem o mesmo som eventualmente, costumam causar problemas de ortografia. Vamos tentar facilitar o trabalho: a letra "g" só apresenta o som de "j" diante das letras "e" e "i": gesso, gelo, agitar, agitador, agir, gíria.

Escreveremos com "G"

Palavras terminadas em - AGEM, -IGEM, -UGEM. Ex.:

Garagem, vertigem, rabugem, ferrugem, fuligem etc.

Exceções: pajem, lambujem (doce ou gorjeta), lajem (pedra da sepultura).

As palavras terminadas em –ÁGIO, ÉGIO, ÍGIO, ÓGIO, ÚGIO:

Contágio, régio, prodígio, relógio, refúgio.

As palavras derivadas de outras que já possuem a letra "g".

Viagem - viageiro

Ferrugem - ferrugento

Vertigem - vertiginoso

Regime - regimental

Selvagem - selvageria

Regional - regionalismo

Em geral, após a letra "r"

Ex.: Aspergir, divergir, submergir, imergir etc.

As palavras:

De origem latina: agir, gente, proteger, surgir, gengiva, gesto etc.

De origem árabe: álgebra, algema, ginete, girafa, giz etc.

De origem francesa: estrangeiro, agiotagem, geleia, sargento etc.

De origem italiana: gelosia, ágio etc.

Do castelhano: gitano.

Do inglês: gim.

Escreveremos com "J"

Os verbos terminados em –JAR ou –JEAR e suas formas conjugadas:

Gorjear: gorjeia (lembre-se das "aves"), gorjeiam, gorjearão.

Viajar: viajei, viaje, viajemos, viajante.

Cuidado para não confundir os termos viagem (substantivo) com viajem (verbo "viajar"). Vejamos o emprego.

"Ele fez uma bela viagem."

"Tomara que eles viajem amanhã."

Palavras derivadas de outras terminadas em –JA.

Granja: granjeiro, granjear.

Loja: lojista, lojinha.

Laranja: laranjal, laranjeira.

Lisonja: lisonjeiro, lisonjeador.

Sarja: sarjeta.

Palavras cognatas (raiz em comum) ou derivadas de outras que possuem o "j".

Laje: lajense, lajedo.

Nojo: nojento, nojeira.

Jeito: jeitoso, ajeitar, desajeitado.

Nas palavras: conjetura, ejetar, injeção, interjeição, objeção, objeto, objetivo, projeção, projeto, rejeição, sujeitar, sujeito, trajeto, trajetória, trejeito.

Palavras de origem ameríndia (geralmente tupi-guarani) ou africana: canjerê, canjica, jenipapo, jequitibá, jerimum, jia, jiboia, jiló, jirau, Moji, pajé, pajéu.

Nas palavras: berinjela, cafajeste, jeca, jegue, Jeremias, jerico, jérsei, majestade, manjedoura, ojeriza, pegajento, rijeza, sujeira, traje, ultraje, varejista.

Orientações sobre a grafia do fonema /s/

Podemos representar o fonema /s/ por:

S: ânsia, cansar, diversão, farsa.

SS: acesso, assar, carrossel, discussão.

C, Ç: acetinado, cimento, açoite, açúcar.

SC, SÇ: acréscimo, adolescente, ascensão, consciência, nasço, desça

X: aproximar, auxiliar, auxílio, sintaxe.

XC: exceção, exceder, excelência, excepcional.

Como se grafa, então?

Escreveremos com s:

A correlação nd - ns:

Pretender - pretensão, pretenso;

Expandir - expansão, expansivo.

A correlação rg - rs:

Aspergir - aspersão;

Imergir - imersão;

Emergir - emersão .

A correlação rt - rs:

Divertir - diversão;

Inverter - inversão.

O sufixo - ense:

paranaense;

cearense;

londrinense.

Escreveremos com ss:

A correlação ced - cess:

Ceder - cessão;

Interceder - intercessão;

Retroceder - retrocesso .

A correlação gred - gress

Agredir - agressão, agressivo;

Progredir - progressão, progresso.

A correlação prim - press

Imprimir - impressão, impresso;

Oprimir - opressão, opressor;

Reprimir - repressão, repressivo.

A correlação meter - miss

Submeter - submissão;

Intrometer - intromissão.

Escreveremos com c ou com "Ç"

Palavras de origem tupi ou africana. Ex.:

Açaí, araçá, Iguaçu, Juçara, muçurana, Paraguaçu, caçula, cacimba.

O "ç" só será usado antes das vogais a, o, u.

Com os sufixos:

aça: barcaça;

ação: armação;

çar: aguçar;

ecer: esmaecer;

iça: carniça;

nça: criança;

uça: dentuça.

Palavras derivadas de verbos terminados em –ter (não confundir com a regra do –meter / s):

Abster -> abstenção;

Reter -> retenção;

Deter -> detenção.

Depois de ditongos:

Feição;

louça;

traição.

Palavras de origem árabe:

açúcar;

açucena;

cetim;

muçulmano.

Emprego do SC

Escreveremos com sc palavras que são termos emprestados do latim:

adolescência;

ascendente;

consciente;

crescer;

descer;

fascinar;

fescenino.

Grafia da letra s com som de "Z"

Escreveremos com "S":

Terminações –ês, -esa, -isa, que indicam nacionalidade, título ou origem:

Japonês - japonesa;

Marquês - marquesa;

Camponês - camponesa.

Após ditongos:

causa;

coisa;

lousa;

Sousa.

As formas dos verbos pôr e querer e de seus compostos:

Eu pus, nós pusemos, pusésseis etc.

Eu quis, nós quisemos, quisésseis etc.

As terminações –oso e –osa, que indicam qualidade:

gostoso;

garboso;

fervorosa;

talentosa.

O prefixo trans-:

transe;

transação;

transoceânico.

Em diminutivos cujo radical termine em "**S**":

Rosa - rosinha;

Teresa - Teresinha;

Lápis - lapisinho.

A correlação "**d**" - "**s**":

Aludir - alusão, alusivo;

Decidir - decisão, decisivo;

Defender - defesa, defensivo.

Verbos derivados de palavras cujo radical termina em s:

Análise - analisar;

Presa - apresar;

Êxtase - extasiar.

Português - aportuguesar

Os substantivos com os sufixos gregos –esse, isa, -ose:

catequese;

diocese;

poetisa;

virose.

(obs.: "catequizar" com "z")

Os nomes próprios:

Baltasar;

Heloísa;

Isabel;

Isaura;

Luísa;

Sousa;

Teresa.

As palavras:

análise;

cortesia;

hesitar;

reses;

vaselina;

avisar;

defesa;

obséquio;

revés;

vigésimo;

besouro;

fusível;

pesquisa;

tesoura;

colisão;

heresia;

querosene;

vasilha.

Emprego da letra "Z"

Escreveremos com "z"

As terminações - ez, -eza de substantivos abstratos derivados de adjetivos:

Belo - beleza;

Rico - riqueza;

Altivo - altivez;

Sensato - sensatez.

Os verbos formados com os sufixo - izar e palavras cognatas:

balizar;

inicializar;

civilizar.

As palavras derivadas em:

zal: cafezal, abacaxizal;

zeiro: cajazeiro, açaizeiro;

zito: avezita.

zinho: cãozinho, pãozinho, pezinho

Os derivados de palavras cujo radical termina em z:

Cruzeiro;

Esvaziar.

As palavras:

azar;
aprazível;
baliza;
buzina;
bazar;
cicatriz;
ojeriza;
prezar;
proeza;
vazamento;
vizinho;
xadrez;
xerez.

Emprego do X e do CH

A letra X pode representar os seguintes fonemas:

/ch/: xarope;
/cx/: sexo, tóxico;
/z/: exame;
/ss/: máximo;
/s/: sexto.

Escreveremos com "X"

Em geral, após um ditongo:

Caixa, peixe, ameixa, rouxinol, caixeiro (exceções: recauchutar e guache)

Geralmente, depois de sílaba iniciada por -em:

enxada;
enxerido;
enxugar;
enxurrada.

Encher (e seus derivados); palavras que iniciam por ch e recebem o prefixo en- "encharcar, enchumaçar, enchiqueirar, enchumbar". "Enchova" também é uma exceção.

Em palavras de origem indígena ou africana:

abacaxi;
xavante;
xará;
orixá;
xinxim.

Após a sílaba me no início da palavra:

mexerica;
mexerico;
mexer;
mexida.

(exceção: mecha de cabelo)

Nas palavras:

bexiga;
bruxa;
coaxar;
faxina;
graxa;
lagartixa;
lixa;
praxe;
vexame;
xícara;
xale;
xingar;
xampu.

Escreveremos com "CH"

→ As seguintes palavras, em razão de sua origem:

chave;
cheirar;
chuva;
chapéu;
chalé;
charlatão;
salsicha;
espadachim;
chope;
sanduíche;
chuchu;
cochilo;
fachada;
flecha;
mecha;
mochila;
pechincha.

Atente para a divergência de sentido com os seguintes elementos

bucho - estômago	buxo - espécie de arbusto
cheque - ordem de pagamento	xeque - lance do jogo de xadrez
tacha - pequeno prego	taxa - imposto

17. ACORDO ORTOGRÁFICO DA LÍNGUA PORTUGUESA

O Novo Acordo Ortográfico busca simplificar as regras ortográficas da Língua Portuguesa e unificar a nossa escrita e a das demais nações de língua portuguesa: Portugal, Angola, Moçambique, Cabo Verde, Guiné-Bissau, São Tomé e Príncipe e Timor-Leste.

Sua implementação no Brasil passou por algumas etapas:

> 2009 – vigência ainda não obrigatória
> 2010 a 2015: adaptação completa às novas regras
> A partir de 1º de janeiro de 2016: emprego obrigatório, o novo acordo ortográfico passa a ser o único formato da língua reconhecido no Brasil.

Entre as mudanças na língua portuguesa decorrentes da reforma ortográfica, podemos citar o fim do trema, alterações da forma de acentuar palavras com ditongos abertos e que sejam hiatos, supressão dos acentos diferenciais e dos acentos tônicos, novas regras para o emprego do hífen e inclusão das letras w, k e y ao idioma.

Entre a proposta (em 1990) e a entrada em vigor (2016) são 16 anos. Esse processo foi longo porque era necessário que fossem alcançadas as três decisões para que o acordo fosse cumprido. Em 2006, São Tomé e Príncipe e Cabo Verde se uniram ao Brasil e ratificaram o novo acordo. Em maio de 2008, Portugal também ratificou o acordo para unificar a ortografia em todas as nações de língua portuguesa.

17.1 Trema

Não se usa mais o trema (¨), sinal colocado sobre a letra u para indicar que ela deve ser pronunciada nos grupos gue, gui, que, qui.

aguentar, bilíngue, cinquenta, delinquente, eloquente, ensanguentado, frequente, linguiça, quinquênio, sequência, sequestro, tranquilo.

Obs.: o trema permanece apenas nas palavras estrangeiras e em suas derivadas. Exemplos: Müller, mülleriano.

17.2 Regras de Acentuação

Ditongos abertos em paroxítonas

Não se usa mais o acento dos ditongos abertos éi e ói das palavras paroxítonas (palavras que têm acento tônico na penúltima sílaba).

alcateia, androide, apoia, apoio (verbo), asteroide, boia, celuloide, claraboia, colmeia, Coreia, debiloide, epopeia, estoico, estreia, geleia, heroico, ideia, jiboia, joia, odisseia, paranoia, paranoico, plateia, tramoia.

Obs.: a regra é somente para palavras paroxítonas. Assim, continuam a ser acentuadas as palavras oxítonas e os monossílabos tônicos terminados em éi(s), ói(s). Exemplos: papéis, herói, heróis, dói (verbo doer), sóis etc.

A palavra ideia não leva mais acento, assim como heroico. Mas o termo herói é acentuado.

I e u tônicos depois de um ditongo

Nas palavras paroxítonas, não se usa mais o acento no i e no u tônicos quando vierem depois de um ditongo.

baiuca, bocaiuva (tipo de palmeira), cauila (avarento)

Obs.:

> *se a palavra for oxítona e o i ou o u estiverem em posição final (ou seguidos de s), o acento permanece. Exemplos: tuiuiú, tuiuiús, Piauí;*
> *se o i ou o u forem precedidos de ditongo crescente, o acento permanece. Exemplos: guaíba, Guaíra.*

Hiatos ee e oo

Não se usa mais acento em palavras terminadas em eem e oo(s).

abençoo, creem, deem, doo, enjoo, leem, magoo, perdoo, povoo, veem, voos, zoo

Acento diferencial

Não se usa mais o acento que diferenciava os pares pára/para, péla(s)/pela(s), pêlo(s)/pelo(s), pólo(s)/polo(s) e pêra/pera.

Exs.:

Ele para o carro.

Ele foi ao polo Norte.

Ele gosta de jogar polo.

Esse gato tem pelos brancos.

Comi uma pera.

Obs.:

> *Permanece o acento diferencial em pôde/pode. Pôde é a forma do passado do verbo poder (pretérito perfeito do indicativo), na 3ª pessoa do singular. Pode é a forma do presente do indicativo, na 3ª pessoa do singular.*

Ontem, ele não pôde sair mais cedo, mas hoje ele pode.

> Permanece o acento diferencial em pôr/por. Pôr é verbo. Por é preposição. Exemplo: Vou pôr o livro na estante que foi feita por mim.
> Permanecem os acentos que diferenciam o singular do plural dos verbos ter e vir, assim como de seus derivados (manter, deter, reter, conter, convir, intervir, advir etc.).

Exs.:

Ele tem dois carros. / Eles têm dois carros.

Ele vem de Sorocaba. / Eles vêm de Sorocaba.

Ele mantém a palavra. / Eles mantêm a palavra.

Ele convém aos estudantes. / Eles convêm aos es tudantes.

Ele detém o poder. / Eles detêm o poder.

Ele intervém em todas as aulas. / Eles intervêm em todas as aulas.

> É facultativo o uso do acento circunflexo para diferenciar as palavras forma/fôrma. Em alguns casos, o uso do acento deixa a frase mais clara. Veja este exemplo: Qual é a forma da fôrma do bolo?

Acento agudo no u tônico

Não se usa mais o acento agudo no u tônico das formas (tu) arguis, (ele) argui, (eles) arguem, do presente do indicativo dos verbos arguir e redarguir.

17.3 Hífen com Compostos

Palavras compostas sem elementos de ligação

Usa-se o hífen nas palavras compostas que não apresentam elementos de ligação.

guarda-chuva, arco-íris, boa-fé, segunda-feira, mesa-redonda, vaga-lume, joão-ninguém, porta-malas, porta-bandeira, pão-duro, bate-boca.

Exceções: Não se usa o hífen em certas palavras que perderam a noção de composição, como girassol, madressilva, mandachuva, pontapé, paraquedas, paraquedista, paraquedismo.

Compostos com palavras iguais

Usa-se o hífen em compostos que têm palavras iguais ou quase iguais, sem elementos de ligação.

reco-reco, blá-blá-blá, zum-zum, tico-tico, tique-taque, cri-cri, glu-glu, rom-rom, pingue-pongue, zigue-zague, esconde-esconde, pega-pega, corre-corre.

Compostos com elementos de ligação

Não se usa o hífen em compostos que apresentam elementos de ligação.

pé de moleque, pé de vento, pai de todos, dia a dia, fim de semana, cor de vinho, ponto e vírgula, camisa de força, cara de pau, olho de sogra.

Obs.: Incluem-se nesse caso os compostos de base oracional.

maria vai com as outras, leva e traz, diz que diz que, deus me livre, deus nos acuda, cor de burro quando foge, bicho de sete cabeças, faz de conta.

Exceções: água-de-colônia, arco-da-velha, cor-de-rosa, mais-que-perfeito, pé-de-meia, ao deus-dará, à queima-roupa.

Topônimos

Usa-se o hífen nas palavras compostas derivadas de topônimos (nomes próprios de lugares), com ou sem elementos de ligação.

Exs.:

Belo Horizonte: belo-horizontino

Porto Alegre: porto-alegrense

Mato Grosso do Sul: mato-grossense-do-sul

Rio Grande do Norte: rio-grandense-do-norte

África do Sul: sul-africano

17.4 Uso do Hífen com Palavras Formadas por Prefixos

Casos gerais

Antes de h

Usa-se o hífen diante de palavra iniciada por h.

Exs.:

anti-higiênico

anti-histórico

macro-história

mini-hotel

proto-história

sobre-humano

super-homem

ultra-humano

Letras iguais

Usa-se o hífen se o prefixo terminar com a mesma letra com que se inicia a outra palavra.

Exs.:

micro-ondas

anti-inflacionário

sub-bibliotecário

inter-regional

Letras diferentes

Não se usa o hífen se o prefixo terminar com letra diferente daquela com que se inicia a outra palavra.

Exs.:

autoescola

antiaéreo

intermunicipal

supersônico

superinteressante

agroindustrial

aeroespacial

semicírculo

Obs.: Se o prefixo terminar por vogal e a outra palavra começar por r ou s, dobram-se essas letras.

Exs.:

minissaia

antirracismo

ultrassom

semirreta

Casos particulares

Prefixos sub e sob

Com os prefixos sub e sob, usa-se o hífen também diante de palavra iniciada por r.

Exs.:

sub-região

sub-reitor

sub-regional

sob-roda

Prefixos circum e pan

Com os prefixos circum e pan, usa-se o hífen diante de palavra iniciada por m, n e vogal.

Exs.:

circum-murado

circum-navegação

pan-americano

Outros prefixos

Usa-se o hífen com os prefixos ex, sem, além, aquém, recém, pós, pré, pró, vice.

Exs.:

além-mar

além-túmulo

aquém-mar

ex-aluno

ex-diretor

ex-hospedeiro

ex-prefeito

ex-presidente

pós-graduação

pré-história

pré-vestibular

pró-europeu

recém-casado

recém-nascido

sem-terra

vice-rei

Prefixo co

O prefixo co junta-se com o segundo elemento, mesmo quando este se inicia por o ou h. Neste último caso, corta-se o h. Se a palavra seguinte começar com rou s, dobram-se essas letras.

Exs.:

coobrigação

coedição

coeducar

cofundador

coabitação

coerdeiro

corréu

corresponsável

cosseno

Prefixos pre e re

Com os prefixos pre e re, não se usa o hífen, mesmo diante de palavras começadas por e.

Exs.:

preexistente

preelaborar

reescrever

reedição

Prefixos ab, ob e ad

Na formação de palavras com ab, ob e ad, usa-se o hífen diante de palavra começada por b, d ou r.

Exs.:

ad-digital

ad-renal

ob-rogar

ab-rogar

Outros casos do uso do hífen

Não e quase

Não se usa o hífen na formação de palavras com não e quase.

Exs.:

(acordo de) não agressão

(isto é um) quase delito

Mal

Com mal*, usa-se o hífen quando a palavra seguinte começar por vogal, h ou l.

Exs.:

mal-entendido

mal-estar

mal-humorado

mal-limpo

Obs.: Quando mal significa doença, usa-se o hífen se não houver elemento de ligação.

Exs.:

mal-francês.

Se houver elemento de ligação, escreve-se sem o hífen.

mal de lázaro, mal de sete dias.

Tupi-guarani

Usa-se o hífen com sufixos de origem tupi-guarani que representam formas adjetivas: açu, guaçu, mirim.*:*

Exs.:

capim-açu

amoré-guaçu

anajá-mirim

Combinação ocasional

Usa-se o hífen para ligar duas ou mais palavras que ocasionalmente se combinam, formando não propriamente vocábulos, mas encadeamentos vocabulares.

Exs.:

ponte Rio-Niterói

eixo Rio-São Paulo

Hífen e translineação

Para clareza gráfica, se no final da linha a partição de uma palavra ou combinação de palavras coincidir com o hífen, ele deve ser repetido na linha seguinte.

Exs.:

Na cidade, conta-

- se que ele foi viajar.

O diretor foi receber os ex-

-alunos.

guarda-

-chuva

Por favor, diga-

-nos logo o que aconteceu.

17.5 Síntese das Principais Regras do Hífen

	Síntese do Hífen	
Letras diferentes	Não use hífen	Infraestrutura, extraoficial, supermercado
Letras iguais	Use hífen	Anti-inflamatório, contra-argumento, inter-racial, hiper-realista
Vogal + r ou s	Não use hífen (duplique r ou s)	Corréu, cosseno, minissaia, autorretrato
Bem	Use hífen	Bem-vindo, bem-humorado

17.6 Quadro Resumo do Emprego do Hífen com Prefixos

Prefixos	Letra que inicia a palavra seguinte
Ante-, Anti-, Contra-, Entre-, Extra-, Infra-, Intra-, Sobre-, Supra-, Ultra-	H / VOGAL IDÊNTICA À QUE TERMINA O PREFIXO Exemplos com H: ante-hipófise, anti-higiênico, anti-herói, contra-hospitalar, entre-hostil, extra-humano, infra-hepático, sobre-humano, supra-hepático, ultra-hiperbólico. Exemplos com vogal idêntica: anti-inflamatório, contra-ataque, infra-axilar, sobre-estimar, supra-auricular, ultra-aquecido.
Ab-, Ad-, Ob-, Sob-	B - R - D (Apenas com o prefixo "Ad") Exemplos: ab-rogar (pôr em desuso), ad-rogar (adotar) ob-reptício (astucioso), sob-roda ad-digital
Circum-, Pan-	H / M / N / VOGAL Exemplos: circum-meridiano, circum-navegação, circum-oral, pan-americano, pan-mágico, pan-negritude.
Ex- (no sentido de estado anterior), Sota-, Soto-, Vice-, Vizo-	DIANTE DE QUALQUER PALAVRA Exemplos: ex-namorada, sota-soberania (não total), soto-mestre (substituto), vice-reitor, vizo-rei.
Hiper-, Inter-, Super-	H / R Exemplos: hiper-hidrose, hiper-raivoso, inter-humano, inter-racial, super-homem, super-resistente.
Pós-, Pré-, Pró- (tônicos e com significados próprios)	DIANTE DE QUALQUER PALAVRA Exemplos: pós-graduação, pré-escolar, pró-democracia. Obs.: se os prefixos não forem autônomos, não haverá hífen. Exemplos: predeterminado, pressupor, pospor, propor.
Sub-	B - H - R Exemplos: sub-bloco, sub-hepático, sub-humano, sub-região. Obs.: "subumano" e "subepático" também são aceitas.
Pseudoprefixos (diferem-se dos prefixos por apresentarem elevado grau de independência e possuírem uma significação mais ou menos delimitada, presente à consciência dos falantes.) Aero-, Agro-, Arqui-, Auto-, Bio-, Eletro-, Geo-, Hidro-, Macro-, Maxi-, Mega, Micro-, Mini-, Multi-, Neo-, Pluri-, Proto-, Pseudo-, Retro-, Semi-, Tele-	H / VOGAL IDÊNTICA À QUE TERMINA O PREFIXO Exemplos com H: geo-histórico, mini-hospital, neo-helênico, proto-história, semi-hospitalar. Exemplos com vogal idêntica: arqui-inimigo, auto-observação, eletro-ótica, micro-ondas, micro-ônibus, neo-ortodoxia, semi-interno, tele-educação.

01. Não se utilizará o hífen em palavras iniciadas pelo prefixo 'co-'.

Ex.: coadministrar, coautor, coexistência, cooptar, coerdeiro corresponsável, cosseno.

02. Prefixos des- e in- + segundo elemento sem o "h" inicial.

Ex.: *desarmonia, desumano, desumidificar, inábil, inumano, etc.*

03. Não se utilizará o hífen com a palavra não.

Ex.: não violência, não agressão, não comparecimento.

04. Não se utiliza o hífen em palavras que possuem os elementos "bi", "tri", "tetra", "penta", "hexa", etc.

Ex.: bicampeão, bimensal, bimestral, bienal, tridimensional, trimestral, triênio, tetracampeão, tetraplégico, pentacampeão, pentágono, etc.

05. Em relação ao prefixo "hidro", em alguns casos pode haver duas formas de grafia.

Ex.: hidroelétrica e hidrelétrica

06. No caso do elemento "socio", o hífen será utilizado apenas quando houver função de substantivo (= de associado).

Ex.: sócio-gerente / socioeconômico

18. INTERPRETAÇÃO DE TEXTOS

18.1 Ideias Preliminares sobre o Assunto

Independentemente de quem seja o professor de Língua Portuguesa, é muito comum ele ouvir alguns alunos falando que até gostam da matéria em questão, mas que possuem muita dificuldade com a interpretação dos textos. Isso é algo totalmente normal, principalmente porque costumamos fazer algo terrível chamado de "leitura dinâmica" que poderia ser traduzido da seguinte maneira: procedimento em que você olha as palavras mas não entende o significado do que está lá escrito.

Para interpretar um texto, o indivíduo precisa de muita atenção e de muito treino. Interpretar pode ser comparado com disparar uma arma: apenas temos chance de acertar o alvo se treinarmos muito e soubermos combinar todos os elementos externos ao disparo: velocidade do ar, direção, distância etc.

Quando o assunto é texto, o primordial é estabelecer uma relação contextual com aquilo que estamos lendo. Montar o contexto significa associar o que está escrito no texto base com o que está disposto nas questões. Lembre-se de que há uma questão montada com a intenção de testar você, ou seja, deve ficar atento para todas as palavras e para todas as possibilidades de mudança de sentido que possa haver nas questões.

É preciso, para entender as questões de interpretação de qualquer banca, buscar o raciocínio que o elaborador da questão emprega na redação da questão. Usualmente, objetiva-se a depreensão dos sentidos do texto. Para tanto, destaque os itens fundamentais (as ideias principais contidas nos parágrafos) para poder refletir sobre tais itens dentro das questões.

18.2 Semântica ou Pragmática?

Existe uma discussão acadêmica sobre o que possa ser considerado como semântica e como pragmática. Em que pese o fato de os universitários divergirem a respeito do assunto, vamos estabelecer uma distinção simples, apenas para clarear nossos estudos.

Semântica: disciplina que estuda o significado dos termos. Para as questões relacionadas a essa área, o comum é que se questione acerca da troca de algum termo e a manutenção do sentido original da sentença.

Pragmática: disciplina que estuda o sentido que um termo assume dentro de determinado contexto. Isso quer dizer que a identificação desse sentido depende do entorno linguístico e da intenção de quem exprime a sentença.

Para exemplificar essa situação, vejamos o exemplo abaixo:

Pedro está na geladeira.

Nesse caso, é possível que uma questão avalie a capacidade de o leitor compreender que há, no mínimo, dois sentidos possíveis para essa sentença: um deles diz respeito ao fato de a expressão "na geladeira" poder significar algo como "ele foi até a geladeira buscar algo", o que – coloquialmente – significaria uma expressão indicativa de lugar. O outro sentido diz respeito ao fato de "na geladeira" significar que "foi apartado de alguma coisa para receber algum tipo de punição".

A questão sobre semântica exigiria que o candidato percebesse a possibilidade de trocar a palavra "geladeira" por "refrigerador" – havendo, nesse caso, uma relação de sinonímia.

A questão de pragmática exigiria que o candidato percebesse a relação contextualmente estabelecida, ou seja, a criação de uma figura de linguagem (um tipo de metáfora) para veicular um sentido particular.

18.3 Questão de Interpretação?

Como se faz para saber que uma questão de interpretação é uma questão de interpretação? É uma mera intuição que surge na hora da prova ou existe uma "pista" a ser seguida para a identificação da natureza da questão?

Respondendo a essa pergunta, entende-se que há pistas que identificam a questão como pertencente ao rol de questões para interpretação. Os indícios mais precisos que costumam aparecer nas questões são:

Reconhecimento da intenção do autor.

Ponto de vista defendido.

Argumentação do autor.

Sentido da sentença.

Apesar disso, não são apenas esses os indícios de que uma questão é de intepretação. Dependendo da banca, podemos ter a natureza interpretativa distinta, principalmente porque o critério de intepretação é mais subjetivo que objetivo. Algumas bancas podem restringir o entendimento do texto; outras podem extrapolá-lo.

18.4 Tipos de Texto - O Texto e suas Partes

Um texto é um todo. Um todo é constituído de diversas partes. A interpretação é, sobremaneira, uma tentativa de reconhecer as intenções de quem comunica recompondo as partes para uma visão global do todo.

Para podermos interpretar, é necessário termos o conhecimento prévio a respeito dos tipos de texto que, fortuitamente, podemos encontrar em um concurso. Vejamos quais são as distinções fundamentais com relação aos tipos de texto.

18.5 O Texto Dissertativo

Nas acepções mais comuns do dicionário, o verbo "dissertar" significa "discorrer ou opinar sobre algum tema". O texto dissertativo apresenta uma ideia básica que começa a ser desdobrada em subitens ou termos menores. Cabe ressaltar que não existe apenas um tipo de dissertação, há mais de uma maneira de o autor escrever um texto dessa natureza.

Conceituar, polemizar, questionar a lógica de algum tema, explicar ou mesmo comentar uma notícia são estratégias dissertativas. Vamos dividir essa tipologia textual em dois tipos essencialmente diferentes: o **dissertativo-expositivo** e o **dissertativo-argumentativo**.

Padrão dissertativo-expositivo

A característica fundamental do padrão expositivo da dissertação é utilizar a estrutura da prosa não para convencer alguém de alguma coisa, e sim para apresentar uma ideia, apresentar um conceito. O princípio do texto expositivo não é a persuasão, é a informação e, justamente por tal fato, ficou conhecido como informativo. Para garantir uma boa interpretação desse padrão textual, é importante buscar a ideia principal (que deve estar presente na introdução do texto) e, depois, entender quais serão os aspectos que farão o texto progredir.

Onde posso encontrar esse tipo de texto? Jornais revistas, sites sobre o mundo de economia e finanças. Diz-se que esse tipo de texto focaliza a função referencial da linguagem.

Como costuma ser o tipo de questão relacionada ao texto dissertativo-expositivo? Geralmente, os elaboradores questionam sobre as informações veiculadas pelo texto. A tendência é que o elaborador inverta as informações contidas no texto.

Como resolver mais facilmente? Toda frase que mencionar o conceito ou a quantidade de alguma coisa deve ser destacada para facilitar a consulta.

Padrão dissertativo-argumentativo

No texto do padrão dissertativo-argumentativo, existe uma opinião sendo defendida e existe uma posição ideológica por detrás de quem escreve o texto. Se analisarmos a divisão dos parágrafos de um texto com características argumentativas, perceberemos que a introdução apresenta sempre uma tese (ou hipótese) que é defendida ao longo dos parágrafos.

Uma vez feito isso, o candidato deve entender qual é a estratégia utilizada pelo produtor do texto para defender seu ponto de vista. Na verdade, agora é o momento de colocar "a mão na massa" para valer, uma vez que aqueles enunciados que iniciam com "infere-se da argumentação do texto", "depreende-se dos argumentos do autor" serão vencidos caso se observem os fatores de interpretação corretos.

Quais são esses fatores, então?

A conexão entre as ideias do texto (atenção para as conjunções).

Articulação entre as ideias do texto (atenção para a combinação de argumentos).

Progressão do texto.

Os Recursos Argumentativos:

Quando o leitor interage com uma fonte textual, deve observar - tratando-se de um texto com o padrão dissertativo-argumentativo - que o autor se vale de recursos argumentativos para construir seu raciocínio dentro do texto. Vejamos alguns recursos importantes:

Argumento de autoridade: baseado na exposição do pensamento de algum especialista ou alguma autoridade no assunto. Citações, paráfrases e menções ao indivíduo podem ser tomadas ao longo do texto. Tome cuidado para não cair na armadilha: saiba diferenciar se a opinião colocada em foco é a do autor ou se é a do indivíduo que ele cita ao longo do texto.

Argumento com base em consenso: parte de uma ideia tomada como consensual, o que "carrega" o leitor a entender apenas aquilo que o elaborador mostra. Sentenças do tipo todo mundo sabe que, é de conhecimento geral que identificam esse tipo de argumentação.

Argumento com fundamentação concreta: basear aquilo que se diz em algum tipo de pesquisa ou fato que ocorre com certa frequência.

Argumento silogístico (com base em um raciocínio lógico): do tipo hipotético - Se...então.

Argumento de competência linguística: consiste em adequar o discurso ao panorama linguístico de quem é tido como possível leitor do texto.

Argumento de exemplificação: utilizar casos, ou pequenos relatos para ilustrar a argumentação do texto.

19. DEMAIS TIPOLOGIAS TEXTUAIS

19.1 O Texto Narrativo

Em uma definição bem simplista, "narrar" significa "sequenciar ações". É um dos gêneros mais utilizados e mais conhecidos pelo ser humano, quer no momento de relatar algum evento para alguém – em um ambiente mais formal -, quer na conversa informal sobre o resumo de um dia de trabalho. O fato é que narramos, e o fazemos de maneira praticamente instintiva. É importante, porém, conhecer quais são seus principais elementos de estruturação.

Os operadores do texto narrativo são:

Narrador: é a voz que conduz a narrativa.

Narrador-protagonista: narra o texto em primeira pessoa.

Narrador-personagem (testemunha): nesse caso, quem conta a história não participou como protagonista, no máximo como um personagem adjuvante da história.

Narrador onisciente: narrador que está distanciado dos eventos e conhece aquilo que se passa na cabeça dos personagens.

Personagens: são aqueles que efetivamente atuam na ordem da narração, ou seja, a trama está atrelada aos comportamentos que eles demonstram ao longo do texto.

Tempo: claramente, é o lapso em que transcorrem as ações narradas. Segundo a classificação tradicional, divide-se o tempo da narrativa em: Cronológico, Psicológico e Da narrativa.

Espaço: é o local físico em que as ações ocorrem.

Trama: é o encadeamento de ações propriamente dito.

19.2 O Texto Descritivo

O texto descritivo é o que levanta características para montar algum tipo de panorama. Essas características, mormente, são físicas, entretanto, não é necessário ser sempre desse modo. Podemos dizer que há dois tipos de descrição:

Objetiva: em que surgem aspectos sensoriais diretos, ou seja, não há uma subjetividade por parte de quem escreve. Veja um exemplo:

Nome científico: *Ginkgo biloba L.*
Nome popular: *nogueira-do-japão.*
Origem: *Extremo Oriente.*

Aspecto: as folhas dispõem-se em leque e são semelhantes ao trevo.

A altura da árvore pode chegar a 40 metros; o fruto lembra uma ameixa e contém uma noz que pode ser assada e comida.

Subjetiva: em que há impressões particulares do autor do texto. Há maior valorização dos sentimentos insurgentes daquilo que se contempla. Veja um exemplo:

19.3 Conotação X Denotação

É interessante, quando se estuda o conteúdo de interpretação de texto, ressaltar a distinção conceitual entre o sentido conotativo e o sentido denotativo da linguagem. Vejamos como se opera essa distinção:

Sentido conotativo: figurado, ou abstrato. Relaciona-se com as figuras de linguagem.

Adalberto **entregou sua alma a Deus**.

A ideia de entregar a alma a Deus é figurada, ou seja, não ocorre literalmente, pois não há um serviço de entrega de almas. Essa é uma figura que convencionamos chamar de **metáfora**.

Sentido denotativo: literal, ou do dicionário. Relaciona-se com a função referencial da linguagem.

Adalberto **morreu**.

Quando dizemos função referencial, entende-se que o falante está preocupado em transmitir precisamente o fato ocorrido, sem apelar para figuras de pensamento.

19.4 Figuras de Linguagem

Apenas para ilustrar algumas das mais importantes figuras de linguagem que podem ser cobradas em algumas provas, observe a lista:

Metáfora: uma figura de linguagem, que consiste na comparação de dois termos sem o uso de um conectivo.

Seus olhos **são dois oceanos**. (Os olhos possuem a profundidade do oceano, a cor do oceano etc.)

Comparação: comparação direta com o elemento conectivo.

O vento é como uma mulher.

Metonímia: figura de linguagem que consiste utilização de uma expressão por outra, dada a semelhança de sentido ou a possibilidade de associação lógica entre elas.

Vá ao mercado e traga um Nescau. (achocolatado em pó).

Antítese: figura de linguagem que consiste na exposição de ideias opostas.

*"**Nasce** o Sol e não dura mais que um **dia***
*Depois da **Luz** se segue à **noite** escura*
*Em tristes **sombras morre** a formosura,*
*Em contínuas **tristezas e alegrias**."*

(Gregório de Matos)

Os termos em negrito evidenciam relações semânticas de distinção (oposição). Nascer é o contrário de morrer, assim como sombra é o contrário de luz. Essa figura foi muito utilizada na poesia brasileira, em especial pelo autor dos versos acima: Gregório de Matos Guerra.

Paradoxo: expressão que contraria o senso comum. Ilógica.

*"Amor é fogo que **arde sem se ver**;*
*É ferida que **dói e não se sente**;*
*É um **contentamento descontente**;*
*É **dor que desatina sem doer**."*

(Luís de Camões)

A construção semântica acima é totalmente ilógica, pois é impossível uma ferida doer e não ser sentida, assim como não é possível o contentamento ser descontente.

Perífrase: expressão que tem por função substituir semanticamente um termo:

A última flor do Lácio anda muito judiada. (Português é a última flor do Lácio)

Eufemismo: figura que consiste em atenuar uma expressão desagradável:

José **pegou emprestado sem avisar**; (roubou).

Disfemismo: contrário ao Eufemismo, é a figura de linguagem que consiste em tornar uma expressão desagradável em algo ainda pior.

O homem **abotoou o paletó de madeira**. (morreu).

Prosopopeia: atribuição de características animadas a seres inanimados.

O vento sussurrou em meus ouvidos.

Hipérbole: exagero proposital de alguma característica.

Estou morrendo de rir.

Sinestesia: confusão dos sentidos do corpo humano para produzir efeitos expressivos.

Ouvi uma **voz suave** saindo do quarto.

19.5 Funções da Linguagem

Deve-se a Roman Jakobson a discriminação das seis funções da linguagem na expressão e na comunicação humanas, conforme o realce particular que cada um dos componentes do processo de comunicação recebe no enunciado. Por isso mesmo, é raro encontrar em uma única mensagem apenas uma dessas funções, ou todas reunidas em um mesmo texto. O mais frequente é elas se superporem, apresentando-se uma ou outra como predominante.

Em que pese tal fato, é preciso considerar que há particularidades com relação às funções da linguagem, ou seja, cada função descreve algo em particular. Com isso, pretendo dizer que, antes de o estudante se ater às funções em si, é preciso que ele conheça o sistema que é um pouco mais amplo, ou seja, o ato comunicativo. Afinal, a teoria de Roman Jakobson se volta à descrição do ato comunicativo em si.

Em um livro chamado Linguística e comunicação, o linguista Roman Jakobson, pensando sobre o ato comunicativo e seus elementos, identifica seis funções da linguagem.

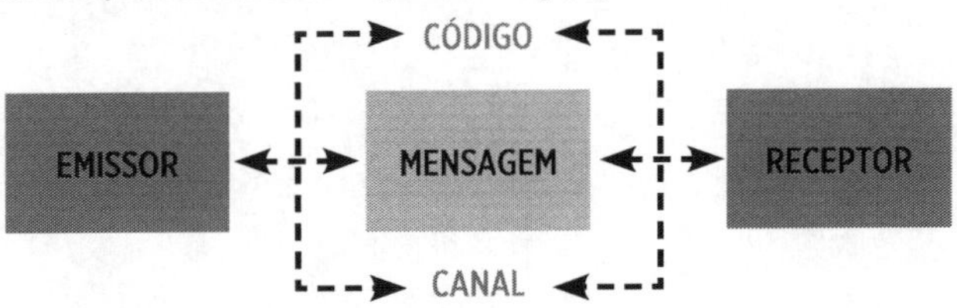

→ Nesse esquema, identificamos:

- **Emissor**: quem enuncia.
- **Mensagem**: aquilo que é transmitido pelo emissor.
- **Receptor**: quem recebe a mensagem.
- **Código**: o sistema em que a mensagem é codificada. O código deve ser comum aos polos da comunicação.
- **Canal**: meio físico por que ocorre a comunicação.

Pensando sobre esses elementos, Jakobson percebeu que cada função da linguagem está centrada em um elemento específico do ato comunicativo. É o que veremos agora.

As Funções da Linguagem são:

- **Referencial**: centrada na mensagem, ou seja, na transmissão do conteúdo. Como possui esse caráter, a objetividade é uma constante para a função referencial. É comum que se busque a imparcialidade quando dela se faz uso. É também conhecida como função denotativa. Como a terceira pessoa do singular é predominante, podem-se encontrar exemplos de tal função em textos científicos, livros didáticos, textos de cunho apenas informativo etc.

Emotiva: centrada no emissor, ou seja, em quem enuncia a mensagem. Basicamente a primeira pessoa predomina quando o texto se apoia sobre a função emotiva. É muito comum a observarmos em depoimentos, discursos, em textos sentimentais, e mesmo em textos líricos.

Apelativa: centrada no receptor, ou seja, em quem recebe a mensagem. As características comuns a manifestações dessa função da linguagem são os verbos no modo imperativo, a tentativa de persuadir o receptor, a utilização dos pronomes de tratamento que tangenciem o interlocutor. É comum observar a função apelativa em propaganda, em discursos motivacionais etc.

Poética: centrada na transformação da mensagem, ou seja, em como modificar o conteúdo da mensagem a fim de torná-lo mais expressivo. As figuras de linguagem são abundantes nessa função e, por sua presença, convencionou-se chamar, também, função poética de função conotativa. Textos literários, poemas e brincadeiras com a mensagem são fontes em que se pode verificar a presença da função poética da linguagem.

Fática: centrada no canal comunicativo. Basicamente, busca testar o canal para saber se a comunicação está ocorrendo. Expressões como "olá", "psiu" e "alô você" são exemplos dessa função.

Metalinguística: centrada no código. Quando o emissor se vale do código para explicar o próprio código, ou seja, num tipo de comunicação autorreferente. Como exemplo, podemos citar um livro de gramática, que se vale da língua para explicar a própria língua; uma aula de didática (sobre como dar aula); ou mesmo um poema que se refere ao processo de escrita de um poema. O poema a seguir é um ótimo exemplo de função metalinguística.

Catar feijão

Catar feijão se limita com escrever:
jogam-se os grãos na água do alguidar
e as palavras na da folha de papel;
e depois, joga-se fora o que boiar.
Certo, toda palavra boiará no papel,
água congelada, por chumbo seu verbo:
pois para catar esse feijão, soprar nele,
e jogar fora o leve e oco, palha e eco.
Ora, nesse catar feijão entra um risco:
o de que entre os grãos pesados entre
um grão qualquer, pedra ou indigesto,
um grão imastigável, de quebrar dente.
Certo não, quando ao catar palavras:
a pedra dá à frase seu grão mais vivo:
obstrui a leitura fluviante, flutual,
açula a atenção, isca-a com risco.

MELO NETO, João Cabral de. Obra completa.
Rio de Janeiro: Nova Aguilar, 1995.

20. INTERPRETAÇÃO DE TEXTO POÉTICO

Cada vez mais comum em provas de concursos públicos, o texto poético possui suas particularidades. Nem todas as pessoas possuem a capacidade de ler um texto poético, quanto mais interpretá-lo. Justamente por esse fato, ele tem sido o predileto dos examinadores que querem dificultar a vida dos candidatos.

Antes de passar à interpretação propriamente dita, é preciso identificar a nomenclatura das partes de um poema. Cada "linha" do poema é chamada de "**verso**", o conjunto de versos é chamado de "**estrofe**". A primeira sugestão para quem pretende interpretar um poema é segmentar a interpretação por estrofe e anotar o sentido trazido ao lado e cada trecho.

Geralmente as bancas pecam ao diferenciar **autor** de **eu-lírico**. O primeiro é realmente a pessoa por detrás da pena, ou seja, é quem efetivamente escreve o texto; o segundo é a "voz" do poema, a "pessoa" fictícia, abstrata que figura como quem traz o poema para o leitor.

Outro problema muito comum na hora de fazer algo dessa natureza é a leitura do texto. Como o texto está em uma disposição que não é mais tão usual, as pessoas têm dificuldade para realizar a leitura. Eis uma dica fundamental: só interrompa a leitura quando chegar a um ponto ou a uma vírgula, porque é dessa maneira que se lê um texto poético. Além disso, é preciso que, mesmo mentalmente, o indivíduo tente dar ênfase na leitura, pois isso pode ajudar na intepretação.

Comumente, o vocabulário do texto poético não é acessível e, em razão disso, costuma haver notas explicativas com o significado das palavras, jamais ignore essa informação! Pode ser a salvação para a interpretação do texto lido.

Veja um exemplo:

Nel mezzo del camin (Olavo Bilac)

"Cheguei. Chegaste. Vinhas fatigada
E triste, e triste e fatigado eu vinha.
Tinhas a alma de sonhos povoada,
E a alma de sonhos povoada eu tinha...

E paramos de súbito na estrada
Da vida: longos anos, presa à minha
A tua mão, a vista deslumbrada
Tive da luz que teu olhar continha.

Hoje, segues de novo... Na partida
Nem o pranto os teus olhos umedece,
Nem te comove a dor da despedida.
E eu, solitário, volto a face, e tremo,
Vendo o teu vulto que desaparece
Na extrema curva do caminho extremo."

Existe outro fator extremamente importante na hora de tentar entender o conteúdo de um texto poético: o **título**! Nem todo poema possui um título, é claro, mas os que possuem ajudam, e muito, na compreensão do "assunto" do poema.

É claro que ter conhecimento do autor e do estilo de escrita por ele adotado é a ferramenta mais importante para que o candidato compreenda com profundidade o que está sendo veiculado pelo texto, porém, como grande parte das bancas ainda não chegou a esse nível de aprofundamento interpretativo, apenas o reconhecimento da superfície do texto já é suficiente para responder às questões.

Vejamos alguns textos para explanar melhor:

Bem no fundo (Paulo Leminski)

No fundo, no fundo,
Bem lá no fundo,
A gente gostaria
De ver nossos problemas
Resolvidos por decreto

A partir desta data,
Aquela mágoa sem remédio
É considerada nula
E sobre ela – silêncio perpétuo

Extinto por lei todo o remorso,
Maldito seja quem olhar pra trás,
Lá pra trás não há nada,
E nada mais

Mas problemas não se resolvem,
Problemas têm família grande,
E aos domingos saem todos passear
O problema, sua senhora
E outros pequenos probleminhas

Interpretação: por mais que trabalhemos para resolvermos nossos problemas, a única certeza é a de que eles continuarão, pois é isso que nos move.

20.1 Tradução de Sentido

As questões de tradução de sentido costumam ser o "calcanhar de Aquiles" dos candidatos. Nem sempre aparecem nas provas, mas quando surgem, é celeuma garantida. A maneira mais eficaz de resolvê-las é buscar relações de sinonímia em ambos os lados da sentença. Com isso, fica mais fácil acertar a questão.

Consideremos a relação de sinonímia presente entre "alegria" e "felicidade". Esses dois substantivos não significam, rigorosamente, a mesma coisa, mas são considerados sinônimos contextuais, se considerarmos um texto. Disso, entende-se que o sinônimo é identificado contextualmente e não depende, necessariamente, do conhecimento do sentido de todas as palavras.

Seria bom se fosse sempre dessa maneira. Ocorre que algumas bancas tentam selecionar de maneira não rigorosa os candidatos que acabam por cobrar o chamado "conhecimento que não é básico" dos candidatos. O melhor exemplo é pedir o significado da palavra "adrede", o qual pouquíssimas pessoas conhecem.

20.2 Organização de Texto (Texto Embaralhado)

Em algumas bancas, é comum haver questões que apresentam um texto desordenado, para que o candidato o reordene, garantido a coesão e a coerência. Além disso, não é raro haver trecho de texto com lacunas para preencher com alguns parágrafos. Para que isso ocorra, é mister saber o que significa coesão e coerência. Vamos a algumas definições simples.

Coesão é o conjunto de procedimentos e mecanismos que estabelecem conexão dentro do texto, o que busca garantir a progressão daquilo que se escreve nas sentenças. Pronomes, perífrases e sinônimos estão entre os mecanismos de coesão que podem ser empregados na sentença.

Coerência diz respeito à organização de significância do texto, ou seja, o sentido daquilo que se escreve. A sequência temporal e o princípio de não contradição são os dispostos mais emergentes da coerência.

Em questões dessa natureza, busque analisar as sequências de entrada e saída dos textos. Veja se há definições e conectivos que encerram ideias, ou se há pronomes que buscam sequenciar as sentenças. Desse modo, fica mais fácil acertar a questão.

20.3 Significação das Palavras

Compreensão, interpretação, intelecção

O candidato que é concurseiro de longa data sabe que, dentre as questões de interpretação de texto, é muito comum surgirem nomenclaturas distintas para fenômenos não tão distintos assim. Quer dizer que se no seu edital há elementos como leitura, compreensão, intelecção ou interpretação de texto, no fundo, o conceito é o mesmo. Ocorre que, dentro desse processo de interpretação, há elementos importantes para a resolução dos certames.

O que se diz e o que se pode ter dito:

Sempre que há um momento de enunciação, o material linguístico serve de base para que os interlocutores negociem o sentido daquilo que está na comunicação. Isso ocorre por meio de vários processos, sendo que é possível destacar alguns mais relevantes:

Dito: consiste na superfície do enunciado. O próprio material linguístico que se enuncia.

Não-dito: consiste naquilo que se identifica imediatamente, quando se trabalha com o que está posto (o dito).

Subentendido: consiste nos sentidos ativados por um processo inferencial de análise e síntese do material linguístico somado ao não-dito.

- » Vejamos isso em uma sentença para compreendermos a teoria.
- » "A eleição de Barack Obama não é um evento apenas americano."

Dito: é o próprio conteúdo da sentença – o fato de a eleição em questão não ser um evento apenas americano.

Não-dito: alguém poderia pensar que a eleição teria importância apenas para os americanos.

Subentendido: pode-se concluir que a eleição em questão terá grandes repercussões, a um nível global.

20.4 Inferência

Assunto muitíssimo delicado e ainda não resolvido na linguística. Não vou me dispor a teorizar sobre isso, pois seria necessário o espaço de um livro para tanto. Para a finalidade dos concursos públicos, vamos considerar que a inferência é o resultado do processamento na leitura, ou seja, é aquilo que se pode "concluir" ou "depreender" da leitura de um texto.

No momento de responder a uma questão dessa natureza, recomenda-se prudência. Existe um conceito que parece fundamental para facilitar a resolução dessas questões. Ele se chama **ancoragem lexical.** Basicamente, entende-se como A. L. a inserção de algum elemento que dispara pressuposições e fomenta inferências, ou seja, se alguma questão pedir se é possível inferir algo, o candidato só poderá responder afirmativamente, se houve uma palavra ou uma expressão (âncora lexical) que permita associar diretamente esses elementos.

Semântica (sentido)

Evidentemente, o conteúdo relativo à significação das palavras deve muito a uma boa leitura do dicionário. Na verdade, o vocabulário faz parte do histórico de leitura de qualquer pessoa: quanto mais você lê, maior é o número de palavras que você vai possuir em seu "HD" mental. Como é impossível receitar a leitura de um dicionário, podemos arrolar uma lista com palavras que possuem peculiaridades na hora de seu emprego. Falo especificamente de **sinônimos, antônimos, homônimos e parônimos**. Mãos à obra!

Sinônimos:

Sentido aproximado: não existem sinônimos perfeitos:

Feliz (Alegre / Contente).

Palavra (Vocábulo).

Professor (Docente).

Professor Mário chegou à escola. O **docente** leciona matemática.

Antônimos:

Oposição de sentido:

Bem (Mal).

Bom (Mau).

Igual (Diferente).

Homônimos:

Homônimos são palavras com escrita ou pronúncia iguais (semelhantes), porém com significado (sentido) diferente:

Adoro comer **manga** com sal.

Derrubei vinho na **manga** da camisa.

Há três tipos de homônimos: homógrafos, homófonos e homônimos perfeitos.

Homógrafos – palavras que possuem a mesma grafia, mas o som é diferente.

O meu **olho** está doendo.

Quando eu **olho** para você, dói.

Homófonos – apresentam grafia diferente, mas o som é semelhante.

A **cela** do presídio foi incendiada.

A **sela** do cavalo é novinha.

Homônimos perfeitos – possuem a mesma grafia e o mesmo som.

O **banco** foi assaltado.

O **banco** da praça foi restaurado ontem.

Ele não **para** de estudar.

Ele olhou **para** a prova.

Parônimos:

Parônimos – são palavras que possuem escrita e pronúncia semelhantes, mas com significado distinto.

O professor fez a **descrição** do conteúdo.

Haja com muita **discrição**, Marivaldo.

Aqui vai uma lista para você se precaver quanto aos sentidos desses termos:

Ascender (subir).

Acender (pôr fogo, alumiar).

Quando Nero **ascendeu** em Roma, ele **acendeu** Roma.

Acento (sinal gráfico).

Assento (lugar de sentar-se).

O **acento** grave indica crase.

O **assento** 43 está danificado.

Acerca de (a respeito de).

Cerca de (aproximadamente).

Há cerca de (faz aproximadamente).

Falamos **acerca de** Português ontem.

José mora **cerca de** mim.

Há cerca de 10 anos, leciono Português.

Afim (semelhante a).

A fim de (com a finalidade de).

Nós possuímos ideias **afins**.

Nós estamos estudando **a fim** de passar.

Aprender (instruir-se).

Apreender (assimilar).

Quando você **apreender** o conteúdo, saberá que **aprendeu** o conteúdo.

Área (superfície).

Ária (melodia, cantiga).

O tenor executou a ária.

A polícia cercou a área.

Arrear (pôr arreios).

Arriar (abaixar, descer).

Precisamos **arrear** o cavalo.

Joaquim **arriou** as calças.

Caçar (apanhar animais).

Cassar (anular).

O veado foi **caçado**.

O deputado teve sua candidatura **cassada**.

Censo (recenseamento).

Senso (raciocínio).

Finalizou-se o **censo** no Brasil.

Argumentou com bom-**senso**.

Cerração (nevoeiro).

Serração (ato de serrar).

Nos dias de chuva, pode haver **cerração**.

Rolou a maior **serração** na madeireira ontem.

Cerrar (fechar).

Serrar (cortar).

Cerrou os olhos para a verdade.

Marina **serrou**, acidentalmente, o nariz na serra.

Cessão (ato de ceder).

Seção (divisão).

Secção (corte).

Sessão (reunião).

O órgão pediu a **cessão** do espaço.

Compareça à **seção** de materiais.

Fez-se uma **secção** no azulejo.

Assisti à **sessão** de cinema ontem. Passava "A Lagoa Azul".

Concerto (sessão musical).

Conserto (reparo).

Vamos ao **concerto** hoje.

Fizeram o **conserto** do carro.

Mal (antônimo de bem).

Mau (antônimo de bom).

O homem **mau** vai para o inferno.

O **mal** nunca prevalece sobre o bem.

Ratificar (confirmar).

Retificar (corrigir).

O documento **ratificou** a decisão.

O documento **retificou** a decisão.

Tacha (pequeno prego, mancha).

Taxa (imposto, percentagem).

Comprei uma tacha.

Paguei outra taxa.

Continuação da lista:

Bucho (estômago)

Buxo (arbusto)

Calda (xarope)

Cauda (rabo)

Cela (pequeno quarto)

Sela (arreio)

Chá (bebida)

Xá (Título do soberano da Pérsia, atual Irã, antes da revolução islâmica)

Cheque (ordem de pagamento)

Xeque (lance do jogo de xadrez)

Comprimento (extensão)

Cumprimento (saudação)

Conjetura (hipótese)

Conjuntura (situação)

Coser (costurar)

Cozer (cozinhar)

Deferir (costurar)

Diferir (distinguir-se)

Degredado (desterrado, exilado)

Degradado (rebaixado, estragado)

Descrição (ato de descrever)

Discrição (reserva, qualidade de discreto)

Descriminar (inocentar)

Discriminar (distinguir)

Despensa (lugar de guardar mantimentos)

Dispensa (isenção, licença)

Despercebido (não notado)

Desapercebido (desprovido, despreparado)

Emergir (vir à tona)

Imergir (mergulhar)

Eminente (notável, célebre)

Iminente (prestes a acontecer)

Esbaforido (ofegante, cansado)

Espavorido (apavorado)

Esperto (inteligente)

Experto (perito)

Espiar (observar)

Expiar (sofrer castigo)

Estada (ato de estar, permanecer)

Estadia (permanência, estada por tempo limitado)

Estático (imóvel)

Extático (pasmo)

Estrato (tipo de nuvem)

Extrato (resumo)

Flagrante (evidente)

Fragrante (perfumado)

Fluir (correr)

Fruir (gozar, desfrutar)

Incidente (episódio)

Acidente (acontecimento grave)

Incipiente (principiante)

Insipiente (ignorante)

Inflação (desvalorização do dinheiro)

Infração (violação, transgressão)

Infligir (aplicar castigo)

Infringir (transgredir)

Intercessão (ato de interceder)

Interseção ou intersecção (ato de cortar)

Laço (nó)

Lasso (frouxo)

Mandado (ordem judicial)

Mandato (período político)

Ótico (relativo ao ouvido)

Óptico (relativo à visão)

Paço (palácio)

Passo (passada)

Peão (empregado / peça de xadrez)

Pião (brinquedo)

Pequenez (pequeno)

Pequinês (ração de cão, de Pequim)

Pleito (disputa)

Preito (homenagem)

Proeminente (saliente)

Preeminente (nobre, distinto)

Prescrição (ordem expressa)

Proscrição (eliminação, expulsão)

Prostrar-se (humilhar-se)

Postar-se (permanecer por muito tempo)

Ruço (grisalho, desbotado)

Russo (da Rússia)

Sexta (numeral cardinal)

Cesta (utensílio)

Sesta (descanso depois do almoço)

Sortido (abastecido)

Surtido (produzido, causado)

Sortir (abastecer)

Surtir (efeito ou resultado)

Sustar (suspender)

Suster (sustentar)

Tilintar (soar)

Tiritar (tremer)

Tráfego (trânsito)

Tráfico (comércio ilícito)

Vadear (passa a pé ou a cavalo, atravessar o rio)

Vadiar (vagabundear)

Viagem (substantivo)

Viajem (verbo)

Vultoso (volumoso, grande vulto)

Vultuoso (inchado)

21. ESTRUTURA E FORMAÇÃO DE PALAVRAS

21.1 Estrutura das Palavras

Para compreender os termos da Língua Portuguesa, deve-se observar, nos vocábulos, a presença de algumas estruturas como raiz, desinências e afixos:

Raiz ou Radical (morfema lexical): parte que guarda o sentido da palavra.

Pedreiro

Pedrada

Em**pedr**ado

Pedregulho.

Desinências (fazem a flexão dos termos)

Nominais:

Gênero: Jogador / Jogadora.

Número: Aluno / Alunos.

Grau: Cadeira / Cadeirinha.

Verbais:

Modo-tempo: Cantá**va**mos / Vendê**ra**mos.

Número-pessoa: Fize**mos** / Compra**stes**

Afixos (conectam-se às raízes dos termos)

» Prefixos: colocados antes da raiz

Infeliz, **des**fazer, **re**tocar.

» Sufixos: colocados após a raiz

Feliz**mente**, capac**idade**, igual**dade.**

Também é importante ficar atento aos termos de ligação. São eles:

Vogal de ligação:

Gas**ô**metro / Bar**ô**metro / Caf**ei**cultura / Carn**í**voro

Consoante de ligação:

Gira**s**sol / Cafe**t**eira / Pau**l**ada / Cha**l**eira

21.2 Radicais Gregos e Latinos

O conhecimento sobre a origem dos radicais é, muitas vezes, importante para a compreensão e memorização de inúmeras palavras.

Radicais gregos

Os radicais gregos têm uma importância expressiva para a compreensão e fácil memorização de diversas palavras que foram criadas e vulgarizadas pela linguagem científica.

Podemos observar que esses radicais se unem, geralmente, a outros elementos de origem grega e, frequentemente, sofrem alterações fonéticas e gráficas para formarem palavras compostas.

Seguem algumas palavras e seus respectivos radicais:

ácros, alto: acrópole, acrobacia, acrofobia

álgos, dor: algofilia, analgésico, nevralgia

ánthropos, homem: antropologia, antropófago, filantropo

astér, astéros, estrela: asteroide, asterisco

ástron, astro: astronomia, astronauta

biblíon, livro: biblioteca, bibliografia, bibliófilo

cir-, quiro- (de chéir, cheirós, mão): cirurgia, cirurgião, quiromante

chlorós, verde: cloro, clorofila, clorídrico

chróma, chrómatos, cor: cromático, policromia

dáktylos, dedo: datilografia, datilografar

déka, dez: decálogo, decâmetro, decassílabo

gámos, casamento: poligamia, polígamo, monogamia

gastér, gastrós, estômago: gastrite, gastrônomo, gástrico

glótta, glóssa, língua: poliglota, epiglote, glossário

grámma, letra, escrito: gramática, anagrama, telegrama

grápho, escrevo: grafia, ortografia, caligrafia

heméra, dia: herneroteca, hernerologia, efêmero

hippos, cavalo: hipódromo, hipismo, hipopótamo

kardía, coração: cardíaco, cardiologia, taquicardia

mésos, meio, do meio: mesocarpo, mesóclise, mesopotâmia

mnemo- (de mnéme, memória, lembrança): mnemônico, amnésia, mnemoteste

morphé, forma: morfologia, amorfo, metamorfose

nekrós, morto, necrotério, necropsia, necrológio

páis, paidós, criança: pedagogia, pediatria, pediatra

pyr, pyrós, fogo: pirosfera, pirotécnico, antipirético

rino- (ele rhis, rhinós, nariz): rinite, rinofonia, otorrino

theós, deus: teologia, teólogo, apoteose

zóon, animal: zoologia, zoológico, zoonose

Radicais latinos

Outras palavras da língua portuguesa possuem radicais latinos. A maioria delas entrou na língua entre os séculos XVIII e XX. Seguem algumas das que vieram por via científica ou literária:

ager, agri, campo: agrícola, agricultura

ambi- (de ambo, ambos): ambidestro, ambíguo

argentum, argenti, prata: argênteo, argentífero, argentino

capillus, capilli, cabelo: capilar, capiliforme, capilaridade

caput, capitis, cabeça: capital, decapitar, capitoso

cola-, (de colo, colere, habitar, cultivar): arborícola, vitícola

cuprum, cupri, cobre: cúpreo, cúprico, cuprífero

ego, eu: egocêntrico, egoísmo, ególatra

equi-, (de aequus, igual): equivalente, equinócio, equiângulo

-fero (de fero, ferre, levar, conter): aurífero, lactífero, carbonífero

fluvius, rio: fluvial, fluviômetro

frigus, frigoris, frio: frigorífico, frigomóvel

lapis, lapidis, pedra: lápide, lapidificar, lapidar

lex, legis, lei: legislativo, legislar, legista

noceo, nocere, prejudicar, causar mal: nocivo, inocente, inócuo

pauper, pauperis, pobre: pauperismo, depauperar

pecus, rebanho: pecuária, pecuarista, pecúnia

pluvia, chuva: pluvial, pluviômetro

radix, radieis, raiz: radical, radicar, erradicar

sidus, sideris, astro: sideral, sidéreo, siderar

stella, estrela: estelar, constelação

triticum, tritici, trigo: triticultura, triticultor, tritícola

vinum, vini, vinho: vinicultura, vinícola

vitis, videira: viticultura, viticultor, vitícola

volo, volare, voar: volátil, noctívolo

vox, vocis, voz: vocal, vociferar

21.3 Origem das Palavras de Língua Portuguesa

As palavras da língua portuguesa têm múltiplas origens, mas a maioria delas veio do latim vulgar, ou seja, o latim que era falado pelo povo duzentos anos antes de Cristo.

No geral, as palavras que formam o nosso léxico podem ser de origem latina, de formação vernácula ou de importação estrangeira.

Quanto às palavras de origem latina, sabe-se que algumas datam dos séculos VI e XI, aproximadamente, e outras foram introduzidas na língua por escritores e letrados, ao longo do tempo, sobretudo no período áureo, o século XVI, e de forma ainda mais abundante durante os séculos que o seguiram, por meios literário e científico. As primeiras, as formas populares, foram grandemente alteradas na fala do povo rude, mas as formas eruditas tiveram leves alterações.

Houve, ao longo desses séculos, com incentivo do povo luso-brasileiro, a criação de palavras que colaboraram para enriquecer o vocabulário. Essas palavras são chamadas criações vernáculas.

Desde os primórdios da língua, diversos termos estrangeiros entraram em uso, posteriormente enriquecendo definitivamente o patrimônio léxico, porque é inevitável que palavras de outros idiomas adentrem na língua por meio das relações estabelecidas entre os povos e suas culturas.

Devido a isso, encontramos, no vocabulário português, palavras provenientes:

→ Do grego

por influência do cristianismo e do latim literário: anjo, bíblia, clímax

por criação de sábios e cientistas: nostalgia, microscópio

→ Do hebraico

veiculadas pela Bíblia: aleluia, Jesus, Maria, Sábado

→ Do alemão

guerra, realengo, interlância

→ Do árabe

algodão, alfaiate, algema

→ Do japonês

biombo, micado, samurai

→ Do francês

greve, detalhe, pose

→ Do inglês

bife, futebol, tênis

→ Do turco

lacaio, algoz

→ Do italiano

piano, maestro, lasanha

→ Do russo

vodca, esputinique

→ Do tupi

tatu, saci, jiboia, pitanga

→ Do espanhol

cavalheiro, ninharia, castanhola

→ De línguas africanas

macumba, maxixe, marimbondo

Atualmente, o francês e o inglês são os idiomas com maior influência sobre a língua portuguesa.

21.4 Processos de Formação de Palavras

Há dois processos mais fortes (presentes) na formação de palavras em Língua Portuguesa: a composição e a derivação. Vejamos suas principais características.

Composição: é muito mais uma criação de vocábulo. Pode ocorrer por:

Justaposição (sem perda de elementos):

» Guarda-chuva, girassol, arranha-céu etc.

Aglutinação (com perda de elementos):

» Embora, fidalgo, aguardente, planalto, boquiaberto etc.

Hibridismo (união de radicais oriundos de línguas distintas:

» Automóvel (latim e grego); Sambódromo (tupi e grego).

Derivação: é muito mais uma transformação no vocábulo. Pode ocorrer das seguintes maneiras:

Prefixal (prefixação)

» Reforma, anfiteatro, cooperação

Sufixal (sufixação)

» Pedreiro, engenharia, florista

Prefixal – sufixal

» Infelizmente, ateísmo, desordenamento

Parassintética: prefixo e sufixo simultaneamente, sem a possibilidade de remover umas das partes.

» Avermelhado, anoitecer, emudecer, amanhecer

Regressão (regressiva) ou deverbal: advinda de um verbo.

» Abalo (abalar), luta (lutar), fuga (fugir)

Imprópria (conversão): mudança de classe gramatical.

O jantar, um não, o seu sim, o pobre.

Estrangeirismo

Pode-se entender como um empréstimo linguístico

Com aportuguesamento: abajur (do francês "abat-jour"), algodão (do árabe "al-qutun"), lanche (do inglês "lunch") etc.

Sem aportuguesamento: networking, software, pizza, show, shopping etc.

Acrônimo ou Sigla

Silabáveis: podem ser separados em sílabas.

Infraero (Infraestrutura Aeroportuária), **Petrobras** (Petróleo Brasileiro) etc.

Não-silabáveis: não podem ser separados em sílabas.

FMI, MST, SPC, PT, INSS, MPU etc.

Onomatopeia ou reduplicação

Onomatopeia: tentativa de representar um som da natureza.

Pow, paf, tum, psiu, argh.

Reduplicação: repetição de palavra com fim onomatopaico.

Reco-reco, tique-taque, pingue-pongue.

Redução ou abreviação

Eliminação do segmento de alguma palavra

Fone (telefone), cinema (cinematógrafo), pneu (pneumático) etc.

22. FIGURAS DE LINGUAGEM

Para iniciar o estudo deste capítulo, é importante, retomar alguns conceitos: ao falar de figuras de linguagem, estamos, também, falando de **funções da linguagem** e de **semântica**.

As figuras de linguagem (também chamadas de figuras de pensamento) são construções que se relacionam com a função **poética da linguagem**, ou seja, estão articuladas em razão de modificar o código linguístico para dar ênfase no sentido de uma frase.

É comum vermos exemplos de figuras de linguagem em propagandas publicitárias, poemas, músicas etc. Essas figuras estão presentes em nossa fala cotidiana, principalmente na fala de registro **informal**.

O registro dito informal é aquele que não possui grande preocupação com a situação comunicativa, uma vez que não há tensão para a comunicação entre os falantes. Gírias, erros de concordância e subtração de termos da frase são comuns nesse baixo nível de formalidade comunicativa. Até grandes poetas já escreveram textos sobre esse assunto, veja o exemplo do escritor Oswald de Andrade, que discute a norma gramatical em relação à fala popular do brasileiro:

Pronominais

Dê-me um cigarro
Diz a gramática
Do professor e do aluno
E do mulato sabido
Mas o bom negro e o bom branco
Da Nação Brasileira
Dizem todos os dias
Deixa disso camarada
Me dá um cigarro

Oswald de Andrade

(1890-1954)

Os Cem Melhores Poemas Brasileiros do Século - Seleção e Organização de Ítalo Moriconi, Editora Objetiva, Rio de Janeiro, 2001 (In Pau-Brasil - Poesia - Oswald de Andrade, São Paulo, Globo)

22.1 Conotação X Denotação

É interessante, quando se estuda o conteúdo de figuras de linguagem, ressaltar a distinção conceitual entre o sentido conotativo e o sentido denotativo da linguagem. Vejamos como se opera essa distinção:

Sentido CONOTATIVO: figurado, ou abstrato. Relaciona-se com as figuras de linguagem.

Adalberto **entregou sua alma a Deus**.

A ideia de entregar a alma a Deus é figurada, ou seja, não ocorre literalmente, pois não há um serviço de entrega de almas. Essa é uma figura que convencionamos chamar de **metáfora**.

Sentido DENOTATIVO: literal, ou do dicionário. Relaciona-se com a função **referencial** da linguagem.

Adalberto **morreu**.

Quando dizemos função referencial, entende-se que o falante está preocupado em transmitir precisamente o fato ocorrido, sem apelar para figuras de pensamento. Essa frase do exemplo serviu para mostrar o sinônimo da figura de linguagem anterior.

Vejamos agora algumas das principais figuras de linguagem que costumam ser cobradas em provas de concursos públicos:

Metáfora: uma figura de linguagem, que consiste na comparação de dois termos sem o uso de um conectivo.

- Rosa **é uma flor**. (A pessoa é como uma flor: perfumada, delicada, bela etc.)
- Seus olhos **são dois oceanos**. (Os olhos possuem a profundidade do oceano, a cor do oceano etc.)
- João **é fera**. (João é perito em alguma coisa, desempenha determinada tarefa muito bem etc.)

Metonímia: figura de linguagem que consiste utilização de uma expressão por outra, dada a semelhança de sentido ou a possibilidade de associação lógica entre elas.

Há vários tipos de metonímia, vejamos alguns deles:

Efeito pela causa:

O carrasco ergueu **a morte**. (O efeito é a morte, a causa é o machado).

Marca pelo produto:

Vá ao mercado e traga um Nescau. (achocolatado em pó).

Autor pela obra:

Li Camões com entusiasmo. (Quem leu, leu a obra, não o autor).

Continente pelo conteúdo:

Comi dois pratos de feijão. (Comeu o feijão, ou seja, o conteúdo do prato)

Parte pelo todo:

Peço sua **mão em casamento**. (Pede-se, na verdade, o corpo todo).

Possuidor pelo possuído:

Mulher, vou **ao médico**. (Vai-se ao consultório que pertence ao médico, não ao médico em si).

Antítese: figura de linguagem que consiste na exposição de ideias opostas.

*"**Nasce** o Sol e não dura mais que um **dia***
*Depois da **Luz** se segue à **noite** escura*
Em tristes sombras morre a formosura,
*Em contínuas **tristezas** e **alegrias**."*

(Gregório de Matos)

Os termos em negrito evidenciam relações semânticas de distinção (oposição). Nascer é o contrário de morrer, assim como sombra é o contrário de luz. Essa figura foi muito utilizada na poesia brasileira, em especial pelo autor dos versos acima: Gregório de Matos Guerra.

Paradoxo: expressão que contraria o senso comum. Ilógica.

*"Amor é fogo que **arde sem se ver**;*
*É ferida que **dói e não se sente**;*
*É um **contentamento descontente**;*
*É **dor que desatina sem doer**."*

(Luís de Camões)

A construção semântica acima é totalmente ilógica, pois é impossível uma ferida doer e não ser sentida, assim como não é possível o contentamento ser descontente.

Perífrase: expressão que tem por função substituir semanticamente um termo:

A última flor do Lácio anda muito judiada. (Português é a última flor do Lácio)

O país do futebol é uma grande nação. (Brasil)

O Bruxo do Cosme Velho foi um grande escritor. (Machado de Assis era conhecido como o Bruxo do Cosme Velho)

O anjo de pernas tortas foi o melhor jogador do mundo. (Garrincha)

Eufemismo: figura que consiste em atenuar uma expressão desagradável:

José **pegou emprestado sem avisar**; (roubou).

Maurício **entregou a alma a Deus**; (morreu).

Coitado, só porque **é desprovido de beleza**. (feio)

Disfemismo: contrário ao Eufemismo, é a figura de linguagem que consiste em tornar uma expressão desagradável em algo ainda pior.

O homem **abotoou o paletó de madeira**. (morreu)

Está chupando cana pela raiz. (morreu)

Sentou no colo do capeta. (morreu)

Prosopopeia: atribuição de características animadas a seres inanimados.

O vento sussurrou em meus ouvidos.

Parecia que a **agulha odiava o homem**.

Hipérbole: exagero proposital de alguma característica.

Estou morrendo de rir.

Chorou rios de lágrimas.

Hipérbato: inversão sintática de efeito expressivo.

Ouviram do Ipiranga as margens plácidas
De um povo heroico o brado e retumbante.

Colocando na ordem direta:

As margens plácidas do Ipiranga ouviram o brado retumbante de um povo heroico.

Da minha família, ninguém fala!

Gradação: figura que consiste na construção de uma escala de termo que fazem parte do mesmo campo semântico.

Plantou **a semente**, zelou pelo **broto**, regou a **planta** e colheu o **fruto**. (A gradação pode ser do campo semântico da palavra semente – broto, planta e fruto – ou da palavra plantar – zelar, regar, colher)

Ironia: figura que consiste em dizer o contrário do que se pensa.

Lamento por ter sido eu o vencedor dessa prova. (Evidentemente a pessoa não lamenta ser o vencedor de alguma coisa)

Onomatopeia: tentativa de representar um som da natureza. Figura muito comum em histórias em quadrinhos.

Pof, tic-tac, click, bum, vrum!

Sinestesia: confusão dos sentidos do corpo humano para produzir efeitos expressivos.

Ouvi uma **voz suave** saindo do quarto.

O seu **perfume doce** é extremamente inebriante.

22.2 Vícios de Linguagem

Em um âmbito geral, vício de linguagem é toda expressão contrária à lógica da norma gramatical. Vejamos quais são os principais deslizes que se transformam em vícios.

Pleonasmo vicioso: consiste na repetição desnecessária de ideias.

Subir para cima.

Descer para baixo.

Entrar para dentro.

Cardume de peixes.

Enxame de abelhas.

Elo de ligação.

Fato real.

Observação: pode existir o plágio expressivo em um texto poético. Na frase "ele penetrou na escura treva" há pleonasmo, mas não é vicioso.

Ambiguidade: ocorre quando a construção frasal permite que a sentença possua dois sentidos.

Tenho que buscar **a cadela da sua irmã**.

A empregada disse para o chefe que o cheque estava sobre **sua mesa**.

Como você, também estou cansado. (conjunção "como" ou verbo "comer")

Cacofonia: ocorre quando a pronúncia de determinadas palavras permite a construção de outra palavra.

Dei um beijo na bo**ca dela**.

Nos**so hino** é belo.

Na **vez passada**, esca**pei de** uma.

Barbarismo: é um desvio na forma de falar ou grafar determinada palavra.

Mortandela (em vez de mortadela).

Poblema (em vez de problema).

Mindingo (em vez de mendigo).

Salchicha (em vez de salsicha).

Esse conteúdo costuma ser simples para quem pratica a leitura de textos poéticos, portanto devemos sempre ler poesia. Passemos à resolução de algumas questões.

INFORMÁTICA

1. SOFTWARE

Cerca de 90% das questões de Informática abordam conceitos relacionados aos softwares, na forma de definições e de modos de operação, tanto em provas de nível médio como de nível superior. Por esse motivo, ele será abordado em nosso primeiro tópico.

O software é a parte **abstrata** de um computador, também conhecido como a parte **lógica**. É um programa instalado em um dispositivo, que pode ser um computador ou mesmo um celular.

Os programas são a aplicação de regras de maneira digital, para que, dada uma situação, ocorra uma reação pré-programada. Assim, temos que um programa é uma representação de tarefas manuais; com eles podemos automatizar processos, o que torna as tarefas mais dinâmicas.

1.1 Licenças de Software

Uma licença de software define o que um usuário pode ou não fazer com ele, ela se baseia essencialmente no direito autoral. Existem vários tipos de licenças de software, mas, no que tange ao concurso público, apenas duas são de valor significativo: a licença de software livre e a licença de software proprietário.

Software proprietário

A licença de software proprietário procura reservar o direito de autor do programa.

Um software proprietário é também conhecido como software não livre, pois uma de suas principais características é manter o **Código Fonte[1] Fechado**.

Há vários softwares proprietários gratuitos. Por outro lado, existem aqueles que, para o usuário adquirir o direito de uso, exigem a compra de uma licença de uso, a qual não lhe dá direito de propriedade sobre o programa, apenas concede a ele o direito de utilizá-lo, além de impor algumas regras quanto ao seu uso.

São exemplos de softwares proprietários: Windows, Microsoft Office, Mac OS, aplicativos da Adobe, Corel Draw, WinRAR, WinZip, MSN, entre outros tantos.

Software livre

Em contrapartida ao software proprietário, um grupo criou o software livre. Como princípio atribuem-se às leis que regem a definição de **liberdades** como forma de protesto em relação ao software proprietário.

O software livre tem como primordial característica o **Código Fonte Aberto**.

A principal organização que mantém e promove o software livre é a Free Software Foundation (FSF).

Para que um software seja classificado como Software Livre, ele deve obedecer a quatro **liberdades de software** do projeto **GNU** - *General Public License* (Licença Pública Geral) - idealizado por Richard Matthew Stallman, ativista e fundador do movimento software livre.

Liberdade 0: a liberdade para executar o programa, para qualquer propósito.

1 Código Fonte: conjunto de instruções feitas em uma linguagem de programação, que definem o funcionamento e o comportamento do programa.

Liberdade 1: a liberdade de estudar como o programa funciona e adaptá-lo às suas necessidades.

Liberdade 2: a liberdade de redistribuir cópias do programa de modo que você possa ajudar ao seu próximo.

Liberdade 3: a liberdade de modificar o programa e distribuir essas modificações, de modo que toda a comunidade se beneficie.

A GPL (*CopyLeft*) é um reforço a essas quatro liberdades, garantindo que o código fonte de um programa software livre não possa ser apropriado por outra pessoa ou empresa, principalmente para que não seja transformado em software proprietário.

A GPL só possui versão em inglês devido a possíveis erros de tradução que possam vir a ser inseridos em sua descrição.

O Linux é um dos principais projetos desenvolvidos sob a licença de software livre, assim como o BrOffice, mas o principal responsável por alavancar o software livre, assim como o próprio Linux, foi o projeto Apache[2] que no início só rodava em servidores Linux e hoje é multiplataforma.

São exemplos de softwares livres: Apache, Linux, BrOffice, LibreOffice, Mozilla Firefox, Mozilla Thunderbird, entre outros.

Shareware

A licença do tipo shareware é comumente usada quando se deseja permitir ao usuário uma degustação do programa, é uma licença que oferece funcionalidades reduzidas ou mesmo em sua totalidade, porém, com um prazo para esse uso que, depois de encerrado, o programa limita as funcionalidades ou pode deixar de funcionar.

Um exemplo de software popular que utiliza essa licença é o WinRAR, que, após os 40 dias, começa a exibir uma mensagem toda vez que é aberto, contudo, continua funcionando mesmo que o usuário não adquira a licença.

Esta permite a cópia e redistribuição do software, porém, não permite a alteração, pois o código fonte não é público.

1.2 Tipos de Software

Existem diversos tipos de software, mas somente alguns nos interessam durante a prova. Dessa forma, iremos focar o estudo no que nos é pertinente.

Podemos classificar os softwares de acordo com os itens a seguir:

> Firmwares;
> Sistemas Operacionais;
> Escritório;
> Utilitários;
> Entretenimento;
> Malwares.

Firmwares

Um firmware é normalmente um software embarcado, ou seja, ele é um software desenvolvido para operar sobre um hardware específico. De forma geral, um firmware é incorporado ao

2 Apache: servidor responsável pelo processamento da maior parte das páginas disponibilizadas atualmente na Internet, cerca de 51%. .

hardware já no momento de sua fabricação, mas, dependendo do tipo de memória em que é armazenado, ele pode ser atualizado ou não. O software do tipo firmware que interessa ao nosso estudo é o BIOS.

Bios (*basic input/output system*)

O Sistema Básico de Entrada e Saída é um software embarcado em uma **memória do tipo ROM**, nos computadores atuais é mais comum em memórias do tipo **Flash ROM.**

O BIOS é o primeiro programa que roda quando ligamos o computador. Ele é composto pelo **SETUP,** que são suas configurações, e pelo **POST,** responsável por realizar os testes de hardware.

Durante o processo de boot[3], o BIOS aciona a memória CMOS[4], onde ficam armazenadas as últimas informações sobre o hardware do computador e sobre a posição de início do sistema operacional no disco. Em posse dessas informações, o BIOS executa o POST, a etapa que verifica se todos os dispositivos necessários estão conectados e operantes.

Após as verificações de compatibilidade, o BIOS inicia o processo de leitura do disco indicado como primário a partir do ponto onde se encontra o sistema operacional, que é carregado para a memória principal do computador.

Em um mesmo computador podem ser instalados dois ou mais sistemas operacionais diferentes, ou mesmo versões diferentes do mesmo sistema.

Quando há apenas um sistema operacional instalado no computador, este é iniciado diretamente pelo BIOS, porém, se houver dois ou mais se faz necessário optar por qual dos sistemas se deseja utilizar.

Em uma situação em que existem dois sistemas operacionais atribui-se a caracterização de Dual boot.

Um computador que possua uma distribuição Linux instalada e uma versão Windows, por exemplo, ao ser concluído o processo do BIOS, inicia um gerenciador de boot. Em geral é citado nas provas ou o **GRUB** ou o **LILO**, que são associados ao Linux.

Sistemas operacionais (so)

O conteúdo de sistemas operacionais é cobrado de duas formas nas provas: prática e conceitual. Questões de caráter conceitual são colocadas de forma comparativa entre os sistemas, enquanto que as práticas estão associadas às ferramentas e modos de operação de cada sistema. O conteúdo referente à parte prática é abordado em específico nos tópicos Windows e Linux.

O sistema operacional é o **principal programa do computador**. Ele é o responsável por facilitar a interação do usuário com a máquina, além de ter sido criado para realizar as tarefas de controle do hardware, livrando assim os aplicativos de conhecer o funcionamento de cada peça existente no mundo.

As tarefas de responsabilidade do SO são, principalmente, de níveis gerenciais. O sistema operacional é o responsável por administrar a entrada e a saída de dados de forma que, quando um usuário seleciona uma janela, ele está trazendo-a para o primeiro plano de execução. Assim, sempre que o usuário digita um texto, por exemplo, o SO tem de gerenciar qual a janela, ou seja, qual aplicativo receberá as informações entradas pelo teclado, mas ao mesmo tempo o SO receberá uma solicitação do aplicativo para que exiba na tela as informações recebidas.

É de responsabilidade do SO gerenciar o uso da memória RAM e do processador. O controle estabelecido pelo sistema operacional dita que programa será executado naquele instante e quais espaços de memória estão sendo usados por ele e pelos demais aplicativos em execução.

Para que o sistema operacional consiga se comunicar com cada dispositivo, aquele precisa saber antes como estes funcionam, para tanto, é necessário instalar o **driver**[5] do dispositivo. Atualmente, a maioria dos drivers é identificada automaticamente pelo SO, mas o sistema nem sempre possui as informações sobre hardwares recém-lançados. Nesse caso, o sistema, ao não conseguir o driver específico, solicita ao usuário que informe o local onde ele possa encontrar o driver necessário.

<table>
<tr><th colspan="2">Aplicativos</th></tr>
<tr><td rowspan="4">Hardware</td><td>Gerenciamento de entrada/saída</td></tr>
<tr><td>Gerenciamento de drivers de dispositivos</td></tr>
<tr><td>Gerenciamento de memória</td></tr>
<tr><td>Gerenciamento de CPU</td></tr>
<tr><th colspan="2">Hardware</th></tr>
</table>

Dentre os sistemas operacionais modernos, o Windows ainda é o que mais se destaca em termos de número de usuários em computadores pessoais. Por outro lado, quando se questiona em relação ao universo de servidores na internet, deparamo-nos com o Linux como mais utilizado; o principal motivo relaciona-se à segurança mais robusta oferecida pelo Linux.

Os exemplos de SO para computadores pessoais (PC) que podem ser citados em provas são:

- Windows;
- Linux;
- Mac OS;
- Chrome OS.

Porém, esses sistemas derivaram de duas vertentes principais o **DOS** e o **UNIX**. É de interesse da prova saber que o DOS foi o precursor do Windows e que a plataforma UNIX foi a base do Linux e também do Mac OS.

Contudo, não encontramos SO apenas em PCs. Celulares, smartphones e tablets também utilizam sistemas operacionais. Atualmente, fala-se muito no sistema do Google para esses dispositivos, o Google Android.

Os Sistemas Operacionais podem ser divididos em duas partes principais: Núcleo e Interface.

O **Núcleo de um Sistema Operacional** é chamado de **Kernel**. Ele é a parte responsável pelo gerenciamento do hardware, como já explanado, enquanto que a **interface** é parte de interação com o usuário, seja ela uma interface apenas textual ou uma interface com recursos gráficos.

3 Boot: processo de inicialização do sistema operacional.
4 CMOS: uma pequena memória RAM alimentada por uma pilha de 9V .

5 Driver: conjunto de informações sobre como funciona um dispositivo de hardware.

A interface com recursos gráficos é comumente chamada de **GUI (Graphic User Interface - Interface Gráfica do Usuário),** também citada como gerenciador de interface gráfica. O nome Windows foi baseado, justamente, nessa característica de trabalhar com janelas gráficas como forma de comunicação com o usuário.

Sistema Operacional	Kernel
Windows XP	NT 5.2
Windows Vista	NT 6.0
Windows 7	NT 6.1
Windows 8	NT 6.2
Linux	Linux 3.10

Em relação às **GUIs**, cada versão do Windows utiliza e trabalha com apenas uma única interface gráfica, que só passou a ter um nome específico a partir do Windows Vista.

Windows	GUI
XP	Sem nomenclatura
Vista	Aero
7	Aero
8	Metro

Por outro lado, existem diversas GUIs para o Linux, algumas Distribuições Linux[6] trabalham com apenas um gerenciador de interface gráfica, enquanto que outras trabalham com múltiplas. As principais GUIs do Linux são:

> Gnome;
> KDE;
> Unity;
> XFCE;
> FluxBox;
> BlackBox;
> Mate;
> Cinnamon.

Ao contrário do Windows, o Linux tem suporte a várias Interfaces Gráficas.

Características de um sistema operacional

Os Sistemas Operacionais podem ser classificados de acordo com suas características comportamentais.

Multitarefa

Um Sistema Operacional é dito multitarefa quando consegue executar mais de uma tarefa simultânea, como: tocar uma música enquanto o usuário navega na internet e escreve um texto no Word.

Contudo, há duas formas de multitarefa empregadas pelos SO modernos: Multitarefa Preemptiva e Multitarefa Real.

Windows, Linux e Mac OS.

Monotarefa

Sistema Monotarefa é o sistema que, para executar uma tarefa, deve aguardar a que está em execução terminar ou mesmo forçar o seu término para que possa executar. Trabalha com um item de cada vez.

DOS e algumas versões UNIX.

6 Distribuição Linux: uma cópia do Linux desenvolvida, geralmente, com base em outra cópia, mas com algumas adaptações.

Multiusuário

É quando o Sistema Operacional permite mais de uma **sessão** de usuário ativa simultaneamente.

Se dois ou mais usuários estiverem com sessões iniciadas, elas são de certa maneira tratadas independentemente, ou seja, um usuário não vê o que o outro estava fazendo, como também, em um uso normal, não interfere nas atividades que estavam sendo executadas pelo outro usuário.

O sistema multiusuário geralmente possui a opção trocar de usuário, que permite bloquear a sessão ativa e iniciar outra sessão simultânea.

Monousuário

Em um sistema monousuário, para que outro usuário inicie sessão, é necessário finalizar a do usuário ativo, também conhecido como efetuar *Logoff*.

Softwares de escritório

São aplicativos com utilização mais genérica, de forma a possibilitarem as diversas demandas de um escritório como também suprirem muitas necessidades acadêmicas em relação à criação de trabalhos.

Nesta seção é apresentado um comparativo entre as suítes de escritório que são cobradas na prova.

Editor	Microsoft Office	BrOffice
Texto	Word	Writer
Planilha	Excel	Calc
Apresentação de slides	PowerPoint	Impress
Desenho	Publisher	Draw
Banco de dados	Access	Base
Fórmula	Equation	Math

Os editores de texto, planilha e apresentação são os mais cobrados em provas de concursos. Sobre esses programas podem aparecer perguntas a respeito do seu funcionamento, ainda que sobre editores de apresentação sejam bem menos frequentes.

Outro ponto importante a se ressaltar é que o **Microsoft Outlook** é componente da suíte de aplicativos Microsoft Office. Não foi destacado na tabela acima por não existir programa equivalente no BrOffice.

Por vezes o concursando pode se deparar na prova com o nome **LibreOffice**, o que está correto, pois o BrOffice é utilizado no Brasil apenas, mas ele é baseado no Libre Office. Até a versão 3.2, o BrOffice era fundamentado no OpenOffice e, após a compra da Sun pela Oracle a comunidade decidiu mudar para o Libre por questões burocráticas.

Softwares utilitários

Alguns programas ganharam tamanho espaço no dia a dia do usuário que, sem eles, podemos por vezes ficar sem acesso às informações contidas em arquivo, por exemplo.

São classificados como utilitários os programas compactadores de arquivos e leitores de PDF. Esses programas assumiram tal patamar por consolidarem seus formatos de arquivos. Entre os compactadores temos os responsáveis pelo formato de arquivos ZIP, apesar de que, desde sua versão XP, o Windows já dispunha de recurso nativo para compactar e descompactar arquivos nesse formato, muitos aplicativos se destacavam por oferecer o serviço de forma mais eficiente ou prática. Os compactadores mais conhecidos são: WinZip, BraZip e 7-Zip. Outro compactador que ganhou espaço no mercado foi o WinRar com o formato .RAR, que permite uma maior compactação do que o ZIP.

Softwares de entretenimento

Nesta categoria, entram os aplicativos multimídias como players de áudio e vídeo, como o Windows Media Player, o Winamp, o iTunes, VLC player e BS player, dentre inúmeros outros, assim como também os jogos como Campo Minado, Paciência, Pinball e outros tantos de mais alto nível.

Malwares (malicious softwares)

Os malwares são programas que têm finalidade mal intencionada, na maioria das vezes ilícita. Grande parte das bancas cita-os como pragas cibernéticas que infectam o computador do usuário e trazem algum prejuízo; por outro lado, há bancas que especulam sobre os diferentes tipos de malwares. A seguir são destacados os principais tipos de malwares.

Para ser um malware tem que ser um software; do contrário, pode ser uma prática maliciosa, mas não um malware.

Vírus

O vírus é apenas um dos tipos de malware, ou seja, ao contrário do que a maioria das pessoas fala, nem tudo que ataca o computador é um vírus. As questões que tangem ao que é um vírus, em geral, são cobradas em prova como forma de saber se o concursando conhece as diferenças entre os malwares.

Um vírus tem por características:

> **Infectar** os arquivos do computador do usuário, principalmente arquivos do sistema.

> **Depender de ação do usuário**, como executar o arquivo ou programa que está contaminado com o vírus.

> Ter finalidades diversas, dentre as quais **danificar** tanto arquivos e o sistema operacional, como também as peças.

Vírus mutante

É um vírus mais evoluído, que tem a capacidade de alterar algumas de suas características a fim de burlar o antivírus.

Vírus de macro

O vírus de macro explora falhas de segurança das suítes de escritório, principalmente da Microsoft. Uma macro, ao ser criada de certa forma, anexa ao documento uma programação (comandos geralmente em Visual Basic[7]), ele pode inserir seu código dentro deste código em VB.

7 Visual Basic (VB): é uma linguagem de programação criada pela Microsoft.

O Vírus de Macro geralmente danifica a suíte de escritório, inutilizando-a, além de poder apagar documentos do computador.

Para que seja executado esse vírus, é necessário que o usuário execute o arquivo contaminado.

Worm

O worm é, por vezes, citado nas provas em português como verme, como forma de confundir o concursando. Ao contrário do vírus, ele **não depende de ação do usuário** para executar; ele executa automaticamente: no momento em que um pendrive é conectado a um computador, ele é contaminado ou contamina este.

Ele tem como finalidade se replicar, porém, não infecta outros arquivos, apenas **cria cópias de si** em vários locais, o que pode encher o HD do usuário. Outra forma utilizada de se replicar é através da exploração de falhas dos programas, principalmente os clientes de e-mail, enviando por correio eletrônico cópias de si para os contatos do usuário armazenados no cliente de e-mail.

Um worm, muitas vezes, instala no computador do usuário um bot, transformando aquele em um robô controlado à distância. Os indivíduos que criam um Worm fazem-no com a finalidade de infectar o maior número possível de computadores, para que possam utilizá-los em um ataque de DDoS[8], ou como forma de elevar a estatística de acessos a determinados sites. Também pode ser utilizado para realizar um ataque a algum computador ou servidor na Internet a partir do computador infectado.

Trojan horse (cavalo de troia)

O Cavalo de Troia foi batizado com esse nome, pois suas características se assemelham muito às da guerra da Grécia com Troia. Na História, os gregos deram aos troianos um grande cavalo feito de madeira e coberto de palha para disfarçar que era oco, dentro do cavalo foram colocados vários soldados gregos que deveriam abrir os gigantes e fortes portões da cidade de Troia para que o exército grego pudesse invadir a fortaleza.

Um Cavalo de Troia é recebido pelo usuário como um presente de grego, de forma a levar o usuário a abri-lo, ou seja, ele **depende de ação do usuário**. Os presentes geralmente podem parecer um cartão virtual, uma mensagem, álbuns de fotos, e-mails com indicações de prêmios, falsas respostas de orçamentos, folhas de pagamento, sempre alguma forma de chamar a atenção do usuário para que ele abra o Trojan.

Podemos tratá-lo em essência como um **meio** para que outro malware seja instalado no computador. Da mesma forma como o cavalo da história serviu como meio para infiltrar soldados e como os soldados abriram os portões da cidade, o malware também pode abrir as portas do computador para que outros malwares o infectem, o que acontece na maioria dos casos, portanto, pode trazer em seu interior qualquer tipo de malware.

Esse malware executa as ações para as quais, aparentemente, fora criado; como exibir uma mensagem, ou crackear[9] um programa. Essa tarefa é realizada com o intuito de distrair o usuário enquanto que os malwares são instalados.

8 DDoS: ataque de negação de serviço distribuído, veja mais no tópico segurança desse material.

9 Crackear: é uma quebra de licença de um software para que não seja necessário adquirir a licença de uso, caracterizando pirataria.

Spyware

Também conhecido como **software espião**, o spyware tem por finalidade capturar dados do usuário e enviá-los para terceiros: nº de cartões de crédito, CPF, RG, nomes, data de nascimento e tudo mais que for pertinente para que transações eletrônicas possam ser feitas utilizando seus dados.

Existem dois tipos de spywares: os **KeyLoggers** e os **ScreenLoggers**.

Keylogger

Key = chave, Log = registro de ações.

O KeyLogger é um spyware cuja característica é capturar os dados digitados pelo usuário. Na maioria das situações o KeyLogger não captura o que é digitado a todo instante, mas o que é teclado após alguma ação prévia do usuário, como por exemplo abrir uma página de um banco ou de uma mídia social - alguns keyloggers são desenvolvidos para capturar conversas em programas de *messenger*.

Screenlogger

Screen = Tela

O ScreenLogger é uma evolução do KeyLogger na tentativa de capturar, principalmente, as senhas de bancos, pois o ScreenLogger captura fotos avançadas da tela do computador a cada clique do mouse. Essa foto avançada, na verdade, é uma foto de uma pequena área que circunda o mouse, mas grande o suficiente para que seja possível ver em que número o usuário clicou.

Muitos serviços de Internet Banking[10] utilizam um **teclado virtual**, no qual o usuário clica nos dígitos de sua senha ao invés de digitar. Assim, ao forçar que o usuário não utilize o teclado, essa ferramenta de segurança ajuda a evitar roubos de senhas por KeyLoggers. Por outro lado, foi criado o ScreenLogger, que captura imagens; então, como forma de oferecer segurança maior, alguns bancos utilizam um dispositivo chamado de **Token**.

O Token é um dispositivo que gera uma chave de segurança aleatória, a qual uma vez utilizada para acessar a conta, torna-se inválida para novos acessos. Assim, mesmo sendo capturada, ela se torna inútil ao invasor.

> Cuidado para não confundir: Teclado Virtual em uma página de Internet Banking é um recurso de segurança, enquanto o teclado virtual que faz parte do Windows é um recurso de acessibilidade.

Hijacker

O Hijacker é um malware que tem por finalidade **capturar** o **navegador** do usuário, principalmente o Internet Explorer. Esse programa **fixa uma página inicial** no navegador, que pode ser uma página de propaganda ou um site de venda de produtos, ou mesmo um site de pornografia, como os mais perigosos que fixam páginas falsas de bancos (veja mais na seção Segurança no tópico ataques).

As alterações realizadas por ele no navegador dificilmente são reversíveis. Na maioria dos casos, é necessário reinstalar o navegador várias vezes até formatar o computador. Existem, no mercado, alguns programas que tentam restaurar as configurações padrões dos navegadores, são conhecidos por Hijacker This, porém, esses programas não são ferramentas de segurança, mas apenas uma tentativa de consertar o estrago feito.

10 Internet Banking: acesso à conta bancária pela internet, para realizar algumas movimentações e consultas.

Adware

Adware (Advertising Software) é um software especializado em apresentar propagandas.

Ele é tratado como malware, quando apresenta algumas características de spywares, além de, na maioria dos casos, se instalar no computador explorando falhas do usuário, por exemplo, durante a instalação de um programa em que o indivíduo não nota que em uma das etapas estava instalando outro programa diferente do desejado.

Um exemplo clássico é o Nero gratuito, que é patrocinado pelo ASK[11]. Durante a instalação, uma das telas apresenta algumas opções: deseja instalar a barra de ferramenta do ASK; deseja tornar o motor de busca do ASK como seu buscador padrão; deseja tornar a página do ASK como sua página inicial, que, por padrão, aparecem marcadas esperando que o usuário clique indiscriminadamente na opção "avançar".

Muitos Adwares monitoram o comportamento do usuário durante a navegação na Internet e vendem essas informações para as empresas interessadas.

Backdoors

Backdoor, basicamente, é uma **porta dos fundos** para um ataque futuro ao computador do usuário.

Um Backdoor pode ser inserido no computador por meio de Trojan Horse, como também pode ser um programa adulterado recebido de fonte pouco confiável. Por exemplo, um usuário baixa em um site qualquer, diferente do oficial, o BrOffice, nada impede que o programa tenha sido ligeiramente alterado com a inserção de brechas para ataques futuros.

Rootkits

RootKit vem de Root = administrador do ambiente Linux. Kit = conjunto de ferramentas e ações.

Um Rootkit altera aplicativos do Sistema, como gerenciadores de arquivos, com o intuito de **esconder arquivos maliciosos** que estejam presentes no computador. Por meio dele também o invasor pode criar Backdoors no computador, para que possa voltar a atacar o micro sem se preocupar em ter de contaminá-lo novamente.

11 Ask: motor de buscas na internet.

2. HARDWARE

O hardware consiste da parte física de um computador, ou seja, são as peças que o compõem. As questões comumente cobradas nos concursos relacionam os tipos de periféricos e a sua classificação.

2.1 Classificação dos Dispositivos Quanto à Finalidade

Os periféricos do computador são classificados de acordo com sua finalidade e uso. Assim, como classificações principais, temos as que se seguem.

Entrada

Dispositivos de Entrada são aqueles por meio dos quais o usuário entra com alguma informação para o computador. Muito cuidado: para ser classificado como de entrada, os dispositivos têm de ser apenas de entrada. A seguir os exemplos de dispositivos de entrada de dados:

> teclado;
> mouse;
> webcam;
> microfone;
> scanner de mesa;
> scanner de mão;
> scanner biométrico;
> tablets[1];
> Kinect[2].

Saída

Classificamos como dispositivos de saída aqueles que têm por finalidade informar ao usuário o resultado de algum processamento. São exemplos de dispositivos de saída:

> monitor;
> impressora;
> caixa de som.

Entrada/saída

Os periféricos classificados nesta categoria são os que devemos tomar mais cuidado durante as provas, porque aqui se encaixam aqueles dispositivos que podemos chamar de dispositivos híbridos devido a sua capacidade de realizar tanto a tarefa de entrada como a de saída de dados. São exemplos desses dispositivos:

> impressoras multifuncionais;
> telas sensíveis ao toque (*touchscreen*);
> kits multimídias[3].

1 Tablets: aqueles utilizados para desejar ou digitalizar assinaturas.
2 Kinect: é o dispositivo usado no vídeo game Xbox para entrada de movimentos do usuário, a Microsoft também o disponibilizou para ser utilizado como entrada para o computador.
3 Kit multimídia: é composto em geral por dispositivos de entrada e de saída, por isso é classificado como de Entrada/Saída.

Armazenamento

Os dispositivos de armazenamento são aqueles que nos permitem armazenar os dados e os mantêm armazenados mesmo quando não são alimentados por uma fonte de energia. A seguir, temos exemplos de dispositivos de armazenamento

> CD-ROM;
> DVD-ROM;
> BD-ROM (*BlueRay Disk*);
> HD (*Hard Disk – disco rígido*);
> HD externo;
> pendrive;
> HD SSD;
> cartão de memória.

2.2 Classificação dos Dispositivos Quanto ao Tipo de Tecnologia

Podemos ainda classificar os dispositivos de acordo com a tecnologia que eles utilizam para ler as informações ou escrevê-las.

Óticos

Um dispositivo ótico é aquele que se utiliza de sinais luminosos para, principalmente, ler informações, como

> scanner;
> CD;
> DVD;
> BD;
> webcam;
> alguns mouses.

Magnéticos

Enquanto outros dispositivos utilizam o magnetismo como forma de operação, tomamos certos cuidados com os disquetes. Atualmente, as pessoas se descuidam e esquecem que os computadores usam dispositivos magnéticos como principal forma de armazenamento e acabam passando por portas magnéticas com seus notebooks, o que pode vir a danificar partes do HD.

Assim, vemos que ainda hoje é muito comum, entre os servidores de backup, o uso de fitas magnéticas, como a fita cassete, para armazenar os dados.

Elétricos

Atualmente, os dispositivos elétricos são os que mais vêm sendo utilizados, principalmente pela sua velocidade de operação e praticidade de uso, como o pendrive e os cartões de memória. Ainda é uma tecnologia emergente entre os usuários o HD Sólido (HD SSD), devido ao alto valor aquisitivo, porém, é um dispositivo de altíssima velocidade que resolve o maior gargalo hoje dos computadores, ou seja, substitui os HDs convencionais, que são as peças mais lentas do computador.

2.3 Arquitetura

Podemos dividir as tecnologias de hardware em arquiteturas de x86 de 32bits e a arquitetura de 64bit. Essa divisão se baseia na forma como o sistema processa as informações, quer dizer, a quantidade de informações simultâneas que o processador opera.

2.4 Processador

O termo CPU significa Unidade Central de Processamento; muitas vezes as pessoas chamam o gabinete de CPU, o que está errado, pois o processador é apenas uma das peças que compõe o gabinete. Também podemos comparar a CPU como sendo o cérebro do computador, porque ela é responsável por processar as informações e gerar um resultado.

Um processador é composto por vários registradores que possuem finalidades específicas; os principais são a ULA (Unidade Lógico-aritmética), responsável pelos cálculos e comparações lógicas; e a UC (Unidade de Controle), que tem como responsabilidade controlar o que está sendo feito no processador.

Também faz parte do processador a memória Cache. Ela é uma pequena memória, em relação à principal, porém muito mais rápida, operando quase na mesma velocidade que o processador; alguns modelos operam na mesma velocidade que o processador.

Em um processador, podemos encontrar vários níveis de cache, nos atuais normalmente encontramos 2 níveis (level), sendo que os mais modernos já possuem 3 níveis. Em alguns modelos a cache de nível 3 é interna ao processador, junto às demais, enquanto que em outros ela fica externa a ele.

A finalidade da cache é fornecer informações mais rapidamente ao processador, a fim de minimizar o tempo em que ele fica ocioso.

Memórias

Existem diversos tipos de memórias, quando tratamos de um computador. Elas podem ser classificadas de diversas formas de acordo com suas características, o que ilustra a tabela a seguir.

Tipo de memória	Categoria	Mecanismo de apagamento	Mecanismo de escrita	Volatilidade
Memória de acesso aleatório (RAM)	Memória de leitura e escrita	Eletricamente, em nível de Bytes	Eletricamente	Volátil
Memória apenas de leitura (ROM)	Memória apenas de leitura	Não é possível	Máscaras	Não volátil
ROM programável (PROM)			Elétrico	
PROM apagável (EPROM)	Memória principalmente de leitura	Luz UV, em nível de pastilha.		
Memória flash		Eletricamente, em níveis de blocos.		
PROM eletricamente apagável (EEPROM)		Eletricamente, em nível de bytes.		

A memória RAM é a Principal do computador, também conhecida como memória de trabalho. É uma memória de leitura e escrita, porém possui natureza volátil, ou seja, quando desconectada da energia, perde todas as informações que estavam nela, por isso que, quando não salvamos um documento e o fornecimento de energia acaba, desligando o computador, perdemos parte desse trabalho. Já o HD pode ser chamado de memória secundária por ser uma memória de armazenamento não volátil.

A memória RAM é expansível, ao contrário da memória ROM.

2.5 Unidades de Medida

Na Informática, a menor unidade de medida é o bit, que consiste em um sinal verdadeiro ou falso para o computador, que, por questões de facilidade, transcreve-se na forma de 0 (zero) e 1 (um).

Porém, o bit apenas é uma informação pequena, então foi criado o conceito de "palavra", que passou a ser chamada de Byte. Um Byte é composto por 8 bits.

A partir disso temos as unidades K, M, G, T, P, e assim por diante, para designar tamanhos de arquivos e capacidades de armazenamentos. A cada letra multiplicamos por 1024 a quantidade da anterior. A tabela a seguir ilustra as equivalências de valores.

1 Peta (PB)	1 Tera (TB)	1 Giga (GB)	1 Mega (MB)	1 Kilo (KB)	1 Byte	bit
1024 (TB)	1024 GB	1024 MB	1024 KB	1024 Bytes	8 bits	0 ou 1

3. SISTEMA WINDOWS 10

O Windows 10 é um sistema operacional da Microsoft lançado em 29 de julho de 2015. Essa versão trouxe inúmeras novidades, principalmente, por conta da sua portabilidade para celulares e também tablets.

3.1 Requisitos Mínimos

Para instalar o Windows 10, o computador deve possuir no mínimo 1 GB de memória RAM para computadores com processador 32 bits de 1GHz, e 2GB de RAM para processadores de 32bits de 1GHz. Todavia, recomenda-se um mínimo de 4GB.

A versão 32 bits do Windows necessita, inicialmente, de 16GB de espaço livre em disco, enquanto o Windows 64 bits utiliza 20GB. A resolução mínima recomendada para o monitor é de 1024 x 768.

3.2 Novidades

O Windows 10 nasce com a promessa de ser o último Windows lançado pela Microsoft. Isso não significa que não será atualizado. A proposta da Microsoft é não lançar mais versões, a fim de tornar as atualizações mais constantes, sem a necessidade de aguardar para atualizar junto de uma versão enumerada. Com isso, ao passar dos anos, a empresa espera não usar mais a referência Windows 10, mas apenas Windows.

O novo sistema trouxe inúmeras novidades como também alguns retrocessos.

O objetivo do projeto do novo Windows foi baseado na interoperabilidade entre os diversos dispositivos como tablets, smartphones e computadores, de modo que a integração seja transparente, sem que o usuário precise, a cada momento, indicar o que deseja sincronizar.

A barra Charms, presente no Windows 8 e 8.1, foi removida, e a tela inicial foi fundida ao botão (menu) Iniciar.

Algumas outras novidades apresentadas pela Microsoft são:

> Xbox Live e o novo Xbox app que proporcionam novas experiências de jogo no Windows 10. O Xbox, no Windows 10, permite que jogadores e desenvolvedores acessem à rede de jogos do Xbox Live, tanto nos computadores Windows 10 quanto no Xbox One. Os jogadores podem capturar, editar e compartilhar seus melhores momentos no jogo com Game DVR, e disputar novos jogos com os amigos nos dispositivos, conectando a outros usuários do mundo todo. Os jogadores também podem disputar jogos no seu computador, transmitidos por stream diretamente do console Xbox One para o tablet ou computador Windows 10, dentro de casa.

> **Sequential Mode**: em dispositivos 2 em 1, o Windows 10 alterna facilmente entre teclado, mouse, toque e tablet. À medida que detecta a transição, muda convenientemente para o novo modo.

> **Novos apps universais**: o Windows 10 oferece novos aplicativos de experiência, consistentes na sequência de dispositivos, para fotos, vídeos, música, mapas, pessoas e mensagens, correspondência e calendário. Esses apps integrados têm design atualizado e uniformidade de app para app e de dispositivo para dispositivo. O conteúdo é armazenado e sincronizado por meio do OneDrive, e isso permite iniciar uma tarefa em um dispositivo e continuá-la em outro.

Área de trabalho

A barra de tarefas do Windows 10 apresenta como novidade a busca integrada.

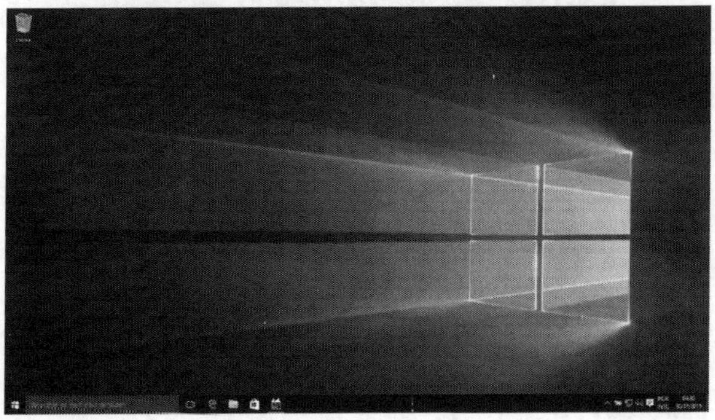

Cortana

Tal recurso opera junto ao campo de pesquisa localizado na barra de tarefas do Windows.

Está é uma ferramenta de execução de comandos por voz. Porém, ainda não conta com versão para o Português do Brasil. Outro ponto importante é a privacidade, pois tal ferramenta guarda os dados.

Continue de onde parou

Tal característica, presente no Windows 10, permite uma troca entre computador – tablet – celular, sem que o usuário tenha de salvar os arquivos e os enviar para os aparelhos; o próprio Windows se encarrega da sincronização.

Ao abrir um arquivo, por exemplo, em um computador e editá-lo, basta abri-lo em outro dispositivo, de modo que as alterações já estarão acessíveis (a velocidade e disponibilidade dependem da velocidade da conexão à Internet).

Desbloqueio imediato de usuário

Trata-se de um recurso disponível, após a atualização do Windows, que permite ao usuário que possua *webcam*, devidamente instalada, usar uma forma de reconhecimento facial para *logar* no sistema, sem a necessidade de digitar senha.

Múltiplas áreas de trabalho

Uma das novidades do Windows 10 é a possibilidade de manipular "múltiplas Áreas de Trabalho", uma característica que já estava há tempos presente no Linux e no MacOS. Ao usar o atalho Windows + Tab, é possível criar uma nova Área de Trabalho e arrastar as janelas desejadas para ela.

Botão iniciar

Com essa opção em exibição, ao arrastar o mouse ligeiramente para baixo, são listados os programas abertos pela tela inicial. Programas abertos dentro do desktop não aparecem na lista, conforme ilustrado a seguir:

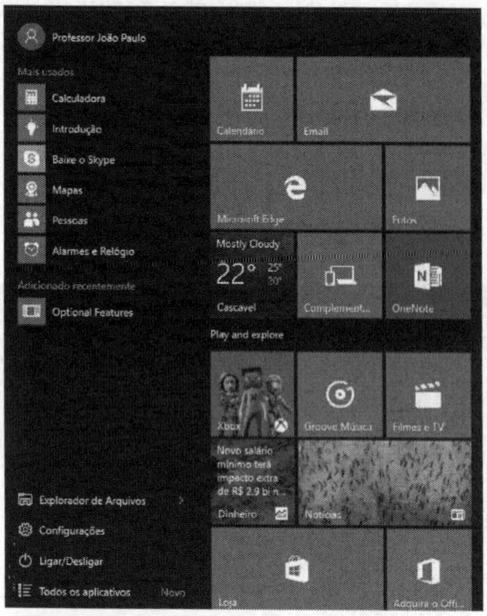

Aplicativos

Os aplicativos podem ser listados clicando-se no botão presente na parte inferior do Botão Iniciar, mais à esquerda.

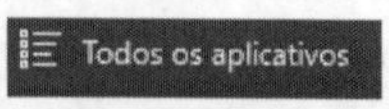

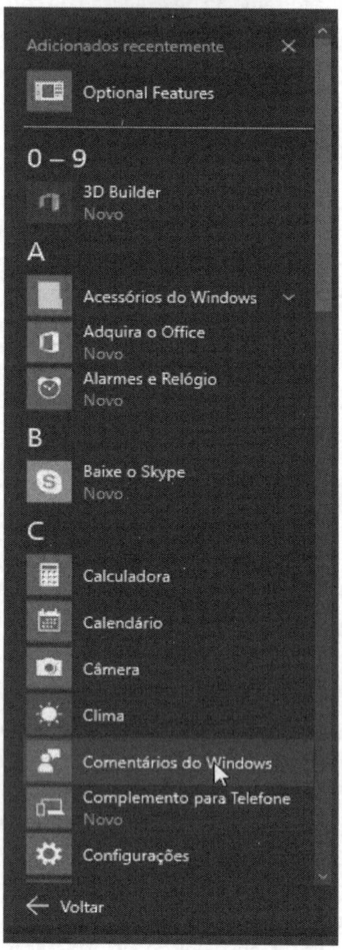

Acessórios

O Windows 10 reorganizou seus acessórios ao remover algumas aplicações para outro grupo (sistema do Windows).

Os aplicativos listados como acessórios são, efetivamente:

> Bloco de Notas;
> Conexão de Área de Trabalho Remota;
> Diário do Windows;
> Ferramenta de Captura;
> Gravador de Passos;
> Internet Explorer;
> Mapa de Caracteres;
> Notas Autoadesivas;
> Painel de Entrada de Expressões Matemática;
> Paint;
> Visualizador XPS;
> Windows Fax and Scan;
> Windows Media Player;
> Wordpad.

Bloco de notas

O Bloco de Notas é um editor de texto simples, e apenas texto, ou seja, não aceita imagens ou formatações muito avançadas. A imagem a seguir ilustra a janela do programa.

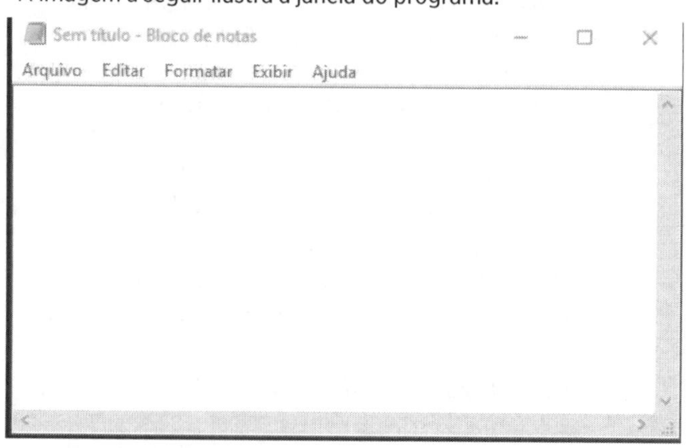

Contudo, são possíveis algumas formatações de fonte:

> Tipo/nome da fonte;

> Estilo de fonte (Negrito Itálico);

> Tamanho da fonte.

Atenção, pois a cor da fonte não é uma opção de formatação presente. A janela a seguir ilustra as opções.

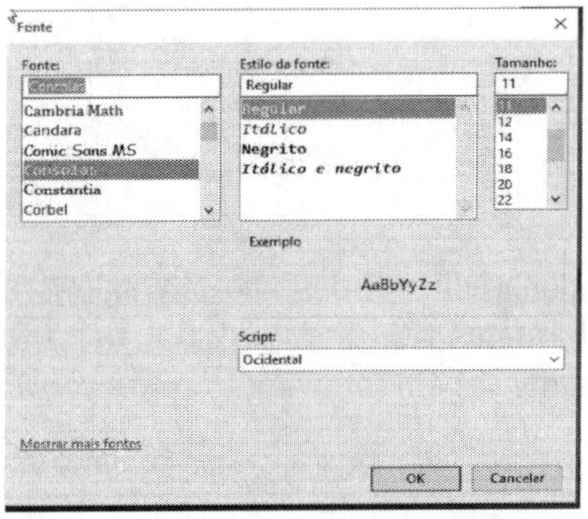

Conexão de área de trabalho remota

A conexão remota do Windows não fica ativa por padrão, por questões de segurança.

Para habilitar a conexão, é necessário abrir a janela de configuração das Propriedades do Sistema, ilustrada a seguir. Tal opção é acessível pela janela Sistema do Windows.

A conexão pode ser limitada à rede por restrição de autenticação em nível de rede, ou pela Internet usando contas de e-mail da Microsoft.

A figura a seguir ilustra a janela da Conexão de Área de Trabalho Remota.

Diário do windows

A ferramenta Diário do Windows é uma novidade no Windows 8. Ela permite que o usuário realize anotações como em um caderno.

Os recursos de formatação são limitados, de modo que o usuário pode escrever manuscritamente ou por meio de caixas de texto.

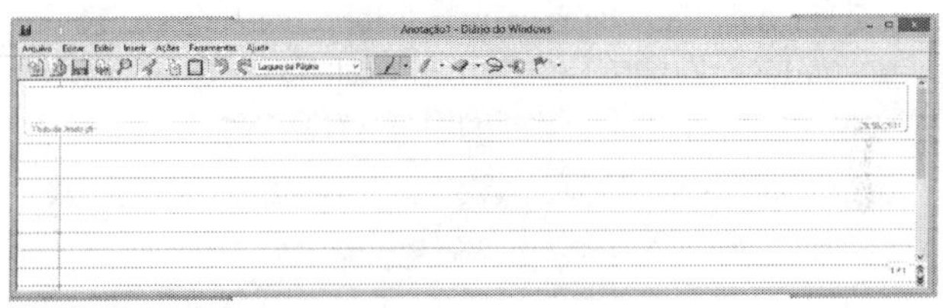

Ferramenta de captura

A ferramenta de captura, presente desde o Windows 7, permite a captura de partes da tela do computador. Para tanto, basta selecionar a parte desejada usando o aplicativo.

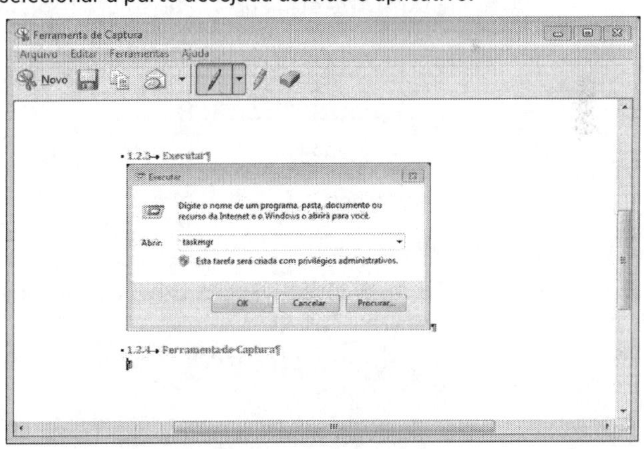

Gravador de passos

O Gravador de Passos é um recurso novo do Windows 8, muito útil para atendentes de suporte que precisam apresentar o passo a passo das ações que um usuário precisa executar para obter o resultado esperado.

A figura a seguir ilustra a ferramenta com um passo gravado para exemplificação.

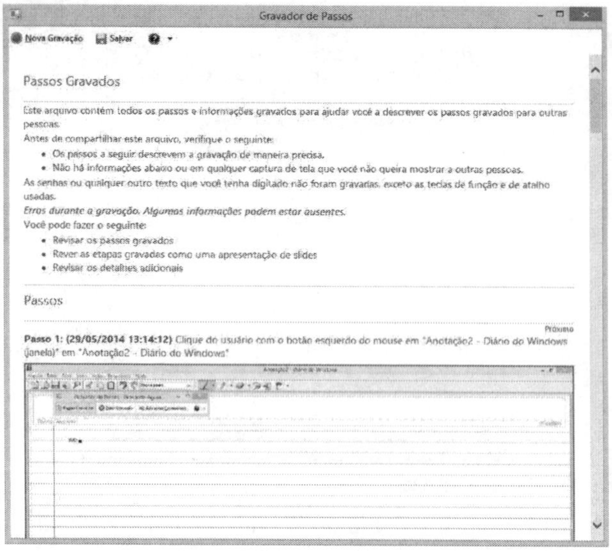

Mapa de caracteres

Frequentemente, faz-se necessário utilizar alguns símbolos diferenciados. Esses símbolos são chamados de caracteres especiais. O Mapa de Caracteres permite listar os caracteres não presentes no teclado para cada fonte instalada no computador e copiá-los para a área de transferência do Windows.

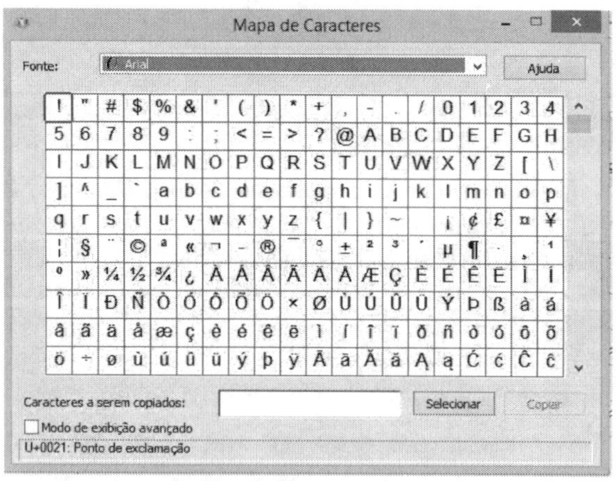

Notas autoadesivas

Por padrão, as notas autoadesivas são visíveis na Área de Trabalho, elas se parecem com Post its.

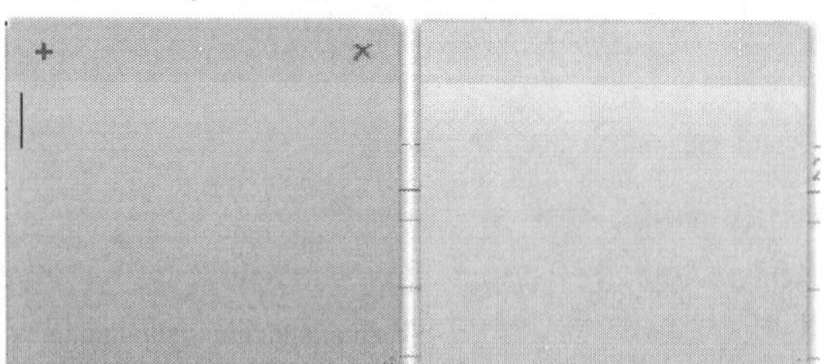

Painel de entrada de expressões matemáticas

Esta ferramenta possibilita o usuário de desenhar, utilizando o mouse ou outro dispositivo de inserção como *tablet canetas*, fórmulas matemáticas como integrais e somatórios, e ainda colar o resultado produzido em documentos.

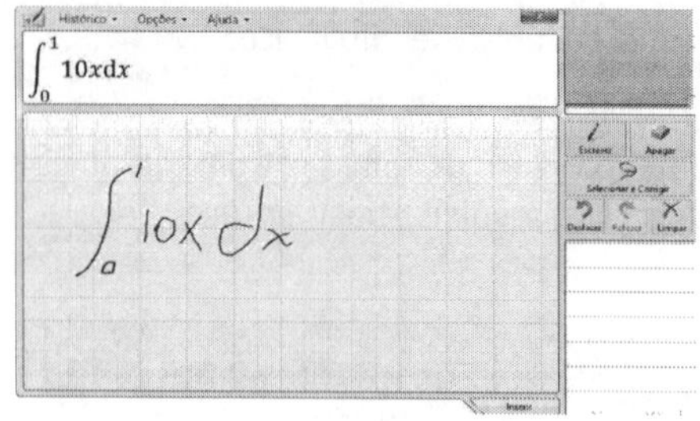

Paint

O tradicional editor de desenho do Windows, que salva seus arquivos no formato PNG, JPEG, JPG, GIF, TIFF e BMP (Bitmap), não sofreu mudanças em comparação com a versão presente no Windows 7.

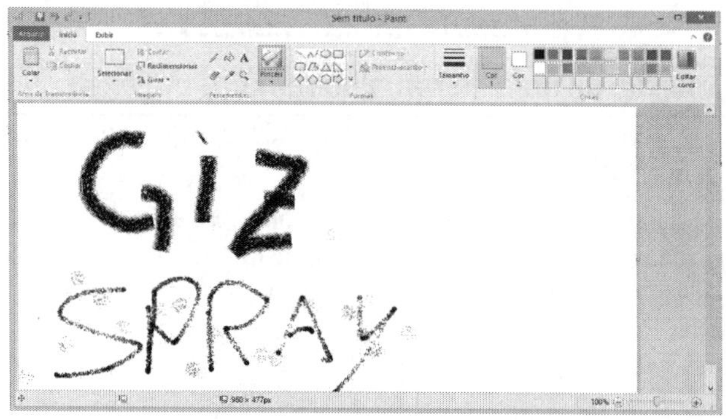

Wordpad

É um editor de texto que faz parte do Windows, ao contrário do MS Word, com mais recursos que o Bloco de Notas.

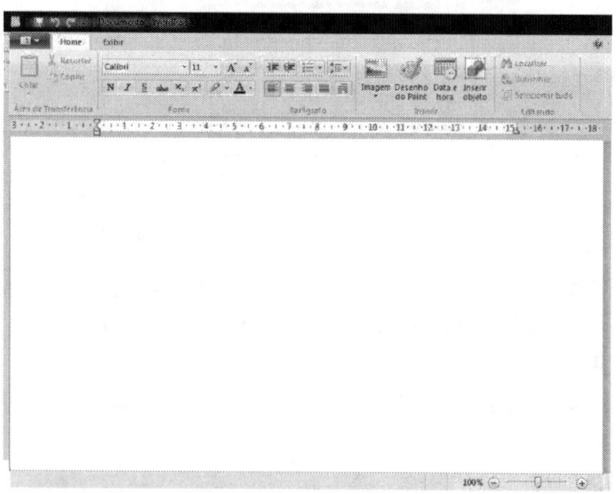

Facilidade de acesso

Anteriormente conhecida como ferramentas de acessibilidade, são recursos que têm por finalidade auxiliar pessoas com dificuldades para utilizar os métodos tradicionais de interação com o computador.

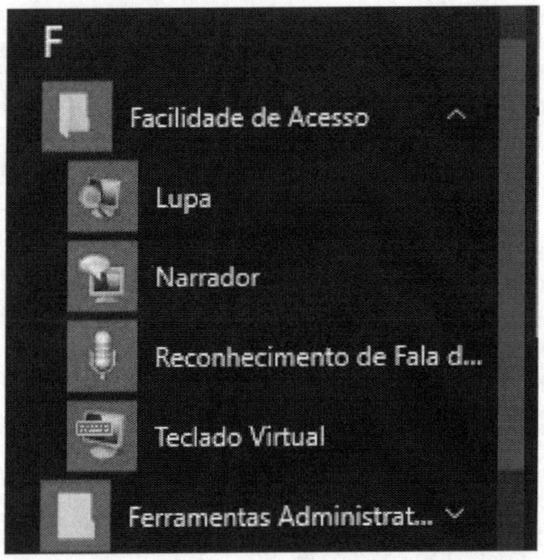

Lupa

Ao utilizar a lupa, pode-se ampliar a tela ao redor do ponteiro do mouse, como também é possível usar metade da tela do computador exibindo a imagem ampliada da área próxima ao ponteiro.

Narrador

O narrador é uma forma de leitor de tela que lê o texto das áreas selecionadas com o mouse.

Teclado virtual

É preciso ter muito cuidado para não confundir o teclado virtual do Windows com o teclado virtual usado nas páginas de Internet Banking.

Outras ferramentas

O Windows 10 separou algumas ferramentas a mais que o Windows 8, tais como a calculadora e o calendário.

Calculadora

A calculadora do Windows 10 deixa de ser associada aos acessórios. Outra grande mudança é o fato de que sua janela pode ser redimensionada, bem como perde um modo de exibição, sendo eles:

> Padrão;
> Científica;
> Programador.

A calculadora do Windows 10 apresenta inúmeras opções de conversões de medidas, conforme ilustrado respectivamente ilustradas a seguir.

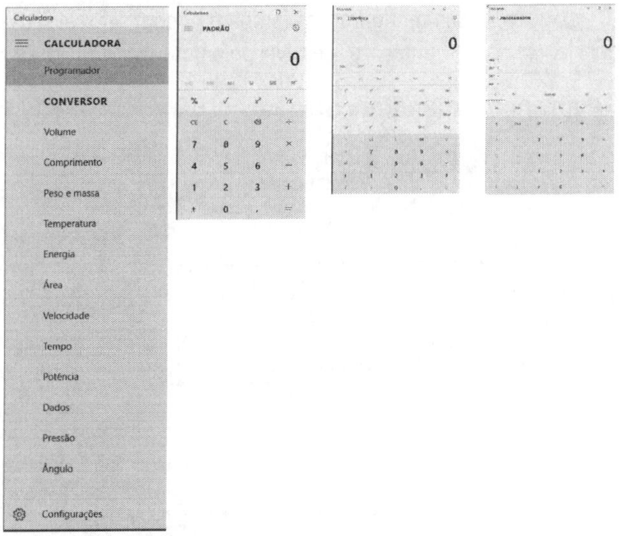

Painel de controle

O Painel de Controle do Windows é o local onde se encontram as configurações do sistema operacional Windows.

Ele pode ser visualizado em dois modos: ícones ou categorias. As imagens a seguir representam, respectivamente, o modo ícones e o modo categorias.

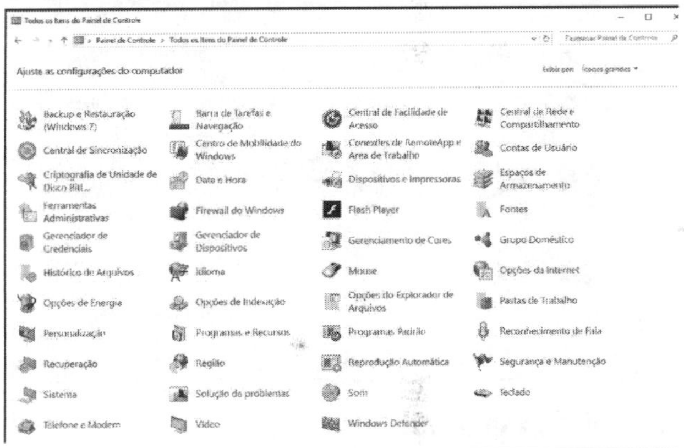

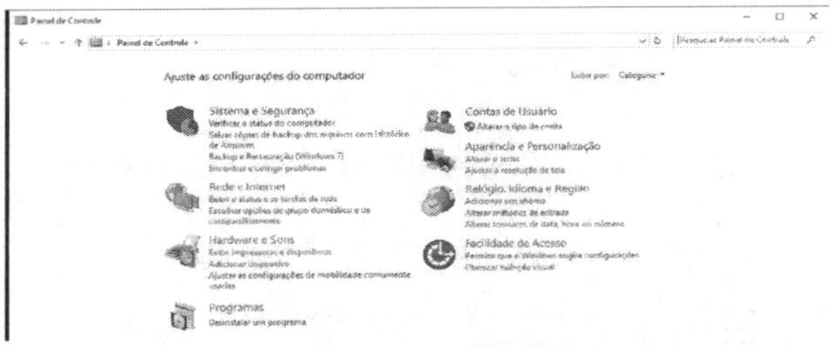

No modo Categorias, as ferramentas são agrupadas de acordo com sua similaridade, como na categoria Sistema e Segurança, que envolve o Histórico de Arquivos e a opção Corrigir Problemas.

A opção para remover um programa possui uma categoria exclusiva chamada de Programas.

Na categoria Relógio, Idioma e Região, temos acesso às opções de configuração do idioma padrão do sistema. Por consequência, é possível também o acesso às unidades métricas e monetárias, como também alterar o layout do teclado ou botões do mouse.

Algumas das configurações também podem ser realizadas pela janela de configurações acessível pelo botão Iniciar.

Segurança e manutenção

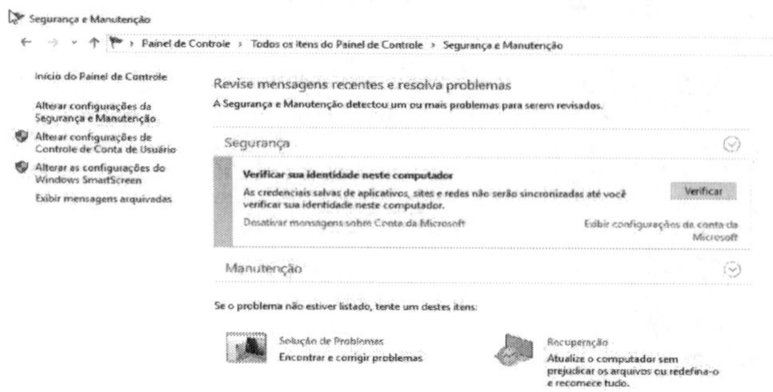

Dispositivos e impressoras

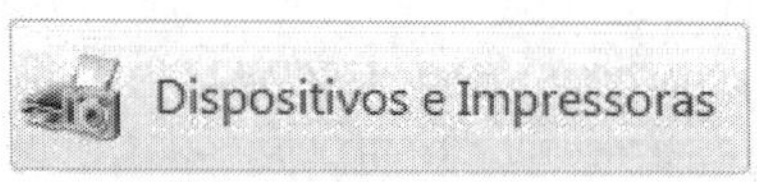

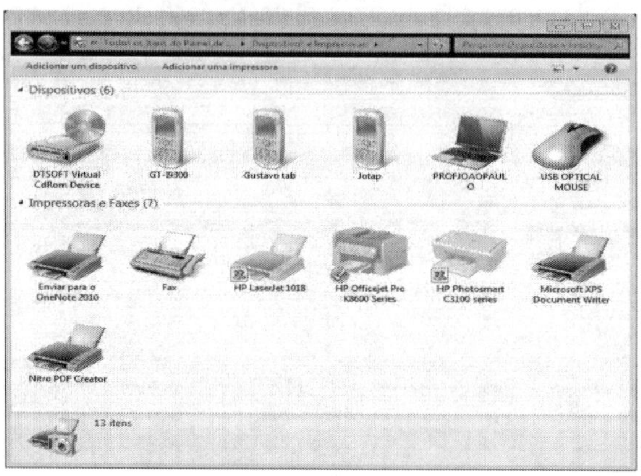

Firewall do windows

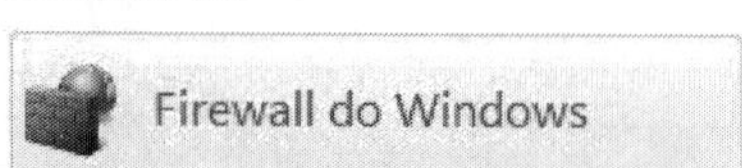

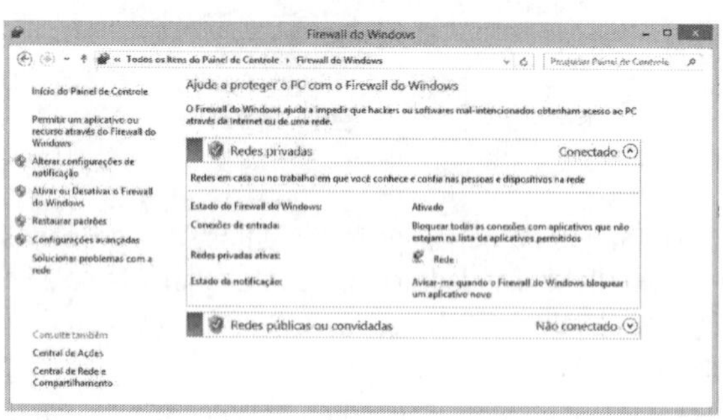

Data e hora

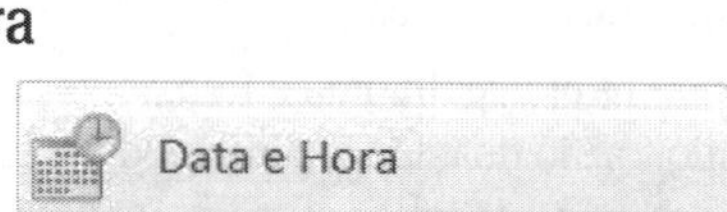

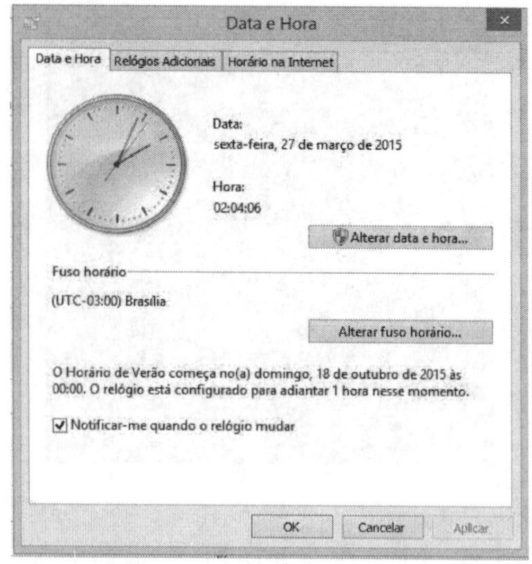

Contas de usuário

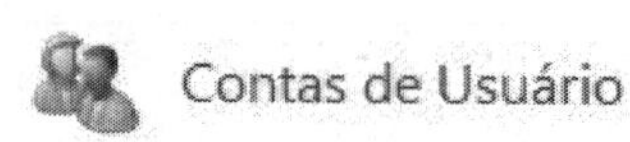

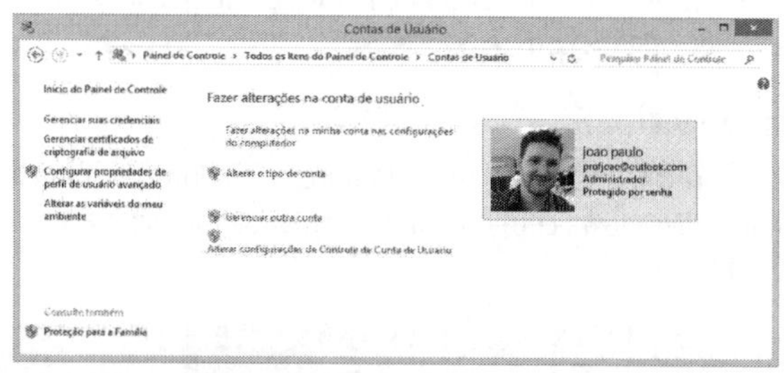

Opções de energia

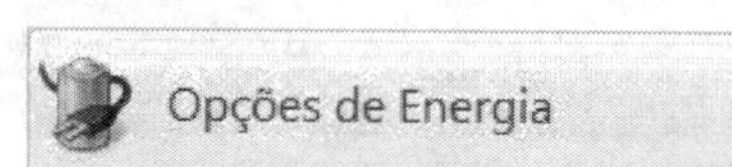

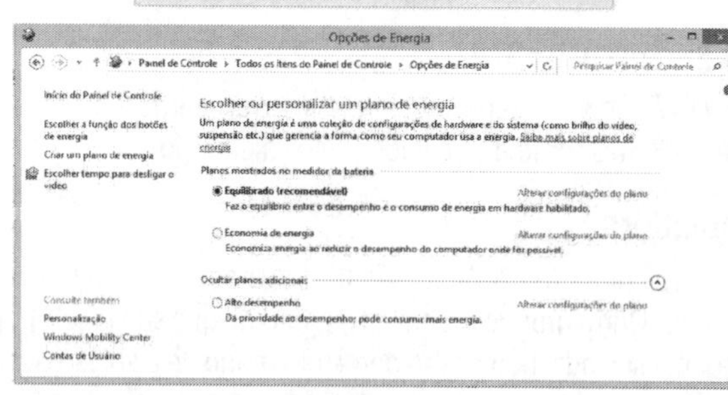

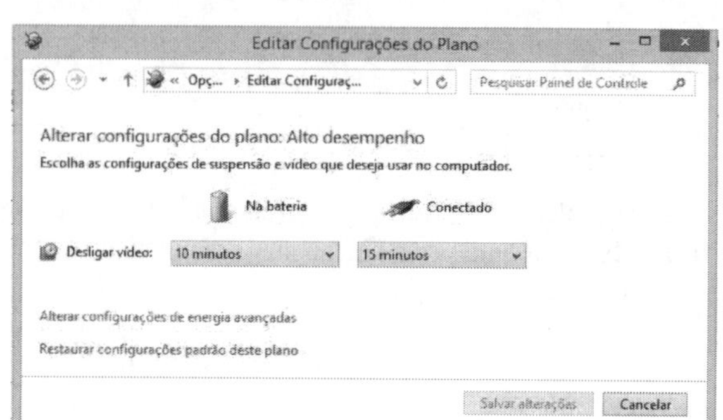

Opções do explorador de arquivos

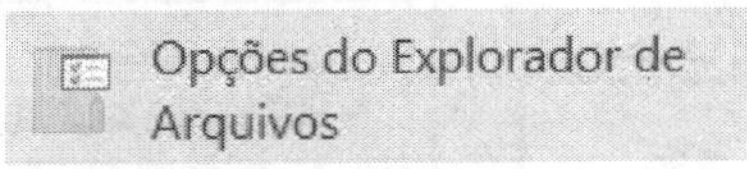

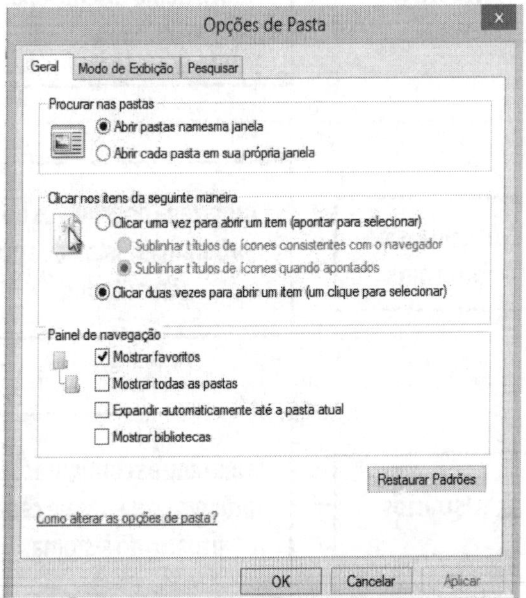

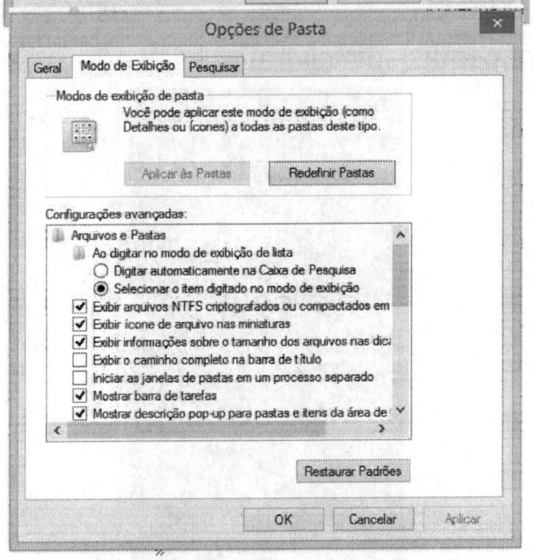

Programas e recursos

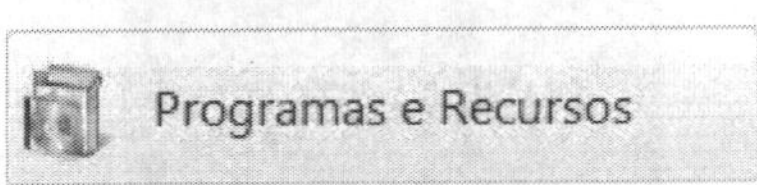

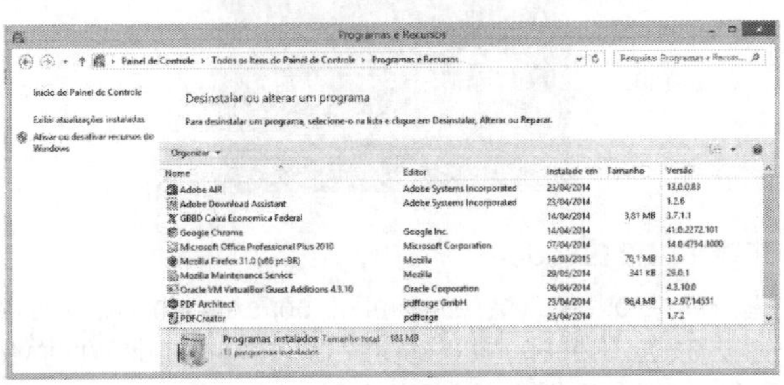

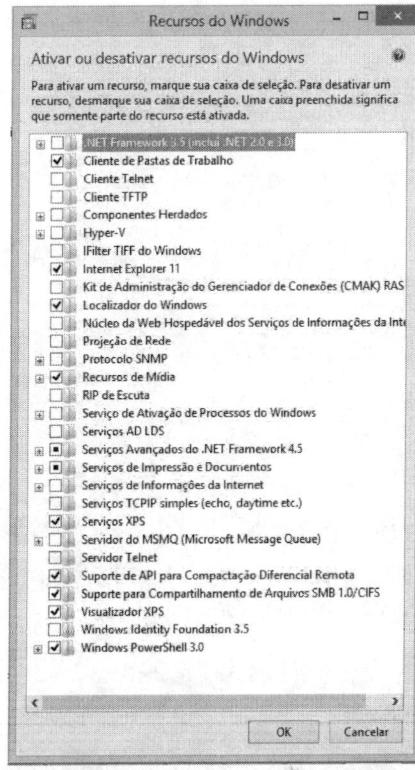

Programas padrão

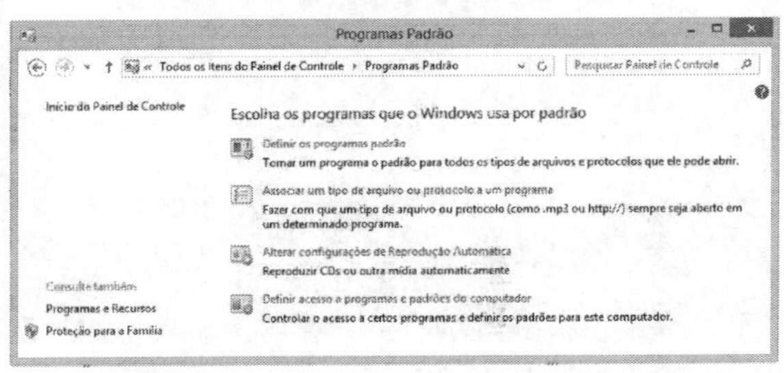

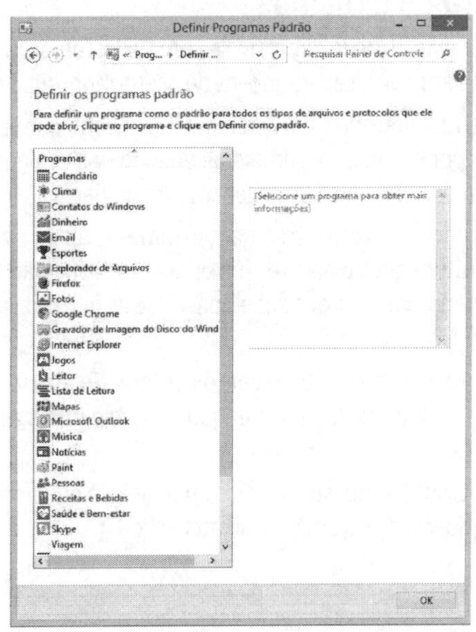

Sistema

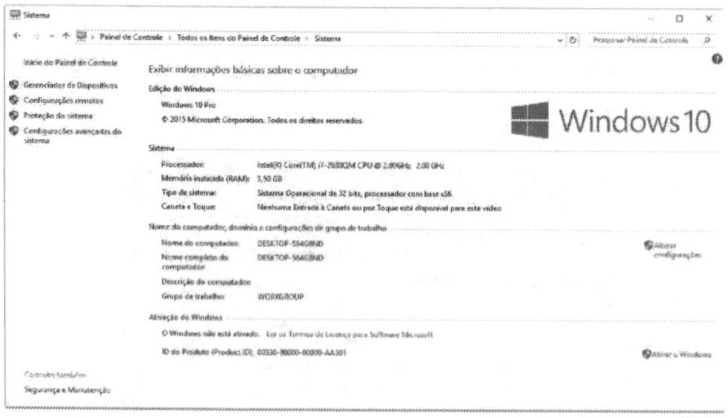

Windows defender

No Windows 10, o Windows Defender passou a ser também antivírus além de ser antispyware.

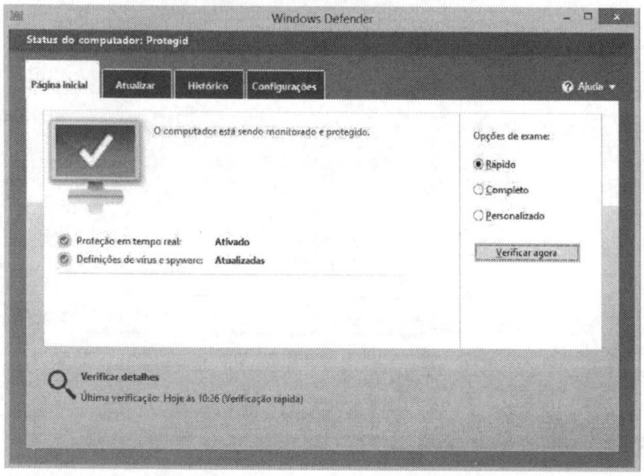

Estrutura de diretórios

Uma estrutura de diretórios é como o Sistema Operacional organiza os arquivos, separando-os de acordo com sua finalidade.

O termo diretório é um sinônimo para pasta, que se diferencia apenas por ser utilizado, em geral, quando se cita alguma pasta Raiz de um dispositivo de armazenamento ou partição.

Quando citamos o termo Raiz, estamos fazendo uma alusão a uma estrutura que se parece com uma árvore que parte de uma raiz e cria vários ganhos, que são as pastas, e as folhas dessa árvore são os arquivos.

Dessa maneira, observamos que o **diretório Raiz do Windows** é o diretório **C:** ou **C:** enquanto que o **diretório Raiz do Linux** é o **/**.

Podemos ser questionados com relação à equivalência dos diretórios do Windows em relação ao Linux.

Principais diretórios windows

Diretório	Descrição
C:\windows	**Armazena os arquivos do Sistema Operacional Windows.**
C:\Arquivos de Programas	**Armazena os arquivos dos programas instalados no computador.**
C:\Usuários	**Armazena as configurações, arquivos e pastas de cada usuário do sistema.**

Ferramentas administrativas

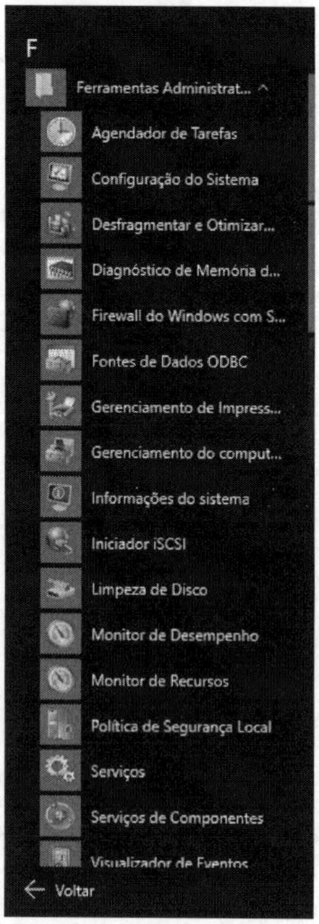

Limpeza de disco

Apaga os arquivos temporários, por exemplo, arquivos da Lixeira, da pasta Temporários da Internet e, no caso do Windows, a partir da versão Vista, as miniaturas.

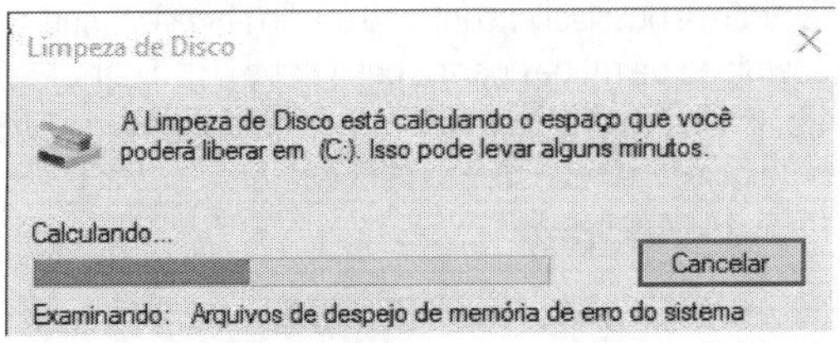

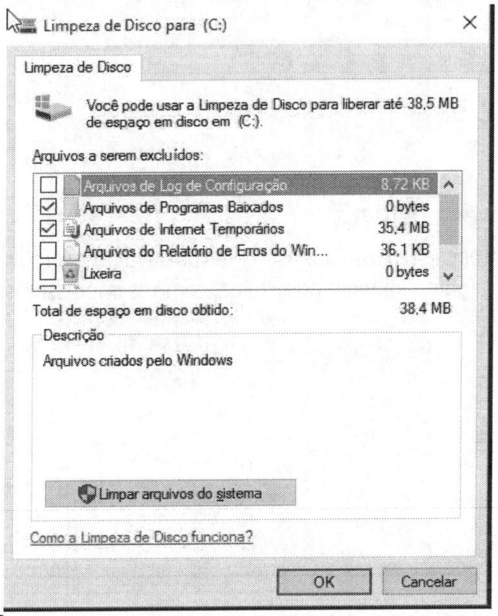

Lixeira

A capacidade da Lixeira do Windows é calculada. Assim, para HDs de até 40 GB, a capacidade é de 10%. Todavia, para discos rígidos maiores que 40 GB, o cálculo não é tão direto. Vamos a um exemplo: caso um HD possua o tamanho de 200 GB, então é necessário descontar 40 GB, pois até 40 GB a lixeira possui capacidade de 10%; assim, sobram 160 GB. A partir desse valor, deve-se calcular mais 5%, ou seja, 8 GB. Com isso, a capacidade total da lixeira do HD de 200 GB fica com 4 GB + 8 GB = 12 GB.

É importante, ainda, destacar que a capacidade da lixeira é calculada para cada unidade de armazenamento. Desse modo, se um HD físico de 500 GB estiver particionado, é necessário calcular separadamente a capacidade da lixeira para cada unidade.

A Lixeira é um local, e não uma pasta. Ela lista os arquivos que foram excluídos, porém nem todos arquivos excluídos vão para a Lixeira. Vejamos a lista de situações em que um arquivo não será movido para a lixeira:

> arquivos maiores do que a capacidade da Lixeira;
> arquivos que estão compartilhados na rede;
> arquivos de unidades removíveis;
> arquivos que foram removidos de forma permanente pelo usuário.

Desfragmentar e otimizar unidades

É responsabilidade do Desfragmentador organizar os dados dentro do HD de forma contínua/contígua para que o acesso às informações em disco seja realizado mais rapidamente.

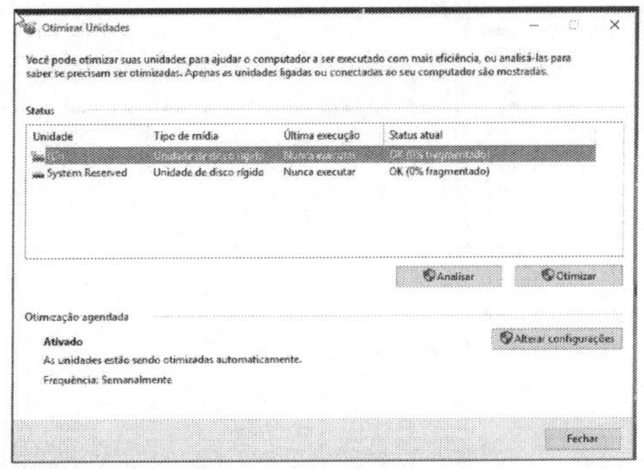

Configuração do sistema

A Configuração do Sistema é também acessível ao ser digitado o comando msconfig na janela Executar. Permite configurar quais serviços serão carregados com o Sistema. No entanto, para configurar quais programas serão carregados junto com o sistema operacional, deve-se proceder ao acesso pelo Gerenciador de Tarefas.

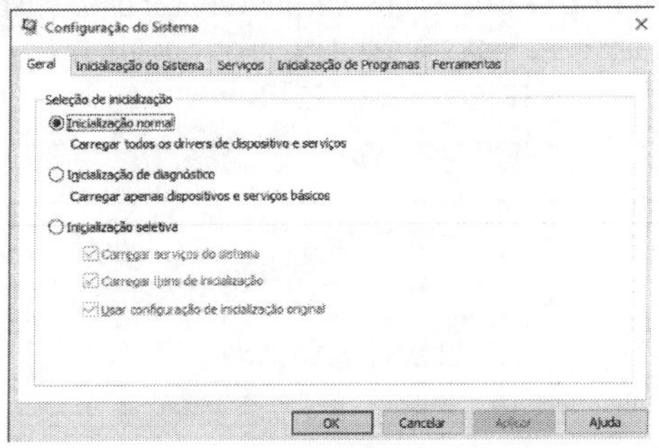

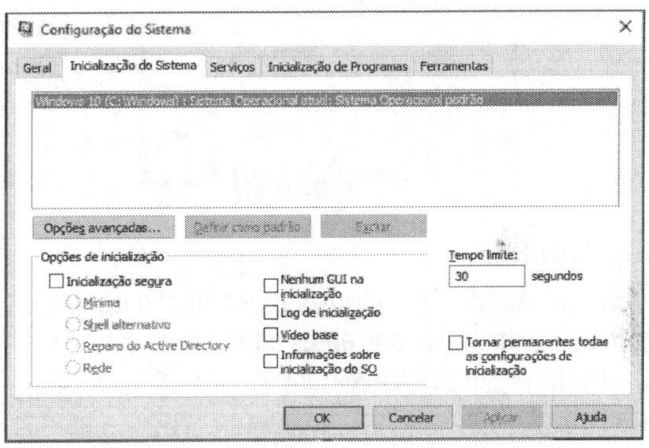

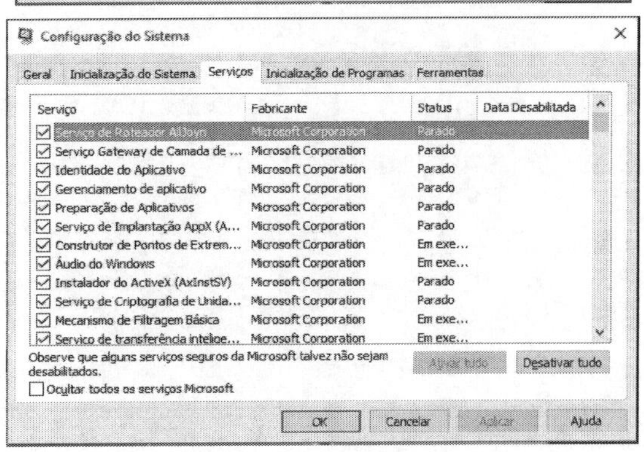

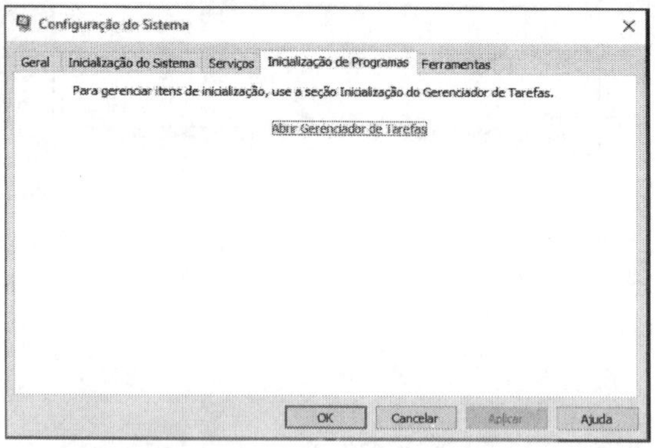

Monitor de recursos

Permite monitorar os recursos do computador e qual o uso que está sendo realizado.

Scandisk

O ScankDisk é o responsável por verificar o HD em busca de falhas de disco. Às vezes, ele consegue corrigi-las.

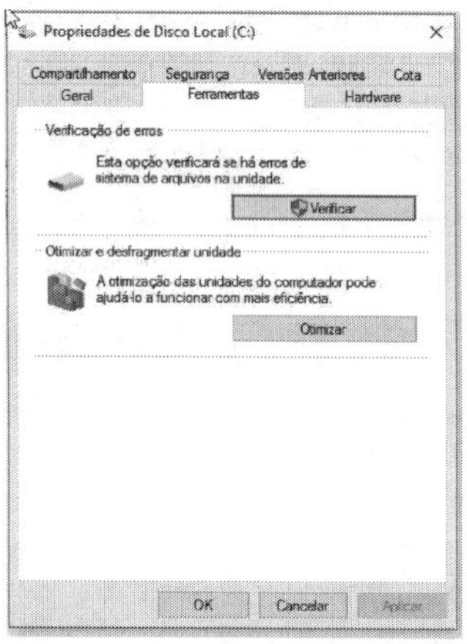

Configurações

Uma novidade do Windows 10 é a opção Configurações, presente no Botão Iniciar, que apresenta uma estrutura similar ao Painel de Controle, inclusive realizando a separação por categorias de ferramentas, conforme ilustra a figura a seguir.

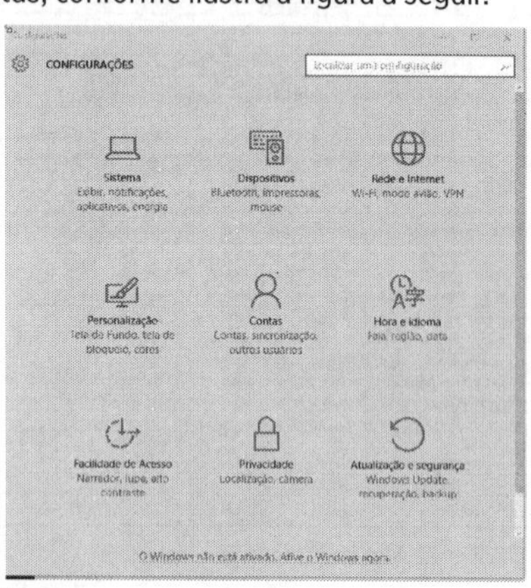

Opção sistema

Nesta opção, são apresentadas as ferramentas de configuração de resolução de tela, definição de monitor principal (caso possua mais de um), modos de gestão de energia (mais utilizados em notebooks).

Também é possível encontrar a opção Mapas Offline, que permite o download de mapas para a pesquisa e o uso por GPS, principalmente usado em dispositivos móveis ou dotados de GPS.

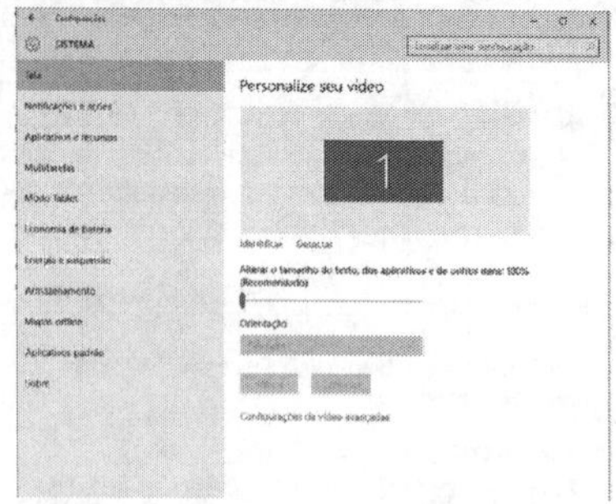

Opção dispositivos

A opção Dispositivos lista os dispositivos que foram instalados em algum momento no sistema, como as impressoras.

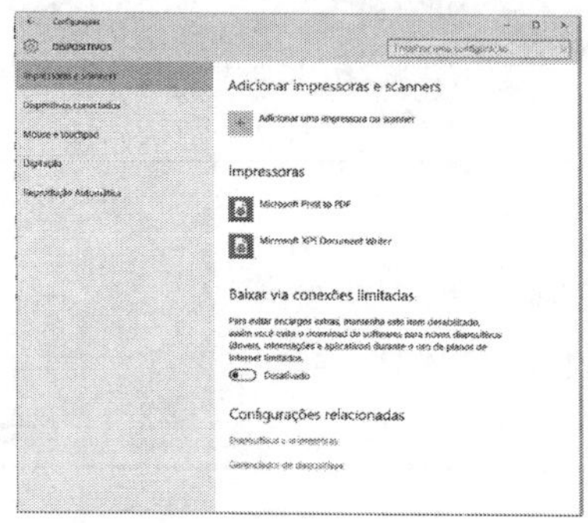

Opção rede e internet

Para configurar rapidamente o proxy de uma rede, ou ativar/desativar a wi-fi, a opção Rede e Internet oferece tais opções com facilidade, inclusive a opção para configurar uma VPN.

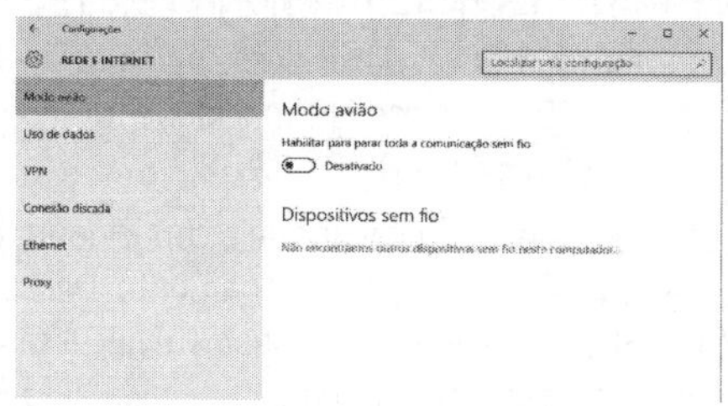

Opção personalização

Para personalizar os temas de cores da Área de Trabalho do Windows e os papéis de parede, a opção de personalização pode ser acessada pelas Configurações. Também é possível clicar com o botão direito do mouse sobre uma área vazia da Área de Trabalho e selecionar a opção Personalizar.

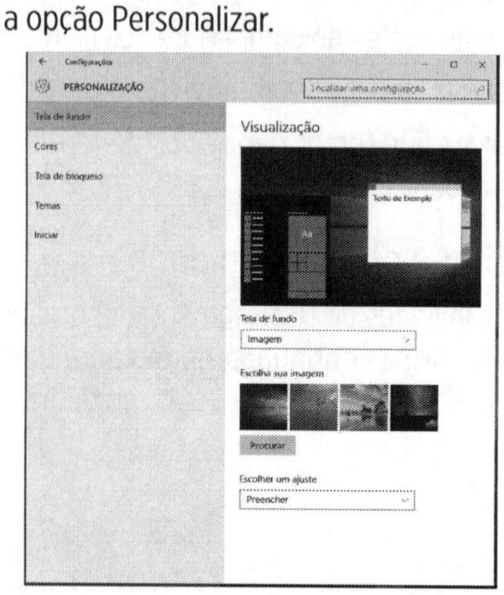

Opção contas

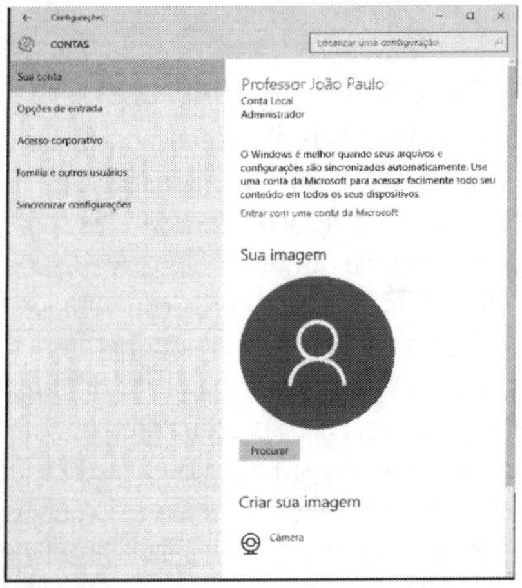

Opção hora e idioma

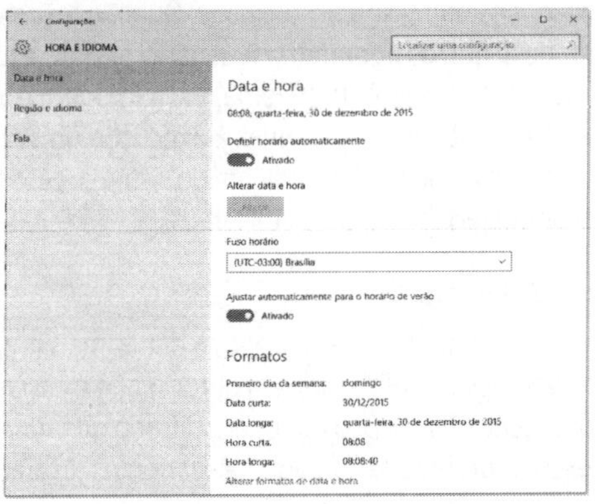

Opção facilidade de acesso

Além de contar com as ferramentas para acessibilidade, é possível configurar algumas características com Alto Contraste para melhorar o acesso ao uso do computador.

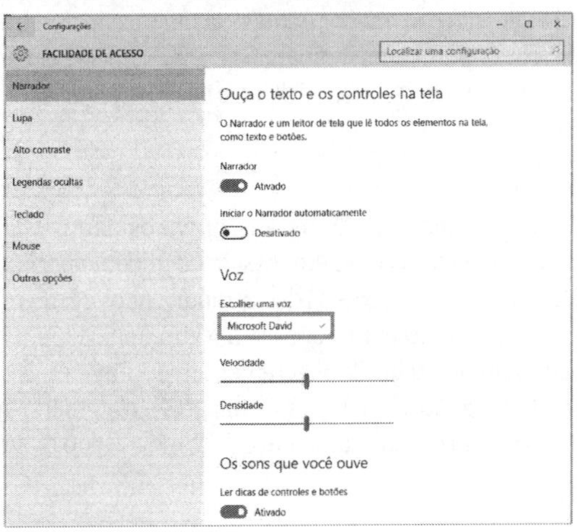

Opção privacidade

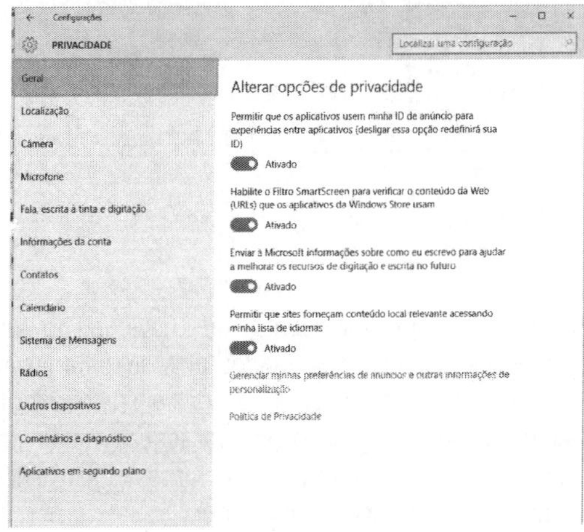

Opção atualização e segurança

A opção Atualização e Segurança talvez seja uma das principais opções da janela de configurações, pois, como necessidade mínima para a segurança, o Sistema Operacional deve estar sempre atualizado, assim como precisa possuir um programa antivírus que também esteja atualizado.

Vale lembrar que a realização periódica de backups também é considerada como um procedimento de segurança.

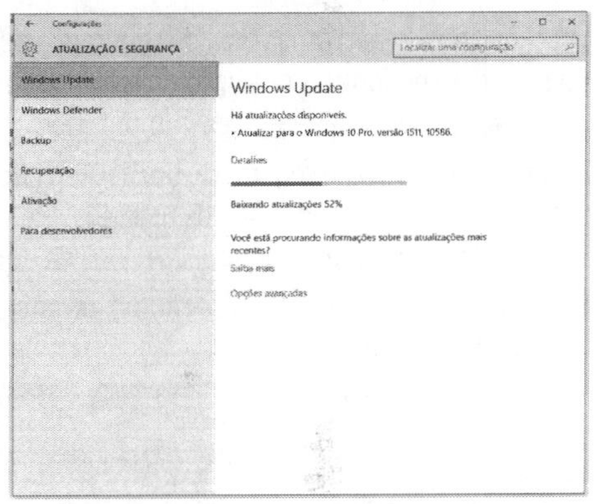

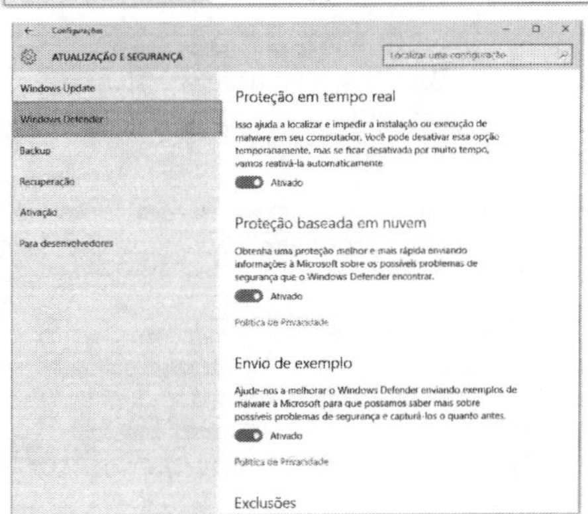

O Windows 10 realiza o backup dos arquivos usando a ferramenta Histórico de Arquivos (conforme ilustra a figura a seguir), embora ainda permita realizar backups como no Windows 7.

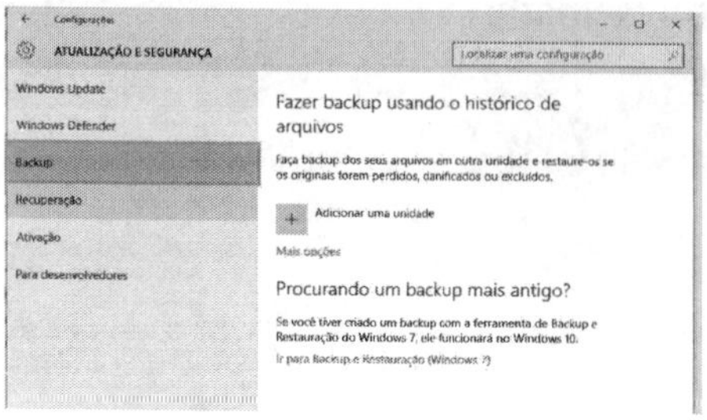

A opção Para desenvolvedores é uma novidade do Windows que assusta alguns usuários desavisados, pois, ao tentarem instalar algum aplicativo que não seja originário da Loja da Microsoft, não logram êxito. Esse impedimento ocorre por segurança. De qualquer forma, para poder instalar aplicativos "externos", basta selecionar a opção Sideload ou Modo Desenvolvedor.

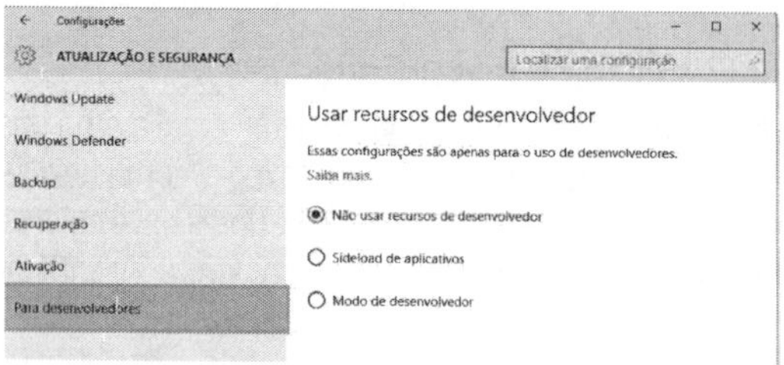

Backup no windows 10

Um backup consiste em uma cópia de segurança dos Arquivos, que deve ser feita periodicamente, preferencialmente em uma unidade de armazenamento separada do computador.

Apesar do nome cópia de segurança, um backup não impede que os dados sejam acessados por outros usuários. Ele é apenas uma salvaguarda dos dados para amenizar os danos de uma perda.

No Windows 8 e Windows 10, o backup é gerenciado pelo Histórico de Arquivos, ilustrado a seguir.

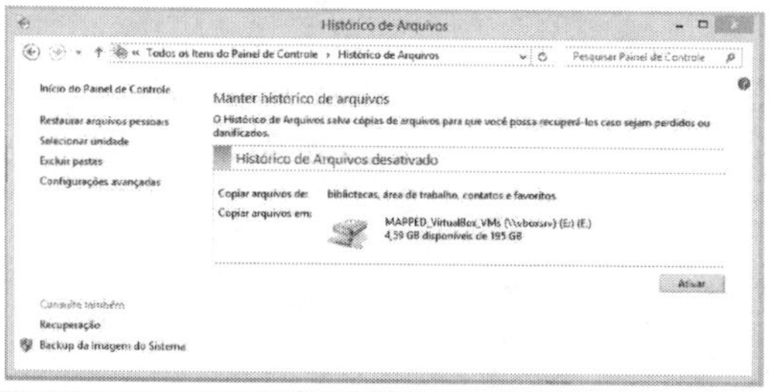

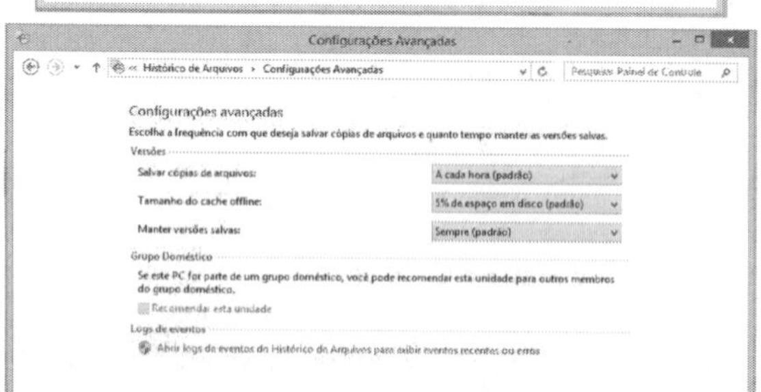

Backup e restauração (windows 7)

Esta ferramenta existe para manter a compatibilidade com a versão anterior de backup do Windows.

Na sequência, são citados os tipos de backup e ferramentas de backup.

Backup da imagem do sistema

O Backup do Windows oferece a capacidade de criar uma imagem do sistema, que é uma imagem exata de uma unidade. Uma imagem do sistema inclui o Windows e as configurações do sistema, os programas e os arquivos. É possível usar uma imagem do sistema para restaurar o conteúdo do computador, se em algum momento o disco rígido ou o computador pararem de funcionar. Quando se restaura o computador a partir de uma imagem do sistema, trata-se de uma restauração completa; não é possível escolher itens individuais para a restauração, e todos os atuais programas, as configurações do sistema e os arquivos serão substituídos. Embora esse tipo de backup inclua arquivos pessoais, é recomendável fazer backup dos arquivos regularmente, usando o Backup do Windows, a fim de que seja possível restaurar arquivos e pastas individuais conforme a necessidade. Quando for configurado um backup de arquivos agendado, o usuário poderá escolher se deseja incluir uma imagem do sistema. Essa imagem do sistema inclui apenas as unidades necessárias à execução do Windows. É possível criar manualmente uma imagem do sistema, caso o usuário queira incluir unidades de dados adicionais.

Disco de restauração

O disco de restauração armazena os dados mais importantes do sistema operacional Windows, em geral, o que é essencial para seu funcionamento. Esse disco pode ser utilizado quando o sistema vier a apresentar problemas, por vezes decorrentes de atualizações.

Tipos de backup

Completo/Normal

Também chamado de Backup Total, é aquele em que todos os dados são salvos em uma única cópia de segurança. Ele é indicado para ser feito com menor frequência, pois é o mais demorado para ser processado, como também para ser recuperado. Contudo, localizar um arquivo fica mais fácil, pois se tem apenas uma cópia dos dados.

Diferencial

Este procedimento de backup grava os dados alterados desde o último backup completo. Assim, no próximo backup diferencial, somente serão salvos os dados modificados desde o último backup completo. No entanto, esse backup é mais lento de ser processado do que o backup incremental, porém é mais rápido de ser restaurado do que o incremental, pois é necessário apenas restaurar o último backup completo e o último backup diferencial.

Incremental

Neste tipo de backup, são salvos apenas os dados que foram alterados após a última cópia de segurança realizada. Este procedimento é mais rápido de ser processado, porém leva mais tempo para ser restaurado, pois envolve restaurar todos os backups anteriores. Os arquivos gerados são menores do que os gerados pelo backup diferencial.

Backup Diário

Um backup diário copia todos os arquivos selecionados que foram modificados no dia de execução do backup diário. Os arquivos não são marcados como arquivos que passaram por backup (o atributo de arquivo não é desmarcado).

Backup de Cópia

Um backup de cópia copia todos os arquivos selecionados, mas não os marca como arquivos que passaram por backup (ou seja, o atributo de arquivo não é desmarcado). A cópia é útil caso o usuário queira fazer backup de arquivos entre os backups normal e incremental, pois ela não afeta essas outras operações de backup.

Explorador de arquivos

Conhecido até o Windows 7 como Windows Explorer, o gerenciador de arquivos do Windows usa a chamada Interface Ribbon (por faixas) no Windows 8 e 10. Com isso, torna mais acessíveis algumas ferramentas como a opção para exibir as pastas e os arquivos ocultos.

A figura a seguir ilustra a janela Este Computador que apresenta os dispositivos e unidades de armazenamento locais como HDs e Drives de mídias ópticas, bem como as mídias removíveis.

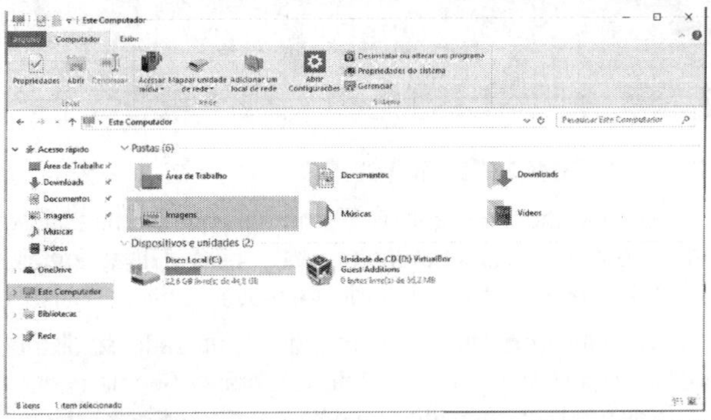

Um detalhe interessante sobre o Windows 10 é que as bibliotecas, ilustradas na figura, não estão visíveis por padrão; o usuário precisa ativar sua exibição.

Na figura a seguir, é ilustrada a guia Exibir da janela Este Computador.

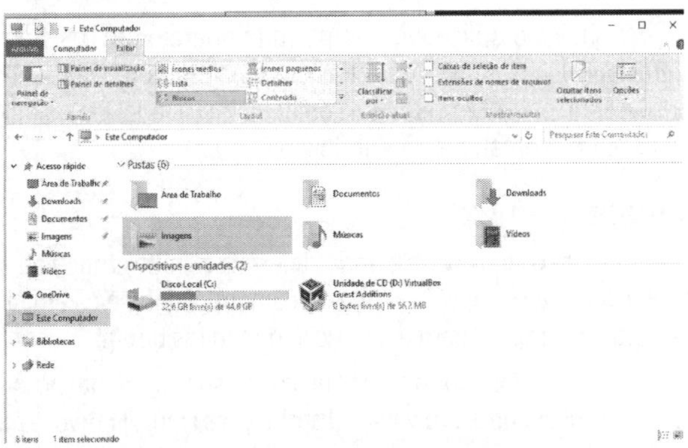

Ao selecionar arquivos ou pastas de determinados tipos, como imagens, algumas guias são exibidas como ilustra a série de figuras a seguir.

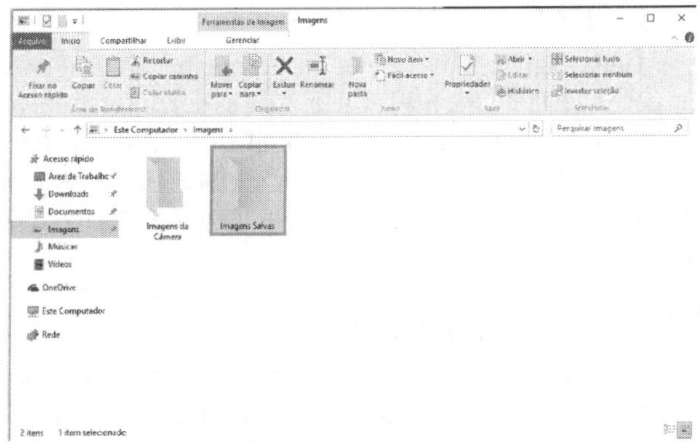

É possível notar que há opções específicas para facilitar o compartilhamento dos arquivos e pastas.

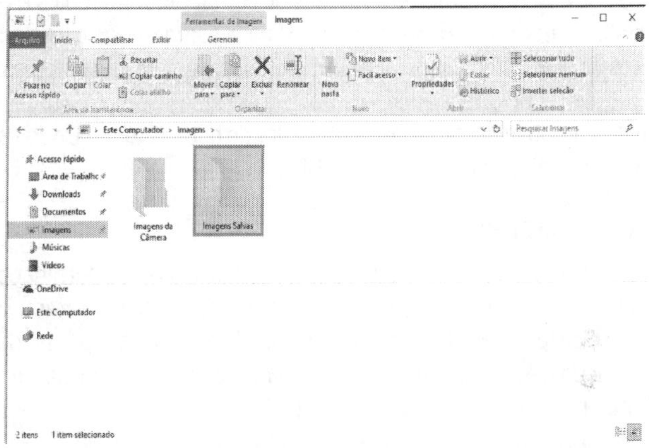

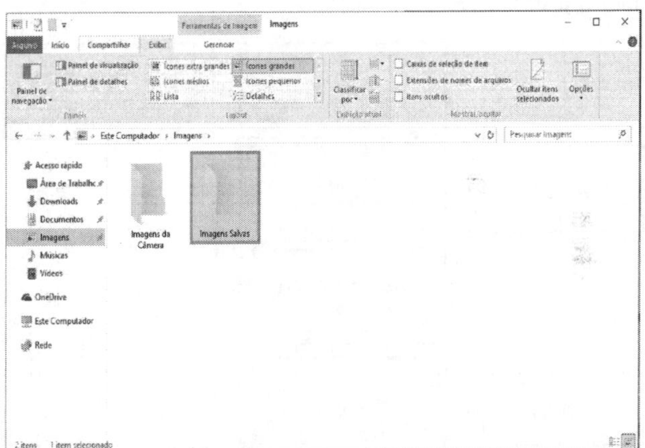

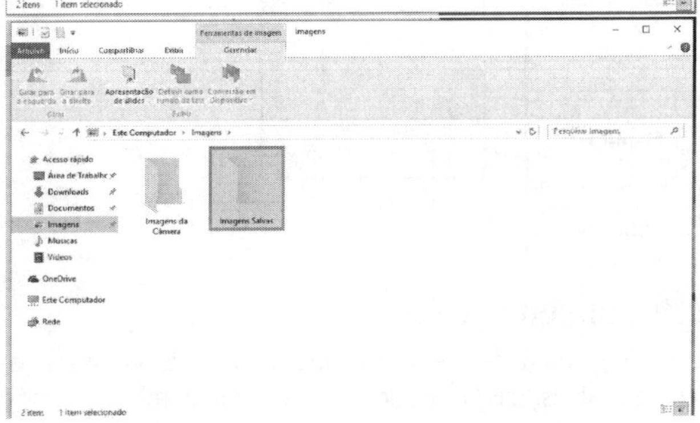

4. LINUX

Linux é um Sistema Operacional criado por Linus Torvald, com base na plataforma UNIX. Muitas bancas de concurso apenas o citam no edital de conteúdo programático. Uma parte dos conceitos cobrados relacionados ao Linux já foram vistos na seção Sistemas Operacionais, em que são apontadas características baseadas no seu funcionamento.

4.1 Conceitos básicos

Nesta seção são abordados os demais conceitos relacionados diretamente a algumas funcionalidades e definições do Linux.

Dual boot

É possível instalar em um mesmo computador múltiplos sistemas operacionais, de forma que, ao ligar o computador, o usuário escolhe qual sistema deseja utilizar. A etapa de escolha do sistema é controlada por gerenciadores de boot; quando se instala o Linux, ele instala automaticamente um gerenciador de boot. Os gerenciadores de boot mais populares são o GRUB e o LILO.

Distribuições

Uma Distribuição é uma cópia modificada e compartilhada com a comunidade; o Linux possui várias distribuições diferentes. Isso se deve ao fato de ele ser um software livre e, assim, é permitido alterar uma distribuição e repassar a outras pessoas que, por sua vez, também podem efetuar as suas alterações.

No site da dristrowatch existem mais de 300 distribuições Linux registradas. As principais são:

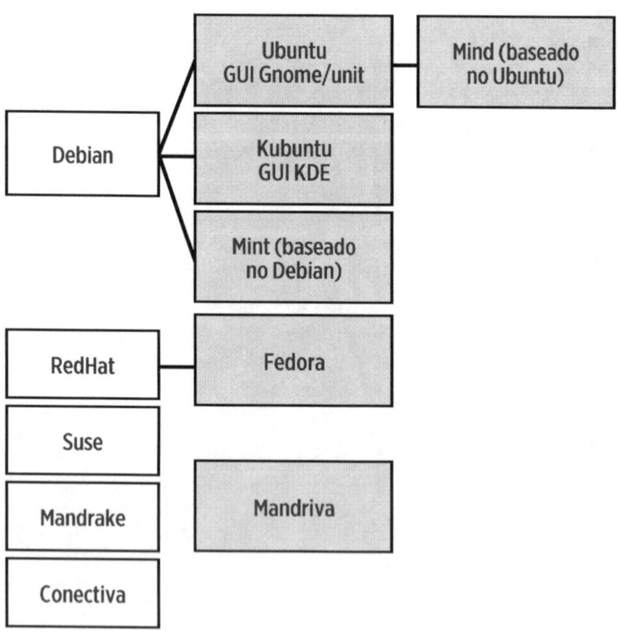

Estrutura de diretórios

A estrutura de diretórios define quais são as pastas do Sistema e quais as suas finalidades perante os programas e o próprio sistema operacional.

As questões sobre a estrutura de diretórios do Linux assumem um formato relacional, cabendo ao concursando associar as pastas às suas finalidades.

A estrutura de diretório do Linux, assim como a do Windows, possui caráter hierárquico que toma como partida a raiz do Sistema - no caso do Linux, a raiz do SO é o diretório / (barra). O termo raiz é atribuído, pois a estrutura de diretórios observada de forma inversa apresenta características de uma árvore que, a partir da raiz, possui seus galhos, as pastas e, por fim, suas folhas, os arquivos.

/dev	(devices): armazena os drivers/dev dos dispositivos.
/bin	(binaries): armazena os binários essenciais para o funcionamento do sistema. Como também comandos básicos do SO como rm, pwd, su, tar, entre outros.
/Sbin	(binaries): armazena os binários essenciais para o funcionamento do sistema que sejam vinculados ao Super Usuário (administrador).
/mnt	(Mount): conhecido como ponto de montagem padrão, é o local por meio do qual se tem acesso às unidades de armazenamento, CD-ROMs e Pendrives conectados no computador.
/etc	Armazena os arquivos de configuração do Sistema Operacional.
/boot	Arquivos necessários para o boot do sistema.
/tmp	Arquivos temporários.
/home	Armazena as pastas dos usuários.
/root	Diretório do administrador.

Gerenciadores de arquivos

Gerenciador de Arquivo é o programa que permite navegar entre as pastas do computador, como também realizar tarefas do tipo copiar, recortar, colar, renomear e mover arquivos e pastas.

O Nautilus é o gerenciador de arquivos utilizado nas distribuições Linux que trabalham com a interface gráfica Gnome, enquanto que as distribuições que utilizam o KDE têm como gerenciador de arquivos o Konqueror. O Konqueror também pode ser utilizado como navegador de Internet, já no Nautilus essa opção foi desabilitada por segurança.

Terminal linux

O Shell é o aplicativo que permite operar com o Sistema Operacional Linux através de linhas de comandos, ou seja, é o responsável por ler e interpretar um comando do usuário. Ele é similar ao Prompt de comandos no Windows (DOS).

Comandos linux

Embora o Linux possua várias interfaces gráficas que podem ser utilizadas, a boa e velha linha de comando ainda é o caminho mais prático e rápido para a execução de muitas tarefas.

Os comandos são cobrados no concurso justamente porque é a parte similar entre as diversas distribuições Linux. Mas você não precisa se desesperar, pois o que é pedido são apenas os comandos básicos e para que servem, ou seja, não é pedido a linha de comando e suas opções, mas apenas o comando. Assim, vejamos os principais comandos cobrados e suas ações:

cd	Permite navegar entre as pastas.
ls	Listar arquivos e pastas do diretório atual.
clear	Limpa a tela.
exit	Sair do terminal.
cp	Copiar um arquivo ou pasta especificado.
rm	Remover um arquivo ou pasta especificado.
init 0	Desliga o Computador (é necessário ser administrador para executar este comando).
init 6	Reinicia o Computador (é necessário ser administrador para executar este comando).
chmod	Permite alterar as permissões de arquivos e pastas.
mv	Mover arquivos e pastas. Também pode ser utilizado para renomear um arquivo ou pasta.
pwd	Mostra o diretório em que você está.
mkdir	Criar um diretório.
reboot	Reinicia o Sistema Operacional.
tar	Empacota os arquivos e pastas em um único arquivo. (não compacta).
gzip	Compacta os arquivos e/ou pastas em um mesmo arquivo.

5. WORD 2016

5.1 Tela de Abertura

Assim como o MS Office 2013, o MS Office 2016 exibe uma tela de abertura ao iniciar algum programa da suíte, em vez de iniciar diretamente com um documento em branco. Vejamos a figura a seguir.

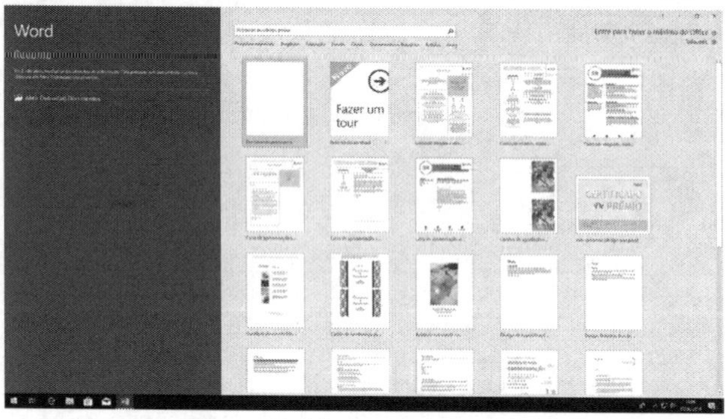

Nessa janela, o usuário tem acesso à lista dos documentos abertos recentemente no programa, bem como pode criar um novo documento: ou um documento em branco, ou a partir de um modelo a ser baixado da Internet.

Os modelos disponíveis são atualizados, em sua maioria, pelos próprios usuários. Para facilitar a localização de um modelo que seja mais adequado à necessidade do usuário, há opção para pesquisa, assim como sugestões de categorias.

5.2 Janela do Programa

A figura abaixo ilustra a janela do Microsoft Word 2016 com um documento em branco em edição.

Janela Word 2016, aba Página Inicial.

A janela do Word 2016 apresenta pequenas mudanças nas opções da janela de edição em comparação com a versão anterior:

> **Cor das guias inativas**: agora a cor segue o padrão de cores escolhido. Existem 3 temas que podem ser usados: Colorido; Cinza-Escuro e Branco. Na figura acima é ilustrado o padrão (Colorido), a seguir os demais.

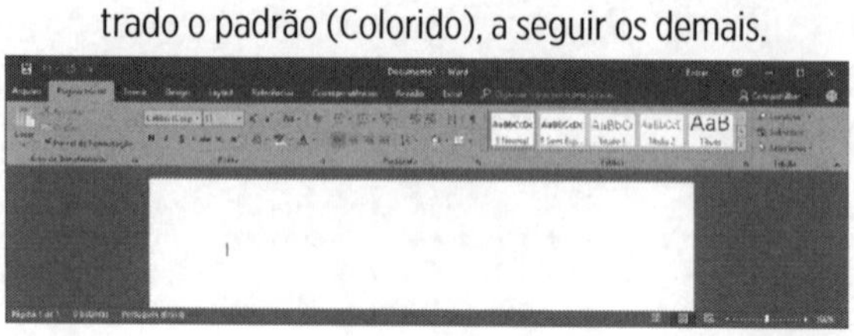

Janela do Word 2016, tema Cinza Escuro.

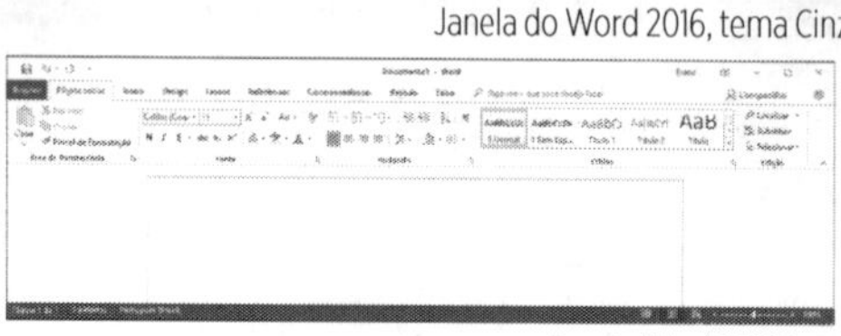

Janela Word 2016, tema Branco.

> **Diga-me o que você deseja fazer**: note que ao lado da guia Exibir existe um espaço para digitar, que não existia no 2016. Ele serve para acessar as ferramentas e opções; sua finalidade é facilitar a localização de ferramentas que o usuário não lembra em que aba estão. Conforme o usuário digita, vão sendo sugeridas opções relacionadas aos caracteres inseridos.

> **Opção Entrar**: foi movida para a barra de títulos; antes ficava onde aparece a carinha feliz (smile). Esse smile é o feedback ou também chamado de comentários, porém para a Microsoft, serve para o usuário contar sobre sua experiência em usar o MF Office 2016.

> **Guias**: no 2013 os títulos eram todos em caixa alta (maiúsculas) e a guia Layout era Layout de Página.

Assim como no 2013, o usuário pode logar com sua conta da Microsoft (Hotmail ou Outlook). Uma vez logado, o nome do usuário é imediatamente associado às propriedades do documento como seu autor. Observe a parte mais à direta da barra de títulos da janela ilustrada na primeira figura deste tópico. Ao efetuar o login, o nome do usuário é representado no lugar da expressão "Entrar".

Observe e faça as anotações das partes da janela indicadas na figura acompanhando a aula.

Janela do Word 2016, itens enumerados.

01. **Barra de título**: nesta barra são apresentadas as informações sobre o nome do documento em edição e seu formato, bem como o nome do programa que no caso da figura indica Microsoft Word. Também se observa na figura que não há a indicação do formato do arquivo. Isso significa que o documento em questão ainda não foi salvo em disco.

02. **Barra de Ferramentas de Acesso Rápido**: apresenta as opções mais frequentemente usadas, principalmente por meio das teclas de atalho. Por padrão mostra as opções Salvar, Desfazer e a opção que se alterna entre Repetir e Refazer. A opção () Repetir repete a última ação executada; corresponde a utilizar a tecla de atalho: F4, como também CTRL + R quando esta opção está exibida na barra. Já a opção Refazer (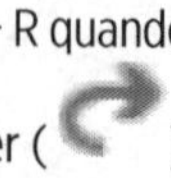) é como um desfazer para a ação Desfazer.

03. **Menu Arquivo**: a versão 2016 utiliza a mesma forma do menu Arquivo que a versão 2013, ou seja, mantém a interface Backstage view que exibe as opções do menu Arquivo, de modo que ocupem toda a tela da janela do programa.

04. **Faixa de Opções**: é possível aumentar a área útil da tela, fazendo com que as opções só sejam exibidas quando clicado na opção na Faixa de opções; basta utilizar o clique duplo do mouse sobre uma das Guias. O Word 2013 acrescentou ainda duas opções (botões) para poder alterar entre os modos de exibição das guias, um ao lado esquerdo do botão Minimizar,

conforme ilustra a figura a seguir, e outro logo acima da barra de rolagem vertical (dentro da faixa de opções). Este último é uma seta para cima, que lembra o sinal gráfico ^ (acento circunflexo). Essas características se mantêm no 2016.

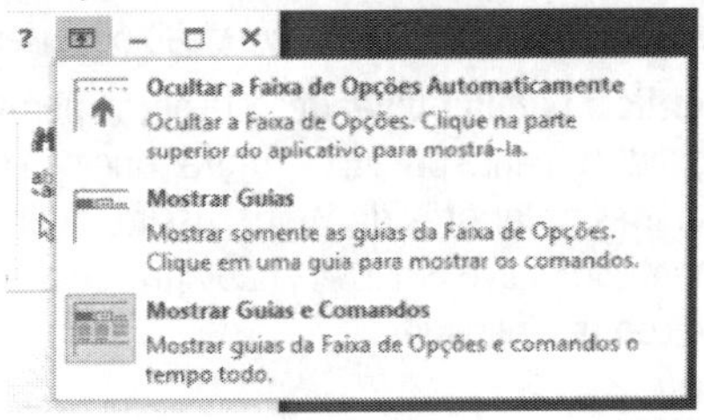

Modos de Exibição da Faixa de Opções em destaque.

05. **Página do Documento** em edição.
06. **Barra de Status**: nela são apresentadas algumas informações como número da página atual e total, total de palavras selecionadas e no documento inteiro.
07. **Modos de Exibição**: apenas três dos modos de exibição que o Word oferece estão dispostos nesse espaço para acesso rápido.
08. **Zoom**: o zoom também pode ser alterado utilizando-se a combinação da roda do mouse (scroll), enquanto se mantém pressionada a tecla CTRL.

Barra de ferramentas de acesso rápido

A figura abaixo destaca a Barra de Ferramentas de acesso Rápido, na qual se encontram por padrão os botões Salvar, Desfazer e Repetir/Refazer.

Barra de Ferramentas de Acesso Rápido.

O botão Desfazer  permite voltar uma ou mais ações realizadas no programa, cuja tecla de atalho é a famosa combinação CTRL + Z. Note que há uma seta à sua direita, é possível desfazer um conjunto de ações de uma única vez.

O botão Repetir  repete a última ação realizada, como aplicar negrito a um texto, ou mudar a cor de uma fonte. A combinação de teclas de atalho para esta opção é CTRL + R no Word 2013.

O Botão Refazer  somente é exibido quando o Desfazer é acionado, permitindo retroceder uma ação desfeita. As teclas de atalho são as mesmas do botão Repetir, até porque aparece no lugar dele.

5.3 Menu Arquivo

O menu Arquivo do Office 2016 utiliza a interface BackStage, que ocupa toda a tela do programa e oferece vários recursos integrados.

Por padrão, ao abrir o menu Arquivo, ele apresenta selecionada a opção Informações, a qual oferece dois conjuntos de opções: ferramentas de geração de documento e as propriedades do documento em edição.

Opção informações

A Figura 9 apresenta a opção Informações do menu Arquivo do Office 2016 e suas opções.

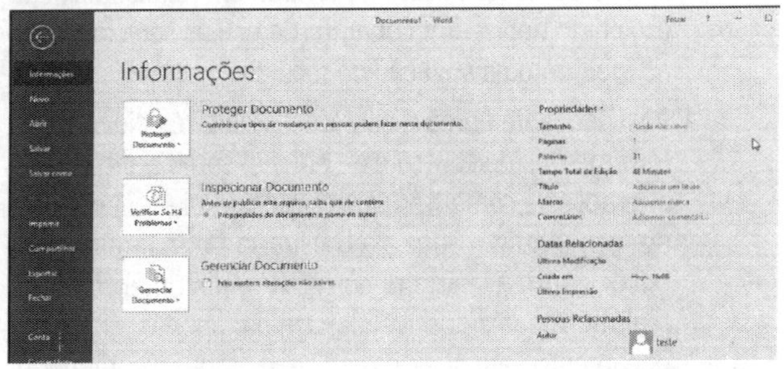

Menu Arquivo.

Na janela de informações, temos acesso a um dos conjuntos de opções mais importantes (em termos de concurso) do menu Arquivo. Também se deve observar o painel de propriedades à direta da janela.

Opção proteger documento

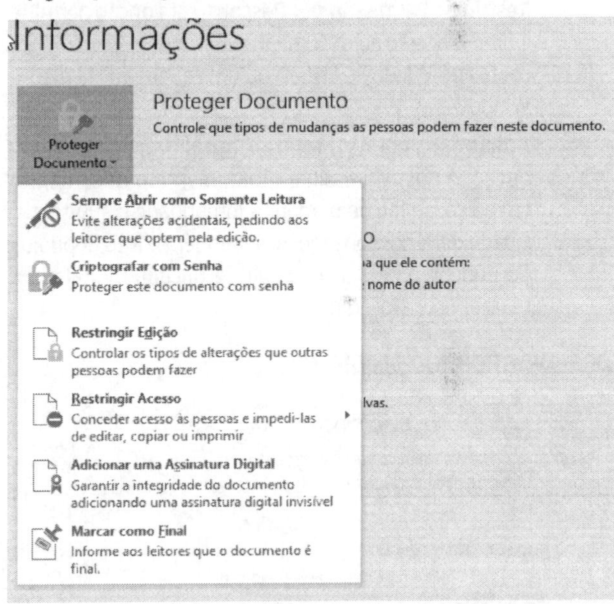

Opção Proteger Documento, a partir do menu Arquivo.

Marcar Como Final: a opção serve para salvar o arquivo como Somente leitura, assim ajuda a evitar que sejam feitas alterações no arquivo, ou seja, desabilita ou desativa a inserção de texto, a edição e as marcas de controle. Além disso, define o "Status" do documento como Final. Contudo, o comando Marcar como Final não é um recurso de segurança, pois basta que o usuário remova o Status Marcar como Final para que possa editar novamente o arquivo.

O Recurso Marcar como Final só tem efeito se o documento for aberto pela mesma versão do Ms Office; se for aberto por versões anteriores, como no 2003, abrirá normalmente, permitindo ao usuário alterar o arquivo.

Criptografar com Senha: por meio desta opção, é possível definir uma senha para que o documento possa ser acessado. Contudo, vale ressaltar que a criptografia realizada pela opção Criptografar com Senha não tem relação com Certificação Digital.

> **Restringir Edição**: por intermédio da opção Restringir Edição, é possível escolher dentre três opções de ação:

> **Restrições de Formatação**: pela qual é possível limitar as opções de formatação, permitindo apenas que seja escolhido dentre um conjunto de estilos selecionados no momento da ativação do recurso.

> **Restrições de edição**: esta opção está relacionada às ferramentas de controle de edição, como controle de alterações e comentários, até mesmo preenchimento de formulários. Com ela o usuário pode limitar que opções outro usuário que acessar o documento pode realizar. Ainda é possível determinar apenas partes do documento para que possam ser editadas, protegendo assim o resto das alterações.

> **Aplicar proteção**: depois de configuradas as opções de um ou ambos os itens acima, a opção Sim, Aplicar Proteção fica habilitada. Com isso, será aberta uma janela para determinar uma senha ou para que seja utilizado um ID (e-mail) de usuários.

> **Restringir Permissão por Pessoas**: esta opção permite limitar o acesso ao documento utilizando como critério contas do Windows Live ID ou uma conta do Microsoft Windows.

> **Adicionar uma Assinatura Digital**: por meio desta opção, é possível assinar digitalmente o documento em edição, a fim de garantir a Integridade e a Autenticidade dele, por consequência também o Não Repúdio. Contudo, é necessário possuir Certificado Digital para realizar este procedimento.

Opção verificando problemas

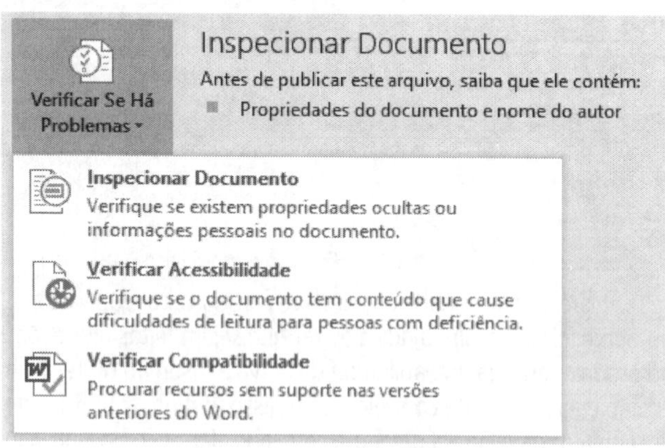

Opção Verificando Se Há Problemas.

> **Inspecionar Documento**: esta opção também pode ser citada como Inspetor do documento, que possibilita diversas opções, com a finalidade de buscar no documento por dados pessoais, informações ocultas, marcas, comentários, estruturas de controle, dentre outras, para que possam ser facilmente removidas, com o auxílio desta opção.

> **Verificar Acessibilidade**: permite verificar se a estrutura do elemento possui recursos ou formatações que dificultem a leitura por pessoas com deficiência, por exemplo, documentos que serão lidos por leitores de telas, utilizados por pessoas com baixa visão ou ausência dela.

> **Verificar Compatibilidade**: esta opção permite verificar se o documento possui estruturas que não existem nas versões anteriores do Word. Assim, quando o documento for salvo em .DOC, não apresentará problemas de compatibilidade.

Opção novo

Já a opção Novo abre no próprio menu Arquivo as opções de criação de um novo documento, conforme figura a seguir.

Note que, além de criar um simples documento em branco, podemos criar um arquivo com base em um modelo da Internet.

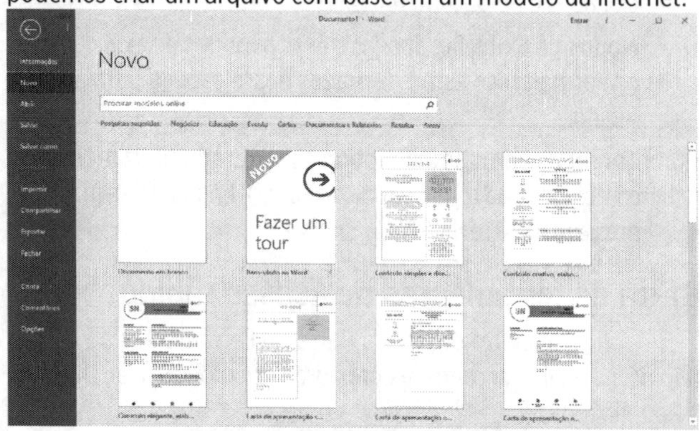

Opção Novo, menu Arquivo.

Opção imprimir

O Word 2016 apresenta diretamente no menu Arquivo → Imprimir as propriedades da Impressão, que também podem ser acessadas por meio da combinação de teclas CTRL+P. Com isso, uma etapa é reduzida no procedimento para impressão, o que torna a ação mais simples e direta. Nesta mesma opção, é ilustrada a pré-visualização do documento a ser impresso.

Vale observar que desde o Word 2013 a opção Configurar Página também é encontrada no menu Arquivo, exatamente na opção imprimir. A figura a seguir representa estas observações.

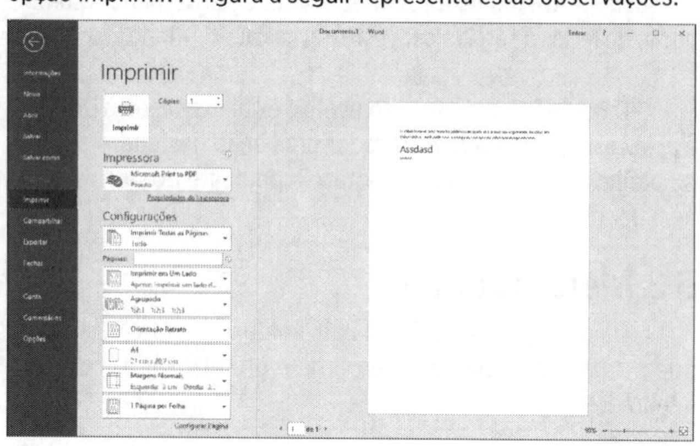

Opção Imprimir.

Outro fato importante é a pré-visualização, que também é ilustrada junto à opção imprimir.

Opção salvar e enviar

Opção Salvar Como.

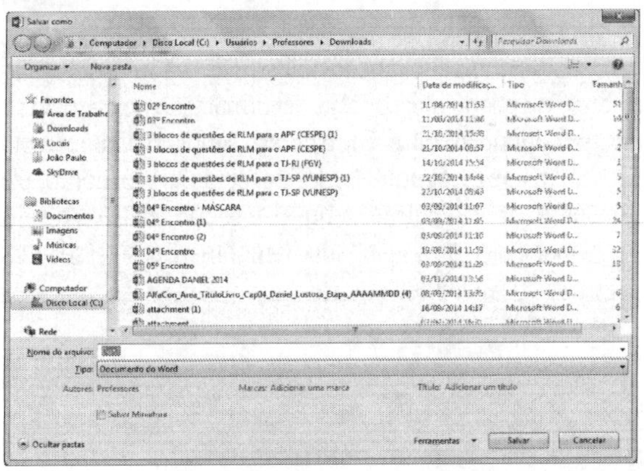

Janela para Salvar Documento.

Devemos dar ênfase no que diz respeito à integração com o Microsoft OneDrive. Uma vez logado na contra do MS Office, consequentemente o usuário estará logado com sua conta do OneDrive, assim possibilitando salvar o arquivo diretamente em sua conta na Nuvem.

5.4 Aba Página Inicial

Na Aba Página Inicial do Word 2013, encontramos as opções divididas nos blocos: Área de Transferência; Fonte; Parágrafo; Estilo; Edição, conforme ilustra a figura a seguir.

Bloco área de transferência

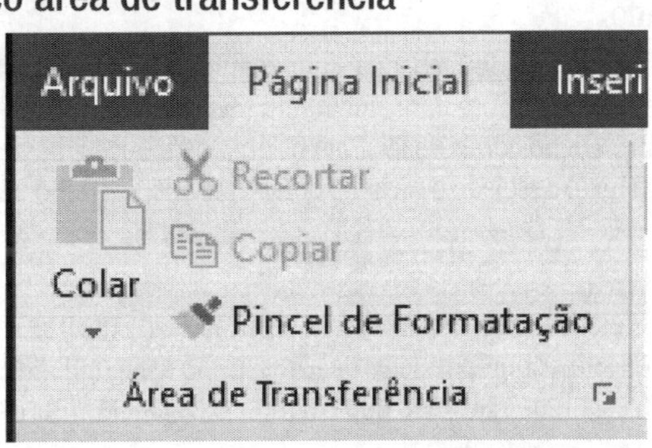

A Área de Transferência é uma área temporária, onde são colocadas as estruturas (textos, imagens etc.) que são copiadas de algum lugar, seja um documento, página da Internet, ou mesmo do Sistema Operacional, para que possam ser coladas.

A Área de Transferência do Word possui 24 posições, conforme figura a seguir, de forma que armazena não apenas a última informação copiada, mas sim as 24 últimas. Com isso, é possível colar trechos copiados ou recortados em momentos anteriores. Vale lembrar que a área de transferência fica em memória RAM, portanto quando o computador é desligado, ela é esvaziada.

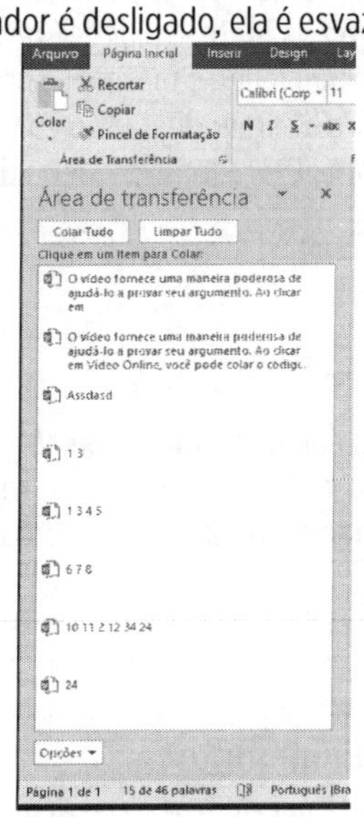

Opção colar

No bloco Transferência, encontra-se a opção Colar. Deve-se atentar ao detalhe do botão que, quando sobreposto pelo mouse, apresenta uma divisão, como ilustrado na sequência, ou seja, executa duas ações diferentes: ao clicar na parte superior, é colado o dado que foi colocado por último na área de transferência de forma equivalente a utilizar as teclas de atalho CTRL + V; já ao clicar na parte inferior, o Word exibe uma lista de opções de colagem, bem como dá acesso à opção Colar Especial.

Pincel de formatação

O Pincel de Formatação, ilustrado a seguir, permite realizar a cópia de formatação de um trecho de texto previamente selecionado e aplicar em outro trecho de texto a ser selecionado *a posteriori*, clique no botão Pincel.

Bloco fonte

Neste bloco, são encontradas as ferramentas mais usadas durante a edição de um documento, as opções relacionadas à formatação de Fonte. A figura a seguir ilustra as opções existentes neste bloco, que analisaremos na sequência.

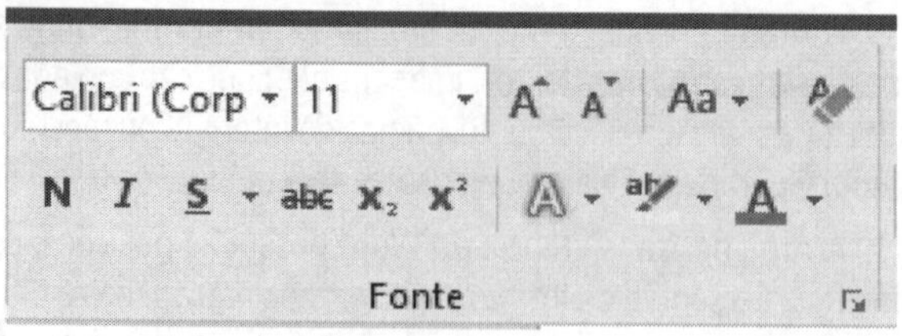

Tipo/nome da fonte

Esta opção permite alterar a grafia da fonte, ou seja, o seu traço. Ao alterar o tipo da fonte, ela pode sofrer alteração no seu tamanho, no entanto mantendo o mesmo valor numérico de tamanho de fonte. A figura a seguir destaca o campo; por padrão, no estilo normal do Word 2013, a fonte predefinida é a Calibri.

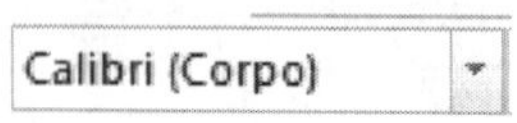

Tamanho da fonte

A opção de tamanho de fonte oferece um campo, ilustrado na sequência, para definir o tamanho das letras de um texto selecionado. É possível também selecionar o tamanho pela alça.

Aumentar e diminuir fonte

Também é possível controlar o tamanho das fontes pelos botões Aumentar Fonte, à esquerda da figura a seguir, e Diminuir Fonte, à direita da figura a seguir, que alteram o tamanho da fonte de um texto previamente selecionado, de acordo com os valores da lista disponibilizada na alça Tamanho da Fonte. Também se podem acionar estas opções por meio das teclas de atalho CTRL + SHIFT + > para aumentar o tamanho da fonte como CTRL + SHIFT + < para diminuir o tamanho da fonte.

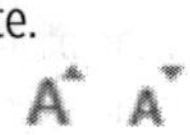

Maiúsculas e minúsculas

A opção, ilustrada acima, permite alterar o trecho selecionado entre letras maiúsculas e minúsculas, de acordo com as opções ilustradas a seguir.

Limpar Formatação

A opção acima é útil quando se deseja limpar a formatação de um texto de forma rápida e prática, como um texto extraído da Internet, que possui fontes grandes, fundo e letras coloridas. Basta que o usuário selecione o trecho no qual deseja limpar a formatação e, em seguida, clique no botão.

Estilos de Fonte

Cuidado para não confundir o efeito de texto com o estilo de fonte, ou ainda com os estilos de formatação. As opções de efeito de fonte são a opção de **Negrito**, *Itálico* e Sublinhado, conforme ilustrado na figura a seguir. As teclas de atalho para estas funções são, respectivamente, CTRL + N, CTRL + I, CTRL + S.

Observe que o sublinhado no Word 2013 apresenta uma seta para baixo, indicando mais opções de formatação do traço do sublinhado, permitindo escolher entre o traço simples (padrão) e outros como: duplo, espesso, pontilhado, tracejado, traço/ponto, traço/ponto/ponto, dentre outros. A figura a seguir ilustra o resultado de se acionar a alça do sublinhado. Também é possível se alterar a cor do traço do sublinhado.

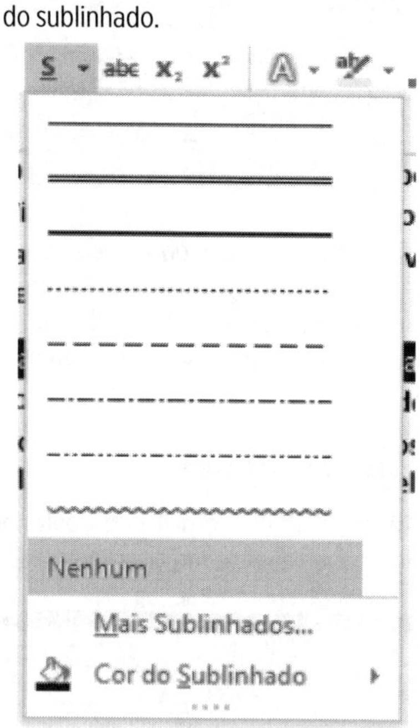

Tachado

A propriedade Tachado é comumente utilizada em textos de lei e resoluções, sobre itens que foram revogados e que, contudo, permanecem no corpo da lei. Para acionar esta opção, basta selecionar o texto desejado e clicar no botão Tachado, ilustrado a seguir.

O efeito proporcionado por esta opção é o de um traço à meia altura da linha, sobrepondo às palavras, como o exemplo. ~~Também é possível utilizar o tachado duplo por meio da janela Propriedades de Fonte, como exemplo.~~

Subscrito e Sobrescrito

Por vezes, desejamos escrever um texto com estruturas diferenciadas, ou mesmo indicar numerais de forma reduzida, como primeiros = 1ºs. Para colocar as letras “os” com fonte reduzida na parte superior da linha, basta clicar no botão Sobrescrito, que o cursor de texto será posicionado no topo, digitar o texto desejado, e clicar novamente no Sobrescrito. O botão Sobrescrito fica à direita do botão Subscrito, conforme figura a seguir, que permite escrever um texto com fonte reduzida na parte inferior da linha, como utilizado em algumas equações químicas, por exemplo: texto normal texto subscrito.

Efeitos de Texto

O Office 2007 inovou nos recursos de efeitos de texto. Essas propriedades e ferramentas foram mantidas e melhoradas no Office 2013; para o 2016 não houve mudanças na ferramenta. Os efeitos de texto permitem formatar os caracteres de texto de maneira mais chamativa visualmente, a fim empregar destaque a um texto, como exemplo.

Para utilizar este recurso, basta selecionar o texto desejado e clicar no botão Efeitos de Texto no bloco Fonte, indicado por um A com efeito de brilho azul ao redor, ilustrado no canto superior esquerdo da figura a seguir.

Este recurso ainda permite trabalhar as características de formatação de maneira separada, como a sombra, o reflexo e o brilho do caractere dado à cor escolhida.

Realce

A ferramenta Realce é uma opção que aplica um resultado similar ao obtido por uma caneta marca-texto. Inclusive, o conjunto de cores disponibilizado é bem limitado; apenas algumas cores estão disponíveis, como ilustra a figura a seguir.

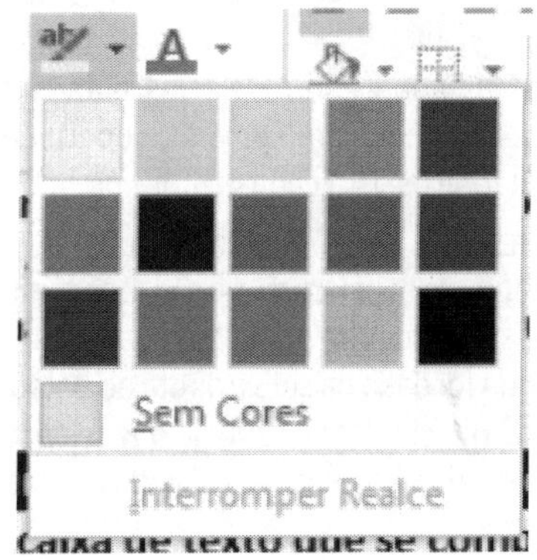

Cor da Fonte

Já quando falamos nas cores que podem ser aplicadas ao caractere (fonte), por exemplo, estas abrangem um conjunto maior, também citado nas provas como Paleta de Cores do MS Office.

O botão que corresponde a esta opção é a letra A com uma barra abaixo, que indica a última cor utilizada, como ilustrado no canto superior esquerdo da figura a seguir.

Observe que o botão Cor da Fonte apresenta uma ligeira divisão da seta à sua direita. Isso deve ser levado em conta na resolução das questões, pois se apenas o A for indicado como clicado, significa que será aplicada diretamente sobre o texto selecionado a última cor utilizada; enquanto que se for indicada a seta para baixo também, significa que foi clicado sobre ela, assim a alça exibe mais opções de cores e gradientes.

Bloco parágrafo

Na aba Página Inicial encontram-se também as opções de formatação de parágrafo mais utilizadas, como ilustrado a seguir. Algumas opções menos frequentemente usadas estão no bloco Parágrafo da aba Layout de Página.

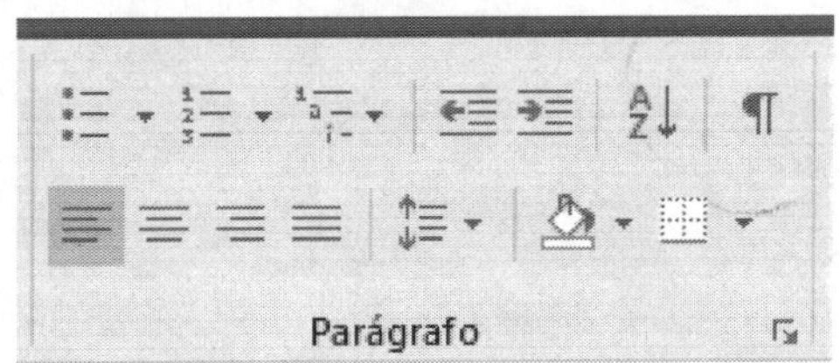

Marcadores

A opção Marcadores permite acrescentar símbolos, caracteres ou mesmo imagens, como uma foto do usuário, como itens de marcação de tópicos para cada parágrafo.

A figura a seguir ilustra o botão Marcadores, que como pode ser observado apresenta uma sutil divisão. Desse modo, se a figura apresentada nas questões de prova for igual à figura a seguir, significa que o clique foi dado na seta à direta do botão, o que remete a mais opções, como escolher o símbolo que se deseja utilizar. Mas caso seja apresentado sem a seta, o resultado é a inserção do último marcador utilizado.

Numeração

Cuidado com a diferença entre os marcadores e a numeração. A finalidade de ambos é similar, porém a Numeração segue uma sequência que pode ser numérica, utilizando-se números romanos maiúsculos ou minúsculos, letras maiúsculas ou minúsculas ou ainda números arábicos. A figura a seguir ilustra o botão Numeração que, de forma equivalente ao botão Marcadores, apresenta seta à direta apontando para baixo.

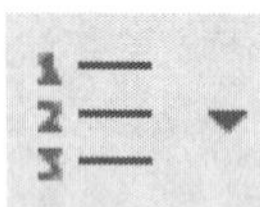

Lista de Vários Níveis

Permite gerenciar e atribuir marcadores diferentes para níveis diferentes, mas de forma a manter a relação entre eles como de título, subtítulo e tópico. A figura a seguir ilustra o botão Lista de Vários Níveis.

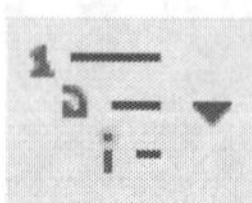

Quando clicado na seta à direita, um menu Dropdown é aberto, como ilustrado a seguir.

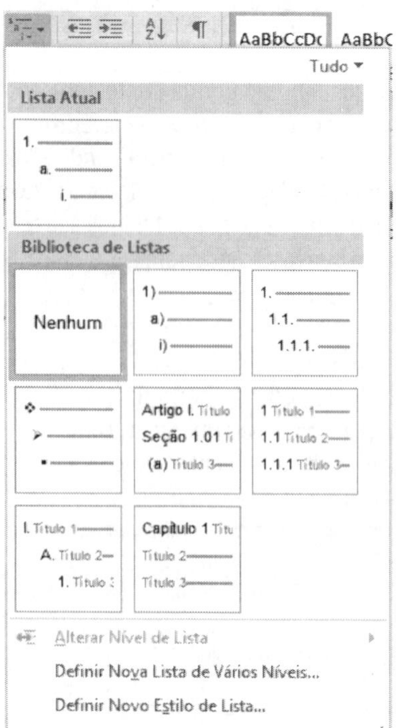

Além dos formatos de listas sugeridos pelo Word, é possível que o usuário crie a sua própria configuração de lista. Esta configuração pode ser criada para ser utilizada apenas no documento em edição, como também pode ser atribuída ao programa de forma que fique disponível para a criação e edição de outros documentos.

Diminuir e Aumentar Recuo

As opções de Diminuir e Aumentar o Recuo estão relacionadas ao recuo esquerdo do parágrafo selecionado. Ao aumentar o recuo, com o botão da direita na figura a seguir, é aumentado inclusive o recuo da primeira linha na mesma proporção. O espaço acrescido é o mesmo de uma tabulação, ou seja, o mesmo de quando pressionada a tecla TAB (1,25 cm por padrão).

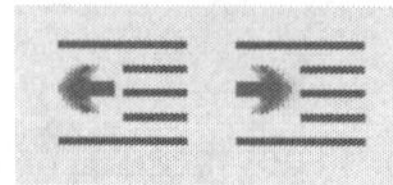

Classificar

Esta opção pode parecer estanha ao pensá-la no grupo de opções do bloco Parágrafo. Contudo, com isso, demonstra-se que é possível ordenar os textos de parágrafos, e não apenas dados em tabelas.

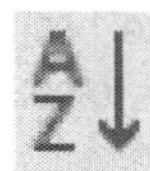

Uma vez clicado no botão classificar ilustrado acima, é aberta uma janela ilustrada a seguir, pela qual é possível parametrizar as regras de classificação, que pode ser por colunas em caso de tabelas. Os tipos de dados que podem ser selecionados, de maneira que o programa possa classificá-los em ordem crescente ou decrescente, são: Texto, Número e Data.

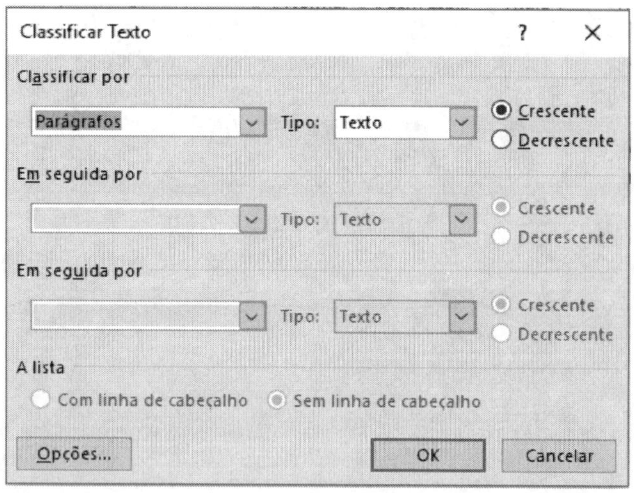

Mostrar Tudo

A opção Mostrar Tudo, ilustrada a seguir, é responsável por exibir os caracteres não imprimíveis, que auxiliam na edição de um documento ao exibir marcas de edição, espaços e marcações de parágrafos. Esta opção é muito importante para que se possa definir onde inicia e onde termina um parágrafo no texto.

O trecho a seguir ilustra o que é apresentado quando tal opção é selecionada.

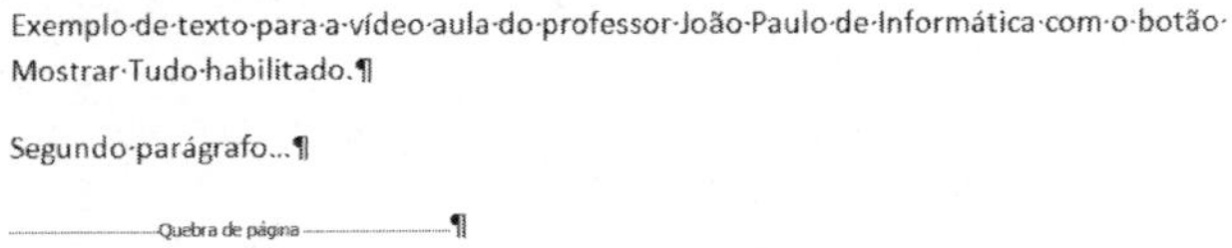
Exemplo·de·texto·para·a·vídeo·aula·do·professor·João·Paulo·de·Informática·com·o·botão· Mostrar·Tudo·habilitado.¶

Segundo·parágrafo...¶

Quebra de página ¶

Muitas pessoas entram em pânico quando, sem querer, ativam esta opção e cometem o equívoco de utilizar o Desfazer com a esperança de remover tais símbolos e acabam perdendo informações ou formatações executadas. No entanto, para remover tais marcas, basta desabilitar a opção, clicando-se novamente no botão. Alinhamentos de Parágrafo

Muito cuidado com as opções de alinhamento, pois existe também o alinhamento de Tabulação, que oferece opções diferentes das do alinhamento de parágrafo, porém com fins similares.

A figura anterior ilustra os quatro únicos alinhamentos de parágrafo: Esquerdo, Centralizado, Direito e Justificado. Também é possível acionar tais opções por meio das respectivas teclas de atalho: CTRL+Q, CTRL+E, CTRL+G, CTRL+J.

Espaçamento entre Linhas

A opção Espaçamento entre Linhas, disponível no bloco Parágrafo, apresenta alguns valores que não são ilustrados diretamente na janela Propriedades de Parágrafo, como 1,15. Contudo é possível chegar a ela de maneira manual, como selecionar a opção Múltiplos e, em seguida, digitar o valor 1,15.

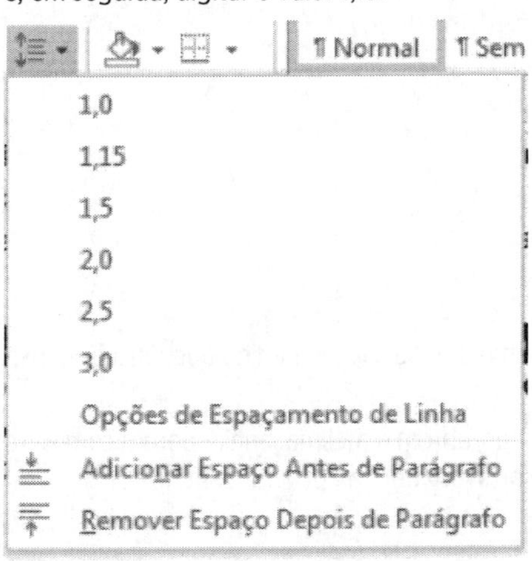

A figura anterior ilustra o botão Espaçamento entre Linhas aberto. Ele é apresentado no canto superior esquerdo da figura. Convém perceber que, por meio dele, é possível também alterar o espaçamento antes e depois do parágrafo.

Sombreamento

A opção Sombreamento permite atribuir uma cor ao plano de fundo de um parágrafo.

Exemplo: mesmo o parágrafo sendo menor que a linha, toda ela - espaço de margem a margem - é preenchida com a cor selecionada.

A figura a seguir ilustra o botão Sombreamento - balde de yinta - selecionado pela alça, assim ilustrando a paleta de cores do Word para que seja determinada a cor desejada.

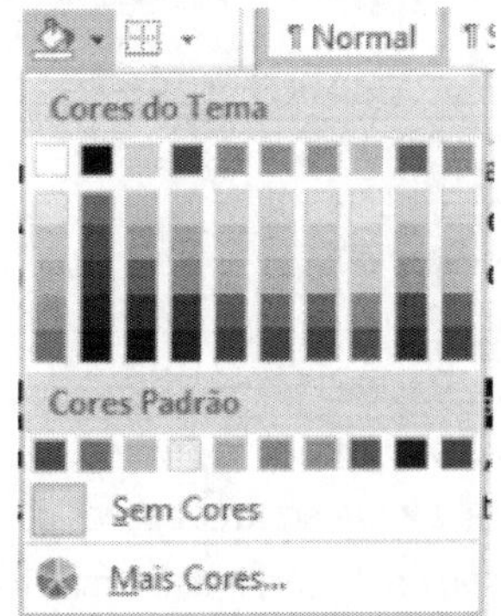

Bordas

Também é possível se atribuir uma borda a um parágrafo, como também à página do documento. A opção Bordas, apresentada a seguir, pode ser utilizada tanto para aplicar uma borda a um parágrafo como a uma tabela, caso esteja selecionada.

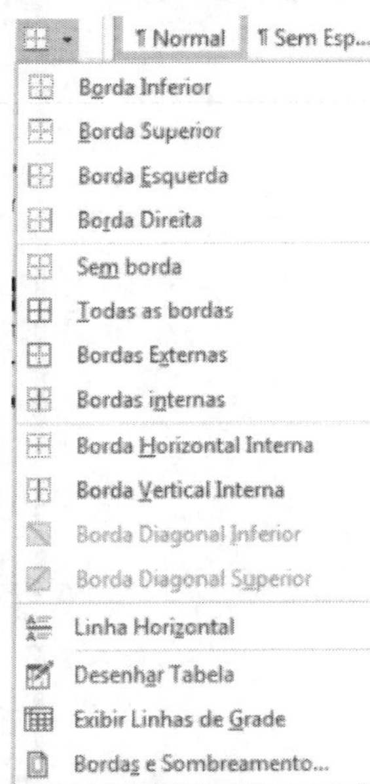

Bloco estilos

Os estilos de formatação são uma importante ferramenta que auxiliam e otimizam o processo de edição de documentos que devam obedecer a padrões de formatação, além de serem necessários para a inserção de sumário automático.

O Office 2007 inovou muitos estilos, como também melhorou alguns, estes foram mantidos no Office 2013. O estilo padrão apresentado é o estilo Normal, que define, por exemplo, a fonte como Calibri, tamanho 11, espaçamento entre linhas múltiplo de 1,15 e espaço após o parágrafo de 10 pt.

A figura a seguir ilustra o bloco Estilo com vários dos estilos de formatação. Para sumário, devem-se utilizar os estilos de título.

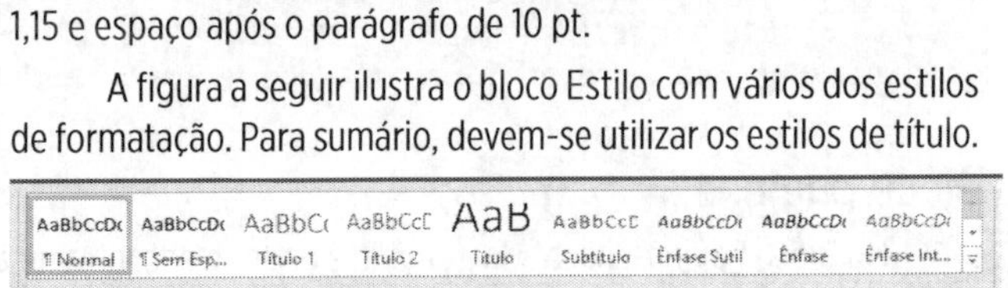

Bloco edição

O bloco Edição é o bloco no qual foram disponibilizadas as opções que estavam no menu Editar do Office 2003, e ficaram perdidas, pode-se assim dizer. A figura a seguir ilustra o bloco com suas opções.

Localizar

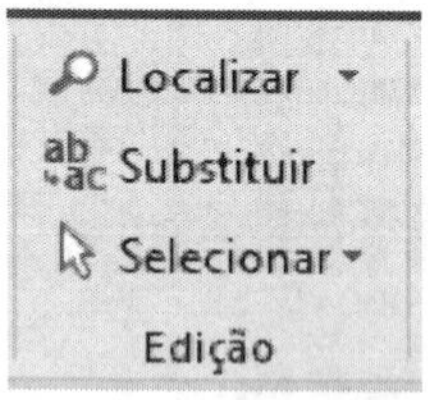

A opção Localizar oferece três opções quando se clica na seta: Localizar, Localização Avançada... e Ir Para....

Clicar direto no botão Localizar é o mesmo que clicar na opção que ele oferece como Localizar. O Word abre um painel à esquerda da janela do programa, ilustrada na sequência. O mesmo painel pode ser acionado por opção encontrada na aba Exibir.

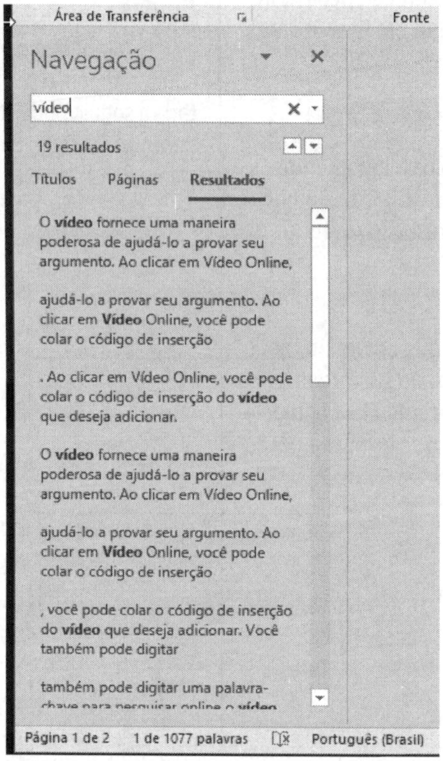

Por meio deste painel, é possível realizar uma busca rápida de forma incremental, ou seja, à medida que o usuário insere o texto no campo de busca, o Word vai filtrando no texto as ocorrências.

As opções Localização Avançada..., Ir Para... e Substituir, ao serem acionadas, abrem a mesma janela, porém com as respectivas abas selecionadas. Vale lembrar que a combinação de teclas de atalho CTRL + U no Word abre a opção Substituir.

5.5 Aba Inserir

A aba Inserir é alvo de várias questões capciosas, então é preciso ter muita atenção com relação às suas opções. A figura a seguir ilustra as opções da Guia.

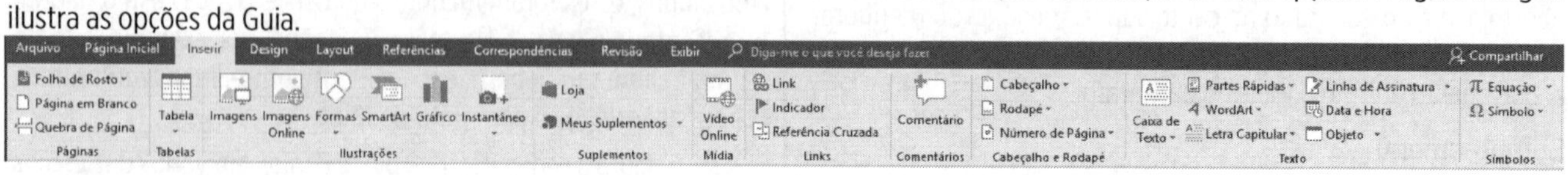

Bloco páginas

No Bloco Páginas, ilustrado a seguir, é onde se encontra uma das Quebras possíveis de se inserir em um documento, e justamente a que pode ser alvo de questões que visem confundir o candidato, pois na Aba Inserir é encontrada apenas a opção Quebra de Página; as demais ficam na aba Layout de Página.

Bloco Páginas, Aba Inserir (à direita com forma reduzida).

A opção Folha de Rosto é uma opção para inserir uma página no documento em edição com mais recursos gráficos com o intuito de dar uma ênfase ao documento.

A opção Página em Branco permite inserir uma página em branco no documento a partir da posição do cursor de texto.

Bloco tabelas

No bloco Tabelas é disponibilizada apenas a opção Tabela, ilustrada a seguir, por meio da qual podemos tanto inserir uma Tabela no documento em edição como uma Planilha.

Opção Tabela

Ao clicar na opção Tabela, é aberto o menu Dropdown, ilustrado a seguir, no qual se pode observar a opção Planilha, que permite inserir uma planilha no documento. Mas, cuidado: a estrutura de planilhas é diferente de uma tabela.

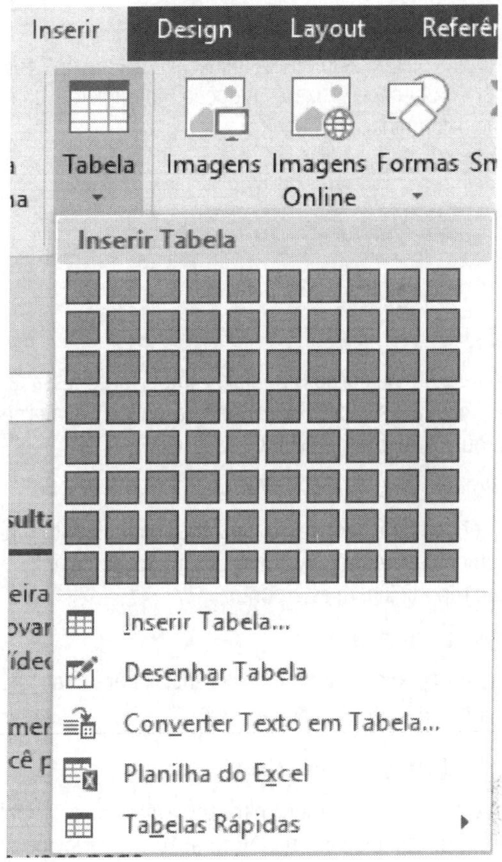

Bloco ilustrações

A figura abaixo ilustra o bloco Ilustrações. Esta figura, como as demais deste material, foi obtida por meio da ferramenta Instantâneo.

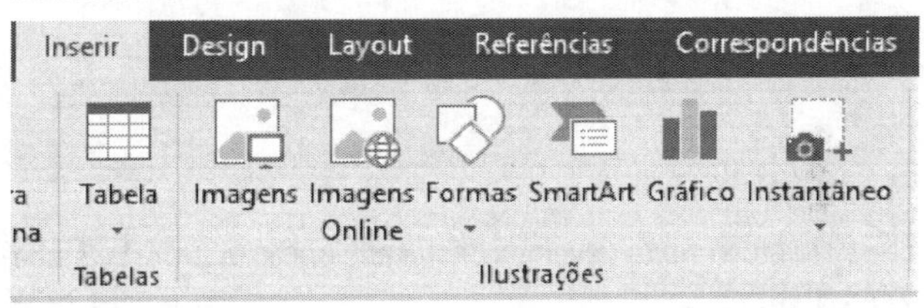

Outra funcionalidade apresentada no MS Office 2013 e mantida no 2016 é a possibilidade de incorporar recursos de aplicativos disponíveis na Windows Store, como também a opção Vídeo Online.

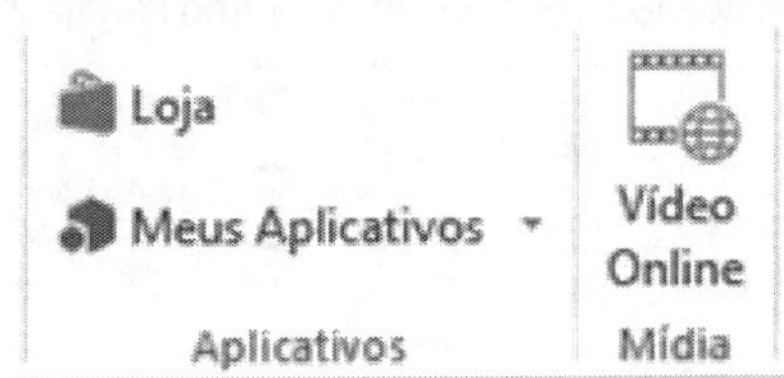

Mas devemos tomar cuidado com a opção Comentário, que, além de existir na aba Revisão, também é apresentada na aba Inserir.

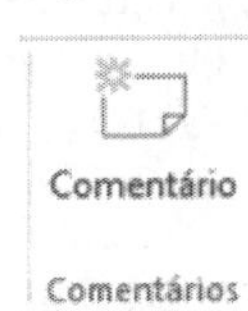

Bloco links

No bloco Links, são disponibilizadas três opções: Hiperlink, Indicador e Referência Cruzada. A opção Hiperlink tem como tecla de atalho a combinação CTRL+K.

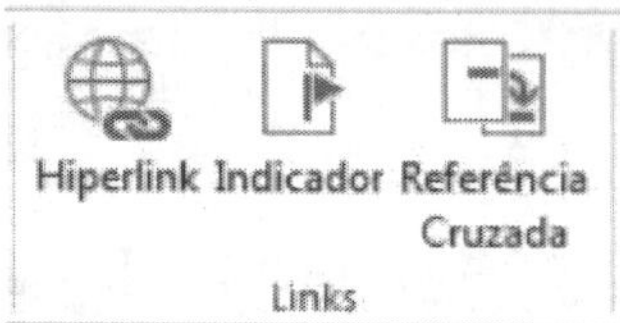

Hiperlink

A respeito da opção Hiperlink, é importante ressaltar que é possível linkar um site da Internet como arquivos da Internet, bem como arquivos do computador do usuário.

Indicador

A opção Indicador serve para criar um link para um ponto do documento em edição. Assim, é possível criar um link por meio da opção Hiperlink para este ponto.

Referência Cruzada

Esta opção permite criar referências para citações, como figuras, tabelas, quadros, entre outros.

Bloco cabeçalho e rodapé

A estrutura de cabeçalho e rodapé é utilizada principalmente quando se deseja inserir uma informação em várias páginas de um documento, como numeração de páginas ou uma figura. Mas, cuidado: em um mesmo documento é possível utilizar cabeçalhos e rodapés diferentes, pois essas estruturas são as mesmas para todas as páginas da mesma seção.

Bloco texto

No bloco Texto devemos destacar a opção WordArt e Linha de Assinatura.

A opção WordArt , desde o Office 2010, mudou sua forma de formatação e estrutura; ela gera agora resultado similar ao obtido pela opção Efeitos de Texto da Aba Página Inicial.

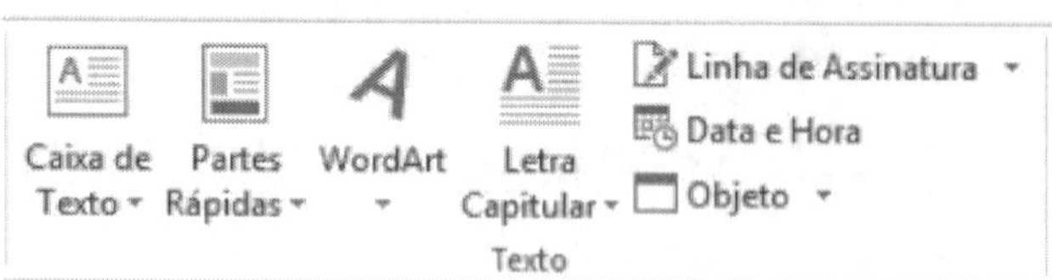

Já a opção Linha de Assinatura 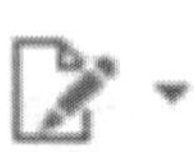 permite inserir uma assinatura digital no documento em edição. Contudo, para isso, é necessário possuir um Certificado Digital. Esta opção também pode ser utilizada para inserir as linhas normalmente usadas para posterior assinatura manual.

Observe a diferença sutil entre o botão Caixa de Texto 

e o botão Letra Capitular .

Bloco símbolos

O bloco Símbolos oferece as opções Equação e Símbolo, conforme figura a seguir. A opção Equação auxilia a escrever, em um documento de texto, funções complexas. Entretanto, ela não resolve as equações, apenas desenha; por exemplo, inserir um somatório.

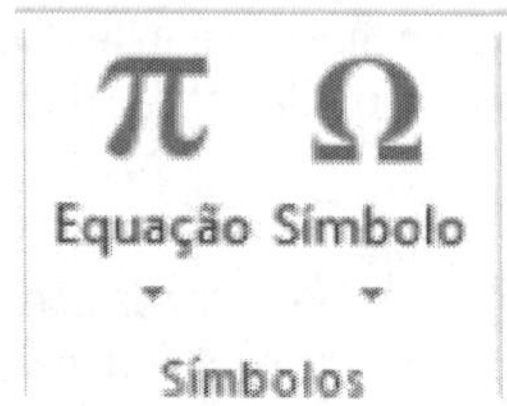

Já a opção Símbolo permite que sejam inseridos símbolos, como caracteres especiais, em meio ao texto.

5.6 Aba Design

A Aba Design surge no Word 2013 como uma forma de liberar espaço para as opções que, no 2010, estavam na guia Layout da Página.

Além de possibilitar a escolha do tema de cores e estilo de formatação que será utilizado no documento, o bloco Plano de Fundo da Página merece ser destacado dentre as opções da guia, pois são comuns as questões capciosas a respeito de suas opções.

Quanto a este tema, a opção que mais tem gerado confusão em provas é a Marca d'Água, pois para "inserir" uma marca d'água, a opção específica encontra-se na guia Design, diferentemente do que a ideia de ação produz.

5.7 Aba Layout

A aba Layout é muito importante durante a edição de um documento, pois concentra as ferramentas de formatação de páginas.

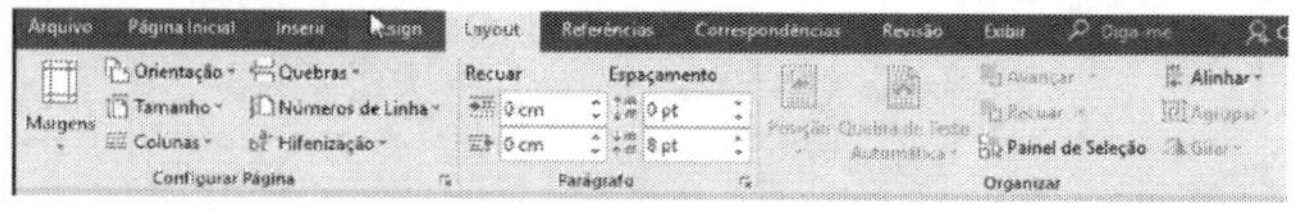

Na Aba Layout são disponibilizados os blocos: Configurar Página; Parágrafo e Organizar, conforme ilustrado na figura a seguir.

Muito cuidado com as provas que podem apresentar o termo Leiaute, o qual não está errado.

Bloco configurar página

O bloco Configurar Página é um dos principais blocos da Aba Layout de Página. Por meio dele, podemos alterar as configurações de: Margens; Orientação; Tamanho; Colunas; Quebras; Números de Linhas e Hifenização. A figura a seguir ilustra estas opções.

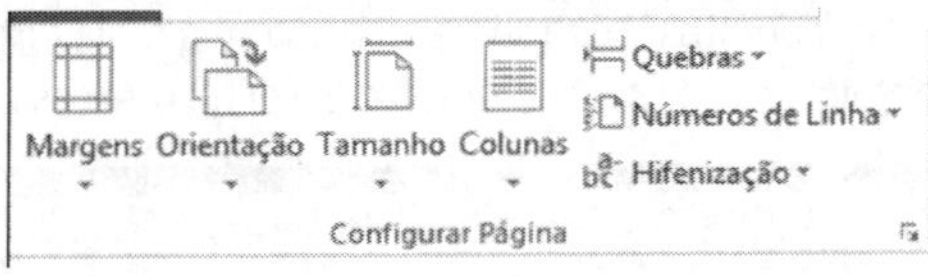

Vale ressaltar que as configurações de página podem ser diferentes em um mesmo documento, pois a configuração é aplicada à seção. Assim, é possível em um mesmo documento trabalhar com páginas na orientação retrato e paisagem intercaladas.

Quebras

As quebras permitem empurrar para a próxima estrutura os dados, como também criar divisões dentro de um documento para que se possam utilizar formatações de página distintas no mesmo arquivo.

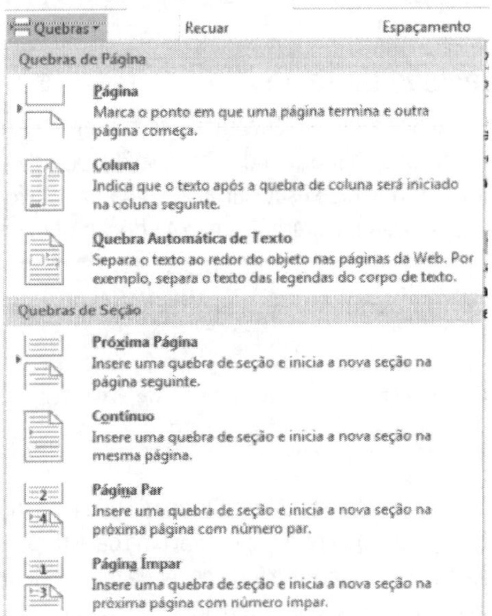

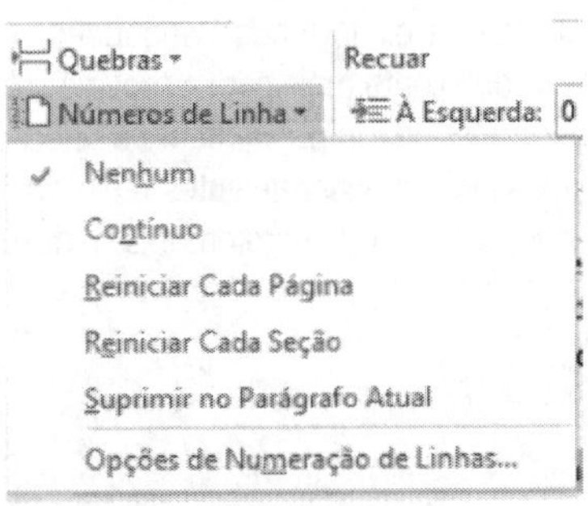

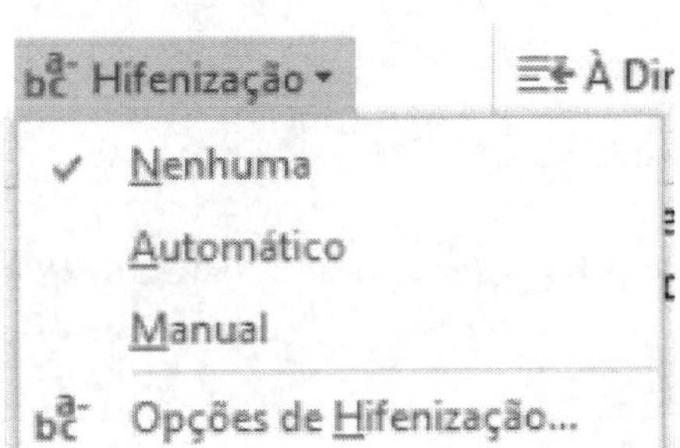

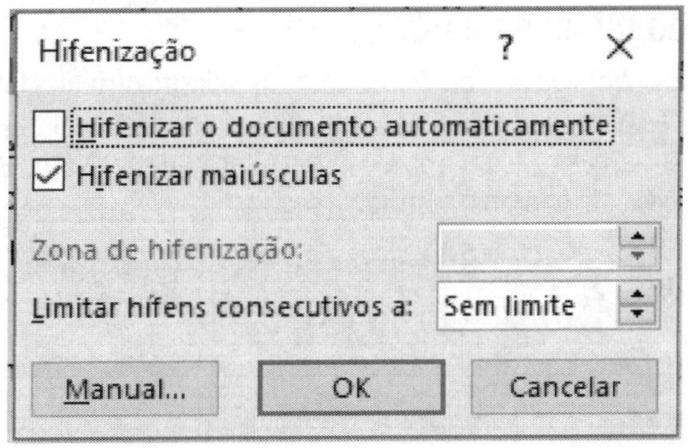

5.8 Aba Referências

A guia Referências dispõe os blocos: Sumário; Notas de Rodapé; Citações e Bibliografia; Legendas; Índice e Índice de Autoridades, conforme ilustrado a seguir.

Bloco sumário

Por meio do Bloco Sumário, pode-se ter acesso à opção Sumário para a inserção do Sumário Automático no documento em edição. Lembrando que o sumário depende da utilização dos estilos de formatação de título ao longo do documento para poder listar tais títulos e as referidas páginas em que aparecem.

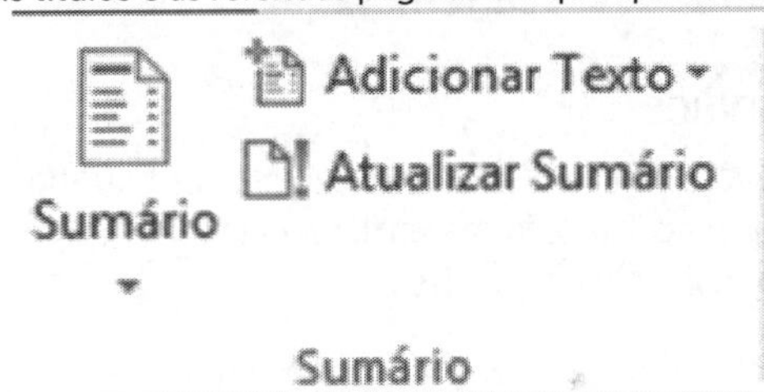

Se novos títulos forem adicionados no documento após a inserção do sumário, o sumário deverá ser atualizado por inteiro; caso apenas sejam mudadas as páginas em que os títulos estavam, pode-se atualizar o sumário por meio da opção Atualizar Apenas Números de Páginas.

Bloco notas de rodapé

Por meio do bloco Notas de Rodapé, é possível inserir tanto notas de rodapé como notas de fim. A diferença é que as notas de rodapé são exibidas no rodapé das páginas em que são citadas, já as notas de fim podem ser configuradas para aparecerem no fim da seção ou no fim do documento.

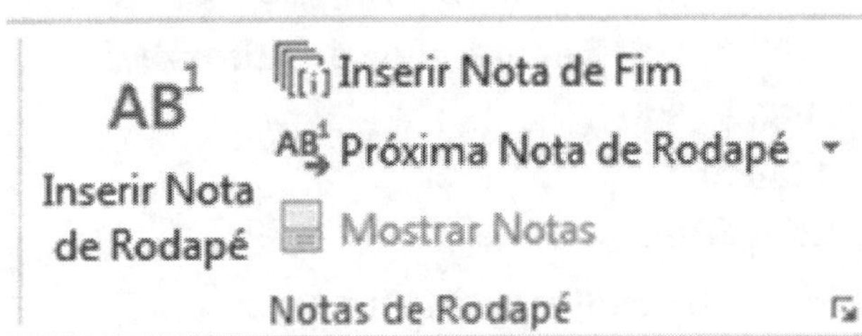

Bloco citações e bibliografia

O Word oferece opções de criar um cadastro de fontes bibliográficas para uso facilitado. Assim, quando desejar citar alguma referência, basta utilizar a opção Inserir Citação, disponível no Bloco Citações e Bibliografia, ilustrado a seguir.

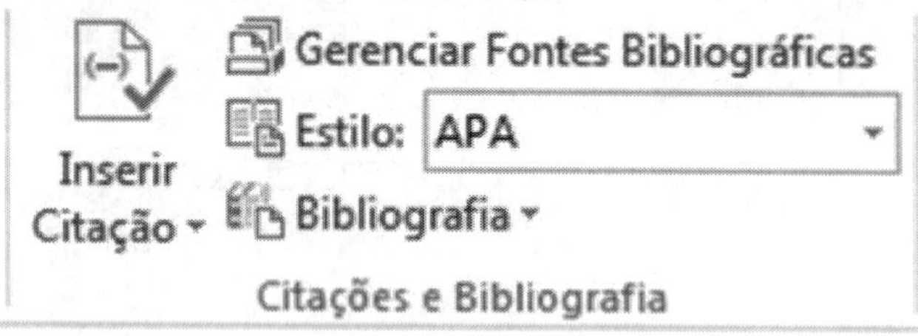

Bloco legendas

O bloco Legenda permite inserir legendas acima ou abaixo das figuras, tabelas, quadros e outras estruturas inseridas no documento em edição, de maneira que, quando necessário, é possível inserir um índice automático que indique cada figura e a página em que é citada.

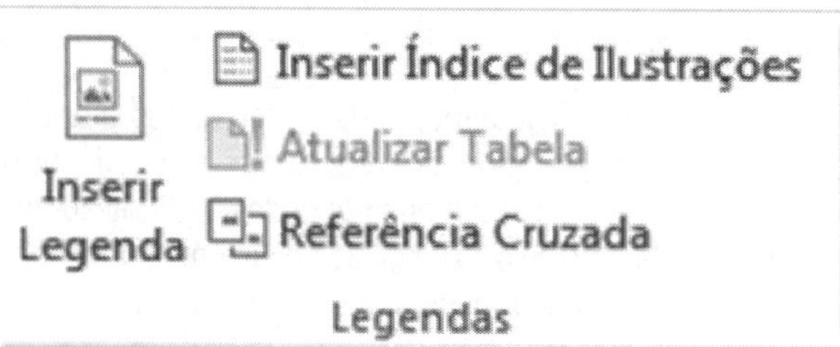

Bloco índice

O Bloco Índice oferece a opção Marcar Entrada e Inserir Índice, que funciona de forma similar ao sumário, mas com a finalidade de criar um índice remissivo.

Bloco índice de autoridades

Os Índices de Autoridades são novidade no Word 2013. Por meio destas opções, podem-se criar listas de leis, artigos, resoluções, dentre outras estruturas da legislação que sejam citadas em meio ao documento.

5.9 Aba Correspondências

A aba Correspondências é bastante utilizada por escritórios, pois é nela que encontramos as opções de trabalhar com Mala Direta para a geração de envelopes e etiquetas, de forma facilitada e dinâmica. Mas, atenção: é comum se questionar sobre como montar a lista de "contatos" para se trabalhar com a mala direta; para isso, é possível criar a lista utilizando o Excel ou o Access.

5.10 Aba Revisão

A aba Revisão oferece opções de correção e controle do conteúdo do documento, por meio dos blocos: Revisão de Texto; Idioma; Comentários; Controle; Alterações; Comparar e Proteger, conforme ilustrado a seguir.

Bloco revisão de texto

Neste Bloco é que se encontra a ferramenta Ortografia e Gramática, que pode ser acionada por meio da tecla de atalho F7. Há também a ferramenta Pesquisar. Mas, cuidado: esta ferramenta serve para pesquisar na Internet, e não no documento em edição.

Outra opção interessante é o Dicionário de Sinônimos, que se torna muito útil quando é preciso encontrar uma palavra diferente para se referenciar a algo de forma a fugir de ter de repetir algum termo.

A ferramenta Contar Palavras, ao ser acionada, abre a janela ilustrada a seguir, na qual é informada a quantidade de palavras em várias situações. O que conta mais para a prova é saber que, se um trecho do texto foi selecionado previamente à seleção da opção, os dados apresentados serão apenas referentes à seleção; porém, se nada estiver selecionado, os dados serão referentes ao documento inteiro.

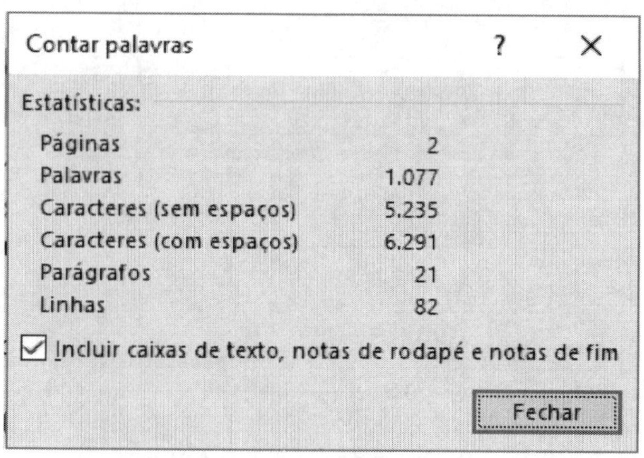

Bloco idioma

Uma novidade também no Word 2013 é a opção Traduzir, disponível no bloco Idioma, que permite traduzir um texto selecionado utilizando a ferramenta de tradução online da Microsoft. Obviamente observa-se a necessidade de estar conectado à Internet.

Muitas vezes, precisamos digitar trecho ou textos inteiros em outro idioma e ficamos em dúvida se as palavras estão corretas, pois aparecem sublinhadas em vermelho indicando erro. Porém, o MS Word é mais inteligente, uma vez que busca detectar o idioma automaticamente, de forma a se autoajustar. Contudo, às vezes precisamos definir manualmente o idioma de algumas palavras, para isso podemos utilizar a opção Idioma do Bloco Idioma.

Bloco comentários

É possível inserir comentários no documento em edição, principalmente com a finalidade de explicar alguma alteração realizada.

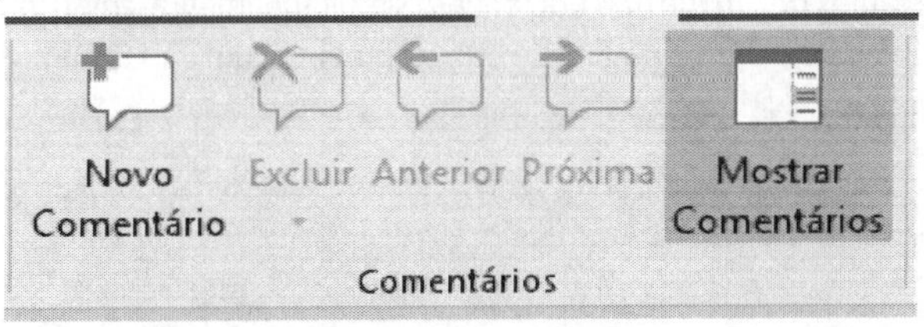

Cuidado: embora a aba Inserir apresente a opção Comentários, as demais ferramentas e opções relacionadas aos comentários e à correção de texto se encontram na aba Revisão.

Bloco controle

O bloco Controle é uma excelente ferramenta para a correção de documentos, de forma que o escritor, ao terminar sua parte, ativa a opção Controlar Alterações e salva o documento, e envia-o para um corretor, que simplesmente apaga trechos do texto, insere novas estruturas, porém estas ações apenas são marcadas no documento, como ilustrado na sequência, de forma que o corretor, ao terminar, salva novamente o documento e o envia ao escritor para que aceite ou não as alterações realizadas.

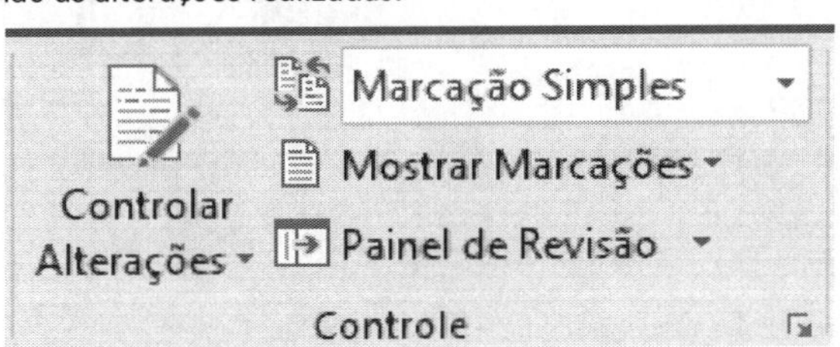

Bloco alterações

Ao receber o documento com as sugestões de alteração, o escritor apenas tem o trabalho de aceitar ou rejeitar as sugestões realizadas.

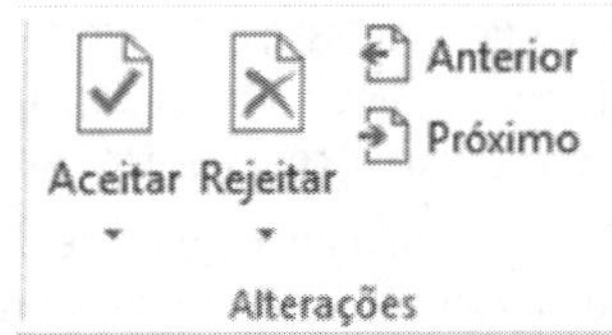

Bloco comparar

O bloco Comparar oferece a opção Comparar pela qual é possível escolher dentre as opções: Comparar... ou Combinar...

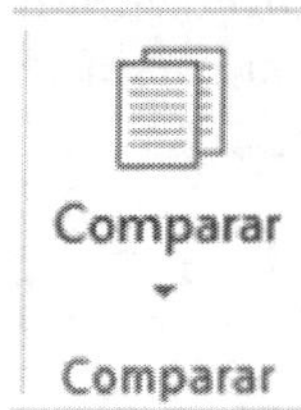

A opção Comparar... permite comparar versões diferentes de um mesmo documento, a fim de destacar as diferenças. Já a opção Combinar... serve para combinar as diferentes sugestões de alteração que várias pessoas fizeram com base no mesmo documento.

Bloco proteger

A opção Restringir Edição, disponível no Bloco Proteger, é a mesma apresentada no menu Arquivo.

5.11 Aba Exibir

Note que no Word 2013 o nome da aba era Exibição; na versão 2016 ficou mais sucinta. As opções encontradas nesta Guia estão relacionadas a itens que se remetem à forma de apresentação da janela, do zoom, entre outas visões. A figura a seguir ilustra a aba que é composta pelos blocos: Modos de Exibição de Documento; Mostrar; Zoom; Janela e Macros.

Bloco modos de exibição

Trata-se de um dos principais blocos da aba Exibição, em relação à cobrança nas provas, pois neste bloco são disponibilizados os cinco modos de exibição da janela do Word: Layout de Impressão; Leitura em Tela Inteira; Layout da Web; Estrutura de Tópicos e Rascunho, conforme ilustra a figura a seguir.

O modo Layout de impressão é o padrão. Quando ele esta ativado, é possível se visualizar os limites das páginas, e as réguas são exibidas tanto da horizontal como da vertical.

O modo Leitura em Tela Inteira oferece uma visualização na qual o tamanho da fonte é aumentado, bem como os espaçamentos, proporcionando assim uma melhor visualização do texto.

No Layout da Web não há a divisão em páginas, e apenas aparece a régua da horizontal.

A Estrutura de Tópicos exibe o texto com um marcador para cada parágrafo, como ilustrado a seguir.

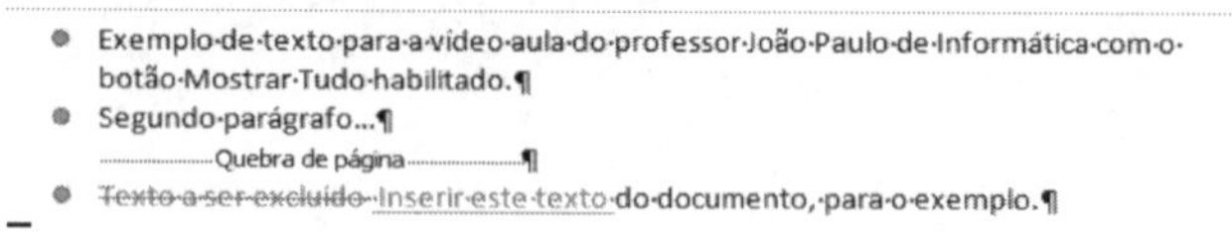

O modo Rascunho é o mais simples, as figuras são omitidas, e apenas o texto é exibido.

Bloco mostrar

Por meio deste bloco é possível se exibir ou ocultar algumas estruturas do Word, como: a Régua, as Linhas de Grade e o Painel de Navegação, conforme a figura a seguir.

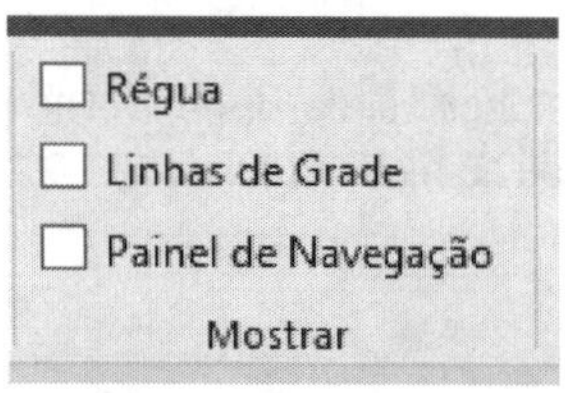

A opção Régua, por padrão, é habilitada; mas, ao desativá-la, apenas são ocultadas as réguas da janela.

Já a opção Linhas de Grade exibe o reticulado, a fim de auxiliar na edição do documento como ilustrado a seguir.

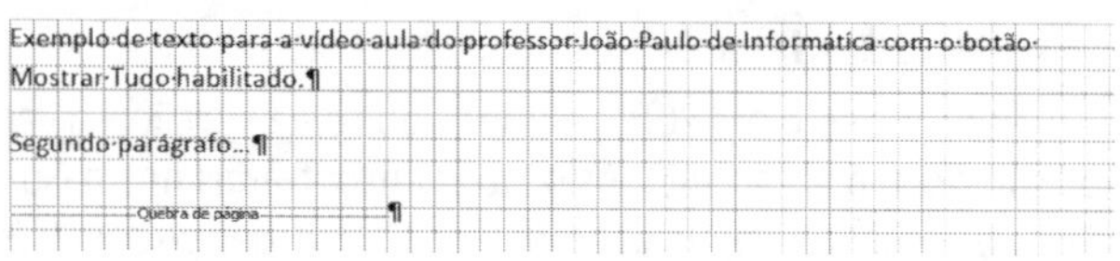

A opção Painel de Navegação habilita a exibição ao lado esquerdo da janela do Word, um painel no qual são exibidos os títulos do documento, como ilustrado a seguir. Ao se clicar em um título, o cursor de texto é disposto na posição do título clicado, também é possível se reorganizar o documento clicando e mantendo clicado, arrastar o arquivo para o local desejado.

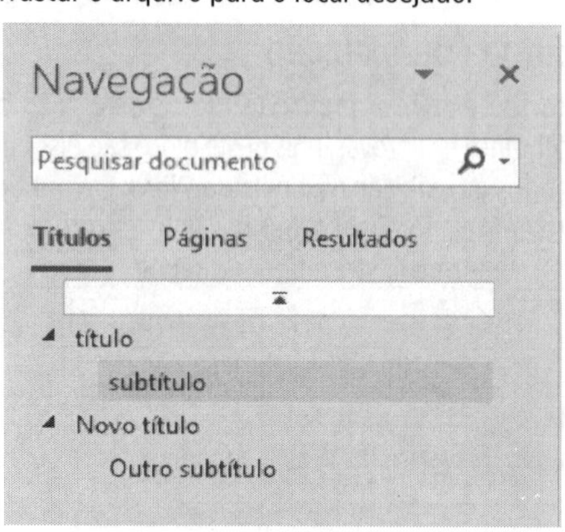

Bloco zoom

Por meio deste bloco, ilustrado a seguir, é possível se alternar entre os diversos níveis de zoom do documento.

Bloco janela

As opções deste bloco estão associadas à visualização da janela do programa.

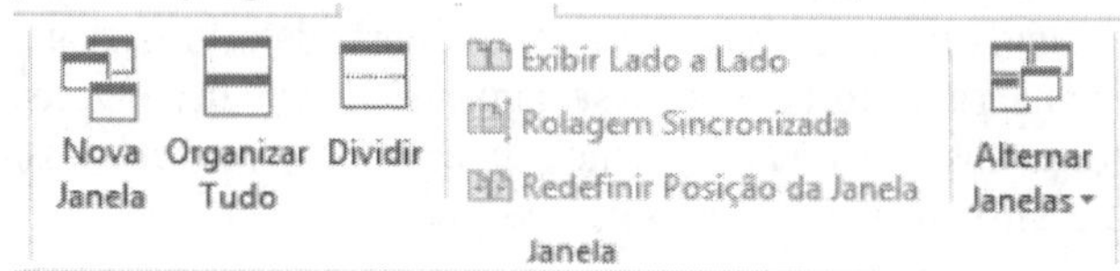

A opção mais usual é a opção Dividir, que permite dividir a tela em duas, de forma a possibilitar a visualização de duas partes distantes de um mesmo documento simultaneamente, como ver a primeira e a última página de um documento com várias páginas.

6. EXCEL 2016

6.1 Janela Inicial

Assim como no Word e no PowerPoint 2016, o Excel inicia, por padrão, com a tela que exibe os documentos recentes e modelos, disponíveis online, como sugestões para iniciar um novo documento.

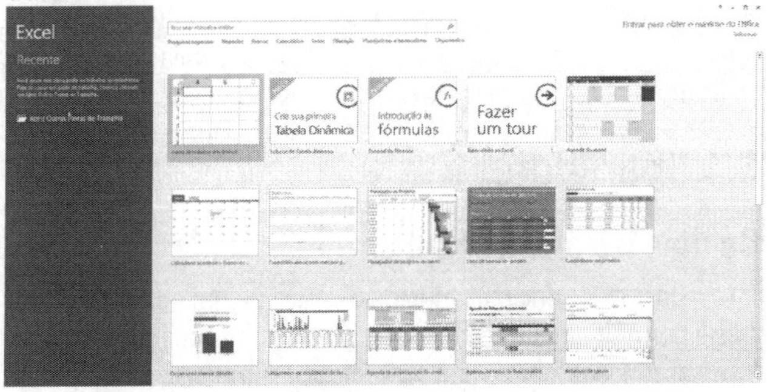

6.2 Formatos de Arquivos

Um arquivo do Excel é uma Pasta de Trabalho, composta por uma ou mais Planilhas.

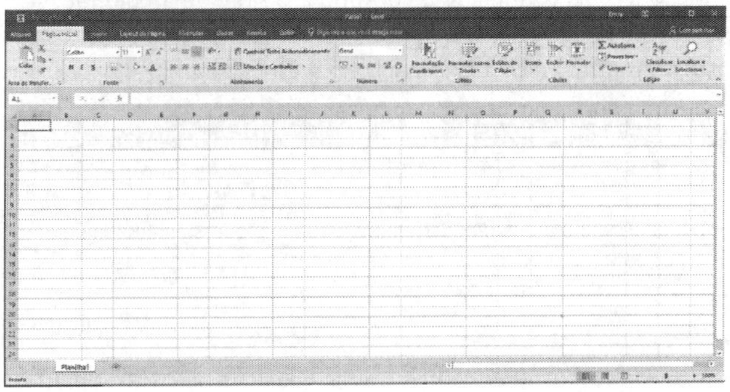

Note que, na versão 2016, o nome padrão das planilhas não é mais Plan1, e sim Planilha1, similar ao BrOffice/LibreOffice Calc.

Formato	Excel 2003	Excel 2007 e 2010	*Excel 2013 e 2016*	Calc
Pasta de trabalho	XLS	XLSX	XLSX	ODS
Modelo	XLT	XLTX	XLTX	OTS
Demais formatos	csv e CML	XLS, ODS, csv e XML	XLS, ODS, csv e XML	XLSX, XLS, csv e XML
PDF	Não trabalha com	SALVA em PDF	Exporta em PDF	Exporta em PDF

Nota: cada pasta de Trabalho agora opera em uma janela diferente. Assim, torna-se possível utilizar recursos como o AERO SNAP para exibir duas janelas do Excel lado a lado na tela.

Em uma tabela, o comportamento é diferente do comportamento de uma planilha. Em uma planilha, as células possuem endereços que podem ser referenciados em fórmulas e funções.

Ainda comparando tabela com planilha, ao inserir uma tabela são desejadas as células já com suas bordas em evidência, e a quantia de linhas e colunas pode ser inserida na tabela indefinidamente, ao contrário das planilhas que ao criar uma planilha ela exibe apenas suas linhas de grade e não suas bordas, tanto que se visualizarmos a impressão irá aparecer uma página em branco.

	Nº de Linhas	Nº Colunas
Excel 2003	65.536	256
Excel 2007 → 2016	$1.048.576 = 2^{20}$	$16.384 = 2^{14}$
Calc	1.048.576	$1.024 = 2^{10}$

Contudo, as planilhas já são criadas com um número específico de linhas e colunas. Este número é fixo, ou seja, não podemos criar novas linhas ou colunas muito menos excluí-las. Neste ponto você deve estar se perguntando: mas o Excel tem uma opção para inserir linhas e colunas. É... infelizmente você acabou de descobrir que o programa está lhe enganando.

6.3 Novidades

Uma das maiores novidades (pelo menos para efeito de provas em concursos) do Excel 2016 são os novos gráficos disponíveis.

Note, na figura a seguir, que os minigráficos continuam a existir no 2016, e ainda são apresentados separadamente dos gráficos tradicionais, por conta da forma que são representados. Os minigráficos são limitados ao tamanho de uma célula, enquanto os gráficos tradicionais podem ser incorporados como figuras ou como uma guia de planilha.

No Excel 2016, recomenda-se selecionar os dados antes de inserir um gráfico, pois o programa busca apresentar primeiramente os gráficos recomendados de acordo com o conjunto de dados selecionados. Por exemplo, se apenas uma linha, ou apenas uma coluna for selecionada o mais indicado será um gráfico de Pizza, ou sua variação Rosca. A figura a seguir representa os gráficos disponíveis no programa.

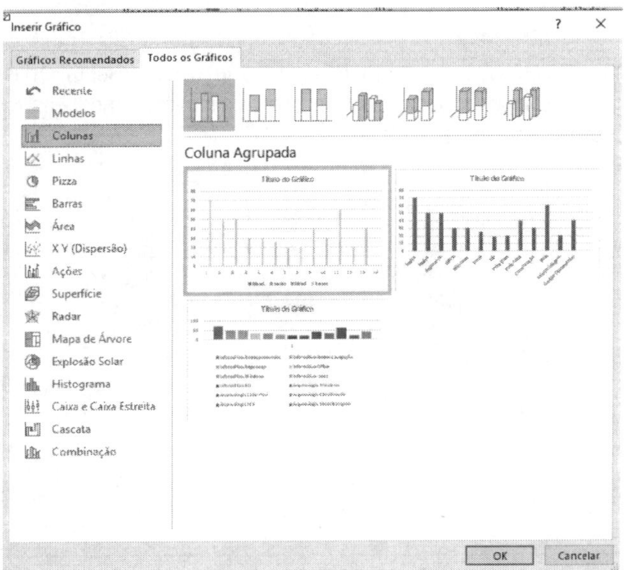

Dos gráficos disponíveis são novos, ou seja, não existiam na versão anterior, os seguintes:

> Mapa de Árvore;
> Explosão Solar;
> Histograma;
> Caixa e Caixa Estreita (boxplot);
> Cascata;
> Funil.

Os demais gráficos já existiam na versão anterior:

> Coluna (Agrupada ou empilhadas – 2D e 3D);
> Barra (Agrupada ou empilhadas – 2D e 3D);
> Linha;
> Pizza;
> Rosca (é uma variação de pizza);
> Área;
> X Y (também chamado de Dispersão);
> Bolhas (variação de dispersão);
> Ações;
> Superfície;
> Combinação (inserido no Excel 2013);
> Radar.

A seguir consta um exemplo do gráfico de explosão solar. Veja que é possível, e necessário, usar mais que duas colunas, ou linhas. Este gráfico permite analisar dados categorizados e sua participação (%) dentro de cada categoria.

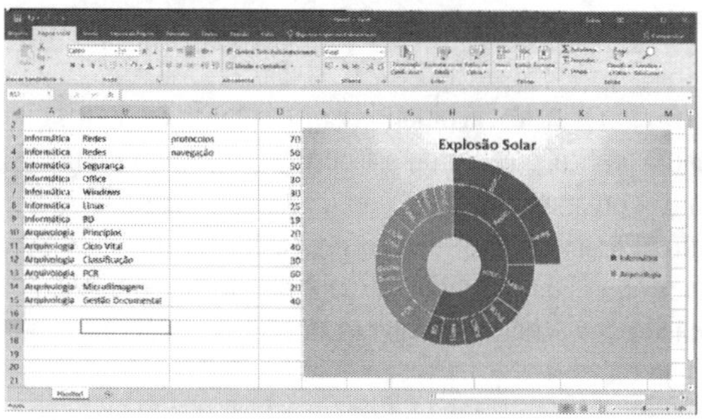

Outro gráfico, excepcional, adicionado que auxilia e muito a área de estatística é o gráfico boxplot (Caixa) que apresenta várias informações estatísticas, como máximos e mínimos, média entre outras informações.

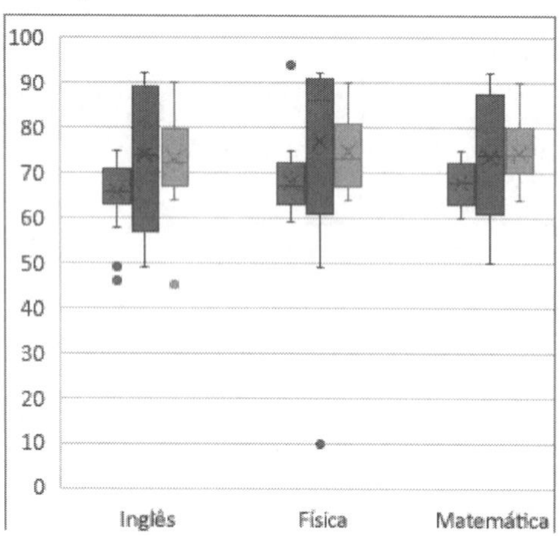

Um gráfico caixa e caixa estreita mostra a distribuição dos dados em quartis, realçando a média e as exceções. As caixas podem ter linhas estendendo-se verticalmente chamadas de "caixa estreita". Essas linhas indicam variabilidade fora do quartis superiores e inferiores e qualquer ponto fora dessas linhas ou caixas estreitas é considerado uma exceção (Microsoft).

Os gráficos de caixa estreita são frequentemente usados na análise estatística. Por exemplo, você poderia usar um gráfico de caixa estreita para comparar os resultados de avaliações médicas ou as pontuações de teste de professores (Microsoft).

6.4 Operadores

Células de absorção

Uma das principais funcionalidades de um editor de planilhas é permitir a realização de cálculos matemáticos e operar com diversas funções lógicas não somente com números, mas também com textos. Contudo, é necessário informar ao programa quando temos a intenção de realizarmos alguma destas operações. Para isso, devemos utilizar um indicador antes das fórmulas e funções.

Dentre os símbolos utilizados para iniciar uma Fórmula ou Função o mais conhecido e cobrado é o sinal de igualdade "=", porém ele não é o único que pode ser utilizado Na tabela a seguir estão descritos os demais sinais que podem ser utilizados.

Fórmulas	Exemplo	Funções	Exemplo
=	=5+5	=	=SOMA(A1:A5)
+	+5+5	+	+SOMA(A1:A5)
-	-5+5	-	-SOMA(A1:A5)
		@	@SOMA(A1:A5)

A observação sobre estes sinais está relacionada à origem do Excel. Nas primeiras versões do programa era utilizado o símbolo "@" (arroba) para indicar ao programa o início de uma função, enquanto para fórmulas se utilizava o "=", Como forma de padronizar, a Microsoft alterou o programa para que as funções também aceitassem o sinal de igualdade como indicar de início. Portanto o @ só funciona associado a funções no Excel.

Você deve estar se perguntando neste momento qual a diferença entre Fórmula e Função. Entenda por fórmula aquelas operações que envolvem os operadores matemáticos, as sentenças aritméticas, ou mesmo operações que envolvem mais de uma função.

Não podemos dizer que uma fórmula pode iniciar pelo sinal "@" pelo fato de que existe situação em que ele não funciona, como por exemplo, se for inserido em uma célula o seguinte "@5+5" Excel apresentará erro; mas se o que for inserido, por exemplo, "@B3+C3" o Excel também apresentará erro. Porém após fechar a caixa da mensagem de erro ele traz o trecho "@B3" selecionado. Assim quando o usuário clicar em alguma célula o trecho selecionado será substituído pelo sinal "=" seguido do endereço da célula selecionada.

Contudo, algumas bancas como CESPE e FCC consideraram em provas anteriores que o sinal "@" pode ser utilizado tanto para indicar o início de Fórmulas como também Funções. E, na prova o que considerar? Considere a forma correta, pois se a banca considerar o diferente utilize o exemplo dado, da situação que ocorre o erro, para anular a questão.

Operadores aritméticos

Quando trabalhamos com expressões aritméticas ou fórmulas, utilizamos constantemente os operadores, e, por este fato, muitas bancas colocam cobram questões a respeito. Os principais operadores são ilustrados na tabela a seguir.

Operador	Ação	Exemplo	Resultado
+	Soma	=5+5	10
-	Subtração	=5-5	0
*	Multiplicação	=5*5	25
/	Divisão	=5/5	1
%	Percentagem	=200 * 10%	20
^	Potenciação	=2^3	8

Quando uma célula estiver selecionada no Excel e se pressionar a tecla "/", o menu Arquivo será selecionado no Excel 2003 e, a partir do 2007, irá exibir as letras de cada guia da faixa de opções, ou seja, no Excel a barra faz o mesmo que a tecla Alt. Para iniciar o conteúdo de uma célula com a barra, deve-se posicionar o cursor de texto dentro da célula.

O operador % equivale a uma divisão por 100.

Operador de texto

O operador de texto é o & que realiza a operação de concatenação, ou seja, junta os dados das células indicadas na célula em que foi inserida a fórmula.

	A
1	AB
2	7
3	=A2&A1
4	=A3&A2
5	=A4&A3
6	

	A
1	AB
2	7
3	7AB
4	7AB7
5	7AB77AB
6	
7	

Outros exemplos:

	A	B	C	D
1	10	40	=A1&B1	=C1+1
2	AB	CD	=B2&A2	
3	=A1&A2	=B2&B1		
4				

Resultados:

	A	B	C	D	E
1	10	40	1040	1041	
2	AB	CD	CDAB		
3	10AB	CD40			
4					

6.5 Operadores de Referência

Em conjunto com o uso de funções, necessitamos utilizar um indicador para especificar os valores que devem ser considerados em uma função. A presença desses indicadores é tão importante, que houve questões nas quais o erro era justamente o uso incorreto desses sinais. A tabela a seguir mostra o sinal e como o devemos ler em uma expressão.

;	E	União
:	Até	Intervalo

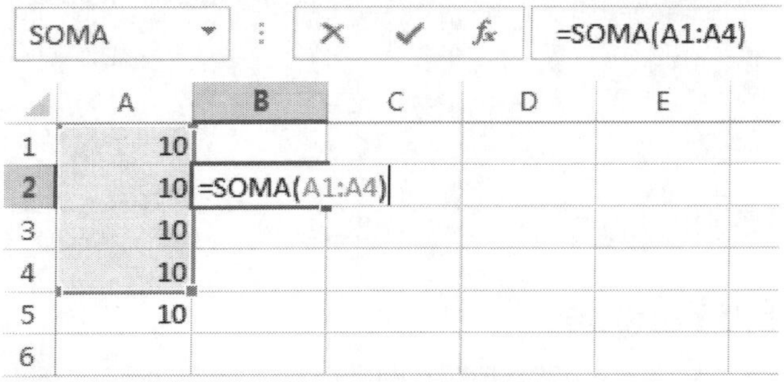

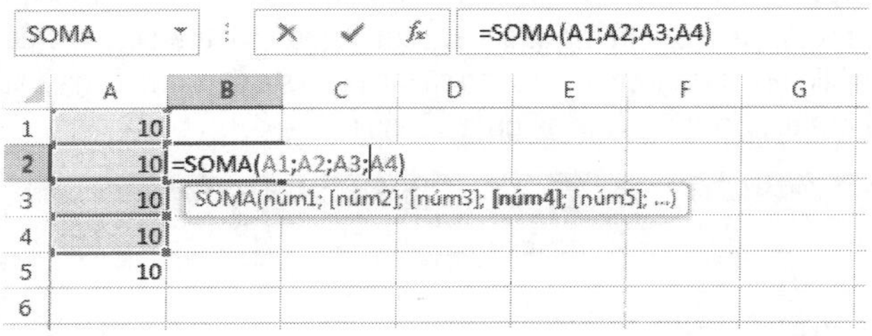

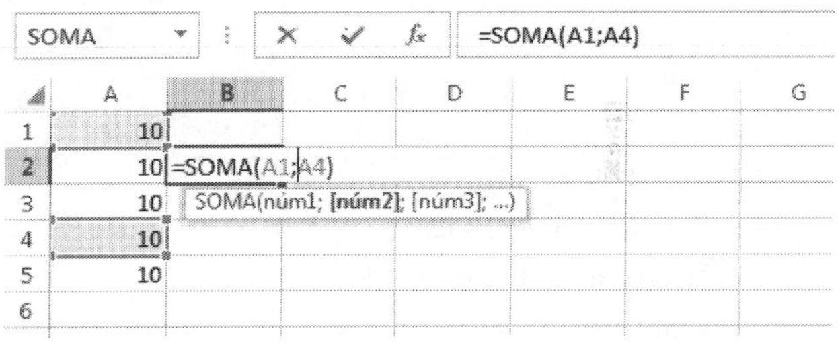

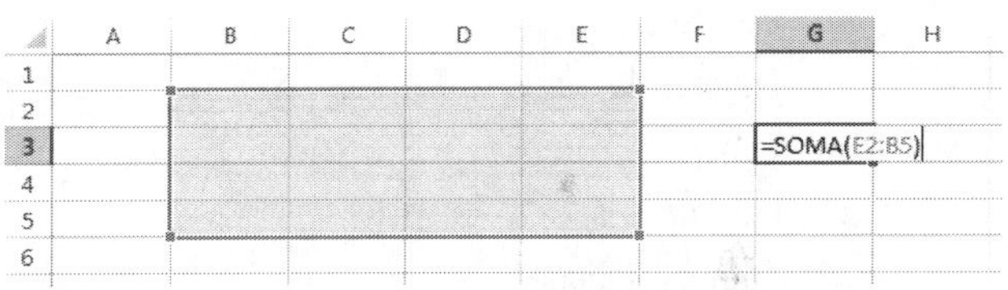

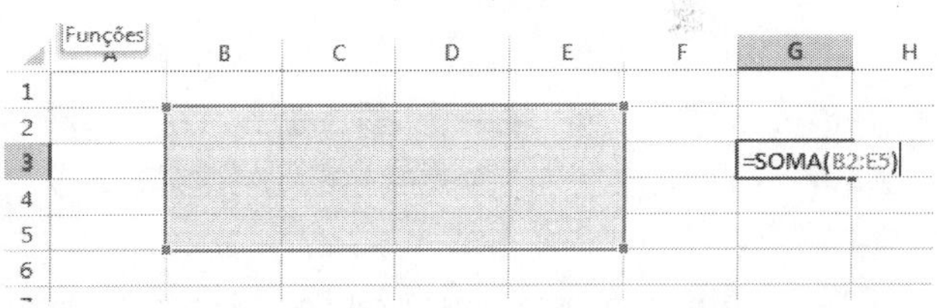

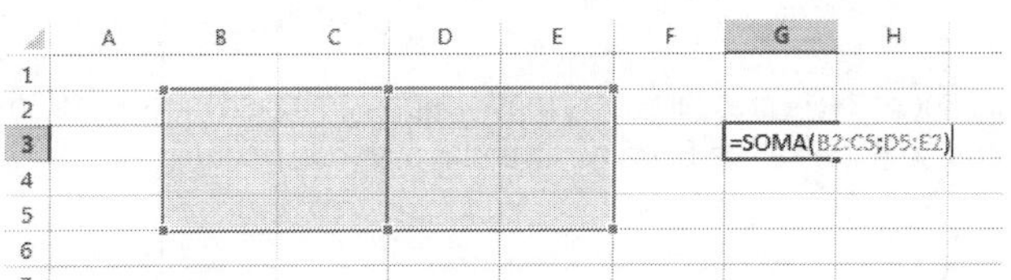

O sinal de ponto e vírgula ainda pode ser entendido como operador de união, e o sinal dois-pontos define um intervalo.

Ex.: dadas as funções

=SOMA(A3:A6)

=SOMA(A3;A6)

Na primeira função será apresentado o resultado da soma dos valores das células A3, A4, A5 e A6, enquanto que na segunda será apenas calculada a soma dos valores das células A3 e A6.

Operador de comparação

Operador	Símb.	Exemplo de uso	Resultado
Menor que	<	=7<10	VERDADEIRO
Maior que	>	=7>10	FALSO
Igual à	=	=7=10	FALSO
Maior ou igual à	>=	=7>=10	FALSO
Menor ou igual à	<=	=7<=10	VERDADEIRO
Diferente de	<>	=7<>10	VERDADEIRO

6.6 Funções

O Excel oferece diversas funções para a realização de operações e cálculos. Para auxiliar o usuário a encontrar a função necessária, o programa as separa em grupos, separadas em uma biblioteca de funções. O recurso citado pode ser encontrado na aba Fórmulas, como ilustra a figura a seguir.

Categorias

> Financeira;
> Lógica;
> Texto;
> Data e Hora;
> Pesquisa e Referência;
> Matemática e Trigonométrica;
> Mais funções:
   » Estatística;
   » Engenharia;
   » Cubo;
   » Informações;
   » Compatibilidade
   » Web.

Também é possível inserir uma função por meio do botão Inserir Função  presente nesta mesma aba, como pelo mesmo botão representado na aba barra de fórmulas ilustrada a seguir.

Dentre as tantas funções existentes no programa, vamos destacar as principais, ou seja, as que têm maior probabilidade de serem cobradas nas provas.

Soma

A função Soma apresenta o resultado da soma dos valores contidos nas células indicadas no espaço de parâmetros da mesma .

Logo, tomando o recorte da planilha abaixo, e seus dados, ao inserir a função =SOMA(A1:A5), obtemos como resposta o valor 20.

	A	B	C
1	7	3	
2	3	7	
3		7	
4	7	3	
5	3	5	
6			
7			

Média

O cálculo da média é a obtenção do resultado da soma de um conjunto de valores e dividir essa soma pelo total de elementos desse conjunto.

A sintaxe da função é

=MÉDIA(<parâmetros>)

Em que: os <parâmetros> são o conjunto de endereços das células que serão consideradas. Dada a figura anterior, consideremos a função: =MÉDIA(A1:A5). O resultado dessa função será 20, pois a função Média ignora células vazias.

	A	B	C
1	7	3	
2	3	7	
3		7	
4	7	3	
5	3	5	
6			
7			

Mediana

A mediana calcula o elemento central de um conjunto de dados. Mas, cuidado: devemos lembrar que esta é uma função estatística que considera os valores ordenados. Assim, ao aplicar a função:

=med(b1:b5)

Obteremos como resposta o valor 5, pois se encontra no centro do conjunto de dados. Já no caso de aplicar a função:

=med(a1:a5)

A resposta será também 5, porque quando o conjunto de dados possui uma quantidade par de elementos, a mediana corresponde à média dos dois elementos centrais do conjunto.

Mod

A função MOD calcula o resto de uma divisão inteira. Dessa forma, ao aplicar a função:

=MOD(A1;A2) teremos como resposta 1, uma vez que o número 7 dividido por 3 resulta em 2 e sobra 1.

Potência

Esta função calcula um valor elevado a outro. Sua sintaxe é a seguinte:

=POTÊNCIA(<número>;<potência>)

Como exemplo, temos:

=POTÊNCIA(2;3)

que resulta em 8.

Ainda, podemos comparar com o uso do operador de potenciação:

=2^3

Máximo

A função Máximo retorna o valor mais alto do conjunto de dados especificados, ao aplicar a função para o conjunto de dados inicial.

=MÁXIMO(B1:B5)

A resposta será 7.

Maior

A função maior possui dois campos em sua sintaxe.

=MAIOR(<intervalo>;<Número de Ordem>)

Ao aplicar

=MAIOR(B1:B5;3)

Podemos entender como a busca pelo terceiro maior número de B1 até B5.

Mínimo

Esta função resulta no valor mais baixo de um conjunto de dados. Logo ao aplicar:

=MÍNIMO(B1:B5)

a resposta obtida será 3.

Menor

Assim como a função Maior a função menor possui dois campos obrigatórios, seja o exemplo:

=MENOR(B1:B5;4)

Em que se lê: quarto menor número de B1 até B5, que resulta em 7.

Agora

Outro grupo de funções é o das funções de data, no caso específico a função Agora é um exemplo.

Esta função não recebe parâmetros, apenas é escrita:

=AGORA( )

Seu resultado é a expressão da data e da hora atual, ou seja, do momento em que foi inserida. Cuidado: por padrão, o resultado desta função não se atualiza automaticamente. No entanto, ao inserir uma outra função ou cálculo em outra célula e teclar Enter, os dados da função Agora serão atualizados.

Hoje

A função Hoje retorna apenas a Data atual. Para usá-la, basta inserir =HOJE( ) e a data será impressa na célula.

Dias

A função DIAS retorna a diferença entre duas datas.

=DIAS(<data_Final> ; <data_Inicial>)

Cont.Núm

Esta função realiza a contagem de células cujo conteúdo é um valor numérico. Sua sintaxe apresenta-se da seguinte forma:

=CONT.NÚM(A1:A5)

Para o conjunto de dados inicial, a resposta será 4, pois uma célula está vazia.

Cont.Se

Enquanto a função Cont.Núm contabiliza a quantidade de células de conteúdo numérico, a função Cont.Se conta a quantidade de células que possuem conteúdo que atendam a um critério fornecido como parâmetro.

=CONT.SE(<intervalo>;<Critério>)

Assim, se aplicarmos:

=CONT.SE(B1:B5; "=7")

A resposta obtida será 2, pois existem apenas duas células com conteúdo igual a 7. Observe atentamente a necessidade do uso das aspas duplas.

Somase

Por meio da função SomaSe, podemos realizar a soma apenas das células que interessam.

Sua sintaxe é apresentada de seguinte forma:

=SOMASE(<intervalo a ser comparado> ; <critério> ; <intervalo a ser somado>)

Para isso, utilizaremos o conjunto de dados a seguir:

	A	B	C	D
1	7	3	A	
2	3	7	A	
3		3	B	
4	7	7	C	
5	3	5	A	
6		5	C	
7				

Ao utilizar a função:

=SOMASE(C1:C6; "=A"; B1:B6)

A resposta será 15, pois corresponde à soma das células presentes na coluna B, que estão na mesma linha das células da coluna C, que tem como conteúdo o texto comparado "A".

Se

A função SE também é conhecida como condicional. Esta função é utilizada para a tomada de decisões, pois permite analisar os dados e realizar uma ação de acordo com o que for encontrado.

A sintaxe da função possui por padrão três campos:

=SE(<teste lógico> ; <ação caso teste verdadeiro> ; <ação caso teste falso>)

Assim, dado o exemplo:

=SE(7>5;"verdade";"falso")

A resposta será verdade, pois é o texto expresso na ação, caso a condição seja verdadeira. Como 7 é maior do 5, isso se confirma.

=SE(7<5; "verdade"; "falso")

Como 7 não é menor do que 5, a condição é falsa; o que leva ao resultado Falso.

E

A função E retorna o resultado do tipo lógico, sendo verdadeiro somente quando todas as expressões sejam verdadeiras. A seguir consta a sintaxe desta função:

=E(expressão1; Expressão2; Expressão n)

Ou

A função OU retorna o resultado do tipo lógico, sendo falso somente quando todas as expressões sejam falsas. A seguir consta a sintaxe desta função:

=OU(expressão1; Expressão2; Expressão n)

Não

A função Não é a negação. Ela aceita apenas um parâmetro e inverte o resultado deste. Assim, se o valor da expressão resulta em verdadeiro, a resposta gerada por ela é falso e vice-versa. A seguir consta a sintaxe desta função:

=Não(Expressão)

Ou exclusivo

A função XOR retorna o resultado lógico verdadeiro apenas quando o número de proposições verdadeiras for ímpar.

=XOR(Expressão1 ; Expressão2; Expressão n)

Maiúsculas

No Excel, ao contrário do Word, para formatar um texto para letras maiúsculas não existe uma ferramenta, mas apenas a função Maiúsculas . A seguir consta a sintaxe desta função:

=MAIÚSCULA("texto")

O resultado será TEXTO.

Minúsculas

Assim como para formatar como maiúsculas, também é possível utilizar a função Minúsculas. A seguir consta a sintaxe desta função:

=MINÚSCULA("TexTo")

O resultado será texto.

6.7 Seleção de Células

Durante a edição de uma planilha, podemos usar um comando do teclado para navegar entre as células. Dentre uma das ações mais comuns está o uso da tecla ENTER que, em uma planilha, seleciona a célula abaixo da célula em edição, enquanto que em uma tabela do Word é inserido um novo parágrafo na nova linha dentro da mesma célula.

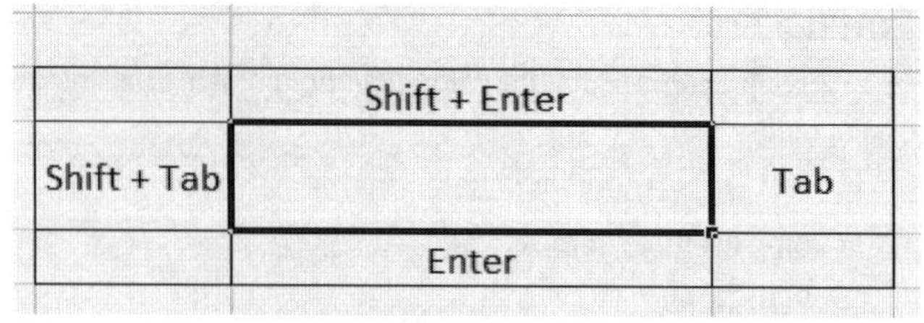

Já a tecla Tab produz o mesmo resultado tanto em uma Planilha como em uma tabela no Word. Ao teclar TAB, a célula à direita da célula em uso será selecionada.

O uso da tecla HOME tanto no Word como no Excel posiciona o cursor na primeira posição da linha atual. No caso das planilhas, a primeira posição trata-se da primeira célula.

Ao utilizar a combinação CTRL + HOME, a primeira célula é selecionada, ou seja, a célula A1.

A combinação CTRL + END seleciona a última posição do documento; esta, por sua vez, é a célula do encontro da última coluna com a última linha com conteúdo.

De modo geral, também podemos realizar a seleção de um conjunto de células.

6.8 Alça de Preenchimento

A alça de preenchimento é um dos recursos que mais possui possibilidades de uso e, por consequência, respostas diferentes.

Antes de entendê-la vamos ver quem é ela. Veja a figura a seguir.

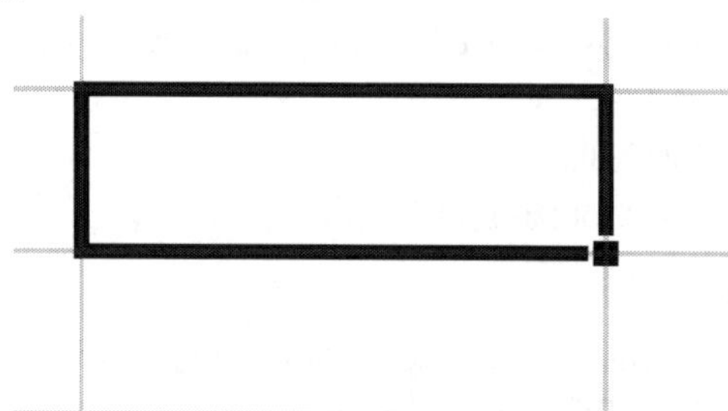

Observe que, quando uma ou mais células estão selecionadas, sempre no canto inferior direito é ilustrado um quadrado um pouco mais destacado; essa é a alça de preenchimento.

Ela possui esse nome porque é utilizada para facilitar o preenchimento de dados que obedeçam a uma regra ou padrão.

Quando uma única célula está selecionada e o seu conteúdo é um valor numérico, ao clicar sobre a alça de preenchimento e arrastar, seja na horizontal ou vertical, em qualquer sentido, exceto diagonal, no Excel o valor presente na célula é copiado para as demais sobre as quais foi arrastada a alça. A figura a seguir ilustra tal comportamento.

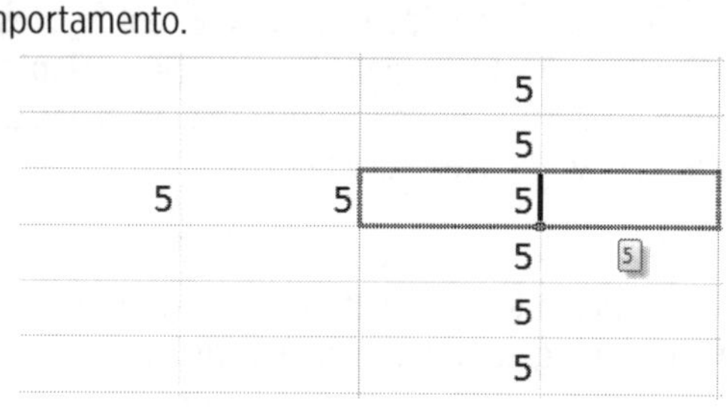

Já em uma situação em que existem duas células adjacentes selecionadas contendo valores numéricos diferentes entre si, ao se arrastar pela alça de preenchimento as células serão preenchidas com uma PA, cuja razão é a diferença entre os dois valores selecionados. A figura a seguir ilustra esse comportamento. Podemos observar que o valor que irá ser exibido na célula B6 será o número 30. Com isso observamos que a célula B4 receberá o valor 20, enquanto que B5 receberá 25, conforme vemos na figura da direita.

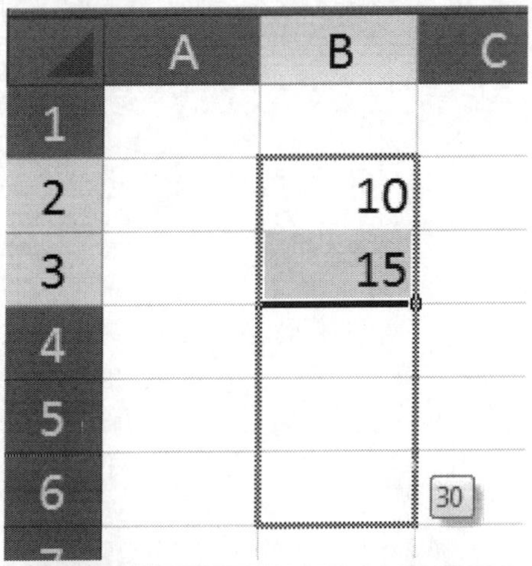

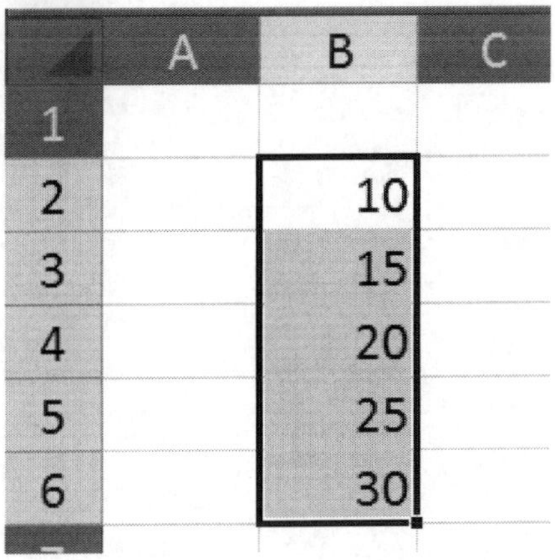

Mas devemos nos lembrar da exceção do Excel, em que se forem duas células selecionadas uma abaixo da outra, ao arrastar na horizontal as células são preenchidas com o mesmo valor; caso sejam duas células uma ao lado da outra as selecionadas, ao arrastar na vertical também apenas será copiado o valor das células selecionadas. Veja a figura a seguir ilustrando esse comportamento.

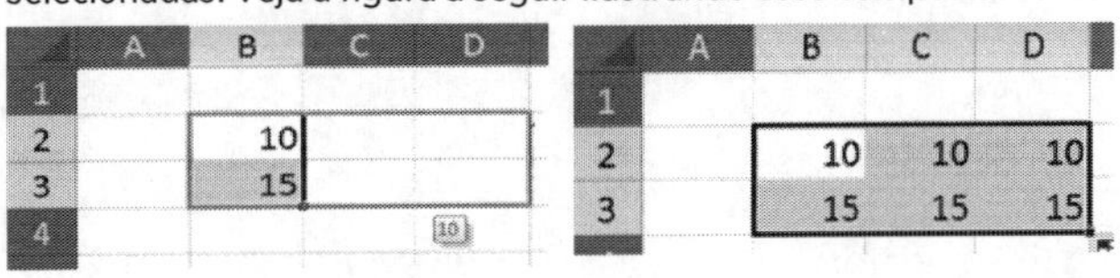

Quando o conteúdo de uma única célula selecionada for um texto, esse será copiado para as demais células. Mas se o conteúdo, mesmo sendo um texto, fizer parte de uma série conhecida pelo programa, as células serão preenchidas com o próximo valor da série. Por exemplo, se Janeiro for o conteúdo inserido na célula, então ao arrastar pela alça de preenchimento para a direita ou para baixo, a célula adjacente será preenchida com Fevereiro. Por outro lado, se for arrastado para cima ou para a esquerda, a célula adjacente será preenchida com Dezembro. O mesmo vale para as sequências Jan, Seg e Segunda-feira. Atenção: A, B, C não são conhecidos como série nos programas, mas o usuário pode criá-las.

Já na situação em que haja duas células que contenham textos diferentes selecionadas, ao arrastar será preenchido com o padrão encontrado. Veja o exemplo abaixo.

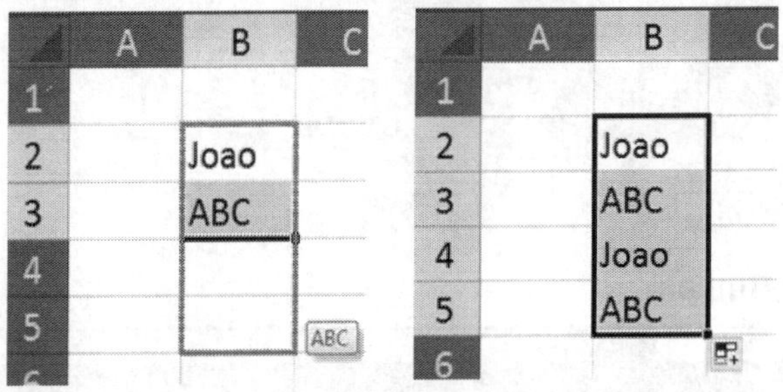

6.9 Endereçamento de Células

Para endereçar uma célula, podemos utilizar 3 modos diferentes: Relativo, Misto e Absoluto.

Os modos de endereçamento não mudam em nada o valor ou qual célula está sendo utilizada, apenas influenciam a ação de copiar a célula com um endereço para outra célula.

Relativo	Misto		Absoluto
Coluna Linha	$Coluna Linha	Coluna $Linha	$Coluna$Linha
CL	$CL	C$L	CL
A2	$A2	A$2	$A$2

Endereçamento relativo

Fórmulas

Deslocamento	
Origem	*Destino*
L=	
C=	

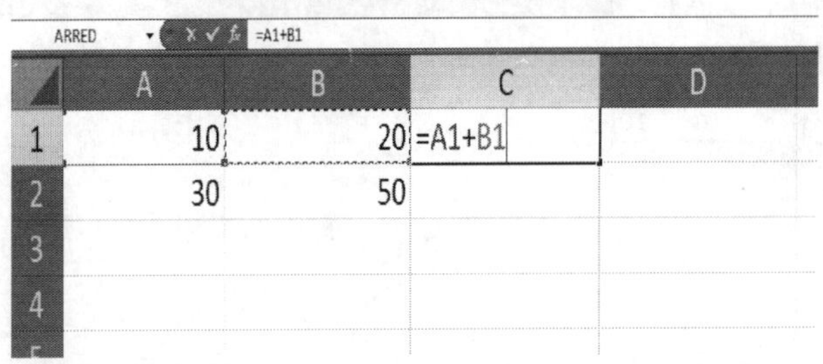

Resultados

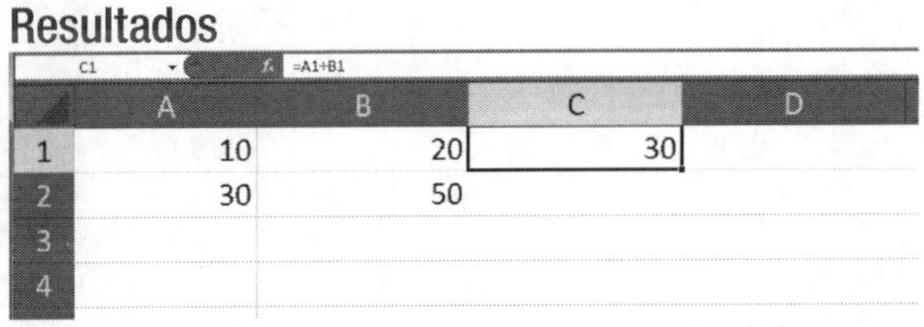

Endereçamento misto

Deslocamento	
Origem	*Destino*
L=	
C=	

Fórmulas

ARRED | =$A1+B$1

	A	B	C	D
1	10	20	=$A1+B$1	
2	30	50		
3				
4				

Resultados

C1 | =$A1+B$1

	A	B	C	D
1	10	20	30	
2	30	50		
3				
4				

Endereçamento absoluto

Fórmulas

ARRED | =$A$1

	A	B	C	D
1	10	20	30	
2	30	50		
3	=$A$1			
4				

Resultados

A3 | =$A$1

	A	B	C	D
1	10	20	30	
2	30	50		
3	10			
4				

7. POWERPOINT 2016

O PowerPoint é o editor de Apresentações de Slides da Microsoft.

> Algumas provas podem citar o termo slides em português: eslaide.

7.1 Tela de Abertura

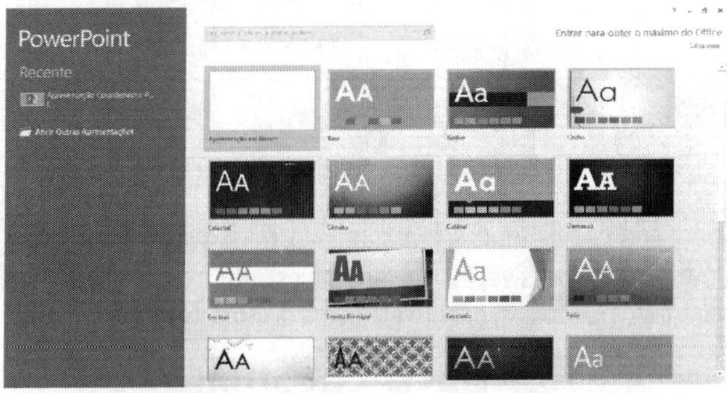

7.2 Tela de Edição

7.3 Formato de Arquivo

O PowerPoint possui dois formatos principais: um relacionado à edição dos slides (PPTX), e outro que abre diretamente no modo de exibição (PPSX).

7.4 Aba Página Inicial

Ao comparar a Página Inicial do Word com o PowerPoint, é possível notar algumas diferenças, como o bloco Slides e o Bloco Desenho, como também algumas diferentes opções nos Blocos Fonte e Parágrafo. A figura a seguir ilustra esta aba.

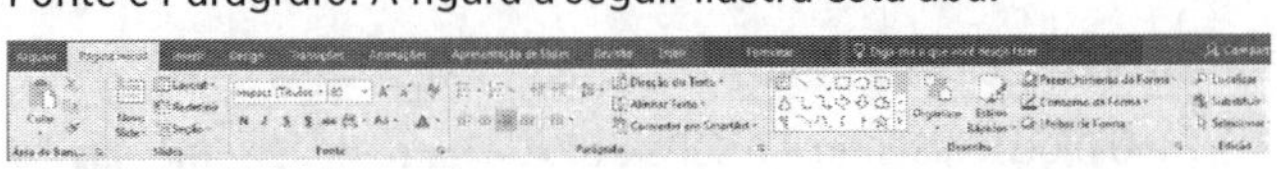

Bloco slides

Este é um dos blocos mais utilizados. Atente à opção Novo Slide na figura a seguir, ela apresenta uma seta para baixo, o que significa que um menu Dropdown será aberto, conforme ilustra a figura da sequência, permitindo que seja selecionado o layout do slide a ser inserido.

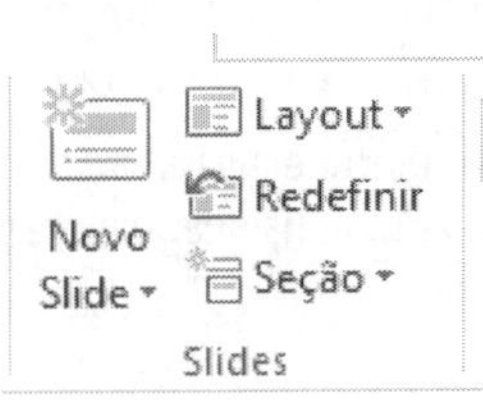

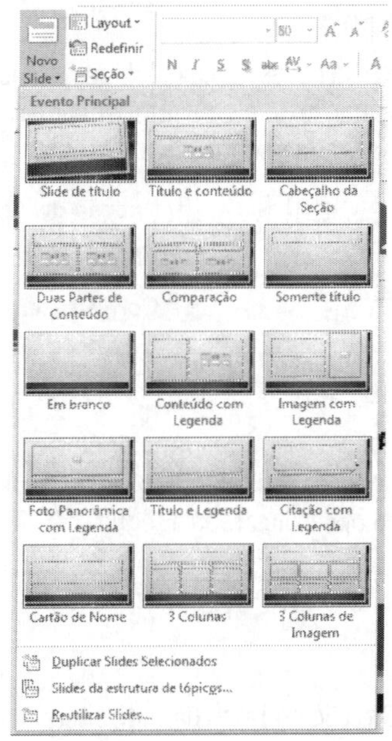

Contudo, é possível mudar o Layout (organização) de um slide mesmo após sua inserção, bastando para tanto selecionar o slide desejado e alterar seu layout pela opção Layout.

Já a opção Redefinir possibilita reestabelecer às configurações padrões de posicionamento, tamanho e formatação dos espaços reservados de um slide.

Bloco fonte

O bloco Fonte apresenta as opções: sombra de texto e espaçamento entre caracteres que não aparecem no Word, como ilustra a figura a seguir.

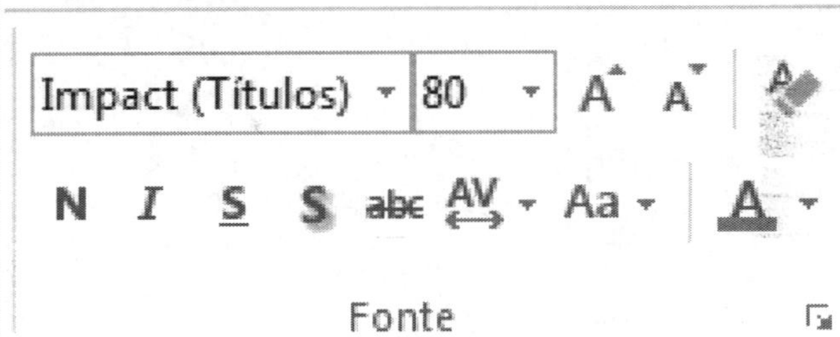

A opção Sombra indicada pela letra S mais espessa, conforme ilustrado a seguir, permite aplicar um efeito de sombra que confere um destaque ao texto, dando a impressão de volume.

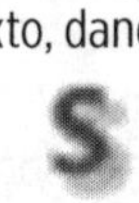

No PowerPoint também é possível alterar o espaço entre os caracteres de texto, a fim de distribuir melhor um texto em um slide. Para isso, basta selecionar o texto e a opção desejada junto à alça da opção Espaçamento Entre Caracteres, ilustrada a seguir.

Bloco parágrafo

Neste bloco há novas funcionalidades, como: colunas, Direção do Texto, Alinhar Texto e Converter em SmartArt, como pode ser visualizado na figura a seguir.

A opção Colunas permite formatar uma caixa de texto selecionada para que exiba seu texto em diversas colunas. Para isso, pode-se utilizar a opção ilustrada a seguir.

A opção Direção do Texto permite alterar a forma como um texto é exibido no PowerPoint, a fim de causar um efeito mais chamativo. A opção Direção do Texto é ilustrada a seguir.

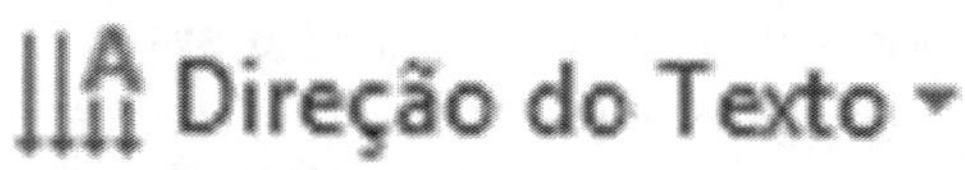

As opções encontradas ao clicar na opção Direção do Texto são: Horizontal; Girar em 90º; Girar em 270º e Empilhado, conforme ilustrado na sequência.

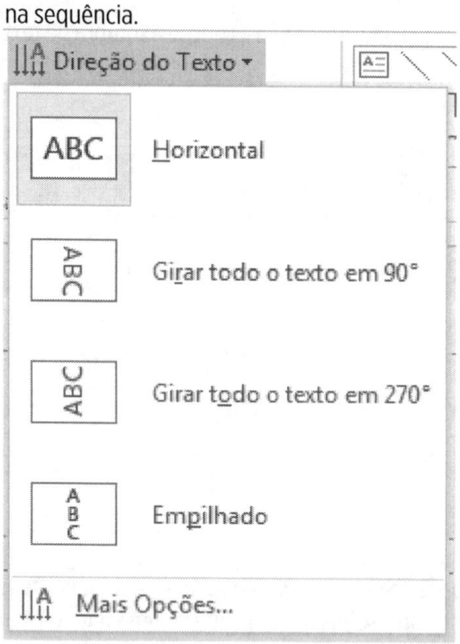

Também é possível alinhar o texto verticalmente na caixa de texto. Para isso, pode-se utilizar a opção Alinhar Texto, representada pela figura que se segue.

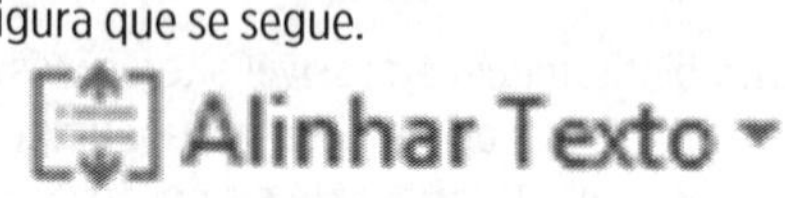

As opções são: Em Cima, no Meio e Embaixo.

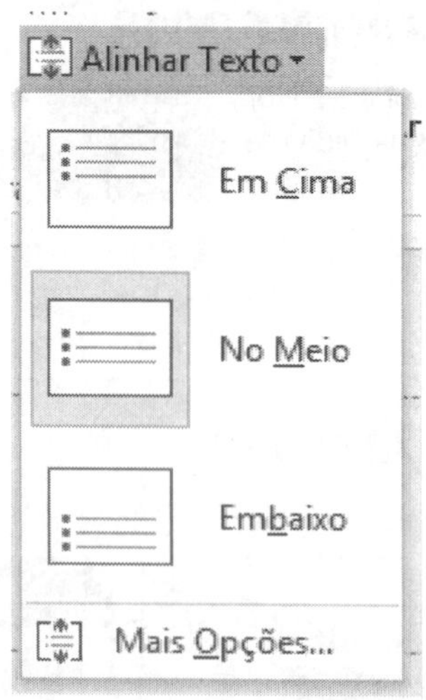

O recurso SmartArt também existe no Word, contudo no PowerPoint é possível converter uma estrutura de um texto, em parágrafo ou tópicos, em um esquema do SmartArt.

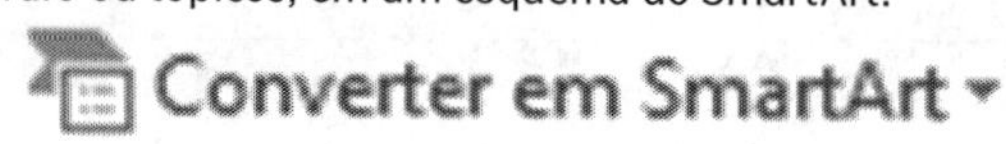

Algumas das opções possíveis são ilustradas na figura a seguir.

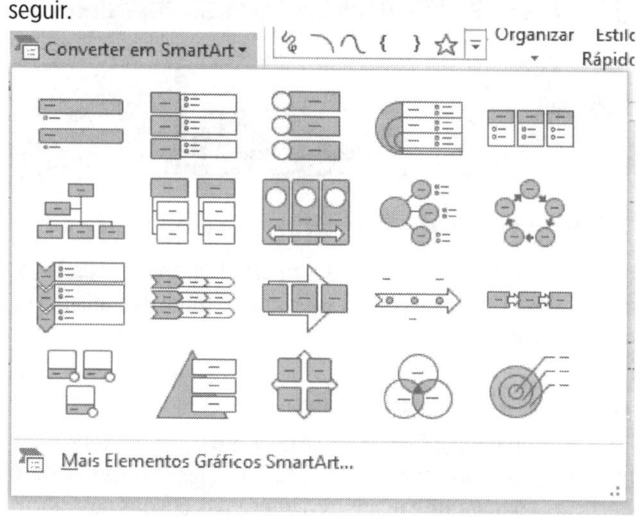

Bloco desenho

O bloco Desenho é o substituto da barra de ferramentas de desenho encontrada no Microsoft Office 2003. Nele encontramos as mesmas opções e algumas a mais. A figura a seguir ilustra o bloco.

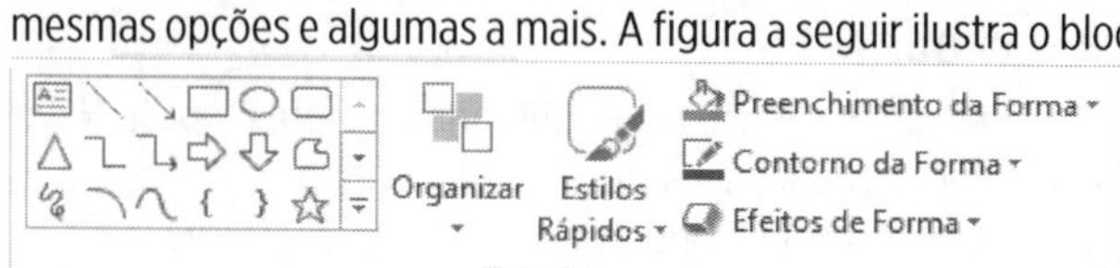

Formas

A opção Formas permite inserir um desenho no documento em edição que pode ser dimensionado e preenchido.

Algumas das opções de formas são ilustradas na figura a seguir.

Organizar

A opção Organizar oferece recursos de posicionamento dos objetos em relação a outros, como ordená-los um à frente do outro, ou seja, controlar a sobreposição dos itens. Como também podemos agrupar os itens para movimentá-los e dimensioná-los de maneira uniforme.

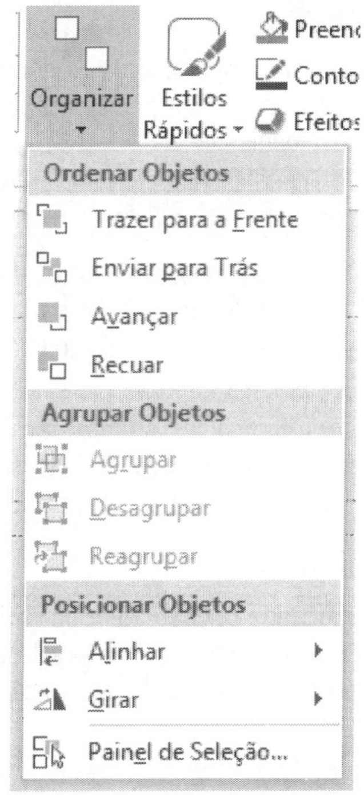

Efeitos

Os efeitos são recursos do Office 2007 que permitem atribuir mais vida às estruturas, como a possibilidade de formatar uma imagem de modo que ela pareça um botão utilizando o efeito Bisel.

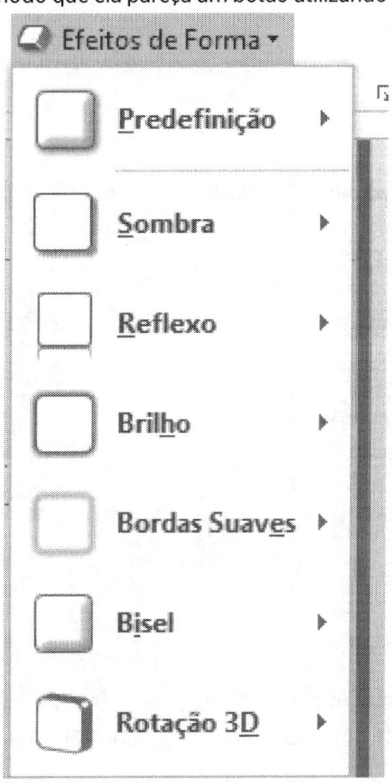

Bloco edição

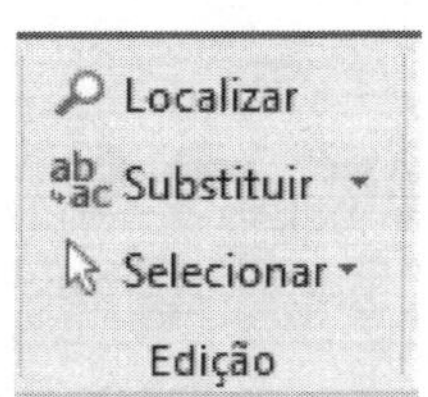

7.5 Aba Inserir

Na aba Inserir são disponibilizadas inúmeras opções de estruturas que podem ser inseridas na apresentação em edição, conforme ilustrado a seguir.

A maioria das opções também é encontrada no Word, todavia, as opções Novo Slide, Álbum de Fotografias, Ação, número do Slide, Vídeo e Áudio são específicas do editor de apresentação de slides.

Vale também destacar que a estrutura de cabeçalho e rodapé de um slide é diferente daquela do editor de texto. Observe que o botão apresenta a característica das duas funções em um.

Álbum de fotografias

Pode-se enfatizar a opção Álbum de Fotografias, opção que permite criar rapidamente, por meio da seleção de uma pasta contendo as imagens um álbum de fotos, colocando apenas uma foto por slide ou mais.

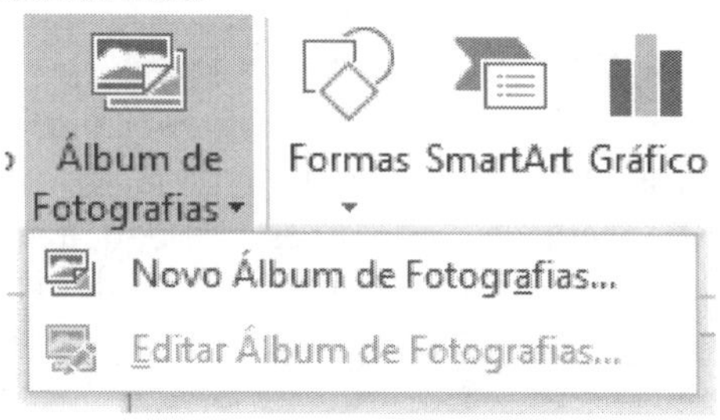

Smartart

O recurso SmartArt permite criar esquemas organizacionais; tal recurso passou a existir a partir da versão 2007 do Ms Office

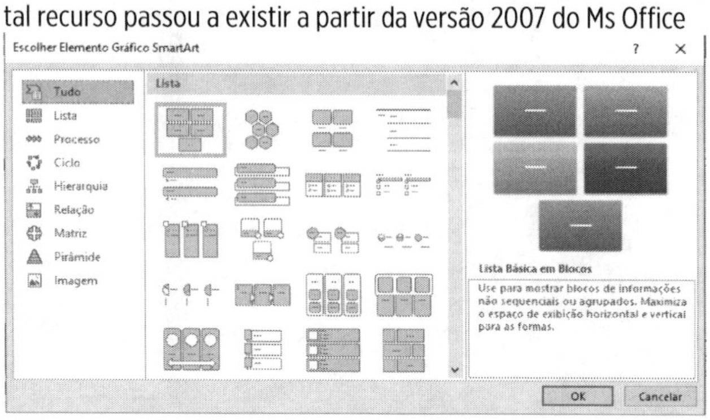

Gráficos

Com relação aos gráficos, apenas lembre-se de que eles necessitam de uma planilha com os dados que serão representados no gráfico.

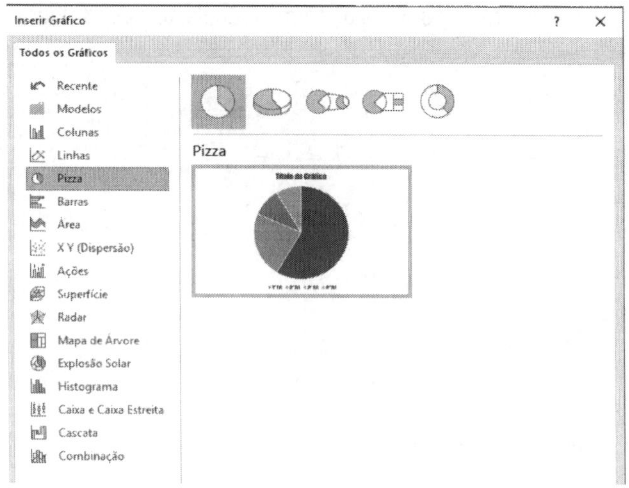

Ação

Por meio do botão Ação, podemos criar interações em meio à apresentação de slides, como navegar de modo aleatório entre os slides.

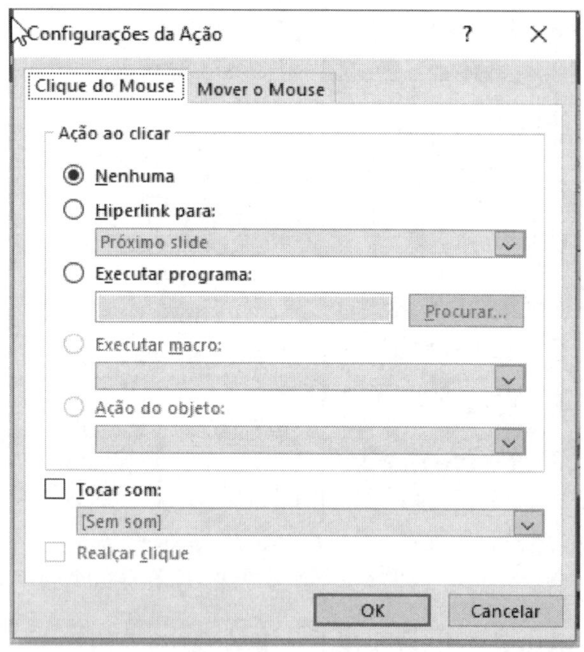

Cabeçalho e rodapé

Cuidado com a estrutura de cabeçalho e rodapé, pois no Word ela opera de modo diferente do que no PowerPoint. Nos slides também podemos trabalhar com rodapé, mas não cabeçalhos, apesar de a ferramenta possuir este nome. Na verdade, é porque o cabeçalho pode ser inserido no formato das anotações e folhetos, como mostra a segunda figura que ilustra a aba **Anotações e Folhetos**.

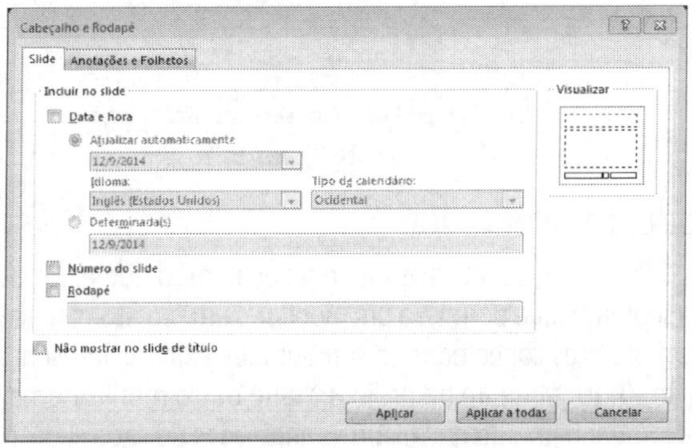

Observe ainda que existem espaços específicos para cada campo: o canto esquerdo inferior é reservado para a Data e Hora, enquanto que o rodapé ocupa o espaço ao centro e o número de slide à direita.

Contudo, este posicionamento pode variar de acordo com o Design usado na apresentação, ou seja, de acordo com a formatação do Slides Mestre.

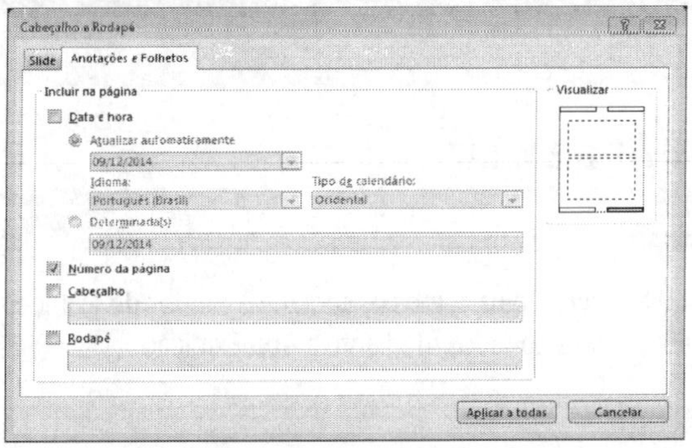

Já nos folhetos e anotações, o cabeçalho ocupa o canto superior esquerdo, enquanto que o rodapé usa o campo inferior esquerdo. Na posição superior direita, podemos exibir a data e a hora, enquanto que no canto inferior direto, temos o espaço para o número da página.

Bloco mídia

Aqui, notamos que é possível inserir em uma apresentação de slides um filme. como também um arquivo de áudio.

Uma outra novidade da versão 2016 é a opção Gravação de Tela, que permite gravar a tela inteira ou apenas uma área selecionada. Incluindo ou não o ponteiro do mouse e som, normalmente alguma narração.

7.6 Aba Design

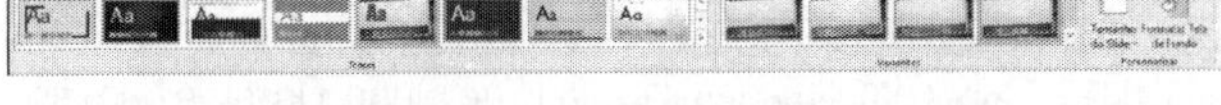

Por meio desta aba, é possível mudar a configuração de um slide, colocando-o com orientação diferente do padrão, paisagem, ou mesmo mudar suas dimensões, bem como alterar o conjunto de cores de fundo e fontes por meio dos temas.

7.7 Aba Transações

Na Aba Transições, encontram-se as opções referentes à troca dos slides durante a apresentação. No Office 2016, não há novas transições se comparado à versão anterior. Contudo, a renderização passou por melhorias para que os efeitos possuam uma melhor qualidade visual. Também é possível configurar tempos para cada slide e para o efeito de transição, por meio das opções disponibilizadas no bloco Intervalo.

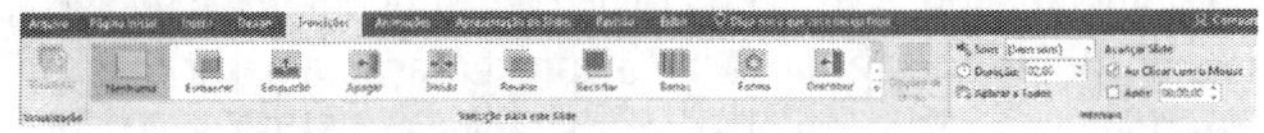

Efeitos de transição

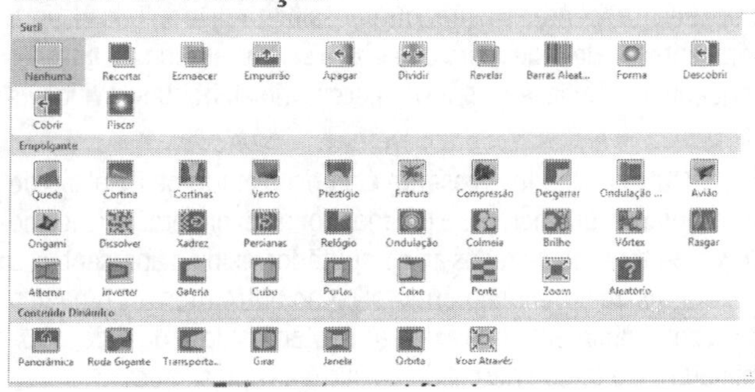

7.8 Aba Animações

Já na aba animações são encontradas opções que podem ser aplicadas a elementos em um slide, como figuras e textos. Da mesma maneira que é possível configurar o tempo de uma troca de slides, é possível configurar a duração de uma animação.

Efeitos de animações

Os efeitos de animação são organizados em 4 grupos: Entrada, Ênfase, Saída e Caminhos de Animação, sendo os 3 primeiros os principais.

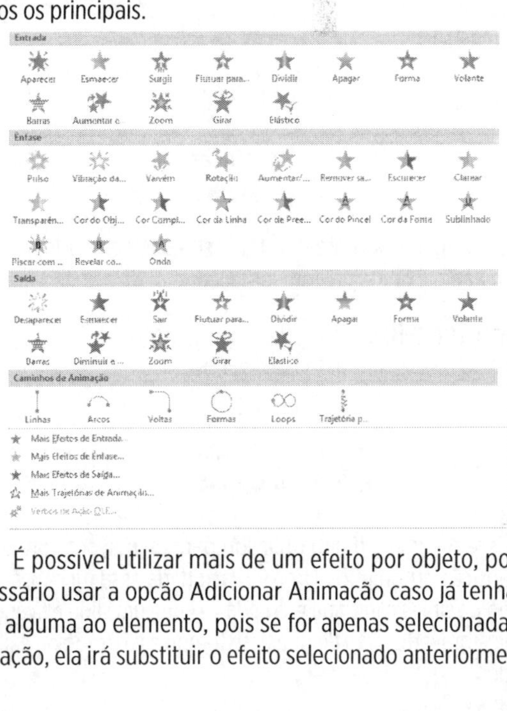

É possível utilizar mais de um efeito por objeto, porém é necessário usar a opção Adicionar Animação caso já tenha aplicado alguma ao elemento, pois se for apenas selecionada outra animação, ela irá substituir o efeito selecionado anteriormente.

7.9 Aba Apresentação de Slides

Na Aba apresentação podemos configurar a apresentação como um todo.

A opção do começo exibe a apresentação de slides a partir do primeiro Slide. A tecla de atalho correspondente é a tecla F5, já a opção do Slide atual exibe a apresentação a partir do slide selecionado, a tecla de atalho para esta opção é SHIFT + F5.

O PowerPoint 2016 é integrado com recursos Online, como a opção Apresentar Online, que possibilita disponibilizar uma apresentação de slides para que possa ser visualizada via Internet enquanto é exibida. Para tanto, é necessário utilizar uma Windows Live ID.

Outra opção Interessante é a opção Modo de Exibição de apresentador, que permite a um monitor e um projetor, ou mesmo dois monitores conectados ao computador, exibir a apresentação em um (normalmente no projetor) e no outro monitor uma tela de acompanhamento que exibe as anotações de cada slide, a sua miniatura e o tempo decorrido do início da apresentação.

Bloco configurar apresentação

Configurar Apresentação de Slides

A configuração de uma apresentação permite definir se a apresentação será exibida em tela inteira ou na forma de janela, bem como a forma de avanço dos slides e quais serão os slides.

Ocultar Slide

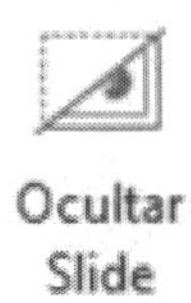

Essa opção permite ocultar o slide selecionado; tal slide também não é exibido na apresentação.

Testar Intervalos

Esse recurso é muito utilizado para animações com textos com transição automática. Uma vez acionada essa função, a apresentação de slides é iniciada e, a cada vez que um slide é avançado, o tempo é gravado a fim de que esse tempo seja usado na exibição dos slides.

Modo apresentador

Outra opção Interessante é a opção modo de exibição de apresentador, que permite a um monitor e um projetor, ou mesmo dois monitores conectados ao computador, exibir a apresentação em um (normalmente no projetor) e no outro monitor uma tela de acompanhamento que exibe as anotações de cada slide, a sua miniatura e o tempo decorrido do início da apresentação.

7.10 Aba Revisão

A aba Revisão do PowerPoint apresenta as mesmas opções que o Word. Portanto, a probabilidade é que, seja cobrada alguma função em questões sobre o editor de texto, por conta da sua relevância.

7.11 Aba Exibir

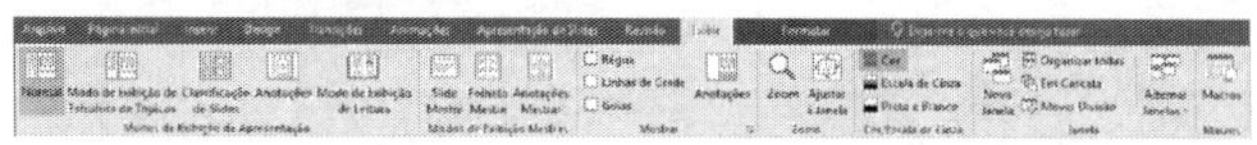

No PowerPoint, temos os seguintes modos de exibição que podem ser selecionados mediante a Aba Exibição.

Normal

O modo normal é o modo padrão de edição. Neste modo, a finalidade é a edição dos slides. Na lateral esquerda são exibidas as miniaturas dos slides em edição. É importante notar que há uma linha bem sutil abaixo do slide principal (em edição) que se encontra com a linha que separa as miniaturas. Essa linha pode ser movida para cima, a fim de exibir o espaço das anotações do slide. Também é possível clicar na opção Anotações que está na barra de status.

Estrutura de tópicos

A principal característica desse modo é não apresentar características visuais, como imagens ou plano de fundo. Observe que esse modo altera apenas a visualização do painel à esquerda. Nele são indicados os slides e cada parágrafo é apresentado como um tópico.

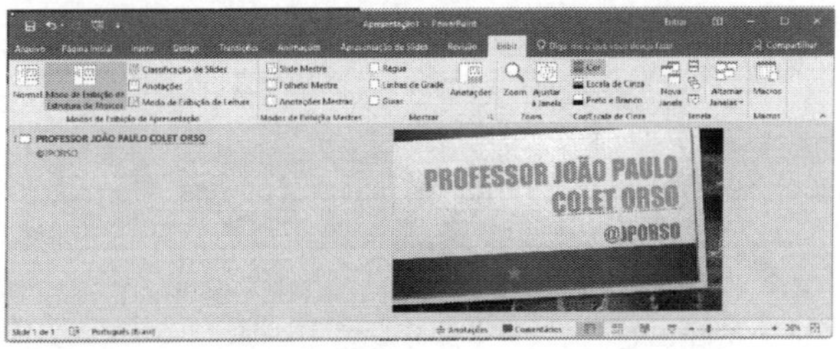

Classificação de slides

Este modo de visualização é útil para reordenar os slides da apresentação, visualizando-os em miniatura.

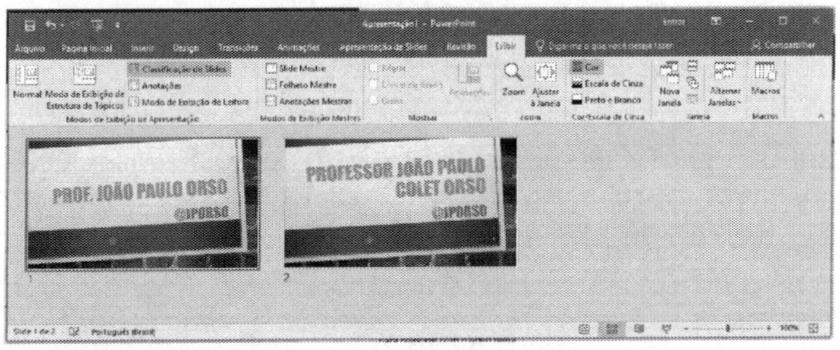

Anotações

Esta opção permite que sejam inseridas anotações que podem ser impressas, porém que não aparecem no momento da apresentação de slides.

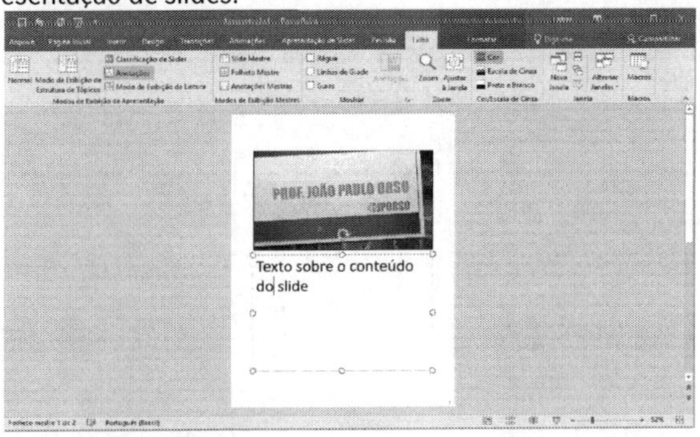

7.12 Slide Mestre

Por meio do **Slide Mestre** é possível alterar os espaços reservados para os slides, os cabeçalhos e os rodapés.

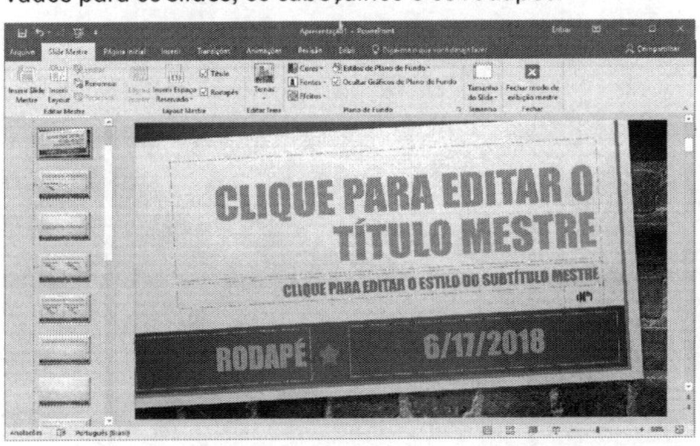

Mediante o **Folheto Mestre**, é possível alterar cabeçalhos e rodapés.

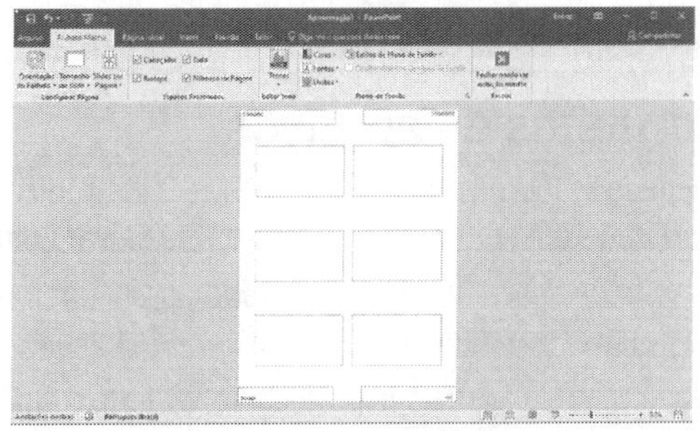

Já nas **Anotações Mestras podemos alterar os espaços reservados para os slides, as anotações, os cabeçalhos e** os rodapés.

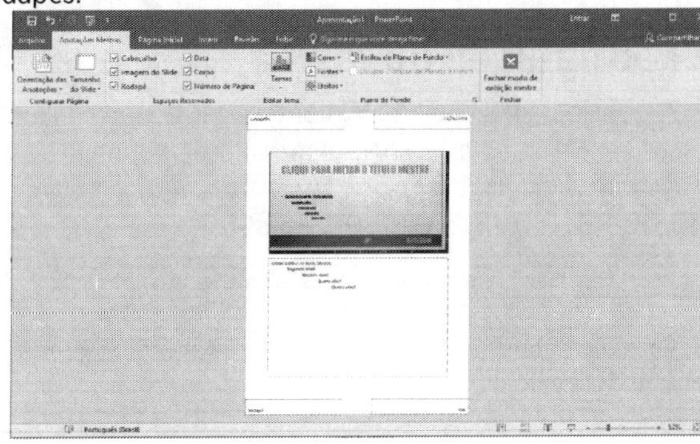

8. BROFFICE WRITER

8.1 Formatos de arquivos

Quando se fala nos editores do BrOffice (Libre Office), devemos conhecer seus formatos de arquivos padrões, ou seja, o formato com o qual será salvo um arquivo ao acionar a opção **Salvar Como.**

A suíte de aplicativos como um todo possui um formato genérico ODF (Open Document File – Formato de Documento Aberto). Assim, é possível no editor de texto, salvar neste formato, bem como no Calc e Impress.

No entanto, o formato específico do Writer é o ODT (Open Document Text). As provas costumam relacionar os formatos com as versões dos editores. Então, vale lembrar que o Word2003 não consegue trabalhar com esse formato de arquivo. Mas, pelo Writer, é possível salvar um documento de modo que ele possa ser aberto pelo Word 2003, ou seja, é possível salvar nos formatos DOC e DOCX. Em relação ao Word 2007 e 2010, por padrão, esses programas conseguem abrir e salvar arquivos no formato ODT.

8.2 Formatação de texto

A principal finalidade do Writer é editar textos. Portanto, suas principais ferramentas são para a formatação de documentos. Podemos encontrar essas opções de formatação por meio de quatro caminhos:

Barra de ferramentas de formatação

Menu formatar

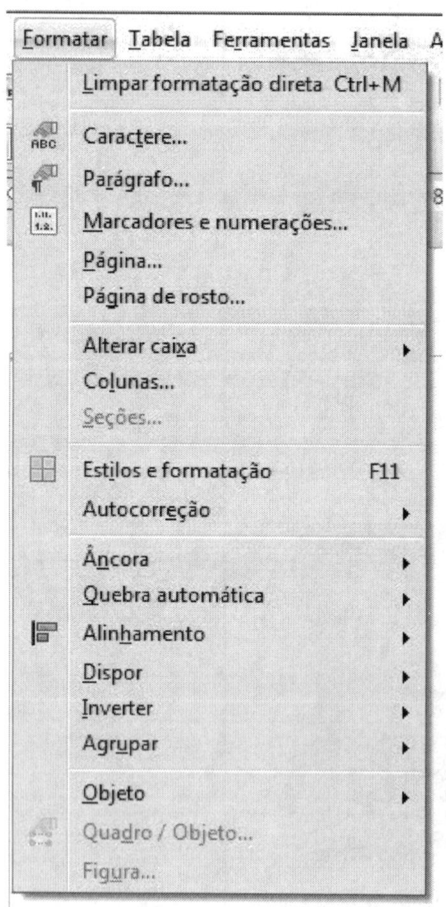

Atalhos

Botão direito do mouse

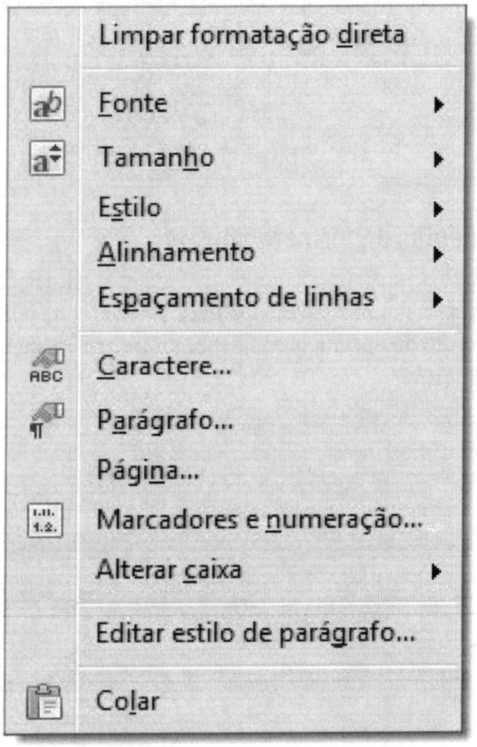

Menu formatar

Caractere

Ao acionar esta opção, será aberta a janela ilustrada a seguir, por meio da qual podemos formatar as propriedades de fonte, como tipo/nome, estilo e tamanho e, pela aba Efeitos de Fonte, alterar a cor da fonte.

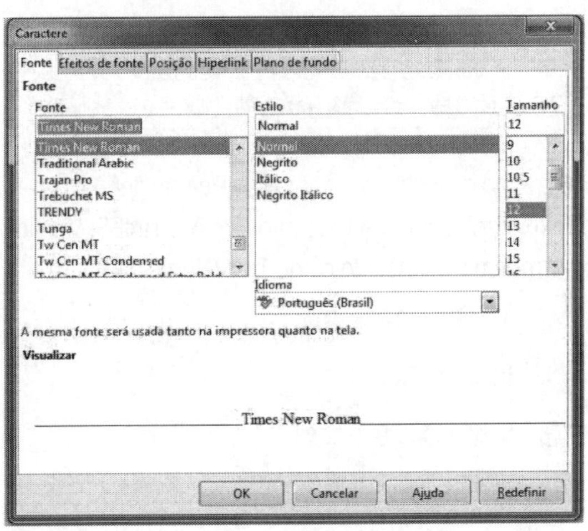

Parágrafo

As propriedades de Parágrafo englobam opções como recuos, espaçamento e alinhamentos, conforme ilustrado nas figuras na sequência:

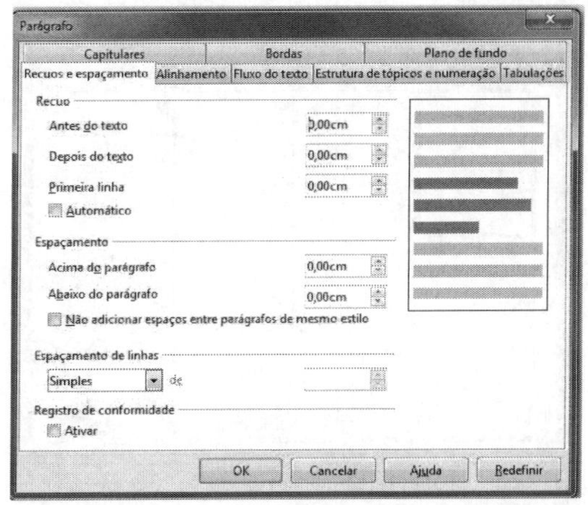

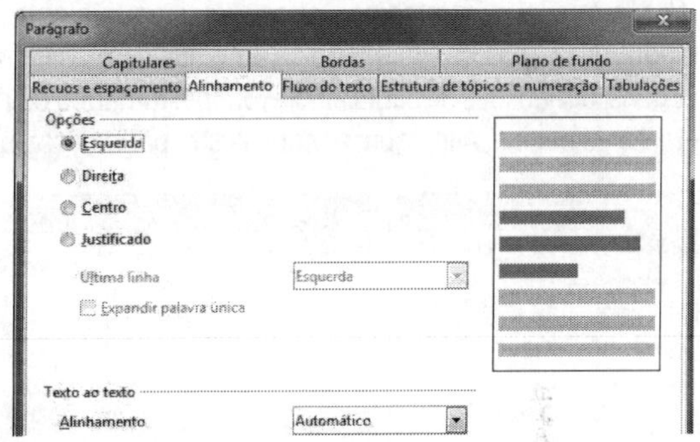

Marcadores e numeração

Fique atento à identificação de uso deste recurso, pois, pelo menu Formatar, elas estão descritas em conjunto. Porém, na barra de Ferramentas padrão elas são apresentadas em dois botões separados.

Ao acionar a opção pelo menu Formatar, a janela aberta apresenta os Marcadores em uma guia e a numeração em outra, conforme ilustram as duas figuras da sequência:

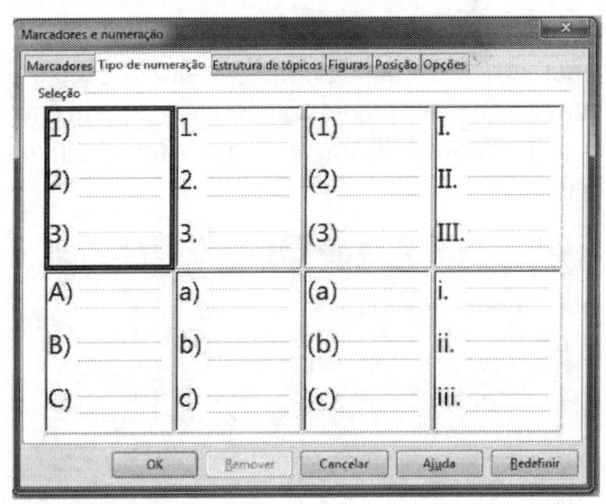

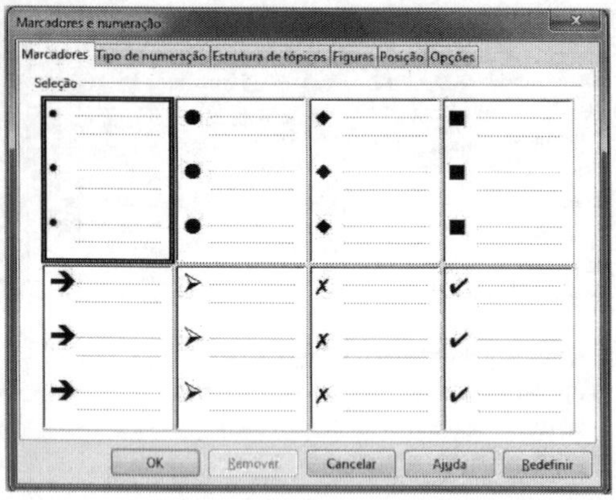

Página

Nesta opção, encontramos os recursos equivalentes aos encontrados na opção Configurar Página do Word, como dimensões das margens, dimensões de cabeçalho e rodapé, tamanho do papel e orientação da página. A imagem a seguir ilustra parte dessa janela:

Página de rosto

Por meio deste recurso, é possível inserir páginas em uma seção separada, para que, de uma forma mais simples, sejam trabalhadas com cabeçalhos e rodapés diferentes em um mesmo documento, mais especificamente, no que tange à numeração de páginas.

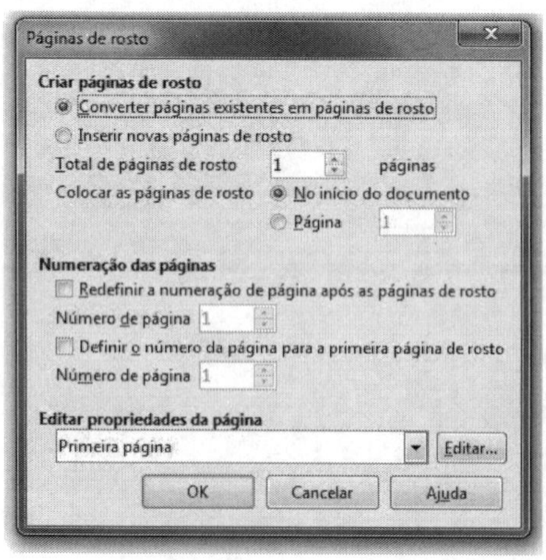

Alterar caixa ►

Equivalente à opção Maiúsculas e Minúsculas do Word, essa opção permite alterar a forma do caractere de texto. É importante conhecer as cinco opções desse recurso, conforme ilustrado a seguir:

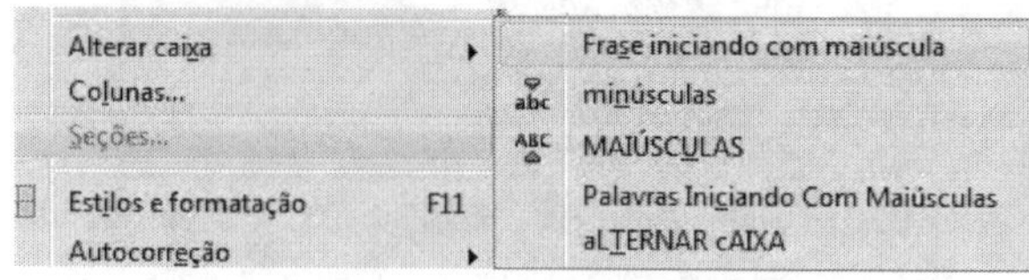

Estilos de formatação (f11)

Por essa opção, podemos definir estilos de formatação para o texto selecionado, como título 1, título 2, título 3, entre outros, para que a edição do documento seja mais prática, além de favorecer a padronização.

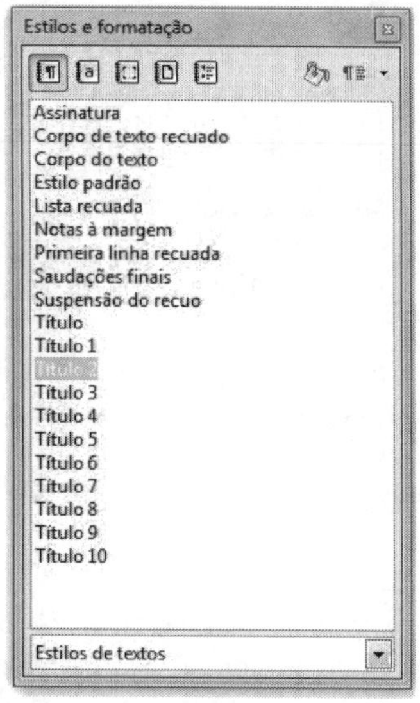

Ferramentas de formatação

Caractere

O campo descrito por Times New Roman define a grafia com que o texto será escrito, a exemplo: ARIAL, TIMES, Vivaldi. Este campo também é conhecido como Tipo/Nome da Fonte.

- Negrito (CTRL + B)
- Itálico (CTRL + I)
- Sublinhado (CTRL + U)
- Cor da fonte
- Realçar (exemplo do efeito)

Parágrafo

- Alinhamento à Esquerda (CTRL + L)
- Alinhamento Centralizado (CTRL + E)

Alinhamento à Direita (CTRL + R)

Alinhamento Justificado (CTRL + J)

Ativar/Desativar Numeração (F12)

Ativar/Desativar Marcadores (Shift + F12)

Diminuir o Recuo

Aumentar o Recuo

Tabulações

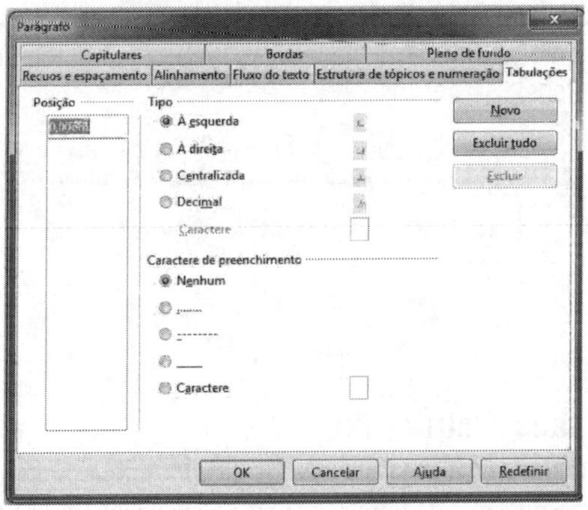

Caracteres não imprimíveis (ctrl + f10)

Exibe as marcas de edição, que, como o próprio nome já informa, não aparecem na impressão. Essas marcações são úteis para um maior controle do documento em edição, como ilustrado a seguir. Os pontos à meia altura da linha representam um espaço e o mesmo símbolo do botão indica o final de um parágrafo. Assim, no exemplo a seguir, existem dois parágrafos.

Exemplo·de·exibição·de·caracteres·não·imprimíveis·no·Writer¶
¶

Cor do plano de fundo

Atenção para não confundir a cor do fundo do parágrafo com a ferramenta Realçar, pois a função Realçar aplica uma cor ao fundo do texto selecionado, enquanto que a opção do Plano de Fundo aplica ao parágrafo, mesmo que tenha sido selecionada apenas uma palavra.

Estilos e formatação (f11)

Por meio deste botão ou pela tecla de atalho, é exibido o painel de estilos que oferece diversos estilos para a formatação do texto, por exemplo: Título 1, título 2, título 3, entre outros. A imagem a seguir ilustra o painel:

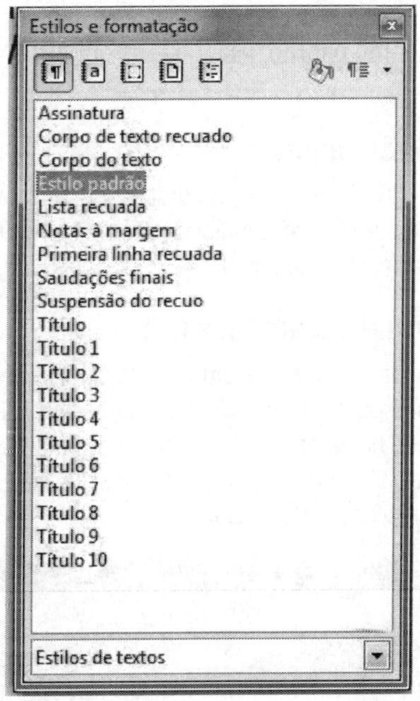

Além desse painel, também é possível escolher e aplicar um estilo por meio do Campo Estilos, ilustrado a seguir, presente na barra de ferramentas de formatação logo à esquerda do campo do tipo da fonte.

Os estilos de formatação são importantes estruturas na edição de um texto, principalmente se for necessário trabalhar com sumário, pois para utilizar o recurso de sumário, de forma que ele seja automático, é necessário utilizar os estilos de título.

Pincel de estilo

A ferramenta de Pincel de Estilo serve para copiar apenas a formatação. Ela não copia textos, apenas as suas características, como cor da fonte, tamanho, tipo de fonte entre outras, com o intuito de aplicar em outro trecho de texto.

O funcionamento da ferramenta parte de uma seleção prévia do trecho de texto que possui a formatação desejada, clicar no botão pincel de estilo, na sequência selecionar o trecho de texto ao qual se deseja aplicar as mesmas formatações, como que pintando a formatação. Ao terminar a seleção o texto selecionado já estará formatado tal qual o selecionado inicialmente, e o mouse volta ao normal para a edição.

8.3 Ferramentas

Exportar diretamente como pdf

O BrOffice como um todo possui este recurso que permite gerar um arquivo PDF a partir do documento em edição. A janela aberta por este botão é muito similar à janela de Salvar Como, em que se deve apontar o local onde o arquivo será salvo e com qual nome se deseja salvá-lo.

Imprimir arquivo diretamente

Este é um recurso diferente da impressão habitual pelo atalho CTRL+P. Essa ferramenta de impressão direta manda o arquivo diretamente para a impressora que estiver definida, pelo painel de controle, como padrão, usando as propriedades padrão de impressão.

Visualizar página

Este é simplesmente o recurso de visualizar o que será impresso, útil para ter uma maior noção de como ficarão distribuídas as informações no papel.

Ortografia e gramática (f7)

Essa ferramenta exibe uma janela, ilustrada a seguir, por meio da qual é possível corrigir as palavras "erradas" no texto. Erradas porque na verdade, são indicadas as palavras não conhecidas pelo dicionário do programa. Uma vez que ela esteja correta, é possível acrescentá-la ao dicionário.

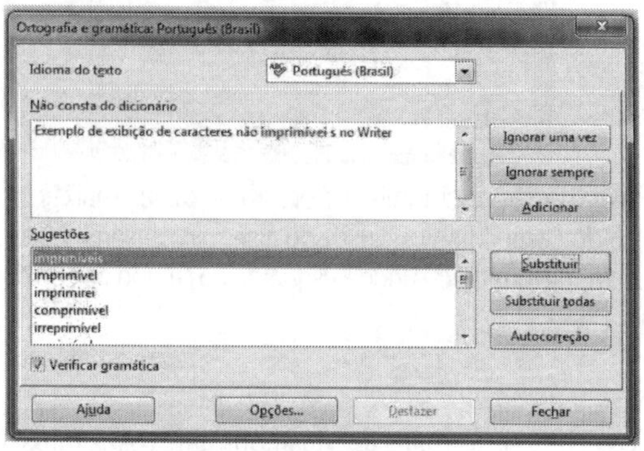

Autoverificação ortográfica

A Autoverificação é uma ferramenta presente apenas no BrOffice, cuja finalidade é apenas habilitar ou desabilitar a exibição do sublinhado vermelho das palavras desconhecidas.

Navegador (f5)

O Navegador tem aparecido nas provas apenas a título de conhecimento de seu nome, associado ao símbolo e atalho. Essa ferramenta é um recurso para navegar no texto, a partir das suas estruturas, como títulos, tabelas, figuras e outros itens que podem ser visualizados na figura a seguir:

Exemplo de exibição de caracteres não imprimíveis no Writer.

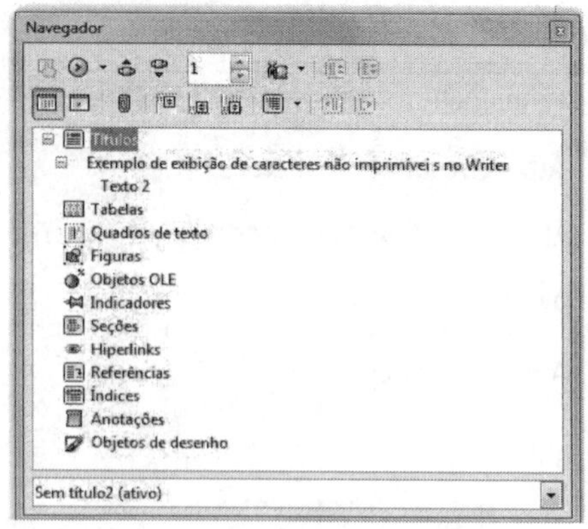

Galeria

O recurso Galeria tem peso similar ao Navegador nas provas. Acionar essa ferramenta resulta na exibição do painel ilustrado a seguir, por meio do qual é possível inserir, em meio ao documento, estruturas de navegação Web, como botões, sons e outros itens.

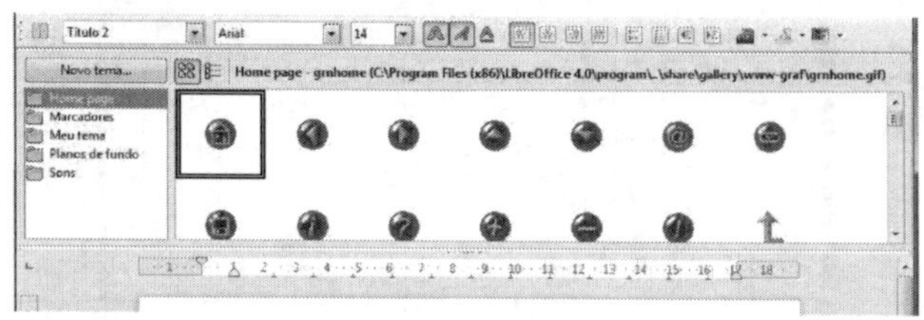

Tabela (ctrl + f12)

O botão Tabela pode ser usado de duas maneiras. Clicando no desenho da tabela, é aberta a janela ilustrada a seguir. Caso seja clicado na flecha, é exibido um reticulado, pelo qual é possível selecionar a quantidade de células que se deseja criar em uma tabela.

Formatar → página

Aba página

A aba Página é a principal da janela de formatação de página. A figura a seguir ilustra essa aba. Observe que as margens estão definidas por padrão em 2 cm, e que o tamanho do papel padrão é o A4. Também é possível determinar a orientação da página. Vale lembrar que, em um mesmo documento, é possível intercalar páginas com orientações diferentes. Para isso, devem ser utilizadas seções.

8.4 Barra de Menus

A seguir, é ilustrada a Barra de Menus e, por meio dela, temos acesso a quase todas as funcionalidades do programa. Observe que cada menu possui uma letra sublinhada. Por exemplo, o menu Arquivo possui a letra A sublinhada, essa letra sublinhada é a letra que pode ser utilizada após pressionar a tecla ALT, com o intuito de abrir o devido menu. Não é uma combinação necessariamente simultânea. Ela pode ser sequencial, ou seja, teclar ALT soltar e então pressionar a letra.

Menu arquivo

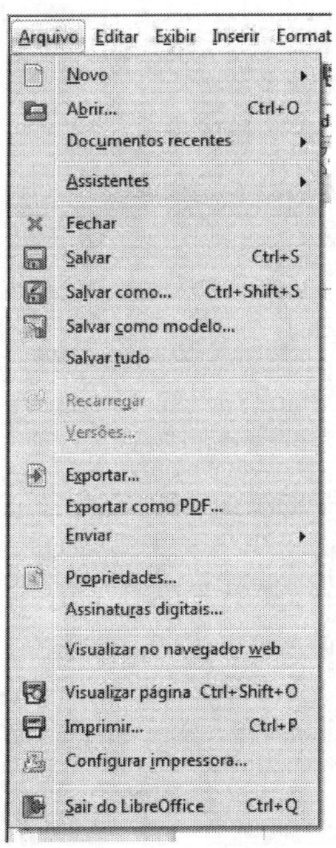

Novo ►

Dentre as opções do menu Arquivo, damos destaque para a opção Novo. Ela aponta a característica do BrOffice de ser uma suíte de aplicativos integrada, pois, mesmo estando no Writer, é possível criar uma planilha do Calc. No entanto, ao escolher na opção Novo, uma planilha será criada no Calc. Porém, ao realizar o acesso por meio deste caminho, o Calc é carregado mais rapidamente do que se o BrOffice estivesse fechado.

Para criar um Novo Documento em Branco podemos também utilizar a opção do atalho CTRL + N.

Abrir (ctrl + o)

Permite abrir um arquivo existente em uma unidade de armazenamento, navegando entre os arquivos e pastas.

Documentos recentes ►

Exibe a lista com os últimos documentos abertos, como também aqueles salvos, no Writer, com o intuito de fornecer um acesso mais rápido a eles.

Assistentes ►

Conforme ilustrado a seguir, existem vários assistentes no BrOffice. Eles são nada mais do que procedimentos realizados em etapas, a fim de auxiliar na criação ou estruturação de informações.

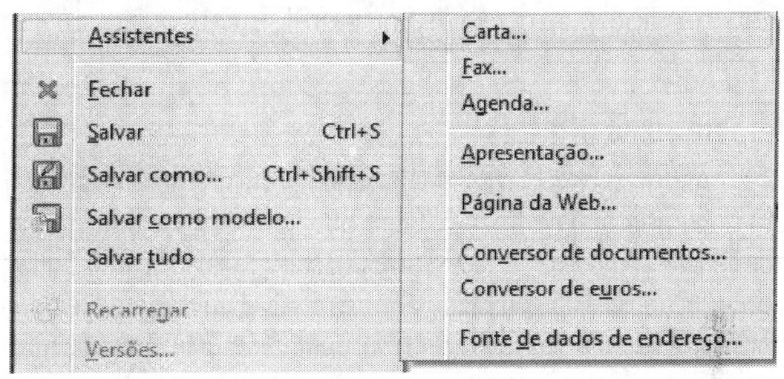

Fechar

A opção Fechar serve para fechar apenas o documento em edição, mantendo o programa aberto. Tem como teclas de atalho CTRL+W ou CTRL + F4.

Salvar

A opção Salvar apenas se preocupa em salvar as últimas alterações realizadas em um documento em edição. Seu atalho é CTRL + S no Writer. Mas essa opção possui uma situação de exceção, quando o arquivo em edição é novo, ou seja, que nunca tenha sido salvo. Essa opção salvar corresponde à opção Salvar Como.

Salvar como

Esse recurso tem como princípio gerar um novo arquivo. Assim, se um arquivo for aberto e sejam realizadas várias alterações, sem salvar, e utilizar o comando Salvar Como, será aberta uma janela em que se solicita o local desejado e o nome do arquivo. Também é possível alterar o tipo de documento, após salvá-lo. O documento que fica em edição é o que acabou de ser salvo. O arquivo aberto inicialmente é apenas fechado, sem nenhuma alteração.

Salvar como modelo

Podemos criar um documento-base para outros documentos, utilizando formatações específicas. Assim, essa opção é a utilizada para salvar este arquivo, de modo que possa ser utilizado para esse fim.

Salvar tudo

Essa ferramenta aplica o comando salvar todos os documentos em edição no BrOffice, até mesmo os que estiverem em edição no Calc.

Recarregar

Ao acionar essa opção, a última versão salva do documento é restaurada. Com isso, as alterações não salvas serão perdidas.

Exportar

É possível pelo BrOffice exportar o documento de texto para outros formatos utilizados por outros programas como: XML, HTML, HTM ou mesmo o PDF.

Exportar como pdf

A opção Exportar como PDF é basicamente um caminho mais curto e explícito para gerar um arquivo PDF, a partir do documento em edição.

Assinaturas digitais

Assim como o Microsoft Office no BrOffice, é possível assinar um documento digitalmente. Claro que, para utilizar a funcionalidade por completo, é necessário possuir um certificado digital. Contudo, mesmo não possuindo um, é possível utilizar esse recurso para assinar um documento. Porém, apenas será garantida a integridade do mesmo e apenas no próprio computador do usuário.

Visualizar no navegador web

Já que podemos criar páginas da Internet, é interessante que, no mínimo, possamos visualizar como ela ficaria no navegador. Diante disso, ao acionar essa ferramenta, será aberto o navegador de Internet (Browser) padrão exibindo como página o documento em edição.

Sair

Em comparação com a opção Fechar, a opção Sair fecha o programa inteiro, podendo utilizar, para isso, os atalhos ALT+F4 ou CTRL + Q.

Menu editar

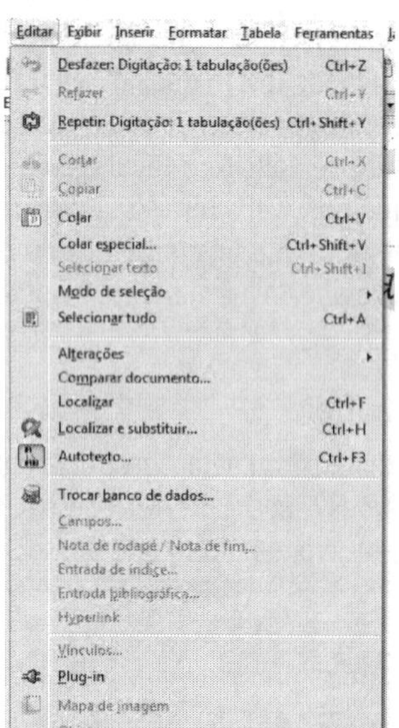

Do menu Editar anteriormente ilustrado, podemos destacar duas opções principais:

Colar especial

Esse recurso permite colar um determinado dado de acordo com a necessidade de formatação, ou seja, é possível manter a formatação igual à do local de onde foi copiado ou não utilizar formatação.

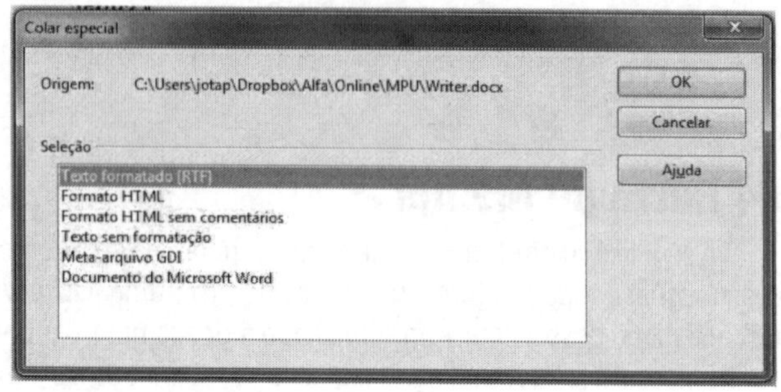

Selecionar tudo

A opção Selecionar Tudo tem como observação a sua tecla de atalho CTRL + A, que é a mesma utilizada para selecionar todos os arquivos e pastas de um diretório por meio dos gerenciadores de arquivos.

Menu exibir

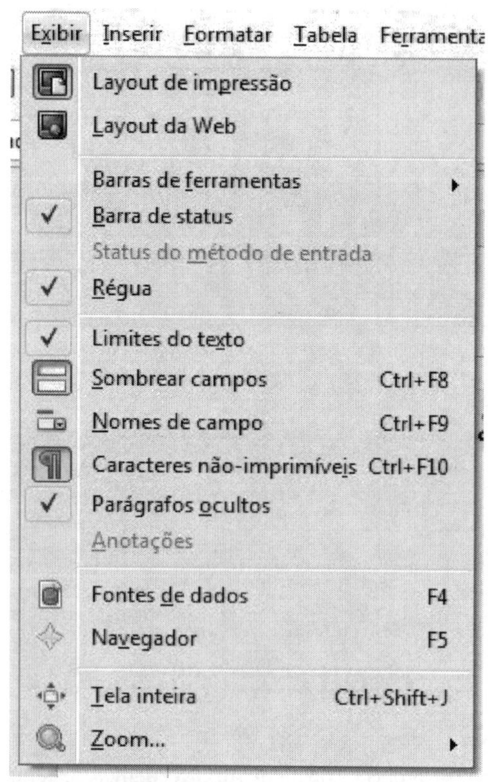

Do menu Exibir devemos conhecer os modos de exibição, bem como alguns itens importantes, listados a seguir. Mas, de modo geral, podemos pensar que as opções que normalmente encontramos nesse menu são coisas que não vemos e gostaríamos de ver, ou que estamos vendo, mas não desejamos mais ver.

Modos de exibição

São dois os Modos de Exibição: Layout de Impressão (Padrão) e Layout da Web. Contudo, poderíamos até considerar, dependendo da situação, a opção Tela Inteira como um modo de exibição.

Barra de ferramentas

A principal Barra de Ferramentas questionada nas provas é a barra de Desenho, que existe também no Writer e Calc, mas que é exibida por padrão apenas no Impress. A figura a seguir ilustra as barras disponíveis:

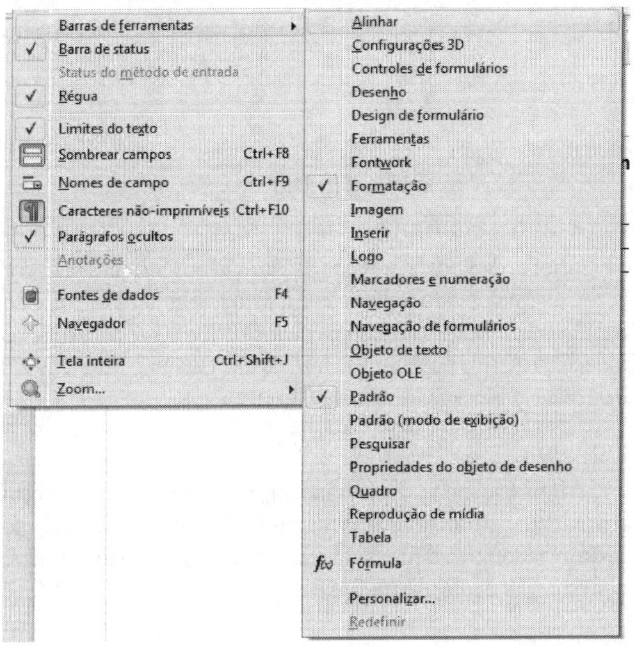

Barra de *status*

Essa é a barra que aparece por padrão nos editores. Ela fica localizada no fim da janela, ou seja, é a última barra dentro do programa. Nela encontramos informações como número da página atual e total de páginas do documento, idioma em uso e a ferramenta de zoom à direita.

Régua

Para ocultar a régua, basta desabilitar essa opção.

Limites de texto

Os Limites de Texto que são exibidos por padrão são, na verdade, as linhas que indicam as margens da página, ou seja, a área útil do documento.

Caracteres não imprimíveis (ctrl + f10)

Os caracteres não imprimíveis também podem ser ativados pelo menu Exibir, como pelas teclas de atalho.

Navegador (f5)

O Navegador, anteriormente citado, também é encontrado no menu Exibir.

Tela inteira (ctrl + shift + j)

Modo de exibição que oculta as barras e ferramentas, objetivando a leitura do documento.

Zoom

Também podemos alterar o zoom utilizando o scroll do mouse, combinado com a tecla CTRL.

Menu Inserir

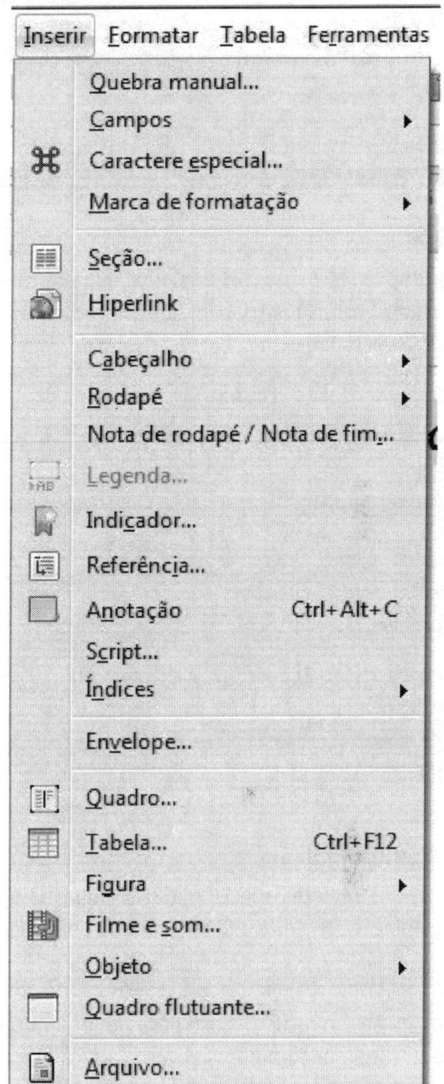

Quebra manual

Este recurso permite utilizar estruturas que sejam auto-organizadas, como as quebras de página. Existem três quebras de texto possíveis, além das quebras de seção.

Quebra de Linha (SHIFT + ENTER)

Faz com que o conteúdo, após a quebra, seja iniciado na próxima linha.

Quebra de Coluna (CTRL + SHIFT + ENTER)

Faz com que o conteúdo, após a quebra, seja iniciado na próxima coluna.

Quebra de Página (CTRL + ENTER)

Faz com que o conteúdo, após a quebra, seja iniciado na próxima página.

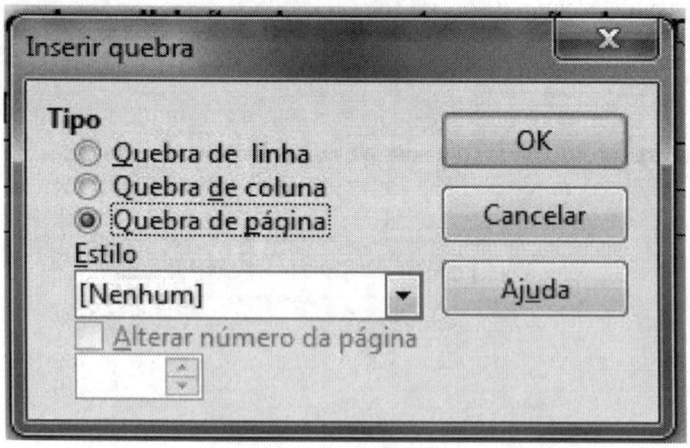

Campos ▶

Os Campos são estruturas de dados que utilizam propriedades do arquivo como nome do autor, título, dentre outras como Data e Hora do sistema.

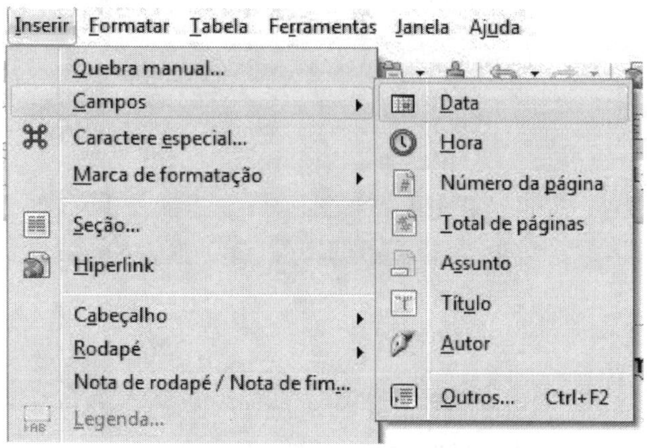

Caractere especial

A opção Caractere Especial pode ser utilizada para inserir símbolos como este ▶ entre inúmeros outros possíveis.

Seção

Uma Seção é o recurso-base para poder, em um mesmo documento, trabalhar com páginas com cabeçalhos e rodapés distintos, ou mesmo configurações de páginas distintas, como intercalar páginas em retrato e paisagem.

Cabeçalho ▶

Rodapé ▶

As estruturas de cabeçalhos e rodapés têm por princípio poupar trabalho durante a edição, de modo que o que for inserido nestas estruturas se repete nas demais páginas, não necessariamente do documento como um todo, mas em todas as páginas da mesma Seção.

Hiperlink

Um link nada mais é do que um caminho, um atalho para algum lugar. Esse lugar pode ser uma página na Internet, ou computador, como um arquivo que esteja na Internet ou mesmo no computador local. Também é possível fazer com que um link aponte para algum ponto do mesmo documento, criando uma espécie de navegação. Contudo, para realizar esse procedimento, deve-se antes inserir Indicadores. A imagem a seguir ilustra a janela de inserir Hiperlink:

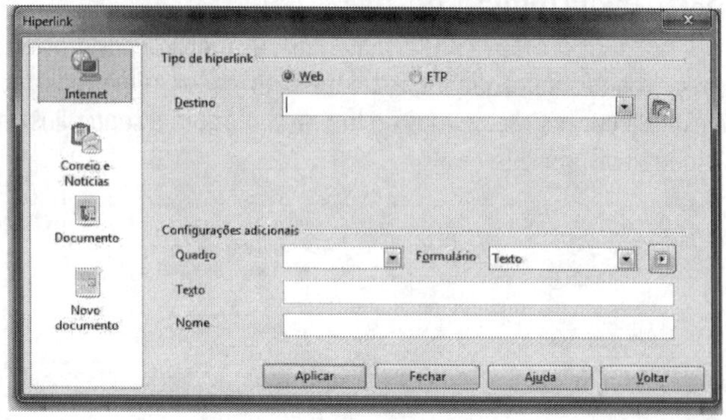

Nota de rodapé/nota de fim

Notas de Rodapé e Notas de Fim são observações que, por vezes, utilizamos para explicar algo que fugiria ao contexto de uma frase[1]. A identificação ao lado da palavra/frase serve para que, no rodapé da mesma página ou ao final do documento, o leitor busque a devida explicação para a observação.

Legenda

Uma Legenda é um recurso que poderia ser utilizado neste documento para identificar as figuras e referenciá-las em meio ao texto, mas como a estrutura de apresentação do conteúdo é linear e procura ser direta, não utilizamos esse recurso.

Indicador

Um Indicador é um ponto de referência para ser apontado por um hiperlink.

Referência

Uma Referência é uma citação pela qual utilizamos a ideia de informar algo do tipo, "conforme Figura 1". Em vez de escrever a palavra figura 1, estaria utilizando uma referência a ela, para que caso seja inserida uma nova figura antes da 1 no documento, os locais em que havia sido citado como figura 1 sejam refatorados para 2.

Anotação

É o recurso de comentário que pode ser inserido em um documento como uma anotação do que deve ser feito.

Índices ▶

Os Índices são os sumários e listas automáticas que podem ser inseridas em um documento, desde que se tenha utilizado os estilos de título e o recurso de legenda.

Quadro

Um quadro, basicamente, é uma caixa de texto para que seja inserido em seu interior uma estrutura qualquer.

1 Por exemplo, aqui falaria sobre o que é uma frase.

Tabela

É mais um caminho possível para inserir uma tabela dentro do editor, dentre as quatro formas possíveis, como o atalho CTRL + F12.

Figura ►

O recurso Figura permite inserir imagens de diferentes formatos (PNG, GIF, JPG) em um documento.

Filme e som

É possível inserir uma música ou um vídeo em meio a um documento de texto.

Objeto ►

Destaque para a opção Objeto OLE (*Object Linked Embeded*) pela qual podemos inserir uma Planilha do Calc dentro de um documento de texto e ainda utilizá-la com suas características de planilha.

Menu tabela

O menu Tabela apresenta as opções próprias de trabalho com uma tabela, como inicialmente inserir uma tabela no documento em edição. Várias opções aparecem desabilitadas, isso ocorre porque uma tabela não foi selecionada.

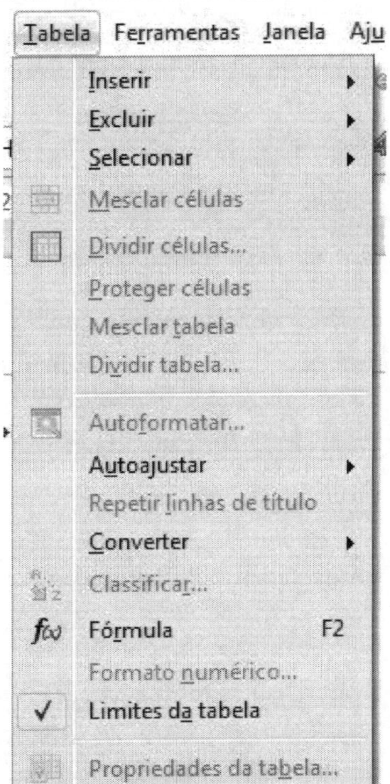

Outro caminho para se inserir uma tabela, além do menu Inserir e do atalho, dá-se por meio do menu Tabela opção Inserir e somente depois a opção Tabela.

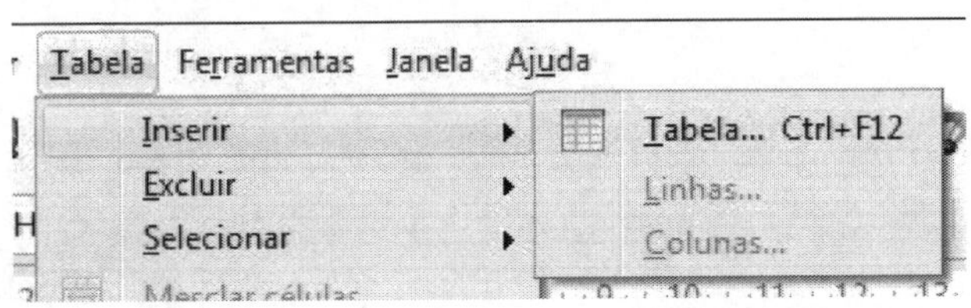

Mesclar células

Essa ferramenta só fica habilitada quando duas ou mais células de uma tabela estão selecionadas. Ao acioná-las, as células se tornam uma, ou seja, são mescladas.

Dividir células

Atente-se para esse recurso, pois somente em uma tabela é possível dividir células, ou seja, esse recurso não existe para planilhas.

Proteger células

É um recurso que pode ser utilizado para bloquear as alterações em uma determinada célula e em uma tabela.

Dividir tabela

Assim como é possível dividir uma célula, também podemos dividir uma tabela em duas ou mais, mas apenas tabelas.

Repetir linhas de título

Quando se trabalha com tabelas muito extensas, que se distribuem em várias páginas, é difícil manter a relação do que se tem em cada coluna e linha. Para não ter que copiar manualmente os títulos, podemos utilizar o recurso repetir linhas de título.

Converter ►

É possível converter tanto um texto em tabela como uma tabela em texto, utilizando, para isso, alguns critérios como espaços entre palavras ou tabulações, entre outros.

Menu ferramentas

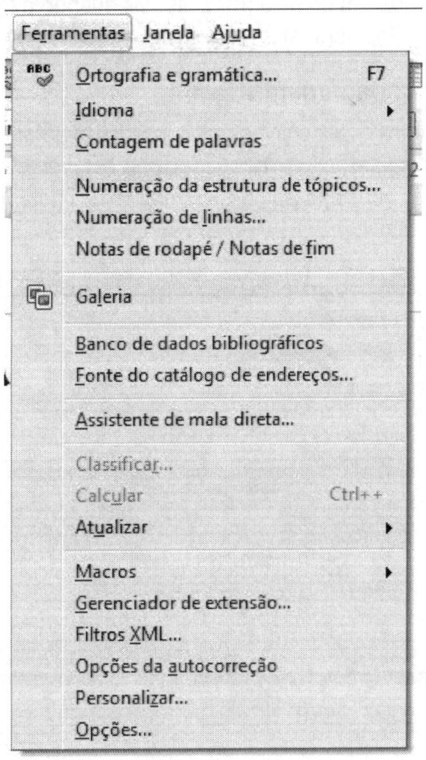

Ortografia e gramática (f7)

Abre uma janela para verificar o documento em busca de palavras desconhecidas ao dicionário do programa.

Idioma ►

No BrOffice Writer, podemos definir o idioma que está sendo trabalhado no texto selecionado, como no parágrafo e até para o documento de modo geral.

Contagem de palavras

O Writer também possui recurso de contabilização de total de palavras que compõem o texto.

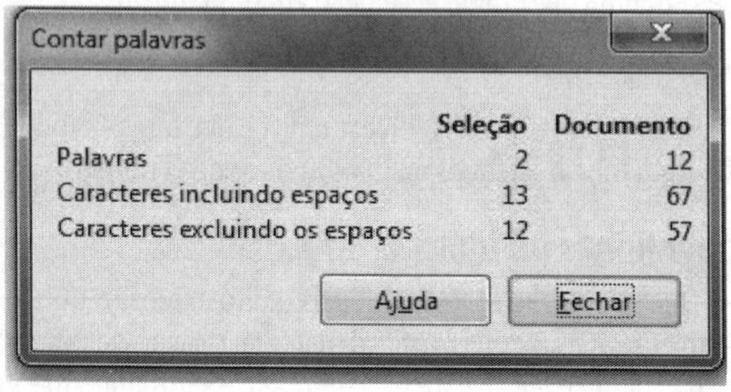

Numeração de linhas

Este recurso é bastante utilizado nas provas de Língua Portuguesa, em que ao lado das linhas, nos textos apresentados, aparece uma numeração, que não necessita ser exibida em todas as linhas. Atenção às questões que o comparam com o recurso Numeração, usado para numerar parágrafos.

Uma forma de identificar a diferença é pela presença dos indicadores de fim de parágrafo, visíveis quando a ferramenta "caracteres não imprimíveis" está ativa.

Notas de rodapé/notas de fim

Já vimos esse nome no menu Inserir. No entanto, são ferramentas distintas, mas relacionadas, pois esse recurso do menu Ferramentas abre a janela de configuração das notas, conforme ilustrado a seguir:

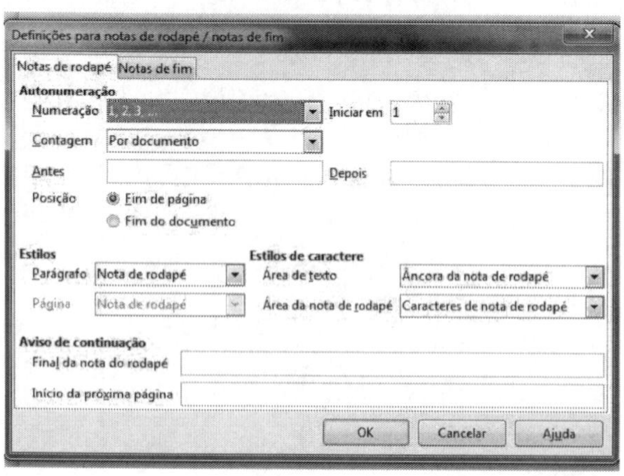

Galeria

A ferramenta que exibe a galeria também é encontrada no menu Ferramentas, além da barra de ferramentas padrão.

Assistente de mala direta

Uma ferramenta interessante para quem quer começar a entender o recurso de mala direta. Por meio dela, é possível criar uma mala direta passo a passo.

Macros ►

De uma forma geral, as Macros são regras criadas para automatizar tarefas repetitivas. Por meio dessa ferramenta é possível executar as macros existentes.

Opções de autocorreção

O recurso de Autocorreção é o responsável por corrigir palavras logo após a sua inserção, como colocar acento na palavra, caso digitada sem.

Opções

Esse recurso concentra as opções do programa como dados do usuário e recursos.

9. BROFFICE CALC

O BrOffice Calc é um editor de planilhas eletrônicas pelo qual pode-se estruturar um controle de livro-caixa ou estoque, dentre inúmeras outras estruturas para atender a necessidades básicas de um escritório, por exemplo, que deseja controlar suas atividades. A figura a seguir ilustra a janela principal desse programa.

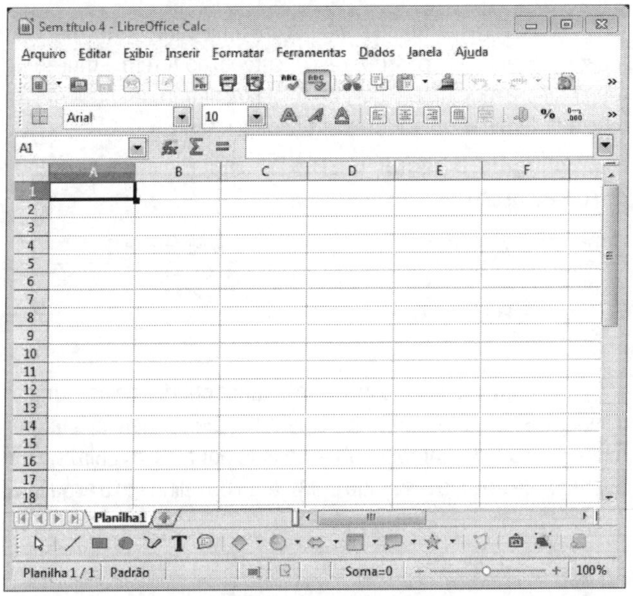

Para utilizar adequadamente esse programa, devemos entender as suas estruturas, com as quais iremos operar, como o formato de arquivo gerado.

Por padrão, um arquivo salvo no Calc é salvo no formato ODS (*Open Document Spreadsheet*), no entanto é possível por meio deste editor também salvar nos formatos padrões do Microsoft Office Excel, XLS (2003) e XLSX (2007 e 2010).

Vale lembrar que o formato ODF é o formato genérico do BrOffice, conhecido como *Open Document Format*, ou seja, Formato de Documento Aberto. Fique atento, pois o PDF (Formato de Documento Portátil) também e possível de ser gerado pelo Calc, porém por meio da opção Exportar como PDF.

9.1 Planilha

Uma planilha nada mais é do que um reticulado de linhas e colunas, as quais são preenchidas com dados e fórmulas com o intuito de se obter algum resultado ou estruturar alguma informação.

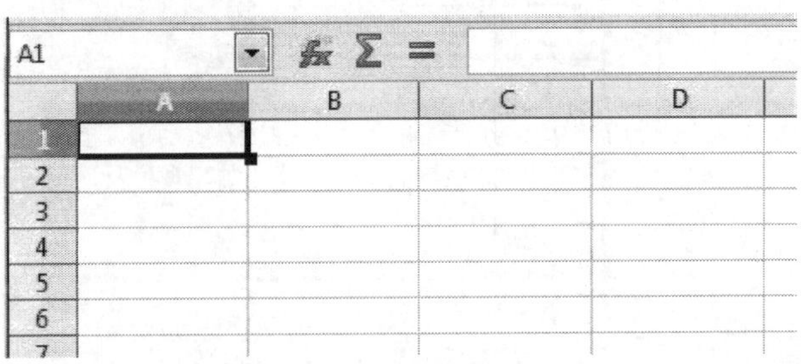

Por padrão, as linhas são identificadas por números enquanto que as colunas são identificadas por letras, conforme ilustrado na figura acima. Vale lembrar que, uma vez que existe um padrão, que existe também outra forma de se trabalhar, neste caso, é possível utilizar números para as colunas, mas é necessário alterar as opções do programa.

Uma planilha já possui um total de 1.048.576 linhas por 1024 colunas, contudo, como o alfabeto vai apenas até a letra Z, a próxima coluna é dada pela combinação AA, seguida por AB até chegar a AZ, seguida por BA, BB e assim por diante até completar as 1024 colunas, sendo a última representada pela combinação AMJ.

O mais importante a ser observado sobre essa característica é que esses valores são fixos, ou seja, uma planilha sempre terá essa estrutura, mas quando usado o recurso inserir Linhas ou Colunas, ocorre um deslocamento de conteúdo para baixo, no caso de linhas, e para a direita, no caso de colunas.

9.2 Célula

Uma célula é a menor unidade estrutural de um editor de planilhas, elas são dadas pelo encontro de uma coluna com uma linha. Assim são identificadas pelos títulos das colunas e das linhas que são exibidas.

A célula A1 é a primeira célula de uma planilha, ou seja, é a célula que se encontra na coluna A e na linha 1.

Células de absorção

Dentre as características das células podemos citar as de Absorção, também conhecidas como células de resultado. Basicamente são aquelas que apresentam o resultado de algum cálculo.

Os indicadores de Células de Absorção são símbolos usados para identificar para o programa quais células devem ser calculadas. No Calc, são três os indicadores de células de absorção:

=	=5+5	10
+	+5+5	10
-	-5+5	0

Modos de endereçamento

Os modos de endereçamento são formas de identificar o endereço de uma célula, contudo para fins de identificação os três modos de endereçamento não possuem diferença, sua aplicação é apenas para os procedimentos de copiar e colar uma célula cujo conteúdo é uma fórmula, por vezes citado pelo clicar e arrastar.

Relativo: no modo de endereçamento relativo apenas precisamos indicar a coluna e a linha de uma célula. Como o exemplo: B2, ou seja, a célula que se encontra na junção da linha 2 com a coluna B.

Misto: no modo de endereçamento misto é utilizado o símbolo $ (cifrão) para indicar que o dado que estiver imediatamente à sua direita será sempre o mesmo, ou seja, não poderá ser alterado.

Existem duas formas de endereçamento misto, em uma bloqueamos a coluna, enquanto que na outra a linha é que é bloqueada.

Quando desejamos travar a coluna, escrevemos o endereço da célula, =$B2, assim a linha pode ser alterada quando houver deslocamento, porém a coluna será sempre a coluna B.

Por outro lado, quando desejamos fixar uma linha, devemos escrever o $ antes da linha, exemplo, =B$2, dessa forma, a coluna pode ser alterada quando houver deslocamento em relação à coluna, contudo a linha será sempre a linha 2.

Absoluto: no endereçamento absoluto tanto a coluna quanto a linha são fixadas, assim podemos dizer que a célula será sempre a mesma.

Endereço da planilha

<nome da Planilha>.<endereço da célula>

=Planilha1.B4+Planilha2.B4

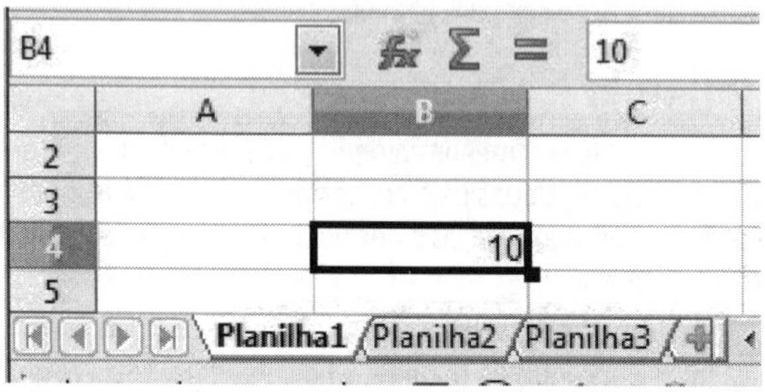

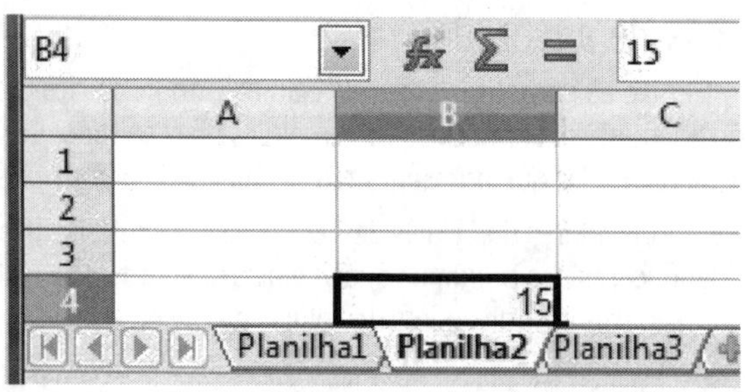

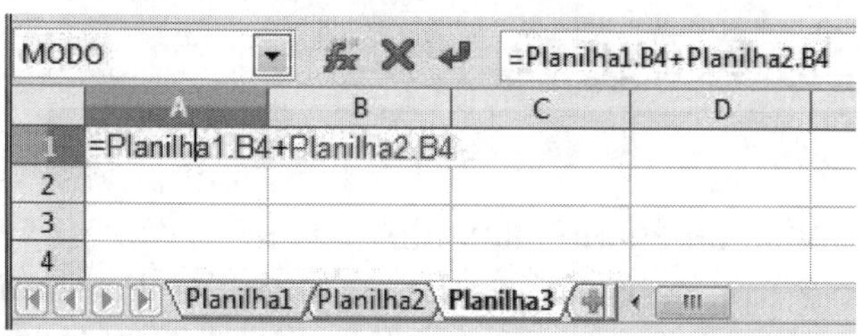

9.3 Operadores

No BrOffice Calc existem quatro tipos de operadores básicos: aritméticos, texto, referência e comparação, cada qual com suas peculiaridades.

Operadores aritméticos

Sobre Operadores Aritméticos, assim como sobre Células de Absorção, a maioria das perguntas é direta, mas as questões são colocadas na matemática destes operadores, ou seja, as regras de prioridade de operadores devem ser observadas para que não seja realizado um cálculo errado.

Operador	Símbolo	Exemplo de uso	Resultado
Adição	+	=5+5	10
Subtração	-	=5-5	0
Multiplicação	*	=5*5	25
Divisão	/	=5/5	1
Potenciação	^	=5^2	25
Percentagem	%	=200*10%	20

Operador de texto

Os editores também contam com um operador que permite atuar com texto. O operador de concatenação **&** tem a função de reunir o conteúdo das células na célula resultado. Atenção, nesse caso a ordem dos operadores altera o resultado.

A figura a seguir ilustra as células com operações de concatenação.

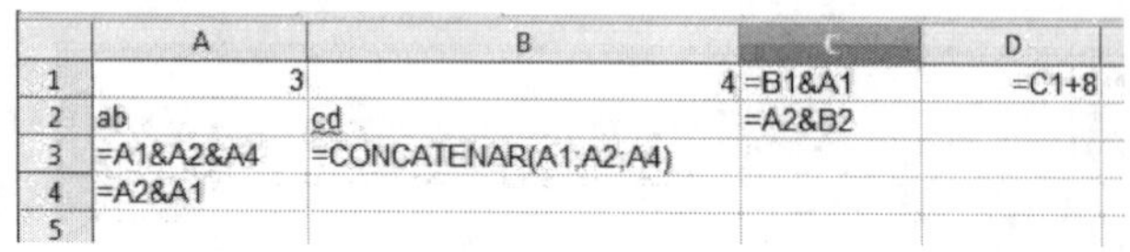

A figura a seguir mostra os resultados obtidos pelas fórmulas inseridas, atente aos resultados e perceba que a ordem dos fatores muda o resultado. Também observe que, por ter sido utilizado um operador de texto, o resultado por padrão fica alinhado à esquerda.

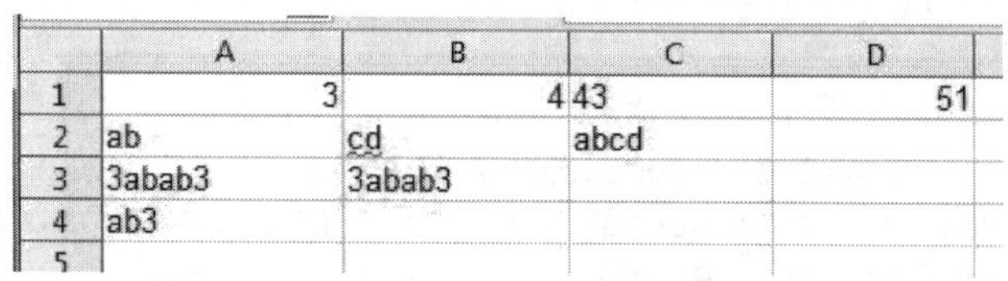

Referência

Os operadores de referência são aqueles utilizados para definir o intervalo de dados que uma função deve utilizar.

; ~	E	União
:	Até	Intervalo
!		Interseção

Considere o seguinte conjunto de dados em uma planilha em edição no Calc:

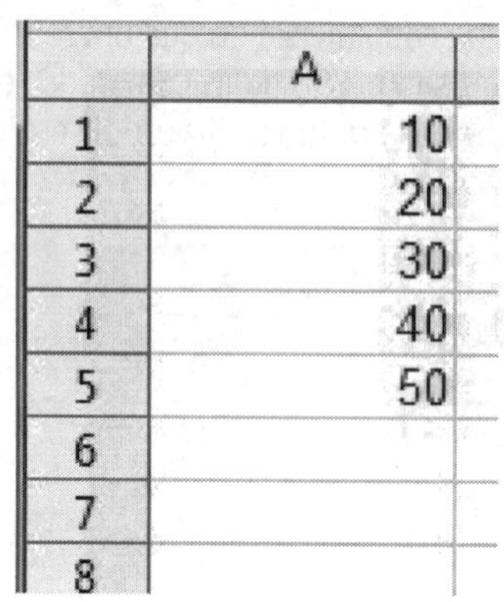

=SOMA(A1 : A4)

A função é lida como Soma de A1 até A4, ou seja, todas as células que estão no intervalo de A1 até A4 inclusive. No caso de exemplo o resultado = 100.

De forma equivalente pode-se escrever a função como se segue:

=SOMA(A1 ; A2 ; A3 ; A4)

A qual se lê Soma de A1 e A2 e A3 e A4, assim é possível especificar células aleatórias de uma planilha para realizar um cálculo.

=SOMA(A1 ; A4)

Neste caso fique atento pois, a leitura é Soma de A4 e A1, ou seja, apenas estão sendo somadas as células A1 com A4 as demais não entram no conjunto especificado. Assim, o resultado seria 50.

=SOMA(A1 : A4 ! A3 : A5)

Já nesta última situação apresentada, deseja-se somar apenas as células que são comuns ao intervalo de A1 até A4 com A3 até A5, que no caso são as células A3 e A4, assim a soma destas células resulta em 70.

9.4 Elemento fixador

O $ (cifrão) é um símbolo usado para travar alguma informação, via de regra o que estiver vinculado à direita.

As questões normalmente descrevem uma planilha e citam que uma determinada fórmula foi inserida em uma célula. Na sequência, a célula é selecionada, copiada e colada em outra célula, ou mesmo clicado pela alça de preenchimento e arrastado para outra célula.

No caso a seguir, foi inserida na célula C1 a fórmula =A1+$A2+A$2, após foi arrastada pela alça de preenchimento desta célula para a célula C2, assim a fórmula presente em C2 será:

1º de C1 para C2 foi acrescido apenas uma linha, sem alterar a coluna, assim as letras não são alteradas, mas existem modos de endereçamento misto, em que aparece $2 significa que a linha será sempre a linha 2, não podendo modificá-la.

	A	B	C	D
1	10	100	=A1+$A2+A$2	
2	50	200	=A2+$A3+A$2	
3	=$A$1+A1			
4		=$A$1+B2		
5				=B5+$A6+B$2
6				

	A	B	C	D
1	10	100	110	
2	50	200	120	
3	20			
4		210		
5				200
6				

C1	→	C2
Origem		Destino

	Destino		Origem	Deslocamento
Linha	2	-	1	1
Coluna	C 3ª	-	C 3ª	0

C1	→	D5
Origem		Destino

	Destino		Origem	Deslocamento
Linha	5	-	1	4
Coluna	D 4ª	-	C 3ª	1

A3	→	B4
Origem		Destino

	Destino		Origem	Deslocamento
Linha	4	-	3	1
Coluna	B 2ª	-	A 1ª	1

	→	
Origem		Destino

	Destino		Origem	Deslocamento
Linha		-		
Coluna		-		

9.5 Alça de Preenchimento

A Alça de Preenchimento é um dos recursos que mais possui possibilidades de uso e por consequência respostas diferentes.

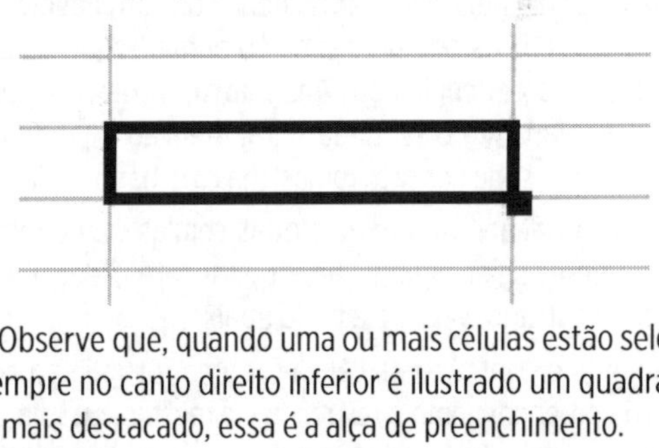

Observe que, quando uma ou mais células estão selecionadas, sempre no canto direito inferior é ilustrado um quadrado um pouco mais destacado, essa é a alça de preenchimento.

Ela possui esse nome porque é utilizada para facilitar o preenchimento de dados que obedeçam a uma regra ou padrão.

Quando uma única célula está selecionada e o seu conteúdo é um valor numérico. Ao clicar sobre a alça de preenchimento e arrastar seja na horizontal ou vertical, em qualquer sentido, exceto diagonal, será preenchido com uma Progressão Aritmética (PA) de razão 1, caso seja arrastado para esquerda ou para cima a razão é -1. A figura a seguir ilustra o comportamento.

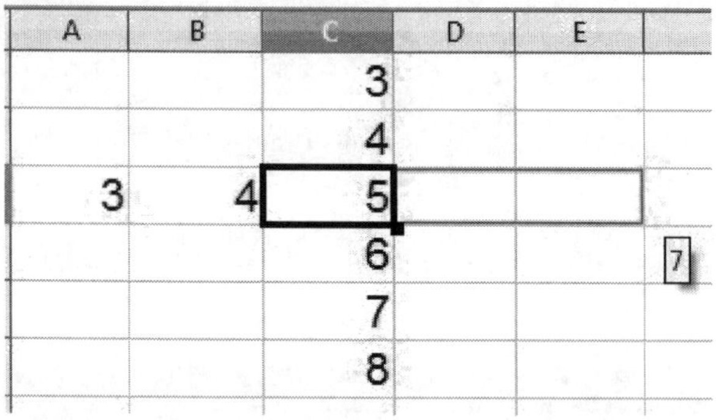

Já na situação em que existem duas células adjacentes selecionadas contendo valores numéricos diferentes entre si, ao se arrastar pela alça de preenchimento as células serão preenchidas com uma PA cuja razão é a diferença entre os dois valores selecionados. A figura a seguir ilustra esse comportamento. Podemos observar que o valor que irá ser exibido na célula B6 será o número 30, com isso a célula B4 receberá o valor 20, enquanto que a B5 receberá 25, conforme vemos na figura da direita.

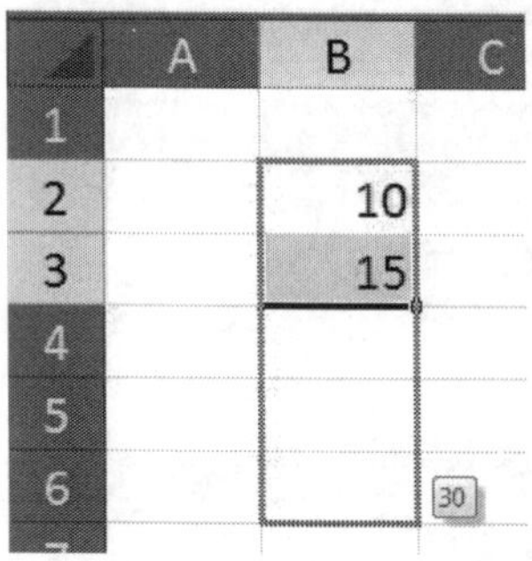

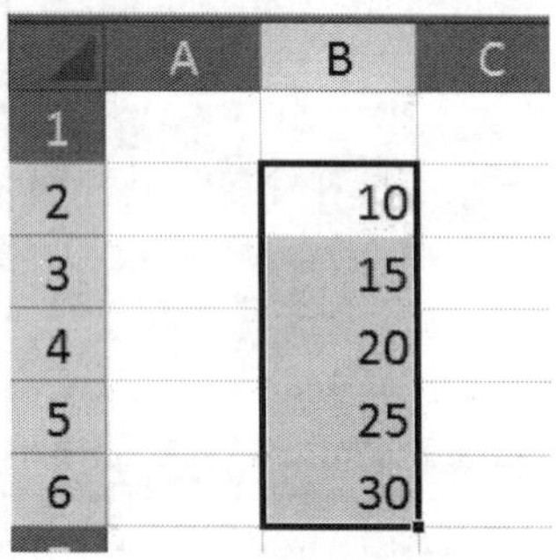

Quando o conteúdo de uma única célula selecionada for um texto esse, será copiado para as demais células. Mas se o conteúdo, mesmo sendo um texto, fizer parte de uma série conhecida pelo programa às células serão preenchidas com o próximo valor da série. Por exemplo, se **Janeiro** for o conteúdo inserido na célula, então, ao arrastar pela alça de preenchimento para a direita ou para baixo a célula adjacente será preenchida com **Fevereiro**, por outro lado se for arrastado para cima ou para a esquerda a célula adjacente será preenchida com **Dezembro**. O mesmo vale para as sequências Jan, Seg e Segunda-feira. Atenção: A, B, C não são conhecidos como série nos programas, mas o usuário pode criá-las.

Já na situação em que haja duas células que contenham textos diferentes selecionadas, ao arrastar será preenchido com o padrão encontrado, veja o exemplo abaixo.

Quando o conteúdo da célula for uma fórmula ao arrastar pela alça de preenchimento o resultado é o mesmo, ou seja, deverá ser calculada a nova fórmula de acordo com o deslocamento.

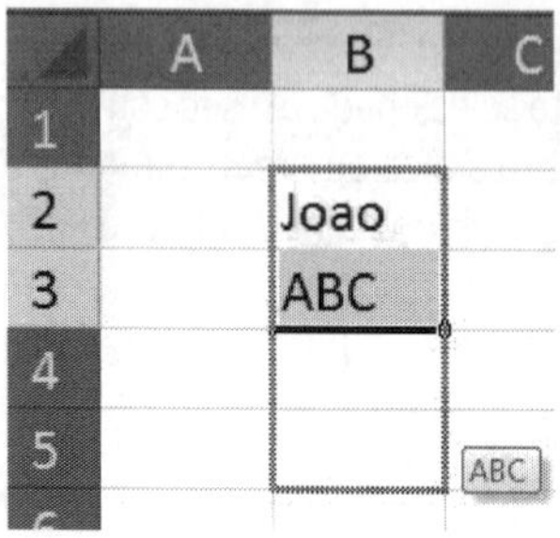

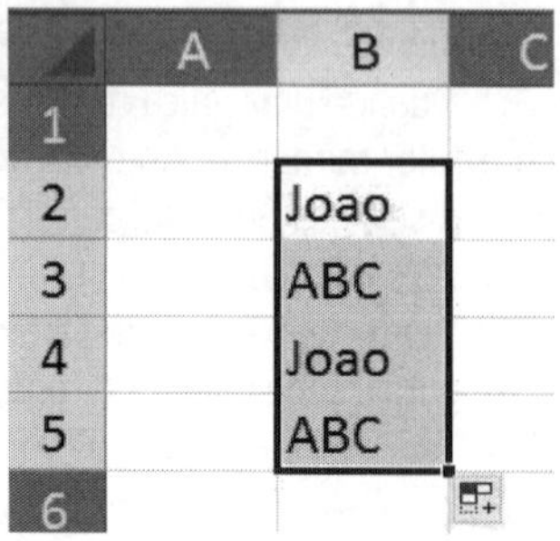

9.6 Funções

As funções são estruturas prontas criadas para que o usuário não se preocupe em como elas funcionam, mas apenas com que informações devem descrever para obter o resultado. Contudo, para as provas de concurso precisamos saber como elas funcionam.

A figura acima ilustra a barra de fórmulas e funções do Calc, por meio dela podemos inserir as funções, além de poder digitá-las diretamente. Essa barra também tem importante informação, pois é nela que é exibido o real conteúdo de uma célula, ou seja, se o que foi inserido foi uma fórmula ou um dado (valor) direto.

Caso ainda não conheça muito bem as funções é possível contar com o assistente de funções, que pode ser acessado pelo ícone *fx* presente nessa mesma barra. À direita dele encontra-se o botão SOMA, que pode ser usado para inserir a função =SOMA( ) já o sinal de igual presente na sequência é o mesmo que digitar o símbolo na célula selecionada a fim de inserir uma fórmula ou função, tanto que seu nome é Função.

Principais funções

=SOMA( )

=MÉDIA( )

=MED( )

=MÁXIMO( )

=MAIOR(;)

=MÍNIMO( )

=MENOR(;)

=MODO( )

	A	B	C	D
1	3	7	10	
2	7	3	20	
3		7	30	
4	3	3	40	
5	7	5	10	
6				
7				

=média(a1:a5)

Calcula-se a Média de A1 até A5. O cálculo da média é a soma de um conjunto de valores dividido pelo total de valores **somados**, assim para o caso apresentado na figura acima o resultado da média de A1 até A5 é 20/4 totalizando 5, ou seja, as células vazias são ignoradas. Caso a célula A3 possua o valor 0, o resultado seria 4, pois 0 (zero) é número.

=média(a1;a2;a3;a4;a5)

Nesta segunda forma, apenas se mudou os operadores de referência, mas o resultado será o mesmo, pois o conjunto de dados é o mesmo.

=média(b1:b5)

O conjunto apresentado também resulta em 5.

=soma(b1:b5)/5

Muito comum de ser usado nas provas as estruturas de funções combinadas com expressões aritméticas como somar o conjunto de B1 até B5 e na sequência dividir o resultado por 5. Atente-se, pois para o caso em questão a expressão acima calcula a média, porém não se pode dizer o mesmo para a frase, **a função =SOMA(B1:B5)/5 calcula a média dos valores de B1 até B5 qualquer que seja o valor nas células**, pois se alguma célula estiver vazia não será dividido por 5 o total somado, a fim de calcular a média.

=b1+b2+b3+b4+b5/5

Cuidado com a expressão acima, porque ela não calcula a média, mas é bastante usada nas provas para induzir o candidato ao erro, lembre-se que os cálculos devem ser realizados respeitando as precedências de operadores. Assim, a expressão para calcular a média seria **=(B1+B2+B3+B4+B5)/5** usando os parênteses para mudar a precedência indicando que o que está entre eles é que deve ser calculado por primeiro.

=med(b1:b5)

Atenção a essa função, pois as provas induzem o candidato a pensar que se trata da função que calcula a média, contudo o que ela calcula é a **Mediana**, que é o elemento central de um conjunto de elementos. Porém, outra questão recorrente pode ser apresentada: ocorre quando o conjunto de dados é similar ao apresentado, ou seja, com números repetidos e fora de ordem, devemos lembrar que a mediada leva em consideração os valores em ordem e que estes se repetem. Desse modo, na mediana de B1 até B5 devemos observar os valores (3, 3, 5, 7, 7), com base nesse conjunto tem-se que a mediana é 5, pois é o elemento central.

=med(a1:a5)

Contudo, quando o conjunto possui uma quantidade par de elementos, a mediana é a média dos elementos centrais. Dado do conjunto (3, 3, 7, 7) a mediana é a média de 3 e 7, ou seja, 5.

=máximo(b1:b5)

Essa função retorna o valor mais alto do conjunto de dados especificado.

=maior(b1:b5;3)

Em comparação com a função Máximo, é comum aparecer a função Maior que permite identificar o enésimo termo de um conjunto.

No exemplo anterior podemos ler como o terceiro maior número do intervalo de B1 a B5.

Neste caso, como se deseja o maior valor o conjunto, deve ser considerado em ordem decrescente (7, 7, 5, 3, 3), assim o terceiro maior número é 5.

=mínimo(b1:b5)

Enquanto que o máximo traz como resposta o valor mais alto, o mínimo retorna o mais baixo.

Para o exemplo acima a resposta é 3.

=menor(b1:b5;1)

A função Menor exibe o enésimo menor número de um conjunto, desta forma, no exemplo dado, pede-se o primeiro menor número do intervalo de B1 a B5 (3, 3, 5, 7, 7), na função menor o conjunto de dados deve ser considerado em ordem crescente, assim o primeiro menor é 3, o mesmo que o mínimo de B1 até B5.

=modo(a1:a5)

Esta função retorna o valor que aparece com maior frequência no conjunto especificado. No caso do exemplo, a resposta é 3.

=modo(b1:b5)

Observe que o resultado será sempre o valor mais baixo que mais se repete, mesmo que outro valor apareça com a mesma frequência, como no segundo exemplo a resposta também é 3.

Outras funções comuns

	A	B	C	D	E
1	3	7	10	A	
2	7	3	20	B	
3		7	30	A	
4	3	3	40	A	
5	7	5	10	B	
6					

=se(; ;)

A função SE é também conhecida como condicional, por meio dela é possível definir ações a serem executadas diante de determinadas situações (condições).

Sua sintaxe é composta por três campos sendo que no primeiro é colocado um teste lógico, após o ponto e vírgula temos o campo que contém a ação a ser executada, caso o teste lógico seja verdadeiro e na sequência. No último campo, contém a ação caso o teste lógico seja falso.

=cont.Núm( )

Esta função exibe o total de células de um intervalo que possui como conteúdo um valor numérico.

=cont.Se(;)

Enquanto que a função CONT.SE retorna a quantidade de células que atendem ao critério estabelecido no segundo campo.

=somase(; ;)

Já a função SOMASE, permite somar apenas o conteúdo das células de interesse ao montante.

Assim se aplicada a função **=SOMASE(D1:D5;"=A";C1:C5)** a resposta será o montante da soma das células da coluna C que estiverem na mesma linha das células da coluna D que possuírem a letra A como conteúdo. Assim a resposta é 80.

Exs.:

=SE(C1>=10; "maior ou igual"; "Menor")

Se o valor contido na célula C1 for maior ou igual a 10, então será escrito na célula o texto expresso no segundo campo da função. Por ser um texto, a ação desejada ele obrigatoriamente deve ser expresso entre aspas, contudo as aspas não serão exibidas na resposta.

Mas se o valor da célula C1 for menor do que então será escrito como resposta o texto **Menor**.

=cont.Núm(a1:a5)

Como a célula A3 está vazia, a resposta desta função é 4, pois existem apenas 4 células cujo conteúdo é um número.

=cont.Se(d1:d5; "=a")

Ao se aplicar a função acima, ela irá contar quantas células possuem o texto A, neste caso a resposta é 3.

9.7 Formatos de células

Ao clicar com o botão direito do mouse sobre uma ou mais células selecionadas é aberto o menu suspenso, ilustrado a seguir. Neste momento nos interessa a opção Formatar Células que, ao ser acionada, abre a janela de formatação de células.

Guia números

A figura a seguir ilustra a janela Formatar Células exibindo as opções da aba Números, as principais abas são as guias Número e Alinhamento.

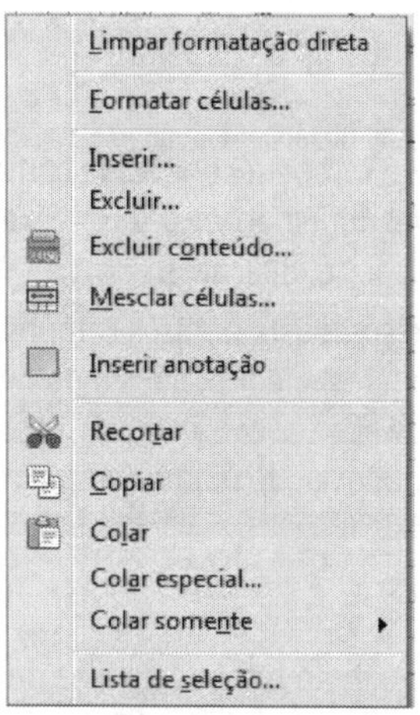

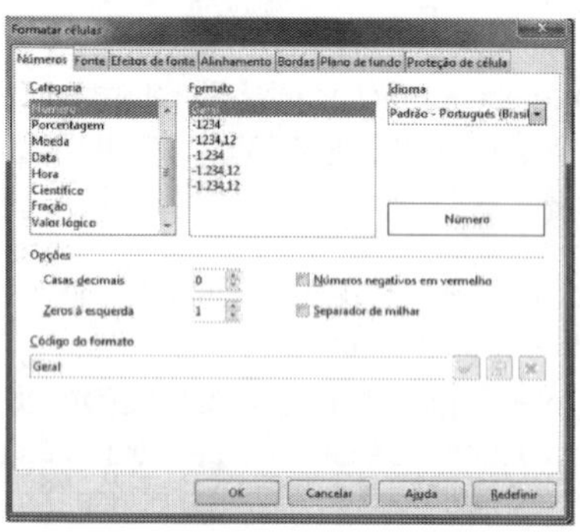

Na figura abaixo estão listados os formatos de células e exibidas as células formatadas.

	A	B
1	Número	5,70
2	Porcentagem	500,00%
3	Moeda	R$ 50,00
4	Data	09/04/13
5	Hora	23:20:00
6	Científico	5,00E+000
7	Fração	3/4
8	Valor Lógico	VERDADEIRO
9	Texto	teste
10		

Os formatos Moeda e Percentagem também podem ser definidos pelas opções da barra de Ferramentas de Formatação. A figura a seguir ilustra parte desta barra com as opções citadas.

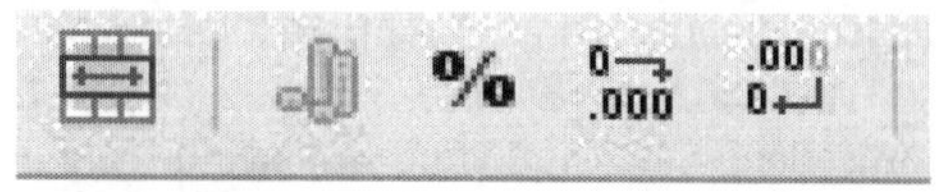

Guia alinhamento

Por meio desta guia, podemos formatar o alinhamento vertical e/ou horizontal de uma célula bem como a orientação do texto, ou seja, sua direção aplicando um grau de inclinação.

Também encontramos a opção Quebra Automática de texto que permite distribuir o conteúdo de uma célula em várias linhas de texto dentro da mesma célula. A figura a seguir ilustra estas opções.

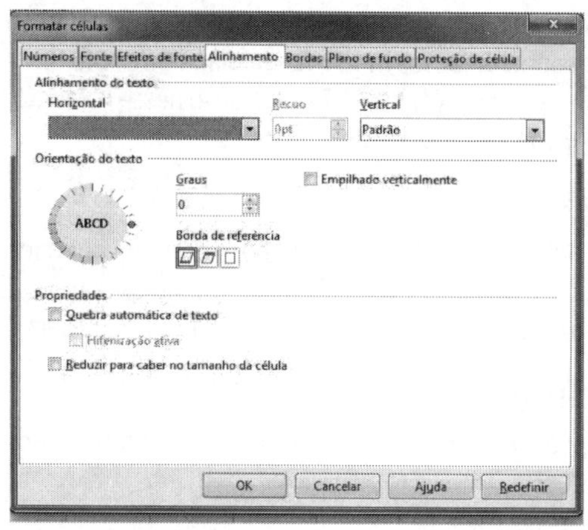

Outras ferramentas

Mesclar e centralizar 

A opção Mesclar e Centralizar do Calc centraliza tanto na horizontal como na vertical. Porém, é possível exibir apenas o conteúdo da célula superior esquerda, como também se pode mover o conteúdo das células selecionadas que serão ocultas para a célula superior esquerda.

A sequência de imagens a seguir ilustra a operação de mesclar em que se opta por exibir apenas a célula superior esquerda, observe que as demais células são apenas ocultas, assim seus valores são mantidos e podem ser referenciados.

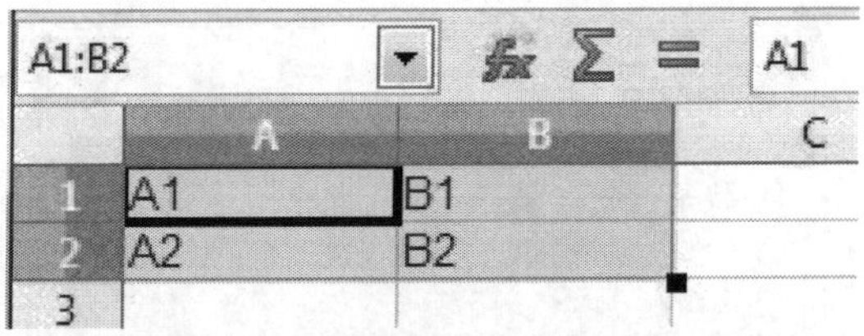

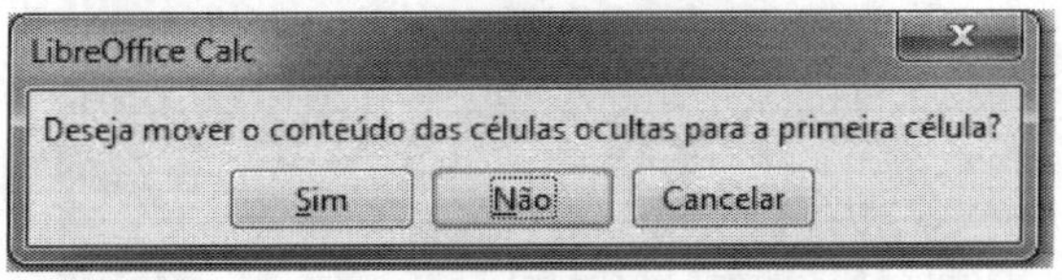

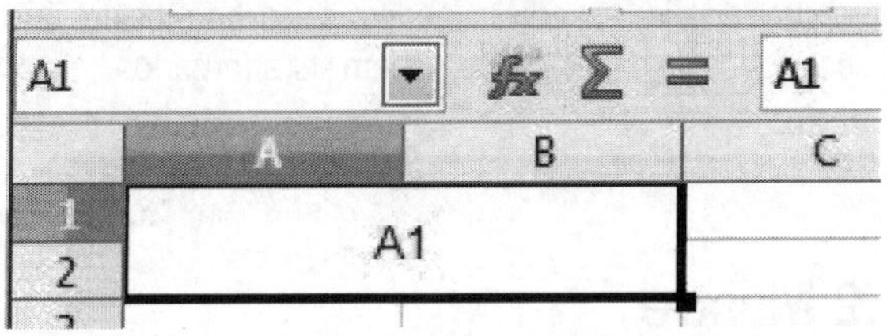

Nessa próxima sequência foi optado por mover o conteúdo para a célula superior esquerda, atente que a ordem dos dados é a mesma de leitura (esquerda para a direita e de cima para baixo).

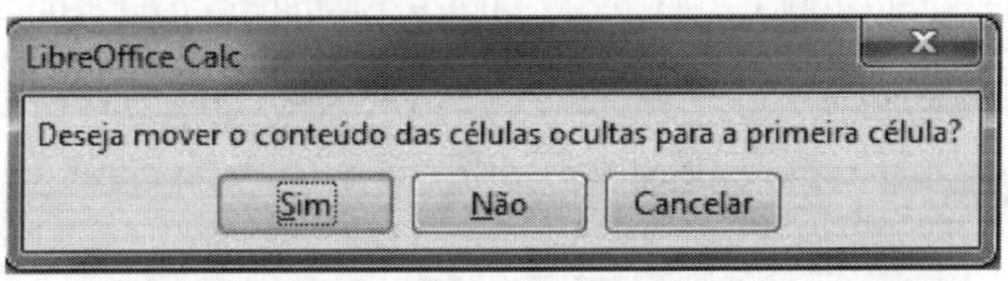

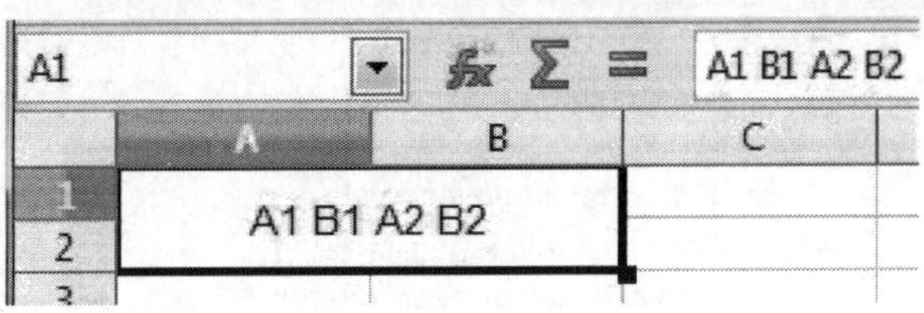

Bordas 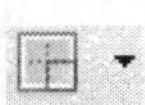

Por padrão, em uma planilha, o que vemos são as linhas de grade e não as bordas das células, tanto que se realizarmos a impressão nenhuma divisão aparece. As bordas devem ser aplicadas manualmente de acordo com a necessidade, para isso, pode-se usar o botão Bordas presente na barra de ferramentas de formatação que, ao ser acionado, exibe as opções de bordas, como: bordas externas, internas, esquerda, direita, dentre as demais que podem ser visualizadas na figura abaixo.

Classificar 

Outra opção que podemos destacar é a de classificação de dados, pela qual podemos ordenar um conjunto de dados selecionados em ordem crescente ou mesmo decrescente, por meio dos ícones acima representados, respectivamente.

10. BROFFICE IMPRESS

É também conhecido como editor de slides. Fique atento com as palavras expressas em português como eslaide, que aparenta ser errada, pelo fato de não ser empregada com frequência, comumente usada para induzir o candidato ao erro.

10.1 Janela do Programa

Devemos, primeiramente, conhecer algumas funções da Janela do Editor para melhor entender seus recursos.

A primeira barra ao topo, onde encontramos os botões Fechar, Maximizar/Restaurar e Minimizar é a chamada Barra de Título, pois expressa o nome do arquivo e o programa no qual está sendo trabalhado.

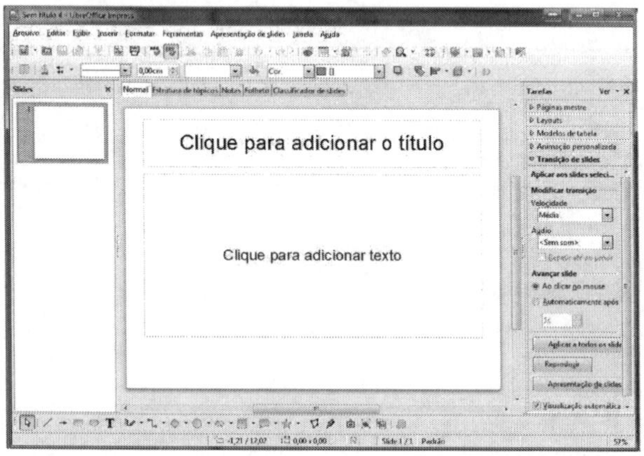

A barra logo abaixo é a Barra de Menu, onde se encontram as ferramentas do programa. Observe, à direita do menu Ferramentas, a existência de um menu diferente dos encontrados no Writer e Calc, o menu Apresentação de Slides. Nele, são encontradas as opções específicas das operações com slides como Cronometrar, Transição e Apresentação de Slides.

Na sequência, são exibidas as duas barras de ferramentas (Padrão e de Formatação). Fique atento às divisões da janela. Na lateral esquerda, está o painel Slides, nele são exibidas as miniaturas dos slides a fim de navegação na apresentação, bem como de organização. Uma vez que, para deslocar o slide, basta clicar e arrastá-lo para o local desejado.

A última é a barra de Status, por meio dela podemos visualizar em qual slide estamos, além de poder alterar o zoom do slide em edição.

Acima da barra de Status está a barra de Desenhos, ilustrada a seguir. Essa barra é comum aos demais editores (Calc e Writer). Porém, ela só aparece por padrão no Impress. Para ocultá-la ou exibi-la, basta selecionar a barra no menu Exibir -> Barras de Ferramentas -> Desenho.

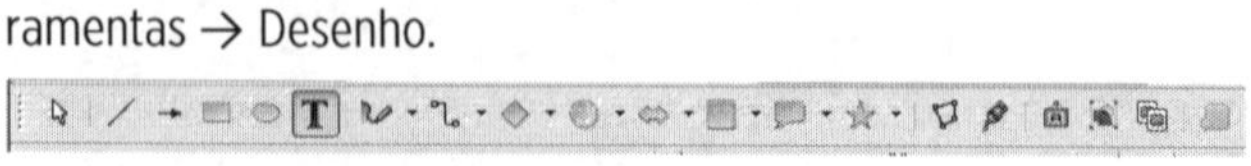

A área central da tela é onde fica o slide em edição, também conhecida como palco, quem sabe uma associação ao espaço onde o artista expõe a sua obra.

Já à direita, é exibido o Painel de Tarefas. Essa estrutura oferece diversas opções, conforme ilustrado a seguir:

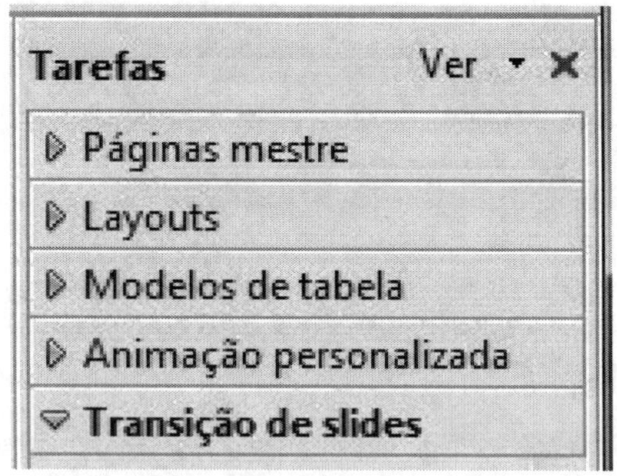

Acima do slide em edição, podem-se encontrar cinco opções, elas são modos de exibição que podem ser alternados.

10.2 Mestre

Um mestre é aquele que deve ser seguido, ou seja, uma estrutura base para a criação de um conjunto de slides. Por meio dele podemos criar um modelo no qual se definem estilos de título, parágrafo, tópicos, planos de fundo e os campos de data/hora, rodapé e número do slide, conforme pode ser visualizado na imagem a seguir:

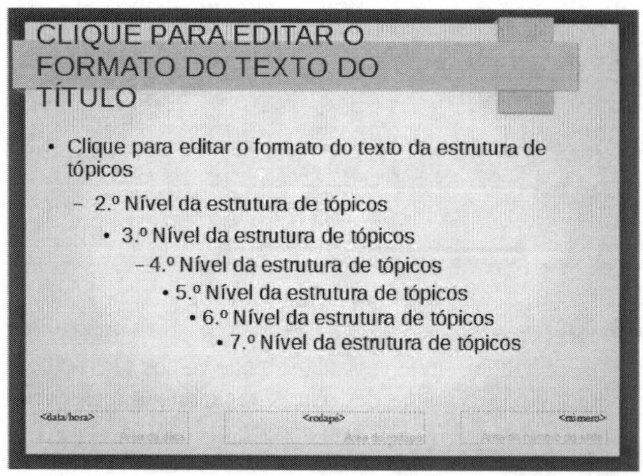

Para acionar o modo exibido, basta clicar no menu Exibir -> Mestre -> Slide Mestre.

A Nota Mestre serve para formatar as características das anotações (notas) que podem ser associadas a cada slide, conforme ilustrado a seguir.

Já o item Elementos do Slide Mestre, serve para indicar quais elementos devem aparecer nos slides ou notas.

No painel de Tarefas, a opção Páginas Mestre apresenta alguns modelos de Slides Mestres que podem ser utilizados pelo usuário.

10.3 Layouts

Também podendo ser citado como Leiaute, são as estruturas que um slide pode possuir, como slides de título, título e subtítulo, slide em branco entre outros.

A figura a seguir ilustra os diversos layouts disponíveis no Impress. Esses podem ser definidos a qualquer momento da edição, inclusive após o slide já ter sido inserido.

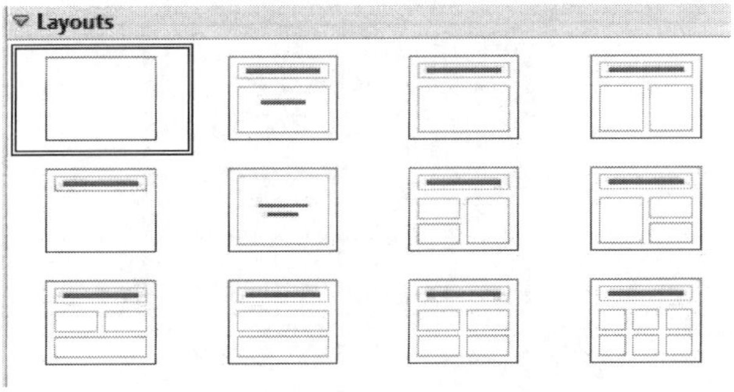

Por meio do botão Inserir Slide , presente na barra de ferramentas padrão, é possível escolher no momento da inserção o layout do slide. Após este já ter sido inserido, basta selecioná-lo no painel de slides, à esquerda, e escolher o novo layout desejado pelo botão de Layout do Slide  ou pelo painel de Tarefas.

10.4 Formatos de arquivos

O Formato de Arquivo salvo por padrão no BrOffice (LibreOffice) Impress é o ODP (*Open Document Presentation*). Contudo, é possível salvar uma apresentação no formato PTT do PowerPoint (2003) ou PTTX do PowerPoint 2007 e 2010.

Existe também um formato de arquivo PPS (2003) e PPSX (2007 e 2010). Ele é um formato de autoplay, ou seja, ao ser acionado o arquivo com esse formato ele automaticamente é exibido no modo de exibição de slides.

10.5 Modos de exibição

Os Modos de Exibição refletem em diferentes estruturas e não apenas formas de visualizar os slides. No Impress existem cinco modos de exibição principais, mas pode-se acrescentar também o modo de Apresentação de Slides como sendo um modo de exibição.

Para alternar entre os modos de exibição, pode-se escolher o modo desejado pelo Menu Exibir ou pelas opções presentes no topo do palco de edição.

Normal

Este é o modo de exibição padrão para a edição dos slides, conforme ilustrado a seguir. Com esse modo, é possível alterar os textos do slide, bem como suas formatações de texto, layout e plano de fundo.

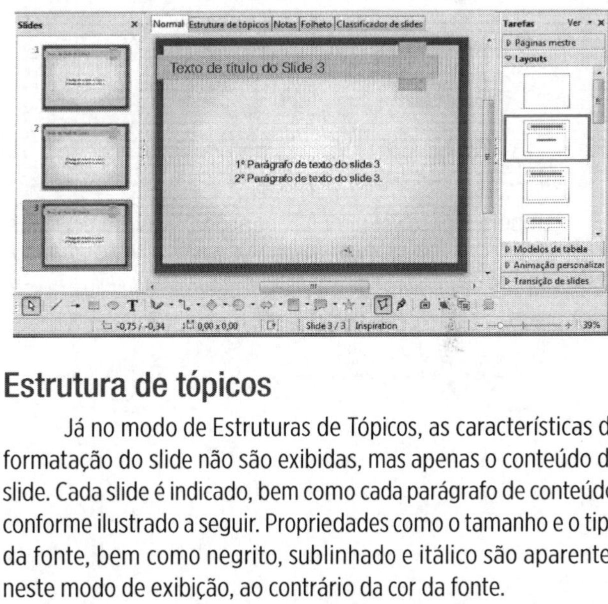

Estrutura de tópicos

Já no modo de Estruturas de Tópicos, as características de formatação do slide não são exibidas, mas apenas o conteúdo do slide. Cada slide é indicado, bem como cada parágrafo de conteúdo, conforme ilustrado a seguir. Propriedades como o tamanho e o tipo da fonte, bem como negrito, sublinhado e itálico são aparentes neste modo de exibição, ao contrário da cor da fonte.

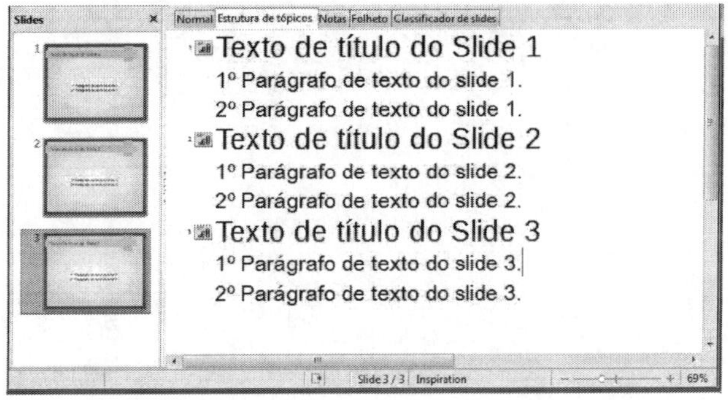

Notas

Este modo de exibição serve para que se possa inserir as anotações sobre um slide, muitas vezes usadas para descrever o assunto, ou conteúdo do slide, ou seja, são os tópicos a serem seguidos e apontados. Assim, as notas servem como um lembrete.

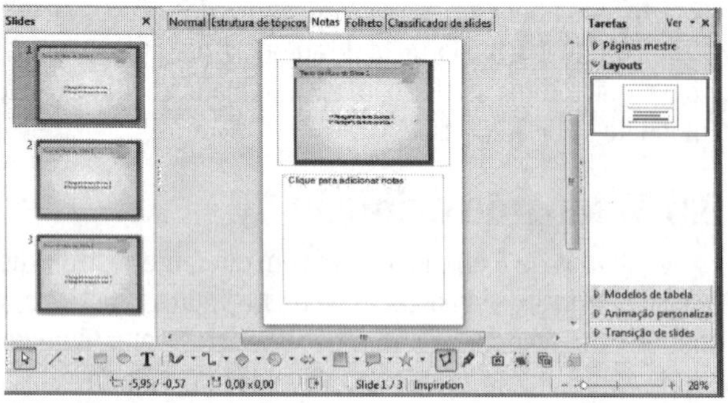

Folhetos

O modo de exibição de Folhetos, ilustrado a seguir, tem por objetivo as estruturas de cabeçalho e rodapé do modo de impressão de folhetos, ou seja, aquele em que são impressos vários slides por página.

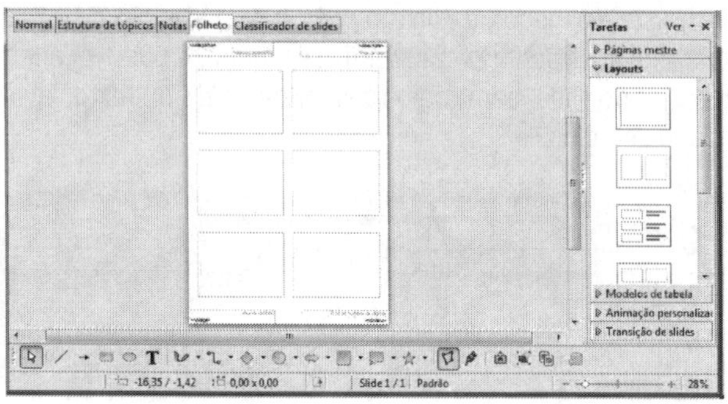

Também é possível dimensionar como ficaram os slides. Além do conteúdo do cabeçalho e rodapé, é possível inserir dados como data, hora e números de páginas. A figura a seguir ilustra com maior precisão os detalhes deste modo de exibição:

Classificador de slides

O modo Classificador de Slides serve para organizar a sequência dos slides na apresentação, oferecendo uma interface onde são exibidas as miniaturas das telas para que, ao clicar e arrastar os slides, seja possível movê-los para às posições desejadas. Na imagem a seguir, pode-se observar sua disposição:

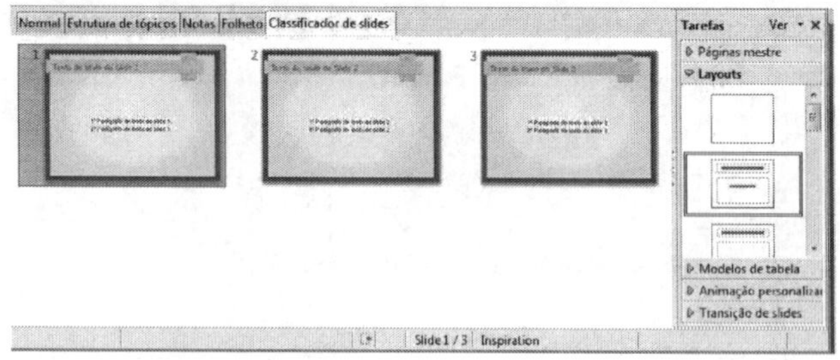

10.6 Inserir slide

Para inserir um slide em uma apresentação, podemos contar com o recurso Inserir Slide, que pode ser acionado a partir de três locais, dentro do editor de apresentação Impress: Menu Inserir, Botão direito do mouse e Barra de Ferramentas.

Além de poder inserir um novo slide pelo Menu Inserir, é possível duplicá-lo, ou seja, criar uma cópia do(s) slide(s) selecionado(s), conforme ilustrado a seguir.

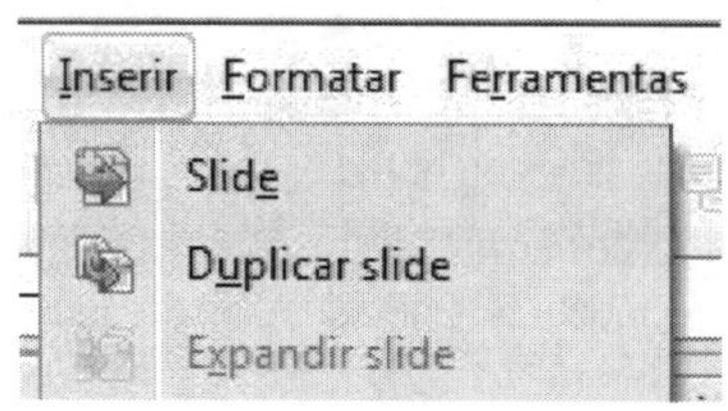

Com o clique do botão direito do mouse sobre um slide, é exibida a lista suspensa ilustrada a seguir, que possui tanto a opção de inserir novo slide, como duplicar o slide selecionado.

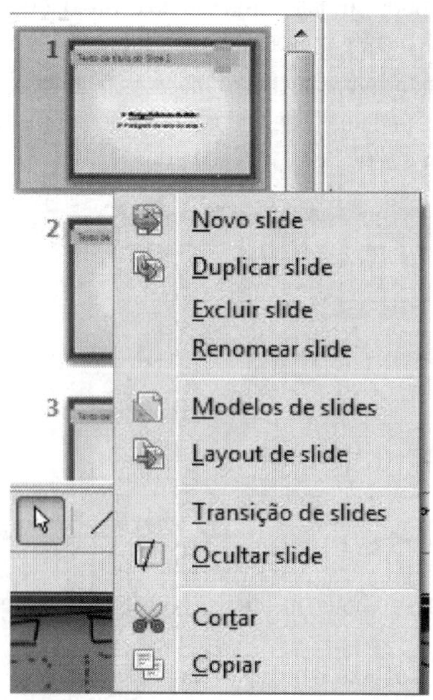

Caso o clique com o botão direito seja feito no espaço vazio, entre os slides é exibida apenas a opção Novo Slide, conforme ilustrado a seguir.

Já na barra de Ferramentas padrão, encontramos o ícone  que permite a inserção de um slide. Caso seja clicado na seta à sua direita, é possível ainda escolher o layout do slide que está sendo inserido.

10.7 Menu Apresentação de slides

Neste menu é que se encontram as opções específicas de uma edição de apresentação de slides, como os efeitos de animação e transição de slides. Assim, se a prova citar alguma opção solicitando o menu em que ela é apresentada, se a opção tiver relação à apresentação de slides, então provavelmente estará no menu Apresentação de Slides.

Dentre os itens deste menu, podem-se destacar:

Apresentação de slides

É a opção que permite exibir a apresentação de slides em tela cheia, de forma a poder visualizá-la. Também é possível encontrar essa opção no Menu Exibir, assim como acioná-la por meio da tecla de atalho F5 que, no caso do Impress, sempre inicia a partir do slide selecionado.

Configuração da apresentação de slides

Por meio desta opção é possível configurar características da exibição da apresentação como tempo de transição de slides automática e também a possibilidade padrão de trocar de slide a cada clique do mouse ou com tecla do teclado. A figura a seguir ilustra a janela de configurações de apresentação:

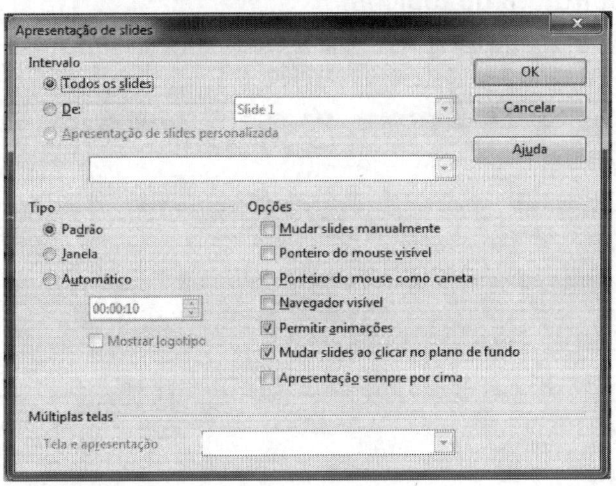

Cronometrar

A opção Cronometrar do Impress é muito inferior ao mesmo recurso no PowerPoint, se comparados. Em teoria, essa ferramenta deveria permitir marcar o tempo que seria gasto para explanar sobre uma apresentação. Contudo, o tempo é marcado por slide e exibido apenas enquanto este está sendo exibido, após, no próximo slide, o contador é novamente zerado.

Interação

Por meio deste recurso é possível modificar a sequência de exibição de uma apresentação, atribuindo a elementos do slide, como figuras e textos, ações como ir para determinado slide da apresentação, como que criando botões de navegação. Para isso, no entanto, faz-se necessário que algum elemento esteja selecionado.

Animação personalizada

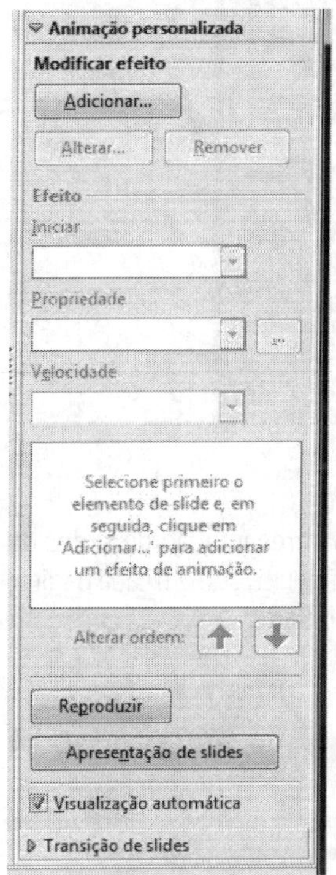

Esse recurso permite atribuir um efeito a um elemento no slide. Ao ser acionado, exibe suas opções no Painel de Tarefas à direita da tela, conforme ilustrado a seguir.

Para adicionar um efeito, é necessário selecionar algum elemento do slide, como texto ou figura e, na janela que se abre ao clicar em Adicionar (ilustrada a seguir), selecionar o efeito desejado, de acordo com categorias pré-definidas na forma de guias da janela, conforme ilustrado:

Transição de slides

Já a opção de Transição de Slides serve para aplicar um efeito a ser executado durante a troca de slide para outro. Permite, ainda, definir tempos específicos para cada slide em uma exibição automática.

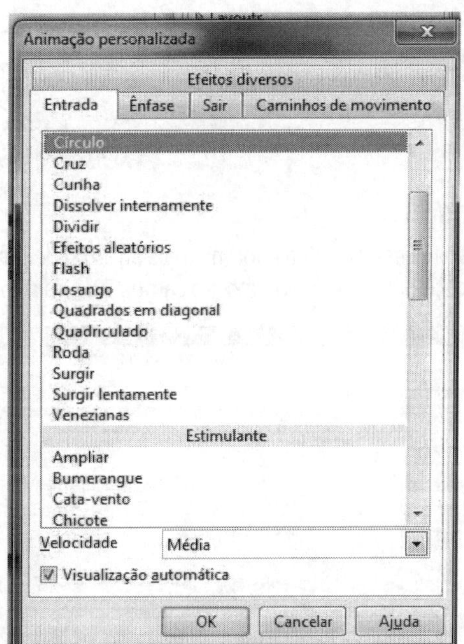

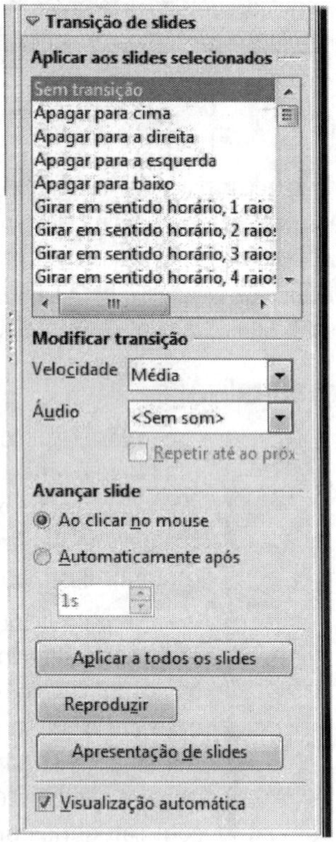

10.8 Impressão

É possível também imprimir a apresentação de slides de acordo com a necessidade, como imprimir um slide em cada página, como ilustrado na sequência, no modo **Slide**:

Slide

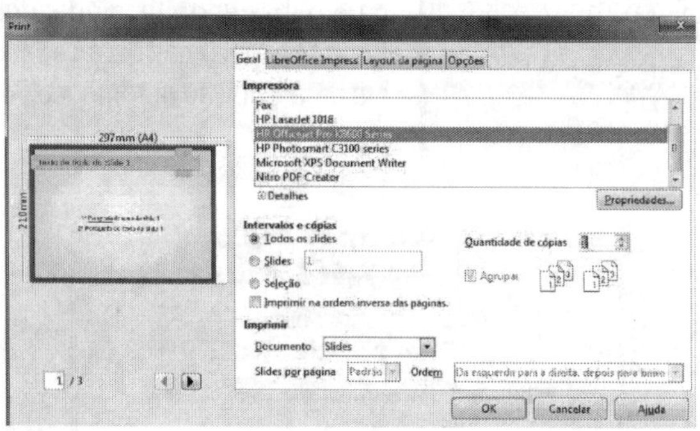

Folhetos

Caso necessário, para imprimir mais de um slide por página, pode-se escolher a opção Folheto, no campo Documento:

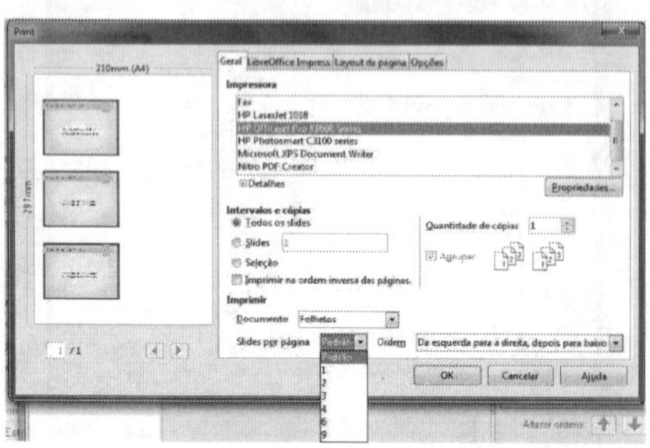

É importante observar que a janela anterior está com o número de três Slides por página, notando-se, assim, na pré-visualização à esquerda, que os slides ficam um abaixo do outro, nesta opção de impressão, enquanto que nas demais quantias os slides são distribuídos como representado a seguir, no modo de impressão de quatro slides por página:

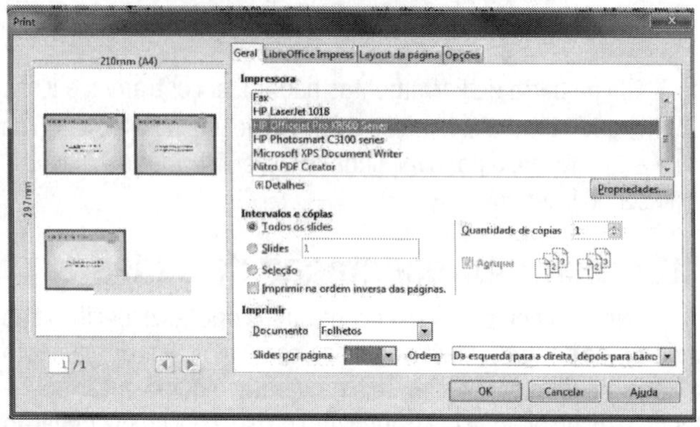

Notas

No modo de impressão de Notas, cada folha recebe um slide e, abaixo dele, são impressas as anotações referentes a ele.

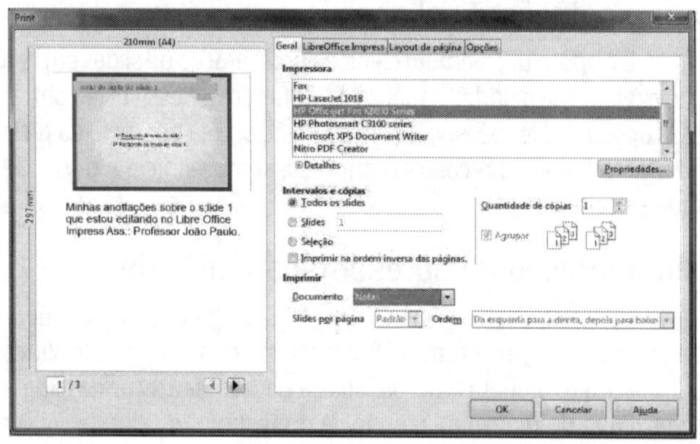

Estrutura de tópicos

Já na forma de impressão de Estrutura de Tópicos, a impressão fica tal qual ao modo de exibição.

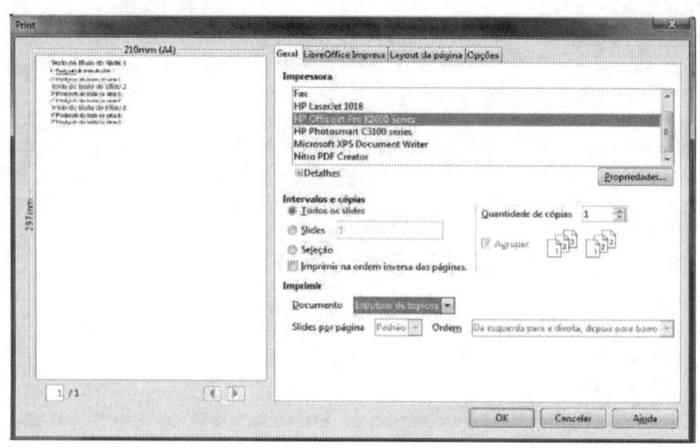

11. REDES DE COMPUTADORES

Dois computadores conectados entre si já caracterizam uma rede. Contudo, ela normalmente é composta por diversificados dispositivos como: celulares, smartphones, tablets, computadores, servidores, impressoras, roteadores, switches, hubs, modens, etc. Devido à essa grande variedade de dispositivos, o nome genérico HOST é atribuído aos dispositivos conectados na rede.

Todo Host possui um endereço que o identifica na rede, o qual é o endereço IP. Mas também cada peça possui um número único de fábrica que o identifica, o MAC Address.

11.1 Paradigma de Comunicação

Paradigma é um padrão a ser seguido e, no caso das redes, é o modelo Cliente/Servidor. Nesse modelo, o usuário é o cliente que envia uma solicitação ao servidor; ao receber a solicitação, o servidor a analisa e, se é de sua competência, provê a informação/dado.

11.2 Dispositivos de Rede

Os Dispositivos de Rede são citados até mesmo em provas cujo conteúdo programático não cita a matéria de hardware. E na maioria das vezes em que aparecem questões sobre o assunto, se questiona em relação à finalidade de cada dispositivo na rede, portanto, nesta seção são descritos alguns dos principais dispositivos de rede:

Modem	Modulador/demulador Responsável por converter o sinal analógico da linha telefônica em um sinal digital para o computador e vice-versa.
Hub	Conecta vários dispositivos em rede, mas não oferece muita segurança, pois envia as informações para todos na rede.
Switch	É um dispositivo que permite interligar vários dispositivos de forma mais inteligente que o Hub, pois no switch os dados são direcionados aos destinos corretos.
Roteador	Um roteador já trabalha no nível de rede; em um mesmo roteador podemos definir várias redes diferentes. Ele também cria uma rota para os dados.
Access Point	Um Ponto de Acesso opera de forma similar a um Switch, só que em redes sem fio.
Backbone	É a estrutura principal dentro de uma rede, na Internet é a espinha dorsal que a suporta, ou seja, as principais ligações internacionais.

11.3 Topologia de Rede

Topologia diz respeito à estrutura de organização dos dispositivos em uma rede.

Barramento

Na Topologia de Barramento, todos os dispositivos estão conectados no mesmo canal de comunicação, o que torna o tráfego de dados mais lento e, se o barramento se rompe, pode isolar parte da rede.

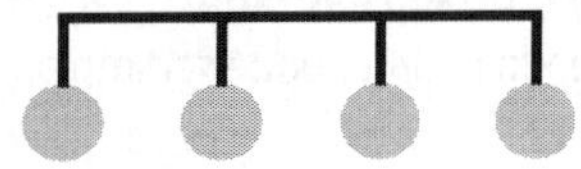

Anel

A estrutura em Anel conecta um dispositivo no outro; para que todos os computadores estejam conectados, é necessário que estejam ligados. Se o anel for simples, ou seja, de única via de dados, um computador desligado já é suficiente para tornar a rede inoperante para algum outro computador; o problema pode ser resolvido em partes, utilizando o anel duplo, trafegando dados em duas direções da rede, porém, se dois pontos forem desconectados, pode-se chegar à situação de duas redes isoladas.

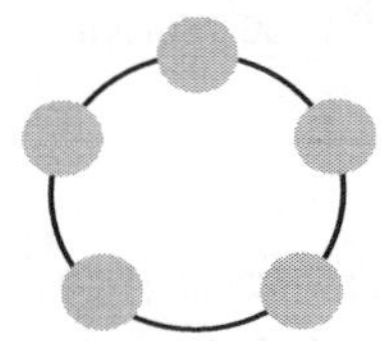

Estrela

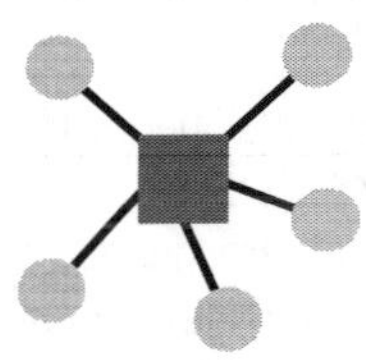

Uma rede organizada em forma de estrela possui um nó centralizador. Esse modelo é um dos mais utilizados, pois um nó pode estar desconectado sem interferir no resto da rede, porém, o centro é o ponto crítico.

Estrela estendida

A Estrela Estendida é utilizada em situações como em uma universidade *multicampi*, em que um nó central é a conexão principal, a partir da qual se conecta com a internet, enquanto que os outros *campi* possuem centrais secundárias como conexão entre seus computadores. A estrutura entre o nó principal e as centrais secundárias é o que chamamos de Backbone dessa rede.

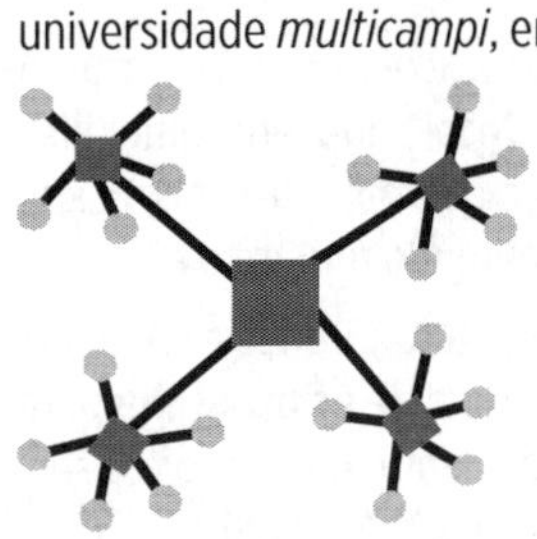

Malha

A conexão em malha é o modelo da internet, em que encontramos vários nós principais, mas também várias ligações entre diversos nós.

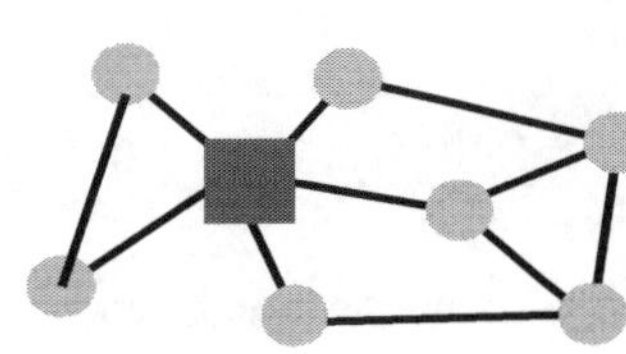

Pilhas de protocolos

Também colocadas pelas bancas examinadoras como modelos, as pilhas de protocolos definem um conjunto de protocolos e em quais camadas de rede devem operar.

Neste tópico temos dois tipos de questões que podem ser associados na prova. Questões que fazem relação com os tipos de redes e questões que tratam da finalidade dos principais protocolos utilizados em uma navegação na Internet.

As pilhas de protocolos são:

TCP/IP	OSI

O modelo TCP/IP é o **padrão utilizado nas redes**. Mas, em redes privadas, mesmo o TCP/IP sendo padrão, pode ser implantado o modelo OSI.

Como o modelo TCP/IP é o padrão na seção seguinte são destacados os principais protocolos de navegação.

Principais protocolos

Um protocolo é uma regra de comunicação em redes, portanto, a transferência de arquivos, mesmo entre computadores de uma mesma rede, utiliza um protocolo como forma de padronizar o entendimento entre os dois.

Http

HTTP (*Hyper Text Transport Protocol*) é o protocolo de transferência de hipertexto. É o mais utilizado pelo usuário em uma navegação pela Internet. Hipertexto consiste em um arquivo no formato HTML (*HyperText Markup Language*) - Linguagem de Marcação de Hipertexto.

HTML é um arquivo que pode ser gerado por qualquer editor de texto, pois, quando é aberto no Bloco de Notas ou Wordpad, ele apresenta apenas informações de texto. No entanto, quando é aberto pelo navegador, este interpreta o código em HTML e monta o conteúdo **Multimídia** na página. Entende-se por conteúdo multimídia: textos, áudio, vídeos e imagens.

Https

HTTPS (*Hyper Text Transport Protocol Secure*), também conhecido como HTTP Seguro, é um protocolo que tem como diferença entre o HTTP apenas a segurança que oferece, pois, assim como o HTTP, serve para visualizar o conteúdo multimídia.

O que se questiona em relação a sua segurança é como ela é feita. O protocolo HTTPS utiliza o processo de **Criptografia** para manter sigilo sobre os dados transferidos entre o usuário e o servidor, para isso, são utilizados os protocolos **TLS** ou **SSL**.

Um detalhe muito importante é o de saber identificar se a navegação está sendo realizada por meio do protocolo HTTP ou pelo protocolo HTTPS. A forma mais confiável é observar a barra de endereços do navegador:

Firefox 10.02

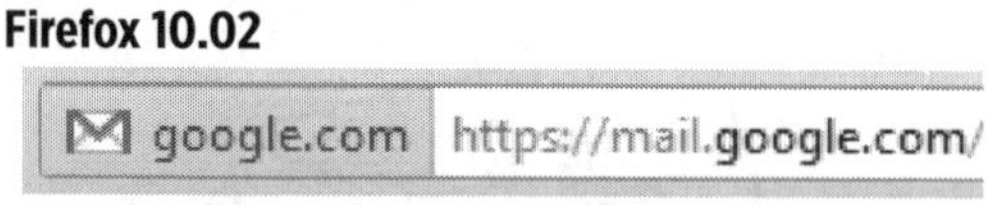

IE 9

Google Chrome

Logo no início da barra, observamos a indicação do protocolo HTTPS, que, sempre que estiver em uso, deverá aparecer. Porém, deve-se ter muita atenção, pois, quando é utilizado o HTTP, alguns navegadores atuais têm omitido a informação no começo da barra de endereços.

Outra informação que nos ajuda a verificar se o acesso é por meio de uma conexão segura é o símbolo do cadeado fechado.

Ftp

FTP (File Transport Protocol) é o protocolo de transferência de arquivos utilizado quando um usuário realiza download ou upload de um arquivo na rede.

O protocolo FTP tem como diferencial o fato de operar sobre duas portas: uma para tráfego dos dados e outra para autenticação e controle.

11.4 Firewall

O Firewall pode ser Software, Hardware, ou ambos. Ele é o responsável por **monitorar as portas da rede/computador**, permitindo ou negando a passagem dos dados na rede, seja na entrada ou saída.

É o monitor que fica na porta olhando para uma lista na qual contém as regras que um dado tem de cumprir para passar por ela. Essa lista são os protocolos, por exemplo, o Firewall monitorando a porta 80, relativa ao protocolo HTTP, o qual só trabalha com conteúdo multimídia. Então, se um arquivo .EXE tentar passar pela porta 80, ele deve ser barrado; essa é a função do Firewall.

11.5 Tipos de Redes

Podemos classificar as redes de acordo com sua finalidade; neste tópico expõe-se a diferença entre as redes: Internet vs Intranet vs Extranet.

Internet

É a rede das redes, também conhecida como rede mundial de computadores.

Muitas provas citam o sinônimo WWW (*World Wide Web*) para internet, ou por vezes apenas Web. Ela é definida como uma rede **pública** a qual todos com computador e servidor de acesso podem conectar-se.

Intranet

É uma rede empresarial, também chamada de rede corporativa. Tem como principal característica ser uma rede **privada**, portanto, possui controle de acesso, o qual é restrito somente a pessoas autorizadas.

Uma Intranet geralmente é constituída com o intuito de compartilhar recursos entre os funcionários de uma empresa, de maneira que pessoas externas não tenham acesso a eles. Os recursos compartilhados podem ser: impressoras, arquivos, sistemas, entre outros.

Extranet

É quando parte de uma Intranet é disponibilizada por meio da Internet.

Também dizemos que extranet é quando duas empresas com suas distintas Intranets possuem um sistema comum que acessam apenas parte de cada uma das Intranets.

Vpn

VPN é uma forma de criar uma Intranet entre localizações geograficamente distantes, com um custo mais baixo do que ligar cabos entre os pontos. Para isso, emprega-se o processo de criptografia nos dados antes de enviá-los por meio da Internet e, quando o dado chega na outra sede, passa pelo processo de descriptografia. Dessa maneira, quem está navegando na Internet não tem acesso às informações da empresa, que continuam restritas; esse processo também é chamado de tunelamento.

11.6 Padrões de Infraestrutura

São padrões que definem como deve ser organizada e quais critérios precisam ser seguidos para montar uma estrutura de rede de acordo com os padrões estabelecidos pelo Instituto de Engenheiros Eletricistas e Eletrônicos (IEEE).

O padrão Ethernet define as regras para uma infraestrutura cabeada, como tipos de cabos que devem ser utilizados, distância máxima, tipos e quantidade de dispositivos, entre outras. Já o padrão 802.11 define as regras para uma estrutura Wi-Fi, ou seja, para a rede sem fio.

11.7 Correio Eletrônico

O serviço de e-mail é outro ponto bastante cobrado nos concursos públicos. Em essência, o que se pede é se o concursando sabe sobre as diferentes formas de se trabalhar com ele.

O e-mail é uma forma de comunicação assíncrona, ou seja, no momento do envio apenas o emissor precisa estar conectado.

Formas de acesso

Podemos ler e escrever e-mail utilizando duas formas diferentes. Na última década, o webmail ganhou mais espaço no mercado e se tornou majoritário no ramo de e-mails, mas muitas empresas utilizam ainda os clientes de e-mail.

Webmail

O webmail é uma interface de acesso para o e-mail via Browser (navegador de Internet), ou seja, uma forma de visualizar o e-mail via uma página de web. Diante disso, é possível destacar que usamos os protocolos HTTP ou HTTPS para visualizar páginas da Internet. Dessa forma, ao acessar sites de e-mail como gmail.com, hotmail.com, yahoo.com.br e outlook.com, fazemos uso desses protocolos, sendo o HTTPS o mais usado atualmente pelos grandes serviços de e-mail, pois confere ao usuário maior segurança no acesso.

Dizemos que o webmail é uma forma de ler e escrever e-mails, dificilmente citado como forma de enviar e receber, uma vez que quem realmente envia é o servidor e não o computador do usuário.

Quando um e-mail é enviado, ele parte diretamente do servidor no qual o remetente possui conta para o servidor do serviço de e-mail do destinatário.

Cliente de e-mail

Um cliente de e-mail é um programa específico para enviar e receber mensagens de e-mail e que é, necessariamente, instalado no computador do usuário.

Exs.:

Microsoft Outlook;

Mozilla Thunderbird;

Outlook Express;

Windows Live Mail.

Os programas clientes de e-mail usam protocolos específicos para envio e recebimento das mensagens de e-mail.

Protocolos utilizados pelos clientes de e-mail

Para o envio, um cliente de e-mail utiliza o protocolo SMTP (*Simple Mail Transport Protocol* – Protocolo de transporte de mensagens simples). Como todo protocolo, o SMTP também opera sobre uma porta específica, que pode ser citada como sendo a porta 25, correspondente ao padrão, mas atualmente ela foi bloqueada para uso dos usuários, vindo a ser substituída pela 587.

Com isso, em questões de Certo e Errado, apenas a 587 é a correta, quando abordado sobre o usuário, pois entre servidores a 25 ainda é utilizada. Já nas questões de múltipla escolha, vale o princípio da menos errada, ou seja, se não tiver a 587, a 25 responde a questão.

Mesmo que a mensagem de e-mail possua arquivos anexos a ela, envia-se por SMTP; assim o protocolo FTP não é utilizado.

Já para o recebimento, o usuário pode optar em utilizar o protocolo POP ou o protocolo IMAP, contudo, deve ser observada a diferença entre os dois, pois essa diferença é ponto para muitas questões.

O protocolo POP tem por característica baixar as mensagens de e-mail para o computador do usuário, mas por padrão, ao baixá-las, elas são apagadas do servidor. Portanto, as mensagens que um usuário está lendo estão, necessariamente, em seu computador.

Por outro lado, se o usuário desejar, ele pode configurar o protocolo de forma que sejam mantidas cópias das mensagens no servidor, no entanto, a que o usuário está lendo, efetivamente, está em seu computador. Sobre essa característica são citadas questões relacionando à configuração a uma espécie de backup das mensagens de e-mail.

Atualmente o protocolo POP encontra-se na versão 3; dessa forma ele pode aparecer nos textos de questão como POP3, não afetando a compreensão da mesma. Uma vez que o usuário necessita conectar na internet apenas para baixar as mensagens, é possível que ele desconecte-se da internet e mesmo assim leia seus e-mails. E, uma vez configurado o SMTP, também é possível redigir as respostas off-line, sendo necessário, no entanto, conectar-se novamente para que as mensagens possam ser enviadas.

Ao invés de utilizar o POP, o usuário pode optar em fazer uso do protocolo IMAP, que é para acesso a mensagens de e-mail, as quais, por sua vez, residem no servidor de e-mails. Portanto, se faz necessário estar conectado à internet para poder ler o e-mail por meio do protocolo IMAP.

Spam

Spam é uma prática que tem como finalidade divulgar propagandas por e-mail, ou mesmo utilizar-se de e-mails que chamem a atenção do usuário e o incentivem a encaminhar para inúmeros outros contatos, para que, com isso, levantem uma lista de contatos que pode ser vendida na Internet ou mesmo utilizada para encaminhar mais propagandas.

Geralmente um spammer utiliza-se de e-mail com temas como: filantropia, hoax (boatos), lendas urbanas, ou mesmo assuntos polêmicos.

11.8 URL (*Uniform Resource Locator*)

É um endereço que identifica um site, um serviço, ou mesmo um endereço de e-mail. A seguir, temos um exemplo de URL; observe que podemos dividi-la em várias partes.

Domínio

É o nome registrado de um site para que possa ser acessado por meio da Internet. Assim como a URL, um domínio também pode ser dividido em três partes.

site.com.br

O .br indica que esse site está registrado no conjunto de domínios do Brasil, que é administrado e regulamentado pelo Registro.Br, componente do Comitê Gestor de Internet no Brasil (CGI).

O Registro.Br define várias normas em relação à criação de um domínio, como por exemplo o tamanho máximo de 26 caracteres, a limitação para apenas letras e números e recentemente a opção de criar domínios com letras acentuadas e o caractere **ç**.

Também compete ao Registro.Br a normatização da segunda parte do domínio, representado na figura pelo **.com**. Essa informação diz respeito ao ramo de atividade a que se destina o domínio, mas não nos garante qual a real finalidade do site. A última parte, por fim, é o próprio nome do site que se deseja registrar.

Protocolo ip

Cada equipamento na rede ganha o nome genérico de Host, o qual deve possuir um endereço para que seja localizado na rede. Esse é o endereço IP.

O protocolo IP é o responsável por trabalhar com essa informação, para tanto, um endereço IP possui versões: IPv4 e IPv6.

Um IP também é um endereço, portanto, pode ser inserido diretamente na barra de endereços de um navegador.

O IPv4 é composto por até quatro grupos de três dígitos que atingem valor máximo de 255 cada grupo, suportando, no máximo, cerca de 4 bilhões (4.294.967.296) de endereços.

200.201.88.30 endereço IP da Universidade Estadual do Oeste do Paraná (Unioeste).

O IPv6 é uma proposta que está gradativamente substituindo o IPv4, justamente pela pouca quantidade de endereço que ele oferece. O IPv6 é organizado em 8 grupos de 4 dígitos hexadecimais, suportando cerca de 3,4 × 1038, aproximadamente 3,6 undecilhões de endereços IP.

0123:4567:89AB:CDEF:1011:1314:5B6C:88CC

Dns (*domain name system*)

O Sistema de Nomes de Domínios é o responsável por traduzir (resolver por meio de consultas aos servidores Raiz da Internet) um domínio para o endereço IP do servidor que hospeda (armazena) o site desejado. Esse processo ocorre em questão de segundos e obedece uma estrutura hierárquica.

11.9 Navegadores

Navegadores são programas que permitem acesso às páginas da Internet, são muitas vezes citados em provas pelo termo em inglês Browser.

Exs.:

Internet Explorer

Mozilla Firefox

Google Chrome

Também são cobrados os conceitos dos tipos de dados de navegação que estão relacionados aos navegadores.

Cache

É um armazenamento temporário. No caso dos navegadores, trata-se de uma pasta onde são armazenados os conteúdos multimídias como imagens, vídeos, áudio e inclusive textos, para que, no segundo momento em que o mesmo conteúdo for acessado, ele possa ser mostrado ao usuário mais rapidamente.

Cookies

São pequenas informações que alguns sites armazenam no computador do usuário. Exemplos de informações armazenadas nos cookies: senhas, obviamente que são armazenadas criptografadas; também são muito utilizados em sites de compras, para armazenar o carrinho de compras.

Dados de formulários

Quando preenchemos um formulário, os navegadores oferecem opção para armazenar os dados digitados em cada campo, assim, quando necessário preencher o mesmo formulário ou ainda outro formulário com campos de mesmo nome, o navegador sugere os dados já usados a fim de autocompletar o preenchimento do campo.

11.10 Conceitos Relacionados à Internet

Nesta seção são apresentados alguns conceitos, tecnologias e ferramentas relacionadas à Internet que são cobrados nas provas dos concursos.

Motores de busca

Os Motores de Busca são normalmente conhecidos por buscadores. Dentre os principais estão Google, Bing (MSN) e Yahoo!.

É importante observar que, nos navegadores atuais, os motores de busca são integrados, com isso podemos definir qual se deseja utilizar, por exemplo: o Google Chrome e o Mozilla Firefox utilizam como motor de busca padrão o Google, já o Internet Explorer utiliza o Bing. Essa informação é relevante, pois é possível nesses navegadores digitar os termos buscados diretamente na barra de endereços, ao invés de acessar previamente o site do motor de busca.

Busca avançada

Os motores de busca oferecem alguns recursos para otimizar a busca, como operadores lógicos, também conhecidos como operadores booleanos[1]. Dentre eles podemos destacar a negação (-). Ao realizar uma busca na qual se deseja encontrar resultados que sejam relacionados a determinado assunto, porém os termos usados são comuns a outro, podemos utilizar o sinal de menos precedendo o termo do assunto irrelevante, como o exemplo de uma questão que já caiu em prova: realizar a busca por leite e cão, contudo, se for inserido apenas estes termos na busca, muitos resultados serão relacionados a gatos e leite. Para que as páginas que contenham a palavra gato não sejam exibidas na lista de páginas encontradas, basta digitar o sinal de menos (-) antes da palavra gato (sem espaço entre o sinal e a palavra), assim a pesquisa a ser inserida no buscador fica **Cão Leite -Gato**.

Também é possível realizar a busca por uma frase exata, assim, somente serão listados os sites que contenham exatamente a mesma expressão. Para isso, basta digitar a frase desejada entre aspas duplas.

Busca por/em Domínio Específico: para buscar sites que possuam determinado termo em seu nome de domínio, basta inserir o texto site: seguido da palavra desejada, lembrando que não deve haver espaço entre site: e o termo desejado. De forma similar, também pode-se utilizar **inurl: termo** para buscar sites que possuam o termo na URL.

Quando o domínio já é conhecido, é possível realizar a busca por determinado termo apenas nas páginas do domínio. Para tanto, deve-se digitar **site:Dominiodosite termo.**

Calculadora: é possível, ainda, utilizar o Google como uma calculadora, bastando digitar a expressão algébrica que se deseja resolver como 2+2 e, como resultado da "pesquisa", é apresentado o resultado da operação.

Operador: quando não se sabe exatamente qual é a palavra para completar uma expressão, pode-se completar a lacuna com um asterisco, assim o motor de busca irá entender que naquele espaço pode ser qualquer palavra.

Busca por tipo de arquivo: podemos refinar as buscas a resultados que consistam apenas em determinado formato de arquivo. Para tanto, podemos utilizar o operador filetype: assim, para buscar determinado tema, mas que seja em PDF, por exemplo, pode-se digitar **filetype: pdf tema.**

1 Em referência à lógica de Boole, ou seja, a lógica que você estuda para o concurso.

Tipos de busca

Os principais motores de busca permitem realizar as buscas de forma orientada a conteúdos gerais da web, como refinar a busca para exibir apenas imagens, vídeos ou mapas relacionados aos termos digitados.

Chat

Um chat é normalmente citado como um bate-papo em tempo real; é a forma de comunicação em que ambos os interlocutores estão conectados (on-line) simultaneamente. Muitos chats operam com salas de bate-papo. Um chat pode ser em um site específico como o chat do UOL. Conversas pelo MSN ou Facebook podem ser consideradas como chat, desde que ambos interlocutores estejam conectados.

Fórum

Também conhecidos como Listas de Discussão, os fóruns funcionam como debates sobre determinados assuntos. Em um fórum não é necessário que os envolvidos estejam conectados para receberem os comentários, pois estes ficam disponíveis para acesso futuro pelo usuário ou mesmo por pessoas que não estejam cadastradas no fórum, contudo, existem muitos fóruns fechados, nos quais só se entra por convite ou mediante aquisição. A maioria deles vincula o e-mail dos envolvidos a uma discussão, alertando-os assim, caso um novo comentário seja acrescentado.

Moodle

O Moodle é uma ferramenta fortemente utilizada pelo setor público, e também privado, para dar suporte ao Ensino a Distância (EAD).

12. SEGURANÇA DA INFORMAÇÃO

A Segurança da Informação é um ponto crucial para o concurso público para muitas bancas examinadoras e também de interesse da instituição que irá receber os aprovados. Afinal, ao ser aprovado, o candidato estará compondo o quadro de uma instituição pública que possui uma Intranet e sistemas sobre os quais há necessidade de se manter uma boa política de segurança.

Segundo o CGI[1], para um sistema ser classificado como seguro, ele deve atentar a três requisitos básicos: confidencialidade, integridade e disponibilidade. Esses conceitos são abordados neste material no tópico de princípios básicos da segurança da informação.

Faz-se necessário que sejam atendidos alguns requisitos mínimos para uma segurança do microcomputador, que dependem tanto de recursos tecnológicos como de bom senso e discernimento por parte dos usuários.

Para manter um computador com o mínimo de segurança deve-se:

- manter o **Sistema Operacional sempre atualizado**, pois a maioria dos malwares exploram as vulnerabilidades do SO;
- possuir um sistema **Antivírus** e manter tanto o aplicativo quanto as assinaturas[2] de vírus atualizadas;
- manter o Firewall sempre ativo;
- para se proteger contra os spywares também é indicada a instalação de um antispyware. Atualmente a maioria dos antivírus já possuem esse recurso integrado a eles.

12.1 Princípios básicos da segurança da informação

Os Princípios Básicos de Segurança em Tecnologia da Informação (TI) incluem os processos que devem ser garantidos para manter um sistema de informações seguro. Podemos destacar quatro conceitos como principais:

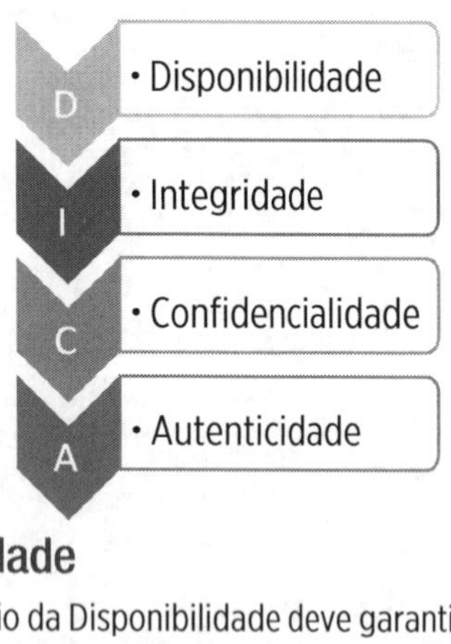

Disponibilidade

O Princípio da Disponibilidade deve garantir que os serviços ou recursos que forem necessários para uma tarefa, principalmente relacionados ao próprio processo de segurança, estejam sempre disponíveis.

Podemos estreitar esse princípio sobre a garantia de que as chaves públicas do processo de Certificação Digital (estes conceitos são abordados na seção sobre Certificados Digitais) estejam sempre disponíveis para quem precisar delas.

Também é aplicado, por exemplo, na situação de entrega da declaração de imposto de renda, em que o serviço deve suportar a alta demanda que possa surgir sem afetar o usuário.

Integridade

A Integridade garante a **não alteração** de uma informação/dado tanto no armazenamento quanto durante a troca dessas informações por algum meio. Por meio da integridade, verificamos se, durante o tráfego de uma informação, ela não foi alterada por alguém ou mesmo por falhas do processo de transmissão. No armazenamento ela garante que o dado não foi corrompido.

O processo que protege a integridade consiste na geração de um código de cerca de 20 caracteres, o **código HASH,** também conhecido como **resumo** de um dado; um exemplo é o MD5. O processo é realizado em uma via única, em que, a partir de um dado, gera-se o resumo dele. Porém, a partir do resumo, não é possível gerar o dado novamente. Para verificar se houve alteração em um arquivo, deve-se comparar dois códigos HASH, um gerado por quem disponibiliza o dado e outro por quem o recebe. Se uma vírgula for diferente, os códigos gerados ficam completamente diferentes, é possível que dois dados diferentes gerem o mesmo HASH, mas é uma possibilidade ínfima.

Confidencialidade

O Princípio da Confidencialidade é a garantia de que há sigilo sobre uma informação, de forma que o processo deve garantir que um dado não seja acessado por pessoas diferentes daquelas às quais ele se destina.

Para garantir a confidencialidade, utilizamos algum processo de criptografia de informações.

Autenticidade

A Autenticidade garante o autor de uma informação, ou seja, por meio dela podemos confirmar se uma mensagem é de autoria de quem diz.

Assim como a confidencialidade, a autenticidade é garantida por meio de criptografia.

12.2 Criptografia

A Criptografia é a arte ou ciência de escrever em códigos, quer dizer, transformar um texto em algo ilegível de forma que este possa ser armazenado ou enviado por um canal de comunicação; assim, se alguém interceptá-lo, não conseguirá entender o que está escrito e o destinatário, ao receber a informação, deve fazer o processo inverso: decifrar o dado, para que consiga lê-lo.

Temos dois principais métodos de criptografia: a de chave simétrica e a de chaves assimétricas.

1 Comitê Gestor de Internet no Brasil.

2 Assinatura de vírus: é uma sequência de caracteres que identifica a presença do vírus em um arquivo.

Criptografia de chave simétrica

Uma chave de criptografia é uma informação a partir da qual seja possível transcrever uma mensagem criptografada.

A de chave simétrica é também conhecida como criptografia de chave única, em que a mesma chave é usada tanto para codificar uma mensagem quanto para decifrá-la. Um bom exemplo desse modelo é a criptografia maçônica.

A informação acima está criptografada. Para decifrar o que ela diz, precisamos da chave de criptografia que, na simétrica, é a mesma usada para gerar a mensagem. A seguir, temos a chave que abre a mensagem.

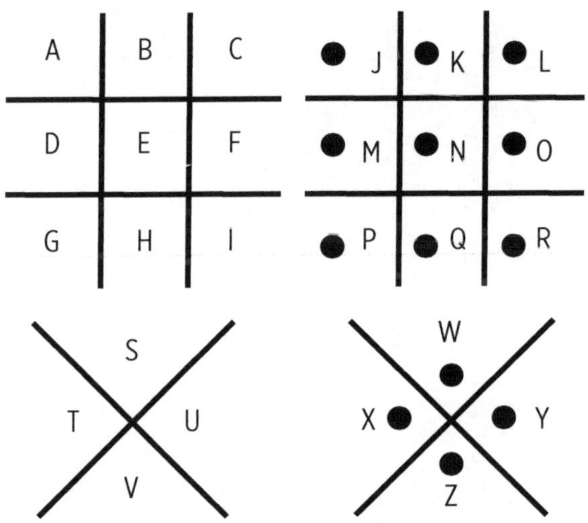

Ao substituirmos os símbolos pelas letras correspondentes, obtemos a palavra ALFA.

Criptografia de chaves assimétricas

Na Criptografia de Chaves Assimétricas, em vez de uma chave como na simétrica, são usadas duas chaves que são diferentes entre si. Elas são chamadas de **Chave Pública** e a outra de **Chave Privada,** por conta da característica de cada uma.

A Chave Pública é uma informação (código) que fica disponível em um servidor de Chaves Públicas na Internet, para quem precisar dela; enquanto que a Chave Privada é um código que somente o dono deve conhecer.

O par de Chaves é único e correspondente, ou seja, uma mensagem/dado cifrada pela chave pública de um usuário só pode ser aberta pela chave privada do mesmo usuário. E o inverso também, uma mensagem cifrada com a chave privada de um usuário só pode ser descriptografada pela chave pública dele próprio.

Certificado digital

Um certificado digital é um documento eletrônico assinado digitalmente e cumpre o papel de associar um usuário a uma chave pública, pode ser comparado ao CPF ou CNPJ para empresas.

Ele também apresenta junto com a chave pública algumas informações essenciais como:

> nome do dono da chave pública;

> prazo de validade do certificado, que varia de 1 a 3 anos dependendo da classe contratada;

> um número de série, critério de correspondência para identificar o usuário;

> e, juntamente, o certificado possui a assinatura da entidade de certificação, para comprovar sua validade.

Para adquirir um certificado digital, o usuário ou entidade deve procurar uma Autoridade Certificadora (AC) ou uma Autoridade de Registro (AR). Aquela é a responsável por criar o par de Chaves de um usuário, enquanto que esta é um intermediário entre o usuário e uma AC. Cabe a AR a responsabilidade de verificar os dados do usuário e encaminhar o pedido do certificado para a AC, entretanto, o usuário também pode se dirigir direto à AC. A Caixa Econômica Federal é a única instituição financeira que é uma AC.

Assinatura digital

Uma Assinatura Digital é um procedimento similar a uma assinatura de um documento impresso. Quando assinamos um contrato, normalmente ele possui mais de uma página, rubricamos[3] todas elas exceto a última, pois a assinatura precisa ser completa. Mas qual o intuito de rubricar todas as páginas? A rubrica não prova que o documento foi lido, mas sim para que aquela folha não seja substituída. Além disso, é preciso recorrer a um cartório para reconhecer e certificar a assinatura na última página.

Esse procedimento realizado no papel, juntamente com as garantias, foi adaptado para o mundo digital, afinal, papel ocupa espaço.

Quando falamos sobre a rubrica garantir a não alteração de um documento, citamos o princípio da Integridade. Portando, uma assinatura digital deve garantir também esse princípio, enquanto que a certificação de quem assinou é o princípio da Autenticidade, que também deve ser garantido pela assinatura digital.

> Na Assinatura Digital, somente o resumo é criptografado; a mensagem enviada é a original, que não é cifrada.

Assim temos que a assinatura digital garante os princípios da Autenticidade e da Integridade.

12.3 Ataques

Nem todos os ataques são realizados por malwares, atualmente existem duas práticas muito comuns utilizadas pelos criminosos cibernéticos para obter dados do usuário e realizar invasões.

Phishing

Phishing é uma expressão derivada do termo "pescar" em inglês, pois o que esse tipo de ataque faz é induzir o usuário a informar seus dados pessoais por meio de páginas da Internet ou e-mails falsos.

Podemos identificar a página do tipo Phishing pelo endereço do site na barra de endereços do navegador, porque a página de phishing possui um endereço parecido, mas diferente do que o endereço desejado. Por exemplo, você certamente já deve ter visto

3 Rubrica: assinatura abreviada.

ou ouvido falar de alguém que teve sua conta do Facebook[4] hackeada[5]; esse ataque procede a partir de um recado que o usuário recebe em sua conta.

Imagine o seguinte cenário: um usuário está navegando no site www.facebook.com.br, conectado em sua conta e clica no recado que normalmente traz um anúncio chamativo como "veja as fotos/vídeos do fim de semana passado", "cara, olha o que vc aprontou no fds", entre outros tantos. Quando clicado, uma nova aba ou janela é carregada no navegador, apenas como uma distração para o usuário, pois, enquanto ele fica vendo a nova aba carregar, a anterior muda, ligeiramente, para um endereço do gênero www.facebooks.com.br ou www.facebooki.com.br e mostra uma página idêntica à página de login de usuário do Facebook. Sem perceber, pensa que, ao clicar no recado, acabou saindo de sua conta e redigita seu usuário e senha novamente e é redirecionado novamente para sua conta, porém, o usuário em nenhum momento havia saído. A página de login que lhe foi mostrada era uma página falsa que capturou o seu usuário e senha; cerca de dois dias depois o perfil dele começa a enviar propagandas para os amigos e o mesmo recado e logo mais, em uma ou duas semanas, o usuário já não consegue mais entrar em sua conta.

Pharming

O Pharming é uma evolução do Phishing, uma forma de deixar este mais difícil de ser identificado. O Pharming, na maioria das questões, é cobrado com relação ao seus sinônimos: DNS Poisoning, Cache Poisoning, sequestro de DNS, sequestro de Cache, Envenenamento de DNS e Envenenamento de Cache.

Negação de serviço (dos e ddos)

Um ataque de negação de serviço se dá quando um servidor ou serviço recebe mais solicitações do que é capaz de suprir.

DoS (*Denial of Service*) é um ataque individual, geralmente com o intuito de tornar um serviço inoperante para o usuário.

DDoS (*Distributed Denial of Service*) é um ataque realizado em massa; utiliza-se de vários computadores contaminados com um malware que dispara solicitações de acesso a determinados serviços ou sites, derrubando o serviço. Muitas vezes, enquanto o servidor tenta suprir a demanda, ele se torna vulnerável a inserções de códigos maliciosos. Um grupo intitulado Anonymous realizou vários ataques de DDoS em sites de governos em protesto às suas ações, por exemplo, em retaliação à censura do portal WikiLeaks e também do WikiLeaks[6] e The Pirate Bay[7].

---

4 Facebook: mídia social, definida erroneamente como rede social, assim como as demais.
5 Hackear: termo utilizado como sinônimo para invasão ou roubo.
6 WikiLeaks: portal com postagens de fontes anônimas com documentos, fotos e informações confidenciais, vazadas de governos ou empresas, sobre assuntos sensíveis.
7 The Pirate Bay: um dos maiores portais de compartilhamento, *peer to peer*.

RACIOCÍNIO LÓGICO E MATEMÁTICO

1. PROPOSIÇÕES

1.1 Definições

Proposição é uma **declaração** (sentença declarativa - afirmação ou negação - com sujeito "definido", verbo e sentido completo - sentença fechada) que pode ser **classificada** OU em Verdadeiro OU em Falso.

São exemplos de proposições:

p: Danilo tem duas empresas

Q: Susana comprou um carro novo

a: Beatriz é inteligente

B: 2 + 7 = 10

As letras "p", "Q", "a", "B", servem para representar (simbolizar) as proposições.

Valores lógicos das proposições

Uma proposição só pode ser classificada em dois valores lógicos, que são ou o **Verdadeiro (V)** ou o **Falso (F)**, não admitindo outro valor.

As proposições têm três princípios básicos, sendo um deles o princípio fundamental que é:

Princípio da não contradição: diz que uma proposição não pode ser verdadeira e falsa ao mesmo tempo.

Os outros dois são:

Princípio da identidade: diz que uma proposição verdadeira sempre será verdadeira e uma falsa sempre será falsa.

Princípio do terceiro excluído: diz que uma proposição só pode ter dois valores lógicos, ou o de verdadeiro ou o de falso, **não existindo** um terceiro valor.

Interrogações, exclamações e ordens não são proposições.

Exs.:

Que dia é hoje?
Que maravilha!
Estudem muito.

Sentenças abertas e quantificadores lógicos

Existem algumas "sentenças abertas" que aparecem com com incógnitas (termo desconhecido) ou com sujeito indefinido, como por exemplo: "x + 2 = 5", não sendo consideradas proposições, já que não se pode classificá-las sem saber o o valor de x ou se ter a definição do sujeito, porém com o uso dos **quantificadores lógicos**, elas tornam-se proposições, uma vez que esses quantificadores passam a dar valor ao "x" ou definir o sujeito.

Os quantificadores lógicos são:

$\forall$: para todo; qualquer que seja; todo;

$\exists$: existe; existe pelo menos um; algum;

$\nexists$: não existe; nenhum.

Ex.:

x + 2 = 5 (sentença aberta - não é proposição)

p: $\exists$x, x + 2 = 5 (lê-se: existe x tal que, x + 2 =5). Agora é proposição, uma vez que agora é possível classificar a proposição como verdadeira, já que sabemos que tem um valor de "x" que somado a dois é igual a cinco.

Negação de proposição (modificador lógico)

Negar uma proposição significa modificar o seu valor lógico, ou seja, se uma proposição é verdadeira, a sua negação será falsa, e se uma proposição for falsa, a sua negação será verdadeira.

Os símbolos da negação são (~) ou ($\neg$) antes da letra que representa a proposição.

Ex.: p: 3 é ímpar;

~p: 3 **não** é ímpar;

$\neg$p: 3 é **par** (outra forma de negar a proposição).

~p: não é verdade que 3 é ímpar (outra forma de negar a proposição).

$\neg$p: é mentira que 3 é ímpar (outra forma de negar a proposição).

Lei da dupla negação:

~(~p) = p, negar uma proposição duas vezes significa voltar para própria proposição:

q: 2 é par;

~q: 2 não é par;

~(~q): 2 **não** é **ímpar**;

portanto;

q: 2 é par.

Tipos de proposição

Simples ou atômica: são únicas, com apenas um verbo (ação), não pode ser dividida/separada (fica sem sentido) e não tem conectivo lógico.

Ex.: Na proposição "João é professor" tem-se uma única informação, com apenas um verbo, não sendo possível separá-la e sem conectivo.

Composta ou molecular: tem mais de uma proposição simples unidas pelos conectivos lógicos, podem ser divididas/separadas e tem mais de um verbo (pode ser o mesmo verbo referido mais de uma vez).

Ex.: "Pedro é advogado e João é professor". É possível separar em duas proposições simples: "Pedro é advogado" e "João é professor".

Simples (atômicas)	Compostas (moleculares)
Não têm conectivo lógico	Têm conectivo lógico
Não podem ser divididas	Podem ser divididas
1 verbo	+ de 1 verbo

Conectivo lógico

Serve para unir as proposições simples, formando proposições compostas. São eles:

e: conjunção ($\wedge$)

ou: disjunção ($\vee$)

ou..., ou: disjunção exclusiva ($\underline{\vee}$)

se..., então: condicional ($\rightarrow$)

se..., e somente se: bicondicional ($\leftrightarrow$)

Alguns autores consideram a negação (~) como um conectivo, porém aqui não faremos isso, pois os conectivos servem para formar proposição composta, e a negação faz apenas a mudança do valor das proposições.

O "e" possui alguns sinônimos, que são: "mas", "porém", "nem" (nem = e não) e a própria vírgula. O condicional também tem alguns sinônimos que são: "portanto", "quando", "como" e "pois" (pois = condicional invertido. Ex.: A, pois B = B → A).

Ex.:

a: Maria foi à praia

b: João comeu peixe

p: Se Maria foi a praia, então João comeu peixe

q: ou 4 + 7 = 11 ou a Terra é redonda

1.2 Tabela Verdade e Conectivos Lógicos

A tabela verdade nada mais é do que um mecanismo usado para dar valor às proposições compostas (que também serão ou verdadeiras ou falsas), por meio de seus respectivos conectivos.

A primeira coisa que precisamos saber numa tabela verdade é o seu número de linhas, e que esse depende do número de proposições simples que compõem a proposição composta.

Número de linhas = 2^n

Em que "**n**" é o número de proposições simples que compõem a proposição composta. Portanto se houver 3 proposições simples formando a proposição composta então a tabela dessa proposição terá 8 linhas ($2^3 = 8$). Esse número de linhas da tabela serve para que tenhamos todas as relações possíveis entre "V" e "F" das proposições simples. Veja:

P	Q	R
V	V	V
V	V	F
V	F	V
V	F	F
F	V	V
F	V	F
F	F	V
F	F	F

Observe que temos todas as relações entre os valores lógicos das proposições, que sejam: as 3 verdadeiras (1ª linha), as 3 falsas (última linha), duas verdadeiras e uma falsa (2ª, 3ª e 5ª linhas), e duas falsas e uma verdadeira (4ª, 6ª e 7ª linhas). Nessa demonstração, temos uma forma prática de como se pode organizar a tabela, sem se preocupar se foram feitas todas relações entres as proposições.

Para o correto preenchimento da tabela, devemos seguir algumas regras:

> Comece sempre pelas proposições simples e suas negações, se houver;

> Resolva os parênteses, colchetes e chaves, respectivamente (igual à expressão numérica), se houver;

> Faça primeiro as conjunções e disjunções, depois os condicionais e por último os bicondicionais;

> numa proposição composta com mais de um conectivo o conectivo principal será o que for resolvido por último (muito importante saber o conectivo principal).

> A última coluna da tabela deverá ser sempre a da proposição toda, conforme as demonstrações adiante.

O valor lógico de uma proposição composta depende dos valores lógicos das proposições simples que a compõem assim como do conectivo utilizado, e é o que veremos a partir de agora.

Valor lógico de uma proposição composta por conjunção (e) = tabela verdade da conjunção (∧).

Conjunção "e": Sejam p e q proposições, a conjunção das proposições p e q, denotada por p ∧ q, só será verdadeiro quando p e q forem verdadeiras simultaneamente (se p ou q for falso p ∧ q será falso).

Ex.: P ∧ Q

P	Q	P∧Q
V	V	V
V	F	F
F	V	F
F	F	F

Representando por meio de conjuntos, temos: P ∧ Q

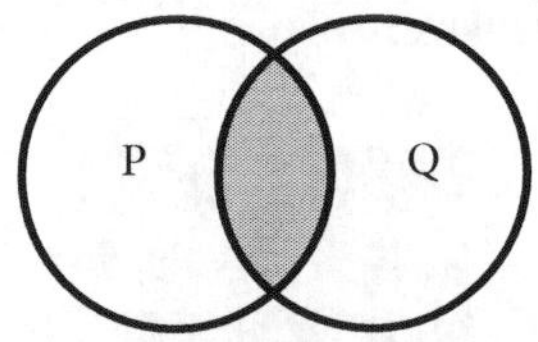

Valor lógico de uma proposição composta por disjunção (ou) = tabela verdade da disjunção (∨).

Disjunção "ou": Sejam p e q proposições, a disjunção das proposições p e q, denotada por p ∨ q, só será falsa quando p e q forem falsas simultaneamente (se p ou q for verdadeiro p ∨ q será verdadeiro).

Ex.: P ∨ Q

P	Q	P∨Q
V	V	V
V	F	V
F	V	V
F	F	F

Representando por meio de conjuntos, temos: P ∨ Q

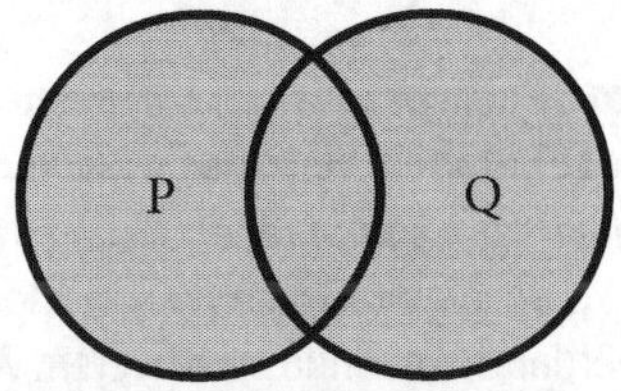

Valor lógico de uma proposição composta por disjunção exclusiva (ou, ou) = tabela verdade da disjunção exclusiva ($\veebar$).

Disjunção Exclusiva "ou ..., ou ...": Sejam p e q proposições, a disjunção exclusiva das proposições p e q, denotada por

$p \veebar q$, será verdadeiro quando p e q tiverem valores diferentes/ contrários (se p e q tiverem valores iguais $p \veebar q$ será falso).

Ex.: $P \veebar Q$

P	Q	$P \veebar Q$
V	V	F
V	F	V
F	V	V
F	F	F

Representando por meio de conjuntos, temos: $P \veebar Q$

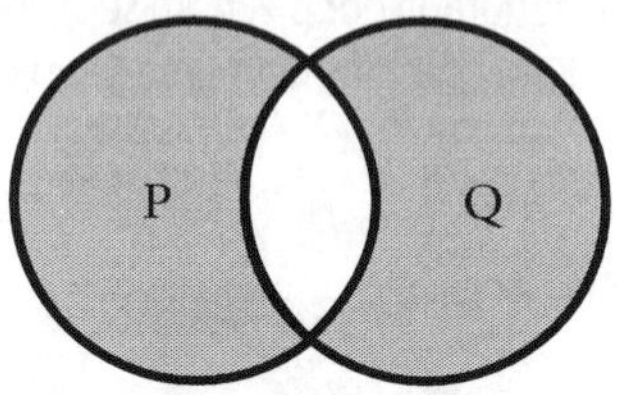

Valor lógico de uma proposição composta por condicional (se, então) = tabela verdade do condicional ($\rightarrow$).

Condicional "Se p,então q": Sejam p e q proposições, a condicional de p e q, denotada por $p \rightarrow q$ onde se lê "p condiciona q" ou "se p, então q", é a proposição que assume o valor falso somente quando p for verdadeira e q for falsa. A tabela para a condicional de p e q é a seguinte:

Ex.: $P \rightarrow Q$

P	Q	$P \rightarrow Q$
V	V	V
V	F	F
F	V	V
F	F	V

Atente-se bem para esse tipo de proposição, pois é um dos mais cobrados em concursos.

Dicas:

P é antecedente e Q é consequente = $P \rightarrow Q$

P é consequente e Q é antecedente = $Q \rightarrow P$

P é suficiente e Q é necessário = $P \rightarrow Q$

P é necessário e Q é suficiente = $Q \rightarrow P$

Representando por meio de conjuntos, temos: $P \rightarrow Q$

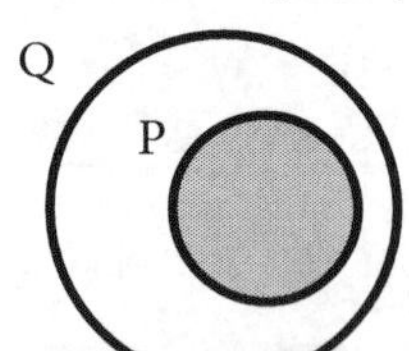

Valor lógico de uma proposição composta por bicondicional (se e somente se) = tabela verdade do bicondicional ($\leftrightarrow$).

Bicondicional "se, e somente se": Sejam p e q proposições, a bicondicional de p e q, denotada por $p \leftrightarrow q$, onde se lê "p bicondicional q", será verdadeira quando p e q tiverem valores iguais (se p e q tiverem valores diferentes $p \leftrightarrow q$ será falso).

No bicondicional, "P" e "Q" são ambos suficientes e necessários ao mesmo tempo.

Ex.: $P \leftrightarrow Q$

P	Q	$P \leftrightarrow Q$
V	V	V
V	F	F
F	V	F
F	F	V

Representando por meio de conjuntos, temos: $P \leftrightarrow Q$

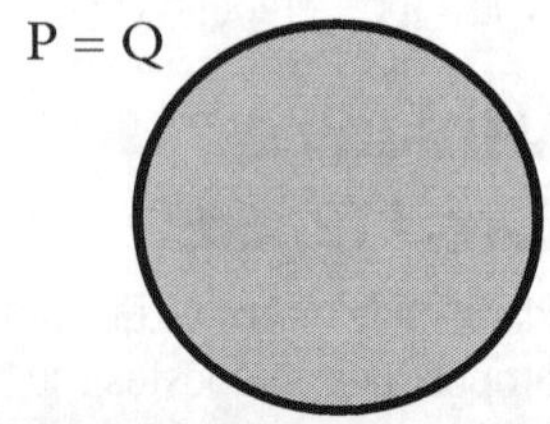

Proposição composta	Verdadeira quando...	Falsa quando...
$P \wedge Q$	P e Q são verdadeiras	Pelo menos uma falsa
$P \vee Q$	Pelo menos uma verdadeira	P e Q são falsas
$P \veebar Q$	P e Q têm valores diferentes	P e Q têm valores iguais
$P \rightarrow Q$	P = verdadeiro, q = verdadeiro ou P = falso	P = verdadeiro e Q = falso
$P \leftrightarrow Q$	P e Q têm valores iguais	P e Q têm valores diferentes

1.3 Tautologias, Contradições e Contingências

Tautologia: proposição composta que é **sempre verdadeira** independente dos valores lógicos das proposições simples que a compõem.

$(P \wedge Q) \rightarrow (P \vee Q)$

P	Q	$P \wedge Q$	$P \vee Q$	$(P \wedge Q) \rightarrow (P \vee Q)$
V	V	V	V	V
V	F	F	V	V
F	V	F	V	V
F	F	F	F	V

Contradição: proposição composta que é **sempre falsa**, independente dos valores lógicos das proposições simples que a compõem.

$\sim(P \vee Q) \wedge P$

P	Q	$P \vee Q$	$\sim(P \vee Q)$	$\sim(P \vee Q) \wedge P$
V	V	V	F	F
V	F	V	F	F
F	V	V	F	F
F	F	F	V	F

Contingência: ocorre quando não é tautologia nem contradição. **$\sim(P \veebar Q) \leftrightarrow P$**

P	Q	$P \veebar Q$	$\sim(P \veebar Q)$	$\sim(P \veebar Q) \leftrightarrow P$
V	V	F	V	V
V	F	V	F	F
F	V	V	F	V
F	F	F	V	F

1.4 Equivalências Lógicas

Duas ou mais proposições compostas são ditas equivalentes quando são formadas pelas mesmas proposições simples e suas tabelas verdades (resultado) são iguais.

> Atente-se para o princípio da equivalência. A tabela verdade está aí só para demonstrar a igualdade.

Seguem algumas demonstrações das mais importantes:

$P \wedge Q = Q \wedge P$: basta trocar as proposições de lugar – também chamada de **recíproca**.

P	Q	$P \wedge Q$	$Q \wedge P$
V	V	V	V
V	F	F	F
F	V	F	F
F	F	F	F

$P \vee Q = Q \vee P$: basta trocar as proposições de lugar – também chamada de **recíproca**.

P	Q	$P \vee Q$	$Q \vee P$
V	V	V	V
V	F	V	V
F	V	V	V
F	F	F	F

$P \veebar Q = Q \veebar P$: basta trocar as proposições de lugar - também chamada de **recíproca**.

$P \veebar Q = \sim P \veebar \sim Q$: basta negar as proposições – também chamada de **contrária**.

$P \veebar Q = \sim Q \veebar \sim P$: troca as proposições de lugar e nega-as – também chamada de **contra-positiva**.

$P \veebar Q = (P \wedge \sim Q) \vee (\sim P \wedge Q)$: observe aqui a exclusividade dessa disjunção.

P	Q	$\sim P$	$\sim Q$	$P \wedge \sim Q$	$\sim P \wedge Q$	$P \veebar Q$	$Q \veebar P$	$\sim P \veebar \sim Q$	$\sim Q \veebar \sim P$	$(P \wedge \sim Q) \vee (\sim P \wedge Q)$
V	V	F	F	F	F	F	F	F	F	F
V	F	F	V	V	F	V	V	V	V	V
F	V	V	F	F	V	V	V	V	V	V
F	F	V	V	F	F	F	F	F	F	F

$P \leftrightarrow Q = Q \leftrightarrow P$: basta trocar as proposições de lugar - também chamada de **recíproca**.

$P \leftrightarrow Q = \sim P \leftrightarrow \sim Q$: basta negar as proposições – também chamada de contrária.

$P \leftrightarrow Q = \sim Q \leftrightarrow \sim P$: troca as proposições de lugar e nega-as – também chamada de contra- positiva.

$P \leftrightarrow Q = (P \rightarrow Q) \wedge (Q \rightarrow P)$: observe que é condicional para os dois lados, por isso bicondicional.

P	Q	$\sim P$	$\sim Q$	$P \rightarrow Q$	$Q \rightarrow P$	$P \leftrightarrow Q$	$Q \leftrightarrow P$	$\sim P \leftrightarrow \sim Q$	$\sim Q \leftrightarrow \sim P$	$(P \rightarrow Q) \wedge (Q \rightarrow P)$
V	V	F	F	V	V	V	V	V	V	V
V	F	F	V	F	V	F	F	F	F	F
F	V	V	F	V	F	F	F	F	F	F
F	F	V	V	V	V	V	V	V	V	V

> A disjunção exclusiva e o bicondicional são as proposições com o maior número de equivalências.

$P \rightarrow Q = \sim Q \rightarrow \sim P$: troca as proposições de lugar e nega-se – também chamada de **contra-positiva**.

$P \rightarrow Q = \sim P \vee Q$: nega-as o antecedente OU mantém o consequente.

P	Q	$\sim P$	$\sim Q$	$P \rightarrow Q$	$\sim Q \rightarrow \sim P$	$\sim P \vee Q$
V	V	F	F	V	V	V
V	F	F	V	F	F	F
F	V	V	F	V	V	V
F	F	V	V	V	V	V

Equivalências mais importantes e mais cobradas em concursos.

Negação de proposição composta

São também equivalências lógicas; vejamos algumas delas:

$\sim(P \wedge Q) = \sim P \vee \sim Q$ (Leis De Morgan)

Para negar a conjunção, troca-se o conectivo e ($\wedge$) por ou ($\vee$) e nega-se as proposições que a compõem.

P	Q	$\sim P$	$\sim Q$	$P \wedge Q$	$\sim(P \wedge Q)$	$\sim P \vee \sim Q$
V	V	F	F	V	F	F
V	F	F	V	F	V	V
F	V	V	F	F	V	V
F	F	V	V	F	V	V

~(P ∨ Q) = ~P ∧ ~Q (Leis De Morgan)

Para negar a disjunção, troca-se o conectivo **ou (∨)** por **e** (∧) e negam-se as proposições simples que a compõem.

P	Q	~P	~Q	P ∨ Q	~ (P ⊻ Q)	~P ∧ ~Q
V	V	F	F	V	F	F
V	F	F	V	V	F	F
F	V	V	F	V	F	F
F	F	V	V	F	V	V

~(P → Q) = P ∧ ~Q

Para negar o condicional, mantém-se o antecedente E nega--se o consequente.

P	Q	~Q	P → Q	~ (P → Q)	P ∧ ~Q
V	V	F	V	F	F
V	F	V	F	V	V
F	V	F	V	F	F
F	F	V	V	F	F

~(P ⊻ Q) = P ↔ Q

Para negar a disjunção exclusiva, faz-se o bicondicional ou nega-se a disjuncao exclusiva com a propria disjuncao exclusiva, mas negando apenas uma das proposicoes que a compõe.

P	Q	P ⊻ Q	~(P ⊻ Q)	P ↔ Q
V	V	F	V	V
V	F	V	F	F
F	V	V	F	F
F	F	F	V	V

~(P ↔ Q) = (P ⊻ Q).

Para negar a bicondicional, faz-se a disjunção exclusiva ou nega-se o bicondicional com o proprio bicondicional, mas negando apenas uma das proposicoes que o compõe.

P	Q	P ↔ Q	~(P ↔ Q)	P ⊻ Q
V	V	V	F	F
V	F	F	V	V
F	V	F	V	V
F	F	V	F	F

1.5 Relação entre Todo, Algum e Nenhum

Também conhecidos como **quantificadores lógicos**, eles têm entre si algumas relações que devemos saber, são elas:

"Todo A é B" equivale a **"nenhum A não é B"**, e vice-versa.

"todo amigo é bom = nenhum amigo não é bom."

"Nenhum A é B" equivale a **"todo A não é B"**, e vice-versa.

"nenhum aluno é burro = todo aluno não é burro."

"Todo A é B" tem como negação **"algum A não é B"** e vice-versa.

Ex.: ~(todo estudante tem insônia) = algum estudante não tem insônia.

"Nenhum A é B" tem como negação **"algum A é B"** e vice-versa.

Ex.: ~(algum sonho é impossível) = nenhum sonho é impossível.

Temos também a representação em forma de conjuntos, que é:

TODO A é B:

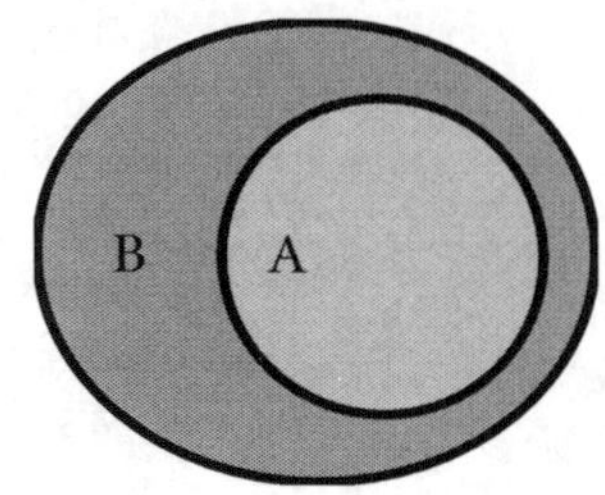

ALGUM A é B:

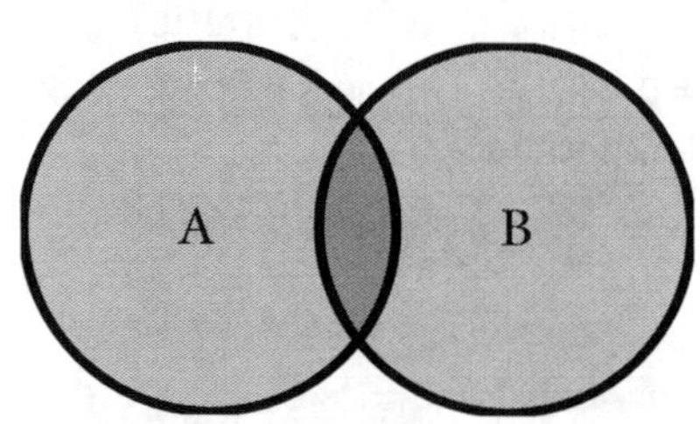

NENHUM A é B:

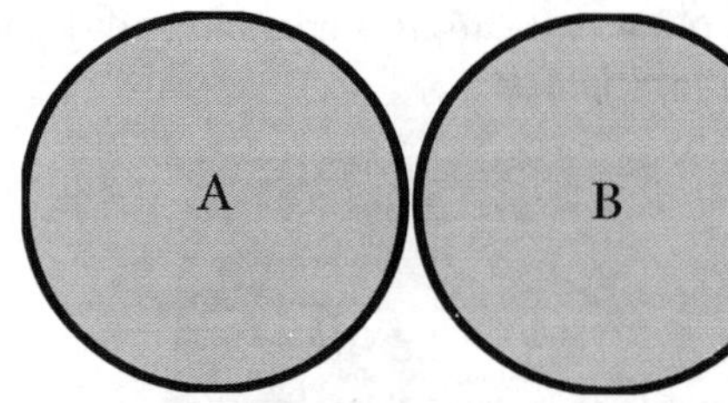

Relação de Equivalência:	Relação de Negação:
> Todo A é B = Nenhum A não é B. Ex.: Todo diretor é bom ator. = Nenhum diretor é mau ator.	> Todo A é B = Algum A não é B. Ex.: Todo policial é honesto. = Algum policial não é honesto.
> Nenhum A é B = Todo A não é B. Ex.: Nenhuma mulher é legal. = Toda mulher não é legal.	> Nenhum A é B = Algum A é B. Ex.: Nenhuma ave é mamífera. = Alguma ave é mamífera.

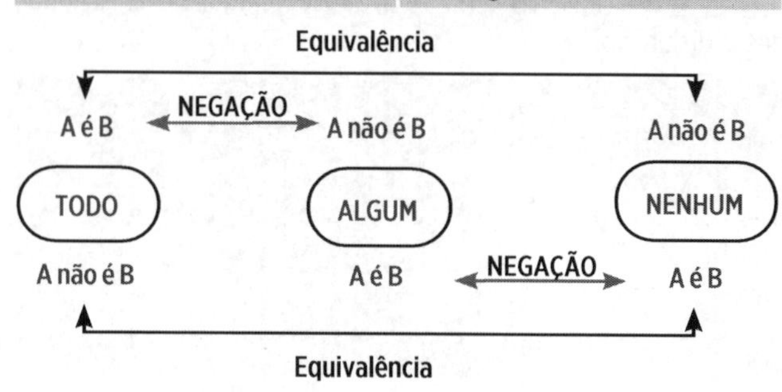

2. ARGUMENTOS

Os argumentos são uma extensão das proposições, mas com algumas características e regras próprias. Vejamos isso a partir de agora.

2.1 Definições

Argumento é um conjunto de proposições, divididas em premissas (proposições iniciais - hipóteses) e conclusões (proposições finais - teses).

Ex.:

p_1: Toda mulher é bonita.

p_2: Toda bonita é charmosa.

p_3: Maria é bonita.

c: Portanto, Maria é charmosa.

p_1: Se é homem, então gosta de futebol.

p_2: Mano gosta de futebol.

c: Logo, Mano é homem.

p_1, p_2, p_3, p_n, correspondem às premissas, e "c" à conclusão.

Representação dos argumentos

Os argumentos podem ser representados das seguintes formas:

$$\begin{array}{c} P_1 \\ P_2 \\ P_3 \\ \cdots \\ \underline{P_n} \\ C \end{array}$$

ou

$$P_1 \wedge P_2 \wedge P_3 \wedge \cdots \wedge P_n \rightarrow C$$

ou

$$P_1, P_2, P_3, \cdots, Pn \vdash C$$

Tipos de argumentos

Existem vários tipos de argumento. Vejamos alguns:

Dedução

O argumento dedutivo parte de situações gerais para chegar a conclusões particulares. Esta forma de argumento é válida quando suas premissas, sendo verdadeiras, fornecem uma conclusão também verdadeira.

Ex.:

p_1: Todo professor é aluno.

p_2: Daniel é professor.

c: Logo, Daniel é aluno.

Indução

O argumento indutivo é o contrário do argumento dedutivo, pois parte de informações particulares para chegar a uma conclusão geral. Quanto mais informações nas premissas, maiores as chances da conclusão estar correta.

Ex.:

p_1: Cerveja embriaga.

p_2: Uísque embriaga.

p_3: Vodca embriaga.

c: Portanto, toda bebida alcoólica embriaga.

Analogia

As analogias são comparações (nem sempre verdadeiras). Neste caso, partindo de uma situação já conhecida verificamos outras desconhecidas, mas semelhantes. Nas analogias, não temos certeza.

Ex.:

p_1: No Piauí faz calor.

p_2: No Ceará faz calor.

p_3: No Paraná faz calor.

c: Sendo assim, no Brasil faz calor.

Falácia

As falácias são falsos argumentos, logicamente inconsistentes, inválidos ou que não provam o que dizem.

Ex.:

p_1: Eu passei num concurso público.

p_2: Você passou num concurso público.

c: Logo, todos vão passar num concurso público.

Silogismos

Tipo de argumento formado por três proposições, sendo duas premissas e uma conclusão. São em sua maioria dedutivos.

Ex.:

p_1: Todo estudioso passará no concurso.

p_2: Beatriz é estudiosa.

c: Portanto, Beatriz passará no concurso.

Classificação dos argumentos

Os argumentos só podem ser classificados em, ou válidos, ou inválidos:

Válidos ou bem construídos

Os argumentos são válidos sempre que as premissas garantirem a conclusão, ou seja, sempre que a conclusão for uma consequência obrigatória do seu conjunto de premissas.

Ex.:

p_1: Toda mulher é bonita.

p_2: Toda bonita é charmosa.

p_3: Maria é mulher.

c: Portanto, Maria é bonita e charmosa.

Veja que, se Maria é mulher, e toda mulher é bonita, e toda bonita é charmosa, então Maria só pode ser bonita e charmosa.

Inválidos ou mal construídos

Os argumentos são inválidos sempre que as premissas **não** garantirem a conclusão, ou seja, sempre que a conclusão **não** for uma consequência obrigatória do seu conjunto de premissas.

Ex.:

p_1: Todo professor é aluno.

p_2: Daniel é aluno.

c: Logo, Daniel é professor.

Note que, se Daniel é aluno, nada garante que ele seja professor, pois o que sabemos é que todo professor é aluno, não o contrário.

Alguns argumentos serão classificados apenas por meio desse conceito (da GARANTIA). Fique atento para não perder tempo.

2.2 Métodos para Classificar os Argumentos

Os argumentos nem sempre podem ser classificados da mesma forma, por isso existem os métodos para sua classificação, uma vez que dependendo do argumento, um método ou outro, sempre será mais fácil e principalmente mais rápido.

1º método: diagramas lógicos (ou método dos conjuntos).

Utilizado sempre que no argumento houver as expressões: **todo**, **algum** ou **nenhum**, e seus respectivos sinônimos.

Representaremos o que for dito em forma de conjuntos e verificaremos se a conclusão está correta (presente nas representações).

Esse método é muito utilizado por diversas bancas de concursos e tende a confundir o concurseiro, principalmente nas questões em que temos mais de uma opção de diagrama para o mesmo enunciado. Lembrando que quando isso ocorrer (mais de um diagrama para o mesmo argumento), a questão só estará correta se a conclusão estiver presente em todas as representações se todos os diagramas corresponderem à mesma condição.

As representações genéricas são:

TODO A é B:

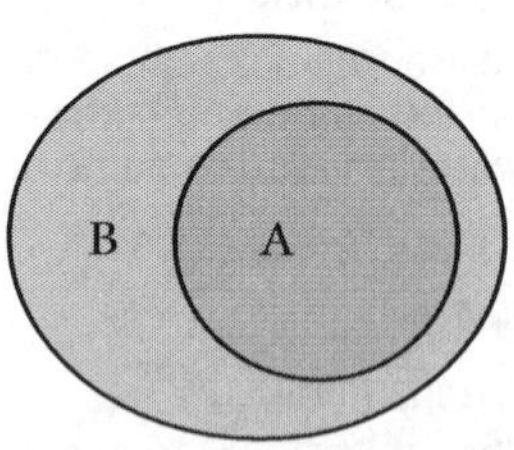

ALGUM A é B:

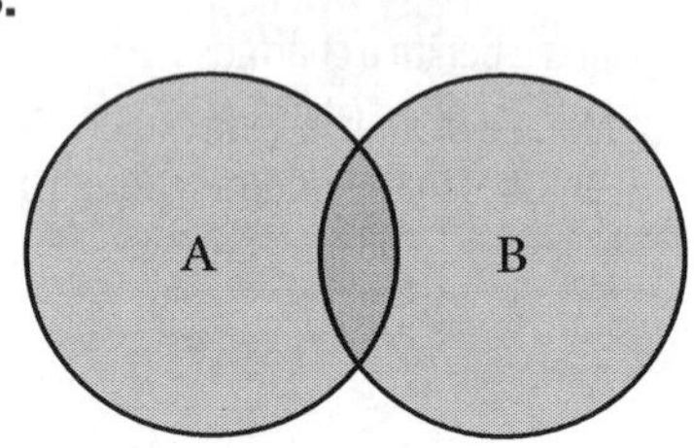

NENHUM A é B:

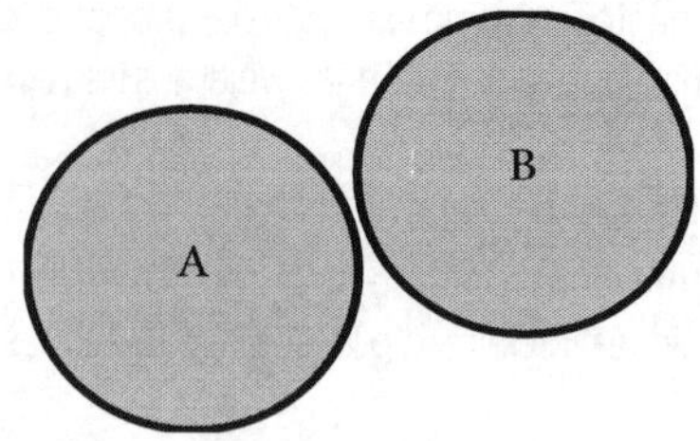

2º método: premissas verdadeiras (proposição simples ou conjunção).

Utilizado sempre que não for possível os diagramas lógicos e quando nas premissas houver uma proposição simples ou uma conjunção.

A proposição simples ou a conjunção serão os pontos de partida da resolução, já que teremos que considerar todas as premissas verdadeiras e elas – proposição simples ou conjunção – só admitem um jeito de serem verdadeiras.

O método consiste em, considerar todas as premissas como verdadeiras, dar valores às proposições simples que as compõem e no final avaliar a conclusão; se a conclusão também for verdadeira o argumento é válido, porém se a conclusão for falsa o argumento é inválido.

Premissas verdadeiras e conclusão verdadeiras = argumento válido.

Premissas verdadeiras e conclusão falsa = argumento inválido.

3º método: conclusão falsa (proposição simples, disjunção ou condicional).

Utilizado sempre que não for possível um dos "dois" métodos citados anteriormente e quando na conclusão houver uma proposição simples, uma disjunção ou um condicional.

A proposição simples, a disjunção ou o condicional serão os pontos de partida da resolução, já que teremos que considerar a conclusão como sendo falsa e elas – proposição simples, disjunção e condicional – só admitem um jeito de serem falsas.

O método consiste em: considerar a conclusão como falsa, dar valores às proposições simples, que a compõem, e supor as premissas como verdadeiras, a partir dos valores das proposições simples da conclusão e atribuir os valores das proposicoes simples das premissas. No final, se assim ficar – a conclusão falsa e as premissas verdadeiras – o argumento será inválido; porém se uma das premissas mudar de valor, então o argumento passa a ser válido.

Conclusão falsa e premissas verdadeiras = argumento inválido.

Conclusão falsa e pelo menos 1 (uma) premissa falsa = argumento válido.

Para esses dois métodos (2º método e 3º método), podemos definir a validade dos argumentos da seguinte forma:

PREMISSAS	CONCLUSÃO	ARGUMENTO
Verdadeiras	Verdadeira	Válido
Verdadeiras	Falsa	Inválido
Pelo menos 1 (uma) falsa	Falsa	Válido

4º método: tabela verdade.

Método utilizado em último caso, quando não for possível usar qualquer um dos anteriores.

Dependendo da quantidade de proposições simples que tiver o argumento, esse método fica inviável, pois temos que desenhar a tabela verdade. No entanto, esse método é um dos mais garantidos nas resoluções das questões de argumentos.

Consiste em desenhar a tabela verdade do argumento em questão e avaliar se nas linhas em que as premissas forem todas verdadeiras – ao mesmo tempo – a conclusão também será toda verdadeira. Caso isso ocorra, o argumento será válido, porém se em uma das linhas em que as premissas forem todas verdadeiras a conclusão for falsa, o argumento será inválido.

Linhas da tabela verdade em que as premissas são todas verdadeiras e conclusão, nessas linhas, também todas verdadeiras = argumento válido.

Linhas da tabela verdade em que as premissas são todas verdadeiras e pelo menos uma conclusão falsa, nessas linhas = argumento inválido.

3. PSICOTÉCNICOS

Questões psicotécnicas são todas as questões em que não precisamos de conhecimento adicional para resolvê-las. As questões podem ser de associações lógicas, verdades e mentiras, sequências lógicas, problemas com datas – calendários, sudoku, entre outras.

Neste capítulo, abordaremos inicialmente as questões mais simples do raciocínio lógico para uma melhor familiarização com a matéria.

Não existe teoria, somente prática e é com ela que vamos trabalhar e aprender.

01. (FCC) Considere que os dois primeiros pares de palavras foram escritos segundo determinado critério.

Temperamento ⟶ totem

Traficante ⟶ tetra

Massificar ⟶ ?

De acordo com esse mesmo critério, uma palavra que substituiria o ponto de interrogação é:

a) ramas.
b) maras.
c) armas.
d) samar.
e) asmar.

RESPOSTA: C.

Analisando os dois primeiros pares de palavras, vemos que a segunda palavra de cada par é formada pela última sílaba + a primeira sílaba da primeira palavra do par, logo, seguindo esse raciocínio, teremos AR + MAS = armas.

02. (FCC) Observe atentamente a disposição das cartas em cada linha do esquema seguinte. A carta que está oculta é:

a) 

b) 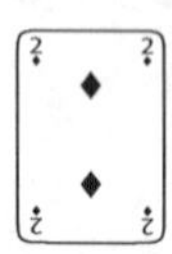

c) 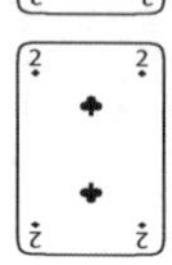

d) 

e) 

RESPOSTA: A.

Observando cada linha (horizontal), temos nas duas primeiras os três mesmos naipes (copas, paus e ouros, só mudando a ordem) e a terceira carta é o resultado da subtração da primeira pela segunda; portanto, a carta que está oculta tem que ser o "3 de copas", pois 10 – 7 = 3 e o naipe que não apareceu na terceira linha foi o de copas.

03. (FCC) Considere a sequência de figuras abaixo. A figura que substitui corretamente a interrogação é:

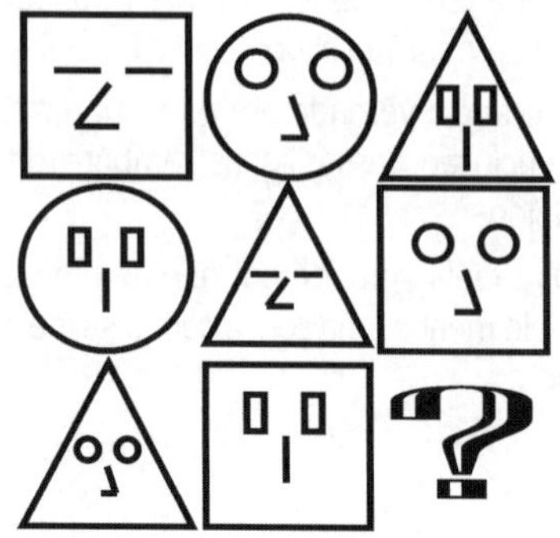

a) 

b) 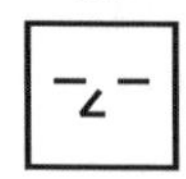

c) 

d) 

e) 

RESPOSTA: A.

Veja que em cada fila (linha ou coluna) temos sempre um círculo, um triângulo e um quadrado fazendo o contorno da careta; os olhos são círculos, quadrados ou tiras; o nariz é reto, para direita ou para esquerda; sendo assim, no ponto de interrogação o que está faltando é a careta redonda com o olhos em tiras e o nariz para a esquerda.

04. (Esaf - Adaptada) Mauro, José e Lauro são três irmãos. Cada um deles nasceu em um estado diferente: um é mineiro, outro é carioca, e outro é paulista (não necessariamente nessa ordem). Os três têm, também, profissões diferentes: um é engenheiro, outro é veterinário, e outro é psicólogo (não necessariamente nessa ordem). Sabendo que José é mineiro, que o engenheiro é paulista, e que Lauro é veterinário, conclui-se corretamente que:

a) Lauro é paulista e José é psicólogo.
b) Mauro é carioca e José é psicólogo.
c) Lauro é carioca e Mauro é psicólogo.
d) Mauro é paulista e José é psicólogo.
e) Lauro é carioca e Mauro não é engenheiro.

RESPOSTA: D.

É a única resposta possível após o preenchimento da tabela e análise das alternativas.

Vamos construir uma tabela para facilitar a resolução da questão:

Nome	Estado	Profissão
José	Mineiro	Psicólogo
Mauro	Paulista	Engenheiro
Lauro	Carioca	Veterinário

De acordo com as informações:

José é mineiro;

O engenheiro é paulista;

Lauro é veterinário, note que Lauro não pode ser paulista, pois o paulista é engenheiro.

05. (FGV) Certo dia, três amigos fizeram, cada um deles, uma afirmação:

Aluísio: Hoje não é terça-feira.

Benedito: Ontem foi domingo.

Camilo: Amanhã será quarta-feira.

Sabe-se que um deles mentiu e que os outros dois falaram a verdade. Assinale a alternativa que indique corretamente o dia em que eles fizeram essas afirmações.

a) Sábado.

b) Domingo.

c) Segunda-feira.

d) Terça-feira.

e) Quarta-feira.

RESPOSTA: C.

Baseado no que foi dito na questão, Benedito e Camilo não podem, os dois, estarem falando a verdade, pois teríamos dois dias diferentes. Então, conclui-se que Aluísio falou a verdade; com isso, o que Camilo esta dizendo é mentira e, portanto Benedito também está falando a verdade. Logo, o dia em que foi feita a afirmação é uma segunda-feira.

06. (FUMARC) Heloísa, Bernardo e Antônio são três crianças. Uma delas tem 12 anos a outra tem 10 anos e a outra 8 anos. Sabe-se que apenas uma das seguintes afirmações é verdadeira:

Bernardo tem 10 anos.

Heloísa não tem 10 anos.

Antônio não tem 12 anos.

Considerando estas informações é correto afirmar que:

a) Heloísa tem 12 anos, Bernardo tem 10 anos e Antônio tem 8 anos.

b) Heloísa tem 12 anos, Bernardo tem 8 anos e Antônio tem 10 anos.

c) Heloísa tem 10 anos, Bernardo tem 8 anos e Antônio tem 12 anos.

d) Heloísa tem 10 anos, Bernardo tem 12 anos e Antônio tem 8 anos.

RESPOSTA: D.

Como a questão informa que só uma afirmação é verdadeira, vejamos qual pode ser esta afirmação: se "I" for a verdadeira, teremos Bernardo e Heloísa, os dois, com 10 anos, o que pelo enunciado da questão não é possível; se "II" for a verdadeira, teremos, mais uma vez, Bernardo e Heloísa, agora ambos com 8 anos, o que também não é possível; se "III" for a verdadeira, teremos Heloísa com 10 anos, Bernardo com 12 anos e Antônio com 8 anos.

07. (FCC) Na sentença seguinte falta a última palavra. Você deve escolher a alternativa que apresenta a palavra que MELHOR completa a sentença.

Devemos saber empregar nosso tempo vago; podemos, assim, desenvolver hábitos agradáveis e evitar os perigos da;

a) Desdita.

b) Pobreza.

c) Ociosidade.

d) Bebida.

e) Doença.

RESPOSTA: C.

Qual dessas alternativas tem a palavra que mais se relaciona com tempo vago? Agora ficou claro! Assim a palavra é OCIOSIDADE.

08. (ESAF) Três meninos, Zezé, Zozó e Zuzu, todos vizinhos, moram na mesma rua em três casas contíguas. Todos os três meninos possuem animais de estimação de raças diferentes e de cores também diferentes. Sabe-se que o cão mora em uma casa contígua à casa de Zozó; a calopsita é amarela; Zezé tem um animal de duas cores - branco e laranja; a cobra vive na casa do meio. Assim, os animais de estimação de Zezé, Zozó e Zuzu são respectivamente:

a) Cão, cobra, calopsita.

b) Cão, calopsita, cobra.

c) Calopsita, cão, cobra.

d) Calopsita, cobra, cão.

e) Cobra, cão, calopsita.

RESPOSTA: A.

De acordo com as informações:

A cobra vive na casa do meio;

O cão mora em uma casa contígua à casa de Zozó; contígua quer dizer vizinha, e para isso Zozó só pode morar na casa do meio;

A calopsita é amarela e Zezé tem um animal de duas cores - branco e laranja; com isso o cão só pode ser de Zezé;

Vamos construir uma tabela para ficar melhor a resolução da questão:

	Casa	Casa	Casa
Nome	Zezé	Zozó	Zuzu
Animal	Cão	Cobra	Calopsita

No livro Alice no País dos Enigmas, o professor de matemática e lógica Raymond Smullyan apresenta vários desafios ao raciocínio lógico que têm como objetivo distinguir-se entre verdadeiro e falso. Considere o seguinte desafio inspirado nos enigmas de Smullyan.

Duas pessoas carregam fichas nas cores branca e preta. Quando a primeira pessoa carrega a ficha branca, ela fala somente a verdade, mas, quando carrega a ficha preta, ela fala somente mentiras. Por outro lado, quando a segunda pessoa carrega a ficha branca, ela fala somente mentira, mas, quando carrega a ficha preta, fala somente verdades.

Com base no texto acima, julgue o item a seguir.

09. (CESPE) Se a primeira pessoa diz "Nossas fichas não são da mesma cor" e a segunda pessoa diz "Nossas fichas são da mesma cor", então, pode-se concluir que a segunda pessoa está dizendo a verdade.

RESPOSTA: CERTO.

Analisando linha por linha da tabela, encontramos contradições nas três primeiras linhas, ficando somente a quarta linha como certa, o que garante que a segunda pessoa está falando a verdade.

1ª pessoa: "Nossas fichas não são da mesma cor"	2ª pessoa: "Nossas fichas são da mesma cor"
Ficha branca (verdade)	Ficha branca (mentira)
Ficha branca (verdade)	Ficha preta (verdade)
Ficha preta (mentira)	Ficha branca (mentira)
Ficha preta (mentira)	Ficha preta (verdade)

10. (CESPE) O quadro abaixo pode ser completamente preenchido com algarismos de 1 a 6, de modo que cada linha e cada coluna tenham sempre algarismos diferentes.

1				3	2
		5	6		1
	1	6		5	
5	4			2	
	3	2	4		
4			2		3

RESPOSTA: CERTO.

Vamos preencher o quadro, de acordo com o que foi pedido:

1	6	4	5	3	2
3	2	5	6	4	1
2	1	6	3	5	4
5	4	3	1	2	6
6	3	2	4	1	5
4	5	1	2	6	3

4. ANÁLISE COMBINATÓRIA

As primeiras atividades matemáticas da humanidade estavam ligadas à contagem de objetos de um conjunto, enumerando seus elementos.

Vamos estudar, aqui, algumas técnicas para a descrição e contagem de todos os casos possíveis de um acontecimento.

4.1 Definição

A análise combinatória é utilizada para descobrir o **número de maneiras possíveis** de realizar determinado evento, sem que seja necessário demonstrar todas essas maneiras.

Ex.: Quantos são os pares formados pelo lançamento de dois **"dados"** simultaneamente?

No primeiro dado, temos 6 possibilidades – do 1 ao 6 – e, no segundo dado, também temos 6 possibilidades – do 1 ao 6. Juntando todos os pares formados, temos 36 pares (6 . 6 = 36).

(1,1), (1,2), (1,3), (1,4), (1,5), (1,6),
(2,1), (2,2), (2,3), (2,4), (2,5), (2,6),
(3,1), (3,2), (3,3), (3,4), (3,5), (3,6),
(4,1), (4,2), (4,3), (4,4), (4,5), (4,6),
(5,1), (5,2), (5,3), (5,4), (5,5), (5,6),
(6,1), (6,2), (6,3), (6,4), (6,5), (6,6);

Logo, temos **36 pares**.

Não há necessidade de expor todos os pares formados, basta que saibamos quantos pares são.

Imagine se fossem 4 dados e quiséssemos saber todas as quadras possíveis, o resultado seria 1296 quadras. Um número inviável de ser representado. Por isso utilizamos a Análise Combinatória.

Para resolver as questões de Análise Combinatória, utilizamos algumas técnicas, que veremos a partir de agora.

4.2 Fatorial

É comum, nos problemas de contagem, calcularmos o produto de uma multiplicação cujos fatores são números naturais consecutivos. Fatorial de um número (natural) é a multiplicação deste número por todos os seus antecessores, em ordem, até o número 1.

$n! = n(n-1)(n-2)...3.2.1$, *sendo* $n \in \mathbb{N}$ e $n > 1$.

Por definição, temos:

→ $0! = 1$

→ $1! = 1$

Ex.: $4! = 4 \cdot 3 \cdot 2 \cdot 1 = 24$

$6! = 6 \cdot 5 \cdot 4 \cdot 3 \cdot 2 \cdot 1 = 720$

$8! = 8 \cdot 7 \cdot 6 \cdot 5 \cdot 4 \cdot 3 \cdot 2 \cdot 1 = 40320$

Observe que:

$6! = 6 \cdot 5 \cdot 4!$

$8! = 8 \cdot 7 \cdot 6!$

Para n = 0, teremos: 0! = 1.

Para n = 1, teremos: 1! = 1.

Ex.: *Qual deve ser o valor numérico de n para que a equação $(n + 2)! = 20 . n!$ seja verdadeira?*

O primeiro passo na resolução deste problema consiste em escrevermos **(n + 2)!** em função de **n!**, em busca de uma equação que não mais contenha fatoriais:

$(n+2)(n+1)\,n! = 20n!$, dividindo por n!, temos:

$(n+2)(n+1) = 20$, fazendo a distributiva

$n^2 + 3n + 2 = 20 \Rightarrow n^2 + 3n - 18 = 0$

Rapidamente concluímos que as raízes procuradas são **-6** e **3**, mas como não existe fatorial de números negativos, já que eles não pertencem ao conjunto dos números naturais, ficamos apenas com a raiz igual a **3**.

Portanto:

O valor numérico de n, para que a equação seja verdadeira, é igual a 3.

4.3 Princípio Fundamental da Contagem (PFC)

É uma das técnicas mais importantes e uma das mais utilizadas nas questões de Análise Combinatória.

O PFC é utilizado nas questões em que os elementos podem ser repetidos **ou** quando a ordem dos elementos fizer diferença no resultado.

Atenção

Esses "elementos" são os dados das questões, os valores envolvidos.

Consiste de dois princípios: o **multiplicativo** e o **aditivo**. A diferença dos dois consiste nos termos utilizados durante a resolução das questões.

Multiplicativo: usado sempre que na resolução das questões utilizarmos o termo "**e**". Como o próprio nome já diz, faremos multiplicações.

Aditivo: usado quando utilizarmos o termo "**ou**". Aqui realizaremos somas.

Ex.: Quantas senhas de 3 algarismos são possíveis com os algarismos 1, 3, 5 e 7?

Como nas senhas os algarismos podem ser repetidos, para formar senhas de 3 algarismos temos a seguinte possibilidade:

SENHA = Algarismo E Algarismo E Algarismo

Nº de SENHAS = 4 . 4 . 4 (já que são 4 os algarismos que temos na questão, e observe o princípio multiplicativo no uso do "e"). Nº de SENHAS = 64.

Ex.: Quantos são os números naturais de dois algarismos que são múltiplos de 5?

Como o zero à esquerda de um número não é significativo, para que tenhamos um número natural com dois algarismos, ele deve começar com um dígito de 1 a 9. Temos, portanto, 9 possibilidades.

Para que o número seja um múltiplo de 5, ele deve terminar em 0 ou 5, portanto temos apenas 2 possibilidades. A multiplicação de 9 por 2 nos dará o resultado desejado. Logo: São 18 os números naturais de dois algarismos que são múltiplos de 5.

4.4 Arranjo e Combinação

Duas outras técnicas usadas para resolução de problemas de análise combinatória, sendo importante saber quando usa cada uma delas.

Arranjo: usado quando os elementos (envolvidos no cálculo) não podem ser repetidos E quando a ordem dos elementos faz diferença no resultado

A fórmula do arranjo é:

$$A_{n,p} = \frac{n!}{(n-p)!}$$

Sendo:

n = todos os elementos do conjunto;

p = os elementos utilizados.

Ex.: pódio de competição.

Combinação: usado quando os elementos (envolvidos no cálculo) não podem ser repetidos E quando a ordem dos elementos não faz diferença no resultado.

A fórmula da combinação é:

$$C_{n,p} = \frac{n!}{p! \cdot (n-p)!}$$

Sendo:

n = a todos os elementos do conjunto;

p = os elementos utilizados.

Ex.: salada de fruta.

4.5 Permutação

Permutação simples

Seja E um conjunto com n elementos. Chama-se permutação simples dos n elementos, qualquer agrupamento (sequência) de n elementos distintos de E em outras palavras, permutacao é a ORGANIZACAO de TODOS os elementos. Em outras palavras, permutação a ORGANIZAÇÃO de TODOS os elementos

Podemos, também, interpretar cada permutação de **n** elementos como um arranjo simples de **n** elementos tomados **n** a **n**, ou seja, p = n.

Nada mais é do que um caso particular de arranjo cujo p = n.

Logo:

Assim, a fórmula da permutação é:

$$P_n = n!$$

Ex.: Quantos anagramas têm a palavra prova?

A palavra **prova** tem 5 letras, e nenhuma repetida, sendo assim **n** = 5, e:

$P_5 = 5!$

$P_5 = 5 . 4 . 3 . 2 . 1$

$P_5 = 120$ anagramas

Atenção

As permutações são muito usadas nas questões de anagramas.

Anagramas: todas as palavras formadas com todas as letras de uma palavra, quer essas novas palavras tenham sentido ou não na linguagem comum.

Permutação com elementos repetidos

Na permutação com elementos repetidos, usa-se a seguinte fórmula:

$$P_n^{k,y,\cdots,w} = \frac{n!}{k! \cdot y! \cdot \ldots \cdot w!}$$

Sendo:

n = o número total de elementos do conjunto;

k, y, w = as quantidades de elementos repetidos.

Ex.: Quantos anagramas têm a palavra concurso?

Observe que na palavra **CONCURSO** existem duas letras repetidas, o "C" e o "O", e cada uma duas vezes, portanto n = 8, k = 2 e y = 2, agora:

$$P_8^{2,2} = \frac{8!}{2! \cdot 2!}$$

$$P_8^{2,2} = \frac{8 \cdot 7 \cdot 6 \cdot 5 \cdot 4 \cdot 3 \cdot 2!}{2 \cdot 1 \cdot 2!} \text{ (Simplificando o 2!)}$$

$$P_8^{2,2} = \frac{20.160}{2}$$

$$P_8^{2,2} = 10.080 \text{ anagramas}$$

Resumo:

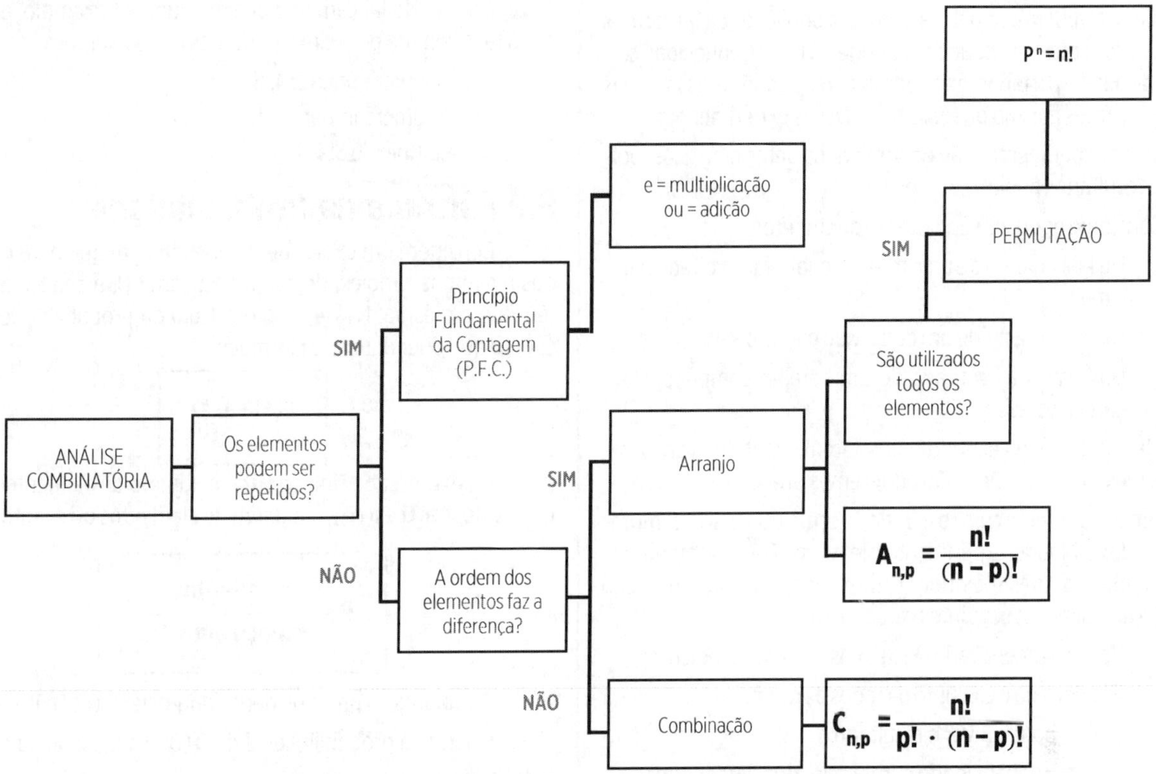

Para saber qual das técnicas utilizar basta fazer duas, no máximo, três perguntas para a questão, veja:

Os elementos podem ser repetidos?

Se a resposta for sim, deve-se trabalhar com o PFC; se a resposta for não, passe para a próxima pergunta;

A ordem dos elementos faz diferença no resultado da questão?

Se a resposta for sim, trabalha-se com arranjo; se a resposta for não, trabalha-se com as combinações (todas as questões de arranjo podem ser feitas por PFC).

(Opcional): vou utilizar todos os elementos para resolver a questão?

Para fazer a 3ª pergunta, depende, se a resposta da 1ª for não e a 2ª for sim; se a resposta da 3ª for sim, trabalha-se com as permutações.

Permutações circulares e combinações com repetição

Casos especiais dentro da análise combinatória

Permutação Circular: usada quando houver giro horário ou anti-horário. Na permutação circular o que importa são as posições, não os lugares.

$$Pc(n) = (n-1)!$$

Sendo:

n = o número total de elementos do conjunto;

Pc = permutação circular.

Combinação com Repetição: usada quando $p > n$ ou quando a questão deixar subentendido que pode haver repetição.

$$C_{r(n,p)} = C_{(n+p-1,p)} = \frac{(n+p-1)!}{p! \cdot (n-1)!}$$

Sendo:

n = o número total de elementos do conjunto;

p = o número de elementos utilizados;

Cr = combinação com repetição.

5. PROBABILIDADE

A que temperatura a água entra em ebulição? Se largarmos uma bola, com que velocidade ela atinge o chão? Conhecidas certas condições, é perfeitamente possível responder a essas duas perguntas, antes mesmo da realização desses experimentos.

Esses experimentos são denominados determinísticos, pois neles os resultados podem ser previstos.

Considere agora os seguintes experimentos:

> No lançamento de uma moeda, qual a face voltada para cima?

> No lançamento de um dado, que número saiu?

> Uma carta foi retirada de um baralho completo. Que carta é essa?

Mesmo se esses experimentos forem repetidos várias vezes, nas mesmas condições, não poderemos prever o resultado.

Um experimento cujo resultado, mesmo que único, é imprevisível, é denominado experimento aleatório. E é justamente ele que nos interessa neste estudo. Um experimento ou fenômeno aleatório apresenta as seguintes características:

> Pode se repetir várias vezes nas mesmas condições;

> É conhecido o conjunto de todos os resultados possíveis;

> Não se pode prever o resultado.

A teoria da probabilidade surgiu para nos ajudar a medir a "chance" de ocorrer determinado resultado em um experimento aleatório.

5.1 Definições

Para o cálculo das probabilidades, temos que saber primeiro 3 (três) conceitos básicos acerca do tema:

Atenção
Maneiras possíveis de se realizar determinado evento (análise combinatória)
≠ (diferente)
Chance de determinado evento ocorrer (probabilidade).

Experimento Aleatório: é o experimento em que não é possível GARANTIR o resultado, mesmo que esse seja feito diversas vezes nas mesmas condições.

Ex.: Lançamento de uma moeda: ao lançarmos uma moeda os resultados possíveis são o de cara e o de coroa, mas não tem como garantir qual será o resultado desse lançamento.

Ex.: Lançamento de um dado: da mesma forma que a moeda, não temos como garantir qual o resultado (1, 2, 3, 4, 5 e 6) desse lançamento.

Espaço Amostral - (Ω) ou (U): é o conjunto de todos os resultados possíveis para um experimento aleatório.

Ex.: Na moeda: o espaço amostral na moeda é $\Omega = 2$, pois só temos dois resultados possíveis para esse experimento, que é ou CARA ou COROA.

Ex.: No "dado": o espaço amostral no "dado" é $U = 6$, pois temos do 1 (um) ao 6 (seis), como resultados possíveis para esse experimento.

Evento: Qualquer subconjunto do espaço amostral é chamado evento. No lançamento de um dado, por exemplo, em relação à face voltada para cima, podemos ter os eventos:

> O número par: {2, 4, 6}.

> O número ímpar: {1, 3, 5}.

> Múltiplo de 8: { }.

5.2 Fórmula da Probabilidade

Considere um experimento aleatório em que para cada um dos n eventos simples, do espaço amostral U, a chance de ocorrência é a mesma. Nesse caso o calculo da probabilidade de um evento qualquer dado pela fórmula:

$$P(A) = \frac{n(A)}{n(U)}$$

Na expressão acima, **n (U)** é o número de elementos do espaço amostral **U** e **n (A)**, o número de elementos do evento **A**.

$$P = \frac{\textbf{evento}}{\textbf{espaço amostral}}$$

Os valores da probabilidade variam de 0 (0%) a 1 (100%).

Quando a probabilidade é de 0 (0%), diz-se que o evento é impossível.

Ex.: Chance de você não passar num concurso.

Quando a probabilidade é de 1 (100%), diz-se que o evento é certo.

Ex.: Chance de você passar num concurso.

Qualquer outro valor entre 0 e 1, caracteriza-se como a probabilidade de um evento.

Na probabilidade também se usa o PFC, ou seja sempre que houver duas ou mais probabilidades ligadas pelo conectivo "e" elas serão multiplicadas, e quando for pelo "ou", elas serão somadas.

5.3 Eventos Complementares

Dois eventos são ditos **complementares** quando a chance do evento ocorrer somado à chance de ele não ocorrer sempre dá 1 (um).

$$P(A) + P(\bar{A}) = 1$$

Sendo:

P(A) = a probabilidade do evento ocorrer;

P(Ā) = a probabilidade do evento não ocorrer.

5.4 Casos Especiais de Probabilidade

A partir de agora veremos algumas situações típicas da probabilidade, que servem para não perdermos tempo na resolução das questões.

Eventos independentes

Dois ou mais eventos são independentes quando não dependem uns dos outros para acontecer, porém ocorrem simultaneamente. Para calcular a probabilidade de dois ou mais eventos independentes, basta multiplicar a probabilidade de cada um deles.

Ex.: Uma urna tem 30 bolas, sendo 10 vermelhas e 20 azuis. Se sortearmos 2 bolas, 1 de cada vez e repondo a sorteada na urna, qual será a probabilidade de a primeira ser vermelha e a segunda ser azul?

Sortear uma bola vermelha da urna não depende de uma bola azul ser sorteada e vice-versa, então a probabilidade da bola ser vermelha é $\frac{10}{30}$, e para a bola ser azul a probabilidade é $\frac{20}{30}$. Dessa forma, a probabilidade de a primeira bola ser vermelha e a segunda azul é:

$$P = \frac{20}{30} \cdot \frac{10}{30}$$

$$P = \frac{200}{900}$$

$$P = \frac{2}{9}$$

Probabilidade condicional

É a probabilidade de um evento ocorrer sabendo que já ocorreu outro, relacionado a esse.

A fórmula para o cálculo dessa probabilidade é:

$$P_{A/B} = \frac{P_{(A \cap B)}}{P_B}$$

$$P = \frac{\text{probabilidade dos eventos simultâneos}}{\text{probabilidade do evento condicional}}$$

Probabilidade da união de dois eventos

Assim como na teoria de conjuntos, faremos a relação com a fórmula do número de elementos da união de dois conjuntos. É importante lembrar que "ou" significa união.

A fórmula para o cálculo dessa probabilidade é:

$$P(A \cup B) = P(A) + P(B) - P(A \cap B)$$

Ex.: Ao lançarmos um dado, qual é a probabilidade de obtermos um número primo ou um número ímpar?

Os números primos no dado são 2, 3 e 5, já os números ímpares no dado são 1, 3 e 5, então os números primos e ímpares são 3 e 5. Aplicando a fórmula para o cálculo da probabilidade fica:

$$P_{(A \cup B)} = \frac{3}{6} + \frac{3}{6} - \frac{2}{6}$$

$$P_{(A \cup B)} = \frac{4}{6}$$

$$P_{(A \cup B)} = \frac{2}{3}$$

Probabilidade binomial

Essa probabilidade é a chamada probabilidade estatística e será tratada aqui de forma direta e com o uso da fórmula.

A fórmula para o cálculo dessa probabilidade é:

$$P = C_{n,s} \cdot P^{s}_{sucesso} \cdot P^{f}_{fracasso}$$

Sendo:

C = o combinação;

n = o número de repetições do evento;

s = o números de "sucessos" desejados;

f = o número de "fracassos".

6. TEORIA DOS CONJUNTOS

Frequentemente, usa-se a noção de conjunto. O principal exemplo de conjunto são os conjuntos numéricos, que, advindos da necessidade de contar ou quantificar as coisas ou objetos, foram adquirindo características próprias que os diferem. Os componentes de um conjunto são chamados de elementos. Costuma-se representar um conjunto nomeando os elementos um a um, colocando-os entre chaves e separando-os por vírgula; é o que chamamos de representação por extensão. Para nomear um conjunto, usa-se geralmente uma letra maiúscula. Exemplos:

A = {1,2,3,4,5} → **conjunto finito**

B = {1,2,3,4,5,...} → **conjunto infinito**

6.1 Definições

Ex.: Se quisermos montar o conjunto das vogais do alfabeto, os ***elementos*** serão a, e, i, o, u.

A nomenclatura dos conjuntos é formada pelas letras maiúsculas do alfabeto.

Ex.: Conjunto dos estados da região Sul do Brasil: A = {Paraná, Santa Catarina, Rio Grande do Sul}.

Representação dos conjuntos

Os conjuntos podem ser representados tanto em **chaves** como em **diagramas**.

ATENÇÃO! Quando é dada uma propriedade característica dos elementos de um conjunto, diz-se que ele está representado por compreensão. Vejamos:

A = {x |x é um múltiplo de dois maior que zero}

Representação em chaves

Conjuntos dos estados brasileiros que fazem fronteira com o Paraguai:

B = {Paraná, Mato Grosso do Sul}.

Representação em diagramas

Ex.: Conjuntos das cores da bandeira do Brasil:

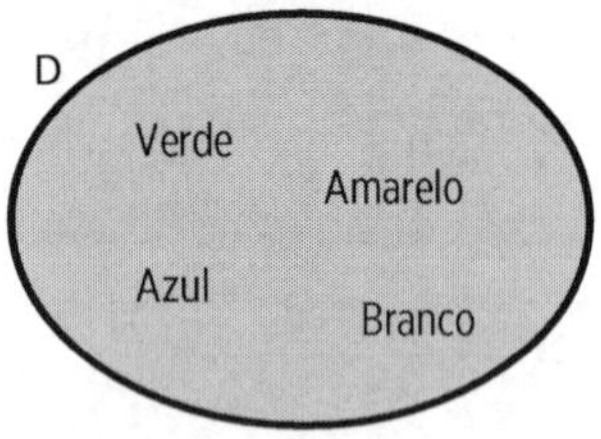

Elementos e relação de pertinência

Quando um elemento está em um conjunto, dizemos que ele pertence a esse conjunto. A relação de pertinência é representada pelo símbolo ∈ (pertence).

Ex.: Conjunto dos algarismos pares: **G** = {2, 4, 6, 8, 0}.

Observe que:

$4 \in G$

$7 \notin G$

Conjunto unitário, conjunto vazio e conjunto universo

Conjunto unitário: possui um só elemento.

Ex.: Conjunto da capital do Brasil: K = {Brasília}

Conjunto vazio: simbolizado por ∅ ou {}, é o conjunto que não possui elemento.

Ex.: Conjunto dos estados brasileiros que fazem fronteira com o Chile: M = ∅.

Conjunto universo: Em inúmeras situações é importante estabelecer o conjunto U ao qual pertencem os elementos de todos os conjuntos considerados. Esse conjunto é chamado de conjunto universo. Assim:

> Quando se estuda as letras, o conjunto universo das letras é o Alfabeto

> Quando se estuda a população humana, o conjunto universo é constituído de todos os seres humanos.

Para descrever um conjunto A por meio de uma propriedade característica p de seus elementos, deve-se mencionar, de modo explícito ou não, o conjunto universo U no qual se está trabalhando:

Ex.: A = {x ∈ R | x>2}, onde U = R → forma explícita

A = {x | x > 2} → forma implícita.

6.2 Subconjuntos

Diz-se que B é um subconjunto de A se, e somente se, todos os elementos de B pertencem a A.

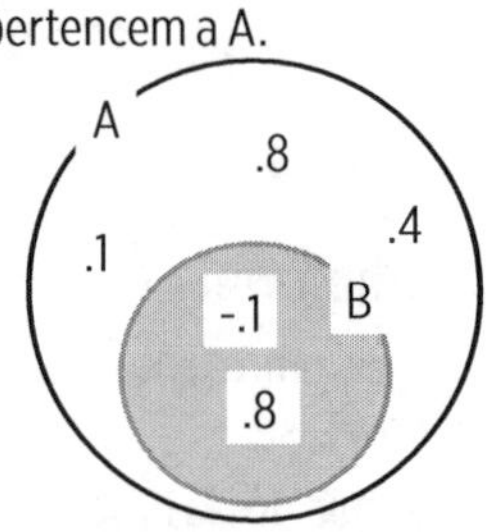

Deve-se notar que A = {-1,0,1,4,8} e B = {-1,8}, ou seja, todos os elementos de B também são elementos do conjunto A.

Nesse caso, diz-se que B está contido em A ou B é subconjunto de A. (B ⊂ A). Pode-se dizer também que A contém B. (A ⊃ B).

OBSERVAÇÕES:

> Se A ⊂ B e B ⊂ A, então A = B.

> Os símbolos ⊂ (contido), ⊃ (contém), ⊄ (não está contido) e ⊅ (não contém) são utilizados para relacionar conjuntos.

> Para todo conjunto A, tem-se A ⊂ A.

> Para todo conjunto A, tem-se ∅ ⊂ A, onde ∅ representa o conjunto vazio.

> Todo conjunto é subconjunto de si próprio (D ⊂ D);

> O conjunto vazio é subconjunto de qualquer conjunto (∅ ⊂ D);

> Se um conjunto A possui "p" elementos, então ele possui 2^p subconjuntos;

> O conjunto formado por todos os subconjuntos de um conjunto A, é denominado conjunto das partes de A. Assim, se A = {4, 7}, o conjunto das partes de A, é dado por {Ø, {4}, {7}, {4, 7}}.

6.3 Operações com Conjuntos

União de conjuntos: a união de dois conjuntos quaisquer será representada por "A ∪ B" e terá os elementos que pertencem a A "ou" a B, ou seja, TODOS os elementos.

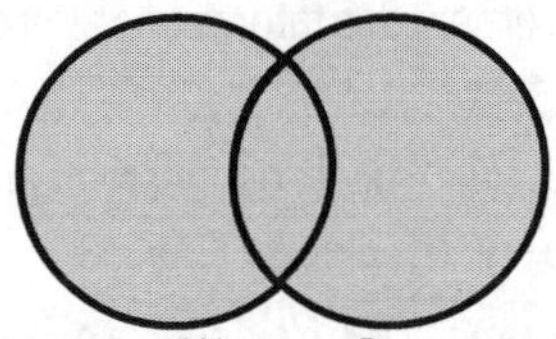

AU B

Interseção de conjuntos: a interseção de dois conjuntos quaisquer será representada por "A ∩ B". Os elementos que fazem parte do conjunto interseção são os elementos COMUNS aos dois conjuntos.

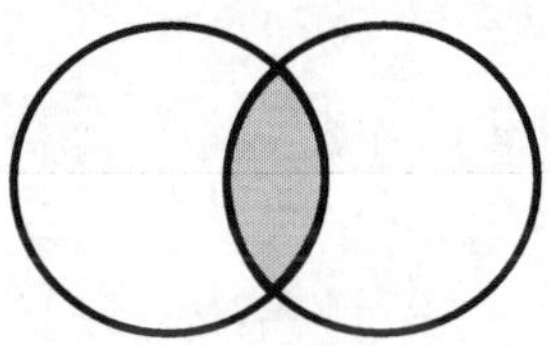

A ∩ B

Conjuntos disjuntos: Se dois conjuntos não possuem elementos em comum, diz-se que eles são disjuntos. Simbolicamente, escreve-se A ∩ B = Ø. Nesse caso, a união dos conjuntos A e B é denominada união disjunta. O número de elementos A ∩ B nesse caso é igual a zero.

n (A ∩ B) = 0.

Ex.:

Seja A = {1, 2, 3, 4, 5}, B = {1, 5, 6, 3}, C = {2, 4, 7, 8, 9} e D = {10, 20}. Tem-se:

A ∪ B = {1,2,3,4,5,6}

B ∪ A = {1,2,3,4,5,6}

A ∩ B = {1,3,5}

B ∩ A = {1,3,5}

A ∪ B ∪ C = {1,2,3,4,5,6,7,8,9} e

A ∩ D = Ø.

É possível notar que A, B e C são todos disjuntos com D, mas A, B e C não são dois a dois disjuntos.

Diferença de conjuntos: a diferença de dois conjuntos quaisquer será representada por "A – B" e terá os elementos que pertencem somente a A, mas não pertencem a B, ou seja, que são EXCLUSIVOS de A.

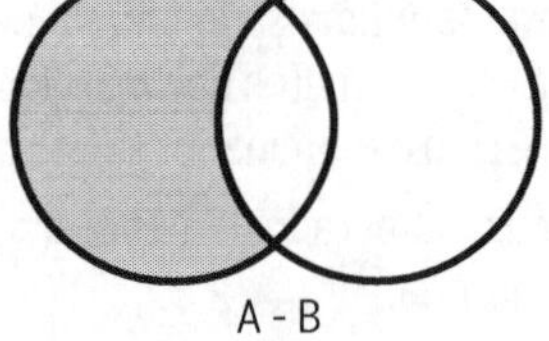

A - B

Complementar de um conjunto: se A está contido no conjunto universo U, o complementar de A é a diferença entre o conjunto universo e o conjunto A, será representado por "$C_U^{(A)}$ =U - A" e terá todos os elementos que pertencem ao conjunto universo, menos os que pertencem ao conjunto A.

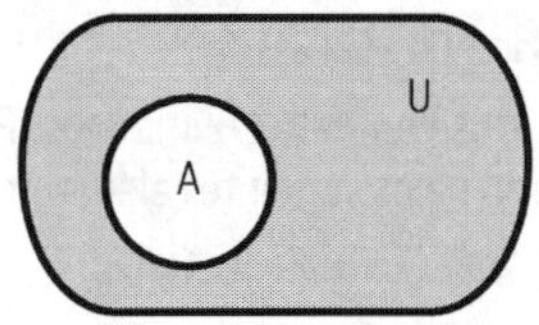

$C_p(A)$

7. CONJUNTOS NUMÉRICOS

Os números surgiram da necessidade de contar ou quantificar coisas ou objetos. Com o passar do tempo, foram adquirindo características próprias.

7.1 Números Naturais

É o primeiro dos conjuntos numéricos. Representado pelo símbolo $\mathbb{N}$. É formado pelos seguintes elementos:

$\mathbb{N} = \{0, 1, 2, 3, 4, 5, 6, 7, 8, 9, 10, 11, 12, 13, ... +\infty\}$

O símbolo ∞ significa infinito, o + quer dizer positivo, então $+\infty$ quer dizer infinito positivo.

7.2 Números Inteiros

Esse conjunto surgiu da necessidade de alguns cálculos não possuírem resultados, pois esses resultados eram negativos.

Representado pelo símbolo $\mathbb{Z}$, é formado pelos seguintes elementos:

$\mathbb{Z} = \{-\infty, ..., -3, -2, -1, 0, 1, 2, 3, ..., +\infty\}$

Operações e propriedades dos números naturais e inteiros

As principais operações com os números naturais e inteiros são: adição, subtração, multiplicação, divisão, potenciação e radiciação (as quatro primeiras são também chamadas operações fundamentais).

Adição

Na adição, a soma dos termos ou parcelas resulta naquilo que se chama **total**.

Ex.: 2 + 2 = 4

As propriedades da adição são:

Elemento Neutro: qualquer número somado ao zero tem como total o próprio número.

Ex.: + 0 = 2

Comutativa: a ordem dos termos não altera o total.

Ex.: 2 + 3 = 3 + 2 = 5

Associativa: o ajuntamento de parcelas não altera o total.

Ex.: 2 + 0 = 2

Subtração

Operação contrária à adição, também conhecida como diferença.

Os termos ou parcelas da subtração, assim como o total, têm nomes próprios:

M – N = P; em que M = minuendo, N = subtraendo e P = diferença ou resto.

Ex.: 7 – 2 = 5

Quando o subtraendo for maior que o minuendo, a diferença será negativa.

Multiplicação

Nada mais é do que a soma de uma quantidade de parcelas fixas. Ao resultado da multiplicação chama-se produto. Os símbolos que indicam a multiplicação são o "**x**" (sinal de vezes) ou o "." (ponto).

Exs.: 4 x 7 = 7 + 7 + 7 + 7 = 28

7 . 4 = 4 + 4 + 4 + 4 + 4 + 4 + 4 = 28

As propriedades da multiplicação são:

Elemento Neutro: qualquer número multiplicado por 1 terá como produto o próprio número.

Ex.: 5 . 1 = 5

Comutativa: ordem dos fatores não altera o produto.

Ex.: 3 . 4 = 4 . 3 = 12

Associativa: o ajuntamento dos fatores não altera o resultado.

Ex.: 2 . (3 . 4) = (2 . 3) . 4 = 24

Distributiva: um fator em evidência multiplica todas as parcelas dentro dos parênteses.

Ex.: 2 . (3 + 4) = (2 . 3) + (2 . 4) = 6 + 8 = 14

Atenção

Na multiplicação existe "jogo de sinais", que fica assim:

Parcela	Parcela	Produto
+	+	+
+	-	-
-	+	-
-	-	+

Exs.: 2 . -3 = -6

-3 . -7 = 21

Divisão

É o inverso da multiplicação. Os sinais que a representam são: "÷", ":", "/" ou a fração.

Exs.: 14 ÷ 7 = 2

25 : 5 = 5

36/12 = 3

Atenção

Por ser o inverso da multiplicação, a divisão também possui o "jogo de sinal".

7.3 Números Racionais

Com o passar do tempo alguns cálculos não possuíam resultados inteiros, a partir daí surgiram os números racionais, que são representados pela letra $\mathbb{Q}$ e são os números que podem ser escritos sob forma de frações.

$\mathbb{Q} = \frac{a}{b}$ (com "b" diferente de zero $\rightarrow b \neq 0$); em que "a" é o numerador e "b" é o denominador.

Fazem parte desse conjunto também as dízimas periódicas (números que apresentam uma série infinita de algarismos decimais, após a vírgula) e os números decimais (aqueles que são escritos com a vírgula e cujo denominador são as potências de 10).

Toda fração cujo numerador é menor que o denominador é chamada de fração própria.

Operações com os números racionais

Adição e subtração

Para somar frações deve-se estar atento se os denominadores das frações são os mesmos. Caso sejam iguais, basta repetir o denominador e somar (ou subtrair) os numeradores, porém se os denominadores forem diferentes é preciso fazer o M.M.C. (assunto que será visto adiante) dos denominadores, constituir novas frações equivalentes às frações originais e, assim, proceder com o cálculo.

$$\frac{2}{7}+\frac{4}{7}=\frac{6}{7}$$

$$\frac{2}{3}+\frac{4}{5}=\frac{10}{15}+\frac{12}{15}=\frac{22}{15}$$

Multiplicação

Para multiplicar frações basta multiplicar numerador com numerador e denominador com denominador.

$$\frac{3}{4}\cdot\frac{5}{7}=\frac{15}{28}$$

Divisão

Para dividir frações basta fazer uma multiplicação da primeira fração com o inverso da segunda fração.

$\frac{2}{3}\div\frac{4}{5}=\frac{2}{3}\cdot\frac{5}{4}=\frac{10}{12}=\frac{5}{6}$ (Simplificando por 2)

Toda vez que for possível deve-se simplificar a fração até sua fração irredutível (aquela que não pode mais ser simplificada).

Potenciação

Se a multiplicação é soma de uma quantidade de parcelas fixas, a potenciação é a multiplicação de uma quantidade de fatores fixos, tal quantidade indicada no expoente que acompanha a base da potência.

A potenciação é expressa por: **a**n, cujo "a" é a base da potência e o "n" é o expoente.

Ex.: 43 = 4 . 4 . 4 = 64

As propriedades das potências são:

a0 = 1

30 = 1

a1 = a

51 = 5

a-n = 1/an

2-3 = $\frac{1}{2^3}$ = 1/8

am . an = a(m + n)

32 . 33 = 3(2 + 3) = 35 = 243

am : an = a(m - n)

45 : 43 = 4(5 – 3) = 42 = 16

(am)n = am . n

(22)4 = 22 . 4 = 28 = 256

am/n = $\sqrt[n]{a^m}$

72/3 = $\sqrt[3]{7^2}=\sqrt[3]{49}$

Não confunda: (am)n ≠ am n

Não confunda também: (-a)n ≠ -an.

Radiciação

É a expressão da potenciação com expoente fracionário.

A representação genérica da radiciação é: $\sqrt[n]{a}$; cujo "n" é o índice da raiz, o "a" é o radicando e "$\sqrt{\ }$" é o radical.

Quando o índice da raiz for o 2 ele não precisa aparecer e essa raiz será uma raiz quadrada.

As propriedades das "raízes" são:

→ $\sqrt[n]{a^m}=(\sqrt[n]{a})^m=a^{m/n}$

→ $\sqrt[m]{\sqrt[n]{a}}=\sqrt[m\cdot n]{a}$

→ $\sqrt[m]{a^m}$ = a = am/m = a1 = a

Racionalização: se uma fração tem em seu denominador um radical, faz-se o seguinte:

$$\frac{1}{\sqrt{a}}=\frac{1}{\sqrt{a}}\cdot\frac{\sqrt{a}}{\sqrt{a}}=\frac{\sqrt{a}}{\sqrt{a^2}}=\frac{\sqrt{a}}{a}$$

Transformando dízima periódica em fração

Para transformar dízimas periódicas em fração, é preciso atentar-se para algumas situações:

> Verifique se depois da vírgula só há a parte periódica, ou se há uma parte não periódica e uma periódica.

> Observe quantas são as "casas" periódicas e, caso haja, as não periódicas. Lembrado sempre que essa observação só será para os números que estão depois da vírgula.

> Em relação à fração, o denominador será tantos "9" quantos forem as casas do período, seguido de tantos "0" quantos forem as casas não periódicas (caso haja e depois da vírgula). Já o numerador será o número sem a vírgula até o primeiro período "menos" toda a parte não periódica (caso haja).

Exs.: 0,6666... = $\frac{6}{9}$

0,36363636... = $\frac{36}{99}$

0,123333... = $\frac{123-12}{900}=\frac{111}{900}$

2,8888... = $\frac{28-2}{9}=\frac{26}{9}$

3,754545454... = $\frac{3754-37}{990}=\frac{3717}{990}$

Transformando número decimal em fração

Para transformar número decimal em fração, basta contar quantas "casas" existem depois da vírgula; então o denominador da fração será o número 1 acompanhado de tantos zeros quantos forem o número de "casas", já o numerador será o número sem a "vírgula".

Exs.: 0,3 = $\frac{3}{10}$

2,45 = $\frac{245}{100}$

49,586 = $\frac{49586}{1000}$

7.4 Números Irracionais

São os números que não podem ser escritos na forma de fração.

O conjunto é representado pela letra 𝕀 e tem como elementos as dízimas não periódicas e as raízes não exatas.

7.5 Números Reais

Simbolizado pela letra $\mathbb{R}$, é a união do conjunto dos números racionais com o conjunto dos números irracionais.

Representado, tem-se:

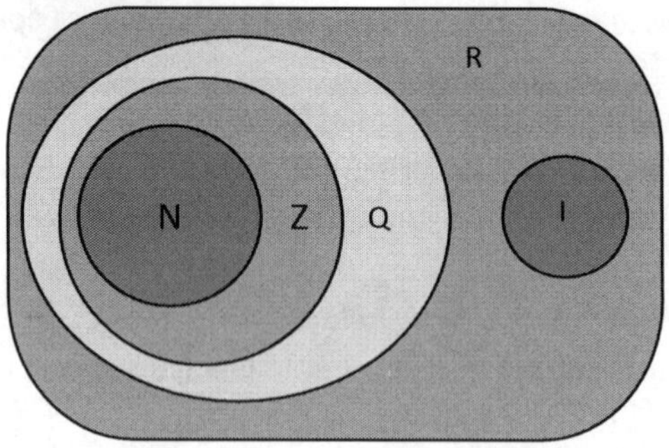

Colocando todos os números em uma reta, tem-se:

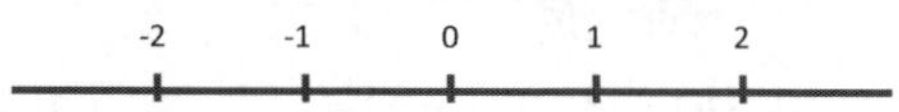

As desigualdades ocorrem em razão de os números serem maiores ou menores uns dos outros.

Os símbolos das desigualdades são:

≥ maior ou igual a;

≤ menor ou igual a;

> maior que;

< menor que.

Dessas desigualdades surgem os intervalos, que nada mais são do que um espaço dessa reta, entre dois números.

Os intervalos podem ser abertos ou fechados, depende dos símbolos de desigualdade utilizados.

Intervalo aberto ocorre quando os números não fazem parte do intervalo e os sinais de desigualdade são:

> maior que;

< menor que.

Intervalo fechado ocorre quando os números fazem parte do intervalo e os sinais de desigualdade são:

≥ maior ou igual a;

≤ menor ou igual a.

7.6 Intervalos

Os intervalos numéricos podem ser representados das seguintes formas:

Com os Símbolos <, >, ≤, ≥

Quando forem usados os símbolos < ou >, os números que os acompanham não fazem parte do intervalo real. Já quando forem usados os símbolos ≤ ou ≥ os números farão parte do intervalo real.

Exs.:

$2 < x < 5$: o 2 e o 5 não fazem parte do intervalo.

$2 \leq x < 5$: o 2 faz parte do intervalo, mas o 5 não.

$2 \leq x \leq 5$: o 2 e o 5 fazem parte do intervalo.

Com os Colchetes

Quando os colchetes estiverem voltados para os números, significa que farão parte do intervalo. Porém, quando os colchetes estiverem invertidos, significa que os números não farão parte do intervalo.

Exs.:

]2;5[: o 2 e o 5 não fazem parte do intervalo.

[2;5[: o 2 faz parte do intervalo, mas o 5 não faz.

[2;5]: o 2 e o 5 fazem parte do intervalo.

Sobre uma Reta Numérica

Intervalo aberto $2<x<5$:

Em que 2 e 5 não fazem parte do intervalo numérico, representado pela marcação aberta (sem preenchimento - O).

Intervalo fechado e aberto $2 \leq x<5$:

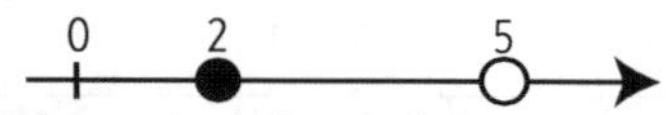

Em que 2 faz parte do intervalo, representado pela marcação fechada (preenchida -●) em que 5 não faz parte do intervalo, representado pela marcação aberta (O).

Intervalo fechado $2 \leq x \leq 5$:

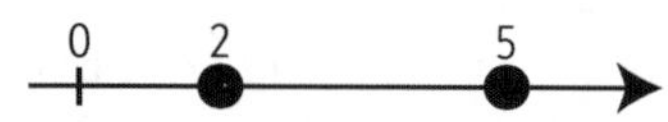

Em que 2 e 5 fazem parte do intervalo numérico, representado pela marcação fechada (●).

7.7 Múltiplos e Divisores

Os múltiplos são resultados de uma multiplicação de dois números naturais.

Ex.: Os múltiplos de 3 são: 0, 3, 6, 9, 12, 15, 18, 21, 24, 27, 30... (os múltiplos são infinitos).

Os divisores de um "número" são os números cuja divisão desse "número" por eles será exata.

Ex.: Os divisores de 12 são: 1, 2, 3, 4, 6, 12.

Atenção
Números quadrados perfeitos são aqueles que resultam da multiplicação de um número por ele mesmo.
Ex.: $4 = 2 \cdot 2$
$25 = 5 \cdot 5$

7.8 Números Primos

São os números que têm apenas dois divisores, o 1 e ele mesmo (alguns autores consideram os números primos aqueles que tem 4 divisores, sendo o 1, o -1, ele mesmo e o seu oposto – simétrico).

Veja alguns números primos:

2 (único primo par), 3, 5, 7, 11, 13, 17, 19, 23, 29, 31, 37, 41, 43, 47, 53, 59, ...

Os números primos servem para decompor outros números.

A decomposição de um número em fatores primos serve para fazer o MMC (mínimo múltiplo comum) e o MDC (máximo divisor comum).

7.9 MMC e MDC

O MMC de um, dois ou mais números é o menor número que, ao mesmo tempo, é múltiplo de todos esses números.

O MDC de dois ou mais números é o maior número que pode dividir todos esses números ao mesmo tempo.

Para calcular, após decompor os números, o MMC de dois ou mais números será o produto de todos os fatores primos, comuns e não comuns, elevados aos maiores expoentes. Já o MDC será apenas os fatores comuns a todos os números elevados aos menores expoentes.

Exs.: 6 = 2 . 3

18 = 2 . 3 . 3 = 2 . 32

35 = 5 . 7

144 = 2 . 2 . 2 . 2 . 3 . 3 = 24 . 32

225 = 3 . 3 . 5 . 5 = 32 . 52

490 = 2 . 5 . 7 . 7 = 2 . 5 . 72

640 = 2 . 2 . 2 . 2 . 2 . 2 . 2 . 5 = 27 . 5

MMC de 18 e 225 = 2 . 32 . 52 = 2 . 9 . 25 = 450

MDC de 225 e 490 = 5

Para saber a quantidade de divisores de um número basta, depois da decomposição do número, pegar os expoentes dos fatores primos, somar "+1" e multiplicar os valores obtidos.

Exs.: 225 = 32 . 52 = 32+1 . 52+1 = 3 . 3 = 9

Nº de divisores = (2 + 1) . (2 + 1) = 3 . 3 = 9 divisores. Que são: 1, 3, 5, 9, 15, 25, 45, 75, 225.

7.10 Divisibilidade

As regras de divisibilidade servem para facilitar a resolução de contas, para ajudar a descobrir se um número é ou não divisível por outro. Veja algumas dessas regras.

Divisibilidade por 2: para um número ser divisível por 2 basta que o mesmo seja par.

Exs.: 14 é divisível por 2.

17 não é divisível por 2.

Divisibilidade por 3: para um número ser divisível por 3, a soma dos seus algarismos tem que ser divisível por 3.

Exs.: 174 é divisível por 3, pois 1 + 7 + 4 = 12

188 não é divisível por 3, pois 1 + 8 + 8 = 17

Divisibilidade por 4: para um número ser divisível por 4, ele tem que terminar em 00 ou os seus dois últimos números devem ser múltiplos de 4.

Exs.: 300 é divisível por 4.

532 é divisível por 4.

766 não é divisível por 4.

Divisibilidade por 5: para um número ser divisível por 5, ele deve terminar em 0 ou em 5.

Exs.: 35 é divisível por 5.

370 é divisível por 5.

548 não é divisível por 5.

Divisibilidade por 6: para um número ser divisível por 6, ele deve ser divisível por 2 e por 3 ao mesmo tempo.

Exs.: 78 é divisível por 6.

576 é divisível por 6.

652 não é divisível por 6.

Divisibilidade por 9: para um número ser divisível por 9, a soma dos seus algarismos deve ser divisível por 9.

Exs.: 75 é não divisível por 9.

684 é divisível por 9.

Divisibilidade por 10: para um número ser divisível por 10, basta que ele termine em 0.

Exs.: 90 é divisível por 10.

364 não é divisível por 10.

7.11 Expressões Numéricas

Para resolver expressões numéricas, deve-se sempre seguir a ordem:

> Resolva os (parênteses), depois os [colchetes], depois as {chaves}, nessa ordem;

> Dentre as operações resolva primeiro as potenciações e raízes (o que vier primeiro), depois as multiplicações e divisões (o que vier primeiro) e por último as somas e subtrações (o que vier primeiro).

Calcule o valor da expressão:

Ex.: 8 - {5 - [10 - (7 - 3 . 2)] ÷ 3}

Resolução:

8 - {5 - [10 - (7 - 6)] ÷ 3}

8 - {5 - [10 - (1)] ÷ 3}

8 - {5 - [9] ÷ 3}

8 - {5 - 3}

8 - {2}

6

8. SISTEMA LEGAL DE MEDIDAS

8.1 Medidas de Tempo

A unidade padrão do tempo é o segundo (s), mas devemos saber as seguintes relações:

1 min = 60 s

1h = 60 min = 3600 s

1 dia = 24 h = 1440 min = 86400 s

30 dias = 1 mês

2 meses = 1 bimestre

6 meses = 1 semestre

12 meses = 1ano

10 anos = 1 década

100 anos = 1 século

Exs.: 5h47min18seg + 11h39min59s = 26h86min77s = 26h87min17s = 27h27min17s= 1dia3h27mim17s;

8h23min – 3h49min51seg = 7h83min – 3h49min51seg = 7h82min60seg – 3h49min51seg = 4h33min9seg.

Cuidado com as transformações de tempo, pois elas não seguem o mesmo padrão das outras medidas.

8.2 Sistema Métrico Decimal

Serve para medir comprimentos, distâncias, áreas e volumes. Tem como unidade padrão o metro (m). Veremos agora seus múltiplos, variações e algumas transformações.

Metro (m):

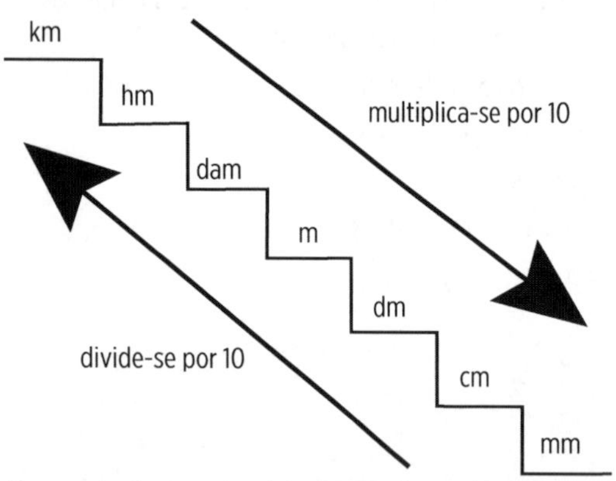

Para cada degrau descido da escada, multiplica-se por 10, e para cada degrau subido, divide-se por 10.

Exs.: Transformar 2,98km em cm = 2,98 · 100.000 = 298.000cm (na multiplicação por 10 ou suas potências, basta deslocar a "vírgula" para a direita);

Transformar 74m em km = 74 ÷ 1000 = 0,074km (na divisão por 10 ou suas potências, basta deslocar a "vírgula" para a esquerda).

Atenção

O grama (g) e o litro (l) seguem o mesmo padrão do metro (m).

Metro quadrado (m^2):

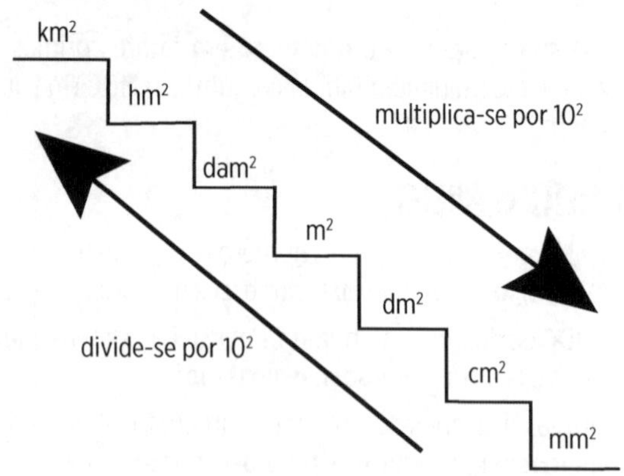

Para cada degrau descido da escada multiplica por 10^2 ou 100, e para cada degrau subido divide por 10^2 ou 100.

Exs.: Transformar 79,11m^2 em cm^2 = 79,11 · 10.000 = 791.100cm^2;

Transformar 135m^2 em km^2 = 135 ÷ 1.000.000 = 0,000135km^2.

Metro cúbico (m^3):

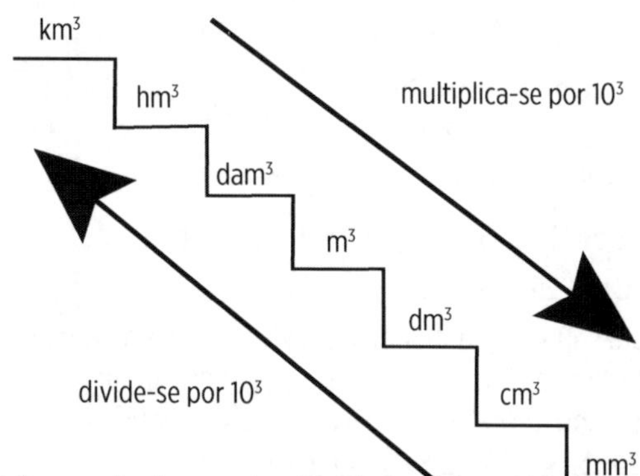

Para cada degrau descido da escada, multiplica-se por 10^3 ou 1000, e para cada degrau subido, divide-se por 10^3 ou 1000.

Exs.: Transformar 269dm^3 em cm^3 = 269 · 1.000 = 269.000cm^3

Transformar 4.831cm^3 em m^3 = 4.831 ÷ 1.000.000 = 0,004831m^3

O metro cúbico, por ser uma medida de volume, tem relação com o litro (l), e essa relação é:

1m^3 = 1000 litros

1dm^3 = 1 litro

1cm^3 = 1 mililitro

9. RAZÕES E PROPORÇÕES

Neste capítulo, estão presentes alguns assuntos muito incidentes em provas: razões e proporções. É preciso que haja atenção no estudo desse conteúdo.

9.1 Grandeza

É tudo aquilo que pode ser contado, medido ou enumerado.

Ex.: Comprimento (distância), tempo, quantidade de pessoas e/ou coisas, etc.

Grandezas Diretamente Proporcionais: são aquelas em que o aumento de uma implica o aumento da outra.

Ex.: Quantidade e preço.

Grandezas Inversamente Proporcionais: são aquelas em que o aumento de uma implica a diminuição da outra.

Ex.: Velocidade e tempo.

9.2 Razão

É a comparação de duas grandezas. Essas grandezas podem ser de mesma espécie (com a mesma unidade) ou de espécies diferentes (unidades diferentes). Nada mais é do que uma fração do tipo $\frac{a}{b}$, com $b \neq 0$.

Nas razões, os numeradores são também chamados de antecedentes e os denominadores de consequentes.

Exs.:

Escala: comprimento no desenho comparado ao tamanho real.

Velocidade: distância comparada ao tempo.

9.3 Proporção

Pode ser definida como a igualdade de razões.

$$\frac{a}{b} = \frac{c}{d}$$

Dessa igualdade, tiramos a propriedade fundamental das proporções: "o produto dos meios igual ao produto dos extremos" (a chamada "multiplicação cruzada").

$$b \cdot c = a \cdot d$$

É basicamente essa propriedade que ajuda resolver a maioria das questões desse assunto.

Dados três números racionais a, b e c, não nulos, denomina-se quarta proporcional desses números um número x tal que:

$$\frac{a}{b} = \frac{c}{x}$$

Proporção contínua é toda proporção que apresenta os meios iguais.

De um modo geral, uma proporção contínua pode ser representada por:

$$\frac{a}{b} = \frac{b}{c}$$

As outras propriedades das proporções são:

Numa proporção, a soma dos dois primeiros termos está para o 2º (ou 1º) termo, assim como a soma dos dois últimos está para o 4º (ou 3º).

$$\frac{a+b}{b} = \frac{c+d}{d} \text{ ou } \frac{a+b}{a} = \frac{c+d}{c}$$

Numa proporção, a diferença dos dois primeiros termos está para o 2º (ou 1º) termo, assim como a diferença dos dois últimos está para o 4º (ou 3º).

$$\frac{a-b}{b} = \frac{c-d}{d} \text{ ou } \frac{a-b}{a} = \frac{c-d}{c}$$

Numa proporção, a soma dos antecedentes está para a soma dos consequentes, assim como cada antecedente está para o seu consequente.

$$\frac{a+c}{b+d} = \frac{c}{d} = \frac{a}{b}$$

Numa proporção, a diferença dos antecedentes está para a diferença dos consequentes, assim como cada antecedente está para o seu consequente.

$$\frac{a-c}{b-d} = \frac{c}{d} = \frac{a}{b}$$

Numa proporção, o produto dos antecedentes está para o produto dos consequentes, assim como o quadrado de cada antecedente está para quadrado do seu consequente.

$$\frac{a \cdot c}{b \cdot d} = \frac{a^2}{b^2} = \frac{c^2}{d^2}$$

A última propriedade pode ser estendida para qualquer número de razões.

$$\frac{a \cdot c \cdot e}{b \cdot d \cdot f} = \frac{a^3}{b^3} = \frac{c^3}{d^3} = \frac{e^3}{f^3}$$

9.4 Divisão em Partes Proporcionais

Para dividir um número em partes direta ou inversamente proporcionais, basta seguir algumas regras:

Divisão em partes diretamente proporcionais

Divida o número 50 em partes diretamente proporcionais a 4 e a 6.

$4x + 6x = 50$

$10x = 50$

$x = \frac{50}{10}$

$x = 5$

x = constante proporcional

Então, $4x = 4 \cdot 5 = 20$ e $6x = 6 \cdot 5 = 30$

Logo, a parte proporcional a 4 é o 20 e a parte proporcional ao 6 é o 30.

Divisão em partes inversamente proporcionais

Divida o número 60 em partes inversamente proporcionais a 2 e a 3.

$$\frac{x}{2}+\frac{x}{3}=60$$

$$\frac{3x}{6}+\frac{2x}{6}=$$

$$60$$

$$5x = 60 \cdot 6$$

$$5x = 360$$

$$x = \frac{360}{5}$$

$$x = 72$$

x = constante proporcional

Então, $\frac{x}{2}=\frac{72}{2}=36$ e $\frac{x}{3}=\frac{72}{3}=24$

Logo, a parte proporcional a 2 é o 36 e a parte proporcional ao 3 é o 24.

Perceba que, na divisão diretamente proporcional, quem tiver a maior parte ficará com o maior valor. Já na divisão inversamente proporcional, quem tiver a maior parte ficará com o menor valor.

9.5 Regra das Torneiras

Sempre que uma questão envolver uma "situação" que pode ser feita de um jeito em determinado tempo (ou por uma pessoa) e, em outro tempo, de outro jeito (ou por outra pessoa), e quiser saber em quanto tempo seria se fosse feito tudo ao mesmo tempo, usa-se a regra da torneira, que consiste na aplicação da seguinte fórmula:

$$t_T = \frac{t_1 \cdot t_2}{t_1 + t_2}$$

Em que "t" é o tempo.

Quando houver mais de duas "situações", é melhor usar a fórmula:

$$\frac{1}{t_T} = \frac{1}{t_1} + \frac{1}{t_2} + \ldots + \frac{1}{t_n}$$

Em que "n" é a quantidade de situações.

Uma torneira enche um tanque em 6h. Uma segunda torneira enche o mesmo tanque em 8h. Se as duas torneiras forem abertas juntas quanto tempo vão levar para encher o mesmo tanque?

$$t_T = \frac{t_1 \cdot t_2}{t_1 + t_2}$$

$$t_T = \frac{6 \cdot 8}{6+8} = \frac{48}{14} = 3h\ 25min\ e\ \ 43s$$

9.6 Regra de Três

Mecanismo prático e/ou método utilizado para resolver questões que envolvem razão e proporção (grandezas).

Regra de três simples

Aquela que só envolve duas grandezas.

Ex.: Durante uma viagem um carro consome 20 litros de combustível para percorrer 240km, quantos litros são necessários para percorrer 450km?

Primeiro, verifique se as grandezas envolvidas na questão são direta ou inversamente proporcionais, e monte uma estrutura para visualizar melhor a questão.

Distância	Litro
240	20
450	x

Ao aumentar a distância, a quantidade de litros de combustível necessária para percorrer essa distância também vai aumentar, então, as grandezas são diretamente proporcionais.

$$\frac{20}{x} = \frac{240}{450}$$

Aplicando a propriedade fundamental das proporções:

240x = 9000

$$x = \frac{9000}{240} = 37{,}5\ litros$$

Regra de três composta

Aquela que envolve mais de duas grandezas.

Ex.: Dois pedreiros levam nove dias para construir um muro com 2m de altura. Trabalhando três pedreiros e aumentando a altura para 4m, qual será o tempo necessário para completar esse muro?

Neste caso, deve-se comparar uma grandeza de cada vez com a variável.

Dias	Pedreiros	Altura
9	2	2
x	3	4

Note que, ao aumentar a quantidade de pedreiros, o número de dias necessários para construir um muro diminui, então as grandezas pedreiros e dias são inversamente proporcionais. No entanto, se aumentar a altura do muro, será necessário mais dias para construí-lo. Dessa forma as grandezas muro e dias são diretamente proporcionais. Para finalizar, basta montar a proporção e resolver, lembrando que quando uma grandeza for inversamente proporcional à variável sua fração será invertida.

$$\frac{9}{x} = \frac{3}{2} \cdot \frac{2}{4}$$

$$\frac{9}{x} = \frac{6}{8}$$

Ex.: Aplicando a propriedade fundamental das proporções:

$6x = 72$

$$X = \frac{72}{6} = 12\ dias$$

10. PORCENTAGEM E JUROS

O presente capítulo trata de uma pequena parte da matemática financeira, e também do uso das porcentagens, assuntos presentes no dia a dia de todos.

10.1 Porcentagem

É a aplicação da taxa percentual a determinado valor.

Taxa percentual: é o valor que vem acompanhado do símbolo %.

Para fins de cálculo, usa-se a taxa percentual em forma de fração ou em números decimais.

Ex.: 3% = 3/100 = 0,03

15% = 15/100 = 0,15

34% de 1200 = 34/100 . 1200 = 40800/100 = 408

65% de 140 = 0,65 . 140 = 91

10.2 Lucro e Prejuízo

Lucro e prejuízo são resultados de movimentações financeiras.

Custo (C): "Gasto".

Venda (V): "Ganho".

Lucro (L): quando se ganha mais do que se gasta.

$$L = V - C$$

Prejuízo (P): quando se gasta mais do que se ganha.

$$P = C - V$$

Basta substituir no lucro ou no prejuízo o valor da porcentagem, no custo ou na venda.

Ex.: Um computador foi comprado por R$ 3.000,00 e revendido com lucro de 25% sobre a venda. Qual o preço de venda?

Como o lucro foi na venda, então L = 0,25V:

L = V – C

0,25V = V - 3.000

0,25V – V = -3.000

-0.75V = -3.000 (-1)

0,75V = 3.000

$$V = \frac{3000}{0,75} = \frac{300000}{75} = 4.000$$

Logo, a venda se deu por R$ 4.000,00.

10.3 Juros Simples

Juros: atributos (ganhos) de uma operação financeira.

Juros simples: os valores são somados ao capital apenas no final da aplicação. Somente o capital rende juros.

Para o cálculo de juros simples, usa-se a seguinte fórmula:

$$J = C \cdot i \cdot t$$

Atenção

Nas questões de juros, as taxas de juros e os tempos devem estar expressos pela mesma unidade.

- J = juros;
- C = capital;
- i = taxa de juros;
- t = tempo da aplicação.

Ex.: Um capital de R$ 2.500,00 foi aplicado a juros de 2% ao trimestre durante um ano. Quais os juros produzidos?

Em 1 ano há exatamente 4 trimestres, como a taxa está em trimestre, agora é só calcular:

J = C . i . t

J = 2.500 . 0,02 . 4

J = 200

10.4 Juros Compostos

Os valores são somados ao capital no final de cada período de aplicação, formando um novo capital, para incidência dos juros novamente. É o famoso caso de juros sobre juros.

Para o cálculo de juros compostos, usa-se a seguinte fórmula:

$$M = C \cdot (1 + I)^t$$

- M = montante;
- C = capital;
- i = taxa de juros;
- t = tempo da aplicação.

Um investidor aplicou a quantia de R$ 10.000,00 à taxa de juros de 2% a.m. durante 4 meses. Qual o montante desse investimento?

Aplicando a fórmula, já que a taxa e o tempo estão na mesma unidade:

Ex.: M = C · (1 + i)t

M = 10.000 · (1 + 0,02)4

M = 10.000 · (1,02)4

M = 10.000 · 1,08243216

M = 10.824,32

10.5 Capitalização

Capitalização: acúmulo de capitais (capital + juros).

Nos juros simples, calcula-se por: M = C + J.

Nos juros compostos, calcula-se por: J = M – C.

Em algumas questões terão que ser calculados os montantes do juro simples ou os juros do juro composto.

LEGISLAÇÃO

1. INTRODUÇÃO AO DIREITO CONSTITUCIONAL

1.1 Noções Gerais

Para iniciarmos o estudo do Direito Constitucional, alguns conceitos precisam ser esclarecidos, principalmente para aqueles que nunca tiveram contato com a matéria.

Primeiramente, faz-se necessário conhecer qual será o objeto de estudo desta disciplina jurídica: **Constituição Federal**.

A Constituição Federal é simplesmente a norma mais importante de todo o ordenamento jurídico brasileiro. Ela é a norma principal, a norma fundamental.

Se pudéssemos posicionar as espécies normativas na forma de uma pirâmide hierárquica, a Constituição Federal apareceria no topo desta pirâmide, ao passo que as outras espécies normativas estariam todas abaixo dela, como na ilustração:

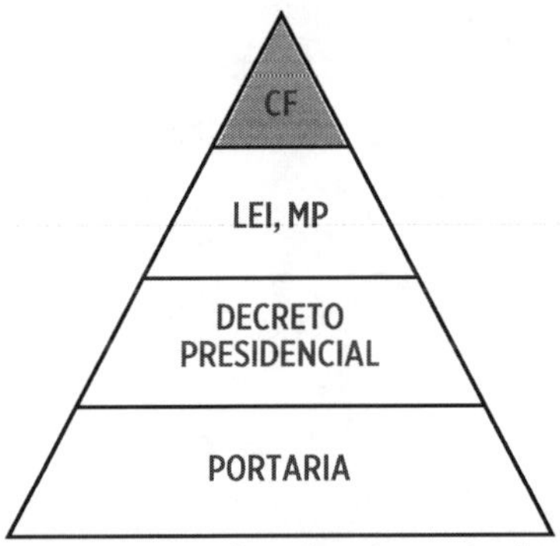

Para que sua preparação seja adequada, é necessário que se tenha em vista uma Constituição atualizada. Isso por conta de que a Constituição Federal foi promulgada em 1988, mas já foi alterada várias vezes. Significa dizer, numa linguagem mais jurídica, que ela foi **emendada**.

As Emendas Constitucionais são a única forma de alteração do Texto Constitucional. Portanto, jamais uma lei, ou outra espécie normativa hierarquicamente inferior à Constituição, poderá alterar o seu texto.

Neste ponto caberia a pergunta: o que torna a Constituição Federal a norma mais importante do Direito Brasileiro? A resposta é muito simples: a Constituição possui alguns elementos que a distinguem das outras espécies normativas, por exemplo:

Os Princípios Constitucionais;

Os Direitos Fundamentais;

A Organização do Estado;

A Organização dos Poderes.

De nada adiantaria possuir uma Constituição Federal com tantos elementos essenciais ao Estado se não existisse alguém para protegê-la. O próprio texto constitucional previu um Guardião para a Constituição, o **Supremo Tribunal Federal (STF)**.

O STF é o órgão de cúpula do Poder Judiciário e possui como atribuição principal a guarda da Constituição. Ele é tão poderoso que se alguém editar uma norma que contrarie o disposto no texto constitucional, o Supremo a declarará inconstitucional. Uma norma declarada inconstitucional pelo STF não produzirá efeitos na sociedade.

Além de Guardião da Constituição, o STF possui outra atribuição Constitucional, qual seja, a de intérprete do texto fundamental. É o Supremo quem define a melhor interpretação para esta ou aquela norma Constitucional. Quando um Tribunal manifesta sua interpretação, dizemos que ele revelou sua **jurisprudência** (o pensamento dos tribunais), sendo a do STF a que mais interessa para o estudo do Direito Constitucional. E é exatamente neste ponto que se encontra a maior importância do STF para o objetivo que aqui se tem em vista: é essencial conhecer sua jurisprudência, pois costuma cair em prova. Para se ter ideia da importância dessa matéria, é possível que alguma jurisprudência do STF seja contrária ao próprio texto constitucional. Dessa forma, o aluno precisa ter uma dupla percepção: conhecer o texto da Constituição e conhecer a jurisprudência do STF.

Contudo, ainda existe outra fonte de conhecimento essencial para o aprendizado em Direito Constitucional: a **doutrina**.

A doutrina é o pensamento produzido pelos estudiosos do Direito Constitucional. Conhecer a doutrina também faz parte de sua preparação.

Em suma, para estudar Direito Constitucional é necessário estudar:

A Constituição Federal;

A Jurisprudência do STF;

Doutrina de Direito Constitucional.

Neste estudo apresentar-se-á o conteúdo de Direito Constitucional atualizado, objetivo e necessário para prova de forma que se tenha à mão um material suficiente ao estudo para concurso público.

Metodologia de Estudo

Aproveitam-se essas considerações iniciais para passar uma dica de estudo que pode ser útil na preparação para concurso público. A preparação em Direito Constitucional precisa observar três passos:

Leitura da Constituição Federal;

Leitura da apostila;

Resolução de exercícios.

O aluno que seguir esses passos certamente chegará à aprovação em concurso público. Essa é a melhor orientação para quem está iniciando os estudos.

1.2 Classificações

A partir de algumas **características** que possuem as Constituições, é possível classificá-las, agrupá-las. As classificações abaixo não são as únicas possíveis, realçando apenas aqueles elementos mais comumente cobrados nos concursos públicos.

Quanto à **origem**, a Constituição pode ser Promulgada ou Outorgada. A **Constituição Promulgada** é aquela decorrente de um verdadeiro processo democrático para a sua elaboração, fruto de uma Assembleia Nacional Constituinte. A **Outorgada** é aquela imposta, unilateralmente, por um governante ou por um grupo de pessoas, ao povo.

Quanto à **possibilidade** de **alteração**, **mutação**, podem ser **Flexíveis**, **Rígidas** ou **Semirrígidas**. As Constituições Flexíveis não exigem, para a sua alteração, qualquer processo legislativo especial. As Rígidas, contudo, dependem de um processo legislativo de alteração mais difícil do que aquele utilizado para as normas ordinárias. As Constituições Semirrígidas são aquelas cuja parte de seu texto só pode ser alterada por um processo mais difícil, sendo que outra parte pode ser mudada sem qualquer processo especial.

Quanto **à forma** adotada, as Constituições podem ser: **Escritas ou Dogmáticas** e **Costumeiras**. A Constituição Dogmática é aquela que apresenta um único texto, no qual encontramos sistematizadas e organizadas todas as disposições essenciais do Estado. A Constituição Costumeira é aquela formada pela reunião de diversos textos esparsos, reconhecidos pelo povo como fundamentais, essenciais.

Quanto à **extensão**, podem ser: **Sintéticas** ou **Analíticas**. A Constituição Sintética é aquela concisa, enxuta e que só traz as disposições políticas essenciais a respeito da forma, organização, fundamentos e objetivos do Estado. A Constituição Analítica é aquela que aborda diversos assuntos, não necessariamente relacionados com a organização do Estado e dos poderes. Ela desce a minúcias que poderiam figurar em uma lei ordinária, não precisando constar do texto constitucional.

A partir das classificações apresentadas acima, temos que a Constituição Federal de 1988 pode ser considerada por **Promulgada**, **Rígida**, **Escrita** e **Analítica**.

2. PRINCÍPIOS FUNDAMENTAIS

Os Princípios Fundamentais, também chamados de Princípios Constitucionais, formam a base de toda a organização do Estado Brasileiro. Como bem citado pelo Professor José Afonso da Silva, "os Princípios Fundamentais visam essencialmente definir e caracterizar a coletividade política e o Estado e enumerar as principais opções político-constitucionais[1]".

Exatamente em razão de sua importância, a Constituição Federal os colocou logo no início, pois eles são a base de todo o texto. O que se segue a partir desses princípios é mero desdobramento de seu conteúdo.

Quem se prepara para concurso público deve saber que, quando esse tema é abordado, costuma-se trabalhar questões com o conteúdo previsto nos Arts. 1º ao 4º do texto constitucional. Geralmente, aparece apenas texto constitucional puro, mas, dependendo do concurso, as bancas costumam cobrar questões doutrinárias mais difíceis.

Quais princípios serão abordados?

- Princípio da Tripartição dos Poderes;
- Princípio Federativo;
- Princípio Republicano;
- Presidencialismo;
- Princípio Democrático;
- Fundamentos da República Federativa do Brasil;
- Objetivos Fundamentais da República Federativa do Brasil;
- Princípios que Regem as Relações Internacionais do Brasil.

2.1 Princípio da Tripartição dos Poderes

Esse princípio, também chamado de Princípio da Separação dos Poderes, originou-se, historicamente, numa tentativa de limitar os poderes do Estado. Alguns filósofos perceberam que, se o Poder do Estado estivesse dividido entre três entidades diferentes, seria possível que a sociedade exercesse um maior controle de sua utilização.

Na verdade, a divisão não é do Poder Estatal, haja vista ser ele uno, indivisível e indelegável, mas apenas uma divisão das suas funções. Nos dizeres de José Afonso da Silva: "O poder político, uno, indivisível e indelegável, se desdobra e se compõe de várias funções, fato que permite falar em distinções das funções, que fundamentalmente são três: a legislativa, a executiva e a jurisdicional"[2].

A previsão constitucional desse princípio encontra-se no Art. 2º, que diz:

> ***Art. 2º.*** *São Poderes da União, independentes e harmônicos entre si, o Legislativo, o Executivo e o Judiciário.*

Esses são os três poderes, cada qual responsável pelo desenvolvimento de uma função principal do Estado:

Poder Executivo

Função principal (típica) de administrar o Estado;

Poder Legislativo

Função principal (típica) de legislar e fiscalizar as contas públicas;

Poder Judiciário

Função principal (típica) jurisdicional.

Além da sua própria função, a Constituição criou uma sistemática que permite a cada um dos poderes o exercício da função do outro poder. Essa função acessória chamamos de **função atípica:**

Poder Executivo

Função atípica de legislar e julgar;

Poder Legislativo

Função atípica de administrar e julgar;

Poder Judiciário

Função atípica de administrar e legislar.

Dessa forma, pode-se dizer que além da própria função, cada poder exerce de forma acessória a função do outro poder.

Uma pergunta sempre surge na cabeça dos candidatos: qual dos três poderes é mais importante?

A única resposta possível é a inexistência de poder mais importante. Cada poder possui sua própria função de forma que não se pode afirmar que exista hierarquia entre os poderes do Estado.

Eles são independentes e harmônicos entre si, e para se garantir essa harmonia, a doutrina norte-americana desenvolveu um sistema que mantém a igualdade entre os poderes: **Sistema de Freios e Contrapesos** (*checks and balances*).

O sistema de freios e contrapesos adotado pela nossa Constituição, revela-se nas inúmeras medidas previstas no texto constitucional que condicionam a competência de um poder à apreciação de outro poder de forma a garantir o equilíbrio entre os três poderes. Abaixo estão alguns exemplos delas:

Exs.:

A necessidade de sanção do Chefe do Poder Executivo para que um Projeto de Lei aprovado pelo Poder Legislativo possa entrar em vigor;

O **processo do Chefe do Poder Executivo** por crime de responsabilidade a ser realizado no Senado Federal, cuja sessão de julgamento é presidida pelo Presidente do STF;

A **necessidade de apreciação** pelo Poder Legislativo das Medidas Provisórias editadas pelo Chefe do Poder Executivo;

A **nomeação dos ministros** do STF é feita pelo Presidente da República depois de aprovada pelo Senado Federal.

Em todas as hipóteses acima apresentadas, faz-se necessária a participação de mais de um Poder para a consecução de um ato administrativo. Isso cria uma verdadeira relação de interdependência entre os poderes, o que garante o equilíbrio entre eles.

Por último, não se pode esquecer que a separação dos poderes é uma das cláusulas pétreas por força do Art. 60, § 4º, III, da Constituição Federal.

1 CANOTILHO, J. J. Gomes, e MOREIRA, Vital. Fundamentos da Constituição. In: SILVA, José Afonso da. Curso de Direito Constitucional Positivo. 33ª Ed. São Paulo: Malheiros, 2010. p. 94.

2 SILVA, José Afonso da. Curso de Direito Constitucional Positivo. 33ª Ed. São Paulo: Malheiros, 2010. p. 108.

Significa dizer que a separação dos poderes não pode ser abolida do texto constitucional por meio de emenda:

> ***Art. 60, § 4º.*** *Não será objeto de deliberação a proposta de emenda tendente a abolir:*
>
> ***III.*** *A separação dos Poderes.*

2.2 Princípio Federativo

Esse princípio apresenta a Forma de Estado adotada no Brasil: federação. A forma de Estado reflete o modo de exercício do poder político em função do território. É uma forma composta ou complexa[3], visto que prevalece a pluralidade de poderes políticos internos. Está baseada na descentralização política do Estado, cuja representação se dá por meio de quatro entes federativos:

União;

Estados;

Distrito Federal;

Municípios.

Cada ente federativo possui sua **própria autonomia política**, o que **não** pode ser confundido com o atributo da soberania, pertencente ao Estado Federal.

A autonomia de cada ente confere-lhe a capacidade política de, inclusive, criar sua própria Constituição. Apesar de cada ente federativo possuir essa independência, não se pode esquecer que a existência do pacto federativo pressupõe a existência de uma Constituição Federal e da impossibilidade de separação (Princípio da Indissolubilidade do Vínculo Federativo). Havendo quebra do pacto federativo, a Constituição Federal prevê como instrumento de manutenção da forma de Estado a chamada Intervenção Federal, a qual será estudada em momento oportuno.

Não existe hierarquia entre os entes federativos. O que os distingue é a competência que cada um recebeu da Constituição Federal. Deve-se ressaltar que os estados e o Distrito Federal possuem direito de participação na formação da vontade nacional ao possuírem representantes no Senado Federal. Os municípios não possuem representantes no Senado Federal. Caracteriza-se, ainda, pela existência de um guardião da Constituição Federal, o Supremo Tribunal Federal. A doutrina tem apontado para algumas características da forma federativa brasileira:

Tricotômica

Federação constituída em três níveis: federal, estadual e municipal. O Distrito Federal não é considerado nessa classificação, haja vista possuir competência híbrida, ou seja, ora age como estado ora como município.

Centrífuga

Essa característica reflete a formação da federação brasileira. É a formação "de dentro para fora". O movimento é de centrifugadora. A força de criação do estado federal brasileiro surgiu a partir de um Estado Unitário para a criação de um estado federado, ou seja, o poder centralizado que se torna descentralizado. O poder político era concentrado nas mãos de um só ente e, depois, passa a fazer parte de vários entes federativos.

3 A doutrina classifica as formas de Estado em Compostas ou Unitárias. Os Estados Compostos ou Complexos possuem como base a descentralização política enquanto que os Estados Unitários ou simples possuem uma única entidade política a qual exerce de forma centralizada o poder político (CUNHA, 2011, p. 872). Estado Federal é espécie de Estado Composto, portanto, não se confunde com Estado Unitário.

Por Desagregação

Ocorre quando um estado unitário resolve se descentralizar politicamente, desagregando o poder central em favor de vários entes titulares de poder político.

Como última observação, não menos importante, a **Forma Federativa de Estado** também é uma cláusula **pétrea.**

Depois de estudar os Princípios da Tripartição dos Poderes e o Federativo, passa-se a ver como eles estão estruturados dentro da República Federativa do Brasil. Uma informação importante antes disso: a autonomia política existente em cada ente federativo pode ser percebida por meio de existência dos poderes em cada um.

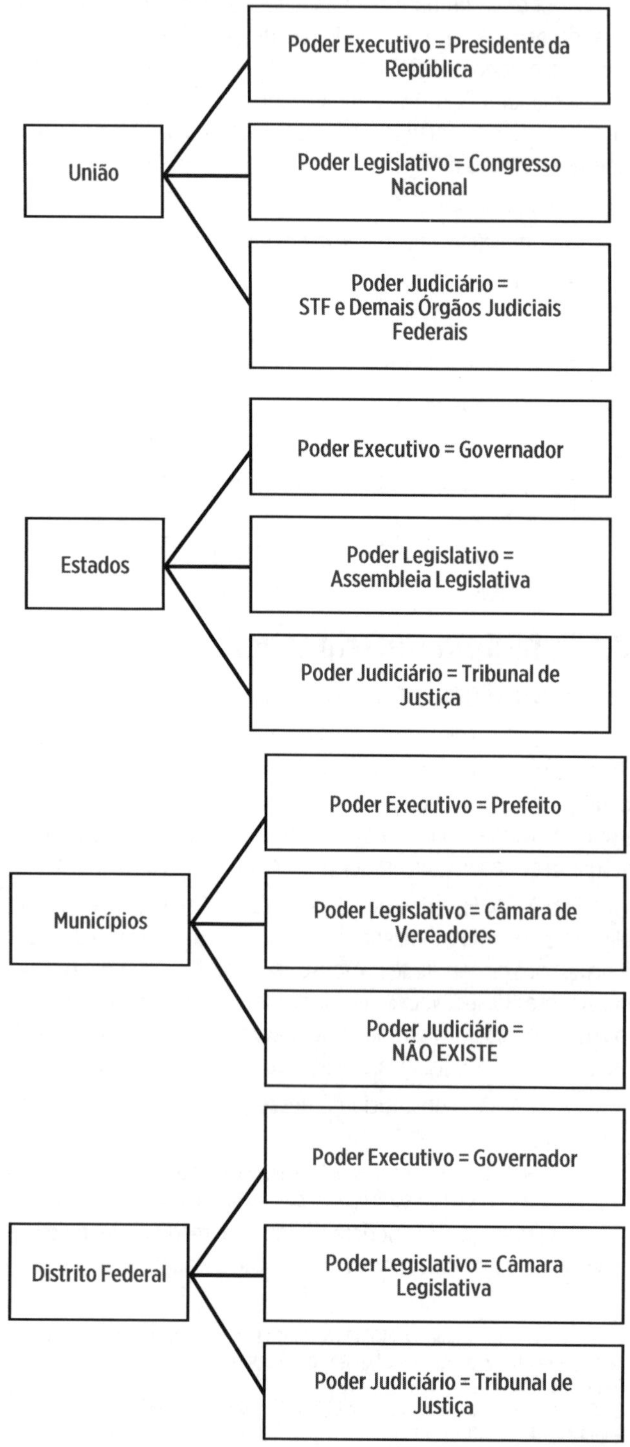

2.3 Princípio Republicano

O princípio Republicano representa a **Forma de Governo** adotada no Brasil. A forma de governo reflete o modo de aquisição e exercício do poder político, além de medir a relação existente entre o governante e o governado.

A melhor forma de entender esse instituto é conhecendo suas características. A primeira característica decorre da análise etimológica da expressão *res publica*. Essa expressão, que dá origem ao Princípio ora estudado, significa coisa pública, ou seja, em um Estado Republicano o governante cuida da coisa pública, governa para o povo.

Outra característica importante é a Temporariedade. Esse atributo revela o caráter temporário do exercício do poder político. Por causa desse princípio, em nosso Estado, o governante permanece no poder por tempo determinado.

Em uma República, o governante é escolhido pelo povo. Essa é a chamada Eletividade. O poder político é adquirido pelas eleições, sendo que a vontade popular se concretiza nas urnas.

Por fim, em um Estado Republicano o governante pode ser responsabilizado por seus atos.

A forma de governo republicana se contrapõe à monarquia, cujas características são opostas às estudadas aqui.

É importante destacar que o princípio republicano não é uma cláusula pétrea, pois esse princípio não se encontra listado no rol das cláusulas pétreas do Art. 60, § 4o, da Constituição Federal. Apesar disso, a Constituição o considerou como princípio sensível. Princípios sensíveis são aqueles que, se tocados, ensejarão a chamada Intervenção Federal, conforme previsto no Art. 34, VII, da Constituição:

> ***Art. 34.*** *A União não intervirá nos Estados nem no Distrito Federal, exceto para:*
>
> ***VII.*** *assegurar a observância dos seguintes princípios constitucionais:*
>
> ***a)*** *forma republicana, sistema representativo e regime democrático.*

2.4 Presidencialismo

O Presidencialismo é o sistema de governo adotado no Brasil. O sistema de governo rege a relação entre o Poder Executivo e o Legislativo medindo o grau de dependência entre eles. No Presidencialismo, prevalece a separação entre os Poderes Executivo e Legislativo, os quais são independentes e harmônicos entre si.

A Constituição declara, em seu Art. 76, que:

> *O Poder Executivo é exercido pelo Presidente da República, auxiliado pelos Ministros de Estado.*

O Presidencialismo possui uma característica muito importante, que é a concentração das funções executivas em uma só pessoa, o Presidente, o qual é eleito pelo povo, e exerce ao mesmo tempo três funções: Chefe de Estado, Chefe de Governo, e Chefe da Administração Pública.

A função de Chefe de Estado diz respeito a todas as atribuições do Presidente nas relações externas do País. Como Chefe de Governo, o Presidente possui inúmeras atribuições internas no que tange à governabilidade do país. Já como Chefe da Administração Pública, o Presidente exercerá as funções relacionadas com a chefia da Administração Pública Federal.

2.5 Democracia

Este princípio revela o Regime de Governo adotado no Brasil. Caracteriza-se pela existência do Estado Democrático de Direito e pela preservação da dignidade da pessoa humana.

A democracia significa o governo do povo, pelo povo e para o povo. É a chamada soberania popular. Sua fundamentação constitucional encontra-se no Art. 1º da CF:

> ***Art. 1º, Parágrafo único.*** *Todo o poder emana do povo, que o exerce por meio de representantes eleitos ou diretamente, nos termos desta Constituição.*

Esse princípio também é conhecido como princípio sensível e, no Brasil, caracteriza-se por seu exercício se dar de forma direta e indireta. Por esse motivo, a democracia brasileira é conhecida como semidireta ou participativa. Esse tema, porém, será abordado na seção sobre **Direitos Políticos**.

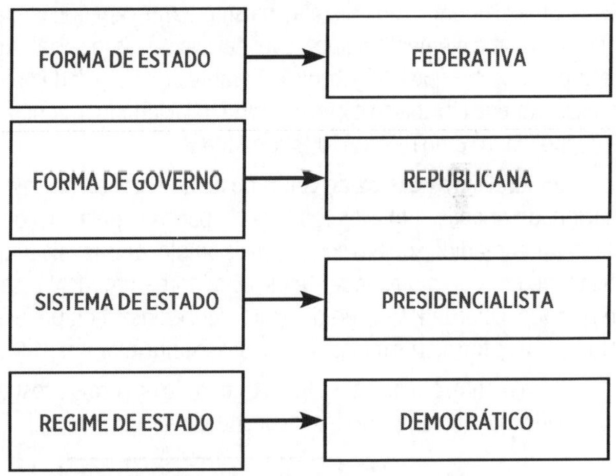

2.6 Fundamentos da República Federativa do Brasil

Entre os Princípios Constitucionais mais importantes, destacam-se os Fundamentos da República Federativa do Brasil, os quais estão elencados no Art. 1º da Constituição Federal:

> ***Art. 1º.*** *A República Federativa do Brasil, formada pela união indissolúvel dos Estados e Municípios e do Distrito Federal, constitui-se em Estado Democrático de Direito e tem como fundamentos:*
>
> ***I.*** *A soberania;*
>
> ***II.*** *A cidadania;*
>
> ***III.*** *A dignidade da pessoa humana;*
>
> ***IV.*** *Os valores sociais do trabalho e da livre iniciativa;*
>
> ***V.*** *O pluralismo político.*

A soberania é um fundamento que possui estreita relação com o Poder do Estado. É a capacidade que o Estado tem de impor sua vontade. Esse princípio possui uma dupla acepção: soberania interna e externa.

A soberania interna é a capacidade de impor o poder estatal no âmbito interno, perante os administrados, sem se sujeitar a qualquer outro poder.

A soberania externa é percebida pelo reconhecimento dos outros Estados soberanos de que o Estado Brasileiro possui sua própria autonomia no âmbito internacional.

A cidadania como princípio revela a condição jurídica de quem é titular de Direitos Políticos. Ela permite ao indivíduo que possui vínculo jurídico com o Estado participar de suas decisões e escolher seus representantes. O exercício da cidadania guarda estreita relação com a Democracia, pois essa autoriza a participação popular na formação da vontade estatal.

A dignidade da pessoa humana é considerada o princípio com maior hierarquia axiológica da Constituição. Sua importância se traduz na medida em que deve ser assegurada, primordialmente, pelo Estado, mas também deve ser observada nas relações particulares. Como fundamento, embasa toda a gama de direitos fundamentais, os quais estão ligados em sua origem a esse princípio. A dignidade da pessoa humana representa o núcleo mínimo de direitos e garantias que devem ser assegurados aos seres humanos.

O valor social do trabalho e da livre iniciativa revela a adoção de uma economia capitalista ao mesmo tempo em que elege o trabalho como elemento responsável pela valorização social. Ao mesmo tempo em que a Constituição garante uma liberdade econômica, protege o trabalho como elemento relacionado à dignidade do indivíduo como membro da sociedade.

O Pluralismo Político, ao contrário do que parece, não está relacionado apenas com a pluralidade de partidos políticos, devendo ser entendido sob um sentido mais amplo, pois revela uma sociedade em que pluralidade de ideias se torna um ideal a ser preservado. Liberdades, como de expressão, religiosa ou política estão entre as formas de manifestação desse princípio.

Geralmente, quando esse tema é cobrado em prova, costuma ser questionado apenas o texto constitucional.

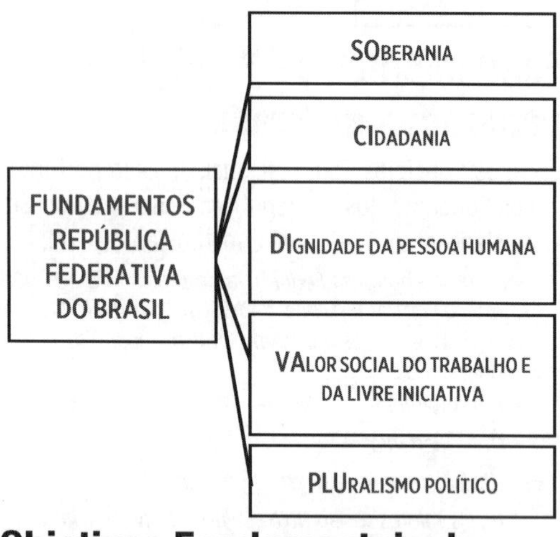

2.7 Objetivos Fundamentais da República Federativa do Brasil

Outro grupo de Princípios Constitucionais que costuma ser cobrado em prova é o dos Objetivos da República Federativa do Brasil, os quais estão previstos em um rol exemplificativo no Art. 3º da Constituição Federal:

> ***Art. 3º.*** *Constituem objetivos fundamentais da República Federativa do Brasil:*
>
> ***I.*** *Construir uma sociedade livre, justa e solidária;*
>
> ***II.*** *Garantir o desenvolvimento nacional;*
>
> ***III.*** *Erradicar a pobreza e a marginalização e reduzir as desigualdades sociais e regionais;*
>
> ***IV.*** *Promover o bem de todos, sem preconceitos de origem, raça, sexo, cor, idade e quaisquer outras formas de discriminação.*

Os objetivos são verdadeiras metas a serem perseguidas pelo Estado com o fim de garantir os ditames constitucionais. Deve-se ter muita atenção em relação a esses dispositivos, pois eles costumam ser cobrados em prova fazendo-se alterações dos termos constitucionais.

Outra característica que distingue os fundamentos dos objetivos é o fato de os fundamentos serem nominados com substantivos ao passo que os objetivos se iniciam com verbos. Essa diferença pode ajudar a perceber qual a resposta correta na prova.

2.8 Princípios que Regem as Relações Internacionais do Brasil

E, por fim, têm-se os Princípios que regem as relações internacionais, os quais estão previstos no Art. 4º da CF:

> ***Art. 4º.*** *A República Federativa do Brasil rege-se nas suas relações internacionais pelos seguintes princípios:*
>
> ***I.*** *Independência nacional;*
>
> ***II.*** *Prevalência dos direitos humanos;*
>
> ***III.*** *Autodeterminação dos povos;*
>
> ***IV.*** *Não intervenção;*
>
> ***V.*** *Igualdade entre os Estados;*
>
> ***VI.*** *Defesa da paz;*
>
> ***VII.*** *Solução pacífica dos conflitos;*
>
> ***VIII.*** *Repúdio ao terrorismo e ao racismo;*
>
> ***IX.*** *Cooperação entre os povos para o progresso da humanidade;*
>
> ***X.*** *Concessão de asilo político.*
>
> ***Parágrafo único.*** *A República Federativa do Brasil buscará a integração econômica, política, social e cultural dos povos da América Latina, visando à formação de uma comunidade latino-americana de nações.*

Esses princípios revelam características muito interessantes do Brasil, ressaltando sua soberania e independência em relação aos outros Estados do mundo.

A independência nacional destaca, no âmbito da soberania externa, a relação do país com os demais estados, uma relação de igualdade, sem estar subjugado a outro Estado.

A prevalência dos direitos humanos vai ao encontro do fundamento da dignidade da pessoa humana, característica muito importante que se revela por meio do grande rol de direitos e garantias fundamentais previstos na Constituição Federal.

O Brasil **defende a autodeterminação dos povos.** Por esse princípio, respeitam-se as decisões e escolhas de cada povo. Entende-se que cada povo é capaz de escolher o seu próprio caminho político e de resolver suas crises internas sem necessidade de intervenção externa de outros países. Esse princípio se completa ao da **não intervenção** no mesmo sentido de preservação e respeito à soberania dos demais Estados.

Esses princípios se completam juntamente com o da **igualdade entre os Estados,** sendo que cada país é reconhecido como titular de soberania na mesma proporção que os demais, sem hierarquia entre eles.

Com uma ampla gama de garantias constitucionais, não poderia ficar de lado a **defesa da paz** como princípio fundamental, ao mesmo tempo que funciona como bandeira defendida pelo Brasil em suas relações internacionais. No mesmo sentido, **a solução pacífica dos conflitos** revela o lado conciliador do governo brasileiro, que por vezes intermedeia relações conturbadas entre outros chefes de estado.

O repúdio ao terrorismo e ao racismo é princípio decorrente da dignidade da pessoa humana; terrorismo e racismo são tomados como inaceitáveis em sociedades modernas.

O Estado Brasileiro tem-se destacado na **cooperação entre os povos para o progresso da humanidade**, envolvendo-se em pesquisas científicas para cura de doenças, bem como na defesa e preservação do meio ambiente, entre outros.

A concessão de asilo político como princípio constitucional fundamenta a decisão brasileira de amparar estrangeiros que estejam sendo perseguidos em seus países por questões políticas ou de opinião.

Destaca-se, entre os princípios que regem as relações internacionais, um mandamento para que a República Federativa do Brasil busque a integração econômica, política, social e cultural dos povos da América Latina, visando à formação de uma comunidade latino-americana de nações. Repare que o texto constitucional mencionou América Latina, não América do Sul. Parece não haver muita diferença, mas esse tema já foi cobrado em prova e a troca dos termos é considerada errada.

3. DIREITOS FUNDAMENTAIS

Os direitos e garantias fundamentais estão entre os temas mais cobrados em provas. Além de questões envolvendo a literalidade do texto constitucional, encontramos aqui muitas discussões doutrinárias e jurisprudências que tornam essa matéria uma fonte inesgotável de questões.

Procura-se nas próximas páginas apresentar as principais questões levantadas na doutrina e nos tribunais, sempre privilegiando as posições adotadas pelas bancas organizadoras de concurso público.

Inicia-se o estudo pelas Regras Gerais aplicáveis aos direitos fundamentais, tema que tem sido priorizado pelas maiores organizadoras de concursos do país.

3.1 Conceito

Os direitos e garantias fundamentais são institutos jurídicos que foram criados no decorrer do desenvolvimento da humanidade e se constituem de normas protetivas que formam um núcleo mínimo de prerrogativas inerentes à condição humana.

3.2 Amplitude Horizontal e Vertical

Possuem como objetivo principal a proteção do indivíduo diante do poder do Estado. Mas não só do Estado. Os direitos e garantias fundamentais também constituem normas de proteção do indivíduo em relação aos outros indivíduos da sociedade.

E é exatamente nesse ponto que surgem os conceitos de **Amplitude Horizontal e Amplitude Vertical.** Amplitude vertical é o efeito protetor que as normas definidoras de direitos e garantias fundamentais produzem para um indivíduo diante do Estado. Já a amplitude horizontal é o efeito protetor que as normas definidoras de direitos e garantias fundamentais produzem para um indivíduo diante dos outros indivíduos.

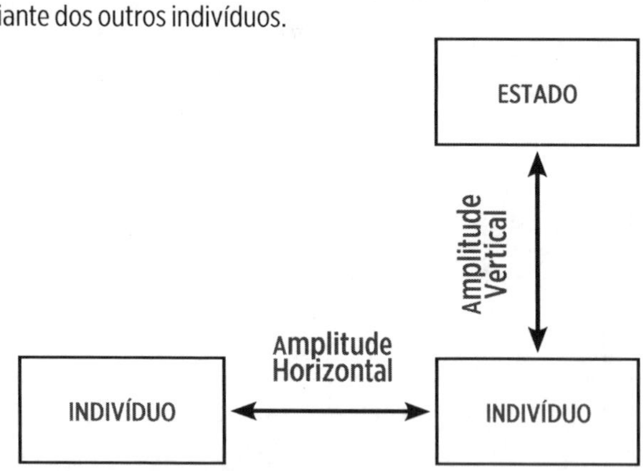

3.3 Classificação

A Constituição Federal, quando se refere aos direitos fundamentais, classifica-os em cinco grupos:

> Direitos e Deveres Individuais e Coletivos;
> Direitos Sociais;
> Direitos de Nacionalidade;
> Direitos Políticos;
> Partidos Políticos.

Essa classificação encontra-se distribuída entre os Arts. 5º e 17 do texto constitucional e é normalmente chamada pela doutrina de Conceito Formal dos Direitos Fundamentais. O Conceito Formal é o que a Constituição Federal resolveu classificar como sendo Direito Fundamental. É o rol de direitos fundamentais previstos expressamente no texto constitucional.

Costuma-se perguntar nas provas: "O rol de direitos fundamentais é um rol exaustivo? Ou melhor, taxativo?" O que se quer saber é se o rol de direitos fundamentais é só aquele que está expresso na Constituição ou não.

Responde-se a essa questão com o § 2º do Art. 5º, que diz:

> ***§ 2º** - Os direitos e garantias expressos nesta Constituição não excluem outros decorrentes do regime e dos princípios por ela adotados, ou dos tratados internacionais em que a República Federativa do Brasil seja parte.*

Isso significa que o rol não é taxativo, mas exemplificativo. A doutrina costuma chamar esse parágrafo de Cláusula de Abertura Material, que é exatamente a possibilidade de existirem outros direitos fundamentais, ainda que fora do texto constitucional. Esse seria o Conceito Material dos direitos fundamentais, ou seja, todos os direitos fundamentais que possuem a essência fundamental, ainda que não estejam expressos no texto constitucional.

3.4 Características

O elemento jurídico acima abordado, além de explicar a possibilidade de se inserirem novos direitos fundamentais no rol dos que já existem expressamente na Constituição Federal, também constitui uma das características que serão abordadas a seguir:

Historicidade

Essa característica revela que os Direitos Fundamentais são frutos da evolução histórica da humanidade. Significa que eles evoluem com o passar do tempo.

Inalienabilidade

Os direitos fundamentais não podem ser alienados, não podem ser negociados, não podem ser transigidos.

Irrenunciabilidade

Os direitos fundamentais não podem ser renunciados.

Imprescritibilidade

Os direitos fundamentais não se sujeitam aos prazos prescricionais. Não se perde um direito fundamental pelo decorrer do tempo.

Universalidade

Os direitos fundamentais pertencem a todas as pessoas, independentemente da sua condição.

Máxima Efetividade

Essa característica é mais uma imposição ao Estado, que está coagido a garantir a máxima efetividade dos direitos fundamentais. Esses direitos não podem ser ofertados de qualquer forma. É necessário que eles sejam garantidos da melhor forma possível.

Concorrência

Os direitos fundamentais podem ser utilizados em conjunto com outros direitos. Não é necessário abandonar um para usufruir outro direito.

Complementariedade

Um direito fundamental não pode ser interpretado sozinho. Cada direito deve ser analisado juntamente com outros direitos fundamentais, bem como com outros institutos jurídicos.

Proibição do Retrocesso

Essa característica proíbe que os direitos já conquistados sejam perdidos.

Limitabilidade

Não existe direito fundamental absoluto. São direitos relativos.

Não Taxatividade

Essa característica, já tratada anteriormente, diz que o rol de direitos fundamentais é apenas exemplificativo, tendo em vista a possibilidade de inserção de novos direitos.

Veja como esse tema costuma ser abordado em prova:

Os atos de improbidade administrativa estão taxativamente previstos em lei, não sendo possível compreender que sua enumeração seja meramente exemplificativa. ERRADO.

3.5 Dimensões dos Direitos Fundamentais

As dimensões, também conhecidas por Gerações de direitos fundamentais, são uma classificação adotada pela doutrina que leva em conta a ordem cronológica de reconhecimento desses direitos. São cinco as dimensões atualmente reconhecidas:

1ª Dimensão – foram os primeiros direitos conquistados pela humanidade. São direitos relacionados à liberdade, em todas as suas formas. Possuem um caráter negativo diante do Estado, tendo em vista ser utilizado como uma verdadeira limitação ao poder estatal, ou seja, o Estado, diante dos direitos de primeira dimensão, fica impedido de agir ou interferir na sociedade. São verdadeiros direitos de defesa com caráter individual. Estão entre estes direitos as liberdades públicas, civis e políticas.

2ª Dimensão – estes direitos surgem na tentativa de reduzirem as desigualdades sociais provocadas pela primeira dimensão. Por isso, são conhecidos como direitos de igualdade. Para reduzir as diferenças sociais, o Estado precisa interferir na sociedade: essa interferência reflete a conduta positiva adotada por meio de prestações sociais. São exemplos de direitos de segunda dimensão: os direitos sociais, econômicos e culturais.

3ª Dimensão – aqui estão os conhecidos direitos de fraternidade. São direitos que refletem um sentimento de solidariedade entre os povos na tentativa de preservarem os direitos de toda a coletividade. São de terceira geração o direito ao meio ambiente saudável, o direito ao progresso da humanidade, ao patrimônio comum, entre outros.

4ª Dimensão – esses direitos ainda não possuem um posicionamento pacífico na doutrina, mas costuma-se dizer que nesta dimensão ocorre a chamada globalização dos direitos fundamentais. São direitos que rompem com as fronteiras entre os Estados. São direitos de todos os seres humanos, independentemente de sua condição, como o direito à democracia, ao pluralismo político. São também considerados direitos de 4ª geração os direitos mais novos, que estão em construção, como o direito genético ou espacial.

5ª Dimensão – essa é a mais nova dimensão defendida por alguns doutrinadores. É formado basicamente pelo direito à paz. Esse seria o direito mais almejado pelo homem e que consubstancia a reunião de todos os outros direitos.

Deve-se ressaltar que esses direitos, à medida que foram sendo conquistados, complementavam os direitos anteriores, de forma que não se pode falar em substituição ou superação de uma geração sobre a outra, mas em cumulação, de forma que hoje podemos usufruir de todos os direitos pertencentes a todas as dimensões.

Para não se esquecer das três primeiras dimensões é só lembrar-se do Lema da Revolução Francesa: Liberdade, Igualdade e Fraternidade.

1ª DIMENSÃO	2ª DIMENSÃO	3ª DIMENSÃO
LIBERDADE	IGUALDADE	FRATERNIDADE

3.6 Titulares dos Direitos Fundamentais

Quem são os Titulares dos Direitos Fundamentais?

A própria Constituição Federal responde a essa pergunta quando diz no *caput* do Art. 5º que são titulares "os brasileiros e estrangeiros residentes no país". Mas será que é necessário residir no país para que o estrangeiro tenha direitos fundamentais?

Imaginemos um avião cheio de alemães que está fazendo uma escala no Aeroporto Municipal de Cascavel-PR.

Nenhum dos alemães reside no país. Seria possível entrar no avião e matar todas aquelas pessoas, haja vista não serem titulares de direitos fundamentais por não residirem no país? É claro que não. Para melhor se compreender o termo "residente", o STF o tem interpretado de forma mais ampla no sentido de abarcar todos aqueles que estão no país. Ou seja, todos os que estão no território brasileiro, independentemente de residirem no país, são titulares de direitos fundamentais.

Mas será que, para ser titular de direitos fundamentais, é necessário ter a condição humana? Ao contrário do que parece, não é necessário. Tem-se reconhecido como titulares de direitos fundamentais as pessoas jurídicas. Ressalta-se que não só as pessoas jurídicas de direito privado, mas também as pessoas jurídicas de direito público.

> O STF já se pronunciou sobre a "briga de galo" e a "farra do boi", declarando-as inconstitucionais. Quanto à "vaquejada", o Supremo se manifestou acerca da admissibilidade parcial, desde que não figure flagelação do animal. Por fim, o tema de "rodeios" ainda não foi pleiteado.

Os animais não são considerados titulares de direitos fundamentais, mas isso não significa que seja possível maltratá-los. Na prática, a CF/88 protege-os contra situações de maus-tratos. De outro lado, mortos podem ser titulares de direitos fundamentais, desde que o direito seja compatível (ex.: honra).

3.7 Cláusulas Pétreas e os Direitos Fundamentais

O Art. 60, § 4º da Constituição Federal, traz o rol das chamadas **Cláusulas Pétreas:**

> ***§ 4º*** *- Não será objeto de deliberação a proposta de emenda tendente a abolir:*
>
> ***I.*** *A forma federativa de Estado;*
>
> ***II.*** *O voto direto, secreto, universal e periódico;*
>
> ***III.*** *A separação dos Poderes;*
>
> ***IV.*** *Os direitos e garantias individuais.*

As Cláusulas Pétreas são núcleos temáticos formados por institutos jurídicos de grande importância, os quais não podem ser retirados da Constituição. Observe-se que o texto proíbe a abolição desses princípios, mas não impede que os mesmos sejam modificados, no caso, para melhor. Isso já foi cobrado em prova. É importante notar que o texto constitucional prevê no inciso IV como sendo Cláusulas Pétreas apenas os direitos e garantias individuais. Pela literalidade da Constituição, não são todos os direitos fundamentais que são protegidos por esse instituto, mas apenas os de caráter individual. Parte da doutrina e da jurisprudência entende que essa proteção deve ser ampliada, abrangendo os demais direitos fundamentais. Deve-se ter atenção com esse tema em prova, pois já foram cobrados os dois posicionamentos.

3.8 Eficácia dos Direitos Fundamentais

O § 1º do Art. 5º da Constituição Federal prevê que:

> ***§ 1º*** *- As normas definidoras dos direitos e garantias fundamentais têm aplicação imediata.*

Quando a Constituição Federal se refere à aplicação de uma norma, na verdade está falando da sua eficácia.

Esse tema é sempre cobrado em provas de concurso. Com o intuito de obter uma melhor compreensão, é necessário conceituar, classificar e diferenciar os vários níveis de eficácia das normas constitucionais.

Para que uma norma constitucional seja aplicada é indispensável que a ela possua eficácia, a qual é *a capacidade que uma norma jurídica tem de produzir efeitos.*

Se os efeitos produzidos se restringem ao âmbito normativo, tem-se a chamada **eficácia jurídica**, ao passo que, se os efeitos são concretos, reais, tem-se a chamada **eficácia social.** Eficácia jurídica, portanto, é a capacidade que uma norma constitucional tem de revogar todas as outras normas que com ela apresentem divergência. Já a eficácia social, também conhecida como efetividade, é a aplicabilidade na prática, concreta, da norma. Todas as normas constitucionais possuem eficácia jurídica, mas nem todas possuem eficácia social. Logo, é possível afirmar que todas as normas constitucionais possuem eficácia. O problema surge quando uma norma constitucional não pode ser aplicada na prática, ou seja, não possui eficácia social.

Para explicar esse fenômeno, foram desenvolvidas várias classificações acerca do grau de eficácia de uma norma constitucional. A classificação mais adotada pela doutrina e mais cobrada em prova é a adotada pelo professor José Afonso da Silva[1]. Para esse estudioso, a eficácia social se classifica em:

> **Eficácia Plena;**
> **Eficácia Contida;**
> **Eficácia Limitada.**

As normas de **eficácia plena** são aquelas **autoaplicáveis.** São normas que possuem aplicabilidade direta, imediata e integral. Seus efeitos práticos são plenos. É uma norma que não depende de complementação legislativa para produzir efeitos. Veja os exemplos:

Art. 1º; Art. 5º, *caput* e incisos XXXV e XXXVI; Art. 19; Art. 21; Art. 53; Art. 60, § 1º e 4º; Art. 69; Art. 128, § 5º, I e II; Art. 145, § 2º; entre outros.

As normas de **eficácia contida** também são **autoaplicáveis.** Assim como as normas de eficácia plena, elas possuem **aplicabilidade direta e imediata.** Contudo, sua aplicação não é integral. É neste ponto que a eficácia contida se diferencia da eficácia plena. A norma de eficácia contida nasce plena, mas pode ser restringida por outra norma.

Daí a doutrina chamá-la de norma contível, restringível ou redutível. Essas espécies permitem que outra norma reduza a sua aplicabilidade. São normas que produzem efeitos imediatos, mas esses efeitos podem ser restringidos. Ex:

Art. 5º, VII, XII, XIII, XV, XXVII, XXXIII; Art. 9º; Art. 37, I; Art. 170, parágrafo único; entre outros.

Já as normas de **eficácia limitada** são desprovidas de eficácia social. Diz-se que as normas de eficácia limitada não são autoaplicáveis, possuem aplicabilidade indireta, mediata e reduzida ou diferida.

São normas que dependem de outra para produzirem efeitos. O que as difere das normas de eficácia contida é a dependência de outra norma para que produza efeitos sociais. Enquanto as de eficácia contida produzem efeitos imediatos, os quais poderão ser restringidos posteriormente, as de eficácia limitada dependem de outra norma para produzirem efeitos. Deve-se ter cuidado para não pensar que essas espécies normativas não possuem eficácia. Como se afirmou anteriormente, elas possuem eficácia jurídica, mas não possuem eficácia social. As normas de eficácia limitada são classificadas, ainda, em:

> Normas de eficácia limitada de princípio institutivo (organizativo ou organizatório);
> Normas de eficácia limitada de princípio programático.

As normas de eficácia limitada de **princípio institutivo** são aquelas que dependem de outra norma para organizar ou instituir estruturas, entidades ou órgãos.

Art. 18, § 2º; Art. 22, Parágrafo único; Art. 25, § 3º; Art. 33; Art. 88; Art. 90, §2º; Art. 102, §1º; Art. 107, §1º; Art. 113; Art. 121; Art. 125, §3º; 128, §5º; Art. 131; entre outros.

As normas de eficácia limitada de **princípio programático** são aquelas que apresentam verdadeiros objetivos a serem perseguidos pelo Estado, programas a serem implementados. Em regra, possuem fins sociais.

Art. 7º, XI, XX, XXVII; Art. 173, §4º; Art. 196; Art. 205; Art. 215; Art. 218; Art. 227; entre outros.

O Supremo Tribunal Federal (STF) possui algumas decisões que conferiram o grau de eficácia limitada aos seguintes dispositivos:

Art. 5º, LI; Art. 37, I; Art. 37, VII; Art. 40, § 4º; Art. 18, §4º.

Feitas as considerações iniciais sobre esse tema, resta saber o que o § 1º do Art. 5º da CF quis dizer com "aplicação imediata". Para traduzir essa expressão, basta analisar a explicação apresentada anteriormente. Segundo a doutrina, as normas que possuem aplicação imediata ou são de eficácia plena ou contida. Ao que parece, o texto constitucional quis restringir a eficácia dos direitos fundamentais em plena ou contida, não existindo, em regra,

1 Silva, José Afonso da. "Curso de Direito Constitucional Positivo". 27ª edição. São Paulo: Malheiros, 2005.

normas definidoras de direitos fundamentais com eficácia limitada. Entretanto, pelos próprios exemplos aqui apresentados, não é essa a realidade do texto constitucional. Certamente, existem normas de eficácia limitada entre os direitos fundamentais (7º, XI, XX, XXVII). A dúvida que surge então é: como responder na prova?

A doutrina e o STF têm entendido que, apesar do texto expresso na Constituição Federal, existem normas definidoras de direitos fundamentais que não possuem aplicabilidade imediata, as quais são de eficácia limitada. Diante dessa contradição, a doutrina tem orientado no sentido de se conferir a maior eficácia possível aos direitos fundamentais. Em prova, pode ser cobrada tanto uma questão abordando o texto puro da Constituição Federal quanto o posicionamento da doutrina. Deve-se responder conforme for perguntado.

A Constituição previu dois instrumentos para garantir a efetividade das normas de eficácia limitada: **Ação Direta de Inconstitucionalidade** por omissão e o **Mandado de Injunção.**

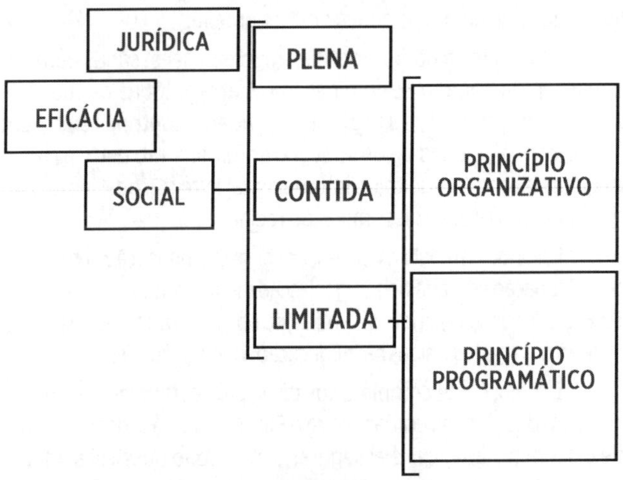

3.9 Força Normativa dos Tratados Internacionais

Uma regra muito importante para a prova é a que está prevista no § 3º do Art. 5º:

> ***§3º** - Os tratados e convenções internacionais sobre direitos humanos que forem aprovados, em cada Casa do Congresso Nacional, em dois turnos, por três quintos dos votos dos respectivos membros, serão equivalentes às emendas constitucionais.*

Esse dispositivo constitucional apresenta a chamada Força Normativa dos Tratados Internacionais.

Segundo o texto constitucional, é possível que um tratado internacional possua força normativa de emenda constitucional, desde que preencha os seguintes requisitos:

- > Tem que falar de direitos humanos;
- > Tem que ser aprovado nas duas casas legislativas do Congresso Nacional, ou seja, na Câmara dos Deputados e no Senado Federal;
- > Tem que ser aprovado em dois turnos em cada casa;
- > Tem que ser aprovado por 3/5 dos membros em cada turno de votação, em cada casa.

Preenchidos esses requisitos, o Tratado Internacional terá força normativa de **Emenda à Constituição.**

Mas surge a seguinte questão: e se o Tratado Internacional for de Direitos Humanos e não preencher os requisitos constitucionais previstos no § 3º do Art. 5º da Constituição? Qual será sua força normativa? Segundo o STF, caso o Tratado Internacional fale de direitos humanos, mas não preencha os requisitos do § 3º do Art. 5º da CF, ele terá força normativa de **Norma Supralegal.**

Ainda há os tratados internacionais que não falam de direitos humanos. São tratados que falam de outros temas, por exemplo, o comércio. Esses tratados possuem força normativa de **Lei Ordinária.**

Em suma, são três as forças normativas dos Tratados Internacionais:

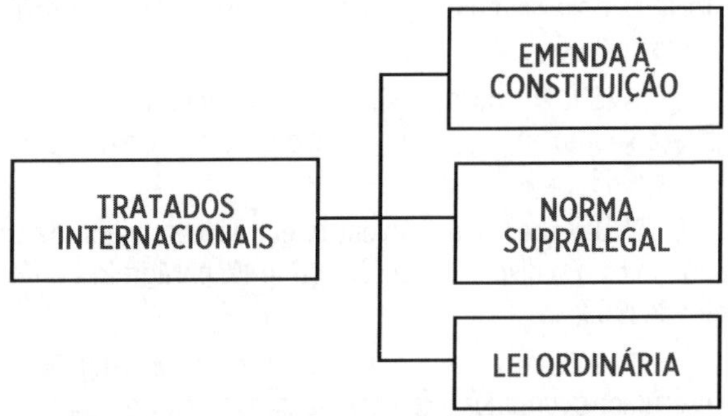

3.10 Tribunal Penal Internacional - TPI

Há outra regra muito interessante prevista no § 4º do Art. 5º da Constituição:

> ***§ 4º** - O Brasil se submete à jurisdição de Tribunal Penal Internacional a cuja criação tenha manifestado adesão.*

É o chamado **Tribunal Penal Internacional**. Mas o que é o Tribunal Penal Internacional? É uma corte permanente, localizada em Haia, na Holanda, com competência de julgamento dos crimes contra a humanidade.

É um Tribunal, pois tem função jurisdicional; é Penal porque só julga crimes; é Internacional, haja vista sua competência não estar restrita à fronteira de um só Estado.

Mas uma coisa deve ser esclarecida. O TPI não julga qualquer tipo de crime. Só os crimes que tenham repercussão para toda a humanidade. Geralmente, são crimes de guerra, agressão estrangeira, genocídio, dentre outros.

Apesar de ser um tribunal com atribuições jurisdicionais, o TPI não faz parte do Poder Judiciário brasileiro. Sua competência é complementar à jurisdição nacional, não ofendendo, portanto, a soberania do Estado brasileiro. Isso significa que o TPI só age quando a Justiça Brasileira se omite ou é ineficaz.

3.11 Direitos X Garantias

Muitos questionam se direitos e garantias são a mesma coisa, mas a melhor doutrina tem diferenciado esses dois institutos.

Os direitos são os próprios direitos previstos na Constituição Federal. São os bens jurídicos tutelados pela Constituição. Eles representam por si só esses bens.

As garantias são instrumentos de proteção dos direitos. São ferramentas disponibilizadas pela Constituição para a fruição dos direitos.

Apesar da diferença entre os dois institutos é possível afirmar que **toda garantia é um direito.**

4. CONVENÇÃO INTERNACIONAL SOBRE A ELIMINAÇÃO DE TODAS AS FORMAS DE DISCRIMINAÇÃO RACIAL

O PRESIDENTE DA REPÚBLICA,

HAVENDO o Congresso Nacional aprovado pelo Decreto Legislativo nº 23, de 21 de junho de 1967, a Convenção Internacional sobre a Eliminação de todas as Formas de Discriminação Racial, que foi aberta à assinatura em Nova York e assinada pelo Brasil a 7 de março de 1966;

E HAVENDO sido depositado o Instrumento brasileiro de Ratificação, junto ao Secretário-Geral das Nações Unidas, a 27 de março de 1968;

E TENDO a referida Convenção entrado em vigor, de conformidade com o disposto em seu artigo 19, parágrafo 1º, a 4 de janeiro de 1969;

DECRETA que a mesma, apensa por cópia ao presente Decreto, seja executada e cumprida tão inteiramente como ela nele contém.

Brasília, 8 de dezembro de 1969; 148º da Independência e 81º da República.

EMÍLIO G. MÉDICI

Mário Gibson Barbosa

Os Estados Partes na presente Convenção,

Considerando que a Carta das Nações Unidas baseia-se em princípios de dignidade e igualdade inerentes a todos os seres humanos, e que todos os Estados Membros comprometeram-se a tomar medidas separadas e conjuntas, em cooperação com a Organização, para a consecução de um dos propósitos das Nações Unidas que é promover e encorajar o respeito universal e observância dos direitos humanos e liberdades fundamentais para todos, sem discriminação de raça, sexo, idioma ou religião.

Considerando que a Declaração Universal dos Direitos do Homem proclama que todos os homens nascem livres e iguais em dignidade e direitos e que todo homem tem todos os direitos estabelecidos na mesma, sem distinção de qualquer espécie e principalmente de raça, cor ou origem nacional,

Considerando todos os homens são iguais perante a lei e têm o direito à igual proteção contra qualquer discriminação e contra qualquer incitamento à discriminação,

Considerando que as Nações Unidas têm condenado o colonialismo e todas as práticas de segregação e discriminação a ele associados, em qualquer forma e onde quer que existam, e que a Declaração sobre a Concessão de Independência, a Partes e Povos Coloniais, de 14 de dezembro de 1960 (Resolução 1.514 (XV), da Assembleia Geral) afirmou e proclamou solenemente a necessidade de levá-las a um fim rápido e incondicional,

Considerando que a Declaração das Nações Unidas sobre eliminação de todas as formas de Discriminação Racial, de 20 de novembro de 1963, (Resolução 1.904 (XVIII) da Assembleia Geral), afirma solenemente a necessidade de eliminar rapidamente a discriminação racial através do mundo em todas as suas formas e manifestações e de assegurar a compreensão e o respeito à dignidade da pessoa humana,

Convencidos de que qualquer doutrina de superioridade baseada em diferenças raciais é cientificamente falsa, moralmente condenável, socialmente injusta e perigosa, em que, não existe justificação para a discriminação racial, em teoria ou na prática, em lugar algum,

Reafirmando que a discriminação entre os homens por motivos de raça, cor ou origem étnica é um obstáculo a relações amistosas e pacíficas entre as nações e é capaz de disturbar a paz e a segurança entre povos e a harmonia de pessoas vivendo lado a lado até dentro de um mesmo Estado,

Convencidos que a existência de barreiras raciais repugna os ideais de qualquer sociedade humana,

Alarmados por manifestações de discriminação racial ainda em evidência em algumas áreas do mundo e por políticas governamentais baseadas em superioridade racial ou ódio, como as políticas de apartheid, segregação ou separação,

Resolvidos a adotar todas as medidas necessárias para eliminar rapidamente a discriminação racial em, todas as suas formas e manifestações, e a prevenir e combater doutrinas e práticas raciais com o objetivo de promover o entendimento entre as raças e construir uma comunidade internacional livre de todas as formas de separação racial e discriminação racial,

Levando em conta a Convenção sobre Discriminação nos Emprego e Ocupação adotada pela Organização internacional do Trabalho em 1958, e a Convenção contra discriminação no Ensino adotada pela Organização das Nações Unidas para Educação a Ciência em 1960,

Desejosos de completar os princípios estabelecidos na Declaração das Nações unidas sobre a Eliminação de todas as formas de discriminação racial e assegurar o mais cedo possível a adoção de medidas práticas para esse fim,

Acordaram no seguinte:

4.1 Parte I

Artigo I

1. Nesta Convenção, a expressão "discriminação racial" significará qualquer distinção, exclusão restrição ou preferência baseadas em raça, cor, descendência ou origem nacional ou étnica que tem por objetivo ou efeito anular ou restringir o reconhecimento, gozo ou exercício num mesmo plano, (em igualdade de condição), de direitos humanos e liberdades fundamentais no domínio político econômico, social, cultural ou em qualquer outro domínio de vida pública.

2. Esta Convenção não se aplicará ás distinções, exclusões, restrições e preferências feitas por um Estado Parte nesta Convenção entre cidadãos e não cidadãos.

3. Nada nesta Convenção poderá ser interpretado como afetando as disposições legais dos Estados Partes, relativas à nacionalidade, cidadania e naturalização, desde que tais disposições não discriminem contra qualquer nacionalidade particular.

4. Não serão consideradas discriminação racial as medidas especiais tomadas com o único objetivo de assegurar progresso adequado de certos grupos raciais ou étnicos ou de indivíduos que necessitem da proteção que possa ser necessária para proporcionar a tais grupos ou indivíduos igual gozo ou exercício de direitos humanos e liberdades fundamentais, contando que, tais medidas não conduzam, em consequência, à manutenção de direitos separados para diferentes grupos raciais e não prossigam após terem sido alcançados os seus objetivos.

Artigo II

1. Os Estados Partes condenam a discriminação racial e comprometem-se a adotar, por todos os meios apropriados e sem tardar uma política de eliminação da discriminação racial em todas as suas formas e de promoção de entendimento entre todas as raças e para esse fim:

Cada Estado Parte compromete-se a efetuar nenhum ato ou prática de discriminação racial contra pessoas, grupos de pessoas ou instituições e fazer com que todas as autoridades públicas nacionais ou locais, se conformem com esta obrigação;

Cada Estado Parte compromete-se a não encorajar, defender ou apoiar a discriminação racial praticada por uma pessoa ou uma organização qualquer;

Cada Estado Parte deverá tomar as medidas eficazes, a fim de rever as políticas governamentais nacionais e locais e para modificar, ab-rogar ou anular qualquer disposição regulamentar que tenha como objetivo criar a discriminação ou perpetrá-la onde já existir;

Cada Estado Parte deverá, por todos os meios apropriados, inclusive se as circunstâncias o exigirem, as medidas legislativas, proibir e por fim, a discriminação racial praticadas por pessoa, por grupo ou das organizações;

Cada Estado Parte compromete-se a favorecer, quando for o caso as organizações e movimentos multirraciais e outros meios próprios a eliminar as barreiras entre as raças e a desencorajar o que tende a fortalecer a divisão racial.

2. Os Estados Partes tomarão, se as circunstâncias o exigirem, nos campos social, econômico, cultural e outros, as medidas especiais e concretas para assegurar como convier o desenvolvimento ou a proteção de certos grupos raciais ou de indivíduos pertencentes a estes grupos com o objetivo de garantir-lhes, em condições de igualdade, o pleno exercício dos direitos do homem e das liberdades fundamentais.

Essas medidas não deverão, em caso algum, ter a finalidade de manter direitos grupos raciais, depois de alcançados os objetivos em razão dos quais foram tomadas.

Artigo III

Os Estados Partes especialmente condenam a segregação racial e o apartheid e comprometem-se a proibir e a eliminar nos territórios sob sua jurisdição todas as práticas dessa natureza.

Artigo IV

Os Estados Partes condenam toda propaganda e todas as organizações que se inspirem em ideias ou teorias baseadas na superioridade de uma raça ou de um grupo de pessoas de uma certa cor ou de uma certa origem étnica ou que pretendem justificar ou encorajar qualquer forma de ódio e de discriminação raciais e comprometem-se a adotar imediatamente medidas positivas destinadas a eliminar qualquer incitação a uma tal discriminação, ou quaisquer atos de discriminação com este objetivo tendo em vista os princípios formulados na Declaração universal dos direitos do homem e os direitos expressamente enunciados no artigo 5º da presente convenção, eles se comprometem principalmente:

a declarar delitos puníveis por lei, qualquer difusão de ideias baseadas na superioridade ou ódio raciais, qualquer incitamento à discriminação racial, assim como quaisquer atos de violência ou provocação a tais atos, dirigidos contra qualquer raça ou qualquer grupo de pessoas de outra cor ou de outra origem técnica, como também qualquer assistência prestada a atividades racistas, inclusive seu financiamento;

a declarar ilegais e a proibir as organizações assim como as atividades de propaganda organizada e qualquer outro tipo de atividade de propaganda que incitar a discriminação racial e que a encorajar e a declara delito punível por lei a participação nestas organizações ou nestas atividades.

a não permitir as autoridades públicas nem ás instituições públicas nacionais ou locais, o incitamento ou encorajamento à discriminação racial.

Artigo V

De conformidade com as obrigações fundamentais enunciadas no artigo 2º, Os Estados Partes comprometem-se a proibir e a eliminar a discriminação racial em todas suas formas e a garantir o direito de cada uma à igualdade perante a lei sem distinção de raça , de cor ou de origem nacional ou étnica, principalmente no gozo dos seguintes direitos:

direito a um tratamento igual perante os tribunais ou qualquer outro órgão que administre justiça;

direito à segurança da pessoa ou à proteção do Estado contra violência ou lesão corporal cometida que por funcionários de Governo, quer por qualquer indivíduo, grupo ou instituição.

direitos políticos principalmente direito de participar às eleições - de votar e ser votado - conforme o sistema de sufrágio universal e igual direito de tomar parte no Governo, assim como na direção dos assuntos públicos, em qualquer grau e o direito de acesso em igualdade de condições, às funções públicas.

Outros direitos civis, principalmente,

i) direito de circular livremente e de escolher residência dentro das fronteiras do Estado;

ii) direito de deixar qualquer pais, inclusive o seu, e de voltar a seu país;

iii) direito de uma nacionalidade;

iv) direito de casar-se e escolher o cônjuge;

v) direito de qualquer pessoa, tanto individualmente como em conjunto, à propriedade;

vi) direito de herdar;

vii) direito à liberdade de pensamento, de consciência e de religião;

viii) direito à liberdade de opinião e de expressão;

ix) direito à liberdade de reunião e de associação pacífica;

e) direitos econômicos, sociais culturais, principalmente:

i) direitos ao trabalho, a livre escolha de seu trabalho, a condições equitativas e satisfatórias de trabalho à proteção contra o desemprego, a um salário igual para um trabalho igual, a uma remuneração equitativa e satisfatória;

ii) direito de fundar sindicatos e a eles se afiliar;

iii) direito à habitação;

iv) direito à saúde pública, a tratamento médico, à previdência social e aos serviços sociais;

v) direitoàeducação e à formação profissional;

vi) direitoàigual participação das atividades culturais;

f) direito de acesso a todos os lugares e serviços destinados ao uso do público, tais como, meios de transporte hotéis, restaurantes, cafés, espetáculos e parques.

Artigo VI

Os Estados Partes assegurarão a qualquer pessoa que estiver sob sua jurisdição, proteção e recursos efetivos perante os tribunais nacionais e outros órgãos do Estado competentes, contra quaisquer atos de discriminação racial que, contrariamente à presente Convenção, violarem seus direitos individuais e suas liberdades fundamentais, assim como o direito de pedir a esses tribunais uma satisfação ou repartição justa e adequada por qualquer dano de que foi vitima em decorrência de tal discriminação.

Artigo VII

Os Estados Partes comprometem-se a tomar as medidas imediatas e eficazes, principalmente no campo de ensino, educação, da cultura e da informação, para lutar contra os preconceitos que levem à discriminação racial e para promover o entendimento, a tolerância e a amizade entre nações e grupos raciais e éticos assim como para propagar ao objetivo e princípios da Carta das Nações Unidas da Declaração Universal dos Direitos do Homem, da Declaração das Nações Unidas sobre a eliminação de todas as formas de discriminação racial e da presente Convenção.

4.2 Parte II

Artigo VIII

1. Será estabelecido um Comitê para a eliminação da discriminação racial (doravante denominado "o Comitê") composto de 18 peritos conhecidos para sua alta moralidade e conhecida imparcialidade, que serão eleitos pelos Estados Membros dentre seus nacionais e que atuarão a título individual, levando-se em conta uma repartição geográfica equitativa e a representação das formas diversas de civilização assim como dos principais sistemas jurídicos.

2. Os Membros do Comitê serão eleitos em escrutínio secreto de uma lista de candidatos designados pelos Estados Partes, Cada Estado Parte poderá designar um candidato escolhido dentre seus nacionais.

3. A primeira eleição será realizada seis meses após a data da entrada em vigor da presente Convenção. Três meses pelo menos antes de cada eleição, o Secretário-Geral das Nações Unidas enviará uma Carta aos Estados Partes para convidá-los a apresentar suas candidaturas no prazo de dois meses. O Secretário-Geral elaborará uma lista por ordem alfabética, de todos os candidatos assim nomeados com indicação dos Estados Partes que os nomearam, e a comunicará aos Estados Partes.

4. Os membros do Comitê serão eleitos durante uma reunião dos Estados Partes convocada pelo Secretário-Geral das Nações Unidas. Nessa reunião, em que o quórum será alcançado com dois terços dos Estados Partes, serão eleitos membros do Comitê, os candidatos que obtiverem o maior número de votos e a maioria absoluta de votos dos representantes dos Estados Partes presentes e votantes.

5.

a) Os membros do Comitê serão eleitos por um período de quatro anos. Entretanto, o mandato de nove dos membros eleitos na primeira eleição, expirará ao fim de dois anos; logo após a primeira eleição os nomes desses nove membros serão escolhidos, por sorteio, pelo Presidente do Comitê.

b) Para preencher as vagas fortuitas, o Estado Parte, cujo perito deixou de exercer suas funções de membro do Comitê, nomeará outro perito dentre seus nacionais, sob reserva da aprovação do Comitê.

6. Os Estados Partes serão responsáveis pelas despesas dos membros do Comitê para o período em que estes desempenharem funções no Comitê.

Artigo IX

1. Os Estados Partes comprometem-se a apresentar ao Secretário-Geral para exame do Comitê, um relatório sobre as medidas legislativas, judiciárias, administrativas ou outras que tomarem para tornarem efetivas as disposições da presente Convenção:

a) dentro do prazo de um ano a partir da entrada em vigor da Convenção, para cada Estado interessado no que lhe diz respeito, e posteriormente, cada dois anos, e toda vez que o Comitê o solicitar. O Comitê poderá solicitar informações complementares aos Estados Partes.

2. O Comitê submeterá anualmente à Assembleia Geral, um relatório sobre suas atividades e poderá fazer sugestões e recomendações de ordem geral baseadas no exame dos relatórios e das informações recebidas dos Estados Partes. Levará estas sugestões e recomendações de ordem geral ao conhecimento da Assembleia Geral, e se as houver juntamente com as observações dos Estados Partes.

Artigo X

1. O Comitê adotará seu regulamento interno.

2. O Comitê elegerá sua mesa por um período de dois anos.

3. O Secretário-Geral da Organização das Nações Unidas foi necessários serviços de Secretaria ao Comitê.

4. O Comitê reunir-se-á normalmente na Sede das Nações Unidas.

Artigo XI

1. Se um Estado Parte Julgar que outro Estado igualmente Parte não aplica as disposições da presente Convenção poderá chamar a atenção do Comitê sobre a questão. O Comitê transmitirá, então, a comunicação ao Estado Parte interessado. Num prazo de três meses, o Estado destinatário submeterá ao Comitê as explicações ou declarações por escrito, a fim de esclarecer a questão e indicar as medidas corretivas que por acaso tenham sido tomadas pelo referido Estado.

2. Se, dentro de um prazo de seis meses a partir da data do recebimento da comunicação original pelo Estado destinatário a questão não foi resolvida a contento dos dois Estados, por meio de negociações bilaterais ou por qualquer outro processo que estiver a sua disposição, tanto um como o outro terão o direito de submetê-la novamente ao Comitê, endereçando uma notificação ao Comitê assim como ao outro Estado interessado.

3. O Comitê só poderá tomar conhecimento de uma questão, de acordo com o parágrafo 2º do presente artigo, após ter constatado que todos os recursos internos disponíveis foram interpostos ou esgotados, de conformidade com os princípios do direito internacional geralmente reconhecidos. Esta regra não se aplicará se os procedimentos de recurso excederem prazos razoáveis.

4. Em qualquer questão que lhe for submetida, Comitê poderá solicitar aos Estados Partes presentes que lhe forneçam quaisquer informações complementares pertinentes.

5. Quando o Comitê examinar uma questão conforme o presente Artigo os Estados Partes interessados terão o direito de nomear um representante que participará sem direito de voto dos trabalhos no Comitê durante todos os debates.

Artigo XII

1.

a) Depois que o Comitê obtiver e consultar as informações que julgar necessárias, o Presidente nomeará uma Comissão de Conciliação ad hoc (doravante denominada "A Comissão", composta de 5 pessoas que poderão ser ou não membros do Comitê. Os membros serão nomeados com o consentimento pleno e unânime das partes na controvérsia e a Comissão fará seus bons ofícios a disposição dos Estados presentes, com o objetivo de chegar a uma solução amigável da questão, baseada no respeito à presente Convenção.

b) Se os Estados Partes na controvérsia não chegarem a um entendimento em relação a toda ou parte da composição da Comissão num prazo de três meses os membros da Comissão que não tiverem o assentimento dos Estados Partes, na controvérsia serão eleitos por escrutínio secreto entre os membros de dois terços dos membros do Comitê.

2. Os membros da Comissão atuarão a título individual. Não deverão ser nacionais de um dos Estados Partes na controvérsia nem de um Estado que não seja parte da presente Convenção.

3. A Comissão elegerá seu Presidente e adotará seu regimento interno.

4. A Comissão reunir-se-á normalmente na sede nas Nações Unidas em qualquer outro lugar apropriado que a Comissão determinar.

5. O Secretariado previsto no parágrafo 3º do artigo 10 prestará igualmente seus serviços à Comissão cada ver que uma controvérsia entre os Estados Partes provocar sua formação.

6. Todas as despesas dos membros da Comissão serão divididos igualmente entre os Estados Partes na controvérsia baseadas num cálculo estimativo feito pelo Secretário-Geral.

7. O Secretário-Geral ficará autorizado a pagar, se for necessário, as despesas dos membros da Comissão, antes que o reembolso seja efetuado pelos Estados Partes na controvérsia, de conformidade com o parágrafo 6º do presente artigo.

8. As informações obtidas e confrontadas pelo Comitê serão postas à disposição da Comissão, e a Comissão poderá solicitar aos Estados interessados de lhe fornecer qualquer informação complementar pertinente.

Artigo XIII

1. Após haver estudado a questão sob todos os seus aspectos, a Comissão preparará e submeterá ao Presidente do Comitê um relatório com as conclusões sobre todas as questões de fato relativas à controvérsia entre as partes e as recomendações que julgar oportunas a fim de chegar a uma solução amistosa da controvérsia.

2. O Presidente do Comitê transmitirá o relatório da Comissão a cada um dos Estados Partes na controvérsia. Os referidos Estados comunicarão ao Presidente do Comitê num prazo de três meses se aceitam ou não, as recomendações contidas no relatório da Comissão.

3. Expirado o prazo previsto no parágrafo 2º do presente artigo, o Presidente do Comitê comunicará o Relatório da Comissão e as declarações dos Estados Partes interessadas aos outros Estados Partes na Comissão.

Artigo XIV

1. Todo Estado Parte poderá declarar e qualquer momento que reconhece a competência do Comitê para receber e examinar comunicações de indivíduos sob sua jurisdição que se consideram vítimas de uma violação pelo referido Estado Parte de qualquer um dos direitos enunciados na presente Convenção. O Comitê não receberá qualquer comunicação de um Estado Parte que não houver feito tal declaração.

2. Qualquer Estado Parte que fizer uma declaração de conformidade com o parágrafo do presente artigo, poderá criar ou designar um órgão dentro de sua ordem jurídica nacional, que terá competência para receber e examinar as petições de pessoas ou grupos de pessoas sob sua jurisdição que alegarem ser vitimas de uma violação de qualquer um dos direitos enunciados na presente Convenção e que esgotaram os outros recursos locais disponíveis.

3. A declaração feita de conformidade com o parágrafo 1º do presente artigo e o nome de qualquer órgão criado ou designado pelo Estado Parte interessado consoante o parágrafo 2º do presente artigo será depositado pelo Estado Parte interessado junto ao Secretário-Geral das Nações Unidas que remeterá cópias aos outros Estados Partes. A declaração poderá ser retirada a qualquer momento mediante notificação ao Secretário-Geral mas esta retirada não prejudicará as comunicações que já estiverem sendo estudadas pelo Comitê.

4. O órgão criado ou designado de conformidade com o parágrafo 2º do presente artigo, deverá manter um registro de petições e cópias autenticada do registro serão depositadas anualmente por canais apropriados junto ao Secretário-Geral das Nações Unidas, no entendimento que o conteúdo dessas cópias não será divulgado ao público.

5. Se não obtiver repartição satisfatória do órgão criado ou designado de conformidade com o parágrafo 2º do presente artigo, o peticionário terá o direito de levar a questão ao Comitê dentro de seis meses.

6.

a) O Comitê levará, a título confidencial, qualquer comunicação que lhe tenha sido endereçada, ao conhecimento do Estado Parte que, pretensamente houver violado qualquer das disposições desta Convenção, mas a identidade da pessoa ou dos grupos de pessoas não poderá ser revelada sem o consentimento expresso da referida pessoa ou grupos de pessoas. O Comitê não receberá comunicações anônimas.

b) Nos três meses seguintes, o referido Estado submeterá, por escrito ao Comitê, as explicações ou recomendações que esclarecem a questão e indicará as medidas corretivas que por acaso houver adotado.

7.

a) O Comitê examinará as comunicações, à luz de todas as informações que forem submetidas pelo Estado Parte interessado e pelo peticionário. O Comitê só examinará uma comunicação de peticionário após ter-se assegurado que este esgotou todos os recursos internos disponíveis. Entretanto, esta regra não se aplicará se os processos de recurso excederem prazos razoáveis.

b) O Comitê remeterá suas sugestões e recomendações eventuais, ao Estado Parte interessado e ao peticionário.

8. O Comitê incluirá em seu relatório anual um resumo destas comunicações, se for necessário, um resumo das explicações e declarações dos Estados Partes interessados assim como suas próprias sugestões e recomendações.

9. O Comitê somente terá competência para exercer as funções previstas neste artigo se pelo menos dez Estados Partes nesta Convenção estiverem obrigados por declarações feitas de conformidade com o parágrafo deste artigo.

Artigo XV

1. Enquanto não forem atingidos os objetivos da resolução 1.514 (XV) da Assembleia Geral de 14 de dezembro de 1960, relativa à Declaração sobrea concessão da independência dos países e povos coloniais, as disposições da presente convenção não restringirão de maneira alguma o direito de petição concedida aos povos por outros instrumentos internacionais ou pela Organização das Nações Unidas e suas agências especializadas.

2.

a) O Comitê constituído de conformidade com o parágrafo 1ºdo artigo 8º desta Convenção receberá cópia das petições provenientes dos órgãos das Nações Unidas que se encarregarem de questões diretamente relacionadas com os princípios e objetivos da presente Convenção e expressará sua opinião e formulará recomendações sobre petições recebidas quando examinar as petições recebidas dos habitantes dos territórios sob tutela ou não autônomo ou de qualquer outro território a que se aplicar a Resolução 1.514 (XV) da Assembleia Geral, relacionadas a questões tratadas pela presente Convenção e que forem submetidas a esses órgãos.

b) O Comitê receberá dos órgãos competentes da Organização das Nações Unidas cópia dos relatórios sobre medidas de ordem legislativa judiciária, administrativa ou outra diretamente relacionada com os princípios e objetivos da presente Convenção que as Potências Administradoras tiverem aplicado nos territórios mencionados na alínea "a" do presente parágrafo e expressará sua opinião e fará recomendações a esses órgãos.

3. O Comitê incluirá em seu relatório à Assembleia um resumo das petições e relatórios que houver recebido de órgãos das Nações Unidas e as opiniões e recomendações que houver proferido sobre tais petições e relatórios.

4. O Comitê solicitará ao Secretário-Geral das Nações Unidas qualquer informação relacionada com os objetivos da presente Convenção que este dispuser sobre os territórios mencionados no parágrafo 2º (a) do presente artigo.

Artigo XVI

As disposições desta Convenção relativas a solução das controvérsias ou queixas serão aplicadas sem prejuízo de outros processos para solução de controvérsias e queixas no campo da discriminação previstos nos instrumentos constitutivos das Nações Unidas e suas agências especializadas, e não excluirá a possibilidade dos Estados Partes recomendarem aos outros, processos para a solução de uma controvérsia de conformidade com os acordos internacionais ou especiais que os ligarem.

4.3 Parte III

Artigo XVII

1. A presente Convenção ficará aberta à assinatura de todo Estado Membro da Organização das Nações Unidas ou membro de qualquer uma de suas agências especializadas, de qualquer Estado Parte no Estatuto da Corte Internacional de Justiça, assim como de qualquer outro Estado convidado pela Assembleia Geral da Organização das Nações Unidas a torna-se parte na presente Convenção.

2. A presente Convenção ficará sujeita à ratificação e os instrumentos de ratificação serão depositados junto ao Secretário-Geral das Nações Unidas.

Artigo XVIII

1. A presente Convenção ficará aberta a adesão de qualquer Estado mencionado no parágrafo 1º do artigo 17.

2. A adesão será efetuada pelo depósito de instrumento de adesão junto ao Secretário-Geral das Nações Unidas.

Artigo XIX

1. Esta convenção entrará em vigor no trigésimo dia após a data do deposito junto ao Secretário-Geral das Nações Unidas do vigésimo sétimo instrumento de ratificação ou adesão.

2. Para cada Estado que ratificar a presente Convenção ou a ele aderir após o depósito do vigésimo sétimo instrumento de ratificação ou adesão esta Convenção entrará em vigor no trigésimo dia após o depósito de seu instrumento de ratificação ou adesão.

Artigo XX

1. O Secretário-Geral das Nações Unidas receberá e enviará, a todos os Estados que forem ou vierem a torna-se partes desta Convenção, as reservas feitas pelos Estados no momento da ratificação ou adesão. Qualquer Estado que objetar a essas reservas, deverá notificar ao Secretário-Geral dentro de noventa dias da data da referida comunicação, que não aceita.

2. Não será permitida uma reserva incompatível com o objeto e o escopo desta Convenção nem uma reserva cujo efeito seria a de impedir o funcionamento de qualquer dos órgãos previstos nesta Convenção. Uma reserva será considerada incompatível ou impeditiva se a ela objetarem ao menos dois terços dos Estados Partes nesta Convenção.

3. As reservas poderão ser retiradas a qualquer momento por uma notificação endereçada com esse objetivo ao Secretário-Geral. Tal notificação surgirá efeito na data de seu recebimento.

Artigo XXI

Qualquer Estado Parte poderá denunciar esta Convenção mediante notificação escrita endereçada ao Secretário-Geral da Organização das Nações Unidas. A denúncia surtirá efeito um ano após data do recebimento da notificação pelo Secretário-Geral.

Artigo XXII

Qualquer Controvérsia entre dois ou mais Estados Partes relativa à interpretação ou aplicação desta Convenção, que não for resolvida por negociações ou pelos processos previstos expressamente nesta Convenção será, pedido de qualquer das Partes na controvérsia, submetida à decisão da Corte Internacional de Justiça a não ser que os litigantes concordem em outro meio de solução.

Artigo XXIII

1. Qualquer Estado Parte poderá formular a qualquer momento um pedido de revisão da presente Convenção, mediante notificação escrita endereçada ao Secretário-Geral das Nações Unidas.

2. A Assembleia Geral decidirá a respeito das medidas a serem tomadas, caso for necessário, sobre o pedido.

Artigo XXIV

O Secretário-Geral da Organização das Nações Unidas comunicará a todos os Estados mencionados no parágrafo 1º do artigo 17 desta Convenção.

a) as assinaturas e os depósitos de instrumentos de ratificação e de adesão de conformidade com os artigos 17 e 18;

b) a data em que a presente Convenção entrar em vigor, de conformidade com o artigo 19;

c) as comunicações e declarações recebidas de conformidade com os artigos 14, 20 e 23.

d) as denúncias feitas de conformidade com o artigo 21.

Artigo XXV

1. Esta Convenção, cujos textos em chinês, espanhol, inglês e russo são igualmente autênticos será depositada nos arquivos das Nações Unidas.

2. O Secretário-Geral das Nações Unidas enviará cópias autenticadas desta Convenção a todos os Estados pertencentes a qualquer uma das categorias mencionadas no parágrafo 1º do artigo 17.

Em fé do que os abaixo assinados devidamente autorizados por seus Governos assinaram a presente Convenção que foi aberta a assinatura em Nova York a 7 de março de 1966.

Este texto não substitui o original publicado no Diário Oficial da União - Seção 1 de 10/12/1969

5. LEI Nº 12.288/10 - ESTATUTO DA IGUALDADE RACIAL

5.1 A Relevância Histórica da Legislação de Promoção da Igualdade Racial

A expansão europeia em direção a outros continentes, que se iniciou junto com a chamada Idade Moderna, **foi elemento fundamental no processo histórico que levou ao surgimento do Brasil como Estado-nação**. Nesse processo, os europeus, além de entrarem em contato com as populações nativas do futuro território brasileiro, para aqui transferiram vastos contingentes humanos de outras regiões do mundo, sobretudo da África, em função, principalmente, de **necessidades de mão de obra para os empreendimentos coloniais**. Aprendemos, por isso, desde cedo, que, **a partir da contribuição inicial de portugueses, indígenas e africanos, logo acrescida pela de pessoas das mais diversas origens, formou-se o povo brasileiro**.

Da **interação entre populações com experiências históricas distintas**, que se enriqueciam pelo contato com as experiências das demais, **resultou o imenso patrimônio cultural do país**. No entanto, **o grau de desigualdade e opressão** que marcou aquele encontro inicial, decorrente de desmedida violência colonialista, deixou marcas difíceis de superar. **A hierarquia entre as populações de variada origem** que compõem a população brasileira manteve- se presente em todos os indicadores econômicos e sociais, século após século, reforçando-se pela **discriminação racial desleal** que se criou, em detrimento especialmente dos grupos humanos incorporados à sociedade nascente como escravos.

A relação entre populações assim fortemente hierarquizadas nunca deixou de ser uma questão crucial para quem refletisse sobre o Brasil. Desde sempre, **pontos de vista distintos se contrapuseram na reflexão sobre a matéria, incluindo visões intransigentemente racistas, que chegaram a postular a incapacidade do povo brasileiro para se desenvolver social e economicamente, dado o seu vício racial de origem**. Desde sempre também as contradições objetivas da realidade se expressaram em leis e em divergências e disputas sobre a forma de organização do Estado brasileiro.

Nos primeiros anos da nova nação independente, por exemplo, **o conselheiro Antônio Pereira Rebouças**, deputado negro, defendeu vigorosamente, no parlamento recém-instalado, **o direito de voto dos ex-escravos nascidos no Brasil, após adquirirem a liberdade**. Mesmo na vigência do escravismo, que introduzia uma distinção de fundo entre as pessoas que viviam no país, não haveria por que estender essa distinção para o campo dos homens livres, dizia ele. **Os brasileiros libertos eram cidadãos como quaisquer outros, não lhes podendo ser negado qualquer direito pelo simples fato de terem sido escravos. A proibição do voto dos libertos, no entanto, foi legalmente imposta**, revelando que o estigma da escravidão se estendia, sim, a todos os que haviam sido um dia escravizados.

A longa espera pela redação e promulgação do primeiro Código Civil brasileiro também expõe, embora de outro ângulo, a influência da aguda hierarquização racial sobre o processo legislativo. Nesse caso, a influência não se dava pelo conteúdo positivo da lei formulada, mas pela dificuldade de formulá-la, pela ausência da lei.

No período em que se deu a abolição do escravismo, o sistema de predomínio mundial europeu já deixava para trás a forma propriamente colonial para adotar outras estratégias de dominação, das quais fazia parte a consagração de hierarquias pseudocientíficas entre seres humanos, com base em critérios raciais. Assim, o Brasil, cujo processo histórico de formação o tornava terreno fértil para esse tipo de ideologia, viu-se enredado numa malha de noções espúrias, legitimadas pelo prestígio da ciência. Tais concepções mostraram toda a sua força institucional e legal nos programas governamentais de atração de mão de obra racial e culturalmente "superior" para substituir a mão de obra de origem africana.

Somente no **século XX começa a tornar-se dominante a visão positiva sobre a diversidade humana presente na construção do Brasil e a convicção de que o valor dos indivíduos e grupos não pode ser aferido por critério racial**. Estávamos, não por acaso, no século em que o predomínio europeu, construído nos quatro séculos anteriores, passava a perder força em todo o mundo.

A nova visão a respeito do valor da diversidade racial e da importância de que indivíduos de diversa origem tenham oportunidades iguais não deixou de se expressar na organização do Estado brasileiro e em nossa legislação. O conjunto de diplomas normativos apresentados nesta compilação já reflete essa visão, pois se estende da segunda metade do século XX aos dias atuais. Sua importância ganha ainda maior nitidez, no entanto, quando ele é observado contra o pano de fundo do processo de formação do país, que realça a centralidade da questão racial em nossa história, inclusive no aspecto institucional e legal.

A primeira e decisiva tarefa da luta antirracista, no plano legal, foi a de coibir a discriminação racial e o racismo. O processo, lento, começou por tornar contravenção penal a *"prática de atos resultantes de preconceitos de raça ou de cor"* (Lei nº 1.390, de 3 de julho de 1951) e culminou na determinação do artigo 5º, inciso XLII, da Constituição Federal de 1988, de que *"a prática do racismo constitui crime inafiançável e imprescritível, sujeito à pena de reclusão, nos termos da lei"*.

Nas últimas décadas, começou a ganhar volume no debate público a noção de que cabe ao Estado não apenas combater a discriminação e o racismo, mas agir positivamente na promoção da igualdade racial efetiva. Na Constituição Federal de 1988, a influência dessa noção aparece em formulações ainda relativamente tímidas, como, por exemplo, na referência explícita à proteção de manifestações culturais *"indígenas e afro-brasileiras" (art. 215, § 1º)* ou na norma do Ato das Disposições Constitucionais Transitórias que realça a obrigação do Estado de emitir títulos que formalizem o direito dos remanescentes das comunidades dos quilombos à propriedade definitiva das terras que estejam ocupando (art. 68).

Mais recentemente, a mudança – ou ampliação – de perspectiva ganhou relevo institucional com a **implantação de agências dentro do Estado especialmente destinadas à promoção da igualdade racial**. É assim que surgem entes como a ***Secretaria de Políticas de Promoção da Igualdade Racial da Presidência da República*** **(Seppir)** e o ***Conselho Nacional de Promoção da Igualdade Racial*** **(CNPIR)** e **iniciativas** como a ***Política Nacional***

***de Promoção da Igualdade Racial* (PNPIR)** e o ***Plano Nacional de Promoção da Igualdade Racial* (Planapir)**. Todas essas manifestações institucionais encontram suporte normativo em decretos transcritos nesta publicação.

Mas o estágio culminante da atividade legislativa acontece quando se formam os consensos sociais e políticos indispensáveis para que o Congresso Nacional introduza um tema novo, ou o novo enquadramento de um tema antigo, na ordem legal. **A Lei nº 12.288, de 20 de julho de 2010 (Estatuto da Igualdade Racial), constitui, assim, um verdadeiro salto de qualidade no tratamento dado pelo Estado brasileiro ao tema da promoção da igualdade racial**. Com ela, passamos a dispor de um amplo enquadramento normativo da matéria, que inclui a fixação dos princípios gerais que guiam a atuação do Estado e da sociedade nessa área, a criação da base legal para a estruturação do Sistema Nacional de Promoção da Igualdade Racial (Sinapir) e o encaminhamento das ações de promoção da igualdade em diversas áreas (saúde, educação, liberdade de crença e de culto, acesso à terra e à habitação e tantas outras).

A **Lei nº 12.288**, de 2010, nos dá, também, um retrato do estágio em que se encontra o tema da promoção da igualdade racial na esfera política brasileira. Esse estágio se refletiu tanto na tramitação da matéria como no conteúdo final do diploma legal. Nem todas as questões tratadas no Estatuto chegaram ao mesmo grau de definição, mas poucas categorias de políticas públicas deixaram de ser abordadas, até porque **a promoção da igualdade racial atinge realmente nossa sociedade em todas as suas dimensões**. Ademais, os princípios que permitem desenvolver novas iniciativas nessas várias dimensões ficaram bem determinados nos primeiros artigos da lei.

A Câmara dos Deputados, ao possibilitar o acesso, em meio de fácil manuseio e circulação, à legislação vigente sobre matéria de tamanha relevância na história brasileira, estimula a discussão social sobre os caminhos que o país deve trilhar nessa área. Além disso, contribui para disseminar o conhecimento sobre normas fundamentais para a definição da imagem que o Brasil tem de si mesmo e de seu futuro, normas que têm significado imediato para a vida de milhões de brasileiros.

O dia 20 de outubro de 2010 foi marcado por um acontecimento ímpar na história brasileira. Nessa data, **o Governo brasileiro, pelas mãos do presidente Lula, sancionou a Lei nº 12.288, que instituiu o Estatuto da Igualdade Racial**.

O Estatuto da Igualdade Racial, do ponto de vista histórico, nada mais é que o terceiro artigo que faltou à Lei Imperial nº 3.353, de 1888, que *"aboliu"* a escravidão no Brasil, a qual, com um pouco de criatividade e uma boa técnica legislativa, poderia ter incluído o artigo 1º da Lei nº 12.288, de 2010, à Lei Imperial nº 3.353, de 1888, sem provocar nenhuma incongruência. Com essa suposta modificação a Lei da Abolição teria a seguinte redação:

Lei Imperial nº 3.353, de 1888, modificada pela Lei 12.288, de 2010 Declara extinta a escravidão no Brasil e institui o Estatuto da Igualdade Racial.

Este exercício dá a dimensão de que a demora na aprovação dessa lei não foi apenas pelos sete anos de sua tramitação no Congresso Nacional, mas inclui os cento e vinte e dois anos passados desde a **"abolição inacabada"**, uma vez que **a Lei Imperial nº 3.353, de 1888, não criou um único mecanismo de reparação, pelos mais de trezentos e oitenta anos de escravização criminosa da população negra (africana e afrodescendente) ou qualquer outro mecanismo de promoção de igualdade racial**. Ao contrário, pelo tempo de tramitação dessa Lei no Congresso Nacional (apenas 3 dias), percebe-se que o objetivo, ao que parece, era apenas o de livrar o legislativo de uma "batata quente", ou seja, instituir uma abolição que na prática já vinha se efetivando, seja pelas alforrias e pelos quilombos, seja pelos custos de manutenção da escravização diante das fortes pressões internacionais e, com isso, livrar o País da obrigação de indenizar a população negra pelas atrocidades cometidas.

De qualquer modo, ainda que tardio, **o Estatuto da Igualdade Racial é uma realidade legal**. E, como toda lei que institui políticas públicas para as populações marginalizadas, necessita de muita mobilização social para atingir sua plena efetivação. E, mesmo assim, convém enfatizar que **o Estatuto sofreu grandes alterações durante sua tramitação na Câmara e no Senado, limitando sua abrangência e efetividade**, pontos que serão tratados adiante.

5.2 Dos Avanços Contra o Preconceito Racial

O parágrafo único do art. 1º do Estatuto da Igualdade Racial define os conceitos fundamentais utilizados na Lei – **discriminação racial ou etnicorracial, desigualdade racial, desigualdade de gênero e raça, população negra** –, bem como as **políticas públicas que amparam as ações afirmativas**, em curso ou a serem implementadas, entendidas como os programas e medidas especiais adotados pelo Estado e pela iniciativa privada para a correção das desigualdades raciais e para a promoção da igualdade de oportunidades.

Discriminação racial ou etnicorracial - *toda distinção, exclusão, restrição ou preferência baseada em cor, descendência ou origem nacional ou étnica que tenha por objeto anular ou restringir o reconhecimento, gozo ou exercício, em igualdade de condições, de direitos humanos e liberdades fundamentais nos campos político, econômico, social, cultural ou em qualquer outro campo da vida privada* (BRASIL, 2010, inciso I, parágrafo único do art. 1º).

Com isso, o Estatuto da Igualdade Racial define precisamente o que se quer combater com o estabelecimento desta Lei e, ao definir que a população negra é formada pelo "conjunto de pessoas que se autodeclaram pretas e pardas, conforme o quesito cor ou raça usado pelo [...] IBGE, ou que adotam auto definição análoga" (BRASIL, 2010), pretende elucidar quem é o público-alvo das ações afirmativas.

Do direito à saúde

> O Estatuto assegura a constituição da Política Nacional de Saúde Integral da População Negra;

> A participação de representantes do movimento negro nos conselhos de controle social da área;

> Acesso universal e igualitário ao Sistema Único de Saúde (SUS) para promoção, proteção e recuperação da saúde da população negra.

Do direito à educação

- Nos estabelecimentos de ensino fundamental e de ensino médio, públicos e privados, é obrigatório o estudo da história geral da África e da história da população negra no Brasil.
- Contempla princípios que fomentam a necessidade da formação inicial e continuada de professores e de uma política de elaboração de material didático específico.
- Promoção de políticas de ação afirmativa que assegurem a ampliação do acesso da população negra ao ensino gratuito, fomentem a pesquisa e a pós-graduação, com incentivos a programas voltados para temas referentes às relações étnicas, aos quilombolas e às questões pertinentes à população negra.

Do direito à cultura, esporte e lazer

- O Estatuto reconhece como patrimônio histórico e cultural as sociedades negras, clubes e outras formas de manifestação coletiva da população negra, com trajetória histórica comprovada;
- **A capoeira passa a ser tratada como desporto de criação nacional**, garantindo seu registro e proteção, em todas as suas modalidades.

Do direito à liberdade de consciência e de crença

- Garante a plena liberdade de consciência e de crença, assegurando o livre exercício dos cultos religiosos de matriz africana e a proteção aos locais de culto e liturgia, assegurando, inclusive, o acesso aos órgãos e aos meios de comunicação para sua divulgação, bem como a assistência religiosa em hospitais ou em outras instituições de internação coletiva, inclusive àqueles submetidos à pena privativa de liberdade.

Do acesso à **terra**

- Assegura que o Poder Público elaborará e desenvolverá políticas públicas especiais para promover o acesso da população negra à terra e às atividades produtivas no campo, ampliando e simplificando o acesso ao financiamento agrícola, garantindo assistência técnica rural, educação e orientação profissional agrícola e fortalecendo a infraestrutura de logística, tanto para a comercialização da produção como para o desenvolvimento sustentável dos remanescentes das comunidades dos quilombos, respeitando as tradições de proteção ambiental das comunidades, estimulando, inclusive, a emissão dos títulos de propriedade.

Do acesso à moradia adequada

- Estabelece que o Poder Público assegure o direito à moradia adequada da população negra que vive em favelas, cortiços, áreas urbanas subutilizadas, degradadas ou em processo de degradação, com a garantia da infraestrutura urbana e dos equipamentos comunitários associados à função habitacional, bem como a assistência técnica e jurídica para a construção, a reforma ou a regularização fundiária da habitação em área urbana.

Da igualdade de oportunidades no trabalho

- Afirma que o Poder Público adotará políticas voltadas para a inclusão da população negra no mercado de trabalho, inclusive, mediante a adoção de medidas visando à promoção da igualdade nas contratações feitas pelo setor público e o incentivo à adoção de medidas similares por parte das empresas e organizações privadas.

Dos meios de comunicação

- Estabelece que os órgãos de comunicação devam valorizar a herança cultural e a participação da população negra na história do País, adotando a prática de conferir oportunidades de emprego para atores, figurantes e técnicos negros, vedando toda e qualquer discriminação de natureza política, ideológica, étnica ou artística.

Do acesso à justiça e à segurança

- A Lei impõe ao Poder Público federal a responsabilidade de instituir ouvidorias permanentes em defesa da igualdade racial, para receber e encaminhar denúncias de preconceito e discriminação com base em etnia ou cor e acompanhar a implementação de medidas para a promoção da igualdade;
- Adotar medidas especiais para coibir desde a violência policial incidente sobre a população negra até os atos de discriminação e preconceito praticados por servidores públicos.

Do financiamento da promoção da igualdade racial

- Estabelece a obrigatoriedade de inclusão de políticas de ações afirmativas nos programas e ações constantes dos planos plurianuais e dos orçamentos anuais da União e, por conseguinte, dos demais entes federados.

A efetividade do estatuto em questão, ao longo dos tempos, sempre visa a proteção e acima de tudo atuar em defesa de minorias, **o Brasil se efetiva em criação de leis que dificilmente são fiscalizadas e com isso, tem sua eficácia comprometida**.

Importante considerarmos que **as políticas públicas adotadas ou criada para o Brasil são ineficazes e deixam de lado as ações afirmativas**, posto que, é preciso uma política de valorização das pessoas, em questão lógica pelo próprio estatuto, o negro, que mesmo após a abolição da escravatura , com a modernização, foram e, estão marginalizados e excluídos. Quando se fala em igualdade racial, temos que incluir outras raças, como o índio, que não se vislumbra diretamente no presente Estatuto, foi restringido.

Mas há diferença entre o legal e o real. Nunca foi e não será através de leis que promoveremos mudanças estruturais no país. A legislação é uma ferramenta importante, mas há que se realizarem amplos processos de reestruturação do Estado democrático que resulte em desconcentração da renda, em elevação da qualidade da escola pública em todos os níveis, que forme quadros capazes de responder ao novo ciclo de desenvolvimento da nação, que crie oportunidades para todos e elimine as desigualdades salariais baseadas em cor e sexo.

A vinda de negros africanos foi em numeral de milhares, 4.942 porém chegaram nas américas 4.335. Os escravos africanos e seus descendentes crioulos e mestiços influenciaram em profundidade a formação cultural do País, desde a época em que este era América portuguesa. **No Brasil,** de **1864** os escravos representavam 1.715.000 pessoas, em **1874** representavam 1.540.829 pessoas, **1884** representavam 1.240.806 pessoas e em **1887** representavam 723.419 pessoas, sendo a maioria localizada na região sudeste. (IBGE – Brasil, 500 anos de povoamento, 2007, no tema PRESENÇA NEGRA: conflitos e encontros, por João José Reis).

Para entender melhor, estabelecemos um paradigma entre as seguintes leis:

Lei Eusébio de Queiroz, lei nº 581de 4 de setembro de 1850: Estabelece medidas para a repressão do tráfico de africanos neste Império Lei do Ventre Livre, nº 2.040 de 28 de setembro de 1871: No caso da Lei do Ventre Livre, *"declara de condição livre os filhos de mulher escrava que nascerem desde a data desta lei, libertos os escravos da Nação e outros, e providencia sobre a criação e tratamento daquelles filhos menores e sobre a libertação annaul de escravos"*

O que nos interessa em particular, verificando a possiblidade de aplicação das políticas afirmativa à época, será a : *"... providencia sobre a criação e tratamento daquelles filhos menores e sobre a libertação annaul de escravos...",* ora, se avaliarmos o§1º do artigo 1º da lei, constata se uma falsa liberdade onde o menor, nascido de escrava, deve ficar aos cuidados dos "senhores" até idade de 08 (oito) anos onde este receberia uma indenização do estado Imperial ou utilizar as dos serviços deste até aos 21 (vigésimo primeiro) anos de idade. Assim, não se vislumbra tratamento as condições de libertos sendo claro o abandono.

> Lei dos Sexagenários, nº 3.270 de 28 de setembro de 1885. Regula a extinção gradual do elemento servil, não serão dados á matricula os escravos de 60 (sessenta) anos de idade em diante.

> Lei Aurea, nº 3.353 de 13 de maio de 1888: Esta lei apenas declara livre todos os escravos, nada mais orienta.

Conservadora e curta, com pouco mais de duas linhas, **a Lei nº 3.353, a chamada Lei Áurea, decretou, no dia 13 de maio de 1888, o fim legal da escravidão no Brasil**. Mas se a escravidão teve seu fim do ponto de vista formal e legal há 130 anos, a dimensão social e política está inacabada até os dias atuais. Essa é a principal crítica de estudiosos e militantes dos movimentos negros à celebração do 13 de maio como o dia do fim da escravatura.

Mesmo assim, **o Brasil foi o último país do ocidente a abolir a escravidão**. A lei áurea foi a lei mais popular e a última do Império. Um ano e meio depois da abolição, o Império acabou.

O Estatuto da Igualdade Racial soma-se a um conjunto de conquistas iniciadas no final do século XX:

> Criminalização do racismo na Constituição de 1988;

> Da Lei 7.716/89 que pune os crimes de racismo;

> Da Lei 10.639/03, que torna obrigatório o Ensino da História e da Cultura Afro-brasileira e Africana, dentre outras que quebraram o jejum desde a restrita Lei 353/1888 – a Lei Áurea.

Com base no Estatuto, **temos de garantir a aprovação do PL 3.627/04,que institui o Sistema Especial de Reserva de Vagas para estudantes egressos de escolas públicas, negros e indígenas, nas instituições públicas federais de educação superior**.

O presidente da República

Faço saber que o Congresso Nacional decreta e eu sanciono a seguinte lei:

Disposições preliminares

Objetivos
- Efetivação da Igualdade de Oportunidades
- Defesa dos direitos éticos individuais, difusos e coletivos
- Combate à discriminação e às demais formas de intolerância ética

Art. 1º *Esta lei institui o Estatuto da Igualdade Racial, destinado a:*

Parágrafo único. *Para efeito deste estatuto, considera-se:*

I – *discriminação racial ou étnico-racial: toda distinção, exclusão, restrição ou preferência baseada em raça, cor, descendência ou origem nacional ou étnica que tenha por objeto anular ou restringir o reconhecimento, gozo ou exercício, em igualdade de condições, de direitos humanos e liberdades fundamentais nos campos político, econômico, social, cultural ou em qualquer outro campo da vida pública ou privada;*

II – *desigualdade racial: toda situação injustificada de diferenciação de acesso e fruição de bens, serviços e oportunidades, nas esferas pública e privada, em virtude de raça, cor, descendência ou origem nacional ou étnica;*

III – *desigualdade de gênero e raça: assimetria existente no âmbito da sociedade que acentua a distância social entre mulheres negras e os demais segmentos sociais;*

IV – *população negra: o conjunto de pessoas que se autodeclaram pretas e pardas, conforme o quesito cor ou raça usado pela Fundação Instituto Brasileiro de Geografia e Estatística (IBGE), ou que adotam autodefinição análoga;*

V – *políticas públicas: as ações, iniciativas e programas adotados pelo Estado no cumprimento de suas atribuições institucionais;*

VI – *ações afirmativas: os programas e medidas especiais adotados pelo Estado e pela iniciativa privada para a correção das desigualdades raciais e para a promoção da igualdade de oportunidades.*

5.3 Dos Direitos Fundamentais

Do direito à saúde

Art. 6º *O direito à saúde da população negra será garantido pelo poder público mediante políticas universais, sociais e econômicas destinadas à redução do risco de doenças e de outros agravos.*

§ 1º O acesso universal e igualitário ao Sistema Único de Saúde (SUS) para promoção, proteção e recuperação da saúde da população negra será de responsabilidade dos órgãos e instituições públicas federais, estaduais, distritais e municipais, da administração direta e indireta.

§ 2º O poder público garantirá que o segmento da população negra vinculado aos seguros privados de saúde seja tratado sem discriminação.

Art. 7º *O conjunto de ações de saúde voltadas à população negra constitui a Política Nacional de Saúde Integral da População Negra, organizada de acordo com as diretrizes abaixo especificadas:*

I – *ampliação e fortalecimento da participação de lideranças dos movimentos sociais em defesa da saúde da população negra nas instâncias de participação e controle social do SUS;*

II – *produção de conhecimento científico e tecnológico em saúde da população negra;*

III – *desenvolvimento de processos de informação, comunicação e educação para contribuir com a redução das vulnerabilidades da população negra.*

Art. 8º *Constituem objetivos da Política Nacional de Saúde Integral da População Negra:*

I – *a promoção da saúde integral da população negra, priorizando a redução das desigualdades étnicas e o combate à discriminação nas instituições e serviços do SUS;*

II – *a melhoria da qualidade dos sistemas de informação do SUS no que tange à coleta, ao processamento e à análise dos dados desagregados por cor, etnia e gênero;*

III – *o fomento à realização de estudos e pesquisas sobre racismo e saúde da população negra;*

IV – *a inclusão do conteúdo da saúde da população negra nos processos de formação e educação permanente dos trabalhadores da saúde;*

V – *a inclusão da temática saúde da população negra nos processos de formação política das lideranças de movimentos sociais para o exercício da participação e controle social no SUS.*

Parágrafo único. *Os moradores das comunidades de remanescentes de quilombos serão beneficiários de incentivos específicos para a garantia do direito à saúde, incluindo melhorias nas condições ambientais, no saneamento básico, na segurança alimentar e nutricional e na atenção integral à saúde.*

5.4 Qual a Diferença entre Preto, Pardo e Negro?

- **Preto:** Esse termo toma como referência a ascendência oriunda de nativos da África.
- **Pardo:** O termo pardo remete a uma miscigenação de origem preta ou indígena com qualquer outra cor ou raça.
- **Negro:** Já esse termo é definido pelo Estatuto da Igualdade Racial como:
  - *"O conjunto de pessoas que se autodeclaram pretas e pardas, conforme o quesito cor ou raça usado pela Fundação Instituto Brasileiro de Geografia e Estatística (IBGE), ou que adotam autodefinição análoga".*

São conhecidas três diferentes formas de identificação da etnia parda: **autodeclaração, identificação biológica e heteroclassificação**.

6. LEI Nº 7.716/1989 - LEI DE DISCRIMINAÇÃO RACIAL

A presente lei define os crimes de preconceito de raça e de cor, conforme expressão utilizada na própria lei, no entanto, com alteração posterior, o artigo primeiro da lei, amplia esse rol para tratar também da etnia, religião ou procedência nacional.

6.1 Mandado Expresso de Criminalização / Penalização

O crime de "racismo" encontra previsão e citações em várias passagens constitucionais, entendendo-se como mandado expresso de penalização porque a própria Constituição Federal já previa a conduta de racismo como crime, logo não poderia o legislador ordinário tratar a matéria de outra maneira.

Essa previsão encontra respaldo, principalmente, no Art. 5º XLII, mas também pode ser entendido nos artigos 1º III, 3º IV e 4º II e VIII, todos da Constituição Federal.

> ***Art. 1º:*** *A República Federativa do Brasil (...) tem como fundamentos:*
>
> ***III.*** *a dignidade da pessoa humana;*
>
> ***Art. 3º:*** *Constituem objetivos fundamentais da República Federativa do Brasil:*
>
> ***VI.*** *promover o bem de todos, sem preconceitos de origem, raça, sexo, cor, idade e quaisquer outras formas de discriminação.*
>
> ***Art. 4º:*** *A República Federativa do Brasil rege-se nas suas relações internacionais pelos seguintes princípios:*
>
> ***I.*** *prevalência dos direitos humanos;*
>
> ***VIII.*** *repúdio ao terrorismo e ao racismo;*

E por último e mais importante deles:

> ***Art. 5º***, *XLII: A prática do racismo constitui crime inafiançável e imprescritível, sujeito à pena de reclusão, nos termos da lei;*

Inafiançável = Não se admite a fiança para concessão da liberdade provisória, vale ressaltar que é possível a liberdade provisória sem fiança.

Imprescritível = Poderá ser punido a qualquer tempo, não cabendo a causa extintiva da punibilidade pela prescrição. De acordo com a Constituição Federal são imprescritíveis apenas o racismo e ação de grupos armados, civis ou militares, contra a ordem constitucional e o Estado Democrático.

Pena de Reclusão = O legislador ordinário não poderia cominar penas diferentes de reclusão por causa da previsão constitucional.

→ **Art. 1º da lei de discriminação racial:**

Serão punidos, na forma desta lei, os crimes resultantes de:

Discriminação (é o ato de separar, segregar ou diferenciar pessoas, animais ou coisas, no caso da lei trata-se apenas de pessoas) ou preconceito (é a opinião formada precipitadamente e, normalmente, de forma negativa/pejorativa).

Além de ser discriminação ou preconceito, tal discriminação ou preconceito têm que serem voltados a:

> Raça, Cor, Etnia, Religião ou Procedência Nacional.

Esses requisitos, tratados no Art. 1º, servirão como norte para praticamente todas as condutas previstas na lei, ou seja, os crimes previstos nessa lei dependem do dolo do agente, voltado para esses tipos de discriminação ou preconceito.

6.2 Outras Formas de Discriminação

Discriminação resultante de sexo ou estado civil são tratados pela Lei nº 7437/85. Como nessa lei, as penas cominadas não são de reclusão, entende parte da doutrina que ela é inconstitucional.

Discriminação resultante de deficiência física ou mental são tratadas pela Lei nº 7853/89.

Crimes em espécie

> ***Art. 3º*** *Impedir ou obstar o acesso a alguém, devidamente habilitado, a qualquer cargo da administração direta ou indireta, bem como em concessionárias de serviço público.*
>
> ***Parágrafo único.*** *Incorre na mesma pena quem, por motivo de discriminação de raça, cor, etnia, religião ou procedência nacional, obstar a promoção funcional.*

Crime formal - Independe do prejuízo causado à vítima.

> ***Art. 4º*** *Negar ou obstar emprego em empresa privada.*
>
> ***§1º.*** *Condutas equiparadas:*

Deixar de conceder os equipamentos necessários em igualdade de condições.

Impedir a ascensão funcional do empregado.

Proporcionar ao empregado tratamento diferenciado no ambiente de trabalho, especialmente quanto ao salário.

> ***§ 2º*** *Ficará sujeito às penas de multa e de prestação de serviços à comunidade, incluindo atividades de promoção da igualdade racial, quem, em anúncios ou qualquer outra forma de recrutamento de trabalhadores, exigir aspectos de aparência próprios de raça ou etnia para emprego cujas atividades não justifiquem essas exigências.*
>
> *Pena: reclusão de dois a cinco anos.*
>
> ***Art. 5º*** *Recusar ou impedir acesso a estabelecimento comercial, negando-se a servir, atender ou receber cliente ou comprador.*
>
> *Pena: reclusão de um a três anos.*
>
> ***Art. 6º*** *Recusar, negar ou impedir a inscrição ou ingresso de aluno em estabelecimento de ensino público ou privado de qualquer grau.*
>
> *Pena: reclusão de três a cinco anos.*

→ **Causa de Aumento de Pena**

Se o crime for praticado contra menor de dezoito anos a pena é agravada de 1/3 (um terço).

> ***Art. 7º*** *Impedir o acesso ou recusar hospedagem em hotel (períodos predeterminados), pensão (períodos indeterminados), estalagem, ou qualquer estabelecimento similar (interpretação analógica - albergue).*
>
> ***Pena*** *- Reclusão de três a cinco anos.*
>
> ***Art. 8º*** *Impedir o acesso ou recusar atendimento em restaurantes, bares, confeitarias, ou locais semelhantes abertos ao público (cafeteria, sorveteria).*
>
> *Pena: reclusão de um a três anos.*
>
> ***Art. 9º*** *Impedir o acesso ou recusar atendimento em estabelecimentos esportivos, casas de diversões (espetáculos, circo, cinema), ou clubes sociais abertos ao público (não abrange clubes privativos a sócios).*
>
> ***Pena*** *- reclusão de um a três anos.*

A mera interpelação para apresentação de ingresso não caracteriza discriminação racial nesse artigo.

> ***Art. 10.*** *Impedir o acesso ou recusar atendimento em salões de cabeleireiros, barbearias, termas ou casas de massagem, ou estabelecimento com as mesmas finalidades.*
>
> ***Pena*** *- reclusão de um a três anos.*

Art. 11. *Impedir o acesso às entradas sociais em edifícios públicos ou residenciais e elevadores ou escada de acesso aos mesmos:*

Pena - reclusão de um a três anos.

A mera exigência de ingressos em prédios em geral pela porta de serviço, em relação às pessoas que estão promovendo entregas e realizando obras ou trabalhos específicos a moradores e demais ocupantes do edifício, não configura o crime. Para tanto é fundamental que haja o intuito de discriminação racial.

Guilherme de Souza Nucci.

Art. 12. *Impedir o acesso ou uso de transportes públicos, como aviões, navios barcas, barcos, ônibus, trens, metrô ou qualquer outro meio de transporte concedido (táxi).*

Pena - reclusão de um a três anos.

Art. 13. *Impedir ou obstar o acesso de alguém ao serviço (remunerado ou não) em qualquer ramo das Forças Armadas (PM e Bombeiro).*

Pena: reclusão de dois a quatro anos.

Art. 14. *Impedir ou obstar, por qualquer meio ou forma, o casamento ou convivência familiar e social.*

Pena: reclusão de dois a quatro anos.

Efeitos da condenação

Constitui efeito da condenação a perda do cargo ou função pública, para o servidor público, e a suspensão do funcionamento do estabelecimento particular por prazo não superior a três meses.

Os efeitos não são automáticos, devendo ser motivadamente declarados na sentença.

Art. 20. *Praticar, induzir ou incitar a discriminação ou preconceito de raça, cor, etnia, religião ou procedência nacional.*

Pena: reclusão de um a três anos e multa.

§ 1º Fabricar, comercializar, distribuir ou veicular símbolos, emblemas, ornamentos, distintivos ou propaganda que utilizem a cruz suástica ou gamada, para fins de divulgação do nazismo.

Pena: reclusão de dois a cinco anos e multa.

§ 2º Se qualquer dos crimes previstos no caput é cometido por intermédio dos meios de comunicação social ou publicação de qualquer natureza:

Pena -reclusão de dois a cinco anos e multa.

§ 3º No caso do parágrafo anterior, o juiz poderá determinar, ouvido o Ministério Público ou a pedido deste, ainda antes do inquérito policial, sob pena de desobediência:

I. O recolhimento imediato ou a busca e apreensão dos exemplares do material respectivo;

II. A cessação das respectivas transmissões radiofônicas ou televisivas.

III. A interdição das respectivas mensagens ou páginas de informação na rede mundial de computadores.

§ 4º Na hipótese do § 2º, constitui efeito da condenação, após o trânsito em julgado da decisão, a destruição do material apreendido.

7. DECRETO Nº 4.377/2002

7.1 Convenção sobre a Eliminação de Todas as Formas de Discriminação contra a Mulher

CONVENÇÃO SOBRE A ELIMINAÇÃO DE TODAS AS FORMAS DE DISCRIMINAÇÃO CONTRA A MULHER, de 18 de dezembro de 1979, apensa por cópia ao presente Decreto, será executada e cumprida tão inteiramente como nela se contém.

SUJEITOS À APROVAÇÃO DO CONGRESSO NACIONAL: quaisquer atos que possam resultar em revisão da referida Convenção, assim como quaisquer ajustes complementares que, nos termos do art. 49, inciso I, da Constituição Federal, acarretem encargos ou compromissos gravosos ao patrimônio nacional.

DISCRIMINAÇÃO CONTRA A MULHER: para os fins da presente Convenção, a expressão "discriminação contra a mulher" significará toda a distinção, exclusão ou restrição baseada no sexo e que tenha por objeto ou resultado prejudicar ou anular o reconhecimento, gozo ou exercício pela mulher, independentemente de seu estado civil, com base na igualdade do homem e da mulher, dos direitos humanos e liberdades fundamentais nos campos político, econômico, social, cultural e civil ou em qualquer outro campo.

ESTADOS PARTES: condenam a discriminação contra a mulher em todas as suas formas, concordam em seguir, por todos os meios apropriados e sem dilações, uma política destinada a eliminar a discriminação contra a mulher, e com tal objetivo se comprometem a:

> *a) Consagrar, se ainda não o tiverem feito, em suas constituições nacionais ou em outra legislação apropriada o princípio da igualdade do homem e da mulher e assegurar por lei outros meios apropriados a realização prática desse princípio;*
>
> *b) Adotar medidas adequadas, legislativas e de outro caráter, com as sanções cabíveis e que proíbam toda discriminação contra a mulher;*
>
> *c) Estabelecer a proteção jurídica dos direitos da mulher numa base de igualdade com os do homem e garantir, por meio dos tribunais nacionais competentes e de outras instituições públicas, a proteção efetiva da mulher contra todo ato de discriminação;*
>
> *d) Abster-se de incorrer em todo ato ou prática de discriminação contra a mulher e zelar para que as autoridades e instituições públicas atuem em conformidade com esta obrigação;*
>
> *e) Tomar as medidas apropriadas para eliminar a discriminação contra a mulher praticada por qualquer pessoa, organização ou empresa;*
>
> *f) Adotar todas as medidas adequadas, inclusive de caráter legislativo, para modificar ou derrogar leis, regulamentos, usos e práticas que constituam discriminação contra a mulher;*
>
> *g) Derrogar todas as disposições penais nacionais que constituam discriminação contra a mulher.*

ESTADOS PARTES: tomarão, em todas as esferas e, em particular, nas esferas política, social, econômica e cultural, todas as medidas apropriadas, inclusive de caráter legislativo, para assegurar o pleno desenvolvimento e progresso da mulher, com o objetivo de garantir-lhe o exercício e gozo dos direitos humanos e liberdades fundamentais em igualdade de condições com o homem.

ADOÇÃO PELOS ESTADOS-PARTES DE MEDIDAS ESPECIAIS DE CARÁTER TEMPORÁRIO: destinadas a acelerar a igualdade de fato entre o homem e a mulher não se considerará discriminação na forma definida nesta Convenção, mas de nenhuma maneira implicará, como consequência, a manutenção de normas desiguais ou separadas; essas medidas cessarão quando os objetivos de igualdade de oportunidade e tratamento houver sido alcançados.

ADOÇÃO PELOS ESTADOS-PARTES DE MEDIDAS ESPECIAIS: inclusive as contidas na presente Convenção, destinadas a proteger a maternidade, não se considerará discriminatória.

ESTADOS-PARTES: tornarão todas as medidas apropriadas para:

> *a) Modificar os padrões sócio-culturais de conduta de homens e mulheres, com vistas a alcançar a eliminação dos preconceitos e práticas consuetudinárias e de qualquer outra índole que estejam baseados na idéia da inferioridade ou superioridade de qualquer dos sexos ou em funções estereotipadas de homens e mulheres.*
>
> *b) Garantir que a educação familiar inclua uma compreensão adequada da maternidade como função social e o reconhecimento da responsabilidade comum de homens e mulheres no que diz respeito à educação e ao desenvolvimento de seus filhos, entendendo-se que o interesse dos filhos constituirá a consideração primordial em todos os casos.*

MEDIDAS APROPRIADAS: Estados-Partes tomarão todas as medidas apropriadas, inclusive de caráter legislativo, para suprimir todas as formas de tráfico de mulheres e exploração da prostituição da mulher.

MEDIDAS PARA ELIMINAR A DISCRIMINAÇÃO: os Estados-Partes tomarão todas as medidas apropriadas para eliminar a discriminação contra a mulher na vida política e pública do país e, em particular, garantirão, em igualdade de condições com os homens, o direito a:

> *a) Votar em todas as eleições e referenda públicos e ser elegível para todos os órgãos cujos membros sejam objeto de eleições públicas;*
>
> *b) Participar na formulação de políticas governamentais e na execução destas, e ocupar cargos públicos e exercer todas as funções públicas em todos os planos governamentais;*
>
> *c) Participar em organizações e associações não-governamentais que se ocupem da vida pública e política do país.*

OPORTUNIDADE DE REPRESENTAR SEU GOVERNO NO PLANO INTERNACIONAL: os Estados-Partes tomarão todas as medidas apropriadas para garantir, à mulher, em igualdade de condições com o homem e sem discriminação alguma, a oportunidade de representar seu governo no plano internacional e de participar no trabalho das organizações internacionais.

MULHERES DIREITOS IGUAIS AOS DOS HOMENS: os Estados-Partes outorgarão às mulheres direitos iguais aos dos homens para adquirir, mudar ou conservar sua nacionalidade. Garantirão, em particular, que nem o casamento com um estrangeiro, nem a mudança de nacionalidade do marido durante o casamento, modifiquem automaticamente a nacionalidade da esposa, convertam-na em apátrida ou a obriguem a adotar a nacionalidade do cônjuge.

Os Estados-Partes outorgarão à mulher os mesmos direitos que ao homem no que diz respeito à nacionalidade dos filhos.

MEDIDAS APROPRIADAS PARA ELIMINAR A DISCRIMINAÇÃO: os Estados-Partes adotarão todas as medidas apropriadas para eliminar a discriminação contra a mulher, a fim de assegurar-lhe a igualdade de direitos com o homem na esfera da educação e em particular para assegurarem condições de igualdade entre homens e mulheres:

a) As mesmas condições de orientação em matéria de carreiras e capacitação profissional, acesso aos estudos e obtenção de diplomas nas instituições de ensino de todas as categorias, tanto em zonas rurais como urbanas; essa igualdade deverá ser assegurada na educação pré-escolar, geral, técnica e profissional, incluída a educação técnica superior, assim como todos os tipos de capacitação profissional;

b) Acesso aos mesmos currículos e mesmos exames, pessoal docente do mesmo nível profissional, instalações e material escolar da mesma qualidade;

c) A eliminação de todo conceito estereotipado dos papéis masculino e feminino em todos os níveis e em todas as formas de ensino mediante o estímulo à educação mista e a outros tipos de educação que contribuam para alcançar este objetivo e, em particular, mediante a modificação dos livros e programas escolares e adaptação dos métodos de ensino;

d) As mesmas oportunidades para obtenção de bolsas-de-estudo e outras subvenções para estudos;

e) As mesmas oportunidades de acesso aos programas de educação supletiva, incluídos os programas de alfabetização funcional e de adultos, com vistas a reduzir, com a maior brevidade possível, a diferença de conhecimentos existentes entre o homem e a mulher;

f) A redução da taxa de abandono feminino dos estudos e a organização de programas para aquelas jovens e mulheres que tenham deixado os estudos prematuramente;

g) As mesmas oportunidades para participar ativamente nos esportes e na educação física;

h) Acesso a material informativo específico que contribua para assegurar a saúde e o bem-estar da família, incluída a informação e o assessoramento sobre planejamento da família.

ELIMINAÇÃO DA DISCRIMINAÇÃO NO EMPREGO: os Estados-Partes adotarão todas as medidas apropriadas para eliminar a discriminação contra a mulher na esfera do emprego a fim de assegurar, em condições de igualdade entre homens e mulheres, os mesmos direitos, em particular:

a) O direito ao trabalho como direito inalienável de todo ser humano;

b) O direito às mesmas oportunidades de emprego, inclusive a aplicação dos mesmos critérios de seleção em questões de emprego;

c) O direito de escolher livremente profissão e emprego, o direito à promoção e à estabilidade no emprego e a todos os benefícios e outras condições de serviço, e o direito ao acesso à formação e à atualização profissionais, incluindo aprendizagem, formação profissional superior e treinamento periódico;

d) O direito a igual remuneração, inclusive benefícios, e igualdade de tratamento relativa a um trabalho de igual valor, assim como igualdade de tratamento com respeito à avaliação da qualidade do trabalho;

e) O direito à seguridade social, em particular em casos de aposentadoria, desemprego, doença, invalidez, velhice ou outra incapacidade para trabalhar, bem como o direito de férias pagas;

f) O direito à proteção da saúde e à segurança nas condições de trabalho, inclusive a salvaguarda da função de reprodução.

FIM DE IMPEDIR A DISCRIMINAÇÃO CONTRA A MULHER POR RAZÕES DE CASAMENTO OU MATERNIDADE e assegurar a efetividade de seu direito a trabalhar, os Estados-Partes tomarão as medidas adequadas para:

a) Proibir, sob sanções, a demissão por motivo de gravidez ou licença de maternidade e a discriminação nas demissões motivadas pelo estado civil;

b) Implantar a licença de maternidade, com salário pago ou benefícios sociais comparáveis, sem perda do emprego anterior, antiguidade ou benefícios sociais;

c) Estimular o fornecimento de serviços sociais de apoio necessários para permitir que os pais combinem as obrigações para com a família com as responsabilidades do trabalho e a participação na vida pública, especialmente mediante fomento da criação e desenvolvimento de uma rede de serviços destinados ao cuidado das crianças;

d) Dar proteção especial às mulheres durante a gravidez nos tipos de trabalho comprovadamente prejudiciais para elas.

LEGISLAÇÃO PROTETORA RELACIONADA COM AS QUESTÕES COMPREENDIDAS: será examinada periodicamente à luz dos conhecimentos científicos e tecnológicos e será revista, derrogada ou ampliada conforme as necessidades.

MEDIDAS APROPRIADAS PARA ELIMINAR A DISCRIMINAÇÃO CONTRA A MULHER: os Estados-Partes adotarão todas as medidas apropriadas para eliminar a discriminação contra a mulher na esfera dos cuidados médicos a fim de assegurar, em condições de igualdade entre homens e mulheres, o acesso a serviços médicos, inclusive os referentes ao planejamento familiar.

ASSISTÊNCIA APROPRIADAS EM RELAÇÃO À GRAVIDEZ: os Estados-Partes garantirão à mulher assistência apropriadas em relação à gravidez, ao parto e ao período posterior ao parto, proporcionando assistência gratuita quando assim for necessário, e lhe assegurarão uma nutrição adequada durante a gravidez e a lactância.

DISCRIMINAÇÃO CONTRA A MULHER EM OUTRAS ESFERAS DA VIDA ECONÔMICA E SOCIAL: os Estados-Partes adotarão todas as medidas apropriadas para eliminar a discriminação contra a mulher em outras esferas da vida econômica e social a fim de assegurar, em condições de igualdade entre homens e mulheres, os mesmos direitos, em particular: a) O direito a benefícios familiares; b) O direito a obter empréstimos bancários, hipotecas e outras formas de crédito financeiro; c) O direito a participar em atividades de recreação, esportes e em todos os aspectos da vida cultural.

PROBLEMAS ESPECÍFICOS ENFRENTADOS PELA MULHER RURAL: os Estados-Partes levarão em consideração os problemas específicos enfrentados pela mulher rural e o importante papel que desempenha na subsistência econômica de sua família, incluído seu trabalho em setores não-monetários da economia, e tomarão todas as medidas apropriadas para assegurar a aplicação dos dispositivos desta Convenção à mulher das zonas rurais.

DISCRIMINAÇÃO CONTRA A MULHER NAS ZONAS RURAIS: os Estados-Partes adotarão todas as medias apropriadas para eliminar a discriminação contra a mulher nas zonas rurais a fim de assegurar, em condições de igualdade entre homens e mulheres, que elas participem no desenvolvimento rural e dele se beneficiem, e em particular as segurar-lhes-ão o direito a: a) participar da elaboração e execução dos planos de desenvolvimento em todos os níveis; b) ter acesso a serviços médicos adequados, inclusive informação, aconselhamento e serviços em matéria de planejamento familiar; c) beneficiar-se diretamente dos programas de seguridade social; d) obter todos os tipos de educação e de formação, acadêmica e não acadêmica, inclusive os relacionados à alfabetização funcional, bem como, entre outros, os benefícios de todos os serviços comunitário e de extensão a fim de aumentar sua capacidade técnica; e) organizar grupos de autoajuda e cooperativas a fim de obter igualdade de acesso às oportunidades econômicas mediante emprego ou trabalho por conta própria; f) participar de todas as atividades comunitárias; g) ter acesso aos créditos e empréstimos agrícolas, aos serviços de comercialização e às tecnologias apropriadas, e receber um tratamento igual nos projetos de reforma agrária e de reestabelecimentos; h) gozar de condições de vida adequadas, particularmente nas esferas da habitação, dos serviços sanitários, da eletricidade e do abastecimento de água, do transporte e das comunicações.

IGUALDADE COM O HOMEM: os Estados-Partes reconhecerão à mulher a igualdade com o homem perante a lei.

CAPACIDADE JURÍDICA IDÊNTICA DO HOMEM: os Estados-Partes reconhecerão à mulher, em matérias civis, uma capacidade jurídica idêntica do homem e as mesmas oportunidades para o exercício dessa capacidade. Em particular, reconhecerão à mulher iguais direitos para firmar contratos e administrar bens e dispensar-lhe-ão um tratamento igual em todas as etapas do processo nas cortes de justiça e nos tribunais.

NULIDADE: os Estados-Partes convêm em que todo contrato ou outro instrumento privado de efeito jurídico que tenda a restringir a capacidade jurídica da mulher será considerado nulo.

LIBERDADE DE ESCOLHA DE RESIDÊNCIA E DOMICÍLIO: os Estados-Partes concederão ao homem e à mulher os mesmos direitos no que respeita à legislação relativa ao direito das pessoas à liberdade de movimento e à liberdade de escolha de residência e domicílio.

MEDIDAS ADEQUADAS PARA ELIMINAR A DISCRIMINAÇÃO CONTRA A MULHER: os Estados-Partes adotarão todas as medidas adequadas para eliminar a discriminação contra a mulher em todos os assuntos relativos ao casamento e às ralações familiares e, em particular, com base na igualdade entre homens e mulheres, assegurarão:

a) O mesmo direito de contrair matrimônio;

b) O mesmo direito de escolher livremente o cônjuge e de contrair matrimônio somente com livre e pleno consentimento;

c) Os mesmos direitos e responsabilidades durante o casamento e por ocasião de sua dissolução;

d) Os mesmos direitos e responsabilidades como pais, qualquer que seja seu estado civil, em matérias pertinentes aos filhos. Em todos os casos, os interesses dos filhos serão a consideração primordial;

e) Os mesmos direitos de decidir livre a responsavelmente sobre o número de seus filhos e sobre o intervalo entre os nascimentos e a ter acesso à informação, à educação e aos meios que lhes permitam exercer esses direitos;

f) Os mesmos direitos e responsabilidades com respeito à tutela, curatela, guarda e adoção dos filhos, ou institutos análogos, quando esses conceitos existirem na legislação nacional. Em todos os casos os interesses dos filhos serão a consideração primordial;

g) Os mesmos direitos pessoais como marido e mulher, inclusive o direito de escolher sobrenome, profissão e ocupação;

h) Os mesmos direitos a ambos os cônjuges em matéria de propriedade, aquisição, gestão, administração, gozo e disposição dos bens, tanto a título gratuito quanto à título oneroso.

ESPONSAIS E CASAMENTO DE UMA CRIANÇA: não terão efeito legal e todas as medidas necessárias, inclusive as de caráter legislativo, serão adotadas para estabelecer uma idade mínima para o casamento e para tornar obrigatória a inscrição de casamentos em registro oficial.

COMITÊ SOBRE A ELIMINAÇÃO DA DISCRIMINAÇÃO CONTRA A MULHER: com o fim de examinar os progressos alcançados na aplicação desta Convenção, será estabelecido um Comitê sobre a Eliminação da Discriminação contra a Mulher (doravante denominado o Comitê) composto, no momento da entrada em vigor da Convenção, de 18 e, após sua ratificação ou adesão pelo 35º Estado-Parte, de 23 peritos de grande prestígio moral e competência na área abarcada pela Convenção. Os peritos serão eleitos pelos Estados-Partes entre seus nacionais e exercerão suas funções a título pessoal; será levada em conta uma repartição geográfica equitativa e a representação das formas diversas de civilização assim como dos principais sistemas jurídicos.

MEMBROS DO COMITÊ: serão eleitos em escrutínio secreto de uma lista de pessoas indicadas pelos Estados-Partes. Cada um dos Estados-Partes poderá indicar uma pessoa entre seus próprios nacionais.

ELEIÇÃO INICIAL: realizar-se-á seis meses após a data de entrada em vigor desta Convenção. Pelo menos 3 meses antes da data de cada eleição, o secretário-geral das Nações Unidas dirigirá uma carta aos Estados-Partes convidando-os a apresentar suas candidaturas, no prazo de 2 meses. O secretário-geral preparará uma lista, por ordem alfabética de todos os candidatos assim apresentados, com indicação dos Estados-Partes que os tenham apresentado e comunica-la-á aos Estados Partes.

ELEIÇÃO: os membros do Comitê serão eleitos durante uma reunião dos Estados-Partes convocado pelo secretário-geral na sede das Nações Unidas. Nessa reunião, em que o *quorum* será alcançado com dois terços dos Estados-Partes, serão eleitos membros do Comitê os candidatos que obtiverem o maior número de votos e a maioria absoluta de votos dos representantes dos Estados-Partes presentes e votantes.

MANDATO: os membros do Comitê serão eleitos para um mandato de 4 anos. Entretanto, o mandato de 9 dos membros eleitos na primeira eleição expirará ao fim de 2 anos; imediatamente após a primeira eleição os nomes desses nove membros serão escolhidos, por sorteio, pelo presidente do Comitê.

ELEIÇÃO: a eleição dos 5 membros adicionais do Comitê, após o depósito do 35º instrumento de ratificação ou adesão. O mandato de dois dos membros adicionais eleitos nessa ocasião, cujos nomes serão escolhidos, por sorteio, pelo presidente do Comitê, expirará ao fim de 2 anos.

VAGAS FORTUITAS: para preencher as vagas fortuitas, o Estado-Parte cujo perito tenha deixado de exercer suas funções de membro do Comitê nomeará outro perito entre seus nacionais, sob reserva da aprovação do Comitê;

MEMBROS DO COMITÊ: mediante aprovação da Assembleia Geral, receberão remuneração dos recursos das Nações Unidas, na forma e nas condições que a Assembleia Geral decidir, tendo em vista a importância das funções do Comitê.

SECRETÁRIO-GERAL DAS NAÇÕES UNIDAS: proporcionará o pessoal e os serviços necessários para o desempenho eficaz das funções do Comitê em conformidade com esta Convenção.

RELATÓRIO SOBRE AS MEDIDAS: os Estados-Partes comprometem-se a submeter ao secretário-geral das Nações Unidas, para exame do Comitê, um relatório sobre as medidas legislativas, judiciárias, administrativas ou outras que adotarem para tornarem efetivas as disposições desta Convenção e sobre os progressos alcançados a esse respeito: a) no prazo de um ano a partir da entrada em vigor da Convenção para o Estado interessado; e b) posteriormente, pelo menos cada 4 anos e toda vez que o Comitê a solicitar.

RELATÓRIOS: poderão indicar fatores e dificuldades que influam no grau de cumprimento das obrigações estabelecidos por esta Convenção.

COMITÊ: adotará seu próprio regulamento. O Comitê elegerá sua mesa por um período de 2 anos.

REUNIÕES: o Comitê se reunirá normalmente todos os anos por um período não superior a duas semanas para examinar os relatórios que lhe sejam submetidos em conformidade com o art. 18 desta Convenção.

REUNIÕES DO COMITÊ: realizar-se-ão normalmente na sede das Nações Unidas ou em qualquer outro lugar que o Comitê determine.

INFORMAÇÕES: o Comitê, por meio do Conselho Econômico e Social das Nações Unidas, informará anualmente a Assembleia Geral das Nações Unidas de suas atividades e poderá apresentar sugestões e recomendações de caráter geral baseadas no exame dos relatórios e em informações recebidas dos Estados-Partes. Essas sugestões e recomendações de caráter geral serão incluídas no relatório do Comitê juntamente com as observações que os Estados-Partes tenham porventura formulado.

SECRETÁRIO-GERAL: transmitirá, para informação, os relatórios do Comitê à Comissão sobre a Condição da Mulher.

AGÊNCIAS ESPECIALIZADAS: terão direito a estar representadas no exame da aplicação das disposições desta Convenção que correspondam à esfera de suas atividades. O Comitê poderá convidar as Agências Especializadas a apresentar relatórios sobre a aplicação da Convenção nas áreas que correspondam à esfera de suas atividades.

Nada do disposto nesta Convenção prejudicará qualquer disposição que seja mais propícia à obtenção da igualdade entre homens e mulheres e que seja contida: a) na legislação de um Estado-Parte ou b) em qualquer outra convenção, tratado ou acordo internacional vigente nesse Estado.

COMPROMISSO: os Estados-Partes comprometem-se a adotar todas as medidas necessárias em âmbito nacional para alcançar a plena realização dos direitos reconhecidos nesta Convenção.

ABERTURA DA CONVENÇÃO: esta Convenção estará aberta à assinatura de todos os Estados.

SECRETÁRIO-GERAL DAS NAÇÕES UNIDAS: fica designado depositário desta Convenção.

RATIFICAÇÃO: esta Convenção está sujeita a ratificação. Os instrumentos de ratificação serão depositados junto ao secretário-geral das Nações Unidas.

ADESÃO: esta Convenção estará aberta à adesão de todos os Estados. A adesão efetuar-se-á por meio do depósito de um instrumento de adesão junto ao secretário-geral das Nações Unidas.

PEDIDO DE REVISÃO: qualquer Estado-Parte poderá, em qualquer momento, formular pedido de revisão desta revisão desta Convenção, mediante notificação escrita dirigida ao secretário-geral das Nações Unidas.

MEDIDAS A SEREM TOMADAS: Assembleia Geral das Nações Unidas decidirá sobre as medidas a serem tomadas, se for o caso, com respeito a esse pedido.

VIGÊNCIA: esta Convenção entrará em vigor no trigésimo dia a partir da data do depósito do 20º instrumento de ratificação ou adesão junto ao secretário-geral das Nações Unidas.

Para cada estado que ratificar a presente Convenção ou a ela aderir após o depósito do vigésimo instrumento de ratificação ou adesão, a Convenção entrará em vigor no 30º dia após o depósito de seu instrumento de ratificação ou adesão.

SECRETÁRIO-GERAL DAS NAÇÕES UNIDAS: receberá e enviará a todos os estados o texto das reservas feitas pelos Estados no momento da ratificação ou adesão.

VEDAÇÃO: não será permitida uma reserva incompatível com o objeto e o propósito desta Convenção.

RESERVAS: poderão ser retiradas a qualquer momento por uma notificação endereçada com esse objetivo ao secretário-geral das Nações Unidas, que informará a todos os Estados a respeito. A notificação surtirá efeito na data de seu recebimento.

CONTROVÉRSIA: qualquer controvérsia entre dois ou mais Estados-Partes relativa à interpretação ou aplicação desta Convenção e que não for resolvida por negociações será, a pedido de qualquer das Partes na controvérsia, submetida a arbitragem. Se no prazo de 6 meses a partir da data do pedido de arbitragem as Partes não acordarem sobre a forma da arbitragem, qualquer das Partes poderá submeter a controvérsia à Corte Internacional de Justiça mediante pedido em conformidade com o Estatuto da Corte.

ESTADO-PARTE: no momento da assinatura ou ratificação desta Convenção ou de adesão a ela, poderá declarar que não se considera obrigado pelo parágrafo anterior. Os demais Estados-Partes não estarão obrigados pelo parágrafo anterior perante nenhum Estado-Parte que tenha formulado essa reserva. Qualquer Estado-Parte que tenha formulado a reserva poderá retirá-la em qualquer momento por meio de notificação ao secretário-geral das Nações Unidas.

TEXTO: esta convenção, cujos textos em árabe, chinês, espanhol, francês, inglês e russo são igualmente autênticos será depositada junto ao secretário-geral das Nações Unidas.

8. LEI Nº 13.182/2014 - ESTATUTO DA IGUALDADE RACIAL

Finalidade, definições e diretrizes

FINALIDADE DA LEI: esta Lei institui o Estatuto da Igualdade Racial e de Combate à Intolerância Religiosa do Estado da Bahia, destinado a garantir à população negra a efetivação da igualdade de oportunidades, defesa de direitos individuais, coletivos e difusos e o combate à discriminação e demais formas de intolerância racial e religiosa.

Definições:

POPULAÇÃO NEGRA: conjunto de pessoas que se autodeclaram pretas e pardas, conforme o quesito cor ou raça utilizado pela Fundação Instituto Brasileiro de Geografia e Estatística (IBGE), ou que adotam autodefinição análoga.

POLÍTICAS PÚBLICAS: ações, iniciativas e programas adotados pelo estado no cumprimento de suas atribuições institucionais.

AÇÕES AFIRMATIVAS: programas e medidas especiais adotados pelo estado e pela iniciativa privada para a correção das desigualdades raciais e para a promoção da igualdade de oportunidades.

RACISMO: ideologia baseada em teorias e crenças que estabelecem hierarquias entre raças e etnias e que historicamente tem resultado em desvantagens sociais, econômicas, políticas, religiosas e culturais para pessoas e grupos étnicos raciais específicos por meio da discriminação, do preconceito e da intolerância.

RACISMO INSTITUCIONAL: ações ou omissões sistêmicas caracterizadas por normas, práticas, critérios e padrões formais e não formais de diagnóstico e atendimento, de natureza organizacional e institucional, pública e privada, resultantes de preconceitos ou estereótipos, que resulta em discriminação e ausência de efetividade em prover e ofertar atividades e serviços qualificados às pessoas em função da sua raça, cor, ascendência, cultura, religião, origem racial ou étnica.

DISCRIMINAÇÃO RACIAL OU DISCRIMINAÇÃO ÉTNICO-RACIAL: toda distinção, exclusão, restrição ou preferência baseada em raça, cor, ascendência, origem nacional ou étnica, incluindo-se as condutas que, com base nestes critérios, tenham por objeto anular ou restringir o reconhecimento, exercício ou fruição, em igualdade de condições, de garantias e direitos nos campos político, social, econômico, cultural, ambiental, ou em qualquer outro campo da vida pública ou privada.

INTOLERÂNCIA RELIGIOSA: toda distinção, exclusão, restrição ou preferência, incluindo-se qualquer manifestação individual, coletiva ou institucional, de conteúdo depreciativo, baseada em religião, concepção religiosa, credo, profissão de fé, culto, práticas ou peculiaridades rituais ou litúrgicas, e que provoque danos morais, materiais ou imateriais, atente contra os símbolos e valores das religiões afro-brasileiras ou seja capaz de fomentar ódio religioso ou menosprezo às religiões e seus adeptos.

DESIGUALDADE RACIAL: toda situação de diferenciação negativa no acesso e fruição de bens, serviços e oportunidades, nas esferas pública e privada, em virtude de raça, cor, ascendência, origem nacional ou étnica.

DESIGUALDADE DE GÊNERO E RAÇA: assimetria existente no âmbito da sociedade que acentua a distância social entre mulheres negras e os demais segmentos sociais.

DIVULGAÇÃO: caberá ao estado divulgar, em meio e linguagem acessíveis, os dados oficiais e públicos concernentes à mensuração da desigualdade racial e de gênero, considerando os estudos produzidos pelos órgãos e instituições públicas, instituições oficiais de pesquisa, universidades públicas, instituições de ensino superior privadas e organizações da sociedade civil que tenham por finalidade estatutária a produção de estudos e pesquisas sobre o tema.

DEVER DO ESTADO E DA SOCIEDADE: garantir a igualdade de oportunidades, reconhecendo a todo cidadão brasileiro, independentemente da etnia ou cor da pele, o direito à participação na comunidade, especialmente nas atividades políticas, econômicas, empresariais, educacionais, culturais e esportivas, defendendo sua dignidade e valores religiosos e culturais.

DIRETRIZES POLÍTICO-JURÍDICAS: o presente Estatuto adota como diretrizes político-jurídicas para projetos de desenvolvimento, políticas públicas e medidas de ação afirmativa, a inclusão do segmento da população atingido pela desigualdade racial e a promoção da igualdade racial, observando-se as seguintes dimensões:

> *I - reparatória e compensatória para os descendentes das vítimas da escravidão, do racismo e das demais práticas institucionais e sociais históricas que contribuíram para as profundas desigualdades raciais e as persistentes práticas de discriminação racial na sociedade baiana, inclusive em face dos povos de terreiros de religiões afro-brasileiras;*
>
> *II - inclusiva, nas esferas pública e privada, assegurando a representação equilibrada dos diversos segmentos étnico-raciais componentes da sociedade baiana, solidificando a democracia e a participação de todos;*
>
> *III - otimizadora das relações socioculturais, econômicas e institucionais, pelos benefícios da diferença e da diversidade racial para a coletividade, enquanto fatores de criatividade e inovação dinamizadores do processo civilizatório e o desenvolvimento do Estado.*

PARTICIPAÇÃO DA POPULAÇÃO NEGRA: em condições de igualdade de oportunidades, na vida econômica, social, política e cultural do estado, será promovida, prioritariamente, por meio de:

> *I - inclusão igualitária nas políticas públicas, programas de desenvolvimento econômico e social e de ação afirmativa, combatendo especificamente as desigualdades raciais e de gênero que atingem as mulheres negras e a juventude negra;*
>
> *II - adoção de políticas, programas e medidas de ação afirmativa;*
>
> *III - adequação das estruturas institucionais do Poder Público para o eficiente enfrentamento e superação das desigualdades raciais decorrentes do racismo e da discriminação racial;*
>
> *IV - promoção de ajustes normativos para aperfeiçoar o combate à discriminação racial e às desigualdades raciais em todas as suas manifestações estruturais, institucionais e individuais;*
>
> *V - eliminação dos obstáculos históricos, socioculturais e institucionais que impedem a representação da diversidade racial nas esferas pública e privada;*

VI – estímulo, apoio e fortalecimento de iniciativas oriundas da sociedade civil destinadas à promoção da igualdade de oportunidades e ao combate às desigualdades raciais, inclusive mediante a implementação de incentivos e critérios de condicionamento e prioridade no acesso aos recursos públicos;

VII – implementação de medidas e programas de ação afirmativa destinados ao enfrentamento das desigualdades raciais no tocante à educação, cultura, esporte, lazer, saúde, segurança, trabalho, moradia, meios de comunicação de massa, financiamentos públicos, acesso à terra, acesso à justiça e outros aspectos da vida pública.

PROGRAMAS DE AÇÃO AFIRMATIVA: constituem-se em políticas públicas destinadas a reparar as desigualdades sociais, étnico-raciais e demais consequências de práticas discriminatórias historicamente adotadas, nas esferas pública e privada, durante o processo de formação social do país e do estado.

Sistema estadual de promoção da igualdade racial (sisepir)

SISEPIR: fica instituído o Sistema Estadual de Promoção da Igualdade Racial (Sisepir), com a finalidade de efetivar o conjunto de ações, políticas e serviços de enfrentamento ao racismo, promoção da igualdade racial e combate à intolerância religiosa.

MUNICÍPIOS: poderão integrar o Sisepir, mediante participação no Fórum de Gestores de Promoção da Igualdade Racial ou por meio de declaração de anuência, na forma estabelecida em regulamento.

ARTICULAÇÃO: o Sisepir manterá articulação com o Sistema Nacional de Promoção da Igualdade Racial (Sinapir), instituído pela Lei Federal nº 12.288, de 20 de julho de 2010, e regulamentado pelo Decreto Federal nº 8.136, de 5 de novembro de 2013.

ESTADO: instituirá linhas de apoio, benefícios e incentivos para estimular a participação da sociedade civil e da iniciativa privada no Sisepir.

Integram o sisepir

I – a Secretaria de Promoção da Igualdade Racial – SEPROMI, criada pela Lei nº 10.549, de 28 de dezembro de 2006, alterada pela Lei nº 12.212, de 04 de maio de 2011, que o coordenará;

II – o Conselho para o Desenvolvimento da Comunidade Negra – CDCN, órgão colegiado de participação e controle social, instituído pela Lei nº 4.697, de 15 de julho de 1987, alterado pelas Leis nº 10.549, de 20 de dezembro de 2006 e nº 12.212, de 4 de maio de 2011;

III – a Comissão Estadual para a Sustentabilidade dos Povos e Comunidades Tradicionais – CESPCT, órgão colegiado de participação e controle social instituído pelo Decreto nº 13.247, de 30 de agosto de 2011;

IV – a Rede de Combate ao Racismo e à Intolerância Religiosa, instrumento de articulação entre o Poder Público, as instituições do Sistema de Justiça e a sociedade civil para a implementação da política de promoção da igualdade racial no aspecto do enfrentamento ao racismo e à intolerância religiosa;

V – o Centro de Referência de Combate ao Racismo e à Intolerância Religiosa, unidade administrativa de apoio à implementação da Política de Promoção da Igualdade Racial, instituído pelo Decreto nº 14.297, de 31 de janeiro de 2013;

VI – os Municípios esta Lei.

FUNCIONAMENTO DO SISEPIR: será disciplinado no Regulamento deste Estatuto.

OUVIDORIA DE PROMOÇÃO DA IGUALDADE RACIAL: fica instituída a Ouvidoria de Promoção da Igualdade Racial, vinculada à estrutura da Ouvidoria Geral do Estado, criada pelo Decreto nº 13.976, de 9 de maio de 2012, com a finalidade de registro de ocorrências de racismo, discriminação racial, intolerância religiosa, conflitos fundiários envolvendo povos de terreiros e comunidades quilombolas e violação aos direitos de que trata este Estatuto.

Sistema de financiamento das políticas de promoção da igualdade racial

SISTEMA DE FINANCIAMENTO DAS POLÍTICAS DE PROMOÇÃO DA IGUALDADE RACIAL: fica instituído o Sistema de Financiamento das Políticas de Promoção da Igualdade Racial, com a finalidade de garantir prioridade no planejamento, alocação específica de recursos, aperfeiçoamento dos meios de execução e controle social das políticas de promoção da igualdade racial no âmbito do estado.

IMPLEMENTAÇÃO DOS PROGRAMAS E DAS AÇÕES CONSTANTES DOS PLANOS PLURIANUAIS E DOS ORÇAMENTOS ANUAIS DO ESTADO: na implementação dos programas e das ações constantes dos planos plurianuais e dos orçamentos anuais do estado, deverão ser observadas as políticas de ação afirmativa a que se refere este Estatuto e outras políticas públicas que tenham como objetivo promover a igualdade de oportunidades e a inclusão social da população negra.

ESTADO: é autorizado a adotar medidas que garantam, em cada exercício, a transparência na alocação e na execução dos recursos necessários ao financiamento das ações previstas neste Estatuto, explicitando, entre outros, a proporção dos recursos orçamentários destinados aos programas de promoção da igualdade, especialmente nas áreas de educação, saúde, segurança pública, emprego e renda, desenvolvimento agrário, habitação popular, desenvolvimento regional, cultura, esporte e lazer.

AUTORIZAÇÃO: o estado é autorizado a adotar as medidas necessárias para a adequada implementação do disposto neste artigo, podendo estabelecer patamares de participação crescente dos programas de ação afirmativa nos orçamentos anuais a que se refere o *caput* deste artigo.

CONSIGNAÇÃO: sem prejuízo da destinação de recursos ordinários, poderão ser consignados nos orçamentos para o financiamento: transferências voluntárias da União; doações voluntárias de particulares; doações de empresas privadas e organizações não-governamentais, nacionais ou internacionais; doações voluntárias de fundos nacionais ou internacionais; doações de estados estrangeiros, por meio de convênios, tratados e acordos internacionais.

ESTADO: caberá ao estado realizar o acompanhamento, monitoramento e avaliação da execução intersetorial das políticas e programas setoriais e de promoção da igualdade racial, incluídas as ações específicas voltadas para os segmentos atingidos pela discriminação racial, promovendo a integração dos dados aos sistemas de monitoramento das ações do Governo do Estado e contribuindo para a qualificação da execução das ações no âmbito do Sisepir, divulgando relatório anual sobre os resultados alcançados.

8.1 Direitos Fundamentais

Direito à vida e à saúde

DIREITO À SAÚDE DA POPULAÇÃO NEGRA: será garantido pelo Poder Público mediante políticas sociais e econômicas destinadas à redução do risco de doenças e outros agravos, com foco nas necessidades específicas deste segmento da população.

PODER PÚBLICO: para o cumprimento cabe ao Poder Público promover o acesso universal, integral e igualitário às ações e serviços de saúde integrados ao Sistema Único de Saúde (SUS), em todos os níveis de atenção, por meio de medidas de promoção, proteção e recuperação da saúde visando à redução de vulnerabilidades específicas da população negra.

PROMOÇÃO: o Poder Público poderá promover apoio técnico e financeiro aos municípios tendo em vista a implementação do disposto neste Capítulo na esfera local, contemplando, inclusive, a atenção integral à saúde dos moradores de comunidades remanescentes de quilombo.

CONJUNTO DE PRINCÍPIOS, OBJETIVOS, INSTRUMENTOS E AÇÕES VOLTADAS À PROMOÇÃO DA SAÚDE DA POPULAÇÃO NEGRA: constitui a Política Estadual de Atenção Integral à Saúde da População Negra, executada conforme as diretrizes abaixo especificadas:

> *I – ampliação e fortalecimento da participação dos movimentos sociais em defesa da saúde da população negra nas instâncias de participação e controle social das políticas de saúde em âmbito estadual, notadamente o Comitê Técnico Estadual de Saúde da População Negra ou instância equivalente;*
>
> *II – produção de conhecimento científico e tecnológico sobre o enfrentamento ao racismo na área de saúde e a promoção da saúde da população negra;*
>
> *III – desenvolvimento de processos de informação, comunicação e educação para contribuir com a redução das vulnerabilidades por meio da prevenção, para a melhoria da qualidade de vida da população negra e para a sensibilização quanto à adequada utilização do quesito "raça/cor";*
>
> *IV – desenvolvimento de ações e estratégias de identificação, abordagem, combate e desconstrução do racismo institucional nos serviços e unidades de saúde, incluindo-se os de atendimento de urgência e emergência, assim como no contexto da educação permanente de trabalhadores da saúde;*
>
> *V – ações concretas para a redução de indicadores de morbimortalidade causada por doenças e agravos prevalentes na população negra;*
>
> *VI – formulação e/ou revisão das redes integradas de serviços de saúde do SUS, em âmbito estadual, com a finalidade de inclusão das especificidades relacionadas à saúde da população negra;*
>
> *VII – implementação de programas específicos com foco nas doenças cujos indicadores epidemiológicos evidenciam as maiores desigualdades raciais;*
>
> *VIII – definição de ações com recortes específicos para a criança e o adolescente negros, idosos negros e mulheres negras.*

INFORMAÇÕES PRESTADAS PELOS ÓRGÃOS ESTADUAIS DE SAÚDE E OS RESPECTIVOS INSTRUMENTOS DE COLETA DE DADOS: incluirão o quesito "raça/cor", reconhecido de acordo com a autodeclaração dos usuários das ações e serviços de saúde.

SECRETARIA DA SAÚDE: realizará o acompanhamento e o monitoramento das condições específicas de saúde da população negra no Estado, visando à redução dos indicadores de morbimortalidade por doenças prevalentes na população negra.

ESTATÍSTICAS: Secretaria da Saúde produzirá estatísticas vitais e análises epidemiológicas da morbimortalidade por doenças prevalentes na população negra, quer se trate de doenças geneticamente determinadas ou doenças causadas ou agravadas por condições de vida da população negra atingida pela desigualdade racial.

RESPONSABILIDADE DO PODER PÚBLICO: incentivar a produção de conhecimento científico e tecnológico sobre saúde da população negra e práticas de promoção da saúde de povos de terreiros de religiões afro-brasileiras e das comunidades quilombolas, inclusive podendo prestar apoio, técnico, cientifico e financeiro a instituições de educação superior vinculadas à Secretaria da Educação para a implantação de linhas de pesquisa, núcleos e cursos de pós-graduação sobre o tema.

FORMAÇÃO INICIAL E CONTINUADA: a Secretaria da Saúde promoverá a formação inicial e continuada dos trabalhadores em saúde, realizará campanhas educativas e distribuirá material em linguagem acessível à população, abordando conteúdos relativos ao enfrentamento ao racismo na área de saúde, à promoção da saúde da população negra e às práticas de promoção da saúde de povos de terreiros de religiões afro-brasileiras e comunidades quilombolas.

PROGRAMAS, INCENTIVOS E BENEFÍCIOS: o Poder Público instituirá programas, incentivos e benefícios específicos para a garantia do direito à saúde das comunidades quilombolas.

PLENO ACESSO ÀS AÇÕES E AOS SERVIÇOS DE SAÚDE: será garantido a todas as comunidades remanescentes de quilombo identificadas no Estado, o pleno acesso às ações e serviços de saúde, notadamente pelo Programa de Saúde da Família e pelo Programa de Agentes Comunitários de Saúde, de acordo com metas específicas estabelecidas e monitoradas pela Secretaria da Saúde, assegurando-se, sempre que possível, que as equipes destes programas sejam integradas por membros das comunidades.

Direito à educação, cultura, esporte e lazer

ESTADO: desenvolverá ações para viabilizar e ampliar o acesso e fruição da população negra à educação, cultura, esporte e lazer, almejando a efetivação da igualdade de oportunidades de acesso ao bem-estar, desenvolvimento e participação e contribuição para a identidade e o patrimônio cultural brasileiro.

APOIO TÉCNICO E FINANCEIRO: o Estado poderá prestar apoio técnico e financeiro aos Municípios, tendo para implementação, na esfera local, das medidas previstas neste Capítulo.

Direito à educação

PARTICIPAÇÃO DA POPULAÇÃO NEGRA EM IGUALDADE DE OPORTUNIDADES: fica assegurada a participação da população negra em igualdade de oportunidades nos espaços de participação e controle social das políticas públicas em educação, cabendo ao Poder Público promover o acesso da população negra à educação em todas as modalidades de ensino, abrangendo os Ensinos Médio, Técnico e Superior, assim como os programas especiais em educação, visando à sua inserção nos mundos acadêmico e profissional.

PROGRAMA ESPECÍFICO DE RECONHECIMENTO E FORTALECIMENTO: o estado implementará programa específico de reconhecimento e fortalecimento da identidade e da autoestima de crianças e adolescentes negros, que permeará todo o Sistema Estadual de Ensino e os programas estaduais de acesso ao Ensino Superior.

ACESSO E PERMANÊNCIA DA POPULAÇÃO NEGRA NA EDUCAÇÃO SUPERIOR: o estado e as instituições estaduais de educação superior promoverão o acesso e a permanência da população negra na Educação Superior, incluindo-se os cursos de pós-graduação *lato sensu*, mestrado e doutorado, adotando medidas e programas específicos para este fim.

DIREITO DE REALIZAR ATIVIDADES COMPENSATÓRIAS: é assegurado aos alunos adeptos de religiões afro-brasileiras o direito de realizar atividades compensatórias, previamente definidas em ato normativo, sob orientação e supervisão pelos respectivos professores, na hipótese de necessidade de faltar às aulas em função de atividade religiosa devidamente comprovada, tendo em vista o cumprimento dos deveres escolares e o aproveitamento dos conteúdos programáticos.

AÇÕES PARA ASSEGURAR A QUALIDADE DO ENSINO: o estado adotará ações para assegurar a qualidade do ensino da História e da Cultura Africana, Afro-brasileira e Indígena nas unidades dos Ensinos Fundamental e Médio do Sistema Estadual de Ensino, em conformidade com o estabelecido pela Lei de Diretrizes e Bases da Educação Nacional, assegurando a estrutura e os meios necessários à sua efetivação, inclusive no que se refere à formação permanente de educadores, realização de campanhas e disponibilização de material didático específico, no contexto de um conjunto de ações integradas com o combate ao racismo e à discriminação racial nas escolas.

FISCALIZAÇÃO: o estado exercerá a fiscalização e adotará as providências cabíveis em caso de descumprimento das medidas previstas no *caput* deste artigo.

PRÁTICAS DIDÁTICAS E METODOLÓGICAS: o estado, mediante incentivos e prêmios, promoverá o reconhecimento de práticas didáticas e metodológicas no ensino da História e da Cultura Africana, Afro-brasileira e Indígena nas escolas do Sistema Estadual de Ensino e da rede privada.

SECRETARIA DA EDUCAÇÃO: procederá à apuração administrativa das ocorrências de racismo, discriminação racial, intolerância religiosa no âmbito das unidades do Sistema Estadual de Ensino, por meio de estruturas administrativas especificamente criadas para este fim, em articulação com a Rede e o Centro de Referência de Combate ao Racismo e à Intolerância Religiosa, que prestará apoio social, psicológico e jurídico específico às pessoas negras atingidas, com prioridade no atendimento de crianças e adolescentes negros.

OFERTA DE EDUCAÇÃO BÁSICA PARA A POPULAÇÃO RURAL: na oferta de educação básica para a população rural, inclusive às comunidades remanescentes de quilombos e aos povos indígenas, os sistemas de ensino promoverão as adaptações necessárias para a sua adequação às peculiaridades da vida rural de cada região, observando-se o seguinte:

> *I - conteúdos curriculares e metodologias apropriados à realidade das comunidades rurais e que, no caso das comunidades quilombolas e dos povos indígenas, contemplem a trajetória histórica, as relações territoriais, a ancestralidade e a resistência coletiva à opressão histórica;*
>
> *II - adequação do calendário escolar às fases do ciclo agrícola e às condições climáticas;*
>
> *III - adequação às atividades laborais de subsistência e aos modos de vida das comunidades rurais.*

COMEMORAÇÕES DE CARÁTER CÍVICO E DE RELEVÂNCIA PARA A MEMÓRIA E A HISTÓRIA DA POPULAÇÃO NEGRA BRASILEIRA E BAIANA: serão previstas no Calendário Escolar do Sistema Estadual de Ensino, inserindo-se, desde já, o mês de agosto, em memória à Revolta dos Búzios de 1798 e de seus heróis.

ESTADO: estimulará a implementação e manutenção dos programas e medidas de ação afirmativa para ampliação do acesso da população negra ao Ensino Técnico e à Educação Superior, em todos os cursos, no âmbito de atuação do estado, com prazo de duração compatível com a correção das desigualdades raciais verificadas.

PODERÁ O PODER PÚBLICO: em articulação com os municípios, disponibilizar apoio técnico, financeiro e operacional para promover o acesso efetivo e igualitário de crianças negras, com idade entre 0 e 6 anos, à Educação Infantil.

RESPONSABILIDADE DO ESTADO: em parceria com a União e municípios, estabelecer políticas de formação permanente de educadores da Educação Infantil, com ênfase no reconhecimento da contribuição dos africanos e dos afro-brasileiros para a história e a cultura na valorização da tolerância e no respeito às diferenças.

CENSO EDUCACIONAL CONCERNENTE À RAÇA/COR: será um dos mecanismos utilizados para o monitoramento, acompanhamento e avaliação das condições educacionais da população negra, contemplando entre outros aspectos, o acesso e a permanência no Sistema Estadual de Ensino.

ÓRGÃOS E INSTITUIÇÕES ESTADUAIS DE FOMENTO À PESQUISA E PÓS-GRADUAÇÃO: instituirão linhas de pesquisa e programas de estudo voltados para temas relativos às relações raciais, combate às desigualdades raciais e de gênero, enfrentamento ao racismo e outras questões pertinentes à garantia de direitos da população negra.

Direito à cultura

RECONHECIMENTO DAS MANIFESTAÇÕES CULTURAIS: o estado garantirá o reconhecimento das manifestações culturais preservadas pelas sociedades negras, blocos afro, irmandades, clubes e outras formas de expressão cultural coletiva da população negra, com trajetória histórica comprovada, como patrimônio histórico e cultural, nos termos dos arts. 215 e 216 da Constituição Federal e art. 275 da Constituição do Estado da Bahia.

ESTÍMULO: o estado, por meio do Sistema Estadual de Cultura, estimulará e apoiará a produção cultural de entidades do movimento negro e de grupos de manifestação cultural coletiva da população negra, que desenvolvam atividades culturais voltadas para a promoção da igualdade racial, o combate ao racismo e a intolerância religiosa, mediante cooperação técnica, seleção pública de apoio a projetos, apoio a ações de formação de agentes culturais negros, intercâmbios e incentivos, entre outros mecanismos.

SELEÇÕES PÚBLICAS DE APOIO A PROJETOS NA ÁREA DE CULTURA: deverão assegurar a equidade na destinação de recursos a iniciativas de grupos de manifestação cultural da população negra.

INTEGRIDADE, RESPEITABILIDADE E PERMANÊNCIA DOS VALORES DAS RELIGIÕES AFRO-BRASILEIRAS: é dever do estado preservar e garantir a integridade, a respeitabilidade e a permanência dos valores das religiões afro-brasileiras e dos modos de vida, usos, costumes tradições e manifestações culturais das comunidades quilombolas.

ESTADO: cabe a ele inventariar, restaurar e proteger os documentos, obras e outros bens de valor artístico e cultural, os monumentos, mananciais, flora e sítios arqueológicos, vinculados às comunidades remanescentes de quilombo e aos povos de terreiros de religiões afro-brasileiras, atendendo aos termos do art. 216, § 5º, da Constituição Federal.

PROGRAMA OURO NEGRO: fica reconhecido o Programa Ouro Negro, desenvolvido por meio de ações de apoio e fortalecimento institucional de blocos e agremiações de matriz africana e indígena, afoxés, blocos de samba, blocos de *reggae*, blocos de samba-*reggae*, da cultura *hip-hop* e entidades culturais congêneres, cujas ações serão realizadas durante todo o ano, nos termos do regulamento.

CATEGORIA DE MESTRES E MESTRAS DOS SABERES E FAZERES: fica reconhecida a categoria de mestres e mestras dos saberes e fazeres das culturas tradicionais de matriz africana, com base na Lei nº 8.899, de 18 de dezembro de 2003, tendo em vista o reconhecimento, a valorização e o efetivo apoio ao exercício do seu papel na sociedade baiana e brasileira.

MESTRAS E MESTRES DOS SABERES E FAZERES das culturas tradicionais de matriz africana, o indivíduo que se reconhece e é reconhecido pela sua própria comunidade como representante e herdeiro dos saberes e fazeres da cultura tradicional que, através da oralidade, da corporeidade e da vivência dialógica, aprende, ensina e torna-se a memória viva e afetiva desta cultura, transmitindo saberes e fazeres de geração em geração, garantindo a ancestralidade e identidade do seu povo, a exemplo de griô, mestras e mestres das Artes, dos ofícios, entre outros.

COMPREENSÃO: além do disposto na Lei nº 8.899, de 18 de dezembro de 2003, o reconhecimento dos mestres e mestras dos saberes e fazeres das culturas tradicionais de matriz africana pelo estado compreenderá: apoio a ações de mobilização e organização; apoio à manutenção e melhoria de espaços públicos tradicionalmente utilizados para o exercício de suas atividades; fomento à obtenção ou aquisição de matéria prima e equipamentos para a produção e transferência das culturas tradicionais de transmissão oral do Brasil; estímulo à geração de renda e à ampliação de mercado para os produtos das culturas tradicionais de transmissão oral do Brasil; instituição e prêmios para a valorização de iniciativas voltadas para salvaguarda do universo dos saberes e práticas das culturas tradicionais de transmissão oral de matriz africana; concessão de benefício pecuniário, na forma de bolsa, como reconhecimento oficial e incentivo à transmissão dos saberes e fazeres dos mestres e mestras tradicionais de matriz africana.

CONCESSÃO DE BOLSAS AOS MESTRES E MESTRAS TRADICIONAIS DE MATRIZ AFRICANA: observará o atendimento aos critérios estabelecidos no art. 3º da Lei nº 8.899, de 18 de dezembro de 2003, além dos requisitos e procedimentos fixados em regulamento próprio a ser expedido pelo Poder Executivo.

Direito ao esporte e lazer

PRÁTICAS DESPORTIVAS: o estado fomentará o pleno acesso da população negra às práticas desportivas no estado, consolidando o esporte e o lazer como direitos sociais.

DEMOCRATIZAÇÃO DO ACESSO A ESPAÇOS, ATIVIDADES E INICIATIVAS GRATUITAS DE ESPORTE E LAZER: cabe ao estado promover a democratização do acesso a espaços, atividades e iniciativas gratuitas de esporte e lazer, nas suas manifestações educativas, artísticas e culturais, como direitos de todos, visando resgatar a dignidade das populações das periferias urbanas e rurais, valorizando a auto-organização e a participação da população negra. O disposto constitui diretriz para as parcerias entre o estado, a sociedade civil e a iniciativa privada.

POLÍTICAS ESTADUAIS DE FOMENTO AO ESPORTE E LAZER: priorizarão a instalação de equipamentos públicos de esporte e lazer que atendam às comunidades negras urbanas e rurais, com foco na juventude negra e nas mulheres negras.

ATIVIDADE DE CAPOEIRISTA: será reconhecida em todas as modalidades em que a capoeira se manifesta, seja como esporte, luta, dança ou música, sendo livre o exercício em todo o território estadual.

ENSINO DA CAPOEIRA: é facultado o ensino da capoeira nas instituições públicas e privadas pelos capoeiristas e mestres tradicionais, pública e formalmente reconhecidos.

Acesso à terra

REGULARIZAÇÃO FUNDIÁRIA: o estado promoverá a regularização fundiária, o fortalecimento institucional e o desenvolvimento sustentável das comunidades remanescentes de quilombos e dos povos e comunidades que historicamente tem preservado as tradições africanas e afro-brasilerias no estado, de forma articulada com as políticas específicas pertinentes.

PROPRIEDADE DEFINITIVA: fica reconhecida a propriedade definitiva das terras públicas estaduais, rurais e devolutas, dos espaço de preservação das tradições africanas e afro-brasileiras.

PARTICIPAÇÃO DE COMUNIDADES: o estado incentivará a participação de comunidades remanescentes de quilombos e dos povos de terreiros de religiões afro-brasileiras nos órgãos colegiados estaduais de formulação, participação e controle social de políticas públicas nas áreas de educação, saúde, segurança alimentar, meio ambiente, desenvolvimento urbano, política agrícola e política agrária, no que for pertinente a cada segmento de população tradicional, assim como em outras áreas que lhes sejam concernentes.

DIRETRIZES APLICÁVEIS À REGULARIZAÇÃO FUNDIÁRIA: o estado estabelecerá diretrizes aplicáveis à regularização fundiária dos terrenos em que se situam templos e espaços de culto das religiões afro-brasileiras, em articulação com as entidades representativas deste segmento, atendendo ao disposto no art. 50 dos Atos e Disposições Transitórias da Constituição do Estado da Bahia.

REGULARIZAÇÃO FUNDIÁRIA: será efetivada pela expedição de título de domínio coletivo e pró-indiviso em nome da associação legalmente constituída, que represente civilmente a comunidade de religião afro-brasileira, gravado com cláusula de inalienabilidade, impenhorabilidade e imprescritibilidade.

CONSULTA PRÉVIA, LIVRE E INFORMADA: poderá ser realizada consulta prévia, livre e informada aos povos e comunidades tradicionais, notadamente às comunidades remanescentes de quilombos e dos povos e comunidades que historicamente têm preservado as tradições africanas e afro-brasilerias no estado, de que trata este capítulo, sempre que forem previstas medidas administrativas suscetíveis de afetá-los diretamente.

Direito ao trabalho, ao emprego, à renda, ao empreendedorismo e ao desenvolvimento econômico

IMPLEMENTAÇÃO DE POLÍTICAS PÚBLICAS: voltadas para a promoção da igualdade no acesso da população negra ao trabalho, à qualificação profissional, ao empreendedorismo, ao emprego, à renda e ao desenvolvimento econômico é de responsabilidade do estado, observando-se o seguinte:

> *I – a Convenção Internacional sobre a Eliminação de Todas as Formas de Discriminação Racial, de 1965;*
>
> *II – a Convenção nº 100, de 1951, sobre a "igualdade de remuneração para a mão-de-obra masculina e a mão-de-obra feminina por um trabalho de igual valor", e a Convenção nº 111, de 1958, que trata da discriminação no emprego e na profissão, ambas da Organização Internacional do Trabalho - OIT;*
>
> *III – a Declaração e Plano de Ação emanados da III Conferência Mundial Contra o Racismo, Discriminação Racial, Xenofobia e Intolerâncias Correlatas, de 2001.*

ESTADO: implementar medidas e políticas que assegurem a igualdade de oportunidades no mercado de trabalho para as mulheres negras e a população negra, observando-se o seguinte: garantia de igualdade de oportunidades para o acesso a cargos, empregos e contratos com a Administração Direta e Indireta; implementação de políticas e programas específicos voltados para a qualificação profissional, o aperfeiçoamento e a inserção no mercado de trabalho; implementação de políticas e programas voltados para o apoio ao empreendedorismo; incentivo à criação de linhas de financiamento, serviços, incentivos e benefícios fiscais e creditícios específicos para as organizações privadas que adotarem políticas de promoção racial, assegurando a proporcionalidade racial e de gênero em conformidade com a composição racial da população do estado; acesso ao crédito para a pequena produção, nos meios rural e urbano, com ações afirmativas para mulheres negras.

AÇÕES: assegurarão o princípio da proporcionalidade de gênero entre os beneficiários.

ESTADO: promoverá campanhas educativas contra a marginalização da mulher negra no trabalho artístico e cultural.

OBJETIVO: o estado promoverá ações com o objetivo de elevar a escolaridade e a qualificação profissional nos setores da economia que detenham alto índice de ocupação por trabalhadores negros de baixa escolarização.

QUESITO RAÇA/COR: constará obrigatoriamente dos cadastros de servidores públicos estaduais, para todos os cargos, empregos e funções públicas.

RESERVA DE VAGAS PARA A POPULAÇÃO NEGRA: fica instituída a reserva de vagas para a população negra nos concursos públicos e processos seletivos para provimento de pessoal no âmbito da Administração Pública Direta e Indireta Estadual, correspondente, no mínimo, a 30% das vagas a serem providas. A reserva de vagas aplica-se aos concursos públicos para provimento de cargos efetivos e empregos públicos, bem como aos processos seletivos para contratações temporárias, sob Regime Especial de Direito Administrativo (Reda), promovidos pelos órgãos e entidades da Administração Direta e Indireta do Poder Executivo do Estado da Bahia.

MEDIDAS DE AÇÃO AFIRMATIVA: terão acesso às medidas de ação afirmativa aqueles que se declarem pretos e pardos segundo a classificação adotada pelo Instituto Brasileiro de Geografia e Estatística (IBGE), prevalecendo a autodeclaração.

ESTADO: realizará o monitoramento e a avaliação permanente dos resultados da aplicação da reserva de vagas em certames públicos, de que trata este artigo.

GARANTIA: o estado garantirá a igualdade de oportunidades para o acesso da população negra aos cargos de provimento temporário, assegurando-se a reserva de vagas para o acesso de pessoas negras a estes cargos, observada a equidade de gênero da medida, que será definida em decreto do chefe do Poder Executivo estadual.

AÇÕES AFIRMATIVAS: terão vigência por 10 anos a partir da publicação desta Lei.

ESTÍMULO: o estado estimulará as atividades voltadas ao turismo étnico com enfoque nos locais, monumentos e cidades que retratem a cultura, os usos e os costumes da população negra.

PROCESSOS DE CONTRATAÇÃO DE OBRAS, PRODUTOS E SERVIÇOS PELA ADMINISTRAÇÃO PÚBLICA ESTADUAL: observarão critérios e incentivos que viabilizem a contratação de empresas que implementem programas de ação afirmativa para acesso das mulheres negras e da população negra a oportunidades de trabalho e de negócios em todos os níveis de sua atuação.

Combate ao racismo institucional

ADEQUAÇÃO DOS SERVIÇOS PÚBLICOS: o estado promoverá a adequação dos serviços públicos ao princípio do reconhecimento e valorização da diversidade e da diferença racial, religiosa e cultural, em conformidade com o disposto neste Estatuto.

AÇÕES: no contexto das ações de combate ao racismo institucional, o Estado desenvolverá as seguintes ações: articulação com gestores municipais objetivando a definição de estratégias e a implementação de planos de enfrentamento ao racismo institucional, compreendendo celebração de acordos de cooperação técnica para este fim; campanha de informação aos servidores públicos visando oferecer subsídios para a identificação do racismo institucional; formulação de protocolos de atendimento e implementação de pesquisas de satisfação sobre a qualidade dos serviços públicos estaduais com foco no enfrentamento ao racismo institucional.

PROGRAMAS DE AVALIAÇÃO DE CONHECIMENTOS EM CONCURSOS PÚBLICOS E PROCESSOS SELETIVOS EM ÂMBITO ESTADUAL: abordarão temas referentes às relações étnico-raciais, à trajetória histórica da população negra no Brasil e na Bahia, sua contribuição decisiva para o processo civilizatório nacional, e políticas de promoção da igualdade racial e de defesa de direitos de pessoas e comunidades afetadas pelo racismo e pela discriminação racial, com base na legislação estadual e federal específica.

COOPERAÇÃO TÉCNICA AOS MUNICÍPIOS: o estado disponibilizará cooperação técnica aos Municípios tendo em vista a implantação de programa de combate ao racismo institucional.

OFERTA AOS SERVIDORES: o estado promoverá a oferta, aos servidores, de cursos de capacitação e aperfeiçoamento para o combate ao racismo institucional, que poderá ser um dos requisitos em processos de promoção dos servidores públicos estaduais.

EFICÁCIA DO COMBATE AO RACISMO INSTITUCIONAL: será considerado um dos critérios de avaliação externa e interna da qualidade dos serviços públicos estaduais.

MEDIDAS PARA COIBIR ATOS DE RACISMO, DISCRIMINAÇÃO RACIAL E INTOLERÂNCIA RELIGIOSA: o estado adotará medidas para coibir atos de racismo, discriminação racial e intolerância religiosa pelos agentes e servidores públicos estaduais, observando-se a legislação pertinente para a apuração da responsabilidade administrativa, civil e penal, no que couber.

Comunicação social

POLÍTICA DE COMUNICAÇÃO SOCIAL DO ESTADO e a publicidade dos atos, programas, obras, serviços e campanhas institucionais do estado se orientarão pelo princípio da diversidade étnico-racial e cultural, assegurando a representação justa e proporcional dos diversos segmentos raciais da população nas peças institucionais, educacionais e publicitárias, observando-se o percentual da população negra na composição demográfica do estado.

EMISSORAS PÚBLICAS ESTADUAIS DE TELEDIFUSÃO E RADIODIFUSÃO: desenvolverão programação pluralista, assegurando a divulgação, valorização e promoção dos diversos segmentos étnico-raciais, religiosos e culturais do estado.

PROGRAMA PERMANENTE DE INCENTIVO À PRODUÇÃO DE MÍDIA EM VEÍCULOS DE COMUNICAÇÃO PÚBLICOS: o estado implementará um programa permanente de incentivo à produção de mídia em veículos de comunicação públicos que fomente a preservação, valorização, respeitabilidade e garantia da integridade dos legados cultural e identitário dos povos de terreiros de religiões afro-brasileiras.

INVIOLABILIDADE: fica assegurada a inviolabilidade da intimidade, vida privada, honra e imagem das pessoas, sendo vedada a exposição da imagem de pessoas custodiadas em estabelecimentos prisionais e policiais da estrutura da Administração Pública estadual, ressalvados os casos justificados por motivo de interesse público e de proteção aos direitos humanos, autorizados pelo dirigente da unidade ou autoridade policial civil ou militar, mediante a formalização de requerimento e justificativa. A vedação estende-se à divulgação de fatos ou circunstâncias que possam depreciar a imagem da pessoa sob custódia ou expô-la a situação vexatória.

AUTORIDADE POLICIAL CIVIL: compete à autoridade policial civil ou militar que preside o procedimento, ou à assessoria de comunicação do órgão, a prestação de informações de interesse público aos veículos de comunicação, mediante a formalização de requerimento e justificativa.

Mulheres negras

EFETIVA IGUALDADE DE OPORTUNIDADES: sem prejuízo das demais disposições deste Estatuto, o estado garantirá a efetiva igualdade de oportunidades, a defesa de direitos, a proteção contra a violência e a participação das mulheres negras na vida social, política, econômica, cultural e projetos de desenvolvimento no estado, assegurando-se o fortalecimento de suas organizações representativas.

REPRESENTAÇÃO DAS MULHERES NEGRAS: o estado incentivará a representação das mulheres negras nos órgãos colegiados estaduais de participação, formulação e controle social nas políticas públicas, nas áreas de promoção da igualdade racial, saúde, educação e outras áreas que lhes sejam concernentes.

ARTICULAÇÃO E INTEGRAÇÃO ENTRE AS POLÍTICAS DE PROMOÇÃO DA IGUALDADE RACIAL: cabe ao estado assegurar a articulação e a integração entre as políticas de promoção da igualdade racial e combate ao racismo e ao sexismo e as políticas para as mulheres negras, em âmbito estadual.

CONJUNTO DE AÇÕES ESPECÍFICAS: observando-se as disposições deste Estatuto, o conjunto de ações específicas voltadas à proteção e defesa dos direitos das mulheres negras constituirá o Plano Estadual para as Mulheres Negras, parte integrante da Política Estadual para as Mulheres.

Juventude negra

PARTICIPAÇÃO DA JUVENTUDE NEGRA: sem prejuízo das demais disposições deste Estatuto, o estado garantirá a efetiva igualdade de oportunidades, a defesa de direitos e a participação da juventude negra na vida social, política, econômica, cultural e projetos de desenvolvimento no Estado, assegurando-se o fortalecimento de suas organizações representativas.

REPRESENTAÇÃO DA JUVENTUDE NEGRA: o estado incentivará a representação da juventude negra nos órgãos colegiados estaduais de participação e controle social nas políticas públicas, nas áreas de promoção da igualdade racial, juventude, educação, segurança pública, cultura e outras áreas que lhes sejam concernentes, em consonância com o Plano Estadual de Juventude, aprovado pela Lei nº 12.361, de 17 de novembro de 2011.

ESTATÍSTICAS SOBRE O IMPACTO DAS VIOLAÇÕES DE DIREITOS HUMANOS: o estado produzirá, sistematizará e divulgará anualmente estatísticas sobre o impacto das violações de direitos humanos sobre a qualidade de vida da juventude negra no estado, abordando especificamente os dados sobre homicídios e lesão corporal, utilizando estes dados para a formulação de diretrizes e para a implementação de ações no âmbito das políticas de segurança pública e de defesa social.

PROTEÇÃO INTEGRAL DA JUVENTUDE NEGRA: o estado promoverá a proteção integral da juventude negra exposta à exclusão social, à desigualdade racial e em conflito com a lei.

ASSISTÊNCIA INTEGRAL: é assegurada a assistência integral a jovens vítimas de violência policial e de grupos de extermínio, bem como às suas famílias, nos aspectos social, psicológico, de saúde e jurídico.

Acesso à justiça

ESTADO: estimulará a Defensoria Pública e o Ministério Público, no âmbito das suas competências institucionais, a prestarem orientação jurídica e promoverem a defesa de direitos individuais, difusos e coletivos da população negra, povos de terreiros de religiões afro-brasileiras e comunidades quilombolas.

ESTUDOS SOBRE A EFICIÊNCIA DO ATENDIMENTO DA POPULAÇÃO NEGRA PELO SISTEMA DE JUSTIÇA: o estado realizará estudos sobre a eficiência do atendimento da população negra pelo Sistema de Justiça, com foco nas ocorrências e nos processos tendo por objeto o combate ao racismo, à discriminação racial e de gênero, intolerância religiosa e conflitos fundiários que afetam comunidades quilombolas e povos de terreiros de religiões afro-brasileiras, propondo medidas aos órgãos e instituições competentes.

AÇÕES DE CAPACITAÇÃO E APERFEIÇOAMENTO JURÍDICO DE MEMBROS E SERVIDORES DO PODER PÚBLICO: o estado apoiará ações de capacitação e aperfeiçoamento jurídico de membros e servidores do Poder Público e instituições do Sistema de Justiça, implantação de núcleos e estruturas internas especializadas na defesa de direitos da população negra, educação jurídica à população negra, "mutirões" e iniciativas de atendimento jurídico, principalmente nas áreas previdenciária, trabalhista, civil e penal, priorizando a participação de população negra, mulheres negras, comunidades quilombolas e povos de terreiros de religiões de matriz africana, em parceria com órgãos e instituições públicos competentes.

Direito à segurança pública

MEDIDAS ESPECIAIS PARA PREVENIR E COIBIR ATOS QUE ATENTEM CONTRA OS DIREITOS HUMANOS E A CIDADANIA: o estado adotará medidas especiais para prevenir e coibir atos que atentem contra os direitos humanos e a cidadania incidente sobre a população negra.

SISTEMA DE DEFESA SOCIAL DO ESTADO DA BAHIA (SDS): implementará programa permanente para prevenir e coibir a violência institucional sobre a população negra.

ESTATÍSTICAS SOBRE O IMPACTO DAS VIOLAÇÕES DE DIREITOS HUMANOS: o estado produzirá, sistematizará e divulgará periodicamente estatísticas sobre o impacto das violações de direitos humanos sobre a qualidade de vida da população negra no estado, abordando especificamente os dados sobre homicídios.

MANTERÁ REGISTRO E MONITORAMENTO DAS AÇÕES DE POLICIAMENTO OSTENSIVO: o estado manterá registro e monitoramento das ações de policiamento ostensivo que impliquem em abordagem de pessoas e veículos e flexibilização da garantia constitucional de inviolabilidade dos domicílios, identificando o impacto destas ações sobre comunidades negras no Estado.

REGISTRO E ATENDIMENTO ÀS DEMANDAS DA POPULAÇÃO NEGRA: cabe ao estado assegurar o registro e o atendimento às demandas da população negra relativas às políticas de segurança pública e de defesa social do estado.

Será criada, na estrutura da Polícia Civil da Bahia, da Secretaria da Segurança Pública, a Delegacia Especializada de Combate ao Racismo e à Intolerância Religiosa.

SECRETARIA DE SEGURANÇA PÚBLICA: coordenará o processo de formulação e estabelecerá procedimento unificado para o registro e investigação dos crimes de racismo e crimes associados a práticas de intolerância religiosa, tendo em vista a garantia da eficácia da sua apuração, prevenção e repressão.

Combate ao racismo e à intolerância religiosa

OCORRÊNCIAS DE RACISMO, DISCRIMINAÇÃO RACIAL E INTOLERÂNCIA RELIGIOSA: causadas por ação ou omissão de pessoas físicas, ou de pessoas jurídicas, ensejarão a comunicação formal das pessoas e grupos atingidos aos entes que compõem o Sisepir, à Rede de Combate ao Racismo e à Intolerância Religiosa, ao Ministério Público, à Defensoria Pública e outros órgãos e instituições, de acordo com as suas competências institucionais.

REDE DE COMBATE AO RACISMO E À INTOLERÂNCIA RELIGIOSA: fica instituída a Rede de Combate ao Racismo e à Intolerância Religiosa, como instrumento de articulação entre o Estado, as instituições do Sistema de Justiça e a sociedade civil para a implementação da política de promoção da igualdade racial no enfrentamento ao racismo e à intolerância religiosa.

ATIVIDADES: fica reconhecido o Centro de Referência de Combate ao Racismo e à Intolerância Religiosa, criado pelo Decreto nº 14.297, de 31 de janeiro de 2013, a quem compete exercer as seguintes atividades:

> *I – receber, encaminhar e acompanhar toda e qualquer denúncia de discriminação racial ou de violência que tenha por fundamento a intolerância racial ou religiosa;*
>
> *II – orientar o atendimento psicológico, social e jurídico os casos registrados no Centro, conforme suas necessidades específicas;*

III - verificar e atuar em casos de racismo noticiados pela mídia ou naqueles que o Centro de Referência de Combate ao Racismo e à Intolerância Religiosa venha a tomar conhecimento por qualquer outro meio;

IV - promover debates, palestras, fóruns e oficinas com o objetivo de divulgar e sensibilizar a sociedade quanto à importância da garantia de direitos, combate ao racismo e à intolerância religiosa e promoção da igualdade racial;

V - propiciar a concretização de ações integradas com os órgãos e entidades que compõem a Rede de Combate ao Racismo e à Intolerância Religiosa no Estado da Bahia;

VI - produzir materiais informativos, tais como cartilhas, boletins e folhetos, sobre garantia de direitos, combate ao racismo e à intolerância religiosa e promoção da igualdade racial, disponibilizando-os aos órgãos, entidades e sociedade civil organizada;

VII - disponibilizar acesso gratuito, nas dependências do Centro de Referência de Combate ao Racismo e à Intolerância Religiosa, a acervo audiovisual e bibliográfico com ênfase na temática racial;

VIII - exercer outras atividades correlatas.

Defesa da liberdade religiosa

INVIOLABILIDADE: é inviolável a liberdade de consciência e de crença, sendo assegurado o livre exercício dos cultos religiosos e garantida a proteção aos locais de culto e às suas liturgias.

ACESSIBILIDADE: é assegurado o acesso dos adeptos de religiões afro-brasileiras em estabelecimentos civis e militares de internação coletiva estaduais para prestar assistência religiosa, da forma prevista em regulamento.

MEDIDAS PARA O COMBATE À INTOLERÂNCIA CONTRA AS RELIGIÕES AFRO-BRASILEIRAS E SEUS ADEPTOS COMPREENDEM ESPECIALMENTE: coibir a utilização dos meios de comunicação social para a difusão de proposições, imagens ou abordagens que exponham pessoa ou grupo ao desprezo ou ao ódio por motivos fundados na religiosidade afro-brasileira; inventariar, restaurar, preservar e proteger os documentos, obras e outros bens de valor artístico e cultural, os espaços públicos, monumentos, mananciais, flora, recursos ambientais e sítios arqueológicos vinculados às religiões afro-brasileiras; proibir a exposição, exploração comercial, veiculação, titulação prejudiciais aos símbolos, expressões, músicas, danças, instrumentos, adereços, vestuário e culinária, estritamente vinculados às religiões afro-brasileiras.

Disposições finais e transitórias

CONVÊNIOS, CONTRATOS E ACORDOS: para o cumprimento das disposições contidas neste Estatuto, o Estado celebrará convênios, contratos, acordos ou instrumentos similares de cooperação com órgãos públicos ou instituições privadas.

RECURSOS DO FUNDO: serão aplicados única e exclusivamente em despesas finalísticas destinadas ao combate à pobreza, salvo para atender as despesas com pessoal da Secretaria de Combate à Pobreza e às Desigualdades Sociais, garantindo-se a destinação de no mínimo 10% (dez por cento) do orçamento anual do Fundo para ações do Sistema Estadual de Promoção da Igualdade Racial (Sisepir).

ALOCAÇÃO: os recursos do Fundo poderão ser alocados diretamente nos programas de trabalho de outros órgãos, secretarias ou entidades da Administração Pública estadual, para financiar ações que contribuam para a consecução de diretrizes, objetivos e metas previstas no Plano Estadual de Combate e Erradicação da Pobreza, bem como as fixadas no Estatuto da Igualdade Racial e de Combate à Intolerância Religiosa, observadas, em qualquer caso, as finalidades estabelecidas no art. 4º desta lei.

PODER EXECUTIVO: estimulará a criação e o fortalecimento, no âmbito da Defensoria Pública da Bahia, do Ministério Público da Bahia e do Poder Judiciário, de estruturas internas especializadas no combate ao racismo, proteção e defesa de direitos da população negra, povos de terreiros de religiões afro-brasileiras e comunidades quilombolas.

ÓRGÃOS DO ESTADO QUE DESENVOLVEM POLÍTICAS E PROGRAMAS: Durante os 5 primeiros anos, a contar do exercício subsequente à publicação deste Estatuto, os órgãos do Estado que desenvolvem políticas e programas nas áreas discriminarão em seus orçamentos anuais a participação nos programas de ação afirmativa.

MEDIDAS DE AÇÃO AFIRMATIVA PARA A POPULAÇÃO NEGRA NO ENSINO SUPERIOR ESTADUAL: já instituídas, ou cujo prazo tenha se esgotado, serão adequadas ao disposto no art. 31 deste Estatuto.

PODER EXECUTIVO: regulamentará esta Lei no prazo de 90 dias, ficando autorizado a promover os atos necessários: à revisão e elaboração dos atos regulamentares e regimentais que decorram, implícita ou explicitamente, das disposições desta Lei, inclusive os que se relacionam com pessoal, material e patrimônio, bem como as alterações organizacionais e de cargos em comissão decorrentes desta Lei; às modificações orçamentárias que se fizerem necessárias ao cumprimento do disposto nesta Lei, respeitados os valores globais constantes do orçamento vigente, e no Plano Plurianual.

9. LEI Nº 10.678/2003

9.1 Cria a Secretaria Especial de Políticas de Promoção da Igualdade Racial, da Presidência da República

CRIAÇÃO: fica criada, como órgão de assessoramento imediato ao presidente da República, a Secretaria Especial de Políticas de Promoção da Igualdade Racial.

CONSELHO NACIONAL DE PROMOÇÃO DA IGUALDADE RACIAL (CNPIR): será presidido pelo titular da Secretaria Especial de Políticas de Promoção da Igualdade Racial, da Presidência da República, e terá sua composição, suas competências e seu funcionamento estabelecidos em ato do Poder Executivo, a ser editado até 31 de agosto de 2003.

SECRETARIA ESPECIAL DE POLÍTICAS DE PROMOÇÃO DA IGUALDADE RACIAL: da Presidência da República, constituirá, no prazo de 90 dias, contado da publicação desta Lei, grupo de trabalho integrado por representantes da Secretaria Especial e da sociedade civil, para elaborar proposta de regulamentação do CNPIR, a ser submetida ao presidente da República.

CRIAÇÃO: fica criado, na Secretaria Especial de Políticas de Promoção da Igualdade Racial da Presidência da República, 1 cargo de secretário-adjunto, código DAS 101.6.

TRANSFORMAÇÃO: fica transformado o cargo de Secretário Especial de Políticas de Promoção da Igualdade Racial no cargo de Ministro de Estado Chefe da Secretaria Especial de Políticas de Promoção da Igualdade Racial.

10. LEI Nº 7.437/1985

CONTRAVENÇÃO: constitui contravenção, punida nos termos desta lei, a prática de atos resultantes de preconceito de raça, de cor, de sexo ou de estado civil.

AGENTE DE CONTRAVENÇÃO: será considerado agente de contravenção o diretor, gerente ou empregado do estabelecimento que incidir na prática referida no art. 1º desta lei.

Contravenções

RECUSAR HOSPEDAGEM: em hotel, pensão, estalagem ou estabelecimento de mesma finalidade, por preconceito de raça, de cor, de sexo ou de estado civil. Pena: prisão simples, de 3 meses a 1 ano, e multa de 3 a 10 vezes o maior valor de referência (MVR).

RECUSAR A VENDA DE MERCADORIA EM LOJAS: de qualquer gênero ou o atendimento de clientes em restaurantes, bares, confeitarias ou locais semelhantes, abertos ao público, por preconceito de raça, de cor, de sexo ou de estado civil. Pena: prisão simples, de 15 dias a 3 meses, e multa de 1 a 3 vezes o MVR.

RECUSAR A ENTRADA DE ALGUÉM EM ESTABELECIMENTO PÚBLICO: de diversões ou de esporte, por preconceito de raça, de cor, de sexo ou de estado civil. Pena: prisão simples, de 15 dias a 3 meses, e multa de 1 a 3 vezes o MVR.

RECUSAR A ENTRADA DE ALGUÉM: em qualquer tipo de estabelecimento comercial ou de prestação de serviço, por preconceito de raça, de cor, de sexo ou de estado civil. Pena: prisão simples, de 15 dias e 3 meses, e multa de 1 a 3 vezes o MVR.

RECUSAR A INSCRIÇÃO DE ALUNO EM ESTABELECIMENTO DE ENSINO de qualquer curso ou grau, por preconceito de raça, de cor, de sexo ou de estado civil. Pena: prisão simples, de 3 meses a 1 ano, e multa de 1 a 3 vezes o MVR. Se se tratar de estabelecimento oficial de ensino, a pena será a perda do cargo para o agente, desde que apurada em inquérito regular.

OBSTAR O ACESSO DE ALGUÉM A QUALQUER CARGO PÚBLICO CIVIL OU MILITAR por preconceito de raça, de cor, de sexo ou de estado civil. Pena: perda do cargo, depois de apurada a responsabilidade em inquérito regular, para o funcionário dirigente da repartição de que dependa a inscrição no concurso de habilitação dos candidatos.

NEGAR EMPREGO OU TRABALHO A ALGUÉM: em autarquia, sociedade de economia mista, empresa concessionária de serviço público ou empresa privada, por preconceito de raça, de cor, de sexo ou de estado civil. Pena: prisão simples, de 3 meses a 1 ano, e multa de 1 a 3 vezes o MVR, no caso de empresa privada; perda do cargo para o responsável pela recusa, no caso de autarquia, sociedade de economia mista e empresa concessionária de serviço público.

CASOS DE REINCIDÊNCIA: nos casos de reincidência havidos em estabelecimentos particulares, poderá o juiz determinar a pena adicional de suspensão do funcionamento, por prazo não superior a 3 meses.

11. CONSTITUIÇÃO DO ESTADO DA BAHIA

11.1 Do Negro

SOCIEDADE BAIANA: é cultural e historicamente marcada pela presença da comunidade afro-brasileira, constituindo a prática do racismo crime inafiançável e imprescritível, sujeito à pena de reclusão, nos termos da Constituição Federal.

PAÍSES QUE MANTIVEREM POLÍTICA OFICIAL DE DISCRIMINAÇÃO RACIAL: com países que mantiverem política oficial de discriminação racial, o Estado não poderá: admitir participação, ainda que indireta, por meio de empresas neles sediadas, em qualquer processo licitatório da Administração Pública direta ou indireta; manter intercâmbio cultural ou desportivo, a partir de delegações oficiais.

REDE ESTADUAL DE ENSINO E CURSOS DE FORMAÇÃO E APERFEIÇOAMENTO DO SERVIDOR PÚBLICO CIVIL E MILITAR: incluirão em seus programas disciplina que valorize a participação do negro na formação histórica da sociedade brasileira.

PUBLICIDADE ESTADUAL: sempre que for veiculada publicidade estadual com mais de duas pessoas, será assegurada a inclusão de uma da raça negra.

DIA 20 DE NOVEMBRO: será considerado, no calendário oficial, como Dia da Consciência Negra.

12. LEI Nº 2.889, DE 1º DE OUTUBRO DE 1956

12.1 Crime de Genocídio

Definições

TIPIFICAÇÃO: quem, com a intenção de destruir, no todo ou em parte, grupo nacional, étnico, racial ou religioso, como tal:

TIPIFICAÇÃO	PUNIÇÃO
a) matar membros do grupo;	***CP, art. 121.*** *Matar alguém: [...] § 2º Se o homicídio é cometido: I - mediante paga ou promessa de recompensa, ou por outro motivo torpe; II - por motivo fútil; III - com emprego de veneno, fogo, explosivo, asfixia, tortura ou outro meio insidioso ou cruel, ou de que possa resultar perigo comum; IV - à traição, de emboscada, ou mediante dissimulação ou outro recurso que dificulte ou torne impossível a defesa do ofendido; V - para assegurar a execução, a ocultação, a impunidade ou vantagem de outro crime. Pena - reclusão, de doze a trinta anos.*
b) causar lesão grave à integridade física ou mental de membros do grupo;	***CP, art. 129.*** *Ofender a integridade corporal ou a saúde de outrem: [...] § 2º Se resulta: I - Incapacidade permanente para o trabalho; II - enfermidade incurável; III perda ou inutilização do membro, sentido ou função; IV - deformidade permanente; V - aborto. Pena - reclusão, de dois a oito anos.*
c) submeter intencionalmente o grupo a condições de existência capazes de ocasionar-lhe a destruição física total ou parcial;	***CP, art. 270.*** *Envenenar água potável, de uso comum ou particular, ou substância alimentícia ou medicinal destinada a consumo. Pena - reclusão, de dez a quinze anos. § 1º Está sujeito à mesma pena quem entrega a consumo ou tem em depósito, para o fim de ser distribuída, a água ou a substância envenenada. Modalidade culposa: § 2º Se o crime é culposo: Pena - detenção, de seis meses a dois anos.*
d) adotar medidas destinadas a impedir os nascimentos no seio do grupo;	***CP, art. 125.*** *Provocar aborto, sem o consentimento da gestante. Pena - reclusão, de três a dez anos.*
e) efetuar a transferência forçada de crianças do grupo para outro grupo;	***CP, art. 148.*** *Privar alguém de sua liberdade, mediante seqüestro ou cárcere privado: Pena - reclusão, de um a três anos. § 1º A pena é de reclusão, de dois a cinco anos: I - se a vítima é ascendente, descendente, cônjuge ou companheiro do agente ou maior de 60 (sessenta) anos; II - se o crime é praticado mediante internação da vítima em casa de saúde ou hospital; III - se a privação da liberdade dura mais de quinze dias. IV – se o crime é praticado contra menor de 18 (dezoito) anos; V - se o crime é praticado com fins libidinosos. § 2º Se resulta à vítima, em razão de maus-tratos ou da natureza da detenção, grave sofrimento físico ou moral. Pena - reclusão, de dois a oito anos.*

Atenção!

Associarem-se mais de 3 pessoas para prática dos crimes mencionados no quadro. Pena: metade da cominada aos crimes ali previstos.

INCITAR, DIRETA E PUBLICAMENTE ALGUÉM A COMETER QUALQUER DOS CRIMES DO QUADRO: pena – metade das penas ali cominadas.

PENA PELO CRIME DE INCITAÇÃO: será a mesma de crime incitado, se este se consumar. A pena será aumentada de 1/3 quando a incitação for cometida pela imprensa.

AGRAVAMENTO: a pena será agravada de 1/3 quando cometido o crime por governante ou funcionário público.

TENTATIVA: será punida com 2/3 das respectivas penas a tentativa dos crimes definidos nesta lei.

Atenção!

Os crimes de que trata esta lei não serão considerados crimes políticos para efeitos de extradição.

CONHECIMENTOS ESPECÍFICOS

1. ATENDIMENTO E TÉCNICAS DE VENDAS

1.1 Princípios Básicos de Atendimento ao Público

Abordagem nas provas

Técnicas de vendas é um tema presente em diversos concursos para cargos administrativos, e não se restringe às carreiras bancárias. Caracteriza-se por ter uma abordagem técnica, sendo um dos principais teóricos o professor norte-americano Philip Kotler.

Elementos de vendas

Para que exista a relação de vendas, são necessários os seguintes elementos:

> Vendedor;
> Produto ou serviço (tangível ou intangível);
> Cliente (pessoa física ou pessoa jurídica).

Visão do vendedor

Ao longo dos anos as organizações foram adaptando a visão do vendedor, que deixou de ser burocrático e se tornou mais gerencial.

> **Visão tradicional** – O vendedor é um mero divulgador de produtos e seu foco não é atender às necessidades do cliente e, por este motivo, não é bem visto pelo cliente.
> **Visão contemporânea** – O vendedor é um conciliador entre os interesses do banco e os interesses do cliente e, neste sentido, é mais bem visto pelo cliente.

Existem termos técnicos que são vinculados à visão do vendedor, e estes têm relação direta com o foco do vendedor no momento da venda.

> ***Hard Selling*** **(Foco no produto)** – Visão clássica e tradicional, não é indicada para vendas em bancos.
> ***Soft Selling*** **(Foco no cliente)** – Visão contemporânea, indicada para vendas em bancos.

Satisfação e retenção dos clientes

A conquista é mais onerosa para a organização do que a retenção. Manter um cliente que já tem um relacionamento com a instituição, além de representar um esforço menor, demanda um investimento menor em propagandas e promoções.

Valor percebido pelo cliente

Só existe satisfação quando o valor percebido pelo cliente é positivo. Este valor percebido é o resultado da diferença entre o valor total esperado (aquele que é positivo e agrega) e o custo total envolvido na transação (aquele que é negativo e não agrega).

Satisfação

Representa a relação entre as expectativas existentes e os resultados percebidos, e quando os resultados percebidos estão abaixo das expectativas, não existe satisfação.

> **Cliente insatisfeito** – As expectativas não são atendidas e os resultados ficam aquém daqueles que são esperados pelo cliente na aquisição do bom ou serviço.
> **Cliente Satisfeito** – As expectativas são atendidas e vão ao encontro daquilo que é esperado pelo cliente, gerando a satisfação.
> **Cliente altamente satisfeito** (encantado) – As expectativas do cliente foram superadas e o resultado vai muito além daquele que era esperado anteriormente à compra.

Retenção

A retenção ocorre quando o cliente é recorrente na compra e gera lucratividade constante na instituição bancária. A retenção pode ser desenvolvida por meio de várias ferramentas de marketing, como o marketing de relacionamento, cujo objetivo final é a fidelização do cliente. Quando isto ocorre, existe a disposição de pagar preços mais altos pelo bem ou serviço ao qual o cliente está fidelizado.

Análises de mercado

> ***Market Share***

(Percentual de vendas)

> ***Mind Share***

(Memória da marca)

> ***Top of Mind***

(Marca líder de memória)

Modelo aida (elmo lewis)

O modelo AIDA, um dos mais conhecidos e utilizados em atendimento de vendas, foi desenvolvido por Lewis, em 1897, e corresponde ao comportamento do cliente.

> **ATENÇÃO** – O primeiro passo é chamar a atenção do cliente para o objeto da venda, o bem ou o serviço, para que ele perceba a possibilidade de venda.
> **INTERESSE** – É necessário que o cliente perceba vantagens e a necessidade de mais informações sobre o bem ou serviço ofertado.
> **DESEJO** – O cliente percebe a necessidade de aquisição e compra, pois as vantagens geram desejo de posse.
> **AÇÃO** – É a efetivação da compra de um bem ou contratação de um serviço.

2. TRABALHO EM EQUIPE

Atualmente, a realização de tarefas, de grandes organizações ou mesmo de pequenas empresas, não pode ser determinada a uma única pessoa. Isso porque ela provavelmente ficaria exacerbada com tamanha função.

Para tanto, faz-se necessária a utilização de equipes de trabalho. Isso quer dizer, **a reunião de pessoas em um conjunto para a obtenção de um mesmo objetivo**.

Segundo os ensinamentos de Daft, podemos definir uma equipe como uma unidade de duas ou mais pessoas que interagem e coordenam seu trabalho para alcançar uma meta específica.

Não podemos, porém, afirmar que uma equipe tem as mesmas características que um grupo. Isso porque, embora a equipe corresponda a um grupo de pessoas, ela implica o conceito de união, missão compartilhada e responsabilidade em prol de uma única finalidade. Em uma equipe, o que importa é a "química" entre os componentes, como eles trabalham em grupo, em detrimento de suas capacidades individuais.

	Grupos	X	Equipes
Objetivos	Podem apresentar algum objetivo geral em comum, mas não é necessário que apresente.		Apresentam objetivos gerais e específicos em comum, compartilhado por todos os membros
Atividades	Não são complementares		São complementares, demandam convergências de esforços dos membros
Relação	Normalmente não existe interdependência. Quando existe são simples e lineares		Existe interdependência complexa, as tarefas e/ou resultados de um membro dependem do outro
Metas	Podem compartilhar informações sobre a meta		São conhecidas e compartilhadas por todos do grupo, uma vez que o desempenho é coletivo.
Sinergia	Neutro. Em alguns casos pode ser negativo.		Positiva. O alcance dos objetivo pressupões a convergência dos esforços.
Responsabilidades	Individuais e isoladas.		Individuais mas correlacionadas ou Coletivas
Habilidades	Aleatórias e variadas		Correlacionadas e Complementares

Mas e quem é o responsável por coordenar as equipes formadas?

Como cada equipe possui suas características específicas, depende do gerente a formação e organização de cada unidade. A equipe será a base do trabalho do gerente e será também o modo de alcance da eficácia organizacional. Contudo, essa eficácia é associada a alguns fatores, como **resultados produtivos, satisfação pessoal e capacidade de se adaptar e aprender**.

> Satisfação Pessoal: diz respeito à capacidade que a equipe tem de manter-se satisfeita de suas necessidades pessoais, mantendo o compromisso firmado como grupo e melhorando sua participação.

> Resultado produtivo: refere-se aos resultados, qualitativos e quantitativos, alcançados pelo grupo após a definição de uma meta.

> Capacidade de se adaptar e aprender: trata da capacidade que o grupo possui de evolução de habilidades e de trazer conhecimentos que possam potencializar o que é realizado pela organização enquanto equipe.

Uma vez realizada esta breve apresentação do conceito de equipe, podemos agora analisar as características e os tipos possíveis de criação nas empresas.

2.1 Tipos de Equipes

A formação de uma equipe depende do objetivo a ser alcançado, da estrutura da empresa, da cultura organizacional, das habilidades dos colaboradores e de vários outros fatores, a serem observados pelo líder/gerente na ocorrência de situações que exijam um esforço conjunto.

Contudo, isso não exige que apenas um grupo seja formado, podendo haver a coexistência de várias equipes dentro de uma organização.

Para tanto, Chiavenato apresenta os seguintes tipos de equipe:

> Equipes funcionais cruzadas: são formadas por profissionais de diversos setores da empresa que se unem para buscar uma meta por meio de um mix de competências. São normalmente designadas para uma determinada tarefa.

> Equipes de projetos: são equipes criadas fora da estrutura formal da empresa. Sua criação ocorre para um propósito especial, por exemplo, a criação de um novo produto. Exige criatividade e pessoas especializadas para a tarefa. Geralmente, desfaz-se ao cumprimento da atividade designada.

> Equipes autodirigidas: são compostas por pessoas altamente treinadas para desempenhar um conjunto de tarefas interdependentes dentro de uma unidade natural de trabalho. Os membros usam o consenso na tomada de decisão para desempenhar o trabalho, resolver problemas ou lidar com clientes internos ou externos.

> Equipes de força-tarefa: designadas para a solução de um problema de ordem imediata. O grupo se reúne em busca de uma solução de longo prazo que possa resolver a situação inicial e que futuramente, possa ser implementada na organização.

> Equipes de melhoria de processos: é um grupo de pessoas experientes, de diferentes departamentos ou funções, encarregadas de melhorar a qualidade, reduzir custos, incrementar a produtividade em processos que afetam todos os departamentos ou funções envolvidas. Os membros são geralmente designados, isto é, indicados pela administração.

2.2 Características Necessárias para a Formação de uma Equipe

O objetivo central de uma equipe é sempre a eficácia nos processos e projetos desenvolvidos. É necessário, no entanto, que algumas características sejam observadas. Isso porque qualquer equipe que vise ao alto rendimento deve obter autonomia e autossuficiência para concluir seus objetivos de maneira exemplar.

Assim, é dever do líder garantir que sua equipe apresente:

> Objetivos claros: todos os membros da equipe devem conhecer bem a sua missão e objetivo, que devem ser aceitos por todos. O mesmo deve acontecer com os objetivos pessoais de quem compõe o grupo. Todos devem se ajudar para o objetivo ser alcançado.

> Percepção integrada: para que a visualização e posterior análise do problema possam ocorrer, é preciso que a equipe tenha uma percepção conjunta e coerente da situação apresentada. Isso otimiza as soluções e a definição de propósitos.

> Divisão do trabalho grupal: embora uma equipe seja a união de várias habilidades, é necessário que cada tarefa seja designada a uma pessoa específica, de acordo com as suas propensões e competências. Dessa forma, as atividades do grupo são mais bem desempenhadas e todos têm visualização do seu papel enquanto equipe.

> Decisões conjuntas: essa característica visa à fuga de formalidades. Para dar maior agilidade ao que deve ser decidido, a equipe deve, em conversas, encontrar o consenso e decidir as ações de modo colaborativo e sem conflitos.

> Liderança compartilhada: a liderança não precisa ser sempre a mesma, isso iria caracterizar um chefe e não um líder. Ela deve passar de pessoa a pessoa de acordo com a tarefa apresentada, com as necessidades da equipe e dos seus colaboradores. Isso exige clareza nas funções de cada componente, assim como humildade em abster-se da função de líder, sempre visando ao melhor resultado para o conjunto.

> Novas ideias para a solução de problemas: nem sempre existe uma concordância sobre qual atitude deve ser tomada. Quando tal situação ocorre, a equipe deve discutir novas ideias e de modo diferencial, buscar uma nova solução. Afinal, a diversidade de pensamentos também é um dos motivos para se formar uma equipe.

> Avaliação da eficácia: a equipe deve sempre se autoavaliar e verificar constantemente se as ações escolhidas estão surtindo o efeito desejado. Seu desempenho deve ser analisado em relação às tarefas e também quanto ao relacionamento entre os componentes.

A figura a seguir resume as características de uma equipe:

Além dos atributos apresentados, Daft ainda apresenta o tamanho como uma característica. Segundo o autor, a variação no número de componentes causa impacto direto na eficácia do grupo. Para tanto, ele apresenta a seguinte divisão:

> Pequenas equipes (2 a 5 membros): por conter poucos membros, ocorre maior concordância de ideias. Existe maior satisfação entre os participantes e uma tendência a permanecer com decisões sem muita burocracia, mais informais. O grupo quer permanecer junto e com isso gera maiores opiniões e soluções.

> Grandes equipes (10 ou mais membros): tendem a apresentar maiores desacordos. A comunicação já não é tão facilitada, devido ao grande número de componentes e pode ocorrer a formação de subgrupos – que podem acabar rivalizando entre si. Os líderes acabam sofrendo uma demanda maior, visto que a coordenação deve ser mais forte para garantir relações amistosas e soluções tomadas pelo grupo como um todo. Normalmente, estão associadas à menor satisfação e, com isso, a rotatividade e o absenteísmo tendem a ser maiores.

De fato, cada empresa deverá saber qual o tamanho ideal da equipe a ser formada. Elas precisam ter tamanho suficiente para incorporar as várias habilidades de seus componentes, para permitir que eles possam expressar suas opiniões e sentimentos perante o grupo e ainda assim, garantir que todos se sintam como parte efetiva da equipe.

À medida que o tamanho da equipe aumenta, menor é a interação entre seus membros e maior será a necessidade de uma boa liderança para contornar os possíveis malefícios e retornar ao objetivo central, a eficácia da organização.

2.3 Estágios de Desenvolvimento da Equipe

Após a formação de uma equipe, ela se desenvolve por diversos estágios. Tal situação é notada inclusive no dia a dia. Quem já foi um iniciante em determinado grupo, irmandade ou comitê sabe que as equipes recém-formadas são bem diferentes das equipes mais maduras. No início, os componentes precisam se conhecer, estabelecer seus papéis e esclarecer a função de cada pessoa no grupo.

Nesse âmbito, o desafio de um bom líder é saber gerenciar as diversas fases que uma equipe passa e melhorar o seu funcionamento em cada um desses períodos.

01. Estágio de formação: É o estágio inicial da equipe. Nesse período ocorre toda a orientação e desenvolvimento do grupo. Os componentes começam a estabelecer possíveis relações entre si e testam a possibilidade de amizade futura. É o período de "quebrar o gelo". A instabilidade e incerteza são grandes nesse estágio, pois os membros têm como maior preocupação a procura pelo seu papel no grupo, o que esperam dele e o que ele próprio espera de si perante o conjunto. Nessa fase, o líder tem a missão de encorajar os participantes, seja na participação de discussões pertinentes ao grupo, seja no conhecimento entre seus componentes.
02. Estágio tempestade: Esse é o estágio no qual emergem as personalidades dos indivíduos, seus papéis e, por consequência, os conflitos resultantes deles. As pessoas passam a ter maior clareza quanto à sua função e a reforçar a sua posição dentro do grupo. Por esse motivo, esse estágio é marcado por conflitos e desacordos. Pode ocorrer a formação de subgrupos com interesses comuns e buscando posições específicas dentro da equipe. Cabe ao líder trabalhar as incertezas dos participantes e suas percepções conflitantes sobre a meta e as tarefas do grupo, pois a menos que a equipe mude com sucesso para um novo estágio, ela pode atrasar-se ou mesmo não avançar para o alto desempenho.
03. Estágio normatização: Nesse estágio, os conflitos já foram sanados e a harmonia da equipe surge. Os membros passam a se aceitar e um consenso sobre quem é o líder é desenvolvido. Com as diferenças resolvidas, os membros desenvolvem um sentido de coesão de equipe. Esse estágio é de curta duração e nele o líder deve enfatizar a unidade e esclarecer as normas e valores da equipe.
04. Estágio desempenho: Durante esse estágio, a equipe passa a dar ênfase à solução de problemas e a realização da tarefa designada a eles. Coordenam-se e lidam com as discordâncias sem maiores problemas. A interação é frequente e todas as discussões se fundem em busca da meta almejada. Agora o líder deve administrar o trabalho e focá-lo no alto rendimento, visto que a equipe já sabe qual o seu papel para ajudá-lo nesse objetivo.
05. Estágio recesso: O último estágio de desenvolvimento de uma equipe. Ocorre apenas em equipes que têm um trabalho delimitado, ou seja, a equipe foi formada com um objetivo e ao alcançá-lo ocorre o desmanche do grupo. Nesse período, a ênfase está em completar a tarefa de maneira satisfatória e desacelerar todo o processo para a sua consecução. Pode ocorrer uma mistura de sentimentos nos membros da equipe – alegria pela realização do trabalho e tristeza pela perda da associação e de amigos encontrados no grupo. Cabe ao líder fazer o melhor fechamento para a equipe que se desmantela, podendo fazer, caso queira, alguma cerimônia ou até mesmo, a entrega de placas e prêmios. É importante salientar que os estágios irão ocorrer em sequência, mas a sua duração irá depender do período em que a equipe ficará reunida, podendo ser mais rápidos – quando houver pressão do tempo ou curto período para a realização da tarefa –, ou longos se o grupo assim necessitar.

3. COMUNICAÇÃO ORGANIZACIONAL

Uma organização funciona a partir dos processos de comunicação. Esta é fundamental para assegurar a coesão e a interligação entre todos os membros da organização. Sem comunicação, as pessoas ficam isoladas e sem contato entre si. Quando falamos de comportamento humano e cultura organizacional, a comunicação deve ser a primeira área a ser enfocada, em face de sua importância para o trabalho nestas outras áreas.

A comunicação é o processo pelo qual as pessoas transmitem umas às outras informações a respeito de ideias, sentimentos e emoções. Ela faz parte de todas as interações sociais.

Na interação social, é necessária, além da transferência, a compreensão do significado para evitar falhas de comunicação que podem ter consequências sérias para os envolvidos no processo.

As pessoas transmitem ideias e sentimentos por meio de símbolos, que são formas arbitrárias utilizadas para referirem-se a intenções ou outro objeto. Os símbolos e os significados deles precisam ser socialmente compartilhados, ou seja, para se comunicar com sucesso, é preciso conhecer e dominar as formas de exprimir ideias e sentimentos aceitos na sociedade.

Comunicação é a utilização de algum meio pelo qual a ideia, a informação ou o pensamento são transmitidos de uma pessoa para outra, representando um grande intercâmbio que conecta duas ou mais pessoas.

3.1 Comunicabilidade

A comunicabilidade pode ser interpretada como a adaptação da mensagem ao público-alvo, uma vez que as pessoas devem ser capazes de interpretar corretamente o que está sendo dito.

A comunicabilidade enfatiza a maneira como os indivíduos se comunicam para a comunicação ser compreensível por parte do receptor. Sem a comunicabilidade adequada, a compreensão da mensagem não ocorrerá.

Funções da comunicação

A comunicação apresenta quatro funções básicas: controle, motivação, expressão emocional e informação.

01. **Controle.** A comunicação apresenta a função de controle quando é utilizada para divulgar normas e procedimentos de trabalho. É um instrumento hierárquico neste sentido. No plano informal um grupo controla outro quando o hostiliza.
02. **Motivação.** Quando a comunicação é utilizada na organização para comunicar metas e definir objetivos ela serve como instrumento para promover a motivação.
03. **Expressão emocional.** É a forma pela qual um grupo pode exprimir seus sentimentos de satisfação ou insatisfação.
04. **Informação.** Proporciona as informações necessárias ao processo de tomada de decisão.

Tipos de linguagem

No cotidiano, sem perceber, usamos frequentemente a **linguagem verbal**, quando por algum motivo em especial não a utilizamos, então poderemos usar a **linguagem não verbal**.

Linguagem verbal é uso da escrita ou da fala como meio de comunicação.

Linguagem não verbal é o uso de imagens, figuras, desenhos, símbolos, dança, tom de voz, postura corporal, pintura, música, mímica, escultura e gestos como meio de comunicação.

Processo de comunicação

O modelo de comunicação mais utilizado é o de Shannon, Weaver e Schramm. A comunicação neste modelo é fluxo bem definido. A interrupção do fluxo é geradora de problemas na comunicação. Neste modelo, a comunicação é composta de sete partes:

01. **Fonte. É o emissor ou comunicador da mensagem.** Inicia a comunicação por meio da codificação de uma mensagem. A mensagem é um produto físico: pode ser a fala, a escrita, um quadro, uma música, um gesto. A mensagem é afetada pelo código ou símbolos que utilizamos.
02. **Codificação.** Para ser transmitida, a mensagem precisa ser codificada adequadamente, isto é, seus **símbolos precisam ser traduzidos de forma que se tornem inteligíveis** por intermédio do canal que escolhemos.
03. **Canal. É o veículo ou mídia por meio do qual a mensagem é encaminhada.** É um meio existente fora do comunicador e é escolhido por ele. Pode ser percebido por todos. Pode ser um discurso oral, documentação escrita, comunicação não verbal. Também, podem-se utilizar as modernas tecnologias como veículos: e-mail, telefone, internet. O canal pode ser **formal** quando é determinado pela organização para transmitir informações relativas ao trabalho ou **informal** como as redes sociais e pessoais que transmitem informações de forma espontânea.
04. **Decodificação. É o processo de tradução dos símbolos utilizados na mensagem na mente do receptor.** Quando a imagem decodificada corresponde à imagem transmitida, houve sucesso na comunicação. O receptor deve ser capaz de poder traduzir a mensagem enviada, ou seja, ele precisa ter capacidade para decodificar os símbolos transmitidos, do contrário não haverá comunicação eficaz. Quando se transmite uma mensagem, devem-se levar em conta as capacidades do receptor neste sentido.
05. **Receptor.** É o **sujeito final da mensagem.** É o destinatário da comunicação.
06. **Retroação.** É a verificação do sucesso da comunicação. É o ***feedback*** enviado pelo receptor ao emissor sobre a compreensão da ***mensagem (ou não)***. **A comunicação eficaz é aquela que vai do emissor ao receptor e de retorna ao emissor com retroação positiva, ou seja, com perfeito entendimento da mensagem.** A retroação pode ser verbal ou não verbal. Se houver uma reação inapropriada, significa que a comunicação não foi bem-sucedida.

07. **Ruído. São os fatores que podem distorcer uma mensagem. São perturbações indesejáveis que tendem a alterar, distorcer ou alterar, de maneira imprevisível, a mensagem transmitida.** Pode ocorrer em qualquer etapa do processo de comunicação. Estão incluídos entre os ruídos a geração de boatos, as informações ambíguas, as interferências em comunicações telefônicas (como barulhos, cruzamento de linhas, etc.) que causam falta de compreensão.

O processo de comunicação pode ser eficiente e eficaz. A eficiência se relaciona com o correto uso dos meios utilizados para a comunicação. A eficácia está relacionada com o alcance dos objetivos desejados com a transmissão da mensagem.

A comunicação humana, a despeito das modernas tecnologias, ainda é limitada passível aos mesmos fenômenos que perturbavam a comunicação de nossos antepassados. As diferenças individuais, os traços de personalidade, percepção e atribuição, motivação e limitações humanas influenciam a capacidade humana em termos de comunicação.

Vejamos o quadro abaixo com a esquematização do processo de comunicação.

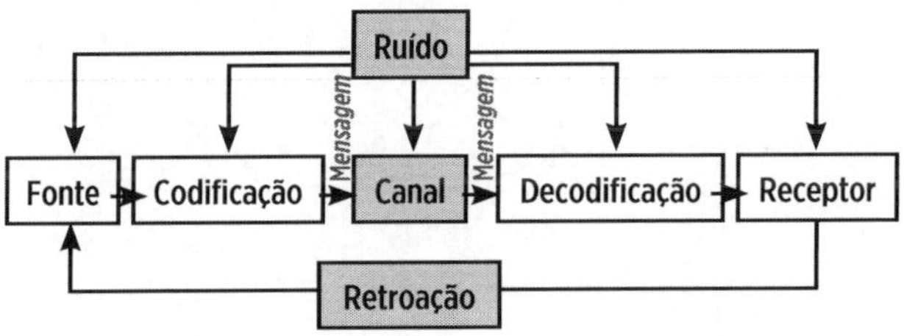

Fonte: Chiavenato (2005)

Barreiras à comunicação

Vimos acima que nem o processo de comunicação funciona adequadamente. O correto funcionamento depende dos sete componentes que o constituem. Nem sempre a mensagem é decodificada pelo receptor da forma como foi enviada. **Isto acontece porque, em todo processo de comunicação, existem barreiras que servem obstáculos ao perfeito entendimento.**

01. **Barreiras mecânicas ou físicas =** Aparelho de transmissão, como o barulho, ambiente e equipamentos inadequados. A comunicação é bloqueada por fatores físicos.
02. **Barreiras fisiológicas =** Dizem respeito aos problemas genéticos ou de má-formação dos órgãos vitais da fala.
03. ***Barreiras semânticas =*** São as que decorrem do uso inadequado de linguagem não comum ao receptor ou a grupos visados.
04. **Barreiras psicológicas =** São os preconceitos e estereótipos que fazem com que a comunicação fique prejudicada.
05. **Barreiras pessoais =** As pessoas podem facilitar ou dificultar a comunicação. Tudo dependerá da personalidade de cada um, do estado de espírito, das emoções, dos valores etc.
06. **Barreiras administrativas/burocráticas =** Decorrem das formas como as organizações atuam e processam as informações.

3.2 Comunicação Organizacional

A comunicação organizacional pode ser dividida em:

01. **Comunicação formal -** É aquela que ocorre "oficialmente" na empresa, ou seja, entre níveis hierárquicos, visando atender a alguma exigência funcional da organização. É feita por meio de documentos oficiais. Em geral, tem formalização definida pelo regimento interno da empresa ou pela própria redação de expediente ou é representada pela linguagem formal utilizada pelos funcionários dentro das organizações.
02. **Comunicação informal -** Acontece à margem dos fluxos formais, ou seja, surge dentro dos mais diversos contextos e envolve as pessoas, independentemente de posição hierárquica. É aquela representada pelo contato espontâneo entre colegas de trabalho. Apresenta três características: ela não é controlada pela direção da empresa; é tida pela maioria dos funcionários como mais confiável do que os comunicados formais vindos da cúpula da organização; ela é largamente utilizada para servir aos interesses pessoais dos que a integra.

Direção da comunicação

A comunicação interna é de extrema importância para o sucesso da organização. Em uma empresa, as pessoas convivem, compartilham experiências, criam laços afetivos. A comunicação entre as pessoas facilita a integração e tende a ampliar a afinidade, a identificação. A troca de ideias permite a interação entre os indivíduos.

As comunicações internas (de trabalho) podem fluir em sentido vertical, horizontal ou diagonal.

A dimensão vertical pode ser dividida em direções ascendente e descendente.

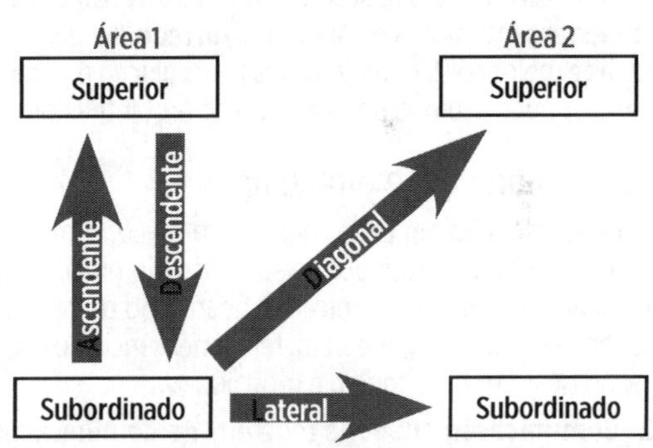

> **Ascendente:** ocorrerá do subordinado para o superior/chefia. É utilizada para fornecer *feedback* aos executivos, informá-los sobre os progressos em relação às metas e relatar os problemas que estão ocorrendo. A comunicação ascendente mantém os dirigentes informados sobre como os funcionários se sentem em relação ao trabalho, aos colegas e à organização em geral. Os executivos também contam com esse tipo de comunicação para obter ideias sobre como as coisas podem ser melhoradas.

> **Descendente:** ocorrerá do superior para o subordinado. Ela é usada pelos líderes para atribuir tarefas, fornecer instruções de trabalho, informar aos subordinados sobre políticas e procedimentos, identificar problemas que necessitam de atenção e fornecer *feedback* sobre desempenho.

> **Lateral:** quando a comunicação se dá entre os membros de um mesmo grupo ou de grupos do mesmo nível, entre executivos do mesmo nível ou entre quaisquer pessoas que estão em um nível horizontal equivalente dentro da organização, diz-se que essa comunicação é lateral ou horizontal.

> **Diagonal:** esse é o tipo de comunicação que ocorre envolvendo transferências entre diferentes níveis hierárquicos e também perpassando fronteiras setoriais (entre diferentes seções ou departamentos). Percebe-se uma mistura dos efeitos citados para a comunicação vertical e horizontal.

É importante ressaltar que as organizações são sistemas abertos e, como tal, intercambiam com o ambiente externo e recebem *feedback*. Portanto, a comunicação organizacional também afeta o ambiente externo à organização, no qual ela está inserida.

Comunicação em equipes

O trabalho em equipe exige que a informação flua adequadamente para que se solucionem os problemas do dia a dia. Cada tipo de equipe exige um fluxo diferente de comunicação. Equipes que executam atividades complexas e difíceis precisam de informações circulando continuamente entre todos os membros, de forma descentralizada. Por outro lado, quando a equipe executa tarefas rotineiras, a rede de informações pode ser centralizada.

A vantagem da rede centralizada é que ela proporciona soluções mais rápidas para problemas mais simples. Produz poucos erros em relação aos problemas simples e muitos erros em relação aos problemas complexos.

Na rede descentralizada, os problemas complexos são resolvidos de forma mais rápida por que as informações estão compartilhadas entre todos os membros da rede. As decisões são mais rápidas e melhores. É muito acurada na resolução de problemas complexos, e pouco acurada na resolução de problemas simples.

Tipos de comunicação em equipes

1- Comunicação em roda: neste tipo de comunicação em roda os membros comunicam por de um único membro, ocupando este a posição central. A comunicação neste tipo de rede é mais rápida, é centralizada e o rigor é bom, tem emergência de liderança. A satisfação neste tipo de cadeia é reduzida

2- Comunicação em Y: na rede em Y a comunicação faz-se nos dois sentidos aos diversos níveis da hierarquia. Tem como característica de ser lenta, ao rigor é razoável, é centralizada e tem emergência de liderança. A satisfação é reduzida.

3-Comunicação em cadeia: na rede de comunicação em cadeia, cada indivíduo comunica apenas com o que o antecede e o precede. A velocidade é lenta, o rigor é razoável e a satisfação é reduzida, a centralização é moderada, e tem emergência de liderança.

4-Comunicação em circulo: na comunicação em círculo, o último indivíduo comunica com o primeiro. A velocidade é média, o rigor é bom, a satisfação é elevada , não é centralizada e não tem emergência de liderança.

5- Comunicação em interligação total: todos os membros comunicam com todos; a velocidade é lenta e o rigor é reduzido, e a satisfação é elevada; a emergência de liderança não há, e não ocorre a centralização.

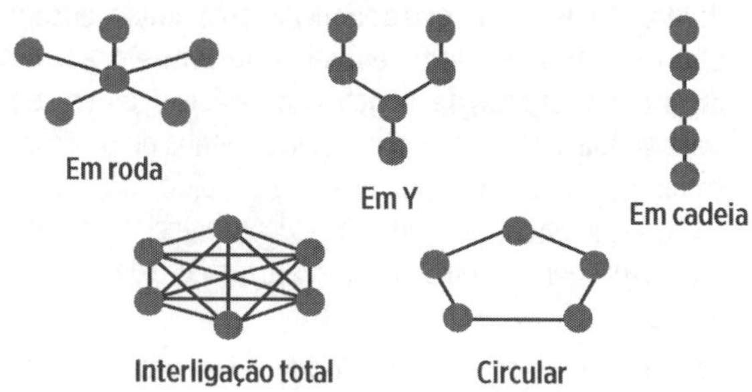

4. TEORIAS ADMINISTRATIVAS

4.1 Conceito de Administração

A Administração (do latim: administratione) é o conjunto de atividades voltadas à direção de uma organização. Tais atividades devem fazer uso de técnicas de gestão para que seus objetivos sejam alcançados de forma eficaz e eficiente, com responsabilidade social e ambiental.

Lacombe (2003, p.4) afirma que a essência do trabalho do administrador é obter resultados por meio das pessoas que ele coordena. A partir desse raciocínio de Lacombe, temos o papel do "Gestor Administrativo" que, com sua capacidade de gestão com as pessoas, consegue obter os resultados esperados.

Drucker (1998, p. 2) conceitua que administrar é manter as organizações coesas, fazendo-as funcionar.

Administrar como processo significa **planejar, organizar, dirigir (coordenar e liderar)**, e controlar organizações e/ou tarefas, tendo como objetivo maior produtividade e/ou lucratividade. Para se chegar a isso, o administrador avalia os objetivos organizacionais e desenvolve as estratégias necessárias para alcançá-los. Este profissional, no entanto, não tem apenas função teórica, ele é responsável pela implantação de tudo que planejou e, portanto, vai ser aquele que define os programas e métodos de trabalho, avaliando os resultados e corrigindo os setores e procedimentos que estiverem com problemas. Como é função do administrador que a produtividade e/ou lucros sejam altos, ele também terá a função de fiscalizar a produção e, para isso, é necessário que fiscalize cada etapa do processo, controlando inclusive os equipamentos e materiais (recursos) envolvidos na produção, para evitar desperdícios e prejuízos para a organização.

A Administração é uma ciência como qualquer outra e, como ocorre com todas as ciências, foi necessário o desenvolvimento de teorias que explicassem e orientassem as organizações. De vez em quando essa evolução é abordada em concursos, e quando isso acontece, o conteúdo está especificado como Teorias Administrativas ou Teoria Científica, Clássica, Burocrática, Relações Humanas, Estruturalista, Sistêmica e Contingencial.

4.2 Teorias Administrativas - Principais Escolas - Características Básicas e Contribuições

A administração científica (taylorismo)

Para compreender esta teoria, precisamos nos localizar no tempo. Com a Revolução Industrial, as relações de trabalho e as condições em que a produção ocorria se transformaram tremendamente. A máquina a vapor proporcionou uma melhoria nos transportes (principalmente no que tange aos navios a vapor e trens). Isso permitiu que uma empresa "entregasse" seus produtos para um público cada vez maior e mais distante. Além disso, este novo maquinário levou a um novo tipo de processo produtivo: a produção em massa.

A produtividade e a velocidade de produção foram ampliadas enormemente. A pequena oficina aos poucos deu espaço a grandes indústrias, em que o ambiente de trabalho era insalubre e perigoso, com jornadas de trabalho de mais de doze horas diárias.

E quem eram os operários? A indústria na época contratava, em grande parte, os moradores do campo, que eram atraídos por melhores salários. Assim, estes trabalhadores chegavam às indústrias sem qualificação específica e efetuavam um trabalho basicamente manual (ou "braçal").

Então, procuremos imaginar a situação: a empresa precisava de produtividade, mas os funcionários não tinham a capacitação necessária; era um caos total.

Com isso, existia um ambiente de grande desperdício e baixa eficiência nas indústrias. O primeiro teórico a buscar mudar esta realidade foi Frederick Taylor, por isso que a Teoria Científica pode ser chamada também de Taylorismo.

Nas fábricas, os funcionários faziam seu trabalho de forma empírica, ou seja, na base da tentativa e do erro. Os gerentes não estudavam as melhores formas de se trabalhar. Os funcionários não se comprometiam com os objetivos (de acordo com Taylor, ficavam "vadiando") e cada um fazia o trabalho como "achava melhor" – não existia, assim, uma padronização dos processos de trabalho. Os funcionários utilizavam técnicas diferentes para realizar o mesmo trabalho e eram propensos a "pegar leve".

Taylor acreditava que o trabalho poderia ser feito de modo muito mais produtivo. A Administração Científica buscou, então, a melhoria da eficiência e da produtividade.

Foco da Teoria Científica → EFICIÊNCIA E PRODUTIVIDADE

Frederick Taylor era engenheiro mecânico e constantemente se irritava com a ineficiência e incompetência dos funcionários.

Texto retirado e adaptado de: (CHIAVENATO, História da Administração: entendendo a Administração e sua poderosa influência no mundo moderno, 2009)

(Andrade &Amboni, 2011)

(CHIAVENATO, Introdução à teoria geral da Administração, 2011)

Taylorismo: *é sinônimo de Administração Científica. Muitos autores se referem a esta teoria fazendo alusão ao nome de seu principal autor: Frederick Taylor.*

Ele passou a estudar então a "melhor maneira" de se fazerem as tarefas. Este trabalho foi chamado de **estudo de tempos e movimentos**. O trabalho do operário era analisado e cronometrado, de modo que os gerentes pudessem determinar a maneira mais eficiente – "The One Best Way" ou a maneira certa de se fazer uma tarefa. Após a definição do modo mais rápido e fácil de executar uma tarefa (por exemplo, a montagem de uma roda), os funcionários eram treinados para executá-las desta forma – criando, assim, uma **padronização** do trabalho.

Esta padronização evitaria a execução de tarefas desnecessárias por parte dos empregados. Tudo isso ajudaria na economia de esforços e evitaria uma rápida **fadiga humana**. Para Taylor, a Administração Científica deveria analisar os movimentos efetuados pelos trabalhadores para conseguir desenhar um processo com um mínimo de esforço em cada tarefa.

Contexto da Administração Científica

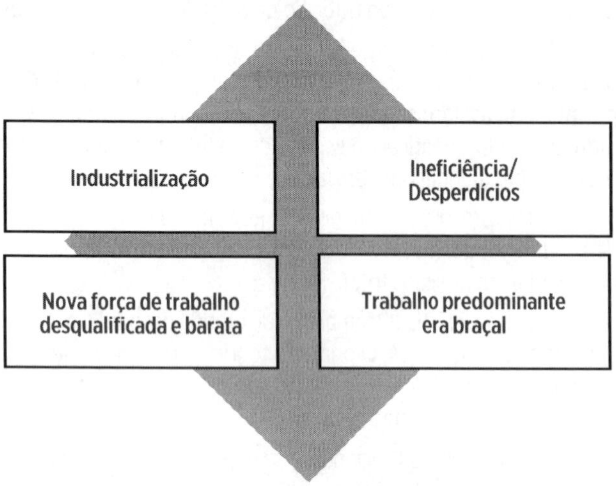

Outro aspecto importante foi a **divisão do trabalho**. De acordo com os teóricos da Administração Científica, seria muito mais fácil treinar e capacitar um funcionário a executar uma tarefa específica (parafusar um assento, por exemplo) do que fazer todo o trabalho sozinho (montar uma bicicleta inteira, por exemplo).

Texto retirado de: (Certo & Certo, 2006), (Sobral &Peci, 2008), (Daft, 2005).

Este conceito foi a base da linha de montagem – processo produtivo em que a peça a ser feita vai passando de funcionário a funcionário, até que todos tenham montado "sua parte".

Chamamos isso de especialização. O empregado ficava restrito a uma pequena parte do processo produtivo, de modo que seu treinamento e adaptação à "melhor maneira" (o modo padronizado de se trabalhar) fosse facilitada.

Taylor também buscou aumentar o incentivo ao funcionário. Ele acreditava que a remuneração por hora não trazia nenhum incentivo ao funcionário. Assim, ele indicou o pagamento por produtividade (pagamento por peça, por exemplo) como essencial para que este funcionário buscasse um maior esforço.

Portanto, Taylor acreditava que o incentivo material levava a uma maior motivação para o trabalho. Isso foi a base do conceito do "Homo Economicus". Ou seja, a ideia de que a principal motivação de uma pessoa no trabalho seria a remuneração (ou benefícios materiais). Acreditava-se que pagando mais o funcionário seria mais produtivo.

A especialização surge em decorrência da divisão de trabalho. Preparar alunos para concursos, por exemplo, é uma atividade complexa. Por isso, ocorre a divisão: um professor ministra apenas a disciplina de Administração, outro leciona apenas Direito Constitucional, e assim por diante. Desse modo, quando um indivíduo executa apenas uma atividade, ele acaba se tornando especialista no assunto e executa a sua função de uma maneira mais adequada.

Entretanto, a Administração Científica pecou por não analisar a organização em todo o seu contexto. Ou seja, apenas analisava seu ambiente interno e seus problemas e as demandas de produção (ou seja, os problemas do "chão de fábrica"). Assim, não captava toda a complexidade em que a Administração estava envolvida. Analisar só a tarefa ou o trabalho em si não permite que a empresa toda seja gerenciada com sucesso. O foco era muito limitado.

A Teoria Científica, por ignorar (não considerar) o meio onde ela estava inserida (por exemplo, concorrentes, fornecedores, economia, governo, influências e inter-relações entre as demais organizações), é considerada uma teoria de sistema fechado. Seria como analisar uma empresa "no vácuo", sem imaginar a resposta dos seus consumidores ao aumento do preço de um produto, por exemplo.

No campo prático, a contribuição mais famosa para a Administração Científica foi a de Henry Ford (1863-1947), que deu origem ao fenômeno conhecido como Fordismo. Ford era um empresário da indústria automobilística americana. Basicamente, aplicando princípios de racionalização da produção. Ele acreditava que, com a produção em massa e padronizada, conseguiria transformar o sonho americano. O automóvel, que era um bem de luxo, passaria a ser mais barato, acessível a mais pessoas.

Ele "*acreditava também que o trabalho deveria ser altamente especializado, realizando cada operário uma única tarefa. Além disso, propunha boa remuneração e jornada de trabalho menor para aumentar a produtividade dos operários*". O Fordismo é, portanto, identificado com uma experiência prática de produção em massa ou em larga escala que aplicou princípios da Administração Científica e do Taylorismo.

Taylor procurou implementar uma mudança entre os trabalhadores e a Administração, estabelecendo diretrizes claras para melhorar a eficiência da produção. São elas:

- Análise do trabalho e estudo dos tempos e movimentos: o trabalho deveria ser feito de uma maneira simples, evitando movimentos desnecessários e com tempo médio estabelecido.
- Divisão do trabalho e especialização.
- Desenho de cargos e tarefas: estabelecer o conjunto de funções, responsabilidades e tarefas que o indivíduo deve executar e as relações com os demais cargos existentes.
- Padronização: obter a uniformidade dos processos e reduzir custos.
- Estudo da fadiga humana: a fadiga diminui a produtividade, aumenta os acidentes de trabalho e a rotatividade de pessoal, devem ser adotados métodos de trabalho para reduzi-la.
- Supervisão funcional: a supervisão seria feita por especialistas e não mais por um único chefe centralizador.
- Homem econômico: a motivação do indivíduo está vinculada diretamente com as recompensas salariais e materiais.

Características da Administração Científica

A Administração Científica, como qualquer teoria, recebeu críticas. Apresentamos algumas delas:

> O mecanicismo - a ideia de que a organização funcionaria como uma "máquina" e seus funcionários seriam "engrenagens" que deveriam funcionar no máximo da eficiência.

> A superespecialização do trabalhador – se as tarefas mais simples eram mais fáceis de serem treinadas e padronizadas, também tornavam o trabalho extremamente "chato"! Em pouco tempo o trabalhador já não tinha mais desafios e sua motivação diminuía.

> Visão microscópica do homem – a Administração Científica focava principalmente no trabalho manual (não se preocupando com sua criatividade) e se baseava na ideia de que o homem se motivava principalmente por influência dos incentivos materiais (sem atentar para outros fatores, como um ambiente desafiador, por exemplo).

> A Abordagem de sistema fechado – Taylor não se preocupou com o ambiente externo – o mercado de trabalho, os concorrentes, os fornecedores etc. Sua visão é voltada para dentro da empresa somente.

> A exploração dos empregados – apesar de Taylor propor um relacionamento "ganha-ganha" entre patrões e empregados, na prática a aplicação dos preceitos da Administração Científica levou a uma maior exploração dos empregados.

> Recompensas limitadas – para Taylor, o ser humano era motivado apenas por incentivos materiais. Atualmente, sabemos que existem diversos outros fatores que servem de motivadores para as pessoas.

A teoria clássica

Em um contexto semelhante ao da Administração Científica (pois foram criadas na mesma época), a Teoria Clássica da Administração, desenvolvida por Henri Fayol, buscou a melhoria da eficiência por meio do **foco nas estruturas organizacionais**.

Foco da Teoria Clássica → ESTRUTURAS ORGANIZACIONAIS

Dessa forma, o foco com Fayol saiu das tarefas para a estrutura. Ele tinha uma visão de "cima para baixo" das empresas. Por meio dos estudos da departamentalização, via os departamentos como partes da estrutura da organização. A estrutura mostra como a empresa está organizada de uma maneira geral.

Foi, portanto, um dos pioneiros no que se chamou de teóricos **fisiologistas** da Administração. Assim, o escopo do trabalho do administrador foi bastante ampliado dentro da visão de Fayol.

Fayol é considerado o "pai da teoria administrativa", pois buscou instituir princípios gerais do trabalho de um administrador. Seu trabalho ainda é (após um século) considerado como relevante para que possamos entender o trabalho de um gestor atual. Ele foi capaz de definir funções empresariais, as quais, na sua grande maioria, ainda são utilizadas.

Fayol estabeleceu as Funções Básicas da Empresa, conforme os itens a seguir:

> Técnica - aquilo para que a empresa existe, o que ela faz, o que ela sabe fazer.

> Comercial - compra, venda e troca de mercadorias e serviços.

> Financeira - aplicação dos recursos com o objetivo de aumentar a riqueza da empresa.

> Contábil - fiscalizar e controlar os atos da empresa (balanços, relatórios, inventários, etc.).

> Segurança - manutenção e segurança dos operários e do patrimônio da empresa.

> Administrativa - responsável pelo controle e operacionalização das demais.

Essa última seria a responsável pela coordenação das outras funções.

Além disso, Fayol definiu o trabalho de um administrador dentro do que ele chamou de **processo administrativo** – as funções do administrador. De acordo com Fayol, elas são:

> Prever: visualizar o futuro e traçar o programa de ação em médio e longo prazos.

> Organizar: constituir a estrutura material e humana para realizar o empreendimento da empresa.

> Comandar: dirigir e orientar o pessoal para mantê-lo ativo na empresa.

> Coordenar: ligar e harmonizar todos os atos e todos os esforços coletivos.

> Controlar: cuidar para que tudo se realize de acordo com os planos da empresa.

Estes seriam elementos que estariam presentes no trabalho de cada administrador, independentemente de seu nível hierárquico. Assim, tanto o presidente da empresa quanto um mero supervisor deveriam desempenhar estas funções em seu dia a dia. Atualmente fala-se em:

> planejar;

> organizar;

> dirigir (coordenar e liderar);

> controlar.

Observando-se detalhadamente tais considerações, percebe-se a importância de Fayol nas teorias administrativas contemporâneas.

A Teoria Clássica também se baseava na mesma premissa do Taylorismo: a de que o homem seria motivado por incentivos financeiros e materiais, ou seja, o conceito de "*Homo Economicus*".

Além disso, também se preocupava mais com os aspectos internos das organizações, sem analisar as inter-relações e trocas entre a organização e o seu ambiente externo. Assim, *também era uma teoria de sistema fechado.*

Fayol estabeleceu quatorze princípios gerais da Administração, que orientariam a gestão das organizações para buscar maior eficiência e produtividade:

> Divisão do trabalho: consiste na especialização das tarefas e das pessoas para aumentar a eficiência.
> Autoridade e responsabilidade: autoridade é o direito de dar ordens e o poder de esperar obediência. A responsabilidade é uma consequência natural da autoridade e significa executar corretamente o trabalho de acordo com a confiança depositada.
> Disciplina: depende de obediência, aplicação, energia, comportamento e respeito aos acordos, regras e normas estabelecidas.
> Unidade de comando: cada empregado deve receber ordens de apenas um superior, evita a ambiguidade.
> Unidade de direção: uma cabeça e um plano para cada conjunto de atividades que tenham o mesmo objetivo, a empresa tem que seguir um rumo, uma direção.
> Subordinação dos interesses individuais aos gerais: os interesses pessoais devem estar em segundo plano e os organizacionais em primeiro.
> Remuneração do pessoal: deve haver justa e garantida satisfação para os empregados e para a organização em termos de retribuição, pagamento de acordo com a produtividade.
> Centralização: refere-se à concentração da autoridade no topo da hierarquia da organização ou nas mãos de poucos.
> Cadeia escalar: linha de autoridade que vai do escalão mais alto ao mais baixo da hierarquia; é necessário respeitar a ordem hierárquica das chefias.
> Ordem: um lugar para cada coisa e cada coisa em seu lugar.
> Equidade: amabilidade e justiça para alcançar a lealdade dos empregados.
> Estabilidade do pessoal: a rotatividade do pessoal é prejudicial para a eficiência da organização, pois o primeiro impacto é o aumento de custos.
> Iniciativa: a capacidade de visualizar um plano e assegurar pessoalmente seu sucesso.
> Espírito de equipe: a harmonia e a união entre as pessoas são grandes forças para a organização.

Não se deve confundir Teoria Clássica com Abordagem Clássica, a Teoria Clássica é a de Fayol; a Abordagem Clássica envolve a Teoria Científica, a Teoria Clássica e a Burocrática.

Como problemas da Teoria Clássica, podemos citar a falta de preocupação com a organização informal das organizações (apenas focava na organização formal – linhas de autoridade, descrição de cargos, hierarquia etc.), além de uma ênfase exagerada na centralização, como o princípio da unidade de comando exemplifica. A ideia de uma organização flexível ainda não estava sendo tomada em consideração.

Fayol ignorava as relações interpessoais de amizade e inimizade, conflitos e sentimentos dos funcionários (desconsiderava a organização informal).

A Teoria Clássica também não se preocupou muito com os aspectos ligados às pessoas. Temas como: comunicação, motivação, negociação e liderança ainda eram pouco relevantes nestes estudos.

Taylor versus fayol

Tanto Fayol quanto Taylor fazem parte da abordagem clássica. As teorias deles, porém, são diferentes, e temos que ter isso em mente, porque esse assunto é muito abordado em concursos.

A principal diferença está na ênfase: Taylor tinha como ênfase a tarefa, enquanto Fayol tinha como ênfase a estrutura. Assim, enquanto a Administração Científica partia do específico (tarefa) para o geral, a Teoria Clássica analisava do geral para o específico, ou seja, das funções, princípios e hierarquia para o particular.

Outra diferença refere-se às relações de comando. Enquanto Fayol era forte defensor do princípio da unidade de comando, segundo o qual cada trabalhador deve receber ordens de apenas um chefe, Taylor defendia o princípio da supervisão funcional, o que permitia que cada trabalhador fosse supervisionado por múltiplos chefes, segundo as áreas de especialização de cada um.

Apesar disso, ambas as abordagens têm muitas coisas em comum. O próprio Fayol chegou a declarar que elas não deviam ser vistas como opostas, e sim como complementares. Ambas propuseram que a Administração deveria considerada uma ciência; ambas sugeriram um estudo sistemático do funcionamento da organização. Elas observaram a organização como um sistema fechado, desconsiderando a dimensão ambiente, e concentraram-se nos aspectos formais da organização.

A preocupação com a organização informal (relações interpessoais, amizades, inimizades, conflitos) e assuntos como motivação, liderança e frustrações só foi estudada pela Teoria das Relações Humanas. Mas antes de estudarmos essa teoria, veremos outra: a Burocracia.

Teoria burocrática

Muitas vezes, o termo Burocracia é associado à ideia de lentidão, papelada, excesso de regras e normas, mas na verdade essas são as suas disfunções. Burocracia significa organização do trabalho. O termo é derivado do termo francês "bureau" (que significa escritório) e do termo grego "kratia", que se relaciona a poder ou regra. Dessa forma, a Burocracia seria um modelo em que o "escritório" ou os servidores públicos de carreira seriam os detentores do poder.

Com a industrialização e a introdução de regimes democráticos, no fim do século XIX, as sociedades ficaram cada vez mais complexas. A introdução da máquina a vapor acarretou uma evolução tremenda dos meios de transporte. Se antes eram necessários meses para realizar uma viagem do Brasil para a Europa, por exemplo, uma viagem por meio de navios a vapor passou a ser feita em poucos dias.

O trem a vapor fez a mesma revolução no transporte interno. Dessa forma, as notícias passaram a "correr" muito mais rápido e os produtos de cada região puderam passar a ser comercializados em cada vez mais mercados consumidores.

Estes fatores levaram a uma urbanização acelerada, pois as indústrias, agora com máquinas, necessitavam de cada vez mais "braços" para poder produzir em larga escala. Diante do aumento da demanda por trabalhadores no setor industrial, os salários na indústria ficaram melhores do que os do campo. Desta forma, o êxodo rural (massa de trabalhadores saindo do campo e se dirigindo para as cidades em busca de trabalho) foi marcante neste período.

Essas pessoas encontravam na cidade grande uma realidade totalmente diferente da qual estavam acostumadas, pois tinham necessidades que o Estado (que tinha uma filosofia liberal) ainda não estava capacitado para atender. Era o início do que iríamos denominar de "sociedade de massa".

As empresas e os governos necessitavam de uma administração mais racional e que maximizasse os recursos, além de ter uma maior estabilidade e previsibilidade em suas operações e processos de trabalho.

O Estado, por exemplo, que antes só se preocupava em manter a ordem interna e externa, passou a ter de se organizar cada vez mais para induzir o crescimento econômico, aumentar a infraestrutura do país e para prestar cada vez mais serviços à população.

O Patrimonialismo (modelo de gestão pública em que o patrimônio público se "mesclava" com o privado, e as relações se baseavam na confiança e não no mérito) não conseguia mais atender a este novo Estado, que concentrava cada vez mais atividades em sua máquina.

O modelo burocrático de Weber tinha como objetivo uma maior previsibilidade e padronização do desempenho dos seus funcionários, atingindo, assim, uma maior eficiência.

A Burocracia também pode ser alcunhada de Moldes Weberianos, pois Max Weber foi o idealizador dessa teoria e, muitas vezes, o nome do teórico é dado à teoria. Pode ser chamada também de Caráter Racional-Legal.

O **modelo Burocrático,** inspirado por Max Weber, veio então suprir esta necessidade de impor uma administração adequada aos novos dEsafios do Estado moderno, com o objetivo de combater o nepotismo e a corrupção. Ou seja, uma administração mais racional e impessoal. No caso das grandes empresas, o modelo buscava o aumento consistente da produção, com maior eficiência.

Dessa forma, o modelo burocrático surgiu como uma necessidade histórica baseada em uma sociedade cada vez mais complexa, em que as demandas sociais cresceram, e havia um ambiente com empresas cada vez maiores, com uma população que buscava uma maior participação nos destinos dos governos. **Portanto, não se podia mais "depender" do arbítrio de um só indivíduo.**

Uma coisa que devemos ter em mente é que a Burocracia foi uma grande evolução do modelo patrimonialista. Weber concebeu a Burocracia como o modelo mais racional existente, o qual seria mais eficiente na busca dos seus objetivos.

Continuando, as características principais da Burocracia são:

Formalidade – a autoridade deriva de um conjunto de normas e leis, expressamente escritas e detalhadas. O poder do chefe é restrito aos objetivos propostos pela organização e somente é exercido no ambiente de trabalho - não na vida privada. As comunicações internas e externas também são todas padronizadas e formais.

Impessoalidade – os direitos e deveres são estabelecidos em normas. As regras são aplicadas de forma igual a todos, conforme seu cargo em função na organização. Segundo Weber, a Burocracia deve evitar lidar com elementos humanos, como a raiva, o ódio, o amor, ou seja, as emoções e as irracionalidades. As pessoas devem ser promovidas por mérito, e não por ligações afetivas. O poder é ligado não às pessoas, mas aos cargos – só se tem o poder em decorrência de estar ocupando um cargo.

Profissionalização – as organizações são comandadas por especialistas, remunerados em dinheiro e não em honrarias, títulos de nobreza, sinecuras (cargos rendosos), prebendas (de pouco trabalho), etc., contratados pelo seu mérito e seu conhecimento (e não por alguma relação afetiva ou emocional).

O modelo burocrático, que se caracterizou pela meritocracia na forma de ingresso nas carreiras públicas, mediante concursos públicos, buscou eliminar o hábito arraigado do modelo patrimonialista de ocupar espaço no aparelho do Estado por meio de trocas de cargos públicos por favores pessoais ao soberano.

Neste modelo, as pessoas seriam nomeadas por seus conhecimentos e habilidades, não por seus laços familiares ou de amizade. Prebendas e sinecuras, características do modelo patrimonialista, ou seja, aquelas situações em que pessoas ocupam funções no governo ganhando uma remuneração em troca de pouco ou nenhum trabalho, são substituídas pelo concurso público e pela noção de carreira.

Desta forma, o que se busca é a **profissionalização** do funcionário, sua especialização. De acordo com Weber, cada funcionário deve ser um especialista no seu cargo. Assim, deve ser contratado com base em sua competência técnica e ter um plano de carreira, sendo promovido devido à sua capacidade.

A impessoalidade no tratamento foi pensada de modo a evitar as emoções nos julgamentos e decisões. Seria, portanto, um modo de alcançar uma isonomia no tratamento das pessoas e uma maior racionalidade na tomada de decisões. Se mal conhecemos nossos funcionários, tenderemos a nos concentrar nos aspectos mais "concretos" dos problemas, não é mesmo?

A comunicação formal ajudaria nisso, pois os canais de transmissão de informações (como os ofícios e memorandos) não abrem espaço para um contato mais íntimo e pessoal. Boatos e "fofocas" não são usualmente escritos em cartas, não é verdade?

Além disso, outra característica importante da Burocracia é a noção de hierarquia. Toda a organização é feita de modo hierarquizado, com a autoridade sendo baseada nas normas e leis internas que determinam a competência de cada cargo. Assim, seu chefe tem o poder e a autoridade concedidos a ele por deter um cargo acima do seu. A obediência é ao cargo e não à pessoa.

Portanto, as organizações são estruturadas em vários níveis hierárquicos, em que o nível de cima controla o de baixo. É o que chamamos de estrutura verticalizada, na qual as decisões são tomadas na cúpula (topo da hierarquia ou nível estratégico).

Essa situação acaba gerando uma demora na tomada de decisões e no fluxo de informações dentro da organização.

Dentre as principais vantagens que a Burocracia trouxe, podemos citar: o predomínio de uma lógica científica sobre uma lógica da intuição, do "achismo"; a redução dos favoritismos e das práticas clientelistas; uma mentalidade mais democrática, que possibilitou igualdade de oportunidades e tratamento baseado em leis e regras aplicáveis a todos.

Atualmente, o termo "Burocracia" virou sinônimo de ineficiência e lentidão, pois conhecemos os defeitos do modelo (que chamamos de disfunções da Burocracia), mas ele foi um passo adiante na sua época. A Burocracia veio para modernizar o Estado e a sua gestão.

Na Burocracia, existe uma desconfiança extrema em relação às pessoas. Portanto, são desenvolvidos controles dos processos e dos procedimentos, de forma a evitar os desvios. Acreditava-se que, com o controle rigoroso, eliminar-se-iam a corrupção e o nepotismo, e a eficiência seria alcançada.

Ou seja, os funcionários tinham pouca discricionariedade, ou liberdade de escolha da melhor estratégia para resolver um problema ou atender seus clientes. Tudo era padronizado, manualizado. Com isso, os servidores passaram a se preocupar mais em seguir regulamentos do que em atingir bons resultados.

Devemos entender que **nenhum modelo existiu isoladamente**, mas que todos conviveram e convivem juntos. O modelo de gestão pública almejado no presente momento é o gerencial, mas ainda é muito forte a presença do modelo burocrático e, infelizmente, do próprio modelo patrimonialista na Administração Pública brasileira. Ou seja, **nunca aplicamos o modelo "puro" da Burocracia Weberiana**. Atenção: as bancas costumam cobrar muito isso.

A Burocracia foi implementada, mas nunca consolidada no Brasil. Atualmente, com o modelo Gerencial, busca-se a qualidade e a eficiência, mas isso já é outro assunto - é Administração Pública - e nós estamos focando na Administração Geral.

As principais disfunções da Burocracia são:

Dificuldade de resposta às mudanças no meio externo – visão voltada excessivamente para as questões internas (sistema fechado, ou seja, autorreferente, com a preocupação não nas necessidades dos clientes, mas nas necessidades internas da própria Burocracia).

Rigidez e apreço extremo às regras – o controle é sobre procedimentos e não sobre resultados, levando à falta de criatividade e ineficiências.

Perda da visão global da organização – a divisão de trabalho pode levar a que os funcionários não tenham mais a compreensão da importância de seu trabalho nem quais são as necessidades dos clientes.

Lentidão no processo decisório – hierarquia, formalidade e falta de confiança nos funcionários levam a uma demora na tomada de decisões importantes.

Excessiva formalização – em um ambiente de mudanças rápidas, não é possível padronizar e formalizar todos os procedimentos e tarefas, gerando uma dificuldade da organização de se adaptar a novas demandas. A formalização também dificulta o fluxo de informações dentro da empresa.

Teoria das relações humanas

O crescimento das ciências sociais, como a Psicologia, levou a diversos estudos dentro do contexto do homem no trabalho. Além disso, no início da década de 1930, a economia passou por uma grande depressão em todo o mundo. Com a crise, o desemprego cresceu muito. As más condições de trabalho predominavam na indústria, e os conflitos entre trabalhadores e patrões estavam aumentando. Nessa época ocorreram muitas greves e conflitos nas fábricas por todo o mundo.

A ideia de que o homem deveria ser uma engrenagem de uma "máquina" passou a não ser mais aceita. O Taylorismo começou a ser criticado por não se preocupar com o aspecto humano. Além disso, a produtividade prometida, muitas vezes, não se concretizou. Neste cenário, a Teoria das Relações Humanas começou a tomar forma.

Assim, a Teoria das Relações Humanas buscou o aumento da produtividade por meio de uma atenção especial às pessoas. De acordo com seus teóricos, se os gestores entendessem melhor seus funcionários e se "adaptassem" a eles, as suas organizações teriam um maior sucesso.

Dentre os estudos que impulsionaram esta teoria, destacou-se o trabalho de um pesquisador de Harvard: Elton Mayo.

Foco da Teoria das Relações Humanas → PESSOAS

Este autor desenvolveu uma pesquisa dentro de uma indústria da empresa Western Electric, em **Hawthorne**. Seu intuito inicial foi o de entender o efeito da iluminação no desempenho humano.

Ele iniciou os estudos em um grupo de mulheres operárias de uma fábrica. Dividiu o grupo em duas partes: uma ele deixou da mesma forma de antes, serviria como grupo de controle; e o outro grupo seria cuidadosamente estudado e observado.

A Teoria de Relações Humanas utilizou métodos científicos de pesquisa.

A surpresa de Mayo foi descobrir que a mudança na iluminação - seja ela qual fosse – aumentava a motivação dos empregados. Ele ficou sem compreender, aperfeiçoou o estudo e percebeu que a motivação interferia na produtividade. As funcionárias que estavam sendo observadas se sentiram especiais, e isso foi, na verdade, o que as motivou, e não a iluminação em si.

Essas trabalhadoras passaram a se sentir importantes. Passaram a perceber que seu trabalho estava sendo observado e medido por pesquisadores. Com isso, esforçavam-se mais. A iluminação em si era um aspecto menor. Já o sentimento de orgulho por fazer um trabalho bem feito era fundamental para o aumento da produtividade.

Com essas descobertas, todo o enfoque da Administração foi alterado. O foco de um gestor não deveria ser voltado aos aspectos fisiológicos do trabalhador, mas aos aspectos emocionais e psicológicos. Com esse aparecimento da noção de que a produtividade está ligada ao relacionamento entre as pessoas e o funcionamento dos grupos dentro de uma empresa, nasceu essa nova teoria. O conceito que se firmou, então, foi o de **homem social**.

De acordo com Sobral, as conclusões da pesquisa de Hawthorne foram:

> A integração social afeta a produtividade – assim, não é capacidade individual de cada funcionário o que define sua produtividade, e sim a sua capacidade social, sua integração no grupo.

> O comportamento é determinado pelas regras do grupo – os funcionários não agem isoladamente ou "no vácuo", mas como membros de um grupo.

> As organizações são formadas por grupos informais e formais – volta-se o foco para os grupos que existem de modo informal na empresa e que não são relacionados aos cargos e funções.

> A supervisão mais cooperativa aumenta produtividade – o supervisor mais eficaz é aquele que tem habilidade e capacidade de motivar e liderar seus funcionários em torno dos objetivos da empresa.

> A autoridade do gerente deve se basear em competências sociais – o gerente deve ser capaz de interagir, motivar e comandar seus funcionários. Apenas o fato de ter conhecimento técnico dos métodos de produção não é mais visto como o bastante.

Desta maneira, a Teoria das Relações Humanas trouxe para o debate a necessidade de se criar um ambiente de trabalho mais dEsafiador e de se compreender a influência da motivação e dos aspectos de liderança na produtividade das organizações.

Além disso, as recompensas não poderiam ficar reduzidas aos aspectos materiais. O reconhecimento social é uma força motivadora, e um ambiente de trabalho saudável também influencia na produtividade.

Apesar disso, a Teoria das Relações Humanas recebeu muitas críticas. A primeira delas é a de que permaneceu a análise da organização como se ela existisse "no vácuo", sem se relacionar com o "mundo exterior". Ou seja, **a abordagem de sistema fechado se manteve**.

A segunda é a de que nem sempre funcionários "felizes" e satisfeitos são produtivos. Ou seja, apenas os aspectos psicológicos e sociais não explicam de todo o fator produtividade. Outra crítica é a de que existiu uma "negação" do conflito inerente entre os funcionários e a empresa. Os objetivos individuais são muitas vezes diferentes dos objetivos organizacionais. Este conflito deve ser administrado, e não "negado".

Assim, podemos dizer que a Teoria das Relações Humanas se "esqueceu" dos aspectos técnicos envolvidos na produtividade. O aspecto humano é importante, mas não é a única variável da produtividade e do sucesso de uma organização.

E observarmos com atenção, cada teoria tinha uma visão muito limitada de como conseguir a eficiência: a Teoria Científica focava a Tarefa; a Teoria Clássica, a estrutura; a Teoria Burocrática, as regras, normas e processos; e a Teoria das Relações Humanas, só as pessoas. As teorias atuais não tentam eliminar as teorias anteriores, e sim aproveitar os aspectos positivos de cada uma e ter uma visão mais abrangente da organização.

Abordagem comportamental da administração

A teoria Comportamental da Administração, também conhecida como Comportamentalista ou Behaviorismo (do inglês behavior, comportamento), trouxe uma nova concepção e um novo enfoque dentro da Teoria Administrativa: a abordagem da ciência do comportamento (Behavioral Sciences Approach), é um movimento de oposição às Teorias Clássica e de Administração Científica, que, respectivamente, focaram a estrutura e a produção (o processo). Essa abordagem é uma evolução da teoria das relações humanas, a qual se preocupa com o indivíduo e como ele funciona - como age e reage aos estímulos externos, o que deu início aos estudos sobre o comportamento organizacional.

Portanto, os comportamentalistas foram estudiosos preocupados com o indivíduo, sua importância e seu impacto nas organizações, tendo contribuição tanto da Teoria Clássica, como da Escola das Relações Humanas. Tal teoria surgiu nos Estados Unidos em 1947, com a contribuição principalmente de McGregor, Maslow e Herzberg, entre outros.

A Abordagem Comportamental enfatiza as Ciências do Comportamento na Teoria da Administrativa e a busca de saídas democráticas e flexíveis para os problemas organizacionais. É por meio dessa abordagem que a ansiedade com a estrutura se arrasta para a preocupação com os processos e com o comportamento das pessoas na organização. Além disso, predomina a ênfase nas pessoas, inaugurada com a Teoria das Relações Humanas, mas dentro de um contexto organizacional.

A ciência comportamental é, portanto, o produto da expansão das fronteiras da ciência para incluir o comportamento humano e a mentalidade, processo grupal, e todos os processos peculiares e intrincados de que a mente do homem é capaz.

Comportamento organizacional

O Comportamento Organizacional é um campo de estudos que investiga o impacto que indivíduos, grupos e a estrutura têm sobre o comportamento dentro das organizações, com o propósito de utilizar este conhecimento para melhorar a eficácia organizacional. O Comportamento Organizacional se preocupa com o estudo do que as pessoas fazem nas organizações e de como esse comportamento afeta o desempenho das empresas.

Os componentes que constituem a área de estudos do Comportamento Organizacional incluem motivação, comportamento e poder de liderança, comunicação interpessoal, estrutura e processos de grupos, aprendizado, desenvolvimento de atitudes e percepção, processos de mudanças, conflitos, planejamento do trabalho, estresse no trabalho, entre outros que compõem os fatores que influenciam o comportamento das pessoas.

Principais teorias sobre motivação

Para explicar o comportamento organizacional, a teoria comportamental fundamenta-se no comportamento individual das pessoas. Para explicar como as pessoas se comportam, estuda-se a motivação humana. O administrador precisa conhecer as necessidades humanas para melhor compreender o comportamento humano e utilizar a motivação humana como poderoso meio para melhorar a qualidade de vida, dentro das organizações.

Motivação é o motivo que a pessoa tem para agir.

Motivo é tudo aquilo que impulsiona a pessoa a agir de determinada forma ou, pelo menos, que dá origem a um comportamento específico. Porém, os motivos variam de acordo com valores, expectativas e anseios de cada pessoa, pois estas realizam atividades, trabalhos por interesses distintos e possuem atitudes diferentes, e consequentemente, comportam-se de maneira específica. O impulso à ação pode ser provocado por um estímulo externo (extrínseco - provindo do ambiente) e pode também ser gerado internamente (intrínseco) nos processos mentais do indivíduo.

Abordagem neoclássica da administração

No início da década de 1950, na Teoria Administrativa, ocorreu um período de intensa remodelação. A Segunda Guerra Mundial havia terminado e o mundo passou a conhecer um extraordinário surto de desenvolvimento industrial e econômico sem antecedentes. Em outras palavras, o mundo das organizações introduziu-se em uma etapa de grandes mudanças e transformações. Criada por Peter Drucker, Harold Koontz e Cyril O'Donnell, a qualificação de Teoria Neoclássica é, na verdade, um tanto exagerada, já que seus criadores não desenvolvem exatamente uma escola, mas um movimento que apresenta mais de uma fase ou sistema.

A Teoria Neoclássica da Administração surgiu da necessidade de se utilizarem os conceitos válidos e relevantes da Teoria Clássica, expurgando-os dos exageros e distorções típicos do pioneirismo, e condensando-os com outros conceitos válidos e relevantes oferecidos por outras teorias administrativas mais recentes.

Ela é identificada por algumas características marcantes:

> Ênfase na prática da Administração, reafirmação relativa (e não absoluta) dos postulados clássicos.
> Ênfase nos princípios clássicos de Administração.
> Ênfase nos resultados e objetivos e, sobretudo, no ecletismo aberto e receptivo.
> Talvez a essencial implicação da Teoria Neoclássica refira-se aos tipos de organização formal, que envolvem a estrutura organizacional, filosofia, diretrizes, normas e regulamentos. Destacam-se algumas características básicas tais como: a divisão do trabalho, especialização, hierarquia, distribuição de autoridade e responsabilidade e racionalismo da organização formal.

Nesse sentido, considera a Administração como uma técnica social básica, a qual leva à necessidade de haver conhecimentos técnicos, bem como aspectos relacionados com a direção de pessoas dentro da organização.

Na teoria Neoclássica, enfatizam-se novamente as funções do administrador: planejamento, organização, direção e controle, sendo a primeira função aquela que determina antecipadamente os objetivos e o que deve ser feito para alcançá-los.

A função Organização consiste no agrupamento das atividades necessárias para realizar o que foi planejado.

A Direção orienta e guia o comportamento das pessoas na direção dos objetivos a serem alcançados e, por último, o Controle que visa a assegurar se o que foi planejado, organizado e dirigido realmente cumpriu os objetivos pretendidos.

Administração por objetivos

A Teoria Neoclássica deslocou progressivamente a atenção antes colocada nas chamadas atividades-meio para os objetivos ou finalidades da organização. O enfoque baseado no processo e a preocupação maior com as atividades (meios) passaram a ser substituídos por enfoque nos resultados e objetivos alcançados (fins).

A preocupação de "como" administrar passou à preocupação de "por que" ou "para que" administrar. A ênfase em fazer corretamente o trabalho (The Best Way, de Taylor), para alcançar a eficiência, passou a dar ênfase em fazer o trabalho mais relevante aos objetivos da organização para alcançar a eficácia. O trabalho passou de um fim em si mesmo a um meio de obter resultados.

A APO (Administração por Objetivos), também conhecida por Administração por Resultados, constitui um modelo administrativo bastante difundido e plenamente identificado com o espírito pragmático e democrático da Teoria Neoclássica. Seu aparecimento deu-se em 1954.

Peter F. Drucker publicou um livro (Prática de Administração de Empresas), no qual caracterizava pela primeira vez a APO, sendo considerado seu criador.

Características da APO

A APO é uma técnica de direção de esforços por meio do planejamento e do controle administrativo, fundamentados no princípio de que, para atingir resultados, a organização precisa, antes, definir em que negócio está atuando e que objetivos pretende alcançar.

A Administração por Objetivos é um processo pelo qual os gerentes, superior e subordinado, de uma organização identificam objetivos comuns, definem as áreas de responsabilidade de cada um, em termos de resultados esperados, e usam esses objetivos como guias para a operação dos negócios. Obtêm-se objetivos comuns e firmes que eliminam qualquer hesitação do gerente, ao lado de uma coesão de esforços em direção aos objetivos principais da organização.

Na realidade, a APO é um sistema dinâmico que integra a necessidade da companhia de alcançar seus objetivos de lucro e crescimento, a par da necessidade do gerente de contribuir para o seu próprio desenvolvimento. É um estilo exigente e compensador de Administração.

Em suma, a APO apresenta as seguintes características principais:

Estabelecimento do conjunto de objetivos entre o executivo e o seu supervisor; tanto o executivo quanto o seu superior participam do processo de estabelecimento e fixação de objetivos.

Estabelecimento de objetivos para cada departamento ou posição basicamente; a APO está fundamentada no estabelecimento de objetivos por posições de gerência.

Interligação dos objetivos departamentais; sempre existe alguma forma de correlacionar os objetivos dos vários órgãos ou gerentes envolvidos, mesmo que nem todos os objetivos estejam apoiados nos mesmos princípios básicos. Elaboração de planos táticos e de planos operacionais, com ênfase na mensuração e no controle a partir dos objetivos departamentais traçados. O executivo e o seu superior (ou somente o executivo que, posteriormente, obtém a aprovação de seu superior) elaboram os Planos Táticos adequados para alcançá-los da melhor maneira. Assim, os planos táticos constituirão os meios capazes de alcançar aqueles objetivos departamentais. Na sequência, os planos táticos serão desdobrados e melhor detalhados em planos operacionais. Em todos esses planos, a APO enfatiza a quantificação, a mensuração e o controle. Torna-se necessário mensurar os resultados obtidos e compará-los com os resultados planejados. São exatamente a mensuração e o controle que causam as maiores dificuldades de implantação da APO, pois, se o resultado não pode ser medido, é melhor esquecer o assunto.

Contínua avaliação, revisão e reciclagem dos planos. Praticamente todos os sistemas de APO possuem alguma forma de avaliação e de revisão regular do processo efetuado, por meio dos objetivos já alcançados e dos objetivos a serem alcançados, permitindo que algumas providências sejam tomadas e que novos objetivos sejam fixados para o período seguinte.

Participação atuante da chefia; há grande participação do superior. A maior parte dos sistemas de APO envolve mais o superior do que o subordinado. Há casos em que o superior estabelece os objetivos, mensura-os e avalia o progresso. Esse progresso, frequentemente usado, é muito mais característico do controle por objetivos do que da Administração por Objetivos.

A APO, sem dúvida alguma, representa uma evolução na TGA, apresentando uma nova metodologia de trabalho, reconhecendo o potencial dos funcionários das empresas, ampliando o seu campo de atuação para outros tipos de organizações (e não somente indústrias), permitindo estilos mais democráticos de Administração.

Essa Teoria já existe há várias décadas e predomina ainda hoje em algumas organizações.

Teoria estruturalista

A Teoria Estruturalista veio como uma crítica tanto às teorias clássicas quanto à Teoria das Relações Humanas. Um de seus mais importantes teóricos, **Amitai Etzione**, considerava a organização como "um complexo de grupos sociais cujos interesses podem ou não ser conflitantes". Dessa maneira, tal teoria buscou "complementar" ou sintetizar as teorias anteriores (clássicas e humanas), pois acreditava que estas focavam apenas em partes do todo. Assim, a ideia principal foi considerar a organização em todos os aspectos como uma só estrutura – integrando todas as "visões" anteriores.

Assim, um aspecto importante foi a busca de uma análise tanto da **organização formal** (abordada na teoria clássica) quanto da **informal** (abordada na teoria das relações humanas). Dessa maneira, deveria existir um equilíbrio destas duas visões.

Para os estruturalistas, a sociedade moderna seria uma sociedade de organizações. O homem dependeria dessas organizações para tudo, e nelas cumpriria uma série de "papéis" diferentes. Assim, apareceu o conceito de **homem organizacional**. Seria o homem que desempenha diversos papéis nas diversas organizações. Outro conceito foi trazido por Gouldner: as diferentes concepções das organizações. Para este autor, existiria o modelo racional e o modelo natural de organização.

O **modelo racional** seria baseado no controle e no planejamento. A ideia era a de um **sistema fechado**, com pouca incerteza e preocupação para com o "mundo externo" à organização.

O outro modelo era o **natural**. Nele, existiria a noção de que a realidade é incerta e de que a organização é um conjunto de órgãos inter-relacionados e que são interdependentes. Assim, é um modelo que se preocupa com as "trocas" com o ambiente externo, ou seja, trata-se de um **modelo de sistema aberto**.

Teoria dos sistemas

A Teoria dos Sistemas na Administração - TGS foi derivada do trabalho do biólogo Ludwig Von Bertalanffy. Este teórico criou então a TGS, que buscou ser uma teoria que integrasse todas as áreas do conhecimento.

Um sistema, de acordo com Bertalanffy, é um conjunto de unidades reciprocamente relacionadas para alcançar um propósito ou objetivo. Assim, a Teoria dos Sistemas acolheu o conceito no qual as organizações são **sistemas abertos**, ou seja, que trocam continuamente energia (ou matéria-prima, informações etc.) com o meio ambiente. Portanto, não podemos entender uma organização sem saber o contexto em que ela opera. Do mesmo modo, uma organização é a soma de suas partes (gerência de marketing, gerência de finanças etc.), e uma área depende da outra – o conceito de interdependência. Ou seja, é inútil uma área da empresa se sair muito bem (área de vendas, por exemplo) se outra área está tendo dificuldades (produção, por exemplo).

No caso citado, a empresa perderia os clientes por não conseguir cumprir as vendas efetuadas. Dessa forma, o administrador deve ter uma visão do todo. De como as áreas da organização interagem e quais são as interdependências.

> Atualmente, as organizações são vistas como sistemas abertos.

Os principais conceitos da Teoria dos Sistemas são:

- **Entrada** – relaciona-se com tudo o que o sistema recebe do ambiente externo para poder funcionar: recursos, insumos, dados, etc.
- **Saída** – é o que o sistema produz. Uma saída pode ser: uma informação, um produto, um serviço etc.
- **Feedback** – é o retorno sobre o que foi produzido, de modo que o sistema possa se corrigir ou se modificar.
- **Caixa preta** – se relaciona com um sistema em que o "interior" não é facilmente acessível (como o corpo humano, por exemplo). Assim, só temos acesso aos elementos de entrada e saída para sabermos como ele funciona.

Vejamos outros conceitos importantes a seguir, os quais são muito abordados em concursos públicos:

> Organizações são sistemas abertos, que influenciam o ambiente e são influenciados por ele.
> Organização é um sistema complexo, com partes inter-relacionadas e interdependentes.
> Organização está em constante interação com meio ambiente.
> **Feedback** – retroalimentação, controle dos resultados, retroinformação.
> **Sinergia** – o trabalho em sinergia mostra que o todo tem um resultado maior do que a soma das partes.
> **Holismo** – o sistema é um todo. Mudança em uma parte afeta as outras partes.
> **Homeostase** – o sistema busca o equilíbrio; é a capacidade de a organização fazer mudanças internas para se adaptar às mudanças externas.
> **Equifinalidade** – objetivos podem ser alcançados de várias maneiras; não existe um único modo; é possível partir de vários pontos e chegar ao mesmo objetivo.
> **Entropia** – tendência de qualquer sistema de se desintegrar, entrar em desordem, ficar obsoleto, entrar em desuso e morrer; é necessário evitar a entropia e buscar a entropia negativa.
> **Entropia Negativa** – recarga de "energia" e recursos no sistema, de maneira a evitar a desintegração, por meio de inovação, melhoria, crescimento, desenvolvimento e treinamento.

Teoria contingencial

Antigamente, só existiam fábricas e indústrias e estabelecer regras e normas para um gerenciamento poderia trazer bons resultados. Mas atualmente existem organizações de diferentes tipos, inclusive virtuais, que oferecem produtos ou serviços. Ou seja, já não podemos afirmar que há uma única e correta maneira de administrar.

Para a Teoria da Contingência, que pode ser chamada de Situacional também, não existe uma "fórmula mágica" para se resolver os problemas das organizações. Cada situação pede uma resposta diferente. Assim, tudo é relativo. Tudo depende.

Ou seja, antes que um administrador possa determinar qual é o "caminho" correto para uma empresa, é necessária uma análise ambiental. Assim, dependendo da situação da empresa, sua estratégia ou a tecnologia envolvida, o "caminho" será de uma maneira ou de outra.

Estes fatores principais - como o tamanho da empresa e seu ambiente - são considerados contingências, que devem ser analisadas antes de se determinar um curso de ação. Portanto, não existe mais a "melhor maneira" de se administrar uma organização.

Do mesmo modo, esta teoria postula que existem várias maneiras de se alcançar um objetivo. O que um gestor deve buscar é um ajuste constante entre a organização e seu meio, suas contingências.

Dentre estas contingências importantes, Sobral cita: o ambiente interno e externo, a tecnologia, o tamanho e o tipo de tarefa.

Uma consequência prática destas ideias no mundo organizacional foi a tendência das organizações se tornarem mais flexíveis (para que possam reagir mais rápido às mudanças no ambiente).

Dentre os novos modelos adotados, temos as organizações em rede. Estas são muito mais flexíveis e dependem de uma nova visão. De acordo com Motta, o ambiente é uma rede formada por diversas organizações interligadas. Desta forma, o mercado automobilístico é formado por diversas montadoras, oficinas, seguradoras, fábricas de peças etc.

Além disso, a própria organização é composta por diversas redes sociais internas. Os diversos departamentos e áreas são dependentes uns dos outros. Como estas áreas ou grupos estão sempre em contato, seus membros recebem uma pressão ou influência que é derivada deste contato.

Nas organizações em rede, em vez da empresa "verticalizar" sua produção e "fazer tudo sozinha" - como comprar uma indústria e contratar funcionários - faz um contrato com um parceiro que passa a cumprir esta função.

Entretanto, apesar desta teoria acertar ao identificar a realidade e a complexidade da atuação das organizações atualmente, acaba "caindo" em um relativismo exagerado. Ou seja, para a Teoria da Contingência tudo depende. Desta maneira, não existem prescrições que possam ser generalizadas. Cada caso será sempre um caso específico e que deve ser analisado dentro de seu contexto.

Além disso, as contingências que influenciam a situação de uma organização são, muitas vezes, inúmeras. Ou seja, a definição do "caminho" a ser seguido por uma empresa pode ser um trabalho bastante complexo.

O ambiente

Como na Teoria Contingencial é preciso levar em conta o ambiente, é necessário também entender o que é o "ambiente". Ele pode ser compreendido como o contexto que envolve externamente a organização. É a situação dentro da qual uma organização está inserida. Pode ser multivariado e complexo. Torna-se necessário dividi-lo para poder analisá-lo de acordo com o seu conteúdo. Sendo assim, é necessário entender o ambiente como o ambiente geral, e o ambiente de tarefa, conforme a exposição a seguir:

Ambiente Geral - é o macroambiente, ou seja, ambiente genérico e comum a todas as organizações. Tudo o que acontece no ambiente geral afeta direta ou indiretamente todas as organizações. O ambiente geral é constituído de um conjunto de condições comuns para todas as organizações. As principais condições são: condições tecnológicas, legais, políticas, econômicas, demográficas, ecológicas e culturais.

Ambiente de Tarefa - é o ambiente mais próximo e imediato da organização. É o segmento do ambiente geral do qual uma determinada organização extrai as suas entradas e deposita as suas saídas. É o ambiente de operações de cada organização. O ambiente de tarefa é constituído por: fornecedores de entradas, clientes ou usuários, concorrentes e entidades reguladoras.

Classificação de Ambientes

Os ambientes podem ser classificados de acordo com a sua diferenciação (estrutura) e conforme a sua dinâmica:

→ Quanto à sua diferenciação:

Ambiente Homogêneo: quando é composto de fornecedores, clientes e concorrentes semelhantes. O ambiente é homogêneo quando há pouca segmentação ou diferenciação dos mercados.

Ambiente Heterogêneo: quando ocorre muita diferenciação entre fornecedores, clientes e concorrentes, provocando uma diversidade de problemas à organização. O ambiente é heterogêneo quando há muita diferenciação dos mercados.

→ Quanto à sua dinâmica:

Ambiente Estável: é o ambiente que se caracteriza por pouca ou nenhuma mudança. É o ambiente em que quase não ocorrem mudanças, ou que, se houver, são mudanças lentas e perfeitamente previsíveis. É um ambiente tranquilo e previsível.

Ambiente Instável: é o ambiente dinâmico, que se caracteriza por muitas mudanças. É o ambiente em que os agentes estão constantemente provocando mudanças e influências recíprocas, formando um campo dinâmico de forças. A instabilidade provocada pelas mudanças gera incerteza para a organização. Sendo assim, a análise ambiental é feita pela análise das variáveis do ambiente de tarefa e do ambiente geral e também pela identificação da dinâmica e da diferenciação ambiental.

De uma forma geral, a abordagem contingencial coloca a sua maior ênfase no ambiente, de onde se identificam ameaças e oportunidades que condicionam as estratégias de ação. Também existe forte ênfase na tecnologia, que constitui tanto uma variável interna da organização, como externa (ambiental). Ela também concilia as abordagens de sistemas abertos e fechados e cria novas tendências para as organizações.

5. PROCESSO ADMINISTRATIVO (ORGANIZACIONAL)

A Administração (do latim: *administratione*) é o conjunto de atividades voltadas à direção de uma organização. Tais atividades devem fazer uso de técnicas de gestão para que seus objetivos sejam alcançados de forma eficaz e eficiente, com responsabilidade social e ambiental. E o que são as organizações?

Segundo a banca Cespe, *"uma organização é o produto da combinação de esforços individuais, visando à realização de propósitos coletivos. Por meio de uma organização, é possível perseguir ou alcançar objetivos que seriam inatingíveis para uma pessoa"*.

Organizações são, portanto, empreendimentos coletivos, com um fim comum. No sentido clássico da Administração Geral, podem ser analisados como organizações: as empresas (uma padaria ou o Google), os órgãos públicos, os partidos políticos, as igrejas, as associações de bairro e outros agrupamentos humanos.

Uma característica essencial das organizações é que elas são sistemas sociais, com divisão de tarefas.

Lacombe (2003, p.4) diz que a essência do trabalho do administrador é obter resultados por meio das pessoas que ele coordena. A partir desse raciocínio de Lacombe, temos o papel do "Gestor Administrativo" que, com sua capacidade de gestão com as pessoas, consegue obter os resultados esperados. **Drucker** (1998, p. 2) diz que administrar é manter as organizações coesas, fazendo-as funcionar.

Administrar como processo significa **planejar**, **organizar**, **dirigir** e **controlar** organizações e/ou tarefas, tendo como objetivo maior produtividade e/ou lucratividade. Para se chegar a isso, o administrador avalia os objetivos organizacionais e desenvolve as estratégias necessárias para alcançá-los. Este profissional, no entanto, não tem apenas função teórica, ele é responsável pela implantação de tudo que planejou e, portanto, será aquele que definirá os programas e métodos de trabalho, avaliando os resultados e corrigindo os setores e procedimentos que estiverem com problemas. Como é função do administrador que a produtividade e/ou lucros sejam altos, ele também terá a função de fiscalizar a produção e, para isso, é necessário que fiscalize cada etapa do processo, controlando, inclusive, os equipamentos e materiais envolvidos na produção, para evitar desperdícios e prejuízos para a organização.

A realidade das empresas de hoje é muito diferente das empresas administradas no passado. Com o surgimento de várias inovações tecnológicas e com o próprio desenvolvimento intelectual do homem, é necessário muito mais do que intuição e percepção das oportunidades. A administração necessita de um amplo conhecimento e a aplicação correta dos princípios técnicos até agora formulados, a necessidade de combinar os meios e objetivos com eficiência e eficácia.

Principais funções administrativas

- Fixar objetivos.
- Analisar: conhecer os problemas.
- Solucionar problemas.
- Organizar e alocar recursos (financeiros, materiais, ambientais, humanos e tecnológicos).
- Comunicar, dirigir e motivar as pessoas (liderar).
- Negociar.
- Tomar as decisões.
- Mensurar e avaliar (controlar).

5.1 Planejamento

Esse conjunto de funções administrativas: Planejar, Organizar, Dirigir e Controlar corresponde ao Processo Organizacional, que pode ser chamado também de Processo Administrativo.

O trabalho do administrador não se restringe ao presente, ao atual, ao corrente. Ele precisa extrapolar o imediato e se projetar para frente. O administrador precisa tomar decisões estratégicas e planejar o futuro de sua organização. Ao tomar decisões, o administrador configura e reconfigura continuamente a sua organização ou a unidade organizacional que administra. Ele precisa saber em qual rumo deseja que sua organização vá em frente, tomar as decisões necessárias e elaborar os planos para que isso realmente aconteça. O planejamento está voltado para o futuro. E o futuro requer uma atenção especial. É para ele que a organização deve estar preparada a todo instante.

Planejamento é a função administrativa que define objetivos e decide sobre os recursos e tarefas necessários para alcançá-los adequadamente. Como principal decorrência do planejamento, estão os planos. Os planos facilitam a organização no alcance de suas metas e objetivos. Além disso, os planos funcionam como guias ou balizamentos para assegurar os seguintes aspectos:

01. Os planos definem os recursos necessários para alcançar os objetivos organizacionais.
02. Os planos servem para integrar os vários objetivos a serem alcançados em um esquema organizacional que proporciona coordenação e integração.
03. Os planos permitem que as pessoas trabalhem em diferentes atividades consistentes com os objetivos definidos; eles dão racionalidade ao processo; são racionais, porque servem de meios para alcançar adequadamente os objetivos traçados.
04. Os planos permitem que o alcance dos objetivos possa ser continuamente monitorado e avaliado em relação a certos padrões ou indicadores, a fim de permitir a ação corretiva necessária quando o progresso não seja satisfatório.

O primeiro passo do planejamento consiste na definição dos objetivos para a organização. Objetivos são resultados específicos que se pretende atingir. Os objetivos são estabelecidos para cada uma das subunidades da organização, como suas divisões ou departamentos etc. Uma vez definidos, os programas são estabelecidos para alcançar os objetivos de maneira sistemática e racional. Ao selecionar objetivos e desenvolver programas, o administrador deve considerar sua viabilidade e aceitação pelos gerentes e funcionários da organização.

Objetivos e metas

Objetivo é um resultado desejado que se pretende alcançar dentro de um determinado período de tempo. Os objetivos organizacionais podem ser rotineiros, inovadores e de aperfeiçoamento.

A partir dos objetivos se estabelece a estratégia adequada para alcançá-los. Enquanto os objetivos são qualitativos, as **metas** são quantitativas. **Ex.:** uma determinada empresa estabeleceu como objetivo aumentar as vendas, e a meta é de R$ 500.000,00 (quinhentos mil reais); os objetivos só serão alcançados se as vendas chegarem às metas estabelecidas.

Os objetivos e as metas têm em comum o fato de que devem ser reais, alcançáveis; devem ter prazo; são hierárquicos, específicos e desafiadores.

Estratégias

Estratégia organizacional refere-se ao comportamento global e integrado da empresa em relação ao ambiente externo. A estratégia é formulada a partir da missão, da visão e dos objetivos organizacionais, da análise ambiental (o que há no ambiente) e da análise organizacional (o que temos na empresa) para definir o que devemos fazer. A estratégia é a maneira racional de aproveitar as oportunidades externas e de neutralizar as ameaças externas, bem como de aproveitar as forças potenciais internas e neutralizar as fraquezas potenciais internas.

Geralmente, a estratégia organizacional envolve os seguintes aspectos fundamentais:

> É definida pelo nível institucional da organização.

> É projetada em longo prazo e define o futuro e destino da organização.

> Envolve a empresa na sua totalidade.

> É um mecanismo de aprendizagem organizacional.

Planejar significa olhar para frente, visualizar o futuro e o que deverá ser feito; elaborar bons planos é ajudar as pessoas a fazer hoje as ações necessárias para melhor enfrentar os desafios do amanhã. Em outros termos, o planejamento, constitui hoje uma responsabilidade essencial em qualquer tipo de organização ou de atividade.

O planejamento constitui a função inicial da administração. Antes que qualquer função administrativa seja executada, a administração precisa planejar, ou seja, determinar os objetivos e os meios necessários para alcançá-los adequadamente.

O planejamento como uma função administrativa

De acordo com Idalberto Chiavenato:

O planejamento pode estar voltado para a estabilidade, no sentido de assegurar a continuidade do comportamento atual em um ambiente previsível e estável. Também pode estar voltado para a melhoria do comportamento para assegurar a reação adequada a frequentes mudanças em um ambiente mais dinâmico e incerto. Pode ainda estar voltado para as contingências no sentido de antecipar-se a eventos que podem ocorrer no futuro e identificar as ações apropriadas para quando eles eventualmente ocorrerem.

Como todo planejamento se subordina a uma filosofia de ação, Ackoff aponta três tipos de filosofia do planejamento:

05. **Planejamento conservador:** É o planejamento voltado para a estabilidade e para a manutenção da situação existente. As decisões são tomadas no sentido de obter bons resultados, mas não necessariamente os melhores possíveis, pois dificilmente o planejamento procurará fazer mudanças radicais na organização. Sua ênfase é conservar as práticas atualmente vigentes. O planejamento conservador está mais preocupado em identificar e sanar deficiências e problemas internos do que em explorar oportunidades ambientais futuras. Sua base é predominantemente retrospectiva no sentido de aproveitar a experiência passada e projetá-la para o futuro.

06. **Planejamento otimizante (retrospectivo):** É o planejamento voltado para a adaptabilidade e inovação dentro da organização. As decisões são tomadas no sentido de obter os melhores resultados possíveis para a organização, seja minimizando recursos para alcançar um determinado desempenho ou objetivo, seja maximizando o desempenho par melhor utilizar os recursos disponíveis. O planejamento otimizante geralmente está baseado em uma preocupação em melhorar as práticas atualmente vigentes na organização. Sua base é predominantemente incremental no sentido de melhorar continuamente, tornando as operações melhores a cada dia que passa.

07. **Planejamento adaptativo (ofensivo):** É o planejamento voltado para as contingências e para o futuro da organização. As decisões são tomadas no sentido de compatibilizar os diferentes interesses envolvidos, elaborando uma composição capaz de levar a resultados para o desenvolvimento natural da empresa e ajustá-la às contingências que surgem no meio do caminho. O planejamento adaptativo procura reduzir o planejamento retrospectivo voltado para a eliminação das deficiências localizadas no passado da organização. Sua base é predominantemente aderente no sentido de ajustar-se às demandas ambientais e preparar-se para as futuras contingências.

Em todos os casos, o planejamento consiste na tomada antecipada de decisões. Trata-se de decidir , no momento presente, o que fazer antes da ocorrência da ação necessária. Não se trata simplesmente da previsão das decisões que deverão ser tomadas no futuro, mas da tomada de decisões que produzirão efeitos e consequências futuras.

O processo de planejamento

O planejamento é um processo constituído de uma série sequencial de seis passos, a saber:

> **Estabelecer a Missão e Visão no caso do Planejamento Estratégico.** As organizações não existem a esmo. Todas elas têm uma missão a cumprir. **Missão** significa uma incumbência que se recebe, a razão de existência de uma organização. A missão funciona como o propósito orientador para as atividades de uma organização e para aglutinar os esforços dos seus membros. Enquanto a missão define o credo da organização, a **visão** define o que a organização pretende ser no futuro. A visão funciona como o projeto do que a organização gostaria de ser, ou seja, define os objetivos organizacionais mais relevantes.

> **Definir os objetivos.** Os objetivos da organização devem servir de direção a todos os principais planos, servindo de base aos objetivos departamentais e a todos os objetivos das áreas subordinadas. Os objetivos devem especificar resultados desejados e os pontos finais aonde se pretende chegar, para conhecer os passos intermediários.

> **Diagnóstico.** Verificar qual a situação atual em relação aos objetivos. Simultaneamente, a definição dos objetivos, deve-se avaliar a situação atual em contraposição aos objetivos desejados, verificar onde se está e o que precisa ser feito.

> **Prognóstico, estabelecer estratégias.** Premissas constituem os ambientes esperados dos planos em operação. Como a organização opera em ambientes complexos, quanto mais pessoas estiverem atuando na elaboração e compreensão do planejamento e quanto mais se obter envolvimento para utilizar premissas consistentes, tanto mais coordenado será o planejamento. Trata-se de gerar cenários alternativos para os estados futuros das ações, analisar o que pode ajudar ou prejudicar o progresso em direção aos objetivos. A previsão é um aspecto importante no desenvolvimento de premissas. A previsão está relacionada com pressuposições antecipatórias a respeito do futuro.

> **Analisar as alternativas de ação (estratégias).** Trata-se de relacionar e avaliar as ações que devem ser tomadas, escolher uma delas para perseguir um ou mais objetivos, fazer um plano para alcançar os objetivos.

> **Escolher um curso de ação entre as várias alternativas.** Trata-se de uma tomada de decisão, em que se escolhe uma alternativa e se abandonam as demais. A alternativa escolhida se transforma em um plano para o alcance dos objetivos.

> **Implementar o plano e avaliar os resultados.** Fazer aquilo que o plano determina e avaliar cuidadosamente os resultados para assegurar o alcance dos objetivos, seguir através do que foi planejado e tomar as ações corretivas à medida que se tornarem necessárias.

Nem sempre o planejamento é feito por administradores ou por especialistas trancados em salas e em apenas algumas épocas predeterminadas. Embora seja uma atividade voltada para o futuro, o planejamento deve ser contínuo e permanente e, se possível, abrangendo o maior número de pessoas na sua elaboração e implementação. Em outras palavras, o planejamento deve ser constante e participativo. A descentralização proporciona a participação e o envolvimento das pessoas em todos os aspectos do seu processo. É o chamado planejamento participativo.

Para fazer o planejamento, é vital que se conheça o contexto em que a organização está inserida. Em outras palavras, qual é o seu microambiente, qual a sua missão e quais os seus objetivos básicos. Sobretudo, quais os fatores-chave para o seu sucesso. A partir daí, pode-se começar a pensar em planejamento.

Fatores críticos de sucesso

Mas, o que são fatores críticos (chave) de sucesso?

Os **fatores críticos de sucesso**, em inglês ***critical success factor*** (CSF), são os pontos-chave que definem o sucesso ou o fracasso de um objetivo definido por um planejamento de determinada organização. Estes fatores precisam ser encontrados pelo estudo sobre os próprios objetivos, derivados deles, e tomados como condições fundamentais a serem cumpridas para que a instituição sobreviva e tenha sucesso na sua área. Quando bem definidos, os fatores críticos de sucesso se tornam um ponto de referência para toda a organização em suas atividades voltadas para a sua missão.

Exemplo: se a empresa quer melhorar o atendimento ao cidadão, um exemplo de fator crítico de sucesso é treinar os funcionários e colocar mais pessoas no setor de atendimento.

Os fatores críticos de sucesso são os elementos principais no alcance dos objetivos e metas da instituição, são aspectos ligados diretamente ao seu sucesso. Se eles não estiverem presentes, os objetivos não serão alcançados.

Como poderemos identificar os fatores críticos de sucesso?

Os fatores críticos de sucesso podem ser identificados de duas maneiras. Uma delas é perguntar ao cliente ao que ele atribui mais importância na hora de adquirir o produto ou serviço.

Por exemplo, o que um indivíduo que é concurseiro deve fazer para alcançar o seu objetivo que é ser servidor público? A resposta é óbvia: ele deve estudar, resolver questões, tirar dúvidas, assistir às aulas etc. Então podemos dizer que esses são exemplos de fatores críticos de sucesso.

Outra maneira para identificar os fatores críticos de sucesso é analisar profundamente os recursos organizacionais e o mercado, de maneira imaginativa, para identificar os segmentos que são mais decisivos e importantes. Para essa pesquisa, a ferramenta de *benchmarking* pode ser utilizada.

O *benchmarking* é um dos mais úteis instrumentos de gestão para melhorar o desempenho das empresas e conquistar a superioridade em relação à concorrência. Baseia-se na aprendizagem das melhores experiências de empresas similares e ajuda a explicar todo o processo que envolve uma excelente "performance" empresarial. A essência deste instrumento parte do princípio de que nenhuma empresa é a melhor em tudo, o que implica reconhecer que existe no mercado quem faz melhor do que nós. Habitualmente, um processo de *benchmarking* arranca quando se constata que a empresa está diminuindo a sua rentabilidade. Quando a aprendizagem resultante de um processo de *benchmarking* é aplicada de forma correta, facilita a melhoria do desempenho em situações críticas no seio de uma empresa.

Em outras palavras, *benchmarking* é a técnica por meio da qual a organização compara o seu desempenho com o de outra. Por meio do benchmarking, uma organização procura imitar outras organizações, concorrentes ou não, do mesmo ramo de negócios ou de outros, que façam algo de maneira particularmente bem feita (essa frase já apareceu de maneira idêntica em provas tanto da FCC como da Cespe).

Questões importantes a serem identificadas na elaboração do planejamento:

> É possível fazer?

> Vale a pena fazer?

- Quem faz?
- Como fazer bem?
- Funciona?

Benefícios do planejamento

As empresas estão cada vez mais inseridas em ambientes altamente mutáveis e complexos; enfrentam uma enorme variedade de pessoas, fornecedores e concorrentes. Do lado externo, temos os concorrentes, o governo e suas regulamentações, a tecnologia, a economia globalizada, os fornecedores etc. No ambiente interno, existe a necessidade de trabalhar de forma cada vez mais eficiente, novas estruturas organizacionais, funcionários, recursos e muitos desafios administrativos.

O planejamento oferece inúmeras vantagens nessas situações, inclusive melhora a capacidade da empresa de se adaptar às mudanças (flexibilidade organizacional), ajuda na coordenação e na administração do tempo.

Vejamos algumas vantagens:

- permite utilizar os recursos de forma eficaz (alcance de resultados) e eficiente (economia);
- aumenta o conhecimento sobre o negócio/projeto e seu potencial de mercado;
- facilita a percepção de novas oportunidades ou riscos e aumenta a sensibilidade do empresário/executivo frente a problemas futuros;
- cria um "espírito de negócio" e comprometimento com o negócio/projeto, tanto em relação ao "dono" ou responsável pelo negócio, como também junto aos funcionários/parceiros envolvidos;
- determina tarefas e prazos com responsabilidade definida, viabilizando o controle do processo e do andamento do negócio;
- deixa claro para o empresário/executivo qual é o diferencial competitivo de seu negócio;
- pode ser utilizado como suporte para conseguir credibilidade e apoio financeiro interno e/ou no mercado;
- maior flexibilidade;
- agilidade nas tomadas de decisões;
- melhor conhecimento dos seus concorrentes;
- melhor comunicação entre os funcionários;
- maior capacitação gerencial, até dos funcionários de níveis inferiores;
- orientação maior nos comportamentos de funcionários;
- maior capacitação, motivação e comprometimento dos envolvidos;
- consciência coletiva;
- melhor conhecimento do ambiente em que os funcionários trabalham;
- melhor relacionamento entre empresa-ambiente;
- maior capacidade e rapidez de adaptação dentro da empresa;
- visão de conjunto;
- aumenta o foco (concentração de esforços) e a flexibilidade (facilidade de se adaptar e ajustar);
- melhora a coordenação e o controle.

De acordo com Chiavenato: "O planejamento ajuda o administrador em todos os tipos de organização a alcançar o melhor desempenho, porque:

01. **O planejamento é orientado para resultados**. Cria um senso de direção, de desempenho orientado para metas e resultados a serem alcançados.
02. **O planejamento é orientado para prioridades**. Assegura que as coisas mais importantes receberão atenção principal.
03. **O planejamento é orientado para vantagens**. Ajuda a alocar e a dispor recursos para sua melhor utilização e desempenho.
04. **O planejamento é orientado para mudanças**. Ajuda a antecipar problemas que certamente aparecerão e a aproveitar oportunidades à medida que se defronta com novas situações."

Tipos de planejamento

O planejamento é feito através de planos. O administrador deve saber lidar com diferentes tipos de planos. Estes podem incluir períodos de longo, médio e curto prazo, como podem envolver a organização inteira, uma divisão ou departamento ou ainda uma tarefa. O planejamento é uma função administrativa que se distribui entre, todos os níveis organizacionais. Embora o seu conceito seja exatamente o mesmo, em cada nível organizacional, o planejamento apresenta características diferentes.

O planejamento envolve uma volumosa parcela da atividade organizacional. Com isso, queremos dizer que toda organização está sempre planejando: o nível institucional elabora genericamente o planejamento estratégico, o nível intermediário segue-o com planos táticos e o nível operacional traça detalhadamente os planos operacionais. Cada qual dentro de sua área de competência e em consonância com os objetivos globais da organização. O planejamento impõe racionalidade e proporciona o rumo às ações da organização. Além disso, estabelece coordenação e integração de suas várias unidades, que proporcionam a harmonia e sinergia da organização no caminho em direção aos seus objetivos principais.

Os planos podem abranger diferentes horizontes de tempo. Os planos de curto prazo cobrem um ano ou menos; os planos intermediários, um a dois anos; e os planos de longo prazo abrangem cinco ou mais anos. Os objetivos do planejamento devem ser mais específicos, no curto prazo, e mais abertos, no longo prazo. As organizações precisam de planos para todas as extensões de tempo. O administrador do nível institucional está mais voltado para planos de longo prazo que atinjam a organização inteira para proporcionar aos demais administradores um senso de direção para o futuro.

Uma pesquisa desenvolvida por Elliot Jaques mostra como as pessoas variam em sua capacidade de pensar, organizar e trabalhar com eventos situados em diferentes horizontes de tempo. Muitas pessoas trabalham confortavelmente com amplitudes de apenas três meses; um pequeno grupo trabalha melhor com uma amplitude de tempo de um ano; e somente poucas pessoas podem enfrentar o desafio de 20 anos pela frente. Como o administrador pode trabalhar em vários níveis de autoridade, ele deve planejar em função de diferentes períodos de tempo. Enquanto o planejamento de um supervisor desafia o espaço de três meses, um gerente pode lidar com períodos de um ano, enquanto um diretor lida com uma amplitude que pode ir de três, cinco, dez anos ou mais. O progresso nos níveis mais elevados da hierarquia administrativa pressupõe habilidades conceituais a serem trabalhadas, bem como uma visão projetada em longo prazo de tempo.

Planejamento estratégico

O planejamento estratégico apresenta cinco características fundamentais.

01. **O planejamento estratégico está relacionado com a adaptação da organização a um ambiente mutável.** Está voltado para as relações entre a organização e seu ambiente de tarefa. Portanto, sujeito à incerteza a respeito dos eventos ambientais. Por se defrontar com a incerteza, tem suas decisões baseadas em julgamentos e não em dados concretos. Reflete uma orientação externa que focaliza as respostas adequadas às forças e pressões que estão situadas do lado de fora da organização.
02. **O planejamento estratégico é orientado para o futuro.** Seu horizonte de tempo é o longo prazo. Durante o curso do planejamento, a consideração dos problemas atuais é dada apenas em função dos obstáculos e barreiras que eles possam provocar para um desejado lugar no futuro. É mais voltado para os problemas do futuro do que daqueles de hoje.
03. **O planejamento estratégico é compreensivo.** Ele envolve a organização como uma totalidade, abarcando todos os seus recursos, no sentido de obter efeitos sinergísticos de todas as capacidades e potencialidades da organização. A resposta estratégica da organização envolve um comportamento global, compreensivo e sistêmico.
04. **O planejamento estratégico é um processo de construção de consenso.** Dada a diversidade dos interesses e necessidades dos parceiros envolvidos, o planejamento oferece um meio de atender todos eles na direção futura que melhor convenha a todos.
05. **O planejamento estratégico é uma forma de aprendizagem organizacional.** Como está orientado para a adaptação da organização ao contexto ambiental, o planejamento constitui uma tentativa constante de aprender a ajustar-se a um ambiente complexo, competitivo e mutável.

O planejamento estratégico se assenta sobre três parâmetros: a visão do futuro, os fatores ambientais externos e os fatores organizacionais internos. Começa com a construção do consenso sobre o futuro que se deseja: é a visão que descreve o mundo em um estado ideal. A partir daí, examinam-se as condições externas do ambiente e as condições internas da organização.

Planejamento tático

O planejamento tático é o planejamento focado no médio prazo e que enfatiza as atividades correntes das várias unidades ou departamentos da organização. O administrador utiliza o planejamento tático para delinear o que as várias partes da organização, como departamentos ou divisões, devem fazer para que a organização alcance sucesso. Os planos táticos geralmente são desenvolvidos para as áreas de produção, *marketing*, pessoal, finanças e contabilidade. Para ajustar-se ao planejamento tático, o exercício contábil da organização e os planos de produção, de vendas, de investimentos etc., abrangem geralmente o período anual.

Os planos táticos geralmente envolvem:

01. **Planos de produção.** Envolvendo métodos e tecnologias necessárias para as pessoas em seu trabalho arranjo físico do trabalho e equipamentos como suportes para as atividades e tarefas.
02. **Planos financeiros.** Envolvendo captação e aplicação do dinheiro necessário para suportar as várias operações da organização.
03. **Planos de marketing.** Envolvendo os requisitos de vender e distribuir bens e serviços no mercado e atender o cliente.
04. **Planos de recursos humanos.** Envolvendo recrutamento, seleção e treinamento das pessoas nas várias atividades dentro da organização. Recentemente, as organizações estão também se preocupando com a aquisição de competências essenciais para o negócio por meio da gestão do conhecimento corporativo.

Contudo, os planos táticos podem também se referir à tecnologia utilizada pela organização (tecnologia da informação, tecnologia de produção etc.), investimentos, obtenção de recursos etc.

Políticas

As políticas constituem exemplos de planos táticos que funcionam como guias gerais de ação. Elas funcionam como orientações para a tomada de decisão. Geralmente, refletem um objetivo e orienta as pessoas em direção a esses objetivos em situações que requeiram algum julgamento. As políticas servem para que as pessoas façam escolhas semelhantes ao se defrontarem com situações similares. As políticas constituem afirmações genéricas baseadas nos objetivos organizacionais e visam oferecer rumos para as pessoas dentro da organização.

Planejamento operacional

O planejamento operacional é focalizado para o curto prazo e abrange cada uma das tarefas ou operações individualmente. Preocupa-se com "o que fazer" e com o "como fazer" as atividades quotidianas da organização. Refere-se especificamente às tarefas e operações realizadas no nível operacional. Como está inserido na lógica de sistema fechado, o planejamento operacional está voltado para a otimização e maximização de resultados, enquanto o planejamento tático está voltado para a busca de resultados satisfatórios.

O planejamento operacional é constituído de uma infinidade de planos operacionais que proliferam nas diversas áreas e funções dentro da organização. Cada plano pode consistir em muitos subplanos com diferentes graus de detalhamento. No fundo, os planos operacionais cuidam da administração da rotina para assegurar que todos executem as tarefas e operações de acordo com os procedimentos estabelecidos pela organização, a fim de que esta possa alcançar os seus objetivos. Os planos operacionais estão voltados para a eficiência (ênfase nos meios), pois a eficácia (ênfase nos fins) é problema dos níveis institucional e intermediário da organização.

Apesar de serem heterogêneos e diversificados, os planos operacionais podem ser classificados em quatro tipos, a saber:

01. **Procedimentos.** São os planos operacionais relacionados com métodos.
02. **Orçamentos.** São os planos operacionais relacionados com dinheiro.
03. **Programas (ou programações).** São os planos operacionais relacionados com tempo.
04. **Regulamentos.** São os planos operacionais relacionados com comportamentos das pessoas.

5.2 Organização

Definição de organização

"*Organização da empresa é a ordenação e o agrupamento de atividades e recursos, visando ao alcance de objetivos e resultados estabelecidos*". (Djalma, 2002, p. 84).

Segundo Maximiano, uma **organização** é um sistema de recursos que procura alcançar objetivos. Em outras palavras, Organizar é desenhar/montar a estrutura da empresa/instituição de modo a facilitar o alcance dos resultados.

Os níveis da organização são:

Abrangência	Conteúdo	Tipo de Desenho	Resultado
Nível Institucional	A instituição como uma totalidade	Desenho organizacional	Tipo de organização
Nível intermediário	Caso departamento isoladamente	Desenho departamental	Tipo de departamentalização
Nível operacional	Cada tarefa ou operação	Desenho de cargos e tarefas	Análise e descrição de cargos

Estrutura organizacional

VASCONCELOS (1989) entende estrutura como o resultado de um processo no qual a autoridade é distribuída, as atividades são especificadas (desde os níveis mais baixos até a alta administração) e um sistema de comunicação é delineado, permitindo que as pessoas realizem as atividades e exerçam a autoridade que lhes compete para o alcance dos objetivos da organização.

Estrutura organizacional: forma pela qual as atividades de uma organização são divididas, organizadas e coordenadas. (Stoner, 1992, p.230).

Estrutura formal e informal

Estrutura Formal: é aquela representada pelo organograma. Todas as relações são formais. Não se pode descartá-la e deixar funcionários se relacionarem quando eles não devem ter relações diretas. Na **Estrutura Formal (Organização Formal)**, conseguimos identificar os departamentos, os cargos, a definição das linhas de autoridade e de comunicação entre os departamentos e cargos envolvidos.

Já a **Estrutura Informal (Organização Informal)** é a rede de relações sociais e pessoais que não é representada ou requerida pela estrutura formal. Surge da interação social das pessoas, o que significa que se desenvolve, espontaneamente, quando as pessoas se reúnem. Portanto, apresenta relações que, usualmente, não são formalizadas e **não aparecem no organograma da empresa**. A organização informal envolve as emoções, atitudes e ações das pessoas em termos de suas necessidades, e não de procedimentos ou regras.

Elementos da estrutura organizacional

Especialização

Consequência da divisão do trabalho: cada unidade ou cargo passa a ter funções e tarefas específicas e especializadas.

A especialização pode dar-se em dois sentidos: vertical e horizontal.

A horizontal representa a tendência de criar departamentos especializados no mesmo nível hierárquico, cada qual com suas funções e tarefas. Exemplo: gerência de *Marketing*, gerência de Produção, gerência de Recursos Humanos.

A vertical caracteriza-se pelos níveis hierárquicos (chefia), pois, na medida em que ocorre a especialização horizontal do trabalho, é necessário coordenar essas diferentes atividades e funções. **Ex.:** Presidência, Diretoria-Geral, Gerências, Coordenadorias, Seções.

Centralização/descentralização/delegação

Centralização

CENTRALIZAÇÃO significa que a autoridade para decidir está localizada no topo da organização, ou seja, a maioria das decisões relativas ao trabalho que está sendo executado não é tomada por aqueles que o executam, mas em um ponto mais alto da organização.

Vantagens	Desvantagens
> decisões mais consistentes com os objetivos gerais; > maior uniformidade de procedimentos; > aproveitamento da capacidade dos líderes generalistas; > redução dos riscos de erros por parte dos subordinados; > maior controle global do desempenho da organização.	> decisões e administradores distanciados dos fatos locais; > dependência dos subordinados; > diminuição da motivação, criatividade; > maior demora na implementação das decisões > maior custo operacional.

Descentralização

Por outro lado, podemos dizer que **DESCENTRALIZAÇÃO** significa que a maioria das decisões relativas ao trabalho que está sendo executado é tomada pelos que o executam, ou com sua participação. A autoridade para decidir está dispersa nos níveis organizacionais mais baixos. A tendência moderna ocorre no intuito de descentralizar para proporcionar melhor uso dos recursos humanos.

Vantagens	Desvantagens
- maior agilidade e flexibilidade nas decisões; - decisões mais adaptadas aos fatos locais; - maior motivação, autonomia e disponibilidade dos líderes; - maior facilidade do controle específico do desempenho de unidades e gerentes.	- perda de uniformidade das decisões; - maiores desperdícios e duplicação de recursos; - canais de comunicação mais dispersos; - dificuldade de encontrar responsáveis e controlar o desempenho da organização como um todo; - mais cara.

Delegação

Segundo Oliveira (2010, p. 189), delegação é o processo de transferência de determinado nível de autoridade de um chefe para seu subordinado, criando o correspondente compromisso pela execução da tarefa delegada.

Em outras palavras, delegação é o processo de transmitir certas tarefas e obrigações de uma pessoa para outra, em geral, de um superior para um colaborador. Aquele que recebe o poder delegado tem autoridade suficiente para concluir o trabalho, mas aquele que delega fica com a total responsabilidade pelo seu êxito ou fracasso.

Cadeia de comando/escalar ou linha de comando

A cadeia de comando de uma organização mostra, basicamente, quem "manda em quem". Ou seja, descreve as linhas de autoridade, desde a cúpula da empresa até o seu nível mais baixo. A cadeia de comando mostra, portanto, a relação de subordinação dentro da estrutura e mostra como funciona a hierarquia funcional. Esta "estrutura hierárquica" é o que chamamos de "cadeia de comando".

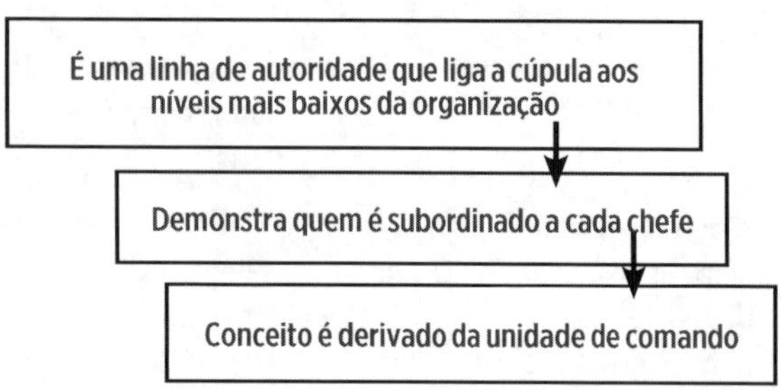

Não se deve confundir descentralizar com delegação. DELEGAR é um instrumento específico de uma chefia para um subordinado. Delegação é o processo pelo qual o administrador transfere autoridade e responsabilidade aos seus subordinados que estão abaixo na hierarquia. Já DESCENTRALIZAR implica consistente delegação ao longo da cadeia hierárquica.

Amplitude administrativa/controle

Amplitude administrativa (ou amplitude de comando, ou de controle) é o número de subordinados/áreas que um gestor tem sob seu comando/supervisão. Em qualquer nível, cada gestor tem um determinado número de pessoas que se reportam a ele, pessoas estas que podem estar agrupadas em conjuntos de cargos ou em departamentos. Uma decisão importante no processo de organização é a definição da amplitude ideal de comando, ou seja, a quantidade de áreas e pessoas que um chefe tem capacidade de gerir com eficácia.

Organograma

É uma representação gráfica da estrutura da uma empresa/instituição, a divisão do trabalho em suas unidades/departamentos, a hierarquia e os canais de comunicação.

> **Divisão do trabalho:** quadros (retângulos) representam cargos ou unidades de trabalho (departamentos). Eles indicam o critério de divisão e de especialização das áreas, ou seja, como as responsabilidades estão divididas dentro da organização.

> **Autoridade e Hierarquia:** a quantidade de níveis verticais em que os retângulos estão agrupados mostra a cadeia de comando, ou seja, como a autoridade está distribuída, do diretor que tem mais autoridade, no topo da estrutura, até o funcionário que tem menos autoridade, na base da estrutura.

> **Canais de comunicação:** as linhas que verticais e horizontais que ligam os retângulos mostram as relações/comunicações entre as unidades de trabalho.

Formalização

Grau de controle da organização sobre o indivíduo, definido pelas normas e procedimentos, limitando a atuação e o comportamento.

Responsabilidade

Dever de desempenhar a tarefa ou atividade, ou cumprir um dever para o qual se foi designado. Nada mais é do que executar a tarefa adequadamente, de acordo com a confiança depositada.

O grau de responsabilidade é, geralmente, diretamente proporcional ao grau de autoridade da pessoa. Dessa forma, os cargos de alto escalão possuem maior autoridade e maior responsabilidade que os cargos mais baixos.

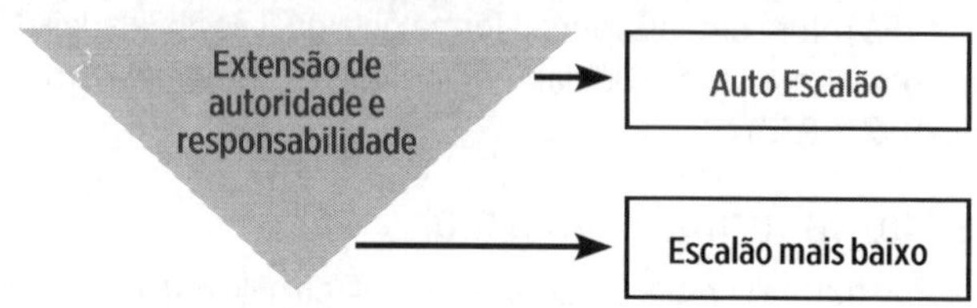

Departamentalização

Diferenciação horizontal que permite simplificar o trabalho, aproveitando os recursos de forma mais racional. É o agrupamento dos indivíduos em unidades gerenciáveis para facilitar a coordenação e o controle.

Um departamento é um "pedaço" da organização. É um setor que está focado em um aspecto de seu funcionamento. O departamento é uma unidade de trabalho que concentra um conjunto de tarefas.

Tipos de departamentalização

Departamentalização por Função (Funcional)

É a divisão lógica de acordo com as funções a serem desempenhadas, ou seja, é a divisão departamental que segue o princípio da especialização.

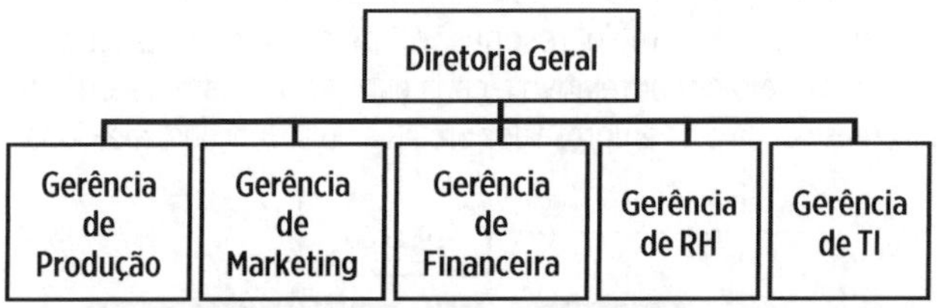

Vantagens	Desvantagens
- agrupa vários especialistas em uma mesma unidade; - simplifica o treinamento e orienta as pessoas para uma função específica, concentrando sua competência e habilidades técnicas; - permite economia de escala pelo uso integrado de pessoas, máquinas e produção em massa; - indicada para situações estáveis, tarefas rotineiras e para produtos ou serviços que permaneçam longos ciclos sem mudanças.	- reduz a cooperação interdepartamental (ênfase nas especialidades); - é inadequada para ambiente e tecnologia em constante mudança, pois dificulta a adaptação e a flexibilidade às mudanças externas; - foco na especialidade em detrimento do objetivo organizacional global.

Departamentalização Base Territorial ou Geográfica

É a diferenciação e o agrupamento das atividades de acordo com o local onde o trabalho será desempenhado, ou então a área de mercado a ser servida pela empresa. É utilizada geralmente por empresas que cobrem grandes áreas geográficas e cujos mercados são extensos e diversificados, ou seja, quando as circunstâncias externas indicam que o sucesso da organização depende particularmente do seu ajustamento às condições e às necessidades locais e regionais.

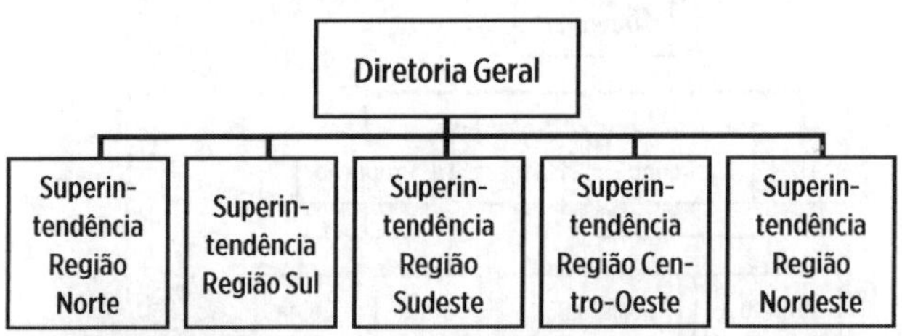

Vantagens	Desvantagens
- amplia a área de atuação, atingindo maior número de clientes; - permite fixar a responsabilidade de lucro e de desempenho no comportamento local ou regional, além de encorajar os executivos a pensar em termos de sucesso de território; - as características da empresa podem acompanhar adequadamente as variações de condições e características locais.	- o enfoque territorial pode deixar em segundo plano a coordenação, tanto dos aspectos de planejamento e execução, quanto de controle como um todo, em face do grau de liberdade e autonomia nas regiões; - em situações de instabilidade externa em determinada região, pode gerar temores e ansiedades na força de trabalho em função da possibilidade de desemprego ou prejuízo funcional.

Departamentalização por Produto/Serviço

Descentraliza as atividades e decisões de acordo com os produtos ou serviços executados. É realizada quando as atividades inerentes a cada um dos produtos ou serviços possuem diferenciações significativas e, por isso, fica mais fácil administrar cada produto/serviço individualmente.

Vantagens	Desvantagens
- fixa a responsabilidade dos departamentos para uma linha de produto; - facilita a coordenação entre as diferentes áreas: a preocupação principal é o produto, e as atividades das áreas envolvidas dão pleno suporte; - facilita a inovação, pois requer cooperação e comunicação dos vários grupos que contribuem para gerar o produto.	- dispersa os especialistas nos diversos subgrupos orientados para os produtos; - não é indicada para circunstâncias externas não mutáveis, empresas com pouca variabilidade dos produtos, por trazer custos operacionais elevados; - em situações de instabilidade externa, pode gerar temores e ansiedades na força de trabalho de determinada linha de produto, em função da possibilidade de desemprego ou prejuízo funcional; pode enfatizar a coordenação em detrimento da especialização.

Departamentalização por Cliente

Envolve a diferenciação e o agrupamento das atividades de acordo com o tipo de pessoa/grupo/empresa para quem o trabalho é executado. Divide as unidades organizacionais para que cada uma possa servir a um grupo de clientes, sendo indicada quando as características dos clientes – idade, sexo, nível socioeconômico – são determinantes para o sucesso do negócio e requerem diferentes abordagens para as vendas, os produtos, os serviços adicionais.

Vantagens	Desvantagens
- quando a satisfação do cliente é o aspecto mais crítico da organização, ou seja, quando o cliente é o mais importante, e os produtos e serviços devem ser adaptados às suas necessidades. - dispõe os executivos e todos os participantes da organização para a tarefa de satisfazer as necessidades e os requisitos dos clientes; - permite à organização concentrar seus conhecimentos sobre as distintas necessidades e exigências dos canais mercadológicos.	-as demais atividades da organização – produção, finanças – podem se tornar secundárias ou acessórias, em face da preocupação compulsiva com o cliente; - os demais objetivos da organização – lucratividade, produtividade – podem ser deixados de lado ou sacrificados.

Departamentalização por Processos

Processo é um conjunto de atividades inter-relacionadas e cíclicas que transforma insumos (entradas) em produtos (saídas). A departamentalização por fases do processo é utilizada quando o produto final é tão complexo que se faz necessário fabricá-lo a partir da divisão em processos menores, com linhas de produção distintas. Exemplo: indústria automobilística. Uma linha de produção é um arranjo físico de máquinas e equipamentos. Essa linha define o agrupamento de pessoas e de materiais para processar as operações.

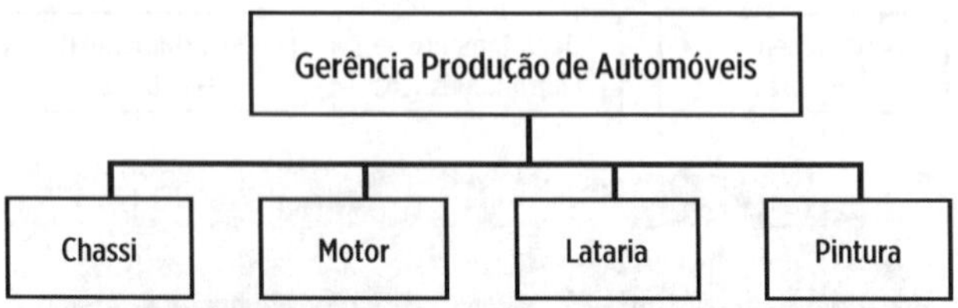

Vantagens	Desvantagens
- fixa a responsabilidade e a união dos esforços em determinado processo; - extrai vantagens econômicas oferecidas pela própria natureza do equipamento ou da tecnologia. A tecnologia passa a ser o foco e o ponto de referência para o agrupamento de unidades e posições.	- quando a tecnologia utilizada sofre mudanças e desenvolvimento revolucionários, a ponto de alterar profundamente os processos; - deve haver especial cuidado com a coordenação dos distintos processos.

Departamentalização por Projetos

Projeto é um evento temporário e não repetitivo, caracterizado por uma sequência lógica de atividades, com início, meio e fim, que se destina a atingir um objetivo claro e definido, sendo conduzido por pessoas dentro de parâmetros predefinidos de tempo, custo, recursos e qualidade.

A departamentalização por projetos, portanto, é utilizada em empresas cujos produtos envolvem grandes concentrações de recursos por um determinado tempo (navios, fábricas, usinas hidrelétricas, pontes, estradas), que exigem tecnologia sofisticada e pessoal especializado. Como o produto é de grande porte, exige planejamento individual e detalhado e um extenso período de tempo para execução; cada produto é tratado como um projeto.

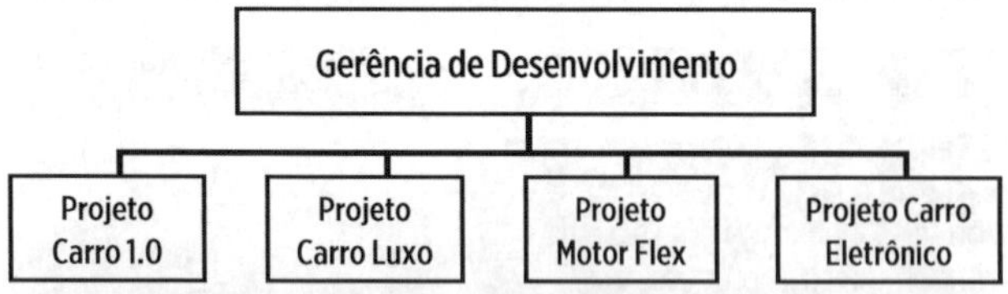

Vantagens	Desvantagens
concentração de recursos e especialistas para realizar um trabalho complexo; foco no resultado; melhoria no controle da execução.	cada projeto é único, inédito, e envolve muitas habilidades e conhecimentos dispersos na empresa ao longo de seu ciclo de execução. Assim, quando termina uma fase, ou mesmo o projeto, a empresa pode ser obrigada a dispensar pessoal ou a paralisar máquinas e equipamentos se não tiver outro projeto em vista.

Departamentalização Matricial

Chama-se matricial, pois combina duas formas de estrutura formando uma espécie de grade. Trata-se de uma estrutura mista, híbrida, que combina geralmente a departamentalização funcional com a de produtos ou de projetos.

Os projetos seriam as áreas-fim, enquanto a estrutura funcional seria a área-meio, responsável pelo apoio aos projetos. A autonomia e o poder relativo a cada estrutura seriam decorrentes da ênfase dada pela empresa aos projetos ou às funções tradicionais.

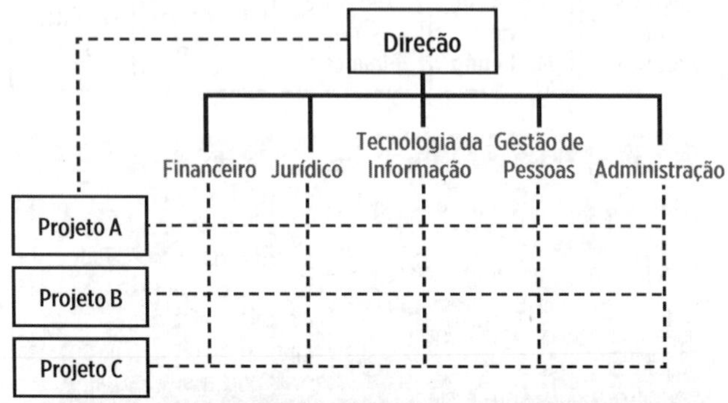

Vantagens	Desvantagens
- maior versatilidade e otimização dos recursos humanos; - forma efetiva para conseguir resultados ou resolver problemas complexos; -mais fortemente orientada para resultados; - maior grau de especialização.	- conflito linha/ projeto; - duplicidade de autoridade e comando.

Departamentalização Mista/Híbrida/Combinada

É praticamente impossível encontrar, na prática, a aplicação pura de um único tipo de departamentalização em toda uma empresa. Geralmente, encontra-se uma reunião de diversos tipos de departamentalização em todos os níveis hierárquicos, a qual se denomina **Departamentalização Mista** ou **Combinada**.

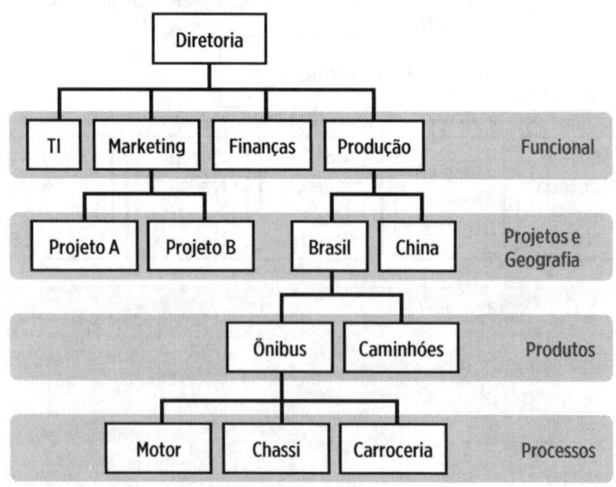

Modelos de estrutura organizacional

Desenho/estrutura vertical (modelo mecanicista)

O desenho é piramidal, caracterizando centralização das decisões. Geralmente é a estrutura de organizações tradicionais, forma burocrática, autoridade centralizada, hierarquizadas, mais rígidas, regras e procedimentos padronizados, divisão de trabalho, amplitude administrativa estreita e meios formais de coordenação.

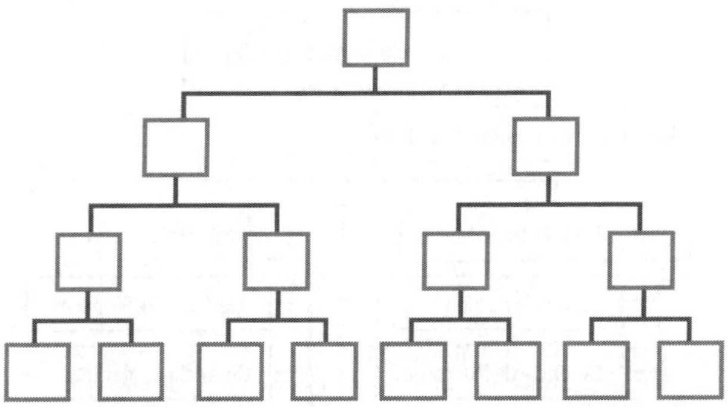

Desenho/estrutura horizontal (modelo orgânico)

As estruturas são mais achatadas e flexíveis, denotando a descentralização de decisões. *Downsizing* – estratégia administrativa para reduzir número de níveis e aspectos burocráticos da empresa. *Adhocráticos*, adaptativos, mais horizontais, com poucas regras e procedimentos, pouca divisão de trabalho, amplitudes administrativas maiores e mais meios pessoais de coordenação.

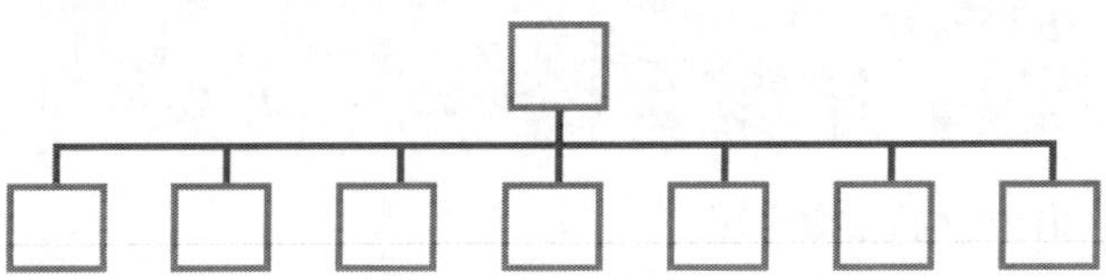

Variáveis condicionantes da estrutura organizacional

01. **Ambiente:** instável, estável, homogêneo, heterogêneo (estrutura se adapta ao ambiente).
02. **Estratégia:** estabilidade ou crescimento (estrutura segue a estratégia), a mudança da estrutura em função da estratégia se chama covariação estrutural.
03. **Tecnologia:** em massa, por processo, unitária; sequencial, mediadora, intensiva (estrutura depende da tecnologia).
04. **Ciclo de vida e tamanho:** nascimento, crescimento, juventude, maturidade (estrutura se ajusta ao tamanho).
05. **Pessoas:** conhecimento x reposição.

Tipos de estruturas organizacionais

Cada estrutura deverá se adequar a um modelo, ora mais mecanicista, ora mais orgânico, a depender das variáveis condicionantes.

Os diferentes tipos de organização são decorrência da estrutura organizacional, ou seja, da arquitetura ou formato organizacional que assegura a divisão e a coordenação das atividades dos membros da instituição. A estrutura é o esqueleto que sustenta e articula as partes integrantes. Cada subdivisão recebe o nome de unidade, departamento, divisão, seção, equipe, grupo de trabalho.

Estrutura linear

É a forma mais simples e antiga, originada dos exércitos e organizações eclesiásticas. O nome "linear" se dá em função das linhas diretas e únicas de autoridade e responsabilidade entre superiores e subordinados, resultando em um formato piramidal de organização. Cada gerente recebe e transmite tudo o que se passa na sua área de competência, pois as linhas de comunicação são rigidamente estabelecidas.

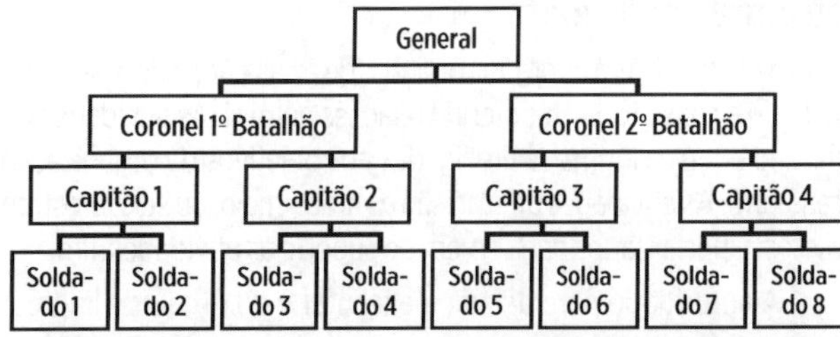

Vantagens	Desvantagens
- estrutura simples e de fácil compreensão e implantação; - clara delimitação das responsabilidades dos órgãos – nenhum órgão ou cargo interfere em área alheia; - estabilidade e disciplina garantidas pela centralização do controle e da decisão. - evita a ambiguidade; - unidade de comando, cada subordinado recebe ordens de um único chefe; - ideal para ambientes estáveis; - aproveita o conhecimento das chefias generalistas; - geralmente só é vantajoso em empresas pequenas.	- o formalismo das relações pode levar à rigidez e à inflexibilidade, dificultando a inovação e adaptação a novas circunstâncias; - a autoridade linear baseada no comando único e direto pode tornar-se autocrática, dificultando o aproveitamento de boas ideias; - chefes tornam-se generalistas e ficam sobrecarregados em suas atribuições na medida em que tudo tem que passar por eles; - com o crescimento da organização, as linhas formais de comunicação se congestionam e ficam lentas, pois tudo deve passar por elas.

Estrutura funcional

É o tipo de organização em que se aplica o princípio funcional ou princípio da especialização. Cada área é especializada em um determinado assunto; é a autoridade em um tema. Dessa forma, ela presta seus serviços às demais áreas de acordo com sua especialidade.

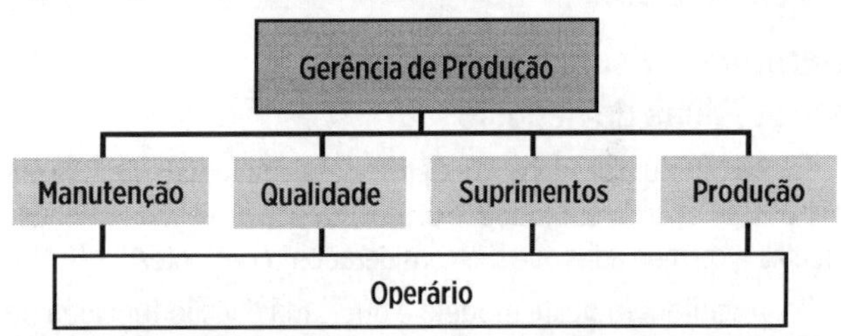

Vantagens	Desvantagens
- proporciona especialização e aperfeiçoamento; - permite a melhor supervisão técnica possível; - comunicações diretas, sem intermediação, mais rápidas e menos sujeitas a distorções; - separa as funções de planejamento e de controle das funções de execução: há uma especialização do planejamento e do controle, bem como da execução, permitindo plena concentração de cada atividade.	- não há unidade de mando, o que dificulta o controle das ações e a disciplina; - subordinação múltipla pode gerar tensão e conflitos dentro da organização; - concorrência entre os especialistas, cada um impondo seu ponto de vista de acordo com sua área de atuação; - coordenação e comunicação entre os departamentos é péssima; - pode gerar ambiguidade; responsabilidade parcial de cada departamento.

Estrutura linear-staff

Nela coexistem os órgãos de linha (de execução) e de assessoria (de apoio e consultoria), mantendo relações entre si. As atividades de linha são aquelas intimamente ligadas aos objetivos da organização (áreas-fim). As atividades de *staff* são as áreas-meio, ou seja, prestam serviços especializados que servem de suporte às atividades-fim.

A autoridade para decidir e executar é do órgão de linha. A área de *staff* apenas assessora, sugere, dá apoio e presta serviços especializados. A relação deve ser sinérgica, pois a linha necessita do *staff* para poder desenvolver suas atividades, enquanto o *staff* necessita da linha para poder atuar.

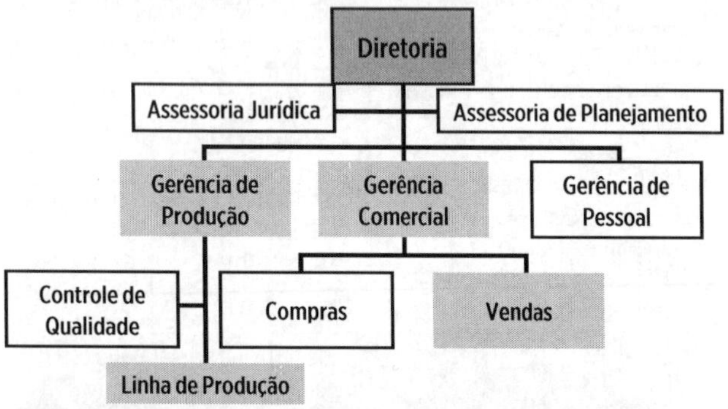

Vantagens	Desvantagens
melhor embasamento técnico e operacional para as decisões; agregar conhecimento novo e especializado à organização; facilita a utilização de especialistas; possibilita a concentração de problemas específicos nos órgãos de staff, enquanto os órgãos de linha ficam livres para executar as atividades-fim.	conflitos entre órgãos de linha e staff: experiências profissionais diversas, visões de trabalho distintas, diferentes níveis de formação; dificuldade de manutenção do equilíbrio entre linha e staff.

Estrutura divisional ou unidades estratégicas de negócios

Na estrutura divisional, a empresa desmembra sua estrutura em divisões, agregando os recursos e pessoas de acordo com os produtos, clientes e/ou mercados que são considerados importantes.

A vantagem deste modelo é que cada divisão funciona de maneira quase autônoma, independente, facilitando sua gestão. Cada divisão passa a ter seus próprios setores de pessoal, de *marketing*, e logística.

Com isso, estas divisões podem escolher estratégias distintas para atingir seus objetivos. Naturalmente, estas divisões não ficam "totalmente livres" do controle da cúpula da empresa, mas encontram muito mais flexibilidade para gerir seus negócios.

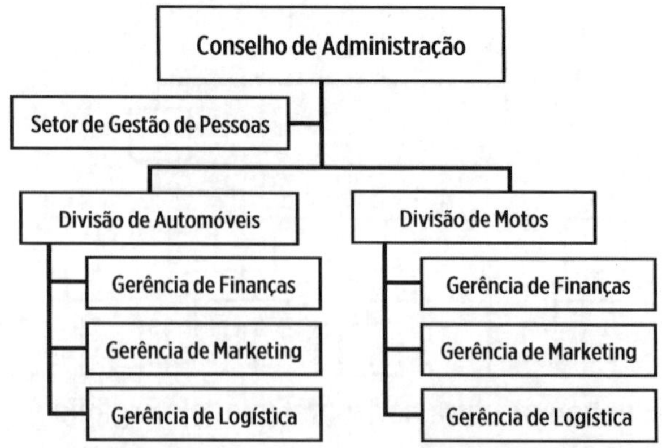

Vantagens	Desvantagens
- foco no resultado; - coordenação em razão do produto e serviço; - favorece a inovação e o crescimento; - comunicação e coordenação intradepartamentais boas.	- custos elevados, duplicidade de órgãos; - dificuldade de integração entre unidades; - a comunicação e a coordenação entre as divisões são péssimas.

Estrutura matricial

Estas estruturas são um modelo híbrido, que conjuga duas estruturas em uma só. Normalmente, é um somatório de uma estrutura funcional com outra estrutura horizontal, temporária, focada em projetos.

As empresas que atuam com esta estrutura buscam associar as vantagens das duas estruturas, juntando os especialistas funcionais nos projetos mais estratégicos, sempre que necessário.

Ela é chamada de matricial porque seu aspecto é parecido com o de uma matriz. Sua criação foi uma tentativa de conciliar, em uma estrutura rígida e hierárquica, a flexibilidade de uma estrutura temporária.

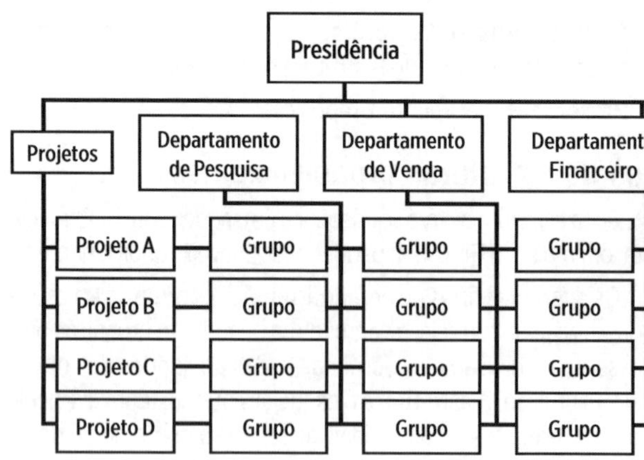

Vantagens	Desvantagens
- máximo aproveitamento de pessoal; - redução de custos; - flexibilidade para aumento e redução de quadro organizacional; - facilidade de apuração de resultado e controle de prazos e custos por projeto; - maior ganho de experiência prática do pessoal; - comunicação e coordenação intradepartamentais boas.	- menor lealdade à instituição; possibilidade de falta de contato entre elementos da mesma especialidade que trabalham em projetos diferentes; - responsabilidade parcial; comunicação e coordenação interdepartamentais péssimas.

Estrutura em virtual ou em rede

A antiga ideia de uma organização que "fazia de tudo" (ou verticalizada) ficou para trás. Como ninguém é "bom em tudo", devemos nos aliar a diferentes parceiros, dependendo da necessidade do momento.

Esta é a ideia central das redes organizacionais. Estas surgiram como uma necessidade de que as organizações fossem mais **flexíveis e adaptáveis às mudanças no ambiente**. Desta maneira, se uma empresa necessita de um novo design para seu novo produto, contrata um escritório de *design*. O mesmo ocorre quando esta empresa necessita de distribuir seu produto em um novo mercado – contrata uma empresa especializada em distribuição.

Assim sendo, a empresa pode estabelecer um foco naquilo que melhor sabe fazer e "mudar de rumo" sempre que for necessário. De acordo com este pensamento, surgiram as "organizações em rede" ou as "redes organizacionais".

Como as pessoas demandam cada vez mais produtos e serviços "customizados", essa tendência tem se acelerado. Mais estratégico do que ter capacidades "internas" (e mais estáveis, claro) é ter parceiros dentro de uma rede de atuação que deem este *Know-how* ou competências que possam ser "adquiridas" sempre que necessário.

A flexibilidade ocorre porque a organização passa a contratar qualquer serviço ou produto que precisar diretamente no mercado. Se em um segundo momento esses produtos e serviços não forem mais demandados, poderá cancelar o contrato e trocar de fornecedor, sem precisar demitir funcionários, vender maquinários, dentre outros custos e problemas.

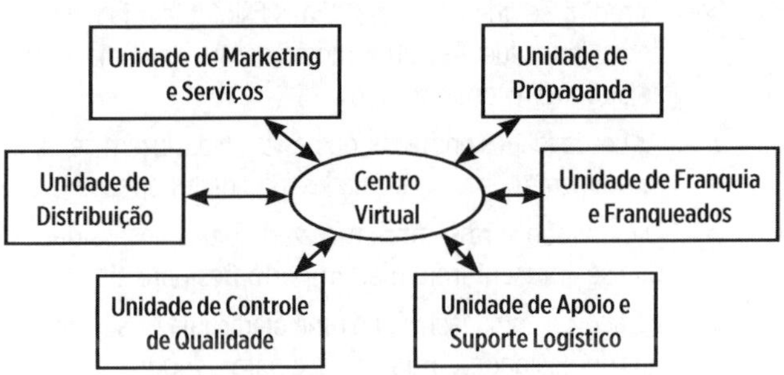

Vantagens	Desvantagens
- negócios virtuais ou unidades de negócios; - baixo custo operacional e administrativo; - competitividade global; - flexibilidade e adaptabilidade a ambientes complexos. - rapidez de respostas às demandas ambientais.	- controle global difícil, riscos e incertezas; - dificuldade de cultura corporativa e lealdades fracas.

5.3 Direção

A direção é a função administrativa que se refere ao relacionamento interpessoal do administrador com seus subordinados. Para que o planejamento e a organização possam ser eficazes, eles precisam ser complementados pela orientação e pelo apoio às pessoas, por meio de adequada comunicação, liderança e motivação, características estas que um administrador deve possuir para conseguir dirigir pessoas com eficiência. Enquanto as outras funções administrativas – planejamento, organização e controle – são impessoais, a direção constitui um processo interpessoal que define as relações entre os indivíduos.

A direção está relacionada diretamente com a atuação sobre as pessoas da organização. Por essa razão, constitui uma das mais complexas funções da administração. Alguns autores preferem substituir a palavra *direção* por liderança ou influenciação. Outros ainda preferem o termo *coaching*. A direção é a fusão de outras duas funções, a coordenação (ajustamento do trabalho) e a liderança.

Para podermos aprofundar na função *direção*, precisamos estudar motivação, pois é questão certa na sua prova também.

Motivação

A motivação define-se pelo desejo de exercer altos níveis de esforço em direção a determinados objetivos, organizacionais ou não, condicionados pela capacidade de satisfazer algumas necessidades individuais.

A motivação é relativa às forças internas ou externas que fazem uma pessoa se entusiasmar e persistir na busca de um objetivo.

Podemos dizer que as principais características básicas da motivação consistem no fato de que ela é um fenômeno individual, ou seja, somos únicos e devemos ser tratados com tal; a motivação é intencional, uma vez que está sob o controle do trabalhador; a motivação é multifacetada, depende tanto do estímulo como da escolha do comportamento empregado.

Outra característica encontrada é que não podemos medir a motivação diretamente. Medimos o comportamento motivado, a ação e as forças internas e externas que influenciam na escolha de ação, pois a motivação não é passível de observação.

A motivação é a força propulsora do comportamento; oferece direção, intensidade, sentido e persistência.

Ciclo motivacional

Em todo estado de motivação existe um ciclo motivacional. Ele começa com o surgimento de uma necessidade; portanto, sem essa necessidade, não há ciclo. A necessidade traz um estado psicológico no indivíduo causando um desconforto levando a um motivo para sair de determinada situação. Quando as pessoas estão em estado estável, sem essa necessidade, elas tendem a ficar estáticas, acomodando-se nos lugares que ocupam. Por um lado, isso é bom, mas por outro, seres estáticos se acomodam com a situação atual e acabam ficando para trás. Por isso, este incômodo pode ser visto como algo positivo, pois é ele que faz as pessoas se moverem e conseguirem grandes realizações e avanços como seres humanos ou para qualquer outra coisa.

No ciclo motivacional nem sempre a necessidade pode ser satisfeita. Nesses casos ela é liberada na forma de frustrações, causando desconfortos psicológicos como apatia, depressão, entre outros. Porém, quando não é liberada em aspectos psicológicos, pode ser levada para vias fisiológicas, causando problemas no organismo. A necessidade pode também ser transferida para outro lugar, como, por exemplo, a não conquista de uma necessidade é compensada por algum outro benefício.

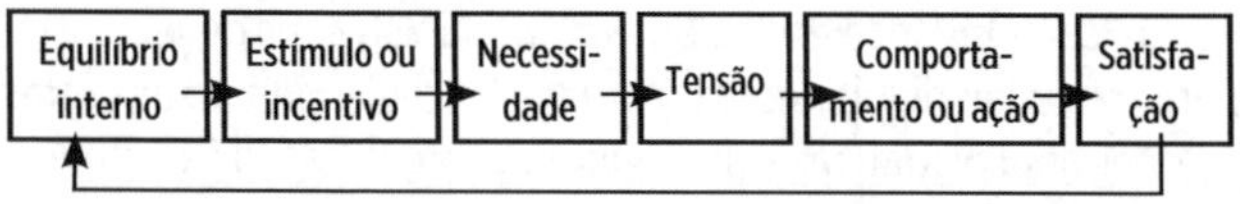

As etapas do ciclo motivacional, envolvendo a satisfação de uma necessidade

Tipos de motivação

Observamos uma divisão no tipo de motivação sabendo que são diversas as causas motivacionais do indivíduo, suas necessidades e expectativas.

Chamamos a motivação de **INTRÍNSECA** quando ela está relacionada com recompensas psicológicas: reconhecimento, respeito, *status*. Esse tipo motivacional está intimamente ligado às ações individuais dos gerentes em relação aos seus subordinados.

Por outro lado, fala-se de motivação **EXTRÍNSECA** quando as causas estão baseadas em recompensas tangíveis: salários, benefícios, promoções, sendo que estas causas independem da gerência intermediária, pois geralmente são determinadas pela alta administração, pelos gerentes gerais.

Principais teorias motivacionais

Algumas provas, por exemplo, podem buscar a classificação das teorias em **teorias de conteúdo e teorias de processo**:

> As **teorias de conteúdo** são aquelas que se referem ao conteúdo da motivação, ou seja, **o que** leva o indivíduo a se motivar.

> As **teorias de processos** são aquelas que se referem ao processo motivacional e ao seu funcionamento.

Teorias de conteúdo	Teorias de processo
1. Teoria da Hierarquia das Necessidades de Maslow. 2. Teoria ERC de Alderfer. 3. Teoria dos dois fatores de Herzberg. 4. Teoria X e Y de McGregor. 5. Teoria das Necessidades adquiridas de McClelland.	1. Teoria da Expectativa ou da Expectância de Vroom. 2. Teoria do Reforço - Skinner. 3. Teoria da Equidade - Stacy Adams. 4. Teoria da Autoeficácia - Bandura. 5. Teoria da Definição de Objetivos - Edwin Locke.

Teorias de conteúdo

As teorias de conteúdo partem do princípio de que os motivos do comportamento humano residem no próprio indivíduo. A motivação para agir e se comportar é originada das forças existentes no indivíduo. Assim, cada pessoa reage de forma diferente a estímulos recebidos.

Teoria da Hierarquia das Necessidades de Maslow

É a teoria mais conhecida sobre motivação , foi proposta pelo psicólogo americano Abraham H. Maslow, baseia-se na ideia de que cada ser humano esforça-se muito para satisfazer suas necessidades pessoais e profissionais. É um esquema que apresenta uma divisão hierárquica em que as necessidades consideradas de nível mais baixo devem ser satisfeitas antes das necessidades de nível mais alto. Segundo esta teoria, cada indivíduo tem de realizar uma "escalada" hierárquica de necessidades para atingir a sua plena autorrealização.

Para tanto, **Maslow** definiu uma série de cinco necessidades do ser, que são explicadas uma a uma a seguir:

Autorrealização	Desejo da pessoa de se tornar "tudo o que é capaz", crescimento profissional, etc.
Estima	Necessidade de respeito próprio, reconhecimento, status, etc.
Sociais	Necessidade de pertencimento: ter amigos, ter um bom ambiente de trabalho, etc.
Segurança	Ausência de ameaças e perigos: trabalho seguro, sem poluição, tranquilidade financeira
Fisiológicas	Necessidades mais básicas de todo ser-humano: ar, comida, água, etc.

Alguns aspectos sobre a Hierarquia de Necessidades de Maslow

> Para alcançar uma nova etapa, a anterior deve estar satisfeita. Isso se dá uma vez que, quando uma etapa está satisfeita, ela deixa de ser o elemento motivador do comportamento do ser, fazendo com que outra necessidade tenha destaque como motivação.

> Os 4 primeiros níveis dessas necessidades podem ser satisfeitos por aspectos extrínsecos (externos) ao ser humano, e não apenas por sua vontade.

> **Importante!** A necessidade de autorrealização nunca é saciada, ou seja, quanto mais se sacia, mais a necessidade aumenta.

> Acredita-se que as necessidades fisiológicas já nascem com o indivíduo. As outras mostradas no esquema acima se adquirem com o tempo.

> As necessidades primárias, ou básicas, satisfazem-se mais rapidamente que as necessidades secundárias, ou superiores.

> O indivíduo será sempre motivado pelas necessidades que se apresentarem mais importantes para ele.

> De acordo com Maslow, há uma hierarquia na satisfação das necessidades, indo da base para o topo.

> De acordo com os teóricos atuais, não há hierarquia entre as necessidades; tudo depende da prioridade de cada indivíduo. (BOLD)

Essa teoria está perdendo cada vez mais força, mas ainda é considerada importante pela excelente divisão das necessidades.

Teoria ERC ou ERG de Clayton Alderfer

Basicamente, é uma adaptação da teoria da hierarquia das necessidades de Maslow.

Alderfer procurou adequar os estudos de Maslow para que a teoria pudesse refletir os dados de suas pesquisas.

A primeira diferença é o fato de que Alderfer reduziu os níveis hierárquicos para três: de existência, de relacionamento e de crescimento (em inglês: *grow*).

01. **Necessidades de existência (*existence*):** incluem as necessidades de bem-estar físico: existência, preservação e sobrevivência. Abarcam as necessidades básicas de Maslow, ou seja, as fisiológicas e as de segurança.
02. **Necessidades de relacionamento (*relatedness*):** são as necessidades de relacionamentos interpessoais, ou seja, de sociabilidade e relacionamento social. Podem ser associadas às necessidades sociais e de estima de Maslow.
03. **Necessidades de crescimento (*grow*):** são as necessidades que o ser humano tem de desenvolver seu potencial e crescer. Relacionam-se com as necessidades de realização de Maslow.

Outra diferença está no fato de que na teoria ERC não existe uma hierarquia tão rígida. Vários níveis de necessidades podem ser estimulados ao mesmo tempo – a satisfação de um nível anterior não seria um pré-requisito para a satisfação do nível seguinte.

Além disso, se um nível de necessidade superior não for atendido, isso pode levar a pessoa a aumentar a necessidade de nível inferior. Exemplo: a falta de reconhecimento no trabalho poderia aumentar a demanda por melhores salários.

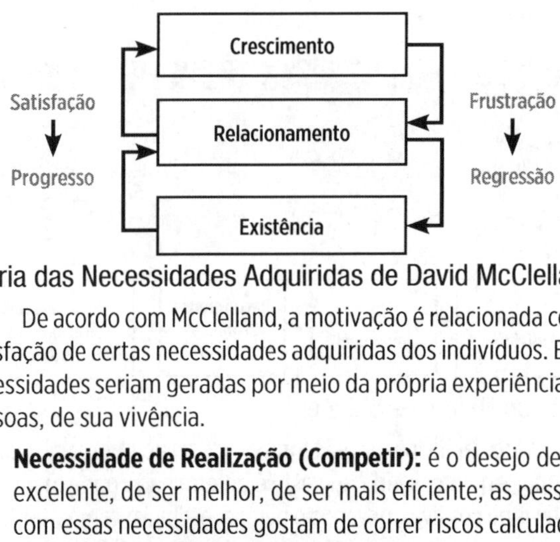

Teoria das Necessidades Adquiridas de David McClelland

De acordo com McClelland, a motivação é relacionada com a satisfação de certas necessidades adquiridas dos indivíduos. Estas necessidades seriam geradas por meio da própria experiência das pessoas, de sua vivência.

01. **Necessidade de Realização (Competir):** é o desejo de ser excelente, de ser melhor, de ser mais eficiente; as pessoas com essas necessidades gostam de correr riscos calculados, de ter responsabilidades, de traçar metas.
02. **Necessidade de Poder (Exercer influência):** é o desejo de controlar os outros e de influenciá-los. Pessoas assim têm grande poder de argumentação e esse poder pode ser tanto positivo quanto negativo; elas procuram assumir cargos de liderança.
03. **Necessidade de Afiliação (Relacionar-se):** reflete o desejo de interação social, de contatos interpessoais, de amizades e de poucos conflitos. Pessoas com essas necessidades colocam seus relacionamentos acima das tarefas.

As principais conclusões que podemos tirar dessa teoria são:

04. As pessoas se sentem muito motivadas quando o trabalho tem bastante responsabilidade, um grau médio de riscos e bastante *feedback*.
05. Uma grande necessidade de realização não faz de alguém, necessariamente, um bom gestor, mas faz com que ela busque o desempenho para atingir as metas fixadas. Isso acontece porque pessoas preocupadas demais em realizar os objetivos não costumam se importar tanto em fazer com que os membros de uma equipe melhorem seu desempenho. Os bons gerentes gerais não costumam ter uma alta necessidade de realização.
06. As necessidades de poder e afiliação estão intimamente ligadas ao sucesso gerencial. Os melhores gestores são aqueles que possuem grande necessidade de poder e baixa necessidade de afiliação. Pode-se considerar que uma grande motivação pelo poder é requisito para a eficácia administrativa.

Trata-se, como se vê, de uma teoria com bastante suporte, mas que possui dificuldades em se operacionalizar, dado que é custoso e demorado conseguir identificar as necessidades do indivíduo sob esta teoria, já que elas são subconscientes.

Teoria dos Dois Fatores de Herzberg

A Teoria dos Dois Fatores de Herzberg é uma das teorias motivacionais mais importantes, sendo também chamada de Teoria da Higiene-Motivação.

Segundo essa teoria, a motivação para o trabalho resulta de dois fatores:

> **Fatores Higiênicos:** referentes ao **AMBIENTE DE TRABALHO**, também chamados de fatores extrínsecos ou profiláticos. Eles **evitam a insatisfação** caso estejam presentes. Incluem aspectos como qualidade da supervisão, remuneração, políticas da empresa, condições físicas de trabalho, relacionamento com colegas e segurança no emprego, benefícios, estilos de gestão, políticas da empresa;

> **Fatores Motivacionais:** referentes ao **CONTEÚDO DO CARGO**, ou seja, ao próprio trabalho, sendo também chamados de fatores intrínsecos. São responsáveis pela existência de satisfação dos funcionários. Incluem aspectos como chances de promoção, oportunidades de crescimento pessoal, reconhecimento, responsabilidades e realização.

Fatores Motivacionais	Fatores Higiênicos
Trabalho em si.	Condições de trabalho.
Realização.	Administração da empresa.
Reconhecimento.	Salário.
Progresso.	Relações com o supervisor.
Responsabilidade.	Benefícios e incentivos sociais.

> A satisfação no cargo depende dos fatores motivacionais.

> A insatisfação no cargo depende dos fatores higiênicos.

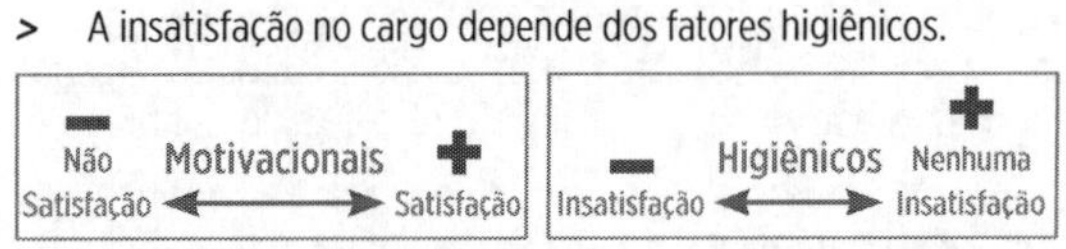

Convém compreender que, para a Teoria dos Dois Fatores, **a satisfação não é o oposto da insatisfação**. (TODA A FRASE EM BOLD)

Na verdade, na ausência de fatores higiênicos, haveria a insatisfação; enquanto que, na sua presença, chegar-se-ia a um "ponto neutro", chamado de não insatisfação.

Enquanto isso, na ausência de fatores motivacionais, haveria, quanto a esses fatores, um estado de não satisfação. Se eles estiverem presentes, haveria um estado de satisfação.

Para que o trabalhador se sinta motivado, é necessário que ele possua fatores extrínsecos satisfeitos (para evitar a desmotivação) e fatores motivacionais também satisfeitos (para que se gere a motivação).

Teoria X e Y de Douglas McGregor

As Teorias X e Y são antagônicas quanto à sua visão do ser humano. Ambas foram desenvolvidas por Douglas McGregor, de acordo com sua observação do comportamento dos gestores com relação aos funcionários.

De acordo com os pressupostos da **Teoria X**, as pessoas: são preguiçosas e indolentes; evitam o trabalho; evitam a responsabilidade para se sentirem mais seguras; precisam ser controladas e dirigidas; são ingênuas e sem iniciativa.

Se o gestor tem esta visão negativa das pessoas, ele tende a ser mais controlador e repressor, a tratar os subordinados de modo mais rígido, a ser autocrático, a não delegar responsabilidades.

Nas pressuposições da **Teoria Y**, o trabalho é uma atividade tão natural como brincar ou descansar, portanto, as pessoas: são esforçadas e gostam de ter o que fazer; procuram e aceitam responsabilidades e desafios; podem ser automotivadas e autodirigidas; são criativas e competentes.

Como o gestor acredita no potencial dos funcionários, ele incentiva a participação, delega poderes e cria um ambiente mais democrático e empreendedor.

Teoria X	Teoria Y
Um indivíduo comum, em situações comuns, evitará sempre que possível o trabalho.	O indivíduo comum não só aceita a responsabilidade do trabalho, como também as procura.
Alguns indivíduos só trabalham sob forte pressão.	O controle externo e a ameaça não são meios adequados de se obter trabalho.
Precisam ser forçados, contralados para que se esforcem em cumprir os objetivos.	O dispêndio de esforço no trabalho é algo natural.
É preguiçoso e prefere ser dirigido, evita as responsabilidades, tem ambições e, acima de tudo, deseja sua própria segurança.	São criativos e incentivos, buscam sempre a solução para os problemas da empresa.
O indivíduo é motivado pelo menor esforço, demandando um acompanhamento por parte do líder.	São pessoas motivadas pelo máximo esforço, demandando uma participação maior nas decisões e negociações inerentes ao seu trabalho.
São ameaçados com punições severas para que se esforcem em cumprir os objetivos estabelecidos pela organização.	O atingimento dos objetivos da organização está ligado às recompensas associadas e não ao controle rígido e às punições.
O homem comum busca, basicamente, segurança.	Os indivíduos são criativos e inventivos, buscam sempre a solução para os problemas da empresa.

Teorias de processo

Enquanto as teorias de conteúdo se preocupam com as necessidades, as teorias de processo procuram verificar como o comportamento é ativado, dirigido, mantido e ativado.

Teoria da Expectativa ou da Expectância de Vroom

A Teoria da Expectativa (também chamada de Expectância), de Victor Vroom, é uma das teorias da motivação mais amplamente aceitas para o contexto organizacional atual.

Sua ideia central é a seguinte: os funcionários ficarão motivados para um trabalho quando acreditarem que seu esforço gerará o desempenho esperado pela organização e que esse desempenho fará com que ele receba recompensas da organização, que servirão para a satisfação de suas metas pessoais.

Parece complexo, mas vamos desdobrar o que foi dito acima em três aspectos centrais. Assim, as relações que influenciam a motivação do funcionário na organização são as seguintes:

01. **Relação esforço-desempenho (Expectância):** trata-se da crença do funcionário de que seu esforço gerará o desempenho esperado e que esse resultado será percebido pela organização em sua avaliação de desempenho.
02. **Relação desempenho-recompensa (Instrumentalidade):** trata-se da crença de que ao atingir os objetivos fixados para si, o funcionário receberá recompensas da organização, como remuneração variável, bônus, folgas, etc.
03. **Relação recompensa-metas pessoais (Valência):** trata-se do grau em que as recompensas que o funcionário recebe da organização servem para que ele possa atingir as próprias metas pessoais.

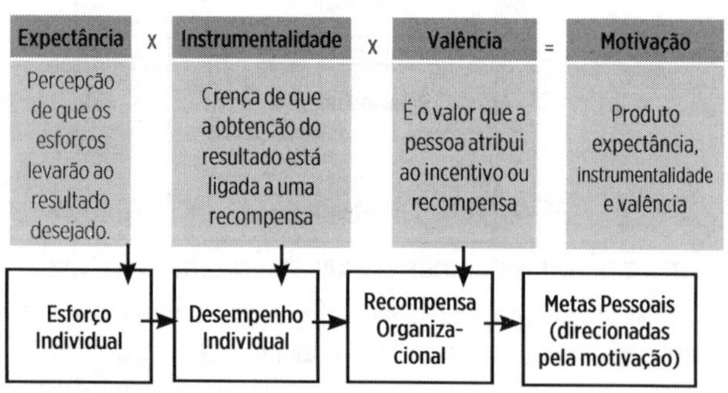

Teoria do Reforço - Skinner

A ideia principal dessa teoria é a de que o reforço condiciona o comportamento, sendo que este é determinado por experiências negativas ou positivas, devendo o gerente estimular comportamentos desejáveis e desencorajar comportamentos não agradáveis.

O reforço positivo se dá de várias formas, tais como: premiações, promoções e até um simples elogio a um trabalho bem feito. São motivadores vistos que incentivam o alto desempenho.

O reforço negativo condiciona o funcionário a não se comportar de maneira desagradável. Tal reforço atua por meio de repreensões, chegando até a demissão.

Conforme Schermerhorn (1996 apud CHIAVENATO, 2005, p. 486-487), **existem quatro estratégias de modificação de comportamento organizacional**:

- **Reforço positivo:** para aumentar a frequência ou intensidade do comportamento desejável, relacionando com as consequências agradáveis e contingentes à sua ocorrência. Exemplo: um administrador que demonstra aprovação por uma atitude de um funcionário; uma organização que concede um prêmio financeiro a um funcionário por uma boa sugestão.
- **Reforço negativo:** para aumentar a frequência ou intensidade do comportamento desejável pelo fato de evitar uma consequência desagradável e contingente à sua ocorrência. Um gerente deixa de repreender o funcionário faltoso ou deixa de exigir que não mais cometa determinada falta.
- **Punição:** para diminuir a frequência ou eliminar um comportamento indesejável pela aplicação da consequência desagradável e contingente à sua ocorrência. Um administrador repreende o funcionário ou suspende o pagamento de bônus ao funcionário que atrasa indevidamente o seu trabalho.
- **Extinção:** para diminuir a frequência ou eliminar um comportamento indesejável pela remoção de uma consequência agradável e contingente à sua ocorrência. Um administrador observa que um empregado faltoso recebe aprovação social de seus colegas e aconselha os colegas a não praticarem mais tal aprovação. A extinção não encoraja nem recompensa.

Teoria da Equidade - Stacy Adams

Para Stacy Adams, todos fazem uma comparação entre o que "entrega" e o que "recebe" em troca (pela empresa e colegas). Assim, a noção de que a relação é justa teria um impacto significativo na motivação.

Equidade, neste caso, é a relação entre a contribuição que o indivíduo dá em seu trabalho e as recompensas que recebe, comparadas com as recompensas que os outros recebem em troca dos esforços empregados. É uma relação de comparação social.

A Teoria da Equidade focaliza a relação dos resultados para os esforços empreendidos em relação à razão percebida pelos demais, existindo assim a EQUIDADE. Porém, quando essa relação resulta em um sentimento de desigualdade, ocorre a INEQUIDADE, podendo esta ser *negativa*, quando o trabalhador recebe menos que os outros, e positiva, quando o trabalhador recebe mais que os outros.

Se alguma dessas duas condições acontece, o indivíduo poderá se comportar da seguinte forma:

- Apresentará uma redução ou um aumento em nível de esforço.
- Poderá fazer tentativas para alterar os resultados.
- Poderá distorcer recursos e resultados.
- Poderá mudar de setor ou até de emprego.
- Poderá provocar mudanças nos outros.
- E, por fim, poderá trocar o grupo ao qual está se comparando.

A equidade é subjetiva: o que pode parecer justo para o superior pode não parecer justo para o subordinado. Por isso, a maior importância recai sobre o que o ambiente percebe como justo, e não sobre o que o gerente acredita ser justo.

Teoria da Autoeficácia – Bandura

Segundo esta teoria, a motivação e o desempenho de um indivíduo podem ser determinados pelo quanto este indivíduo acredita que pode ser eficiente desenvolvendo as tarefas (SPECTOR, 2006). Isso significa que pessoas com alto nível de **autoeficácia** são motivadas a fazer tarefas, pois acreditam que podem desempenhá-las bem, e pessoas com baixo nível de **autoeficácia** não se motivam por certas tarefas por não acreditarem no sucesso de suas ações para desenvolvê-las.

Utilizando o pensamento de Bandura, *apud* Yassudaetall (2005), pode-se dizer que a teoria da autoeficácia prevê que a confiança que o indivíduo tem em sua capacidade é uma grande fonte de motivação e é reguladora de suas atitudes. Quando uma pessoa se percebe capaz de realizar algo, esforça-se mais e tem mais motivação para concluir sua tarefa do que o indivíduo com baixo nível de autoeficácia.

Assim, este estudo afirma que uma pessoa esforça-se mais em tarefas que acredita ter maior grau de autoeficácia para realizar, e que a autoeficácia das pessoas pode variar de acordo com a tarefa que terão que realizar (SPECTOR, 2006).

Bandura também apresenta quatro fontes possíveis para autoeficácia: a fonte mais importante seria o próprio desempenho da pessoa nas tarefas em um determinado domínio. A autoeficácia também pode ser influenciada pela observação do desempenho de outras pessoas - que pode nos levar a concluir que faríamos melhor ou pior do que os outros fazem. Outra fonte da autoeficácia seria a persuasão verbal de outras pessoas, que podem nos convencer de que somos ou não capazes de realizar algo. Finalmente, a percepção de nossos estados fisiológicos também pode afetar nossa autoeficácia, pois se nos sentimos ansiosos, amedrontados frente a certas tarefas, podemos inferir que nos sentimos assim porque não somos capazes de realizá-las (BANDURA *apud* YASSUDA *et all*, 2005, p.1).

> Autoeficácia é a percepção que temos de que somos capazes, competentes e aptos para realizar um trabalho. Assim, torna-se necessária para a motivação. Masquando é elevada demais, é um obstáculo para o aprendizado, pois o indivíduo acredita que já não precisa melhorar mais, porque está no nível de excelência.

Teoria da Definição de Objetivos – Edwin Locke

A Teoria da Definição de Objetivos desenvolvida por Edwin Locke preconiza que a motivação das pessoas está intrinsecamente ligada à busca de alcance de objetivos. O objetivo sinaliza às pessoas o que precisa ser feito e quanto esforço elas terão de despender para o seu alcance.

É uma abordagem cognitiva que sustenta que o comportamento de uma pessoa é orientado por seus propósitos.

Está fundamentada em alguns pressupostos:

01. Objetivos bem definidos e mais difíceis de serem alcançados levam a melhores resultados do que metas genéricas e abrangentes.
02. Objetivos difíceis, para pessoas capacitadas, elevam o desempenho.
03. A retroação a respeito do desempenho provoca melhor desempenho. Quando a retroação é autogerenciada, é mais poderosa que a retroação externa.
04. Objetivos construídos com a participação dos funcionários, que terão que atingi-los para que surtam mais resultados.
05. Pessoas com alta autoeficácia tendem a concluir com êxito as tarefas. Pessoas com baixa autoeficácia precisam de maior retroação externa.
06. A definição individual de objetivos funciona melhor para tarefas individuais e independentes.

Estilos de direção

Os sistemas administrativos

Dentro desse filão, Likert, outro expoente da teoria comportamental, fez uma pesquisa levando em conta algumas variáveis comportamentais importantes. Dentre elas, estão o processo decisorial, os sistemas de comunicação, o relacionamento interpessoal dos membros e os sistemas de punições e recompensas adotados pelas organizações.

> **Processo decisorial.** O administrador pode centralizar totalmente em suas mãos todas as decisões dentro da organização (centralização) ou pode descentralizar totalmente as decisões de maneira conjunta e participativa com as pessoas envolvidas (descentralização). Ele pode adotar uma supervisão direta, rígida e fechada sobre as pessoas (estilo autocrático) até uma supervisão genérica, aberta, democrática e orientadora que permite ampla autodireção e autocontrole por parte das pessoas (estilo democrático).

> **Sistemas de comunicação.** O administrador pode adotar fluxos descendentes de ordens e instruções e fluxos ascendentes de relatórios para informação (comunicação vertical e rígida), ou pode adotar sistemas de informação desenhados para proporcionar acesso a todos os dados necessários ao desempenho (comunicação vertical e horizontal intensa e aberta).

> **Relacionamento interpessoal.** O administrador pode adotar cargos com tarefas segmentadas e especializadas (cargos especializados, individualizados e confinados em que as pessoas não podem se comunicar entre si) ou pode adotar desenhos de cargos que permitam o trabalho em grupo ou em equipe em operações autogerenciadas e autoavaliadas (cargos enriquecidos e abertos).

> Sistemas de punições e recompensas. O administrador pode adotar um esquema de punições que obtenha a obediência por meio da imposição de castigos e medidas disciplinares (ênfase nas punições e no medo), ou pode adotar um esquema de recompensas materiais e simbólicas para obter a aceitação, a motivação positiva e o comprometimento das pessoas (ênfase nas recompensas e no estímulo).

Likert chegou à conclusão de que as variáveis comportamentais escolhidas para sua pesquisa variam e se comportam como continuons.

Em função dessa continuidade, chegou à conclusão de que existem quatro sistemas administrativos.

Sistema 1: Autoritário-Coercitivo

No extremo esquerdo do *continuum*, o Sistema 1 constitui o sistema mais fechado, duro e arbitrário de administrar uma organização. É totalmente coercitivo e coativo, impondo regras e regulamentos, e exige rígida e cega obediência. As decisões são monopolizadas na cúpula da organização. Impede a liberdade, nega a informação, restringe o indivíduo e faz com que ele trabalhe isoladamente dos demais. Há forte desconfiança em relação às pessoas e impede-se qualquer contato interpessoal. Para incentivar as pessoas a trabalharem, utiliza punições e castigos - a motivação negativa - de modo a impor intimidação e medo e reforçar a obediência cega.

Sistema 2: Autoritário-Benevolente

O Sistema 2 é também um sistema autoritário. Todavia, é benevolente e menos coercitivo e fechado do que o anterior. Permite alguma delegação das decisões em níveis mais baixos, desde que essas decisões sejam repetitivas e operacionais e sujeitas à confirmação da cúpula. As restrições à liberdade são menores do que no Sistema l; oferece-se alguma informação, já que o fluxo vertical de informações traz ordens e comandos de cima para baixo e informações de baixo para cima a fim de abastecer o processo decisório. Existe ainda uma grande desconfiança das pessoas, mas permite-se algum relacionamento entre elas, como certa condescendência da organização. O sistema utiliza punições e castigos, mas já se preocupa com recompensas, que são estritamente materiais e salariais, frias e calculistas.

Sistema 3: Consultivo

O Sistema 3 já é mais aberto do que os anteriores. Deixa de ser autocrático e impositivo para dar alguma margem de contribuição das pessoas. Daí a sua denominação do sistema consultivo. Proporciona descentralização e delegação das decisões, permitindo que as pessoas possam envolver-se no processo decisorial da organização. O sistema se apoia em boa dose de confiança nas pessoas, permitindo que elas trabalhem ocasionalmente em grupos ou em equipes. As comunicações são intensas e o seu fluxo é vertical - acentuadamente ascendente e descendente - com algumas repercussões laterais ou horizontais. O sistema utiliza mais recompensas - que são predominantemente materiais e ocasionalmente sociais - e poucas punições.

Sistema 4: Participativo

No extremo direito do *continuum* está o Sistema 4, que constitui o sistema mais aberto e democrático de todos. É denominado sistema participativo, pois incentiva total descentralização e delegação das decisões aos níveis mais baixos da organização, exigindo apenas um controle dos resultados por parte da cúpula. As decisões passam a ser tomadas diretamente pelos executores das tarefas. O sistema se apoia em total confiança nas pessoas e no seu *empoderamento* (*empowerment*), incentivando a responsabilidade e o trabalho conjunto em equipe. As comunicações constituem o núcleo de integração do sistema, e seu fluxo é tanto vertical como horizontal para proporcionar envolvimento total das pessoas no negócio da organização. O sistema utiliza amplamente as recompensas salariais como parte do seu esquema de remuneração variável pelo alcance de metas e resultados, bem como recompensas sociais ou simbólicas. As punições são raras e, quando acontecem, são decididas e administradas pelas equipes ou grupos de trabalho.

Mas, o que determina o tipo de administração a ser desenvolvido pelo administrador? Geralmente, a consistência entre meios e fins. E aqui reside um dos principais aspectos da teoria administrativa. Essa consistência depende de conceitos e teorias a respeito da natureza das pessoas, como elas se comportam nas organizações e como os administradores devem se comportar nesse conjunto. Os sistemas administrativos de Likert constituem uma notável contribuição da escola comportamental para a avaliação do grau de abertura e democratização das organizações. As organizações bem-sucedidas estão migrando decidida e rapidamente para o lado direito do *continuum* descrito - Sistema 4 - e adotando posturas altamente participativas e democráticas com relação às pessoas que nelas trabalham.

O papel da direção

Para a Teoria Comportamental, o papel do administrador é promover a integração e articulação entre as variáveis organizacionais e as variáveis humanas, focalizando o ambiente e, mais especificamente, o cliente. De um lado, as variáveis organizacionais, como missão, objetivos, estrutura, tecnologia, tarefas etc.; e de outro, as variáveis humanas, como habilidades, atitudes, competências, valores, necessidades individuais etc., que devem ser devidamente articuladas e balanceadas. As ações de planejar, organizar, controlar e, principalmente, dirigir servem exatamente para proporcionar essa integração e articulação.

Para alcançar uma adequada integração e articulação entre as variáveis organizacionais e as variáveis humanas, o administrador deve utilizar vários mecanismos, como as variáveis comportamentais estudadas por Likert: o processo decisório, os sistemas de comunicação, o relacionamento interpessoal dos membros e o sistema de punições e recompensas.

Por meio desses mecanismos de integração, o papel do administrador se estende por uma ampla variedade de alternativas, que vão desde o Sistema I até o Sistema 4 de Likert. O administrador exerce direção, toma decisões e influencia e motiva as pessoas. Ele comunica e estrutura as organizações e desenha cargos e tarefas que repercutem no relacionamento interpessoal dos membros. Ele incentiva as pessoas sob diferentes aspectos. Em cada uma dessas áreas, o papel do administrador pode variar entre comportamentos ou abordagens alternativos.

A direção e as pessoas

As mais recentes abordagens administrativas enfatizam que são as pessoas que fazem a diferença nas organizações. Em outras palavras, em um mundo onde a informação é rapidamente disponibilizada e compartilhada pelas organizações, sobressaem aquelas que são capazes de transformá-la rapidamente em oportunidades em termos de novos produtos e serviços antes que outras organizações o façam. E isso somente pode ser conseguido com a ajuda das pessoas que sabem utilizá-la adequadamente, e não apenas com a tecnologia que pode ser adquirida no mercado. São as pessoas - e não apenas a tecnologia - que fazem a diferença. A tecnologia pode ser adquirida por qualquer organização com relativa facilidade nos balcões do mercado. Bons funcionários requerem um investimento muito mais longo em termos de capacitação quanto a habilidades e conhecimentos e, sobretudo, de confiança e comprometimento pessoal.

Ouchi deu o nome de **Teoria Z** para descrever o esquema de administração adotado pelos japoneses, cujos princípios são:

- Filosofia de emprego em longo prazo.
- Poucas promoções verticais e movimentos em cargos laterais.
- Ênfase no planejamento e desenvolvimento da carreira.
- Participação e consenso na tomada de decisões.
- Envolvimento dos funcionários.

É certo que todos esses princípios são válidos para o Japão e sua peculiar cultura oriental e tradições milenares. Mas todos eles podem ser simplesmente transplantados para um país como o nosso, com hábitos e costumes totalmente diferentes. Contudo, alguns aspectos mostram que confiança, consenso e envolvimento das pessoas no negócio são fatores inequívocos de sucesso organizacional. Em qualquer lugar do mundo, é bom não perdê-los de vista.

Conceito de grupo social

No passado, prevaleceu por longas décadas a noção de que os indivíduos constituíam o elemento básico na construção dos blocos organizacionais e da dinâmica organizacional. O tempo, a experiência e os resultados serviram para descartar essa noção míope e errônea, e as organizações mais avançadas passaram a redesenhar os seus processos organizacionais construídos sobre e ao redor de indivíduos para remodelá-los inteiramente no nível de grupos de trabalho. Um grande número de organizações está caminhando rápida e definitivamente nessa direção: a ideia é sair do nível do átomo ou da molécula e passar a selecionar grupos - e não mais indivíduos - treinar, remunerar, promover, liderar e motivar grupos, e uma enorme extensão de atividades organizacionais, no sentido de utilizar não mais as pessoas de maneira confinada e isolada, mas grupos de trabalho atuando coesa e conjuntamente. Chegou, portanto, a hora de levar os grupos a sério.

Um grupo pode ser definido como um conjunto de dois ou mais indivíduos que estabelecem contatos pessoais, significativos e propositais, uns com os outros, em uma base de continuidade, para alcançar um ou mais objetivos comuns. Nesse sentido, um grupo é muito mais do que um simples conjunto de pessoas, pois seus membros se consideram mutuamente dependentes para alcançar os objetivos e interagem uns com os outros regularmente para o alcance desses objetivos no decorrer do tempo. Todas as pessoas pertencem a vários grupos, dentro e fora de organizações. Por outro lado, os administradores estão participando e liderando as atividades de muitos e diferentes grupos em suas organizações.

Existem grupos formais e informais. Um grupo formal é um grupo oficialmente designado para atender a um específico propósito dentro de uma organização. Algumas unidades de grupo são permanentes e até podem aparecer nos organogramas de muitas organizações na figura de departamentos (como departamentos de pesquisa de mercado), divisões (como divisão de produtos de consumo) ou de equipes (como equipe de montagem de produtos). Um grupo permanente pode variar de tamanho, indo desde um pequeno departamento ou uma equipe de poucas pessoas até grandes divisões com centenas de pessoas envolvidas. Em todos esses casos, os grupos formais compartilham a característica comum de serem criados oficialmente para desempenhar certas tarefas em uma base duradoura, e continuam sua existência até que alguma decisão mude ou reconfigure a organização por alguma razão.

Os grupos temporários são criados para específicos propósitos e se dissolvem quando tal propósito é alcançado ou cumprido. Certos comitês ou forças-tarefa designados para resolver problemas específicos ou cumprir atribuições especiais são exemplos típicos de grupos temporários. O presidente de uma organização pode solicitar uma força-tarefa para estudar a viabilidade de adotar horário flexível para o pessoal de nível gerencial da empresa. Alguns grupos temporários requerem apenas um líder ou orientador, e não um gerente para alcançar bons resultados.

Por outro lado, muitas organizações utilizam grupos informais que emergem extraoficialmente e que não são reconhecidos como parte da estrutura formal da organização. São grupos amigáveis que se compõem de pessoas com afinidades naturais entre si e que trabalham juntas com mais facilidade. Os grupos de interesses são compostos de pessoas que compartilham interesses comuns e que podem ter interesses relacionados com o trabalho, como serviços comunitários, esportes ou religião.

Quaisquer que sejam os tipos de grupos de trabalho, é inegável a sua enorme utilidade para as organizações.

Trabalho em equipe

A formação de uma boa equipe que conquiste excelentes resultados tem sido uma busca cada vez mais frequente em qualquer tipo de organização. A tradicional reunião de pessoas em busca de objetivos comuns, que, no passado, era chamada de equipe, hoje é entendida como sendo, na verdade, apenas agrupamento, ou grupo. A verdadeira equipe é aquela que possui objetivos claros, sabe exatamente onde deve chegar, cresce enquanto equipe, mas que respeita e incentiva o crescimento de cada um dos seus componentes. Dessa forma, muito mais do que retratar o papel das equipes na organização, pretende-se descrever os tipos de personalidade, de modo que se consiga uma formação, por meio de uma melhor análise, de equipes de elevado desempenho, com personalidades que venham sempre a somar.

O que é uma equipe?

A equipe é um grupo de pessoas, em que seus participantes se conhecem, relacionam-se diretamente, havendo ainda uma unidade de espírito e de ação. Quando se focalizam as equipes, verifica-se que os resultados que elas querem atingir são os objetivos da organização.

A equipe traz consigo a ação, a execução do trabalho, agrupando profissionais de categorias diferentes ou não, complementando-se, articulando-se e dependendo uns dos outros para objetivos comuns.

Objetivos do Trabalho em Equipe

As organizações que se baseiam no trabalho em equipe buscam evitar condições opressivas de trabalho e as substituem por processos e políticas que estimulam as pessoas a trabalharem efetivamente para objetivos comuns. Conforme MOSCOVICI (1996) *"(...) desenvolver uma equipe é ajudar a aprender e a institucionalizar um processo constante de autoexame e avaliação das condições que dificultam seu funcionamento efetivo, além de desenvolver habilidades para lidar eficazmente com esses problemas."*

É necessário que uma equipe possua objetivos, para que consiga se manter e se desenvolver. Os objetivos são de suma importância para o trabalho em equipe, pois guiam as ações dos participantes do grupo, que coordenam e planejam seus esforços. Servem ainda para delimitar critérios a fim de resolver conflitos interpessoais, de maneira a promover a melhoria do trabalho, que passa a ser constantemente avaliado, analisado e revisado. Os objetivos, quando imediatos, têm maior significado para a equipe. Devem servir como passos intermediários para os objetivos principais.

Tipos de Equipes

PARKER (1995) divide as equipes em três tipos específicos, cada qual com as suas características.

A **equipe funcional** é formada por um chefe e seus subordinados diretos e tem sido a marca da empresa moderna. Questões como autoridade, relações, tomada de decisão, liderança e gerenciamento demarcado são simples e claras.

A **equipe autogerenciável** é um grupo íntegro de colaboradores responsáveis por todo um processo ou segmento de trabalho, que oferece um produto ou serviço a um cliente interno ou externo. Em diferentes instâncias, os membros da equipe trabalham em conjunto para melhorar as suas operações, lidar com os problemas do dia a dia e planejar e controlar as suas atividades.

E a **equipe interfuncional**, às vezes chamada de **equipe multidisciplinar**, faz parte da silenciosa revolução que atualmente vem abrangendo as organizações. PARKER (1995) diz que *"(...) as possibilidades para esse tipo de equipe parecem ser ilimitadas. Encontro-as nos mais diversos ramos de atividade, desempenhando uma gama de funções igualmente amplas, até então praticadas isoladamente."* Ainda sob o enfoque de PARKER (1995), *"(...) equipes interfuncionais estão ajudando a agilizar o processo de desenvolvimento de produtos, melhorar o enfoque dado ao cliente, aumentar a capacidade criativa da empresa, oferecer um fórum para o aprendizado organizacional e servir de ponto único de contato para clientes, fornecedores e outros envolvidos."*

Equipe virtual - as pessoas estão separadas fisicamente, mas unidas pela TI (Tecnologia da Informação).

Equipe temporária - as pessoas estão unidas por um período de tempo específico; após esse prazo, a equipe é desfeita.

Equipe força-tarefa - é uma equipe temporária, montada para resolver um problema específico.

Equipe transversal - é formada por pessoas de departamentos diferentes e níveis organizacionais diferentes.

Estágio de Desempenho de Equipes

De acordo com KATZENBACH e SMITH (apud MOSCOVICI, 1996), a curva de desempenho da equipe permite classificá-la de acordo com o modo de funcionamento em uma das cinco posições:

Pseudo-equipe: neste grupo, pode-se definir um trabalho, mas não há preocupação com o desempenho coletivo apreciável. Prevalece a individualidade.

Grupos de trabalho: não existe estímulo para transformar-se em equipe. Os membros partilham informações entre si, porém são mantidas, de forma individual, as responsabilidades e objetivos. Não se produz desempenho coletivo.

Equipe potencial: existe intenção de produzir o desempenho coletivo. Necessita-se assumir compromisso quanto ao resultado de grupo e se requerem esclarecimentos das finalidades, dos objetivos e da abordagem de tarefa.

Equipe real: composta de pessoas que, além de possuírem habilidades que se complementam, comprometem-se umas com as outras, por meio da missão e dos objetivos comuns e da abordagem de trabalho bem definida. Existe confiança entre os membros do grupo, assumindo responsabilidade plena sobre o desempenho.

Equipe de elevado desempenho: equipe com membros profundamente comprometidos com o crescimento pessoal de cada indivíduo e com o sucesso deles mesmos e dos outros. Possuem resultados muito além das expectativas. Na análise de MANZ e SIMS (1996), com coautores de Empresas sem chefes, instalando equipes de elevado desempenho, tem-se:

a) aumento na produtividade;
b) melhora na qualidade;
c) melhora na qualidade de vida profissional dos funcionários;
d) redução no nível de rotatividade de pessoal e absenteísmo;
e) redução no nível de conflito;
f) aumento na inovação;
g) aumento na flexibilidade; e
h) obtenção de economia de custos da ordem de 30% a 70%.

É necessário aprender a trabalhar em equipe, sabendo-se que uma equipe não começa a funcionar eficientemente no momento em que é criada. Conforme KOPITTKE (2000) *"é necessário um tempo para que a equipe se alinhe."* Em um importante estudo, feito nos anos 70, o psicólogo Tuckman identificou quatro estágios de desenvolvimento de equipes que visam ao sucesso, conforme relata KOPITTKE (2000), sendo eles:

a) **formação:** neste estágio, as pessoas ainda estão aprendendo a lidar umas com as outras; pouco trabalho é feito;
b) **tormenta:** tem-se uma época de difícil negociação das condições sob as quais a equipe vai trabalhar;
c) **aquiescência:** é a época na qual os papéis são aceitos (posse do problema) e as informações circulam livremente;
d) **realização:** quando a execução do trabalho atinge níveis ótimos (não há mais problema).

Habilidades para o Trabalho em Equipe

As competências para um bom desempenho no trabalho em equipe diferem das competências necessárias ao trabalho individual. A seguir, estão explicitadas essas competências:

a) **cooperar:** participar voluntariamente, apoiar as decisões da equipe, fazer a sua parte do trabalho;
b) **compartilhar informações:** manter as pessoas informadas e atualizadas sobre o processo do grupo;
c) **expressar expectativas positivas:** esperar o melhor das capacidades dos outros membros do grupo, falando dos membros da equipe para os outros com aprovação. Apelar para a racionalidade em situações de conflito e não assumir posição polêmica nesses casos;
d) **estar disposto a aprender com os companheiros:** valorizar a experiência dos outros, solicitar dados e interagir pedindo e valorizando ideias;
e) **encorajar os outros:** dar crédito aos colegas que tiveram bom desempenho tanto dentro como fora da equipe;
f) **construir um espírito de equipe:** tomar atitudes especiais para promover clima amigável, moral alto e cooperação entre os membros da equipe;
g) **resolver conflitos:** trazer à tona o conflito dentro da equipe e encorajar ou facilitar uma solução construtiva para a equipe. Não esconder ou evitar o problema, mas tentar resolvê-lo da forma mais rápida possível.

As diferenças entre as mentalidades		
Fatores	**Ênfase em "você"**	**Ênfase em "nós"**
Estrutura	Trabalho individual centralizado nos departamentos.	Trabalho por processos realizado por times semiautônomos.
Hierarquia	Rígida, com muitos níveis.	Poucos níveis para facilitar a comunicação e agilizar a tomada de decisões.
Carreira	Baseada em cargos e em tempo de serviço.	O funcionário ganha projeção à medida que adquire mais habilidades.
Execução de projetos	Uma área ou pessoa é eleita para levar adiante um projeto.	As equipes multidisciplinares, formadas por pessoas de diversos setores, assumem o projeto.
Tomada de decisão	Todas as decisões operacionais são de responsabilidade do supervisor.	As decisões sobre detalhes do dia a dia do funcionário são tomadas por ele mesmo. A autonomia acelera os processos e aumenta a produtividade.
Remuneração fixa	Baseada em cargos, tempo de serviço e formação.	Baseada nas habilidades que agregam valor aos produtos da empresa
Remuneração variável	Não há participação nos resultados.	Participação nos resultados proporcional às metas alcançadas variável pelo time ou pelo cumprimento de projetos individuais.

Comunicação	A comunicação é truncada, pois há dificuldade de transmissão das informações entre os departamentos. Crença de que a competição interna gera lucros para a empresa.	Estímulo à comunicação aberta entre todos os níveis. A internet tem sido o veículo mais utilizado e as reuniões viraram hábito diário.
Competição	Crença de que a competição interna gera lucros para a empresa.	Diminuição da competitividade. As promoções são baseadas nas habilidades adquiridas e, muitas vezes, só acontecem com o consentimento do grupo.

Liderança

Para o empregado de hoje, ter sucesso significa alcançar a realização pessoal, social e financeira, ser interdependente, contribuir para a solução de problemas, encontrar desafios e atingir metas. As pessoas querem sentir que seus esforços são valorizados e que seu trabalho é o diferencial que contribui para o sucesso da empresa em que trabalham.

O líder de hoje pode se perguntar: "*Quais as habilidades essenciais que preciso ter para obter a lealdade e o comprometimento da minha equipe? Como posso ser ainda mais útil com cada pessoa do meu time?*".

Tais questões serão respondidas adiante, com a intenção de estimular o pensamento e as ações do candidato, desenvolvendo nele as habilidades necessárias para adotar comportamentos de liderança e, ao mesmo tempo, obter êxito na prova de Administração Geral, pois este tema é muito cobrado em concursos.

A fim de conquistar o comprometimento de uma equipe, é necessário que o líder inspire – e não exija – respeito e confiança. Cada pessoa se compromete quando é tratada como se fizesse parte da equipe – quando sabe que sua contribuição é importante. Quando a pessoa percebe que é considerada, compreendida e reconhecida, sua percepção de comprometimento cresce. Um líder que forma outros líderes ensina que são seis os passos que criam condições para o desenvolvimento da lealdade e do comprometimento:

01. Comunicação franca e aberta.
02. Envolvimento e potencialização dos colaboradores.
03. Desenvolvimento profissional e pessoal dos colaboradores.
04. Demonstrar o reconhecimento.
05. Liderar com ética e imparcialidade.
06. Promover o bem-estar no ambiente de trabalho.

Quando Fayol anunciou as funções administrativas, elas eram representadas pela sigla POCCC (Planejamento, Organização, Comando, Coordenação e Controle). Com o passar do tempo, as funções de comando e coordenação foram unificadas na letra D, de direção. Essa função engloba atividades como a tomada de decisão, a comunicação com os subordinados, superiores e pares, a obtenção, a motivação e o desenvolvimento de pessoal.

A liderança nas empresas pode ocorrer de duas maneiras:

a) **liderança decorrente de uma função** (cargo com autoridade de decisão);
b) **liderança como uma qualidade pessoal** (conjunto de atributos e atitudes que tornam uma pessoa um líder.

Teorias sobre Liderança

As teorias sobre liderança podem ser classificadas em três grandes grupos:

01. Teoria dos traços de liderança.
02. Estilos de liderança.
03. Liderança situacional (contingencial).

Vamos aprofundar, vejamos o que o Idalberto Chiavenato explica:

1ª. Teoria dos Traços de Personalidade

De acordo com esta teoria, já desacreditada, o líder possuiria características marcantes de personalidade que o qualificariam para a função. Essas características eram:

- habilidade de interpretar objetivos e missões;
- facilidade em solucionar problemas e conflitos;
- habilidade de delegar responsabilidade aos outros;
- facilidade em supervisionar e orientar pessoas;
- habilidade de estabelecer prioridades;
- habilidade de planejar e programar atividades em equipe.

De acordo com vários autores, somente seriam líderes potenciais aqueles que possuíssem essas qualidades.

2ª. Estilos de Liderança?

Esta teoria aponta três estilos de liderança: **autocrática, democrática e liberal**. Ela está concentrada mais especificamente no modo como os líderes tomavam decisões, e o efeito que isso produzia nos índices de produtividade e na satisfação geral dos subordinados.

AUTOCRÁTICA	DEMOCRÁTICA	LIBERAL
Apenas o líder fixa as diretrizes, sem qualquer participação do grupo.	As diretrizes são debatidas pelo grupo, estimulado e assistido pelo líder.	Há liberdade completa para as decisões grupais ou individuais, com participação mínima do líder.
O líder determina as providências e as técnicas para a execução das tarefas, cada uma por vez, na medida em que se tornam necessárias e de modo imprevisível para o grupo.	O próprio grupo esboça as providências e as técnicas para atingir o alvo solicitando aconselhamento técnico ao líder quando necessário, passando este a sugerir duas ou mais alternativas para o grupo escolher. As tarefas ganham nova perspectivas com os debates.	A participação do líder no debate é pouca, esclarecendo que poderia fornecer informações desde que as pedissem.

O líder determina qual a tarefa que cada um deve executar e qual o seu companheiro de trabalho.	A divisão das tarefas fica a critério do próprio grupo e cada membro tem liberdade de escolher seus companheiros de trabalho.	Tanto a divisão das tarefas, como a escolha dos companheiros, fica totalmente a cargo do grupo. Absoluta falta de participação do líder.
O líder é Dominador e é "pessoal" nos elogios e nas críticas ao trabalho de cada membro.	O líder procura ser um membro normal do grupo, em espírito, sem encarregar-se muito de tarefas. O líder é "objetivo" e limita-se aos "fatos" em suas críticas e elogios.	O líder não faz nenhuma tentativa de avaliar ou de regular o curso dos acontecimentos. O líder somente faz comentários irregulares sobre as atividades dos membros quando perguntado.

As experiências demonstram o seguinte comportamento aos diferentes tipos de liderança a que foram submetidos:

> **Liderança Autocrática.** O comportamento dos grupos mostrou forte tensão, frustração e, sobretudo, agressividade, de um lado; e, de outro, nenhuma espontaneidade nem iniciativa, nem formação de grupos de amizade. Embora aparentemente gostassem das tarefas, não demonstraram satisfação com relação à situação. O trabalho somente se desenvolvia com a presença física do líder. Quando este se ausentava, as atividades paravam e os grupos expandiam seus sentimentos reprimidos, chegando a explosões de indisciplina e de agressividade.

> **Liderança Liberal.** Embora a atividade dos grupos fosse intensa, a produção foi simplesmente medíocre. As tarefas se desenvolviam ao acaso, com muitas oscilações, perdendo-se muito tempo com discussões mais voltadas para motivos pessoais do que relacionadas com o trabalho em si. Notou-se forte individualismo agressivo e pouco respeito com relação ao líder.

> **Liderança Democrática.** Houve formação de grupos de amizade e de relacionamentos cordiais entre os participantes. Líder e subordinados passaram a desenvolver comunicações espontâneas, francas e cordiais. O trabalho mostrou um ritmo suave e seguro sem alterações, mesmo quando o líder se ausentava. Houve um nítido sentido de responsabilidade e comprometimento pessoal.

Grid Gerencial

Robert R. Blake e Jane S. Mouton (1989) procuraram representar os vários modos de usar autoridade ao exercer a liderança por meio do Grid Gerencial. Esta representação possui duas dimensões: preocupação com a produção e preocupação com as pessoas.

A **preocupação com a produção** refere-se ao enfoque dado pelo líder aos resultados, ao desempenho, à conquista dos objetivos. O líder com este tipo de preocupação empenha-se na mensuração da quantidade e da qualidade do trabalho de seus subordinados.

A **preocupação com as pessoas** diz respeito aos pressupostos e atitudes do líder para com seus subordinados. Este tipo de preocupação revela-se de diversas formas, desde o esforço em assegurar a estima dos subordinados e em obter a sua confiança e respeito, até o empenho em garantir boas condições de trabalho, benefícios sociais e outras vantagens.

O inter-relacionamento entre as duas dimensões do Grid Gerencial expressa o uso de autoridade por um líder.

Ex.: quando uma alta preocupação com as pessoas se associa a uma baixa preocupação com a produção, o líder deseja que as pessoas se relacionem bem e sejam "felizes", o que é bem diferente de quando uma alta preocupação com as pessoas se associa a uma alta preocupação com a produção. O líder, aqui, deseja que as pessoas mergulhem no trabalho e procurem colaborar com entusiasmo (Blake e Mouton, 1989, p.14).

Cinco estilos básicos de uso de autoridade são definidos por Blake e Mouton. Os autores criaram uma grade gerencial para mostrar que a preocupação com a produção e a preocupação com as pessoas são aspectos complementares e não mutuamente excludentes. Os líderes foram dispostos em dois eixos: o eixo horizontal se refere à preocupação com a produção, enquanto o eixo vertical se refere à preocupação com as pessoas. Cada eixo está dividido em nove graduações. A graduação mínima é 1 e significa pouquíssima preocupação por parte do administrador. A graduação máxima é 9 e significa a máxima preocupação possível. A figura subsequente ilustra a grade gerencial.

Os Cinco Estilos do Grid Gerencia e Seus Significados

ESTILO	SIGNIFICADO	PARTICIPAÇÃO	FRONTEIRAS INTERGRUPAIS
1.1	Mínima preocupação com a produção e com as pessoas.	Pouco envolvimento e comprometimento.	Isolamento. Falta de coordenação intergrupal.
1.9	Enfatiza as pessoas, com mínima preocupação com a produção.	Comportamento superficial e efêmero. Soluções do mínimo denominador comum.	Coexistência pacífica. Grupos evitam problemas para manter harmonia.
9.1	Preocupação máxima com a produção e mínima com as pessoas.	Não há participação das pessoas.	Hostilidade intergrupal. Suspeita e desconfiança mútuas. Atitude de ganhar/perder.
5.5	Estilo meio-termo. Atitude de conseguir alguns resultados sem muito esforço.	Meio caminho e acomodação que deixa todos descontentes.	Trégua inquieta. Transigência, rateios e acomodação para manter a paz.
9.9	Estilo de excelência. Ênfase na produção e nas pessoas.	Elevada participação e envolvimento. Comprometimento das pessoas.	Comunicações abertas e francas. Flexibilidade e atitude para o tratamento construtivo dos problemas.

Vejamos essa mesma grade, de modo mais detalhado, e como é a maneira pela qual cada líder pensa e atua:

> **(1,1):** a preocupação mínima com a produção e com as pessoas caracteriza o líder que desempenha uma gerência empobrecida. Este tipo de líder, em geral, adota uma postura passiva em relação ao trabalho, fazendo o mínimo para garantir sua permanência na organização.

"Faço o suficiente para ir levando. Aceito os fatos, as crenças e as posições que me são fornecidos. Guardo minhas opiniões para mim mesmo, mas respondo quando solicitado. Evito tomar partido, não revelando minhas opiniões, atitudes e ideias. Permaneço neutro ou tento manter-me fora do conflito. Deixo os outros tomarem suas decisões ou me conformo com o que quer que aconteça. Evito fazer críticas".

> **(1,9):** a preocupação máxima com as pessoas e mínima com a produção caracteriza o líder que faz do ambiente do trabalho um clube campestre. Este líder busca sempre a harmonia de relacionamentos, mesmo que tenha que sacrificar a eficiência e a eficácia do trabalho realizado.

"Tomo a iniciativa de ações que ajudem e apoiem os outros. Procuro fatos, crenças e posições que sugiram estar tudo bem. Em benefício da harmonia, não me inclino a contestar os outros. Acato as opiniões, atitudes e ideias dos outros, embora tenha restrições. Evito gerar conflitos, mas se ocorrerem, tento acalmar os ânimos, a fim de manter todos unidos. Busco tomar decisões que preservem as boas relações e estimulo os outros a tomarem decisões sempre que possível. Encorajo e elogio quando ocorre algo positivo, mas evito dar um 'feedback' negativo".

> **(9,1):** a preocupação máxima com a produção e mínima com as pessoas caracteriza o líder que se utiliza da autoridade para alcançar resultados. Este líder, em geral, age de maneira centralizadora e controladora.

"Exijo de mim e dos outros. Investigo os fatos, as crenças e as posições, a fim de manter qualquer situação sob controle e certificar-me de que os outros não estejam cometendo erros. Não abro mão de minhas opiniões, atitudes e ideias, mesmo que isso signifique rejeitar os pontos de vista alheios. Quando o conflito surge, procuro atalhá-lo ou fazer valer minha posição. Dou grande valor a tomar minhas próprias decisões e raramente me deixo influenciar pelos outros. Assinalo fraquezas ou o fracasso em corresponder às expectativas."

> **(5,5):** o meio-termo, ou seja, a preocupação média com a produção e com as pessoas caracteriza o líder que vê as pessoas no trabalho dentro do pressuposto do homem organizacional. Este tipo de líder busca o equilíbrio entre os resultados obtidos e a disposição e ânimo no trabalho.

"Tento manter um ritmo constante. Aceito os fatos mais ou menos pela aparência e investigo os fatos, as crenças e as posições quando surgem discrepâncias óbvias. Expresso minhas opiniões, atitudes e ideias como quem tateia o terreno e tenta chegar a uma concordância por meio de concessões mútuas. Quando surge um conflito, tento encontrar uma posição razoável, considerada conveniente pelos outros. Procuro tomar decisões exequíveis que os outros aceitem. Dou 'feedback' indireto ou informal sobre sugestões para aperfeiçoamento."

> **(9,9):** a máxima preocupação com a produção e com as pessoas caracteriza o líder que vê no trabalho em equipe a única forma de alcançar resultados, estimulando assim, a máxima participação e interação entre seus subordinados na busca de objetivos comuns.

"Exerço esforço vigoroso e os outros aderem entusiasticamente. Procuro e confirmo as informações. Solicito e dou atenção a opiniões, atitudes e ideias diferentes das minhas. Reavalio continuamente meus próprios dados, crenças e posições bem como os dos outros, a fim de estar seguro da sua validade. Julgo importante expressar minhas preocupações e convicções. Reajo a ideias melhores do que as minhas, mudando meu modo de pensar. Quando o conflito surge, procuro saber seus motivos, a fim de solucionar as causas subjacentes. Dou grande valor à tomada de decisões certas. Procuro o entendimento e o acordo. Encorajo o 'feedback' de mão-dupla a fim de fortalecer a operacionalidade".

Blake e Mouton caracterizaram este último estilo como o mais apropriado para conseguir os objetivos das organizações. Os treinamentos realizados por eles em programas de Desenvolvimento Organizacional visavam a fazer com que os líderes adotassem o estilo (9,9). Entretanto, pesquisas empíricas têm revelado que nem sempre este tipo de estilo de liderança é o mais indicado para a eficiência e a eficácia dos resultados.

3ª Teoria Situacional de Liderança

Nesta teoria, o líder pode assumir diferentes padrões de liderança de acordo com a situação e para cada um dos membros da sua equipe.

A Teoria Situacional surgiu diante da necessidade de um modelo significativo na área de liderança, em que é definida a maturidade como a capacidade e a disposição das pessoas de assumir a responsabilidade de dirigir o próprio comportamento. Portanto, entende-se como Liderança Situacional o líder que se comporta de um determinado modo ao tratar individualmente os membros do seu grupo e, de outro, quando se dirigir a este como um todo, dependendo do nível de maturidade das pessoas que tal líder deseja influenciar.

A Liderança Situacional não só sugere o estilo de liderança de alta probabilidade para os vários níveis de maturidade, como indica a probabilidade de sucesso das outras configurações de estilo, se o líder não for capaz de adotar o estilo desejável. Estes conceitos são válidos em qualquer situação em que alguém pretende influenciar o comportamento de outras pessoas. Em um contexto geral, ela pode ser aplicada em qualquer tipo organizacional, quer se trate de uma organização empresarial, educacional, governamental ou militar e até mesmo na vida familiar.

As principais ramificações da Teoria Situacional são:

> A escolha dos padrões de liderança.
> Modelo Contingencial.
> Teoria do Caminho – meta.

A escolha dos padrões de liderança

De acordo com essa teoria, para que o administrador escolha qual o padrão de liderança que desenvolverá em relação aos seus subordinados, ele deve considerar e avaliar três forças.

01. **Forças no administrador**, como:
 a) seu sistema de valores e convicções pessoais;
 b) sua confiança nos subordinados;

c) suas inclinações pessoais a respeito de como liderar;

d) seus sentimentos de segurança em situações incertas.

02. **Forças nos subordinados**, como:

a) sua necessidade de liberdade ou de orientação superior;

b) sua disposição de assumir responsabilidade;

c) sua segurança na incerteza;

d) seu interesse pelo problema ou pelo trabalho;

e) sua compreensão e identificação do problema;

f) seus conhecimentos e experiência para resolver o problema;

g) sua expectativa de participação nas decisões.

03. **Forças na situação**, como:

a) o tipo de empresa, seus valores e tradições, suas políticas e diretrizes;

b) a eficiência do grupo de subordinados;

c) o problema a ser resolvido ou a complexidade do trabalho;

d) a premência de tempo.

Da abordagem situacional, podem-se inferir as seguintes proposições:

a) Quando as tarefas são rotineiras e respectivas, a liderança é geralmente limitada e sujeita a controles pelo chefe, que passa a se situar em um padrão de liderança próximo ao extremo esquerdo do gráfico.

b) Um líder pode assumir diferentes padrões de liderança para cada um de seus subordinados, de acordo com as forças acima.

c) Para um mesmo subordinado, o líder também pode assumir diferentes padrões de liderança, conforme a situação envolvida. Em situações em que o subordinado apresenta alto nível de eficiência, o líder pode dar-lhe maior liberdade nas decisões; mas se o subordinado apresenta erros seguidos e imperdoáveis, o líder pode impor-lhe maior autoridade pessoal e menor liberdade de trabalho.

Modelo Contingencial de Fiedler

O modelo contingencial de Fiedler enuncia que a liderança eficaz é função da correlação do estilo do líder e o grau de favorabilidade de uma situação. Segundo Hersey & Blanchard (1986), Fiedler enumerou como variáveis determinantes deste último, as relações pessoais entre os atores organizacionais, o modo de estruturação dos processos de trabalho e, ainda, o poder inerente à posição hierárquica do líder.

O autor modera orientações comportamentais com fatores situacionais de modo a prever a eficácia da liderança. A eficácia tanto pode ser conseguida com uma mais elevada orientação para a tarefa como com uma mais elevada orientação para o relacionamento – dependendo do contexto organizacional.

Existem alguns fatores que determinam a eficácia da liderança: relação líder-liderado, o grau de estruturação da tarefa e a quantidade de poder, por exemplo.

Quanto melhor for a relação líder-liderados; quanto mais elevada for a estruturação das tarefas e elevado o poder decorrente da posição ocupada pelo líder, maior será o controle ou influência que ele poderá ter.

Teoria Situacional de Hersey e Blanchard – O ciclo de vida da Liderança

A abordagem de Hersey e Blanchard se apoia no relacionamento entre a maturidade dos empregados e o comportamento do líder em relação ao relacionamento e à tarefa.

De acordo com os autores, os empregados variam muito em seu nível de maturidade - habilidade de fazer seu trabalho de forma independente, de assumir responsabilidade e de desejar o sucesso.

Nesse sentido, o estilo de liderança a ser utilizado depende da maturidade dos funcionários, que pode atingir um dos quatro estágios seguintes:

> **Maturidade 1:** as pessoas demonstram pouca capacidade e disposição para realizar as tarefas e assumir responsabilidades (motivação e capacidade baixas).

> **Maturidade 2:** as pessoas possuem motivação para o trabalho mas não possuem as competências necessárias para realizá-lo (baixa capacidade e alta motivação).

> **Maturidade 3:** as pessoas possuem as competências necessárias para a realização da tarefa, mas não estão motivadas para tal (alta capacidade e baixa motivação).

> **Maturidade 4:** as pessoas possuem as competências necessárias para a realização do trabalho e desejam realizar as tarefas que lhe são passadas (alta capacidade e alta motivação).

Em outras palavras, considerando o estágio da maturidade do grupo, o líder deverá adotar uma das formas de liderança possíveis, considerando tanto o **comportamento de relacionamento** (ou foco no apoio às pessoas), quanto **o comportamento de tarefa** (ou foco nas tarefas/produção), conforme apresentado a seguir:

> **Estilo 1: Narrar/Determinar/Dirigir** (alto comportamento de tarefa e baixo comportamento de relacionamento): é o estilo para grupos com a menor maturidade (M1). Nesse caso, o líder orienta claramente as tarefas a serem realizadas.

> **Estilo 2: Vender/Guiar/Persuadir** (alto comportamento de tarefa e alto comportamento de relacionamento): quando a maturidade está entre baixa e moderada (M2), esse é o estilo ideal. Nele, o líder, ao mesmo tempo em que convence as pessoas, apoia o seu desenvolvimento, pois elas possuem baixa capacitação;

> **Tipo 3: Participar** (baixo comportamento de tarefa e alto comportamento de relacionamento): é o estilo correto para a maturidade de média a alta (M3). Aqui, o papel do líder é muito mais de apoiar as pessoas, enfatizando a criação de motivação, do que de dirigi-las para a realização das tarefas, já que elas são capazes;

> **Tipo 4: Delegar** (baixo comportamento de tarefa e baixo comportamento de relacionamento): trata-se do estilo adequado para liderar pessoas com o maior nível de maturidade (M4). Nessa condição, a maturidade dos liderados permite que eles executem os planos com maior liberdade e menor controle, possibilitando ao líder a delegação das tarefas.

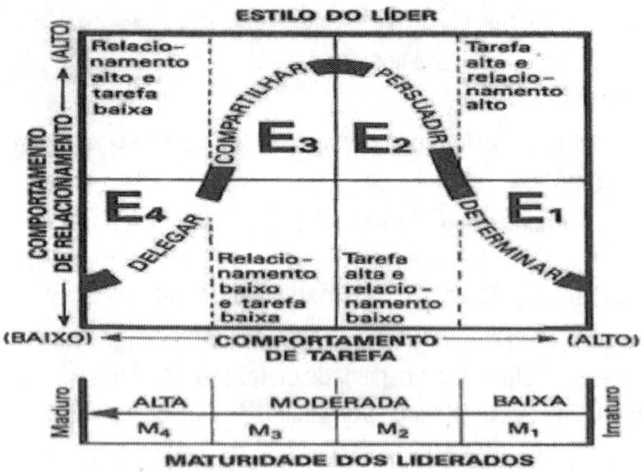

Teoria do Caminho-Meta

No cerne da Teoria do Caminho-Meta, encontra-se a noção de que o propósito primordial do líder é motivar os seus seguidores,, esclarecendo as metas e os melhores caminhos para alcançá-las. Essa abordagem está baseada na teoria da expectativa da motivação.

Segundo a Teoria do Caminho-Meta ou dos Objetivos, os líderes devem aumentar o número e os tipos de recompensas aos subordinados. Além disso, devem proporcionar orientação e aconselhamento para mostrar como essas recompensas podem ser obtidas. Isso significa que o líder deve ajudar os subordinados a terem expectativas realistas e a reduzir as barreiras que impedem o alcance das metas.

As pessoas estão satisfeitas com seu trabalho quando acreditam que ele levará a resultados desejáveis e trabalharão mais se sentirem que esse trabalho dará frutos compensadores. A consequência desses pressupostos para a liderança é que os liderados serão motivados pelo comportamento ou pelo estilo do líder à medida que esse estilo ou comportamento influenciam as expectativas (caminhos para a meta) e as valências (atratividade da meta). (CHIAVENATO, 1999)

Essa teoria propõe quatro estilos de comportamento, que podem permitir aos líderes manipularem as três variáveis motivacionais: liderança diretiva, encorajadora, participativa e orientada para a realização. Vejamos o quadro a seguir.

Estilos de comportamento da Teoria do Caminho-Meta (WAGNER III E HOLLENBECK, 1999, cap.9, p. 262) .

Liderança	Características
Diretiva	O líder é autoritário. Os subordinados sabem exatamente o que é esperado deles; e o líder fornece direções específicas. Os subordinados não participam na tomada de decisões.
Encorajadora	O líder é amistoso e acessível e demonstra uma preocupação genuína com os subordinados.
Participativa	O líder pede e usa sugestões dos subordinados, mas ainda toma as decisões.
Orientada para a realização	O líder fixa metas desafiadoras para os subordinados e demonstra confiança em que eles atingirão as metas.

Edward Hollander sugeriu que o processo de liderança é mais bem compreendido como a ocorrência de transações mutuamente gratificantes entre líderes e seguidores dentro de um determinado contexto situacional.

Seu modelo é conhecido como **modelo transacional.**

Liderança é a junção dos três vetores:

Líderes - Seguidores - Situações

Pode-se entender a liderança apenas por meio de uma avaliação das características importantes dessas três forças e dos modos pelos quais interagem. A liderança transacional está baseada em um processo de troca, no qual o líder provê recompensas em troca do esforço de seguidores e desempenho (Bass & Avolio, 1993). Bass (1995) claramente identifica a liderança transacional como sendo baseada em troca material ou econômica.

Teoria da Liderança Transformacional

Em essência, a liderança transformacional é o processo de construção do comprometimento organizacional por meio do *empowerment* dos seguidores para acompanhar esses objetivos. Ocorre quando os líderes elevam os interesses de seus empregados garantindo a aceitação dos propósitos e da missão do grupo e estimulam seus empregados a pensar além de seus interesses em prol dos interesses da organização.

Considerando os líderes transacionais, segundo Bass (1997), esse tipo de liderança ocorre quando o líder utiliza autoridade burocrática, foco na realização da tarefa, e recompensas ou punições.

Os líderes transformacionais preocupam-se com o progresso e o desenvolvimento de seus seguidores. Eles se preocupam em transformar os valores dos seguidores para suportar a visão e os objetivos da organização. Isso cria um clima de confiança no qual a visão pode ser compartilhada.

Bass (1997) afirma que a liderança transformacional, assim como o carisma, tornou-se um tópico popular na literatura recente sobre liderança nas organizações; alguns autores usam os dois termos indistintamente, enquanto outros fazem distinção entre ambos. Define líderes transformacionais basicamente em termos do efeito dos líderes sobre os seguidores. Os seguidores sentem confiança, admiração, lealdade e respeito com relação ao líder, estando motivados a fazer por ele mais do que originalmente é esperado.

5.4 Controle

Como as organizações não operam na base da improvisação e nem ao acaso, elas precisam ser devidamente controladas. Elas requerem um considerável esforço de controle em suas várias operações e atividades para saber se estão no rumo certo e dentro do que foi planejado, organizado e dirigido. O controle constitui a última das funções administrativas, vindo depois do planejamento, da organização e da direção. Controlar significa garantir que o planejamento seja bem executado e que os objetivos estabelecidos sejam alcançados da melhor maneira possível.

A função administrativa de controle está relacionada com a maneira pela qual os objetivos devem ser alcançados por meio da atividade das pessoas que compõem a organização. O planejamento serve para definir os objetivos, traçar as estratégias para alcançá-los e estabelecer os planos de ação. A organização serve para estruturar as pessoas e os recursos de maneira a trabalhar de forma organizada e racional. A direção mostra os rumos e dinamiza as pessoas para que utilizem os recursos da melhor maneira possível. Por fim, o controle serve para que todas as coisas funcionem da maneira certa e no tempo certo.

O controle verifica se a execução está de acordo com o que foi planejado: quanto mais completos, definidos e coordenados forem os planos, mais fácil será o controle. Quanto mais complexo o planejamento e quanto maior for o seu horizonte de tempo, tanto mais complexo será o controle. Quase todos os esquemas de planejamento trazem em seu bojo o seu próprio sistema de controle. Por meio da função de controle, o administrador assegura que a organização e seus planos estejam na trilha certa.

O desempenho de uma organização e das pessoas que a compõem depende da maneira como cada pessoa e cada unidade organizacional desempenha seu papel e se move no sentido de alcançar os objetivos e metas comuns. O controle é o processo pelo qual são fornecidas as informações e retroação para manter as funções dentro de suas respectivas trilhas. É a atividade integrada e monitorada que aumenta a probabilidade de que os resultados planejados sejam atingidos da melhor maneira.

Conceito de controle

A palavra "controle" pode assumir vários e diferentes significados. Quando se fala em controle, pensa-se em significados como frear, regular, conferir ou verificar, exercer autoridade sobre alguém, comparar com um padrão ou critério. No fundo, todas essas conotações constituem meias verdades a respeito do que seja o controle. Contudo, sob um ponto de vista mais amplo, os três significados mais comuns de controle são:

> **Controle como função restritiva e coercitiva**. Utilizada no sentido de coibir ou restringir certos tipos de desvios indesejáveis ou de comportamentos não aceitos pela comunidade. Nesse sentido, o controle assume um caráter negativo e restritivo, sendo muitas vezes interpretado como coerção, delimitação, inibição e manipulação. É o chamado controle social aplicado nas organizações e nas sociedades para inibir o individualismo e a liberdade das pessoas.

> **Controle como um sistema automático de regulação**. Utilizado no sentido de manter automaticamente um grau constante no fluxo ou funcionamento de um sistema. É o caso do processo de controle automático das refinarias de petróleo, de indústrias químicas de processamento contínuo e automático. O mecanismo de controle detecta possíveis desvios ou irregularidades e proporciona automaticamente a regulação necessária para se voltar à normalidade. É o chamado controle cibernético que é inteiramente autossuficiente na monitoração do desempenho e na correção dos possíveis desvios. Quando algo está sob controle significa que está dentro do normal ou da expectativa.

> **Controle como função administrativa**. É o controle como parte do processo administrativo, como o planejamento, organização e direção.

Trataremos o controle sob o ponto de vista do terceiro significado, isto é, como parte do processo administrativo. Assim, o controle é a função administrativa que monitora e avalia as atividades e resultados alcançados para assegurar que o planejamento, a organização e a direção sejam bem-sucedidos.

Tal como o planejamento, a organização e a direção, o controle é uma função administrativa que se distribui entre todos os níveis organizacionais.

Assim, quando falamos de controle, queremos dizer que o nível institucional efetua o controle estratégico, o nível intermediário faz os controles táticos e o nível operacional, os controles operacionais. Cada qual dentro de sua área de competência. Os três níveis se interligam e se entrelaçam intimamente. Contudo, o processo é exatamente o mesmo para todos os níveis: monitorar e avaliar incessantemente as atividades e operações da organização.

O controle está presente, em maior ou menor grau, em quase todas as formas de ação organizacional. Os administradores passam boa parte de seu tempo observando, revendo e avaliando o desempenho de pessoas, de unidades organizacionais, de máquinas e equipamentos, de produtos e serviços, em todos os três níveis organizacionais.

O processo de controle

A finalidade do controle é assegurar que os resultados do que foi planejado, organizado e dirigido se ajustem tanto quanto possível aos objetivos previamente estabelecidos. A essência do controle reside na verificação se a atividade controlada está ou não alcançando os objetivos ou resultados desejados. Nesse sentido, o controle consiste basicamente de um processo que guia a atividade exercida para um fim previamente determinado. O processo de controle apresenta quatro etapas ou fases, a saber:

04. Estabelecimento de objetivos ou padrões de desempenho.
05. Avaliação ou mensuração do desempenho atual.
06. Comparação do desempenho atual com os objetivos ou padrões estabelecidos.
07. Tomada de ação corretiva para corrigir possíveis desvios ou anormalidades.

O processo de controle se caracteriza pelo seu aspecto cíclico e repetitivo. Na verdade, o controle deve ser visualizado como um processo sistêmico em que cada etapa influencia e é influenciada pelas demais.

Estabelecimento de objetivos ou padrões

O primeiro passo do processo de controle é estabelecer previamente os objetivos ou padrões que se deseja alcançar ou manter. Os objetivos já foram estudados anteriormente e servem como pontos de referência para o desempenho ou os resultados de uma organização, unidade organizacional ou atividade individual. O padrão é um nível de atividade estabelecido para servir como um modelo para a avaliação do desempenho organizacional. Um padrão significa um nível de realização ou de desempenho que se pretende tomar como referência. Os padrões funcionam como marcos que determinam se a atividade organizacional é adequada ou inadequada ou como normas que proporcionam a compreensão do que se deverá fazer. Eles dependem diretamente dos objetivos e fornecem os parâmetros que deverão balizar o funcionamento do sistema. Os padrões podem ser tangíveis ou intangíveis, específicos ou vagos, mas estão sempre relacionados com o resultado que se deseja alcançar.

Existem vários tipos de padrões utilizados para avaliar e controlar os diferentes recursos da organização, como:

> Padrões de quantidade. Como número de empregados, volume de produção, total de vendas, percentagem de rotação de estoque, índice de acidentes, índice de absenteísmo etc.

> Padrões de qualidade. Como padrões de qualidade de produção, índice de manutenção de máquinas e equipamentos, qualidade dos produtos ou serviços oferecidos pela organização, assistência técnica, atendimento ao cliente etc.

> Padrões de tempo. Como permanência média do empregado na organização, tempos padrões de produção, tempo de processamento dos pedidos de clientes, ciclo operacional financeiro etc.

> Padrões de custo. Como custo de estocagem de matérias-primas, custo do processamento de um pedido, custo de uma requisição de material, custo de uma ordem de serviço, relação custo-benefício de um equipamento, custos diretos e indiretos de produção etc.

Características do controle

Na verdade, o administrador deve compreender que um sistema eficaz de controle precisa reunir os seguintes aspectos:

Orientação estratégica para resultados. O controle deve apoiar planos estratégicos e focalizar as atividades essenciais que fazem a real diferença para a organização.

Compreensão. O controle deve apoiar o processo de tomada de decisões apresentando dados em termos compreensíveis. O controle deve evitar relatórios complicados e estatísticas enganosas.

Orientação rápida para as exceções. O controle deve indicar os desvios rapidamente, por meio de uma visão panorâmica sobre onde as variações estão ocorrendo e o que deve ser feito para corrigi-las adequadamente.

Flexibilidade. O controle deve proporcionar um julgamento individual e que possa ser modificado para adaptar-se a novas circunstâncias e situações.

Autocontrole. O controle deve proporcionar confiabilidade, boa comunicação e participação entre as pessoas envolvidas.

Natureza positiva. O controle deve enfatizar o desenvolvimento, mudança e melhoria. Deve alavancar a iniciativa das pessoas e minimizar o papel da penalidade e das punições.

Clareza e objetividade. O controle deve ser imparcial e acurado para todos. Deve ser respeitado como um propósito fundamental: a melhoria do desempenho.

Tipos de controle

Cada organização requer um sistema básico de controles para aplicar seus recursos financeiros, desenvolver pessoas, analisar o desempenho financeiro e avaliar a produtividade operacional. O desafio é saber como utilizar tais controles e aprimorá-los para, com isso, melhorar gradativa e incessantemente o desempenho de toda a organização.

Controles estratégicos

Os controles estratégicos são denominados controles organizacionais: constituem o sistema de decisões de cúpula que controla o desempenho e os resultados da organização como um todo, tendo por base as informações externas — que chegam do ambiente externo - e as informações internas - que sobem internamente por meio dos vários níveis organizacionais.

Existem vários tipos de controles estratégicos, a saber:

Balanço e Relatórios Financeiros

É um tipo de controle do desempenho global que permite medir e avaliar o esforço total da organização, em vez de medir simplesmente algumas partes dela. O tipo mais utilizado de controle global são os balanços contábeis e relatórios financeiros, ressaltando aspectos como o volume de vendas, volume de produção, volume de despesas em geral, custos, lucros, utilização do capital, retorno sobre o investimento aplicado e outras informações numéricas dentro de um inter-relacionamento que varia de uma organização para outra. Geralmente, é um controle sobre o desempenho passado e sobre os resultados alcançados. Quase sempre permite a transposição de previsões de vendas e a previsão de despesas a serem incorridas, para proporcionar o balanço projetado ou uma espécie de projeção de lucros e perdas como importante ferramenta para o processo decisório da organização.

Controle dos Lucros e Perdas

O demonstrativo de lucros e perdas (L&P) proporciona uma visão sintética da posição de lucros ou de perdas da organização em um determinado período de tempo, permitindo comparações com períodos anteriores e detectar variações em algumas áreas (como despesas de vendas ou lucro bruto sobre vendas) que necessitam de maior atenção por parte do administrador. Já que a sobrevivência do negócio depende de sua lucratividade, o lucro se coloca como importante padrão para a medida do sucesso da organização como uma totalidade. Quando aplicado a uma unidade específica, o controle sobre L&P se baseia na premissa de que o objetivo do negócio como um todo é gerar lucros, e cada parte da organização deve contribuir para esse objetivo. A capacidade de cada unidade organizacional atingir um determinado lucro esperado passa a ser o padrão adequado para medir seu desempenho e resultados.

Análise do Retorno Sobre o Investimento (RSI)

Uma das técnicas de controle global utilizadas para medir o sucesso absoluto ou relativo da organização ou de uma unidade organizacional é a razão dos ganhos em relação ao investimento de capital. Trata-se de uma abordagem desenvolvida pela *DuPont Company* como parte do seu sistema de controle global. O sistema utilizado pela *DuPont* envolve os seguintes fatores na análise do RSI:

A análise do RSI permite que a organização avalie suas diferentes linhas de produtos ou unidades de negócios para verificar onde o capital está sendo mais eficientemente empregado. Permite identificar os produtos ou unidades mais rentáveis, como melhorar outros que estão pesando negativamente na balança dos lucros. Com isso, proporciona a possibilidade de fazer uma aplicação balanceada do capital em vários produtos ou unidades organizacionais para alcançar um lucro global maior.

Controles táticos

Os controles táticos são feitos no nível intermediário e referem-se a cada uma das unidades organizacionais - departamentos, divisões ou equipes. Geralmente, estão orientados para o médio prazo, isto é, para o exercício anual. Os tipos de controles táticos mais importantes são:

Controle Orçamentado

Falamos de orçamento quando estudamos os tipos de planos relacionados com dinheiro. O orçamento é um plano de resultados esperados expressos em termos numéricos. Por meio do orçamento, a atividade da organização é traduzida em resultados esperados, tendo o dinheiro como denominador comum. Quase sempre se fala em planejamento orçamentário, relegando o controle orçamentário a um segundo plano. O controle orçamentário é um processo de monitorar e controlar despesas programadas das várias unidades organizacionais, no decorrer de um exercício anual, apontando possíveis desvios e indicando medidas corretivas.

Contabilidade de Custos

A contabilidade de custos é considerada um ramo especializado da contabilidade. Trata de informações sobre distribuição e análise de custos considerando algum tipo de unidade-base, como produtos, serviços, componentes, projetos ou unidades organizacionais. A contabilidade de custos classifica os custos em:

• Custos fixos. São os custos que independem do volume de produção ou do nível de atividade da organização. Qualquer que seja a quantidade de produtos produzidos, os custos fixos permanecem inalterados; mesmo que a empresa nada produza, eles se mantêm constantes. Envolvem aluguéis, seguros, manutenção, depreciação, salários dos gerentes, do pessoal de assessoria etc.

• Custos variáveis. São os custos que estão diretamente relacionados com o volume de produção ou com o nível de atividade da organização. Constituem uma variável dependente da produção realizada e englobam custos de materiais diretos (materiais ou matérias-primas que são diretamente transformados em produto ou que participam diretamente na elaboração do produto) e custos de mão de obra direta (salários e encargos sociais do pessoal que realiza as tarefas de produção do produto).

Com base nos custos fixos e variáveis, pode-se calcular o ponto de equilíbrio (break-even point), também chamado ponto de paridade. É possível traçar um gráfico que permite mostrar a relação entre a renda total de vendas e os custos de produção. O ponto de equilíbrio é o ponto de intersecção entre a linha de vendas e a linha de custos totais. É o ponto em que não há lucro nem prejuízo. Ou em outros termos, é o ponto em que o lucro é zero e o prejuízo também.

O gráfico do ponto de equilíbrio é uma técnica de planejamento e de controle que procura mostrar como os diferentes níveis de venda ou de receita afetam os lucros da organização. O ponto de equilíbrio é o ponto em que os custos e as vendas se equiparam. No seu lado esquerdo, está a área de prejuízo e, no seu lado direito, a área de lucro.

Controles operacionais

Os controles operacionais são feitos no nível operacional da organização e são projetados em curto prazo.

Disciplina

Nas organizações bem-sucedidas, o autocontrole e a autodisciplina das pessoas são sempre preferidos ao controle externo ou disciplina imposta pela força. Para muitos autores, a disciplina é o ato de influenciar o comportamento das pessoas por meio de reprimendas. Preferimos conceituar a disciplina como o processo de preparar uma pessoa de modo que ela possa desenvolver o autocontrole e tornar-se mais eficaz em fazer seu trabalho. O propósito do processo disciplinar desenvolvido pelo administrador é a manutenção de um desempenho humano de acordo com os objetivos organizacionais. O termo "disciplina" apresenta quase sempre uma conotação simplista de dar recompensas ou aplicar punições após o fato, quando, na realidade, a disciplina, em seu próprio contexto, deve ser visualizada como o desenvolvimento da habilidade ou capacidade de analisar situações, determinar qual é o comportamento adequado e decidir a agir favoravelmente no sentido de proporcionar contribuições à organização e receber suas recompensas.

Boa parte das ações corretivas de controle no nível operacional é realizada sobre as pessoas ou sobre o seu desempenho. É a chamada ação disciplinar: a ação disciplinar é a ação corretiva realizada sobre o comportamento de pessoas para orientar e/ou corrigir desvios ou discrepâncias. Seu propósito é reduzir a discrepância entre os resultados atuais e os resultados esperados. A ação disciplinar pode ser positiva ou negativa, dependendo do desvio ou da discrepância ocorridos. A ação positiva toma a forma de encorajamento, recompensas, elogios, treinamento adicional ou orientação pessoal. A ação negativa inclui o uso de advertências, admoestações, penalidades, castigos e até mesmo a demissão do funcionário. Quando é necessária a ação disciplinar negativa, ela deve ser adotada em etapas crescentes. A primeira, dependendo da infração cometida, deve ser uma reprimenda ou advertência. As reincidências devem merecer um crescimento progressivo nas penalidades para cada infração sucessiva: advertência verbal, advertência escrita, suspensão e demissão.

Para que possa ser eficaz, a ação disciplinar deve possuir as seguintes características:

Deve ser esperada. A ação disciplinar deve ser prevista em regras e procedimentos e previamente estabelecida. Não deve ser improvisada, mas planejada. A sanção negativa é imposta a fim de desencorajar a infração.

Deve ser impessoal. A ação disciplinar não deve simplesmente buscar punir uma determinada pessoa ou grupos, mas apenas corrigir a situação. Ela deve basear-se em fatos, e não em opiniões ou em pessoas. Não deve visar à pessoa, mas à discrepância, ao fato, ao comportamento em si. Ela deve fundamentar-se em regras e procedimentos.

Deve ser imediata. A ação disciplinar deve ser aplicada tão logo seja detectado o desvio, para que o infrator associe claramente a sua aplicação com o desvio que provocou.

Deve ser consistente. As regras e os regulamentos devem ser feitos para todas nas pessoas, sem exceções. Devem ser justos e equitativos, sem favoritismo ou tendenciosidade.

Deve ser limitada ao propósito. Depois de aplicada a ação disciplinar, o administrador deve reassumir sua atitude normal em relação ao funcionário faltoso. Tratar o funcionário sempre como faltoso é puni-lo permanentemente, encorajando hostilidade e autodepreciação, quando o certo seria adotar uma atitude positiva e construtiva.

Deve ser informativa. Isto é, deve proporcionar orientação sobre o que se deve fazer e o que não se pode fazer.

As técnicas de reforço positivo ou negativo que vimos anteriormente constituem um excelente ponto de partida para as situações disciplinares do dia a dia.

6. CULTURA ORGANIZACIONAL

De acordo com Schein, cultura:

"É um modelo de pressupostos básicos, que determinado grupo tem inventado, descoberto ou desenvolvido no processo de aprendizagem para lidar com problemas de adaptação externa e integração interna. Uma vez que os pressupostos tenham funcionado bem o suficiente para serem considerados válidos, são ensinados aos demais membros como maneira correta para se proceder, se pensar e sentir-se em relação àqueles problemas. "

Segundo Nassar (2000):

"(...) cultura organizacional é o conjunto de valores, crenças e tecnologias que mantém unidos os mais diferentes membros, de todos os escalões hierárquicos, perante as dificuldades, operações do cotidiano, metas e objetivos. Pode-se afirmar ainda que é a cultura organizacional que produz junto aos mais diferentes públicos, diante da sociedade e mercados o conjunto de percepções, ícones, índices e símbolos que chamamos de imagem corporativa. "

Para Chiavenato,

"A cultura organizacional consiste em padrões explícitos e implícitos de comportamentos adquiridos e transmitidos ao longo do tempo que constituem uma característica própria de cada empresa. " Para esse autor, a cultura organizacional pode ser dividida em um nível visível e outro invisível. "No nível visível, estão os padrões e estilos de comportamento dos empregados. No nível como um iceberg, invisível estão os valores compartilhados e crenças que permanecem durante um longo período de tempo. Este nível é mais difícil de mudar. "

Assim, a cultura organizacional representa o modo institucionalizado de pensar e agir da organização, sendo perceptível na forma que seus funcionários se comportam, na forma de realizar negócios, na lealdade dos funcionários, etc. Trata-se das normas informais e não escritas que orientam o comportamento dos membros da organização, direcionando suas ações para os objetivos organizacionais. Deste modo, os padrões culturais agem como um mecanismo de controle organizacional mais sutil do que os tradicionais.

A cultura é um fator que diferencia uma empresa da outra. Existem culturas inovadoras, que incentivam a tomada de riscos e de novas ideias. Também existem culturas conservadoras, que apreciam a segurança e o cuidado em mudar de direção.

> Cultura é um conjunto de comportamentos, hábitos, costumes, crenças, valores e princípios de um grupo de pessoas.

A cultura dá um senso de identidade aos membros da empresa. Muitas pessoas procuram trabalhar em organizações que valorizam as mesmas coisas do que elas.

6.1 Dimensões da Cultura

Segundo Kanaane (1999)

- Material: instrumentos, processos e recursos materiais utilizados na organização. Está relacionado ao sistema produtivo da organização.
- Ideológica: conjunto de normas e valores, regulamentos, política administrativa, tradições, padrão de conduta esperado, estilo de gestão que governa e controla o funcionamento da organização. Está relacionada com os valores da organização.
- Psicossocial: manifestações afetivas dos indivíduos. Está relacionado às percepções e sentimentos positivos ou negativos, e como relacionamento e interação entre os membros.

As três dimensões formadoras da cultura organizacional – ideológica, material e psicossocial – não são necessariamente equivalentes. Uma ou outra pode predominar na vida organizacional, pode ter maior expressão, atuar com mais força. Há organizações eminentemente voltadas para as questões materiais, outras mais ideológicas, outras ainda em que são mais intensas as relações psicossociais.

6.2 Funções da Cultura

- Papel de definidora de fronteiras, ou seja, cria distinções entre uma organização e as outras.
- Gera senso de identidade aos membros da organização.
- Facilita o comprometimento com algo maior do que os interesses de cada um.
- Estimula a estabilidade do sistema social.
- Gera uma "argamassa social" que ajuda a manter a organização coesa, fornecendo os padrões adequados para aquilo que os funcionários vão fazer ou dizer.
- Serve de mecanismo de controle que orienta e dá forma às atitudes e comportamentos dos funcionários.
- Favorece a integração interna e adaptação externa.
- Ajuda na estabilidade social.

6.3 Como os Funcionários Aprendem a Cultura

Segundo Maximiano (2007) a cultura é transmitida aos funcionários de diversas maneiras, e as mais poderosas são as histórias, os rituais, os símbolos e a linguagem.

Histórias: referem-se a eventos ocorridos com fundadores de empresas, quebras de regras, sucesso estrondosos, reduções da força de trabalho, recolocações de funcionários, reações a antigos erros, lutas organizacionais. Essas narrativas vinculam o presente como passado e oferecem explicações e legitimidade para as práticas vigentes.

Rituais: são sequências repetitivas de atividades que expressam e reforçam os valores fundamentais da organização, quais objetivos são mais importantes.

Símbolos materiais: o tamanho da sede, a elegância do mobiliário, a aparência e vestuário dos executivos, o espaço físico da empresa, o tipo de carro disponível, elevadores etc.

Linguagem: muitas organizações e unidades dentro de organizações utilizam a linguagem como forma de identificação dos membros de sua cultura e subcultura. Ao aprender essa linguagem, os membros demonstram sua aceitação da cultura e, assim fazendo, ajudam a preservá-la.

6.4 Aspectos Formais e Abertos x Aspectos Informais e Fechados

Muitos aspectos da cultura organizacional são percebidos com facilidade e são denominados formais e abertos, enquanto outros são de difícil percepção e são denominados aspectos informais e ocultos. Tal como um iceberg, os aspectos formais ficam na parte visível e envolvem as políticas e diretrizes, métodos e procedimentos, objetivos, estrutura e tecnologia adotada. Os aspectos informais envolvem as percepções, sentimentos, atitudes, valores e interações grupais.

Para Chiavenato, a cultura organizacional pode ser dividida em um nível visível e outro invisível.

"No nível visível, estão os padrões e estilos de comportamento dos empregados. No nível invisível estão os valores compartilhados e crenças que permanecem durante um longo período de tempo. Este nível é mais difícil de mudar. "

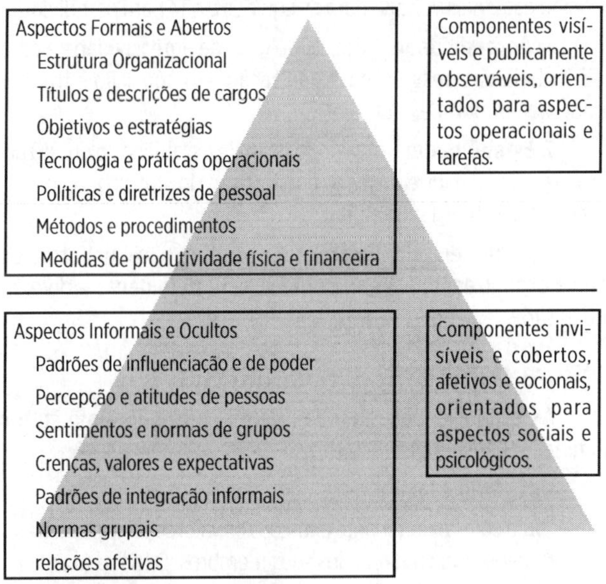

6.5 Níveis da Cultura

A cultura apresenta vários níveis. Nem todos seus aspectos são visíveis. Muitas vezes, temos dificuldade de identificar certos fatores e também de alterá-los.

A classificação mais utilizada, em concursos, destes níveis da cultura organizacional é descrita por Schein. De acordo com ele, a cultura existe em três níveis:

Artefatos - É o primeiro nível, o mais superficial. Basicamente é tudo o que percebemos assim que temos contato com uma organização. Dentro deste nível temos os produtos, padrões comportamentais, o vestuário, o espaço físico, os símbolos, os logotipos, a linguagem, etc.

Valores - Relacionados com a crença no que é certo ou errado dentro da organização. Existe em um nível consciente e são utilizados para explicar e justificar o comportamento dos integrantes. Podem ser percebidos nas histórias, nas lendas, na linguagem e nos símbolos.

Pressupostos Básicos - São as verdades inquestionáveis. Valores tão arraigados que nem mais são explicitados. São as fontes originais dos valores. É o nível mais profundo e difícil de ser mudado. Como os valores, podem ser percebidos nas histórias, nas lendas, na linguagem e nos símbolos.

6.6 Elementos da Cultura Organizacional

Elementos da cultura, segundo Maximiano (2007):

Elemento	Descrição
Artefato	Componentes mais visíveis de uma cultura, compreendendo os veículos, a arquitetura, arranjo físico, as roupas e os produtos utilizados pelas pessoas.
Tecnologia	Repertório de conhecimentos utilizados pela organização e pelos funcionários para resolver problemas e transformar conhecimento e experiência em recursos, produtos e serviços.
Símbolos	Podem ser materiais ou não. Comportamentos e objetos dotados de significados e transmitem mensagens dentro da organização (linguagem, histórias, mitos, heróis – podem ser tanto personagens reais quanto imaginários, rituais, cerimônias e alguns elementos da arquitetura e vestuário).
Valores	Os valores estão no íntimo da cultura. Crenças, preceitos, ideologias, preconceitos e julgamentos compartilhados sobre elementos externos ou internos.

Além disso, a cultura tem uma importante função, relacionada ao controle e à estabilidade. Controle, porque propaga valores e normas desejados, evitando comportamentos que poderiam ser negativos. Estabilidade, porque a cultura é duradoura e de difícil modificação, razão pela qual ela promove certa garantia de mudanças bruscas que poderiam trazer prejuízos.

Valores organizacionais: referem-se à filosofia da empresa. Refletem a visão compartilhada de "como as coisas devem ser", dando uma sensação de direção comum para os seus membros.

Cultura gerencial: é um reflexo dos valores, voltado para o conceito de autoridade na organização, em termos de estilos predominantes de liderança e maneiras de se solucionarem os problemas.

Heróis organizacionais: são modelos de papéis que personificam o sistema de valores culturais e que definem o conceito de sucesso na organização, estabelecendo um padrão de desempenho e motivando os integrantes da empresa.

Histórias e mitos da organização: são narrativas que organizam as crenças sobre a organização e seu sistema de valores, que ajudam a compreender "como as coisas são feitas". Os contadores de histórias da organização difundem o folclore da corporação e dramatizam as façanhas dos heróis da empresa. Mitos são histórias contadas e não comprovadas.

Tabus e rituais da organização: os rituais são as cerimônias especiais, de homenagem ou premiação, festas e reuniões anuais, assim como os rituais diários (hora do cafezinho, reuniões de departamentos). Já os tabus transmitem a ideia dos limites aceitáveis para os comportamentos e interações.

Símbolos culturais (cultura objetiva): artefatos materiais que representam a cultura da empresa. Envolvem mobiliário, automóveis, ambiente de trabalho (escritórios abertos ou fechados, estacionamentos com vagas privativas) e imagens (logotipo, estilo de vestuário).

6.7 Os Reforçadores de Culturas de Torquato

Segundo Torquato (1992), há quatro tipos de reforçadores de culturas dentro das organizações. São eles:

Aspectos históricos: experiência de longos anos da empresa que pesa sobre a comunidade, os costumes e a ordem conservadora. Essa experiência, de alguma maneira, inibe o avanço das mudanças.

Natureza técnica da empresa: produtos e serviços que ela produz.

Gestão da organização: este modelo é representado pelos tipos autocrático e democrático, sendo que o autocrático estabelece a cultura normativa, hermética, em que a hierarquia é levada às últimas consequências. O democrático pressupõe a ideia de participação, desbloqueando canais formais, abrindo fluxos, incentivando a criatividade e impulsionando a comunidade para as mudanças.

Osmose geográfica: caracteriza-se por uma interpenetração de culturas, por conta da proximidade das empresas, por se localizarem na mesma região em que as comunidades costumam incorporar comportamentos semelhantes.

6.8 Vantagens e Desvantagens da Cultura Organizacional

Vantagens

> Uma cultura forte tende a evitar o surgimento de problemas internos, reduzindo o nível de conflitos.

> Uma cultura forte desenvolve uma imagem clara sobre a organização.

> Uma cultura forte proporciona um senso de identidade aos membros de uma organização.

> A cultura demarca claramente as diferenças entre diferentes organizações.

> Uma cultura forte possibilita melhor controle pela gestão.

> Uma cultura adaptativa permite uma melhor adaptação da organização ao meio.

> Uma cultura forte favorece o comprometimento dos colaboradores com a organização.

Desvantagens

Uma cultura forte pode dificultar os processos de mudança e adaptação da organização, fazendo com que as pessoas não aceitem bem os processos de mudança.

Uma cultura forte pode dificultar a aceitação da diversidade na organização.

6.9 Características da Cultura Organizacional

Robbins et al. (2010) argumentam que existem sete características essenciais que ajudam a capturar a essência da cultura de uma organização.

Para considerá-las, é preciso entender que, para cada uma delas, as organizações podem dar muita ou pouca ênfase, existindo inúmeros pontos intermediários entre esses dois extremos. As sete características estão dispostas a seguir:

1. Grau de inovação: trata-se do grau de estímulo dado aos funcionários para que sejam inovadores e assumam o risco da inovação.

2. Atenção aos detalhes: trata-se da precisão, análise e cuidado com os detalhes que se espera dos funcionários.

3. Orientação para resultados: trata-se do grau no qual o foco da direção está direcionado aos resultados e não aos processos e técnicas utilizados para alcançá-los.

4. Foco na pessoa: trata-se do grau em que a direção da organização considera o impacto de suas decisões sobre o seu pessoal durante o processo de tomada de decisões.

5. Foco na equipe: trata-se do grau em que a organização do trabalho está mais voltada para as equipes e não para os indivíduos.

6. Agressividade: trata-se do grau de agressividade e competitividade das pessoas na organização, em oposição à tranquilidade que poderia existir.

7. Estabilidade: trata-se do grau de estabilidade enfatizada pela organização, que busca a manutenção do status quo ao invés do crescimento organizacional.

Devemos entender, ainda, que a cultura não é uniforme por toda a organização, havendo uma cultura dominante e diversas subculturas.

Cultura dominante e subculturas

As organizações, em sua maioria, possuem uma cultura dominante e diversas subculturas.

De acordo com Robbins,

"uma cultura dominante expressa os valores principais que são compartilhados pela maioria dos seus membros. Quando falamos da cultura de uma organização, nos referimos à cultura dominante."

Cultura dominante: expressa os valores essenciais compartilhados pela maioria dos membros da organização – é a cultura organizacional.

Uma subcultura é um conjunto de valores que não são compartilhados por todos os membros, mas apenas alguns. Ou seja, podem existir outras culturas "dentro" da mesma organização. Muitas empresas possuem uma cultura dominante e algumas subculturas espalhadas por suas diversas divisões e setores.

Subculturas: coexistência de diversas culturas na mesma organização.

Contracultura: peculiar de um grupo que se opõe à cultura mais ampla, contestando seus padrões.

Se as organizações não possuíssem nenhuma cultura dominante e fossem constituídas apenas de diversas subculturas, a importância da cultura organizacional seria consideravelmente reduzida, porque não haveria nenhuma interpretação uniforme do que seria um comportamento adequado ou inadequado. Dessa forma, seria difícil manter a coesão da empresa e o foco nos objetivos principais.

Cultura forte e cultura fraca

Cultura Fraca: é heterogênea – há poucos (ou não há) valores essenciais compartilhados. Não há interpretação uniforme do que seria um comportamento adequado ou inadequado. É difícil manter a coesão e o foco nos objetivos principais.

Cultura Forte: é homogênea – os valores são intensamente acatados e compartilhados.

Quanto mais membros aceitarem os valores e se comprometerem com eles, mais forte será a cultura.

Uma cultura forte aumenta a consistência do comportamento. Nesse sentido, pode-se dizer que uma cultura forte funciona como um substituto da formalização.

As regras e regulamentações da formalização agem para controlar o comportamento dos funcionários. Uma formalização intensa na organização gera previsibilidade, ordem e consistência. Uma cultura forte pode fazer o mesmo sem necessidade de documentação escrita.

Socialização

Para Maximiano (2007),a socialização de um novo funcionário é uma maneira de passar a cultura organizacional.

6.10 Gestão da Cultura Organizacional

Outro aspecto relacionado à cultura organizacional e que costuma ser cobrado em concursos refere-se à sua dinâmica de transformação.

Conforme vimos, a cultura se transforma espontaneamente, no longo prazo, conforme ingressam novas pessoas na organização, conforme há transformações no ambiente e de acordo com acontecimentos internos. Estas transformações colocam alguns desafios à empresa. Por exemplo, na hora de realizar a seleção de novas pessoas que irão ingressar na organização, deve-se observar se elas serão capazes de se alinhar à cultura existente. Além disso, devem ser realizados processos de socialização capazes de ensinar a cultura às novas pessoas, para que elas sejam capazes de agir de acordo com o que é esperado.

Uma pergunta que surge, e a respeito da qual há grande debate teórico, é: a cultura pode ser gerenciada, ou deliberadamente modificada pela organização?

A maioria dos autores entende que sim, a cultura é gerenciável. Mas não é uma tarefa fácil! A cultura é duradoura e tende a ser estável, razão pela qual a mudança da cultura exige grandes esforços dos líderes. Inclusive, uma das tarefas do líder moderno é exatamente influenciar para a criação ou consolidação de uma cultura organizacional positiva, que contribua para a consecução dos objetivos organizacionais.

Conforme afirma Ulrich, *"A cultura, quando gerenciada, pode contribuir para o sucesso da organização. Entretanto, o agente de mudanças encontrará resistências às transformações necessárias".*

Se uma empresa precisa ter um estilo de gestão democrático, aberto e participativo para atingir os seus resultados, os líderes dessa empresa precisam trabalhar para que essas características passem a fazer parte do "espírito" da empresa, passem a ser um valor natural e compartilhado por todos. O importante é que as intervenções na cultura sejam feitas de maneira planejada e ética.

Uma das maneiras de se modificar a cultura é a administração simbólica. *"Nesse caso, as pessoas investidas em posições estratégicas de mando procuram influenciar valores culturais arraigados e normas organizacionais, modelando elementos culturais de superfície, tais como símbolos, histórias e cerimônias com o intuito de explicitar acordos culturais desejados".*

Outro ponto de destaque na gestão da cultura é a dificuldade encontrada por empresas multinacionais na adaptação à cultura local de países onde instalam suas filiais. A globalização traz a necessidade de as empresas fornecerem os mesmos produtos com a mesma qualidade em diferentes países. Entretanto, o estilo gerencial nem sempre pode ser o mesmo, sob o risco de enfrentamento de fortes resistências de base cultural. *"Portanto, no processo de adaptação à cultura local devemos identificar e analisar os valores básicos que devem ser mantidos e aperfeiçoados, como os inerentes à personalidade da organização, e os que devem ser moldados à realidade globalizada".*

(Ulrich apud Rocha-Pinto, p.109)

A gestão da cultura organizacional consiste basicamente em fortalecer a cultura quando ela já está consolidada nos padrões desejados pela alta administração, ou promover mudanças na cultura, quando esta não está favorecendo o bom desempenho organizacional.

6.11 Clima Organizacional

Refere-se a um conjunto de percepções, opiniões e sentimentos que se expressam no comportamento de um grupo ou uma organização, em determinado momento ou situação, sendo, portanto, passageiro e superficial. Caracteriza-se como um fenômeno geralmente de caráter menos profundo e que pode mudar em menor tempo. Diferente da cultura, o clima é avaliativo e descritivo, uma vez que, além de poder ser descrito, pode ser avaliado quanto ao grau de intensidade dos itens que o compõem, por meio da pesquisa de clima organizacional.

O clima organizacional pode ser definido como o grau da satisfação dos agentes da organização com os vários aspectos da cultura organizacional.

É um conceito que se refere ao ambiente interno da organização. Trata-se da manifestação de um conjunto de valores, atitudes e padrões de comportamento, formais e informais, existentes em uma organização.

Enquanto a cultura trata da essência da organização e é relativamente estável, o clima organizacional é a síntese das percepções dos funcionários sobre a organização e o ambiente de trabalho, sendo algo mais temporário. Assim, as mudanças de cultura tendem a ser mais difíceis e demoradas do que a mudança do clima organizacional, que podem ser implementadas em um prazo mais curto.

Segundo George Litwin (apud, ROBBINS,2007) clima organizacional: *"É a qualidade ou propriedade do ambiente organizacional que é percebida ou experimentada pelos membros da organização e influencia o seu comportamento".*

O clima organizacional é uma decorrência da cultura organizacional, tanto de seus aspectos "positivos" e motivadores quanto de seus aspectos "negativos" e geradores de conflitos, sendo mais facilmente perceptível e manejável pela organização do que a sua cultura.

Chiavenato (2007) nos informa que o clima organizacional *"está intimamente relacionado com o grau de motivação de seus participantes. O clima organizacional é a qualidade ou propriedade do ambiente organizacional, percebida ou experimentada pelos participantes da empresa e que influencia o seu comportamento".*

Percebe-se, deste modo, que o clima organizacional está muito relacionado à motivação e comportamentos dos funcionários. Um clima positivo influencia positivamente o trabalho das pessoas, enquanto um clima negativo pode "pesar" e fazer com que os funcionários passem a se sentir menos motivados. Além disso, funcionários desmotivados tendem a gerar um clima organizacional negativo, gerando um ciclo negativo na organização.

Nesse sentido, o clima organizacional pode ser classificado como favorável (ou bom) ou não favorável (ou ruim) ao bom desempenho do trabalho. O clima favorável proporciona as condições para um maior comprometimento por parte dos funcionários enquanto um clima desfavorável pode fazer com que os funcionários se desagreguem no trabalho. De forma diversa, as pessoas dentro da organização podem classificar o clima de várias formas qualitativas, como: bom, ruim, neutro, frio, caloroso, desafiador, "pegando fogo", depressivo, ameaçador, etc.

É preciso ter em conta também que o clima dependerá da cultura como um todo, mas dependerá, na prática, de várias características do dia a dia organizacional, como: o estilo de liderança, as características do líder e dos liderados, a estrutura organizacional, as políticas e valores postos em prática, o ramo de atividade da organização, o momento vivido pela organização etc., que poderão ser avaliadas em pesquisas de clima organizacional para serem geridas com eficácia.

6.12 Tipos de Clima Organizacional

O clima organizacional poderá ser classificado de duas formas, segundo as respostas dos indivíduos aos estímulos organizacionais.

Podemos dizer que o clima é bom quando há um baixo turnover, alto tempo de permanência dos funcionários na empresa, bem como quando estes possuem orgulho em participar da organização.

Em um clima prejudicado ou ruim, há um turnover elevado, conflitos interpessoais, desinteresse pelo cumprimento das tarefas, resistências internas, competição exacerbada, vergonha de trabalhar na empresa. Em um clima prejudicado ou ruim, predomina a falta de motivação.

6.13 Diagnóstico de Clima Organizacional

Indicadores do clima organizacional

O início do diagnóstico do clima organizacional pode dar-se a partir da análise de alguns indicadores, como:

- Absenteísmo, verificado por meio do levantamento do número de faltas ao trabalho.
- Demonstrações indiretas de insatisfação com a empresa, materializadas em pichações nos banheiros, bilhetes anônimos, rumores nos corredores.
- Reclamações nas caixas de sugestões localizadas nos setores.
- Feedback nas avaliações de desempenho.
- Participação de funcionários em greves ou outros tipos de manifestações afins.
- Conflitos interpessoais e interdepartamentais, demonstradores de dificuldades na comunicação e falta de diálogo.
- Desperdícios de material, denotando descuido e desinteresse pelo patrimônio da organização.
- Queixas no serviço médico, no setor de psicologia ou serviço social da empresa.

É importante observar que, principalmente em grandes corporações, há a possibilidade de que haja localização de focos problemáticos em alguns setores, enquanto em outros os indicadores são satisfatórios. Cabe, portanto, uma análise cuidadosa neste sentido, a fim de evitar generalizar questões que na verdade são locais.

6.14 Gestão do Clima Organizacional

Para gerir o clima organizacional, é necessário fazer primeiramente um diagnóstico, a partir de uma pesquisa de clima, para saber qual a situação atual em relação às diversas dimensões do clima. O diagnóstico identificará os pontos fortes e fracos do clima organizacional, e, como consequência, deve-se ter um plano de ação para tentar elevar a qualidade do clima, especialmente em relação aos pontos mais críticos. Após a implementação dessas ações, teremos uma nova pesquisa para avaliar o clima, reiniciando, assim, o ciclo de gestão do clima organizacional.

A opção pela gestão do clima mostra que a empresa está preocupada com o lado pessoal dos funcionários. Só o fato de fazer uma pesquisa já deixa a mensagem "Queremos ouvir você, queremos saber a sua opinião". Esse tipo de postura da empresa tende a motivar os empregados.

Por outro lado, essas iniciativas criam expectativas nas pessoas, que esperam ações concretas para sanar as insatisfações levantadas.

> A cultura pode mudar no médio e no longo prazo, enquanto que o clima pode modificar-se no curto e no médio prazo.

Caso a empresa faça o diagnóstico, mas não promova ações de melhoria, o resultado pode ser catastrófico, com uma piora no clima e uma sensação de frustração dos funcionários.

7. GESTÃO DA QUALIDADE

"Qualidade" é hoje uma palavra-chave muito difundida nas empresas: fácil de falar e difícil de fazer. Ao mesmo tempo, existe pouco entendimento do que vem a ser qualidade.

A definição da qualidade possui uma extrema diversidade de interpretação, dada por diversos autores, que procuram dar uma definição simples para que seja assimilável a todos os níveis das organizações: precisa, para não gerar interpretações duvidosas; e abrangente, para mostrar sua importância em todas as suas atividades produtivas.

O conceito de qualidade apresentado pelas principais autoridades *da área são as seguintes:*

(JURAN, 1992:9) Qualidade é ausência de deficiências, ou seja, quanto menos defeitos, melhor a qualidade.

(FEIGENBAUM, 1994:8) Qualidade é a correção dos problemas e de suas causas ao longo de toda a série de fatores relacionados com marketing, projetos, engenharia, produção e manutenção, que exercem influência sobre a satisfação do usuário.

(CROSBY, 1986:31) Qualidade é a conformidade do produto às suas especificações. As necessidades devem ser especificadas, e a qualidade é possível quando essas especificações são obedecidas sem ocorrência de defeito.

(DEMING, 1993:56) Qualidade é tudo aquilo que melhora o produto do ponto de vista do cliente. Deming associa qualidade à impressão do cliente, portanto não é estática. A dificuldade em definir qualidade está na renovação das necessidades futuras do usuário em características mensuráveis, de forma que o produto possa ser projetado e modificado para dar satisfação por um preço que o usuário possa pagar.

Qualidade se refere às características do produto e do serviço que atendem às necessidades dos clientes.

(ISHIKAWA, 1993: 43) Qualidade é desenvolver, projetar, produzir e comercializar um produto de qualidade que é mais econômico, mais útil e sempre satisfatório para o consumidor.

7.1 Os Períodos ou Eras da Qualidade

A gestão da qualidade é um tema dinâmico, que foi se modificando ao longo do tempo, fruto de sua interação com a sociedade. Logo, assim como a sociedade, a gestão da qualidade evoluiu, buscando atender aos anseios da população. Nesse contexto, vejamos as classificações para os diversos períodos ou eras da qualidade:

01. **Inspeção:** a garantia da qualidade era certificada por meio do controle em massa de 100% dos produtos, ocorrendo o controle por amostragens em casos muito específicos, sem uma estruturação adequada. Essa técnica era possível, pois a maioria dos produtores era composta por artesãos, e as empresas não tinham uma grande capacidade de produção. Nesse período, o controle da qualidade limitava-se à inspeção e às atividades restritas, como contagem, classificação pela qualidade e reparos.
02. **Controle estatístico da qualidade:** surgiu em meados de 1931, tendo como referência Walter Andrew Shewhart, que deu um caráter científico à prática da busca da qualidade. Nesse período, o controle da qualidade no processo produtivo passa ao correr mediante procedimentos estatísticos, utilizando mecanismos como a amostragem. Porém, assim como na era da inspeção, a qualidade ainda era pensada de forma sistêmica, com envolvimento de todos.
03. **Garantia da qualidade:** surge após a II Guerra Mundial, tendo como referência William Edwards Deming e Joseph M. Juran. A proposta passa a ser por uma preocupação com a qualidade desde o projeto de desenvolvimento, envolvendo todos os funcionários, de todos os níveis hierárquicos, além de fornecedores e clientes. A ideia é manter e aperfeiçoar as técnicas clássicas da qualidade.
04. **Gestão estratégica da qualidade (gestão da Qualidade Total):** nas últimas duas décadas, a qualidade passa a ser uma preocupação estratégica da organização, incorporando e ampliando as propostas que surgiram nos anos 50. Contudo, nesse momento, a preocupação com a qualidade envolve todos os pontos do negócio, sendo fator elementar na manutenção das atividades da empresa.

EVOLUÇÃO DO CONCEITO DE QUALIDADE

FASE	CONCEITO	EIXO
inspeção	Conforme especificações	Produto
Controle da qualidade	Conforme especificações	Processo
Garantia da qualidade	Adequação ao uso	Prevenção
Qualidade Total	Satisfação do cliente	Pessoas

7.2 Principais Teóricos e Suas Contribuições Para a Gestão da Qualidade

W. Edwards deming

O estudo da qualidade tornou-se mais evidente a partir das ideias do americano William Edwards Deming no começo do século XX. Apesar de ter nascido nos EUA, Deming não conseguiu fazer sua proposta ser difundida naquele país, pois os norte-americanos vendiam tudo o que produziam, logo não sentiam os efeitos da falta de qualidade de seus produtos. Contudo, o Japão era um país quase destruído em decorrência da II Guerra Mundial, assim acolheu e difundiu as ideias de Deming, tornando-se, em pouco tempo, referência em qualidade e tecnologia.

Somente a partir dos anos 70-80 é que os Estados Unidos passaram a dar importância aos escritos da qualidade de Deming, fruto da alta competitividade dos produtos japoneses.

Ele baseava sua abordagem no uso de técnicas estatísticas, em que o principal objetivo era reduzir custos e aumentar a produtividade e a qualidade. Com efeito, Deming apresentou quatorze princípios, ou pontos, para a gestão, que descrevem o caminho para a Qualidade Total. São eles:

Quatorze Princí da Qualidade de Deming
Criar uma constância de propósitos de aperfeiçoamento do produto e do serviço, a fim de torná-los competitivos, perpetuá-los no mercado e gerar empregos.
Adotar a nova filosofia. Vivemos numa nova era econômica. A administração ocidental deve despertar deve despertar para o desafio, conscientizar-se de suas responsabilidades e assumir a liderança em direção á transformação.
Acabar com a depêndencia de inspeção para a obtenção da qualidade. Eliminar a necessidade da inspeção em massa, priorizando a internelização da qualidade do produto.
Acabar com a prática do negócio compensador baseado apenas no preço. Em vez disso, minimizar o custo total. Insistir na ideia de um único fornecedor para cada item, desenvolvendo relacionamento duradouros, calcados na qualidade e na confiança.
Aperfeiçoar continuamente todo o processo de planejamento, produção e serviço, com o objetivo de aumentar a qualidade e a produtividade e, consequentemente, reduzir os custos.
Fornecer treinamento no local de trabalho.
Adotar e estabeler a liderança. O objetivo da liderança é ajudar as pessoas a realizar um trabalho melhor. Assim como a liderança dos trabalhadores, a liderança empresarial necessita de uma completa reformulação.
Eliminar o medo.
Quebrar barreiras entre departamentos. Os colaboradores dos setores de pesquisa, projetos, vendas, compras ou produção devem trabalhar em equipe, tornando-se capazes de antecipar problemas que possam sugir durante a produção ou durante a utilização dos produtos ou serviços
Eliminar slogans, exortações e metas dirigidas aos empregados.
Eliminar padrões atificiais (cotas numéricas) para o chão de fábrica, a administração por objetivos (APO) e a administração atráves de números e metas numéricas.
Remover barreiras que despojem as pessoas de orgulho no trabalho. A atenção dos supervisores deve voltar-se para a qualidade e não para os números. Remover as barreiras que usurpam dos colaboradores das áreas administrativas e de planejamento/engenharia o justo direito de orgulhar-se do produto de seu trabalho. Isso significa a abolição das avaliações de desempenho ou mérito e da administra por objetivos ou por números.
Estabelecer um programa rigoroso de educação e autoaperfeiçoamento para todo o pessoal.
Colocar todos da empresa para trabalhar de modo a realizar a transformação. A transformação é tarefa de todos.

Método PDCA

- Método de controle de processos desenvolvido pelo americano Shewhart, na década de 30 e divulgado por Deming no Japão, como uma das ferramentas da qualidade, que visa à melhoria contínua (Kaizen) dos processos de trabalho.
- O método PDCA é utilizado nas organizações para gerenciar os processos internos de forma a garantir o alcance das metas estabelecidas, usando as informações como fator de direcionamento das decisões.

Ciclo PDCA de melhoria contínua

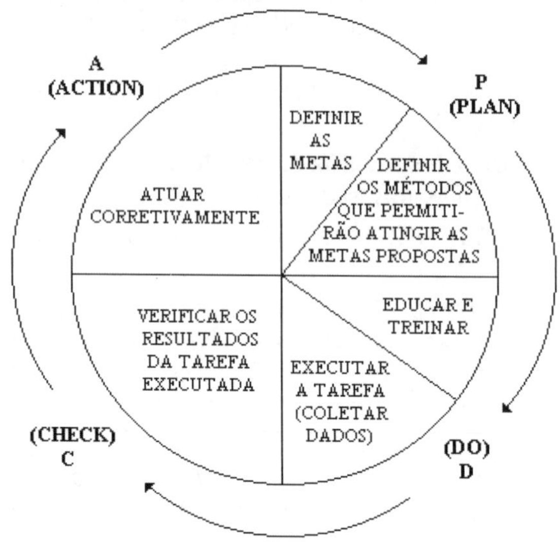

- P (Plan – planejar): definir o que se quer, estabelecer metas para manter e para melhorar e métodos para alcançar as metas (itens de controle do processo).
- D (Do – executar): tomar a iniciativa, educar e treinar e fazer conforme o planejado, registrando as informações.
- C (Check– verificar): monitorar e medir a execução (a partir dos registros) com o planejado.
- A (Action – agir): tomar ações corretivas (ou de melhoria) para resultados não alcançados, para melhorar o desempenho do processo e retomar o modelo PDCA.

Joseph m. Juran

Conforme apresentamos acima, a qualidade, conforme o conceito proposto por Joseph Moses Juran, é a adequação à finalidade e ao uso. Essa definição está alinhada à perspectiva da qualidade baseada no usuário em que um produto de qualidade é aquele que atende aos padrões e às preferências do usuário.

Juran foi o primeiro a aplicar os conceitos de qualidade à estratégia empresarial, em vez de meramente associá-la à estatística ou aos métodos de controle total da qualidade. Juntamente com Deming, foi um dos principais responsáveis pelo movimento da qualidade no Japão.

Nessa linha, propôs uma trilogia que compõe os pontos fundamentais para a gestão da qualidade: planejamento, controle e melhoria.

- Planejamento: é a preparação para encontrar as metas de qualidade em que serão identificados os consumidores e suas necessidades;
- Controle: é usado para evitar ou corrigir eventos indesejáveis ou inesperados, conferindo estabilidade e consistência. É o processo de encontro das metas de qualidade estabelecidas durante as operações; e

> Melhoria: processo de melhoria contínua da qualidade por meio de mudanças planejadas, previstas e controladas.

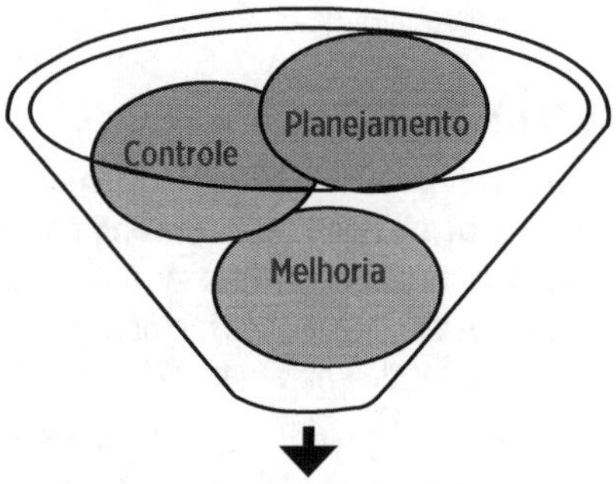

Trilogia da gestão da qualidade de Juran

Armand vallin feigenbaun

Feigenbaun é o pioneiro no uso da expressão Qualidade Total, por meio de seus estudos realizados na General Eletric (GE). Em sua abordagem, a qualidade deveria ser vista como instrumento estratégico pelo qual todos os trabalhadores devem ser responsáveis. A qualidade é uma filosofia de gestão e um compromisso de excelência. Este autor enumerou quatro características essenciais em um sistema organizacional provido de Qualidade Total:

01. Os processos de **aperfeiçoamento da qualidade são contínuos.**
02. Todo o esforço é **documentado**, de sorte que as pessoas da organização possam visualizar onde, como, por que e quando suas atividades afetam a qualidade.
03. **Tanto a gerência como as demais pessoas** abraçam a ideia de desempenharem suas atividades com qualidade. e
04. Aperfeiçoamento técnico e planejamento para **oferecer inovações** que sustentem positivamente a relação cliente/organização.

Por fim, destaca-se que Feigenbaun foi a primeira pessoa a realizar estudos sobre os custos da qualidade, demonstrando os custos envolvidos na garantia ou na falta de qualidade nas organizações (custos da prevenção, da avaliação, de falhas internas e de falhas externas).

Philip b. Crosby

Para Crosby a qualidade significa a conformidade com as especificações, de acordo com as necessidades dos clientes. Seus estudos relacionam-se com os conceitos de —zero defeito e de —fazer certo desde a primeira vez.

Este autor afirma que a insatisfação com o serviço ou produto final de uma organização constitui um — problema de qualidade. Esse problema, porém, é apenas um sintoma do que está ocorrendo no interior da organização. Assim, ele traçou o — perfil da organização problema.

Para ele, a prevenção é muito mais eficaz do que as técnicas não preventivas, como inspeção, teste e controle da qualidade. Além disso, traçou, assim como fez Deming, 14 passos para a melhoria da qualidade, que devem ser encarados como um processo perseguido continuamente.

Outros "gurus da qualidade"

Além dos autores mencionados acima, podemos destacar:

> **Walter Shewart**, que inseriu as técnicas de controle estatístico da qualidade e criou algumas ferramentas de qualidade como o ciclo PDCA e o gráfico de controle; e

> **Kaoru Ishikawa**, é conhecido como o "Pai do Controle ou Gestão da Qualidade Total" (TQC) japonês, desenvolveu o diagrama de causa e efeito (diagrama de Espinha de Peixe ou diagrama de Ishikawa) e os círculos de qualidade – formados por pequenos grupos de funcionários responsáveis por conduzir e democratizar o controle de qualidade na organização.

7.3 Qualidade Total

Após passarmos por toda essa evolução da qualidade, podemos falar da qualidade nos dias atuais. Chiavenato (2011, p. 549) faz um importante resumo das definições de importantes cientistas do mundo da qualidade. Vejamos:

A Qualidade Total é uma decorrência da aplicação da melhoria contínua. A palavra qualidade tem vários significados. Qualidade é o atendimento das exigências do cliente. Para Deming, a qualidade deve ter como objetivo as necessidades dos usuários, presentes e futuras. Para Juran, representa a adequação à finalidade e ao uso. Para Crosby, é a conformidade com as exigências. Feigenbaum diz que ela é o total das características de um produto ou serviço referentes a marketing, engenharia, manufatura e manutenção, pelas quais o produto ou serviço, quando em uso, atenderá às expectativas do cliente.

Ainda nesse sentido, a norma ISO 9000 define qualidade como — a totalidade de características de um ente (organização, produto, processos etc.) que lhe confere a capacidade de satisfazer às necessidades implícitas dos cidadãos.

Percebe-se que o conceito de Qualidade Total implica o atendimento às necessidades do cliente. Contudo, vai além, pois com a incorporação de práticas de qualidade, a organização deverá diminuir os custos de produção, fruto da eliminação do desperdício. Com isso, aumenta-se a eficiência e, por fim, os lucros da empresa.

Ademais, a **gestão da Qualidade Total** (*Total Quality Management* -TQM) atribui às pessoas, e não somente aos gerentes e dirigentes, a responsabilidade pelo alcance dos padrões de qualidade. Nessa linha, cada pessoa da instituição deve exercer o controle de qualidade do produto. Com isso, as práticas de controle de qualidade ocorrem de maneira descentralizada e coletiva, ao contrário do controle burocrático que é rígido, unitário e centralizador.

Devemos destacar que, na Qualidade Total, deve ocorrer uma preocupação não somente com a satisfação dos clientes externos, mas também dos clientes internos. Para explicar melhor esse conceito, devemos entender os clientes externos como os clientes finais de um processo, ou seja, as pessoas ou organizações que devem ser atendidas ao final do processo.

Os clientes internos, por sua vez, são aquelas pessoas que participam do processo produtivo e dependem de um insumo realizado por outro servidor.

Dessa forma, a Qualidade Total, além de envolver a participação de todos na gestão da qualidade, preocupa-se com o atendimento das demandas dos clientes internos e externos.

Podemos mencionar, também, os mandamentos da melhoria contínua:

01. total satisfação dos clientes;
02. gerência participativa;
03. constância de propósitos;
04. aperfeiçoamento contínuo;
05. desenvolvimento de recursos humanos;
06. delegação;
07. garantia da qualidade;
08. não aceitação de erros;
09. gerência de processos; e
10. disseminação de informações.

Convém lembrar, é claro, que a **satisfação dos clientes** é considerada como princípio central da gestão da Qualidade Total.

Para encerrar o assunto, apresentaremos os princípios da gestão da qualidade constantes da NBR ISO 9004:200, que foram desenvolvidos para serem utilizados pela Alta Direção a fim de dirigir a organização à melhoria de desempenho.

a) **foco no cliente:** organizações dependem de seus clientes e, portanto, convém que entendam as necessidades atuais e futuras do cliente, atendam aos requisitos e procurem exceder as suas expectativas;

b) **liderança:** líderes estabelecem a unidade de propósitos e o rumo da organização. Convém que eles criem e mantenham um ambiente interno no qual as pessoas possam estar totalmente envolvidas no propósito de atingir os objetivos da organização;

c) **envolvimento de pessoas:** pessoas de todos os níveis são a essência de uma organização, e seu total envolvimento possibilita que as suas habilidades sejam usadas para o benefício da organização;

d) **abordagem de processo:** um resultado desejado é alcançado mais eficientemente quando as atividades e os recursos relacionados são gerenciados como um processo;

e) **abordagem sistêmica para a gestão:** identificar, entender e gerenciar os processos inter-relacionados, como um sistema, contribui para a eficácia e eficiência da organização no sentido desta atingir seus objetivos;

f) **melhoria contínua:** convém que a melhoria contínua do desempenho global da organização seja seu objetivo permanente;

g) **abordagem factual para tomada de decisões:** decisões eficazes são baseadas na análise de dados e de informações; e

h) **benefícios mútuos nas relações com os fornecedores:** uma organização e seus fornecedores são interdependentes, e uma relação de benefícios mútuos aumenta a capacidade de ambos em agregar valor.

Segundo a NBR, o uso com sucesso dos oito princípios de gestão por uma organização resultará em benefícios para as partes interessadas, tais como melhoria no retorno financeiro, criação de valores aumento de estabilidade.

7.4 Melhoria Contínua

A melhoria contínua deriva da filosofia japonesa do kaizen (kai–mudança; zen – bom), significando um aprimoramento contínuo e gradual na maneira como as coisas são feitas na organização, envolvendo a participação de todos os membros. Nesse contexto, vejamos os ensinamentos de Chiavenato (2012, p. 272):

A melhoria contínua é uma técnica de mudança organizacional suave e ininterrupta centrada nas atividades em grupo das pessoas. Visa à qualidade dos produtos e serviços dentro de programas em longo prazo, que privilegiam a melhoria gradual e o passo a passo por meio da intensiva colaboração e participação das pessoas. Trata-se de uma abordagem incremental e participativa para obter excelência na qualidade dos produtos e serviços a partir das pessoas.

Por meio dessa filosofia, as mudanças não ocorrem de forma abrupta, mas aos poucos, de forma incremental, prevendo que os funcionários melhorem suas atividades dia após dia. Nesse contexto, o aprimoramento organizacional deve ser contínuo e gradual. Com efeito, a consequência desse aprimoramento poderá ser vista pelo aumento da qualidade dos produtos e serviços oferecidos, aumento da eficiência, eliminação de custos, aumento da satisfação dos clientes etc. Ademais, a filosofia do kaizen foi pioneira ao destacar a importância das pessoas e das equipes com sua participação e conhecimentos.

7.5 Qualidade na Administração Pública

» **Em 1991: Collor** lançou o **Programa Brasileiro da Qualidade e Produtividade (PBQP)**, para dinamizar a indústria brasileira diante da abertura comercial. Lançou o S**ubprograma Qualidade e Produtividade do Serviço Público – PQSP**, voltado para o cidadão e para a melhoria da qualidade dos serviços públicos. Tinha foco interno, voltado para Técnicas e Ferramentas.

» **Em 1996: FHC** lançou o **Programa de Qualidade e Participação da Administração Pública – QPAP** - que visava à satisfação do cliente com o envolvimento de todos os servidores. O foco era interno e externo, voltado para a Gestão e Resultados.

» **Em 1999:** com a formulação do PPA 2000-2003, houve a transformação em **Programa de Qualidade no Serviço Público – PQSP**, com o objetivo de trazer satisfação ao cidadão. Tinha o foco externo, voltado para a satisfação do cidadão.

» **Em 2005:** foi instituído o **Programa Nacional de Gestão Pública e Desburocratização – GesPública**, por meio do Decreto nº 5.378, resultado da fusão do **programa de Qualidade no Serviço Público e o Programa Nacional de Desburocratização**, sob a coordenação do MPOG.

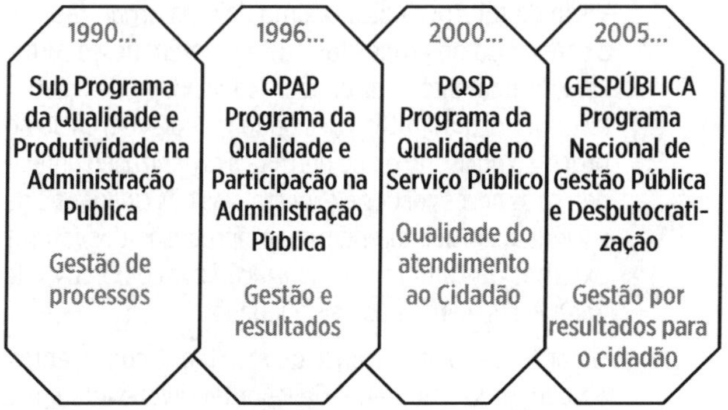

Modelo do gespública

O Programa Nacional de Gestão Pública e Desburocratização (GesPública) foi instituído em 2005, por meio do Decreto nº 5.378/2005. Este programa tem como principais características: ser essencialmente público, ser contemporâneo, estar voltado para a disposição de resultados para a sociedade e ser federativo.

A missão do Programa é promover a excelência em gestão pública. O Art. 1º do Decreto nº 5.378/2005 prevê que a finalidade do GesPública é contribuir para a melhoria da qualidade dos serviços públicos prestados aos cidadãos e para o aumento da competitividade do País. Já o Art. 3º traz os seus objetivos:

> ***I.*** *eliminar o déficit institucional, visando ao integral atendimento das competências constitucionais do Poder Executivo Federal;*
>
> ***II.*** *promover a governança, aumentando a capacidade de formulação, implementação e avaliação das políticas públicas;*
>
> ***III.*** *promover a eficiência, por meio de melhor aproveitamento dos recursos, relativamente aos resultados da ação pública;*
>
> ***IV.*** *assegurar a eficácia e efetividade da ação governamental, promovendo a adequação entre meios, ações, impactos e resultados; e*
>
> ***V.*** *promover a gestão democrática, participativa, transparente e ética.*

O quadro a seguir resume a missão, finalidade e objetivos do Programa:

GESPÚBLICA	MISSÃO	Promover a excelência em gestão pública
	FINALIDADE	Melhorar a qualidade dos serviços públicos ao cidadão
		Aumentar a competitividade do país
		Eliminar o déficit Institucional
		Melhorar a governança
		Aumentar a eficiência
		Assegurar a eficácia e a efetividade da ação governamental
		Promover uma gestão democrática

Gespública: missão, finalidades e objetivos. (Fonte: Paludo, 2013, p.287)

Com efeito, Augustinho Paludo resume de forma brilhante as ferramentas disponibilizadas pelo GesPública:

Autoavaliação: verifica o grau de aderência dos processos gerenciais de um ente público em relação ao Modelo/Critérios de Excelência em Gestão Pública;

Carta de serviço: metodologia utilizada para tornar a organização mais acessível e transparente para o cidadão, disponibilizando informações sobre como acessar os serviços prestados por ela e quais são os compromissos e os padrões de atendimento estabelecidos;

Padrão de pesquisa de satisfação: é uma metodologia de pesquisa de opinião padronizada, que investiga o nível de satisfação dos usuários de um serviço público;

Guia de gestão de processos: é o instrumento que orienta a modelagem e a gestão de processos voltados ao alcance de resultados; e

Guia "d" simplificação: é o instrumento que visa à simplificação de processos, atividades e normas.

O modelo do GesPública não se restringe ao Poder Executivo, nem tampouco ao Governo Federal. A ideia é fomentar a melhoria da gestão pública em todos os Poderes de todos os entes da federação. Ademais, esse Programa está diretamente relacionado ao uso do Modelo de Excelência em Gestão Pública, que será objeto de estudo do nosso tópico seguinte.

Modelo de excelência em gestão pública (megp)

O Modelo de Excelência em Gestão Pública (MEGP) foi concebido a partir da premissa de que a Administração Pública tem que ser excelente sem deixar de considerar as particularidades inerentes à sua natureza pública.

Nesse contexto, o MEGP tem como base os princípios constitucionais da Administração Pública e como pilares os fundamentos da excelência gerencial. Os fundamentos da excelência são conceitos que definem o entendimento contemporâneo de uma gestão de excelência na Administração Pública e que, orientados pelos princípios constitucionais, compõem a estrutura de sustentação do MEGP. Ou seja, os princípios constitucionais representam a orientação dos fundamentos que, por sua vez, são os pilares do Modelo.

Juntos, os princípios constitucionais e os fundamentos sustentam o MEGP, indicam os valores e diretrizes estruturais que devem balizar o funcionamento do sistema de gestão das organizações públicas e definem o que se entende, hoje, por excelência em gestão pública.

Os princípios constitucionais são apresentados no Art. 37 da Constituição Federal de 1988. Juntos eles formam o famoso LIMPE (Legalidade, Impessoalidade, Moralidade, Publicidade e Eficiência). No contexto do MEGP, para a gestão pública ser excelente, ela deve ser legal, impessoal, moral, pública e eficiente.

- Legalidade: estrita obediência à lei; nenhum resultado poderá ser considerado bom, nenhuma gestão poderá ser reconhecida como de excelência à revelia da lei.
- Impessoalidade: não fazer acepção de pessoas. O tratamento diferenciado restringe-se apenas aos casos previstos em lei. A cortesia, a rapidez no atendimento, a confiabilidade e o conforto são requisitos de um serviço público de qualidade e devem ser agregados a todos os usuários indistintamente. Em se tratando de organização pública, todos os seus usuários são preferenciais, são pessoas muito importantes.
- Moralidade: pautar a gestão pública por um código moral. Não se trata de ética (no sentido de princípios individuais, de foro íntimo), mas de princípios morais de aceitação pública.

- Publicidade: ser transparente, dar publicidade aos fatos e aos dados. Essa é uma forma eficaz de indução do controle social.
- Eficiência: fazer o que precisa ser feito com o máximo de qualidade ao menor custo possível. Não se trata de redução de custo de qualquer maneira, mas de buscar a melhor relação entre qualidade do serviço e qualidade do gasto.

O MEGP está alicerçado em fundamentos próprios da gestão de excelência contemporânea e condicionado aos princípios constitucionais próprios da natureza pública das organizações. Esses fundamentos e princípios constitucionais, juntos, definem o que se entende hoje por excelência em gestão pública. Vejamos quais são os fundamentos do Modelo:

- Pensamento sistêmico - entendimento das relações de interdependência entre os diversos componentes de uma organização, bem como entre a organização e o ambiente externo, com foco na sociedade.
- Aprendizado organizacional - busca contínua e alcance de novos patamares de conhecimento, individuais e coletivos, por meio da percepção, reflexão, avaliação e compartilhamento de informações e experiências.
- Cultura da inovação - promoção de um ambiente favorável à criatividade, à experimentação e à implementação de novas ideias que possam gerar um diferencial para a atuação da organização.
- Liderança e constância de propósitos - a liderança é o elemento promotor da gestão, responsável pela orientação, estímulo e comprometimento para o alcance e melhoria dos resultados organizacionais e deve atuar de forma aberta, democrática, inspiradora e motivadora das pessoas, visando ao desenvolvimento da cultura da excelência, à promoção de relações de qualidade e à proteção do interesse público. É exercida pela alta administração, entendida como o mais alto nível gerencial e assessoria da organização.
- Orientação por processos e informações - compreensão e segmentação do conjunto das atividades e processos da organização que agreguem valor para as partes interessadas, sendo que a tomada de decisões e a execução de ações devem ter como base a medição e análise do desempenho, levando-se em consideração as informações disponíveis.
- Visão de futuro - Indica o rumo de uma organização e a constância de propósitos que a mantém nesse rumo. Está diretamente relacionada à capacidade de estabelecer um estado futuro desejado que dê coerência ao processo decisório e que permita à organização antecipar-se às necessidades e expectativas dos cidadãos e da sociedade. Inclui, também, a compreensão dos fatores externos que afetam a organização com o objetivo de gerenciar seu impacto na sociedade.
- Geração de valor - alcance de resultados consistentes, assegurando o aumento de valor tangível e intangível de forma sustentada para todas as partes interessadas.
- Comprometimento com as pessoas - estabelecimento de relações com as pessoas, criando condições de melhoria da qualidade nas relações de trabalho, para que elas se realizem profissional e humanamente, maximizando seu desempenho por meio do comprometimento, de oportunidade para desenvolver competências e de empreender, com incentivo e reconhecimento.
- Foco no cidadão e na sociedade - direcionamento das ações públicas para atender e regular, continuamente, as necessidades dos cidadãos e da sociedade, na condição de sujeitos de direitos, beneficiários dos serviços públicos e destinatários da ação decorrente do poder de Estado exercido pelas organizações públicas.
- Desenvolvimento de parcerias - desenvolvimento de atividades conjuntamente com outras organizações com objetivos específicos comuns, buscando o pleno uso das suas competências complementares para desenvolver sinergias.
- Responsabilidade social - atuação voltada para assegurar às pessoas a condição de cidadania com garantia de acesso aos bens e serviços essenciais, e ao mesmo tempo tendo também como um dos princípios gerenciais a preservação da biodiversidade e dos ecossistemas naturais, potencializando a capacidade das gerações futuras de atender suas próprias necessidades.
- Controle social - atuação que se define pela participação das partes interessadas no planejamento, acompanhamento e avaliação das atividades da Administração Pública e na execução das políticas e dos programas públicos.
- Gestão participativa - estilo de gestão que determina uma atitude gerencial da alta administração que busque o máximo de cooperação das pessoas, reconhecendo a capacidade e o potencial diferenciado de cada um e harmonizando os interesses individuais e coletivos, a fim de conseguir a sinergia das equipes de trabalho.

O GesPública desdobrou o Modelo de Excelência em Gestão Pública em três instrumentos de avaliação, com a finalidade de facilitar o processo de avaliação continuada da gestão. Os três instrumentos sugerem um caminho progressivo do processo de autoavaliação, conforme mostra o quadro a seguir.

Excelência em serviços públicos

> Atenção 1: *Os conceitos, técnicas e ferramentas da qualidade são utilizados para obter a excelência na gestão de produtos e serviços.*
> Atenção 2: *No conceito da qualidade, a excelência no serviço público é tida como a satisfação das expectativas e necessidades do cidadão.*

A questão da excelência em serviços públicos está atrelada às melhorias acumuladas no decorrer do processo de modernização, à utilização de ferramentas da qualidade, à situação orçamentária financeira do Estado para custeio da prestação dos serviços e ao padrão de relacionamento entre o Estado e a sociedade.

A excelência na prestação de serviços públicos corresponde ao grau máximo/ótimo dos serviços prestados – quase impossível de ser atingido –, no entanto, advoga-se ser possível e **atribui-se aos programas de qualidade a missão de atingir essa excelência**. A excelência corresponde a uma visão existente na Administração Pública, segundo a qual ao utilizar ferramentas e técnicas da qualidade para promover melhorias contínuas relacionadas aos serviços oferecidos ao cidadão – o que inclui o treinamento e a motivação dos servidores – estar-se-á caminhando rumo à excelência.

Não são leis, normas ou técnicas que caracterizam uma gestão pública como de excelência; **são valores** essenciais, que precisam ser internalizados por todas as pessoas das organizações públicas, que definirão a gestão de uma organização como excelente.

A qualidade é uma filosofia de gestão e um compromisso com a excelência (...) baseada na orientação para o cliente (Valéria Moreira, 2008).

A Excelência em uma organização depende fundamentalmente de sua capacidade de perseguir seus propósitos em completa harmonia com seu ecossistema (PNQ, 2011).

A cultura organizacional deve ser de inovação, de aprendizado e de comprometimento com o atendimento eficiente (e de qualidade) das necessidades e demandas dos cidadãos. Incorporar as necessidades dos cidadãos como sendo as da própria organização e disseminar isso dentro da organização como meta contínua a ser alcançada pode levar as entidades públicas a um grau muito próximo da excelência pretendida.

> *Na busca pela excelência na prestação de serviços públicos, as pessoas (servidores públicos) é que farão a grande diferença.*

Pode-se afirmar que a conquista da excelência nos serviços públicos **decorre de um amplo conjunto de fatores**, muitos dos quais associados à incorporação de novas filosofias gerenciais, de novas tecnologias, de princípios e ferramentas da qualidade, do desempenho dos recursos humanos, com mudança cultural e amplo engajamento dos servidores públicos, e com a efetiva participação e controle da sociedade – **direcionando tudo isso para o atendimento das necessidades dos cidadãos.**

De acordo com Philip Kotler (2000), existem fatores determinantes da qualidade/excelência dos serviços: **confiabilidade:** prestar o serviço exatamente como foi prometido; **capacidade de resposta:** prontidão para ajudar os clientes e prestar os serviços dentro do prazo estabelecido; **segurança:** transmitir confiança aos clientes, além de conhecimento, cortesia e capacidade; **empatia:** compreender o cliente e dar-lhe atenção individualizada; **itens tangíveis:** referem-se à boa aparência que devem ter as instalações físicas, equipamentos e servidores.

É importante ter em mente que prestar serviços de excelência/qualidade é um grande passo, mas a excelência exige mais: é preciso monitorar continuamente a opinião dos clientes sobre a qualidade dos serviços prestados, para saber se continuam satisfeitos. Nesse sentido, segundo Geoff Dinsdale e Brian Marson (2000),

As pesquisas são uma ferramenta poderosa para se identificar e reduzir as lacunas entre as expectativas dos usuários com relação aos serviços e sua satisfação com os mesmos (...) Se as pesquisas fazem as perguntas certas, os resultados podem informar aos gestores o que eles precisam fazer para melhorar o serviço aos seus usuários especificamente, e/ou para os cidadãos em geral.

Para que os serviços sejam de excelência, é necessário que – ente público e servidor – criem uma cultura de excelência na prestação de serviços e no atendimento aos cidadãos – o que deixa claro que mudanças continuam sendo necessárias para readequar a atuação pública direcionada ao atendimento do usuário-cidadão. Isso representa um desafio que abrange:

- A gestão pública – novos modelos de gestão baseados na inovação, no incentivo e na flexibilidade (reorganizar a administração e os recursos disponíveis, otimizando-os).
- As condições de trabalho – os dirigentes públicos devem propiciar um ambiente de trabalho adequado, que contribua para motivar os servidores a prestarem serviços e atendimentos de excelência.

- Os recursos humanos – além de capacitação contínua, deve ser criada uma nova cultura de atendimento ao cidadão e de comprometimento com a prestação dos serviços públicos de excelência.
- As novas tecnologias – devem ser amplamente utilizadas para a melhoria dos processos de trabalho e de comunicação – para fazer mais e melhor, com menor custo –, sem comprometer a excelência.
- Os conceitos e ferramentas da qualidade – a implantação de conceitos e ferramentas da qualidade para melhorar o atendimento e a prestação dos serviços, com vistas a alcançar a excelência.
- A comunicação com o usuário-cidadão – criação de novos canais que possibilitem a troca de informações e o conhecimento das expectativas, reclamações e necessidades dos clientes-usuários.
- Controle por resultados – necessariamente, avaliar a atuação administrativa em face dos resultados alcançados, e do nível de satisfação dos usuários quanto aos serviços prestados.

A avaliação dos serviços trará para a administração o feedback necessário à manutenção ou ao aperfeiçoamento dos serviços. Alguns requisitos foram identificados para avaliar se os serviços têm qualidade: facilidade de acesso ao serviço; utilidade das visitas aos locais de atendimento – quanto menor o número de visitas para obter o serviço, maior o nível de qualidade; tempo utilizado para o atendimento completo do serviço: horas, dias ou meses; a correspondência entre o produto final do serviço e a satisfação da necessidade do cliente; a divulgação de informações sobre os serviços; e a atenção às reclamações dos usuários.

Destaque-se ainda que a excelência em serviços no conceito de Qualidade Total é mais ampla, pois inclui também os clientes internos, como funcionários e administradores. Para Karl Albrecht (1992), a Qualidade Total na prestação de serviços é uma situação na qual uma organização fornece qualidade e serviços superiores a seus clientes, proprietários e funcionários.

Em síntese, para que os serviços prestados sejam excelentes, toda a gestão deve estar orientada para a busca da excelência – tanto no discurso, quanto nas ações.

O modelo de excelência da fnq

O modelo de excelência em gestão da FNQ – Fundação Nacional da Qualidade – **consiste na representação de um sistema gerencial constituído por diversos fundamentos e critérios**, que orientam a adoção de práticas de gestão nas organizações públicas e privadas, com a finalidade de levar as organizações brasileiras a padrões de desempenho reconhecidos pela sociedade e à excelência em sua gestão.

A FNQ definiu os fundamentos e os critérios de excelência em gestão, **tendo como referência organizações de excelência em nível mundial**. Esses critérios incorporam conceitos e técnicas utilizados na administração das atuais organizações de sucesso: organizações de classe mundial, líderes em seus segmentos.

Os fundamentos de excelência, segundo o Caderno FNQ (2011), são os seguintes:

- Pensamento sistêmico. Entendimento das relações de interdependência entre os diversos componentes de uma organização, bem como entre a organização e o ambiente externo.
- Aprendizado organizacional. Busca o alcance de um novo patamar de conhecimento para a organização por meio de percepção, reflexão, avaliação e compartilhamento de experiências.
- Cultura de inovação. Promoção de um ambiente favorável à criatividade, experimentação e implementação de novas ideias que possam gerar um diferencial competitivo para a organização.
- Liderança e constância de propósitos. Atuação de forma aberta, democrática, inspiradora e motivadora das pessoas, visando ao desenvolvimento da cultura da excelência, à promoção de relações de qualidade e à proteção dos interesses das partes interessadas.
- Orientação por processos e informações. Compreensão e segmentação do conjunto das atividades e processos da organização que agreguem valor para as partes interessadas, sendo que a tomada de decisões e execução de ações deve ter como base a medição e análise do desempenho, levando-se em consideração as informações disponíveis, além de incluir os riscos identificados.
- Visão de futuro. Compreensão dos fatores que afetam a organização, seu ecossistema e o ambiente externo no curto e no longo prazo, visando à sua perenização.
- Geração de valor. Alcance de resultados consistentes, assegurando a perenidade da organização pelo aumento de valores tangível e intangível, de forma sustentada para todas as partes interessadas.
- Valorização das pessoas. Estabelecimento de relações com as pessoas, criando condições para que elas se realizem profissional e humanamente, maximizando seu desempenho por meio de comprometimento, desenvolvimento de competências e espaço para empreender.
- Conhecimento sobre o cliente e o mercado. Conhecimento e entendimento do cliente e do mercado, visando à criação de valor de forma sustentada para o cliente e, consequentemente, gerando mais competitividade nos mercados.
- Desenvolvimento de parcerias. Desenvolvimento de atividades em conjunto com outras organizações, a partir da plena utilização das competências essenciais de cada uma, objetivando benefícios para ambas as partes.
- Responsabilidade social. Atuação que se define pela relação ética e transparente da organização com todos os públicos com os quais se relaciona, estando voltada para o desenvolvimento sustentável da sociedade, preservando recursos ambientais e culturais para gerações futuras; respeitando a diversidade e promovendo a redução das desigualdades sociais como parte integrante da estratégia da organização.

A partir dos fundamentos, foram constituídos oito critérios de excelência, que permitem às organizações medirem seus esforços no sentido de avaliar se estão ou não sendo excelentes, ou, ao menos, caminhando rumo à excelência. O Caderno da FNQ (2011) **apresenta os seguintes critérios de excelência:**

> Liderança. Examina o sistema de liderança da organização e o comprometimento pessoal dos membros da Direção no estabelecimento, disseminação e atualização de valores e princípios organizacionais que promovam a cultura da excelência, considerando as necessidades de todas as partes interessadas. Também examina como é implementada a governança, como é analisado o desempenho da organização e como são implementadas as práticas voltadas para assegurar a consolidação do aprendizado organizacional.

> Estratégias e planos. Examina, em detalhe, o processo de formulação das estratégias, enfatizando a análise do setor de atuação, do macroambiente e do modelo de negócio da organização. Também examina o processo de implementação das estratégias, incluindo a definição de indicadores, o desdobramento das metas e planos para todos os setores da organização e o acompanhamento dos ambientes internos e externos.

> Clientes. Examina como a organização identifica, analisa e compreende as necessidades e expectativas dos clientes e dos mercados; divulga seus produtos, marcas e ações de melhoria; e estreita seu relacionamento com os clientes. Também examina como a organização mede e intensifica a satisfação e a fidelidade dos clientes em relação a seus produtos e marcas, bem como avalia a insatisfação.

> Sociedade. Examina como a organização contribui para o desenvolvimento econômico, social e ambiental de forma sustentável – por meio da minimização dos impactos negativos potenciais de seus produtos e operações na sociedade –, e como interage com a sociedade de forma ética e transparente.

> Informações e conhecimento. Examina a gestão e a utilização das informações da organização e de informações comparativas pertinentes, bem como a gestão de seus ativos intangíveis.

> Pessoas. Examina como são proporcionadas as condições para o desenvolvimento e utilização plena do potencial das pessoas que compõem a força de trabalho, em consonância com as estratégias organizacionais. Também examina os esforços para criar e manter um ambiente de trabalho e um clima organizacional que conduzam à excelência do desempenho, à plena participação e ao crescimento das pessoas.

> Processos. Examina como a organização identifica os processos de agregação de valor; e identifica, gerencia, analisa e melhora os processos principais do negócio e os processos de apoio. Também examina como a organização gerencia o relacionamento com os fornecedores e conduz a sua gestão financeira, visando à sustentabilidade econômica do negócio.

> Resultados. Examina os resultados da organização, abrangendo os aspectos econômico-financeiros e os relativos aos clientes e mercados, sociedade, pessoas, processos principais do negócio e de apoio, assim como os relativos ao relacionamento com os fornecedores.

Modelo de excelência em gestão pública (megp)

Com efeito, o Modelo de Excelência em Gestão Pública é a representação de um sistema gerencial constituído de oito partes integradas, que orientam a adoção de práticas de excelência em gestão com a finalidade de levar as organizações públicas brasileiras a padrões elevados de desempenho e de excelência em gestão. A figura a seguir representa graficamente o MEGP, destacando a relação entre as suas partes.

Representação do Modelo de Excelência em Gestão Pública

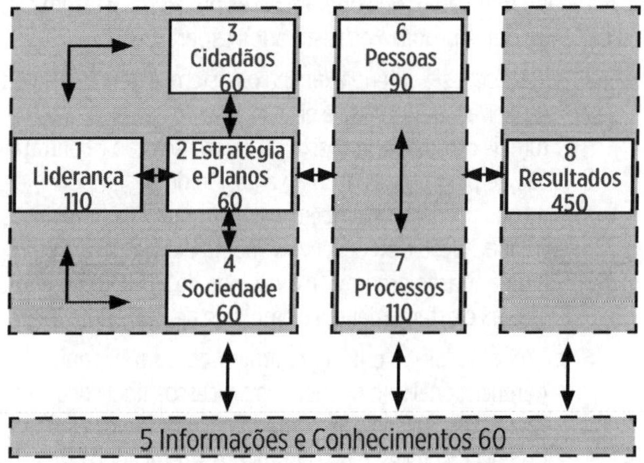

O primeiro bloco– Liderança, Estratégias e Planos, Cidadãos e Sociedade - pode ser denominado de planejamento. Por meio da liderança forte da alta administração, que focaliza as necessidades dos cidadãos-usuários, os serviços, os produtos e os processos são planejados conforme os recursos disponíveis, para melhor atender a esse conjunto de necessidades.

> Liderança: este critério examina a governança pública e a governabilidade da organização, incluindo aspectos relativos à transparência, equidade, prestação de contas e responsabilidade corporativa. Também examina como é exercida a liderança, incluindo temas como mudança cultural e implementação do sistema de gestão da organização. O critério aborda a análise do desempenho da organização, enfatizando a comparação com o desempenho de outras organizações e a avaliação do êxito das estratégias.

> Estratégias e Planos: este critério examina como a organização, a partir de sua visão de futuro, da análise dos ambientes interno e externo e da sua missão institucional, formula suas estratégias, desdobra-as em planos de ação de curto e longo prazos e acompanha a sua implementação, visando ao atendimento de sua missão e à satisfação das partes interessadas.

> Cidadãos: este critério examina como a organização, no cumprimento das suas competências institucionais, identifica os cidadãos usuários dos seus serviços e produtos, conhece suas necessidades e avalia a sua capacidade de atendê-las, antecipando-se a elas. Aborda também como ocorre a divulgação de seus serviços, produtos e ações para fortalecer sua imagem institucional e como a organização estreita o relacionamento com seus cidadãos-usuários, medindo a sua satisfação e implementando e promovendo ações de melhoria.

> Sociedade: este critério examina como a organização aborda suas responsabilidades perante a sociedade e as comunidades diretamente afetadas pelos seus processos, serviços e produtos e como estimula a cidadania. Examina, também, como a organização atua em relação às políticas públicas do seu setor e como estimula o controle social de suas atividades pela Sociedade e o comportamento ético.

O **segundo bloco** - Pessoas e Processos - representa a execução do planejamento. Nesse espaço, concretizam-se as ações que transformam objetivos e metas em resultados. São as pessoas, capacitadas e motivadas, que operam esses processos e fazem com que cada um deles produza os resultados esperados.

> Pessoas: este critério examina os sistemas de trabalho da organização, incluindo a organização do trabalho, a estrutura de cargos, os processos relativos à seleção e contratação de pessoas, assim como a gestão do desempenho de pessoas e equipes. Também examina os processos relativos à capacitação e ao desenvolvimento das pessoas e como a organização promove a qualidade de vida das pessoas, interna e externamente ao ambiente de trabalho.

> Processos: este critério examina como a organização gerencia, analisa e melhora os processos finalísticos e os processos de apoio. Também examina como a organização gerencia o processo de suprimento, destacando o desenvolvimento da sua cadeia de suprimento. O critério aborda como a organização gerencia os seus processos orçamentários e financeiros, visando o seu suporte.

O **terceiro bloco** - Resultados - representa o controle, pois serve para acompanhar o atendimento à satisfação dos destinatários dos serviços e da ação do Estado, o orçamento e as finanças, a gestão das pessoas, a gestão de suprimento e das parcerias institucionais, bem como o desempenho dos serviços/produtos e dos processos organizacionais.

> Resultados: este critério examina os resultados da organização, abrangendo os resultados orçamentários e financeiros, os relativos aos cidadãos-usuários, à sociedade, às pessoas, aos processos finalísticos e processos de apoio, assim como os relativos ao suprimento. A avaliação dos resultados inclui a análise da tendência e do nível atual de desempenho, pela verificação do atendimento dos níveis de expectativa das partes interessadas e pela comparação com o desempenho de outras organizações.

O quarto bloco - Informações e Conhecimento - representa a inteligência da organização. Nesse bloco, são processados e avaliados os dados e os fatos da organização (internos) e aqueles provenientes do ambiente (externos), que não estão sob seu controle direto, mas, de alguma forma, influenciam o seu desempenho. Esse bloco dá à organização a capacidade de corrigir ou melhorar suas práticas de gestão e, consequentemente, seu desempenho.

> Informações e Conhecimento: este critério examina a gestão das informações, incluindo a obtenção de informações comparativas pertinentes. Também examina como a organização identifica, desenvolve, mantém e protege os seus conhecimentos. Assim, para efeito de avaliação da gestão pública, as oito partes do Modelo de Excelência em Gestão Pública foram transformadas em Critérios para Avaliação da Gestão Pública; a esses critérios foram incorporados referenciais de excelência (requisitos) a partir dos quais a organização pública pode implementar ciclos contínuos de avaliação e melhoria de sua gestão.Apenas para ilustração, observaremos a figura a seguir com as respectivas pontuações máximas do MEGP, destacando os critérios e itens de avaliação.

Critério e Itens de Avaliação

	Critérios e Itens	Pontos
1	Liderança	110
	1.1 Governança pública e governabilidade	40
	1.2 Sistema de Liderança	40
	1.3 Analise de Desempenho da Organização	30
2	Estratégia e Planos	60
	2.1 Formulação das Estratégias	30
	2.2 Implementação das Estratégias	30
3	Cidadãos	60
	3.1 Imagem e conhecimento mútuo	30
	3.2 Relacionamento com os cidadãos-usuários	30
4	Sociedade	60
	4.1 Atuação Socioambiental	20
	4.2 Ética e controle social	20
	4.3 Politica públicas	20
5	Informações e Conhecimento	60
	5.1 Informações da Organização	20
	5.2 Informações Comparativas	20
	5.3 Gestão do Conhecimento	20
6	Pessoas	90
	6.1 Sistema de Trabalho	30
	6.2 Capacitação e Desenvolvimento	30
	6.3 Qualidade de Vida	30
7	Precessos	110
	7.1 Processos finalisticos e processos de apoio	50
	7.2 Processos de suprimento	30
	7.3 Processos orçamentário e financeiros	30

8	Resultados	450
	8.1 Resultado relativo aos cidadão-usuarios	100
	8.2 Resultado relativos à sociedade	100
	8.3 Resultados orçamentários e financeiros	60
	8.4 Resultados relativos às pessoas	60
	8.5 Resultados relativos aos processos de suprimento	30
	8.6 Resultado dos processos finalísticos e dos processos de apoio	100
Total de Pontos		**100**

QUADRO RESUMO

MEGP (GESPÚBLICA)		FNQ
Fundamentos	**Princípios Cponstitucionais**	**Fundamentos**
Pensamento sistêmico		Pensamento sistêmico
Aprendizado Organizacional		Aprendizado Organizacional
Cultura da Organização		Cultura da Organização
Liderança e constância de propósitos		Liderança e constância de propósitos
Orientação por processos e informações		Orientação por processos e informações
Visão de futuro		Visão de futuro
Geração de Valor		Geração de Valor
Valorização das pessoas		Valorização das pessoas
Foco no cidadão e na sociedade		Foco no cidadão e na sociedade
Desenvolvimento de parcerias		Desenvolvimento de parcerias
Responsabilidade Social		Responsabilidade Social
Controle Social		
Gestão parcipativa		
	Legalidade	
	Impessoabilidade	
	Moralidade	
	Publicidade	
	Eficiência	

7.6 Ferramentas da Qualidade

São recursos utilizados que identificam e melhoram a qualidade dos produtos, serviços e processos. As ferramentas não servem unicamente para solucionar problemas, elas devem também fazer parte de um processo de planejamento para alcançar objetivos.

As ferramentas básicas da qualidade que serão descritas a seguir têm como objetivo demonstrar a aplicação de cada uma delas, os pré-requisitos para a construção, como fazer e relação entre cada ferramenta.

Segundo Williams (1995), as ferramentas devem ser usadas para controlar a variabilidade, que é a quantidade de diferença em relação a um padrão, sendo que a finalidade das ferramentas é eliminar ou reduzir a variação em produto e serviço.

Para manter os processos estáveis e com um nível de variação mínimo, usam-se duas estratégias:

a) Padronização dos processos da empresa.

b) Controlar a variabilidade dos processos envolvendo as ferramentas adequadas, visando à sua redução.

Os objetivos das ferramentas da qualidade, segundo Oliveira (1995), são:

a) Facilitar a visualização e entendimento dos problemas.

b) Sintetizar o conhecimento e as conclusões.

c) Desenvolver a criatividade.

d) Permitir o conhecimento do processo.

e) Fornecer elementos para o monitoramento dos processos.

Para analisar a variabilidade nos processos, podemos utilizar várias ferramentas, sendo que as citadas a seguir não são as únicas, mas são as mais utilizadas.

Folha de verificação

A folha de verificação é uma das sete ferramentas da qualidade e é considerada a mais simples das ferramentas. Apresenta uma maneira de organizar e apresentar os dados em forma de um quadro, tabela ou planilha, facilitando desta forma a coleta e análise dos dados.

A utilização da folha de verificação economiza tempo, eliminando o trabalho de desenhar figuras ou escrever números repetitivos, não comprometendo a análise dos dados.

A seguir, apresentamos um exemplo de folha de verificação utilizada no levantamento da produção mensal de uma fábrica de biscoitos. Esta folha de verificação é capaz de proporcionar evidência objetiva para análises de eventuais problemas envolvendo a produção de diferentes biscoitos.

	Semana				
Produto	**1**	**2**	**3**	**4**	**Total**
Waffer	100	80	50	40	270
Recheado	50	70	80	100	300
Salgado	50	50	55	45	200
Leite	80	85	79	82	326
Maisena	47	48	50	49	194

De acordo com o exemplo acima, podemos perceber que a produção do biscoito tipo waffer vem diminuindo semana a semana, o que pode ou não ser indício de um problema. Portanto, a folha de verificação tem grande aplicação para levantamento e verificação de dados e fatos.

Na administração da qualidade, não é possível tomar decisões acertadas ou propor planos de melhoria com base apenas em suposições e argumentos que não estejam fundamentados em fatos e dados. Por exemplo, quando um funcionário comenta que o serviço de entrega está ruim, não é possível saber se isso é fato ou opinião, não suportados por qualquer evidência objetiva. Mas, se o funcionário informa que, de acordo com levantamento realizado, das 1500 entregas feitas no mês de setembro, foram registradas 50 reclamações de clientes, o que significa que para cada 30 entregas, uma entrega apresentou problema, ele está comprovando um fato para que uma decisão seja tomada. Mas, para dispor desses dados, é necessário que eles tenham sido coletados. Daí a importância das folhas de verificação: elas possibilitam a coleta dos dados e a sua disponibilidade (são evidências objetivas) para análise e solução de eventuais problemas.

Sobre os fatos é que devem se basear as decisões empresariais, levando-se em conta a melhoria da qualidade de produtos, processos produtivos e serviços. As opiniões devem ser motivadoras e capazes de proporcionar as evidências objetivas nas quais as decisões precisam se apoiar.

Gráfico de pareto (método 80/20 – prioriza problemas)

O diagrama ou gráfico de Pareto é assim definido no Japão segundo Karatsuand Ikeda (1985: 25): "É um diagrama que apresenta os itens e a classe na ordem dos números de ocorrências, apresentando a soma total acumulada." Nos permite visualizar diversos elementos de um problema auxiliando na determinação da sua prioridade.

É representado por barras dispostas em ordem decrescente, com a causa principal vista do lado esquerdo do diagrama, e as causas menores são mostradas em ordem decrescente ao lado direito. Cada barra representa uma causa exibindo a relevante causa com a contribuição de cada uma em relação à total.

É uma das ferramentas mais eficientes para encontrar problemas. Para traçar o diagrama, ele deve ser repetido várias vezes para cada um dos problemas levantados, tomando os itens prioritários como problemas novos.

O diagrama de Pareto descreve as causas que ocorrem na natureza e no comportamento humanos, podendo assim ser uma poderosa ferramenta para focalizar esforços pessoais em problemas, e tem maior potencial de retorno.

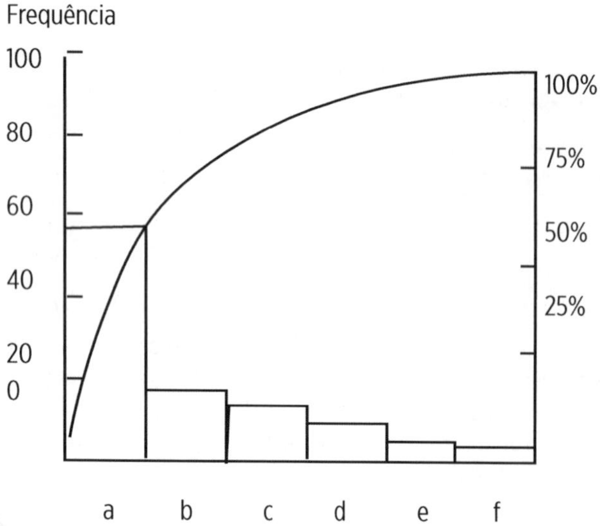

Diagrama de causa e efeito (diagrama de espinha de peixe ou diagrama de ishikawa)

É uma representação gráfica que permite a organização das informações possibilitando a identificação das possíveis causas de um determinado problema ou efeito. OLIVEIRA (1995: 29).

Mostra-nos as causas principais de uma ação, as quais dirigem para as subcausas, levando ao resultado final. Foi desenvolvido em 1943 por Ishikawa na Universidade de Tóquio. Ele usou isto para explicar como vários fatores poderiam ser comuns entre si e estar relacionados.

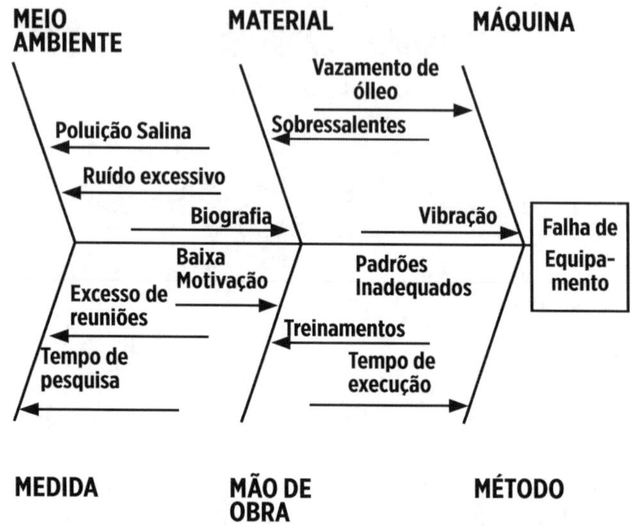

Histograma

São gráficos de barras que mostram a variação sobre uma faixa específica, JURAN (1989). O histograma foi desenvolvido por Guerry em 1833 para descrever sua análise de dados sobre crime. Desde então, os histogramas têm sido aplicados para descrever os dados nas mais diversas áreas.

É uma ferramenta que nos possibilita conhecer as características de um processo ou um lote de produto permitindo uma visão geral da variação de um conjunto de dados. ROSALES (1994:52).

A maneira como esses dados se distribuem contribui de uma forma decisiva na identificação dos dados. Eles descrevem a frequência com que variam os processos e a forma de distribuição dos dados como um todo. PALADINI (1994).

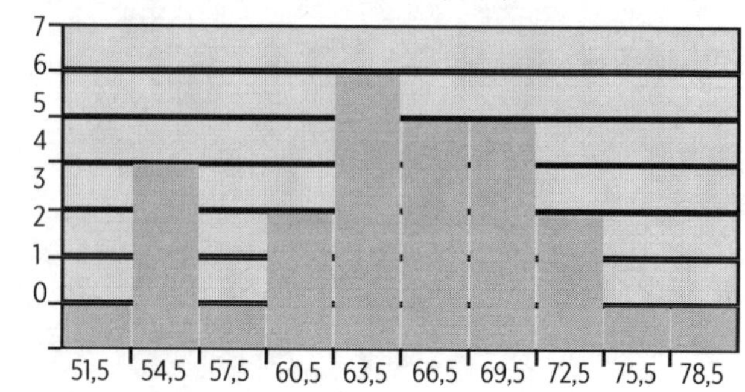

Estratificação

A estratificação é o método usado para separar (ou estratificar) um conjunto de dados de modo a perceber que existe um padrão. Quando esse padrão é descoberto, fica fácil detectar o problema e identificar suas causas. A estratificação ajuda a verificar o impacto de uma determinada causa sobre o efeito estudado e ajuda a detectar um problema.

A estratificação começa pela coleta de dados com perguntas do tipo: os turnos de trabalho diferentes podem ser responsáveis por diferenças nos resultados?; os erros cometidos por empregados novos são diferentes dos erros cometidos por empregados mais experientes?; a produção às segundas-feiras é muito diferente da dos outros dias da semana? etc.

Quando a coleta de dados termina, devem-se procurar, primeiramente, padrões relacionados com o tempo ou a sequência, verificando se há diferenças sistemáticas entre os dados coletados. No caso de perguntas como as exemplificadas, devem-se analisar as diferenças entre dias da semana, turnos, operadores etc.

Um exemplo comum de estratificação é o das pesquisas realizadas por institutos de pesquisa que aparecem nos jornais diariamente. Em época de eleições, por exemplo, os dados da pesquisa podem ser estratificados por região de origem, sexo, faixa etária, escolaridade ou classe socioeconômica do eleitor.

Gráfico de controle

Os gráficos de controle servem para medirmos a variabilidade de um processo. Por meio da determinação de limites mínimos e máximos de "tolerância", podemos analisar o comportamento de um processo específico.

No caso a seguir, teríamos o número de defeitos em um processo Y em cada mês. Sempre que o processo mostrar um comportamento atípico, como nos meses de fevereiro e setembro, por exemplo, devemos analisar o funcionamento do processo com mais rigor.

Defeitos no processo Y

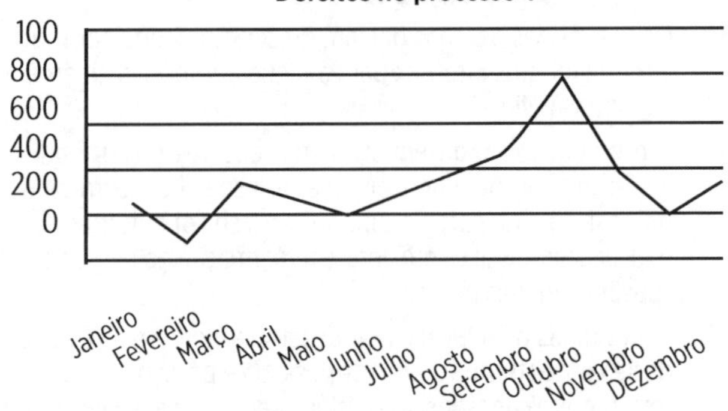

Defeitos no processo Y

Portanto, esse gráfico nos mostra se existe algum fator influenciando de modo especial a qualidade. Quando os valores estiverem dentro da faixa entre o limite inferior e o limite superior, poderíamos dizer que o processo está "sob controle".

Gráfico de dispersão

Os **Diagramas de dispersão** ou **Gráficos de Dispersão** são representações de duas ou mais variáveis que são organizadas em um gráfico, uma em função da outra.

O **diagrama de dispersão** é também utilizado como ferramenta de qualidade. Um método gráfico de análise que permite verificar a existência ou não de relação entre duas variáveis de natureza quantitativa, ou seja, variáveis que podem ser medidas ou contadas, tais como: sinergia, horas de treinamento, intenções, número de horas em ação, jornada, intensidades, velocidade, tamanho do lote, pressão, temperatura etc.

Nesta forma, o diagrama de dispersão é usado para se verificar uma possível relação de causa e efeito. Isto não prova que uma variável afeta a outra, mas torna claro se a relação existe e em que intensidade. Na prática, muitas vezes, temos a necessidade de estudar a relação de correspondência entre duas variáveis.

Idade	Peso	Altura	Idade	Peso	Altura
17	50	1,50	37	52	1,55
18	55	1,58	41	95	1,90
20	72	1,62	28	62	1,65
25	62	1,65	19	79	1,82
17	70	1,71	46	85	1,82
38	83	1,72	74	79	1,90
54	80	1,78	58	85	1,90
64	72	1,80	60	89	2,00

Enxugamento (*downsizing*)

A Qualidade Total representa uma revolução na gestão da entidade, porque os antigos Departamentos de Controle de Qualidade (DCQ) e os sistemas formais de controle é que detinham e centralizavam totalmente essa responsabilidade. A Qualidade Total provocou o enxugamento (*downsizing*) dos DCQs e sua descentralização para o nível operacional. O downsizing promove redução de níveis hierárquicos e enxugamento organizacional para reduzir as operações ao essencial (*core business*) do negócio e transferir o acidental para terceiros que saibam fazê-lo melhor e mais barato (terceirização). O enxugamento substitui a antiga cultura baseada na desconfiança - que alimentava um contingente excessivo de comandos e de controles - para uma nova cultura que incentiva a iniciativa das pessoas. O policiamento externo é substituído pelo comprometimento e autonomia das pessoas, além do investimento em treinamento para melhorar a produtividade.

Terceirização (*outsourcing*)

A terceirização ocorre quando uma operação interna da organização é transferida para outra organização que consiga fazê-la melhor e de forma mais barata. As organizações transferem para outras organizações atividades como malotes, limpeza e manutenção de escritórios e fábricas, serviços de expedição, guarda e vigilância, refeitórios etc. Por essa razão, empresas de consultoria em contabilidade, auditoria, advocacia, engenharia, relações públicas, propaganda etc., representam antigos departamentos ou unidades organizacionais terceirizados para reduzir a estrutura organizacional e dotar a organização de maior agilidade e flexibilidade. A terceirização representa uma transformação de custos fixos em custos variáveis. Na prática, uma simplificação da estrutura e do processo decisório das organizações e uma focalização maior no core business e nos aspectos essenciais do negócio.

Redução do tempo do ciclo de produção

O tempo de ciclo refere-se às etapas seguidas para completar um processo, como ensinar o programa a uma classe, fabricar um carro ou atender um cliente. A simplificação de ciclos de trabalho, a queda de barreiras entre as etapas do trabalho e entre departamentos envolvidos e a remoção de etapas improdutivas no processo permite que a Qualidade Total seja bem-sucedida. O ciclo operacional da organização torna-se mais rápido e o giro do capital mais ainda. A redução do ciclo operacional permite a competição pelo tempo, o atendimento mais rápido do cliente, etapas de produção mais encadeadas entre si, queda de barreiras e obstáculos intermediários. Os conceitos de fábrica enxuta e just in time (JIT) são baseados no ciclo de tempo reduzido.

Reengenharia

A reengenharia foi uma reação ao colossal abismo existente entre as mudanças ambientais velozes e intensas e a total inabilidade das organizações em ajustar-se a essas mudanças. Para reduzir a enorme distância entre a velocidade das mudanças ambientais e a permanência das organizações tratou-se de aplicar um remédio forte e amargo. Reengenharia significa fazer uma nova engenharia da estrutura organizacional. Representa uma reconstrução, e não simplesmente uma reforma total ou parcial da empresa. Não se trata de fazer reparos rápidos ou mudanças cosméticas na engenharia atual, mas de fazer um desenho organizacional totalmente novo e diferente. A reengenharia se baseia nos processos empresariais e considera que eles é que devem fundamentar o formato organizacional. Não se pretende melhorar os processos já existentes, mas a sua total substituição por processos inteiramente novos. Nem se pretende automatizar os processos já existentes. Isso seria o mesmo que sofisticar aquilo que é ineficiente ou buscar uma forma ineficiente de fazer as coisas erradas. Nada de pavimentar estradas tortuosas, que continuam tortas apesar de aparentemente novas, mas construir novas estradas modernas e totalmente remodeladas. A reengenharia não se confunde com a melhoria contínua: pretende criar um processo inteiramente novo e baseado na TI, e não o aperfeiçoamento gradativo e lento do processo atual.

Para alguns autores, a reengenharia é o reprojeto dos processos de trabalho e a implementação de novos projetos, enquanto para outros é o repensar fundamental e a reestruturação radical dos processos empresariais visando alcançar enormes melhorias no desempenho de custos, qualidade, atendimento e velocidade. A reengenharia se fundamenta em quatro palavras-chave:

01. Fundamental. Busca reduzir a organização ao essencial e fundamental. As questões: por que fazemos o que fazemos? E por que fazemos dessa maneira?
02. Radical. Impõe uma renovação radical, desconsiderando as estruturas e os procedimentos atuais para inventar novas maneiras de fazer o trabalho.
03. Drástica. A reengenharia joga fora tudo o que existe atualmente na empresa. Destrói o antigo e busca sua substituição por algo inteiramente novo. Não aproveita nada do que existe!
04. Processos. A reengenharia reorienta o foco para os processos, e não mais para as tarefas ou serviços nem para pessoas ou para a estrutura organizacional. Busca entender o "quê" e o "porquê" e não o "como" do processo.

A reengenharia está preocupada em fazer cada vez mais com cada vez menos. Seus três componentes são: pessoas, TI e processos. Na verdade, a reengenharia focaliza os processos organizacionais. Um processo é o conjunto de atividades com uma ou mais entradas e que cria uma saída de valor para o cliente. As organizações estão mais voltadas para tarefas, serviços, pessoas ou estruturas, mas não para os seus processos. Ninguém gerencia processos. Na realidade, as organizações são constituídas de vários processos fragmentados que atravessam os departamentos funcionais separados como se fossem diferentes feudos. Melhorar apenas tais processos não resolve. A solução é focalizar a empresa nos seus processos e não nos seus órgãos. Daí, virar o velho e tradicional organograma de cabeça para baixo. Ou jogá-lo fora. A reengenharia trata de processos.

A reengenharia de processos direciona as características organizacionais para os processos. Suas consequências para a organização são:

01. Os departamentos tendem a desaparecer e ceder lugar a equipes orientadas para os processos e para os clientes. A tradicional departamentalização por funções é substituída por redes de equipes de processos. A orientação interna para funções especializadas dos órgãos cede lugar para uma orientação voltada para os processos e clientes.
02. A estrutura organizacional hierarquizada, alta e alongada passa a ser nivelada, achatada e horizontalizada. É o enxugamento (downsizing) da organização para transformá-la de centralizadora e rígida em flexível, maleável e descentralizadora.
03. A atividade também muda: as tarefas simples, repetitivas, rotineiras, fragmentadas e especializadas, com ênfase no isolamento individual passam a basear-se em equipes com trabalhos multidimensionais e com ênfase na responsabilidade grupal, solidária e coletiva.
04. Os papéis das pessoas deixam de ser moldados por regras e regulamentos internos para a plena autonomia, liberdade e responsabilidade.
05. A preparação e o desenvolvimento das pessoas deixam de ser feitos por meio do treinamento específico, com ênfase na posição e no cargo ocupado, para se constituir em uma educação integral e com ênfase na formação da pessoa e nas suas habilidades pessoais.
06. As medidas de avaliação do desempenho humano deixam de se concentrar na atividade passada e passam a avaliar os resultados alcançados, a contribuição efetiva e o valor criado à organização e ao cliente.
07. Os valores sociais, antes protetores e visando à subordinação das pessoas às suas chefias, agora passam a ser produtivos, visando à orientação das pessoas para o cliente, seja ele interno ou externo.
08. Os gestores, antes controladores de resultados e distantes das operações cotidianas, tornam-se líderes e impulsionadores ficando mais próximos das operações e das pessoas.
09. Os gestores deixam de ser supervisores dotados de habilidades técnicas e se tornam orientadores e educadores dotados de habilidades interpessoais.

A reengenharia nada tem a ver com a tradicional departamentalização por processos. Ela simplesmente elimina departamentos e os substitui por equipes. Apesar de estar ligada a demissões em massa devido ao consequente *downsizing* e à substituição de trabalho humano pelo computador, a reengenharia mostrou a importância dos processos horizontais das organizações e do seu tratamento racional.

Benchmarking

O *benchmarking* foi introduzido em 1979 pela Xerox, como um *processo contínuo de avaliar produtos, serviços e práticas dos concorrentes mais fortes e daquelas empresas que são reconhecidas como líderes empresariais*. Spendolini acrescenta que o *benchmarking* é um processo contínuo e sistemático de pesquisa para avaliar produtos, serviços, processos de trabalho de empresas ou organizações que são reconhecidas como representantes das melhores práticas, com o propósito de aprimoramento organizacional. Isso permite comparações de processos e práticas administrativas entre empresas para identificar o "melhor do melhor" e alcançar um nível de superioridade ou vantagem competitiva. O benchmarking encoraja as organizações a pesquisar os fatores-chave que influenciam a produtividade e a qualidade. Essa visualização pode ser aplicada a qualquer função como produção, vendas, recursos humanos, engenharia, pesquisa e desenvolvimento, distribuição etc., o que produz melhores resultados quando implementado na empresa como um todo.

O benchmarking visa desenvolver a habilidade dos administradores de visualizar no mercado as melhores práticas administrativas das empresas consideradas excelentes (benchmarks) em certos aspectos, comparar as mesmas práticas vigentes na empresa focalizada, avaliar a situação e identificar as oportunidades de mudanças dentro da organização. A meta é definir objetivos de gestão e legitimá-los por meio de comparações externas. A comparação costuma ser um saudável método didático, pois desperta para as ações que as empresas excelentes estão desenvolvendo e que servem de lição e de exemplo, de guia e de orientação para as empresas menos inspiradas.

O *benchmarking* exige três objetivos que a organização precisa definir:

01. Conhecer suas operações e avaliar seus pontos fortes e fracos. Para tanto, deve documentar os passos e práticas dos processos de trabalho, definir medidas de desempenho e diagnosticar suas fragilidades.
02. Localizar e conhecer os concorrentes ou organizações líderes do mercado, para poder diferenciar as habilidades, conhecendo seus pontos fortes e fracos e compará-los com os próprios pontos fortes e fracos.
03. Incorporar o melhor do melhor adotando os pontos fortes dos concorrentes e, se possível, excedendo-os e ultrapassando-os.

O *benchmarking* é constituído de 15 estágios, todos eles focalizados no objetivo de comparar competitividade.

A principal barreira à adoção do benchmarking reside em convencer os administradores de que seus desempenhos podem ser melhorados e excedidos. Isso requer uma paciente abordagem e apresentação de evidências de melhores métodos utilizados por outras organizações. O *benchmarking* requer consenso e comprometimento das pessoas. Seu principal benefício é a competitividade, pois ajuda a desenvolver um esquema de como a operação pode sofrer mudanças para atingir um desempenho superior e excelente.

Job enrichment e *job enlargement*

O desenho contingencial de cargos é dinâmico e privilegia a mudança em função do desenvolvimento pessoal do ocupante. Em outros termos, permite a adaptação do cargo ao potencial de desenvolvimento pessoal do ocupante. Essa adaptação contínua é feita pelo enriquecimento de cargos. Enriquecimento de cargos significa a reorganização e ampliação do cargo para proporcionar adequação ao ocupante no sentido de aumentar a satisfação intrínseca, por meio do acréscimo de variedade, autonomia, significado das tarefas, identidade com as tarefas e retroação. Segundo a teoria dos dois fatores de Herzberg, o enriquecimento de cargos constitui a maneira de obter satisfação intrínseca por meio do cargo. É que o cargo é pequeno demais para o espírito de muitas pessoas. Em outras palavras, os cargos não são suficientemente grandes para a maioria das pessoas e precisam ser redimensionados. O enriquecimento do cargo — ou ampliação do cargo - torna-se a maneira prática e viável para a adequação permanente do cargo ao crescimento profissional do ocupante. Consiste em aumentar de maneira deliberada e gradativa os objetivos, responsabilidades e desafios das tarefas do cargo para ajustá-los às características progressivas do ocupante. O enriquecimento do cargo pode ser lateral ou horizontal (carga lateral com a adição de novas responsabilidades do mesmo nível) ou vertical (carga vertical com adição de novas responsabilidades mais elevadas).

A adequação do cargo ao ocupante melhora o relacionamento entre as pessoas e o seu trabalho, incluindo novas oportunidades de iniciar outras mudanças na organização e na cultura organizacional e de melhorar a qualidade de vida no trabalho. O que se espera do enriquecimento de cargos é não apenas uma melhoria das condições de trabalho, mas, sobretudo, um aumento da produtividade e redução das taxas de rotatividade e de absenteísmo do pessoal. Uma experiência desse tipo introduz um novo conceito de cultura e clima organizacional, tanto na fábrica como no escritório: reeducação da gerência e da chefia, descentralização da gestão de pessoas, delegação de responsabilidades, maiores oportunidades de participação etc. O enriquecimento de cargos oferece as seguintes vantagens:

01. Elevada motivação intrínseca do trabalho.
02. Desempenho de alta qualidade no trabalho.
03. Elevada satisfação com o trabalho.
04. Redução de faltas (absenteísmo) e de desligamentos (rotatividade).

As pessoas que executam trabalhos interessantes e desafiadores estão mais satisfeitas com eles do que as que executam tarefas repetitivas e rotineiras. Os resultados do trabalho aumentam quando estão presentes três estados psicológicos críticos nas pessoas que o executam, a saber:

01. Quando a pessoa encara o seu trabalho como significativo ou de valor.
02. Quando a pessoa se sente responsável pelos resultados do trabalho.
03. Quando a pessoa conhece os resultados que obtém fazendo o trabalho.

Brainstorming

Brainstorming, ou técnica da tempestade cerebral, traz à lembrança chuvas e trovoadas (ideias e sugestões) seguidas de bonança e tranquilidade (solução). É uma técnica utilizada para gerar ideias criativas que possam resolver problemas da organização. É feita em sessões que duram de 10 a 15 minutos e envolve um número de participantes - não maior que 15 - que se reúnem ao redor de uma mesa para dizer palavras que veem à mente quando se emite uma palavra-base. Isso permite gerar tantas ideias quanto for possível. Os participantes são estimulados a produzir, sem qualquer crítica nem censura, o maior número de ideias sobre determinado assunto ou problema.

Em uma primeira etapa, o brainstonning visa obter a máxima quantidade possível de contribuições em forma de ideias e que constituirão o material de trabalho para a segunda etapa, em que se selecionam as ideias mais promissoras. A primeira etapa chama-se geração de ideias e pode ser feita de modo estruturado (um participante de cada vez em sequência) ou não estruturado (cada um fala a sua ideia quando quiser e sem nenhuma sequência). O modo estruturado permite a obtenção da participação de todos. As ideias são anotadas em um quadro, sem nenhuma preocupação de interpretar o que o participante quis dizer. Na segunda etapa, as ideias serão discutidas e reorganizadas para verificar quais são as que têm possibilidade de aplicação e de gerar soluções para o problema em foco. O brainstorming é uma técnica que se baseia em quatro princípios básicos:

01. Quanto maior o número de ideias, maior a probabilidade de boas ideias.
02. Quanto mais extravagante ou menos convencional a ideia, melhor.
03. Quanto maior a participação das pessoas, maiores as possibilidades de contribuição, qualidade, acerto e implementação.
04. Quanto menor o senso crítico e a censura íntima, mais criativas e inovadoras serão as ideias.

O *brainstorming* elimina totalmente qualquer tipo de regra ou limitação, mas se assenta nos seguintes aspectos:

01. É proibida a crítica de qualquer pessoa sobre as ideias alheias.
02. Deve ser encorajada a livre criação de ideias.
03. Quanto mais ideias surgirem, melhor.
04. Deve ser encorajada a combinação ou modificação de ideias.

Histogramas

Histograma é uma representação gráfica da distribuição de frequências de massa de medições; é normalmente um gráfico de barras verticais.

Fluxograma

Fluxograma é um tipo de diagrama, e pode ser entendido como uma representação esquemática de um processo, muitas vezes feito por meio de gráficos que ilustram de forma descomplicada a transição de informações entre os elementos que o compõem. Podemos entendê-lo, na prática, como a documentação dos passos necessários para a execução de um processo qualquer. É uma das sete ferramentas da qualidade. É muito utilizada em fábricas e indústrias para a organização de produtos e processos.

Matriz GUT

É uma ferramenta muito importante para a gestão de problemas dentro de uma empresa, e mostra-se bastante eficaz, apesar da simplicidade no desenvolvimento e manutenção. Ela está ligada, geralmente, à Matriz SWOT e à sua análise dos ambientes interno e externo da empresa, onde analisa a prioridade de resolução de um problema, que pode estar dentro ou fora da empresa.

A grande vantagem em se utilizar a Matriz GUT é que ela auxilia o gestor a avaliar de forma quantitativa os problemas da empresa, tornando possível priorizar as ações corretivas e preventivas para o extermínio total ou parcial do problema.

Para montar a Matriz GUT, é necessário listar todos os problemas relacionados às atividades realizadas no departamento, na empresa ou até mesmo nos processos, por exemplo. Em seguida são atribuídas notas para cada problema listado, dentro dos três aspectos principais que serão analisados: Gravidade, Urgência e Tendência.

As notas devem ser atribuídas seguindo a seguinte escala crescente: nota 5, para os maiores valores, e 1, para os menores valores.

Gravidade: representa o impacto do problema analisado caso ele venha a acontecer. É analisado sobre alguns aspectos, como: tarefas, pessoas, resultados, processos, organizações etc., analisando sempre seus efeitos a médio e longo prazo, caso o problema em questão não seja resolvido.

Urgência: representa o prazo, o tempo disponível ou necessário para resolver um determinado problema analisado. Quanto maior a urgência, menor será o tempo disponível para resolver esse problema. É recomendado que seja feita a seguinte pergunta: "A resolução deste problema pode esperar ou deve ser realizada imediatamente?".

Tendência: representa o potencial de crescimento do problema, a probabilidade de o problema se tornar maior com o passar do tempo. É a avaliação da tendência de crescimento, redução ou desaparecimento do problema. Recomenda-se fazer a seguinte pergunta: "Se eu não resolver esse problema agora, ele vai piorar pouco a pouco ou vai piorar bruscamente?".

Após definir e listar os problemas e dar uma nota a cada um deles, é necessário somar os valores de cada um dos aspectos: Gravidade, Urgência e Tendência, para então obtermos aqueles problemas que serão nossas prioridades. Aqueles que apresentarem um valor maior de prioridade serão os que deveremos enfrentar primeiro, uma vez que serão os mais graves, urgentes e com maior tendência a se tornarem piores.

5w2h

O **5W2H,** basicamente, é um checklist de determinadas atividades que precisam ser desenvolvidas com o máximo de clareza possível por parte dos colaboradores da empresa.

Ele funciona como um mapeamento destas atividades, no qual ficará estabelecido o que será feito, quem fará o quê, em qual período de tempo, em qual área da empresa e todos os motivos pelos quais esta atividade deve ser feita.

Esta ferramenta é extremamente útil para as empresas, uma vez que elimina por completo qualquer dúvida que possa surgir sobre um processo ou sua atividade. Em um meio ágil e competitivo, como é o ambiente corporativo, a ausência de dúvidas agiliza e muito as atividades a serem desenvolvidas por colaboradores de setores ou áreas diferentes. Afinal, um erro na transmissão de informações pode acarretar diversos prejuízos a uma empresa. Por isso, é preciso ficar atento a essas questões decisivas, e o **5W2H** é excelente neste quesito!

Por que 5W2H?

O nome desta ferramenta foi assim estabelecido por juntar as primeiras letras dos nomes (em inglês) das diretrizes utilizadas neste processo. Abaixo é possível ver cada uma delas e o que elas representam:

5W					2H	
What	**Why**	**Where**	**When**	**Who**	**How**	**Howmuch**
O que será feito (etapas)	Por que será feito (justificativa)	Onde será feito (local)	Quando será feito (tempo)	Por quem será feito (responsabilidade)	Como será feito (método)	Quanto custará fazer (custo)

Há ainda outros 2 tipos de nomenclatura para esta ferramenta, o **5W1H** (em que se exclui o "H" referente ao "How much") e o mais recente **5W3H** (em que se inclui o "H" referente ao "How many", ou Quantos). Todas elas podem ser utilizadas perfeitamente, dependendo da necessidade do gestor, respeitando sempre as características individuais, e todas já foram cobradas em prova.

Deming e Juran são, frequentemente, considerados os Pais da Qualidade. Joseph Juran (1904-2008) é considerado o primeiro a aplicar os princípios da qualidade à estratégia empresarial. Juran ficou famoso por definir que a qualidade deve se basear sempre em três etapas: planejamento, controle e melhoria. Estas etapas são conhecidas como Trilogia Juran. Deming estabeleceu 14 princípios, que veremos a seguir.

8. GESTÃO DE PROJETOS

De início, temos que entender o **conceito do termo "Projeto"** no contexto da Administração e da Gestão Pública, já que esse termo também é utilizado em outras áreas do conhecimento (projeto de lei, por exemplo).

O guia do PMBOK (publicação oficial do Instituto Internacional que define as regras de gerenciamento de Projetos, o PMI – Project Management Institute) oferece uma definição bastante simples, projeto é **"um esforço temporário empreendido para criar um produto, serviço ou resultado exclusivo"**.

Outras definições:

Projeto é um empreendimento não repetitivo, caracterizado por uma sequência clara e lógica de eventos, com início, meio e fim, que se destina a atingir um objetivo claro e definido, sendo conduzido por pessoas dentro de parâmetros pré-definidos de tempo, custo, recursos envolvidos e qualidade. (RICARDO VIANA VARGAS)

Projeto é um conjunto de ações, executado de maneira coordenada por uma organização transitória, ao qual são alocados os insumos necessários para, em certo prazo, alcançar ou superar expectativas e necessidades do cliente. (BOENTE)

Vejamos, então, as principais características de um projeto:

FINITUDE: possui início, meio e fim. Atenção, pois o fim de um projeto não é apenas atingido quando os objetivos são alcançados. Um projeto também pode ser finalizado quando se chega à conclusão de que não será possível atingir os objetivos estabelecidos ou quando se percebe que o projeto não é mais necessário. Além disso, a característica de temporalidade não quer dizer que os projetos têm curta duração. Pelo contrário, muitos projetos duram anos. O que é importante fixar é que, em todos os casos, a duração de um projeto é finita. Projetos não são esforços contínuos.

Uma observação importante a fazer é que *"geralmente o termo 'temporário' não se aplica ao produto, serviço ou resultado criado pelo projeto. A maioria dos projetos é realizada para criar um resultado duradouro"*.

FOCO: tem um objetivo claro e definido. Para minimizar as incertezas de um projeto, a definição clara do que se espera é essencial. **Todo o planejamento do projeto será estruturado com base no objetivo a ser atingido.** E só é possível dizer se o projeto foi um sucesso ou não se os objetivos foram definidos e divulgados de maneira clara a todas as partes envolvidas, para que a comparação do resultado alcançado com o resultado esperado seja real.

SINGULARIDADE: visa à criação de um produto, serviço ou resultado ÚNICO, com características exclusivas, mesmo que haja similares, ou que projetos parecidos se repitam de tempos em tempos. Por exemplo, digamos que uma associação médica promova um congresso anual, cada vez em uma cidade diferente. Apesar de todos os anos o congresso acontecer, cada evento será um projeto diferente e único, com resultados exclusivos.

LIMITES: possui parâmetros de custo, recursos, qualidade e tempo. Todo projeto possui restrições, sejam elas de ordem orçamentária, de pessoal, de critérios específicos de aceitação do produto etc.

INCERTEZA: como um projeto visa ao desenvolvimento de algo único e novo, sempre há um componente de incerteza, em menor ou maior grau, na sua execução. Para buscar minimizar tais incertezas, o planejamento e o controle devem ser realizados de maneira muito cuidadosa, com análises de risco e viabilidade, de acordo com o tipo de projeto.

ELABORAÇÃO PROGRESSIVA: significa desenvolver em etapas e continuar por incrementos. Por exemplo, o escopo do projeto será descrito de maneira geral no seu início e se tornará mais explícito e detalhado conforme a equipe do projeto desenvolve um entendimento mais completo dos objetivos e das entregas. A elaboração progressiva não deve ser confundida com aumento do escopo. Ainda neste capítulo veremos em detalhes o significado de escopo e como é feito seu gerenciamento.

INTERDISCIPLINARIEDADE: o desenvolvimento de projetos requer uma gama de conhecimentos diferenciados. A metodologia de gestão de projeto compreende, além de técnicas específicas da área de projetos, ferramentas e conceitos de outras disciplinas tais como administração em geral, planejamento, controle de qualidade, informática, estatística, custos e orçamento, entre outras.

8.1 Projetos X Operações

- Semelhanças:
  - realizado por pessoas;
  - recursos limitados;
  - planejado, executado e controlado.
- diferenças:
  - operações são contínuas e repetidas; projetos são temporários e exclusivos;
  - projetos atingem seus objetivos e terminam; operações adotam um novo conjunto de objetivos e continuam.

8.2 Gerenciamento de Projetos

O pmi e o pmbok

Conheceremos agora a instituição que é a maior referência em gestão de projetos atualmente e a referência bibliográfica mais famosa e mais cobrada em concursos nessa área.

O PMI - *Project Management Institute* - foi criado em 1969 na Pensilvânia, Estados Unidos, com o objetivo de ser uma instituição que padronizasse termos e conceitos e divulgasse os conhecimentos em gerência de projetos.

Em 1990, o PMI publicou o *"A Guide to the Project Management Body of Knowledge (PMBOK Guide)"*, um guia que abrange as áreas do conhecimento que regem as regras do gerenciamento de projetos. Este guia se tornou a publicação central do PMI, sendo aceita, desde 1999, como padrão de gerenciamento de projetos pelo ANSI (*American National Standarts Institute*).

Atualmente, o PMI compartilha seus padrões técnicos com a comunidade internacional de Gerência de Projetos por meio de mais de 200.000 associados em 125 países, praticando e estudando o Gerenciamento de Projetos nas mais diferentes atividades, incluindo a indústria aeroespacial, automotiva, gerenciamento de negócios, engenharia de construções, serviços financeiros, Tecnologia da Informação, farmacêutica e telecomunicações.

O principal objetivo do Guia PMBOK é identificar o subconjunto do Conjunto de conhecimentos em gerenciamento de projetos que é amplamente reconhecido como boa prática. "Amplamente reconhecido" significa que o conhecimento e as práticas descritas são aplicáveis à maioria dos projetos na maior parte do tempo, e que existe um consenso geral em relação ao seu valor e sua utilidade. "Boa prática" significa que existe acordo geral de que a aplicação correta dessas habilidades, ferramentas e técnicas podem aumentar as chances de sucesso em uma ampla série de projetos diferentes.

segundo Maximiano, o Guia PMBOK é o documento que sistematiza o campo da administração de projetos, identificando e definindo os principais conceitos e técnicas que as pessoas envolvidas e interessadas nesse campo devem dominar.

Ainda de acordo com Maximiano, os outros objetivos do PMBOK contribuem para a criação de uma linguagem comum para a área e fornecem as bases para programas de treinamento e educação em administração de projetos.

Os projetos são constituídos de Portfólios, Programas, Projetos, Subprojetos.

> Portfólio: conjunto de programas ou projetos agrupados, não necessariamente interdependentes ou relacionados.
> Programa: conjunto de projetos (um projeto pode ou não fazer parte de um programa).
> Os subprojetos podem ser chamados de projetos e gerenciados como tal.

8.3 Ciclo de Vida do Projeto

Determina as fases do projeto, caracterizada pela entrega de um subproduto.

> avaliação é realizada no final de cada fase para identificar os pontos de melhoria;
> o ciclo de vida do projeto é diferente do ciclo de vida do produto, pois um produto pode ter muitos projetos associados a ele;
> as fases podem ser:
  » sequenciais: só têm início depois que a anterior termina.
  » sobrepostas: têm início antes do término da anterior;
  » iterativas: uma fase é planejada e as demais são planejadas à medida que o trabalho avança.

O ciclo de vida do projeto define

> que trabalho técnico deve ser realizado em cada fase;
> quando as entregas devem ser geradas em cada fase e como cada entrega é revisada, verificada e validada;
> quem está envolvido em cada fase;
> como controlar e aprovar cada fase.

Fases do ciclo de vida do projeto

Fases de Preparação ou Iniciação: identificação da demanda e a necessidade do projeto, com a definição do objetivo e a elaboração de planos preliminares.

Fases de Estruturação (Planejamento): detalhamento do que será realizado, com cronogramas, interdependências entre atividades, recursos envolvidos, custos.

Fases de Desenvolvimento e Implementação: as atividades previstas são efetivamente executadas.

Fases de Controle e monitoramento: podem ocorrer em paralelo com as fases de desenvolvimento, nas quais se corrigem os desvios.

Fases de Finalização ou encerramento: o produto final é entregue e aceito, e a estrutura é desmobilizada.

Características do ciclo de vida

Os níveis de **custo e de pessoal** são baixos no início, máximos na execução e caem rapidamente conforme o projeto é finalizado.

A influência das **partes interessadas**, os riscos e as incertezas são maiores no início e caem ao longo da vida do projeto.

Os custos das **mudanças e correções de erros** aumentam conforme o projeto se aproxima do término. O impacto sobre os custos da mudança é menor no início.

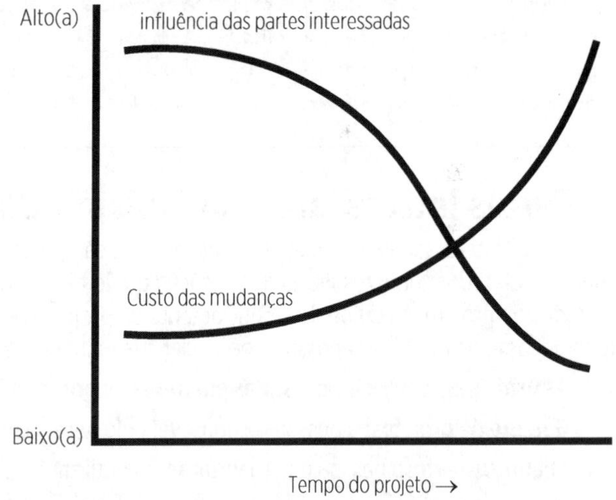

8.4 PMO – Escritório de Projetos

O **escritório de projetos** é uma unidade central que coordena, apoia e gerencia os projetos, podendo executá-los diretamente.

O Escritório de Projetos (*Project Management Office* – PMO) é uma unidade formal criada para tornar a gestão de projetos mais profissional na organização, padronizando procedimentos, orientando os gerentes de projetos técnica e metodologicamente e dando suporte à alta administração.

O PMO é um pequeno grupo de pessoas que têm relacionamento direto com todos os projetos da empresa, seja prestando consultoria e treinamento, seja efetuando auditoria e acompanhamento de desempenho. É importante saber que a configuração de um escritório de projetos é muito variável entre as organizações.

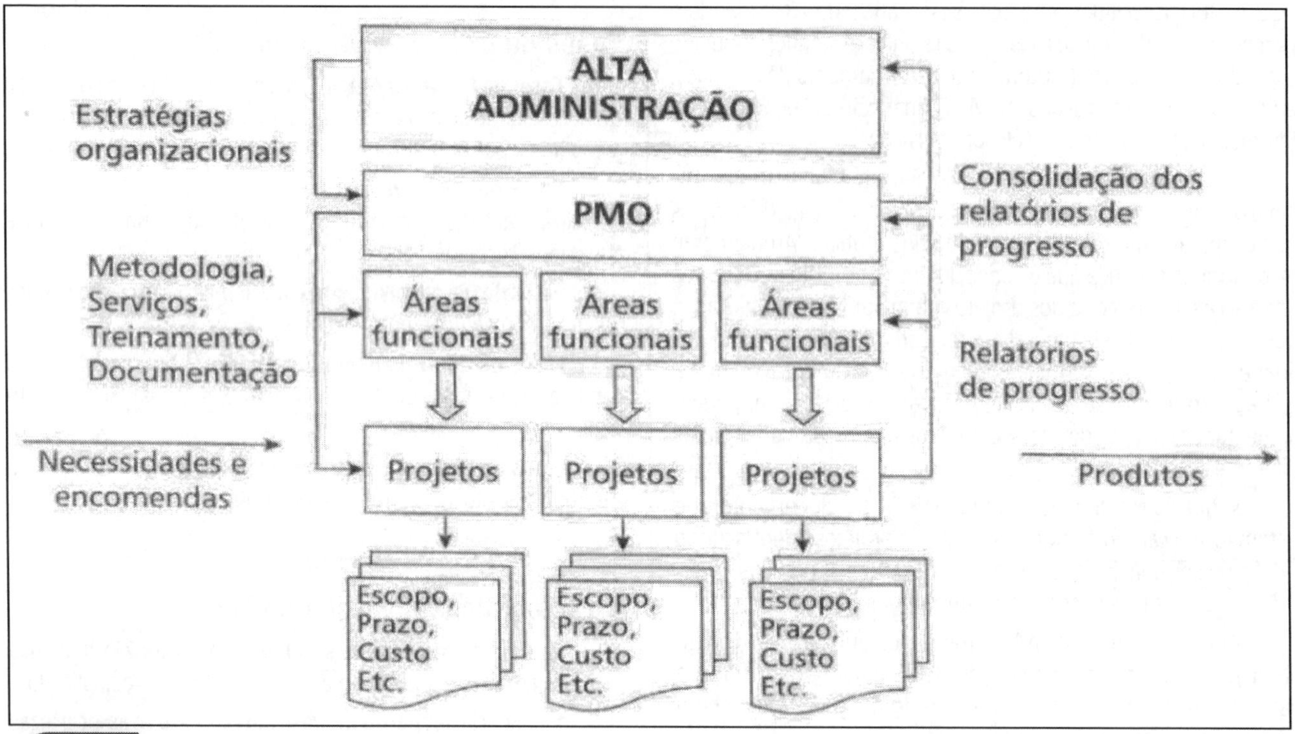

O PMP (Project Management Professional) é o profissional de gerenciamento de projetos, ou seja, o gerente do projeto. Ele gerencia as restrições dos projetos individuais, controlando os recursos disponíveis (orçamento, cronograma etc.) para atingir os objetivos específicos do projeto que está sob sua responsabilidade. Ele deve ter conhecimento sobre o gerenciamento de projetos, ser capaz de aplicar este conhecimento para obter desempenho e ter capacidade de orientar, gerenciar e liderar o seu pessoal para que todos estejam engajados com o projeto, mesmo considerando suas restrições.

8.5 Partes Interessadas no Projeto - Stakeholders

Partes interessadas no projeto ou Stakeholders são pessoas e organizações ativamente envolvidas no projeto ou cujos interesses podem ser afetados como resultado da execução ou do término do projeto. Eles podem também exercer influência sobre os objetivos e resultados do projeto. A equipe de gerenciamento de projetos precisa identificar as partes interessadas, determinar suas necessidades e expectativas e, na medida do possível, gerenciar sua influência em relação aos requisitos para garantir um projeto bem-sucedido.

As principais partes interessadas em todos os projetos incluem:

Gerente de projetos: a pessoa responsável pelo gerenciamento do projeto.

Cliente/usuário: a pessoa ou organização que utilizará o produto do projeto.

Organização executora: a empresa cujos funcionários estão mais diretamente envolvidos na execução do trabalho do projeto.

Membros da equipe do projeto: o grupo que está executando o trabalho do projeto.

Equipe de gerenciamento de projetos: os membros da equipe do projeto que estão diretamente envolvidos nas atividades de gerenciamento de projetos.

Patrocinador: a pessoa ou o grupo que fornece os recursos financeiros, em dinheiro ou em espécie, para o projeto.

Influenciadores: pessoas ou grupos que não estão diretamente relacionados à aquisição ou ao uso do produto do projeto, mas que, devido à posição de uma pessoa na organização do cliente ou na organização executora, podem influenciar, positiva ou negativamente, o andamento do projeto.

PMO: se existir na organização executora, o PMO poderá ser uma parte interessada se tiver responsabilidade direta ou indireta pelo resultado do projeto.

Os Stakeholders podem ser divididos em:

Stakeholders Primários: possuem obrigação contratual ou legal com o projeto. Ex: gerentes funcionais, diretores, gerente de projeto, equipe, clientes, empregados, credores, acionistas.

Stakeholders Secundários: não têm nenhuma relação formal com o projeto, mas podem exercer poder, como ações legais, pressões políticas e sociais, apoio da mídia. Ex.: Organizações sociais, políticas, ambientalistas, concorrentes, comunidade local, mídia, escolas, hospitais.

O gerente do projeto deve conhecer e se comunicar com todos os Stakeholders; conhecer suas expectativas e requisitos e gerenciar suas influências.

> Estrutura Analítica de Projetos - A EAP é uma decomposição hierárquica orientada à entrega do trabalho a ser executado pela equipe do projeto, para atingir os objetivos do projeto e criar as entregas necessárias. A EAP organiza e define o escopo total do projeto. A EAP subdivide o trabalho do projeto em partes menores e mais facilmente gerenciáveis, em que cada nível descendente da EAP representa uma definição cada vez mais detalhada do trabalho do projeto. É possível agendar, estimar custos, monitorar e controlar o trabalho planejado contido nos componentes de nível mais baixo da EAP, denominados pacotes de trabalho. A EAP envolve as entradas, as ferramentas e técnicas empregadas e as saídas do projeto.

Áreas de conhecimento em gerenciamento de projetos

O PMI organiza os processos da gerência de projetos em **dez áreas de conhecimento**, também chamadas de "**dez gerências**" por alguns autores.

Essa é uma divisão que considera o conteúdo do que se está gerenciando, a temática dos processos. As DEZ áreas de conhecimento (ATUALIZADA PELO PMBOK 5ªedição) são:

Gerência da Integração: envolve os processos necessários para assegurar que os diversos elementos do projeto sejam adequadamente coordenados. No contexto do gerenciamento de projetos, a integração inclui características de unificação, consolidação, articulação e ações integradoras que são essenciais para o término do projeto, para atender com sucesso às necessidades do cliente e de outras partes interessadas e para gerenciar as expectativas.

Gerência do Escopo: inclui os processos que asseguram que o projeto deverá abranger todo o trabalho necessário, e somente o trabalho necessário, para completar o projeto com sucesso. O foco dessa área é a abrangência do projeto, a definição exata do que deve ser realizado, para que a equipe não gaste esforços com atividades não contempladas oficialmente no projeto.

Gerência do Tempo: contempla os processos necessários para garantir que o projeto termine dentro do prazo estipulado. Envolve definição, sequência e estimativa de duração das atividades, assim como elaboração e controle do cronograma.

Gerência do Custo: estabelece os processos que garantem que o projeto seja finalizado dentro do orçamento calculado. Engloba planejamento de recursos, estimativa, orçamento e controle de custos.

Gerência da Qualidade: incorpora os processos que buscam garantir que as necessidades que originaram o desenvolvimento do projeto sejam atendidas.

Gerência dos Recursos Humanos: busca utilizar, da melhor forma, as habilidades das pessoas envolvidas no projeto. Está relacionada à montagem e ao desenvolvimento da equipe.

Gerência das Comunicações: objetiva a geração, a captura, a distribuição, o armazenamento e a apresentação das informações do projeto sejam feitas de forma adequada e no tempo correto. Inclui o planejamento das comunicações e relato de desempenho, dentre outros processos.

Gerência dos Riscos: engloba a identificação, análise e respostas aos riscos do projeto. É composta por identificação, quantificação e análise de riscos, além do desenvolvimento e controle das respostas aos riscos.

> O PMBOK traz um modelo de EAR-Estrutura Analítica de Riscos, que corresponde a uma representação dos riscos identificados, organizada hierarquicamente, em que os riscos são ordenados por categoria e subcategoria, com identificação das diversas áreas e causas de riscos potenciais. Os objetivos da análise de riscos são: reduzir a probabilidade e o impacto de eventos negativos e aumentar a de eventos positivos.Trata-se de uma atividade recente (que vem ganhando destaque) e parte significativa dos projetos ainda não inclui o gerenciamento de riscos – embora muitos autores afirmem que "gerenciar projetos é gerenciar riscos".
>
> Técnica Delphi: é uma técnica usada no gerenciamento de riscos que serve para se buscar um consenso entre especialistas em uma determinada área. Ela é especialmente útil para que especialistas gerem ideias sobre os riscos enfrentados, no processo de identificação de riscos. Eles participam de maneira anônima, respondendo questões a sobre alguns aspectos do projeto. Essas respostas são resumidas e redistribuídas para que os especialistas façam novos comentários. Este processo é repetido por algumas rodadas até que seja alcançado um consenso, reduzindo a parcialidade que decorre da influência indevida de algum dos especialistas.

Gerência das aquisições: envolve os processos utilizados para aquisições de mercadorias, serviços e resultados necessários ao desenvolvimento do projeto, como o planejamento das aquisições, obtenção de propostas, seleção de fornecedores e administração de contratos.

Gerência das Partes Interessadas: são indivíduos ou organizações que estejam ativamente envolvidos no projeto de forma positiva e também negativa e que possuem seus interesses próprios relacionados ao projeto. São eles: clientes, fornecedores, gerente e equipe de projeto, usuários do produto do projeto, organizações governamentais e não governamentais, meio ambiente etc.

Grupos de processos

O PMBOK define que existem cinco grupos de processos de gerência de projetos que descrevem a natureza dos processos. Os grupos de processos não são fases do projeto.

> Grupos de Processos Iniciação: definir o projeto ou uma nova fase do projeto por meio da obtenção de autorização.

> Grupos de Processos Planejamento: definir escopo, refinar objetivos, desenvolver curso de ação para alcançar objetivos.

> Grupos de Processos Execução: executar o trabalho definido no plano de gerenciamento do projeto conforme especificações.

> Grupos de Processos Monitoramento e controle: verificar o progresso e o desempenho, áreas de mudança no plano e iniciar mudanças.

> Grupos de Processos Encerramento: para finalizar todas as atividades, para encerrar o projeto.

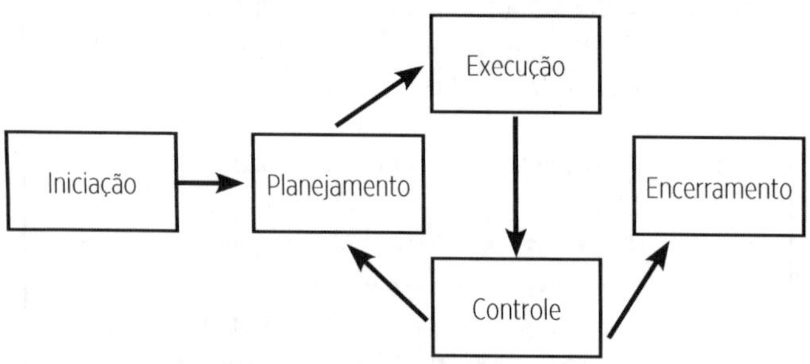

Esses **5 grupos de processos** abrangem **10 áreas de conhecimento**. A partir desta combinação de grupos de processos com áreas de conhecimento, o Guia PMBOK® 5ª edição apresenta **47 processos** que são sugeridos como necessários e aplicáveis para se gerenciar um projeto, desde o seu início até a sua entrega.

Os grupos de processos NÃO são fases ou etapas do projeto! Apesar de os nomes serem parecidos, é preciso compreender que as etapas representam o ciclo de vida do projeto, com início, meio e fim (4 etapas). Os Grupos de processos (5 grupos) se repetem ao longo das várias fases estabelecidas para o seu projeto. Assim, no projeto como um todo, haverá a execução dos diferentes processos, em diferentes grupos, ao longo de todo o projeto! Não há mistério aqui, é preciso apenas memorizar!

8.6 Curiosidades Sobre o Assunto

CPM – Critical Path Method (ou Método do Caminho Crítico) – é uma metodologia utilizada no planejamento de projetos: ele está diretamente relacionado com o **planejamento do tempo do projeto**, no sentido de minimizar o tempo total de sua duração; é elaborado para otimizar/minimizar o tempo de realização do projeto. No entanto, uma vez definidas as atividades críticas e estabelecido o período total de tempo – **esse tempo representa o prazo máximo de duração do projeto:** o caminho crítico passa a representar o prazo máximo aceito para a realização do projeto.

O **caminho crítico** identifica as atividades principais/críticas/gargalo; aquelas que não podem atrasar, visto que comprometeriam a realização do projeto: é utilizado para definir um conjunto de atividades a serem executadas em uma sequência lógico-evolutiva, e que devem ser realizadas nas datas previamente estabelecidas, sem atrasos, para que o projeto possa ser concluído dentro do prazo definido.

Nessa lógica, se o prazo total foi excedido, é porque **ao menos uma atividade do caminho crítico** foi concluída com atraso. Por outro lado, é possível que determinada(s) atividade(s) – **que não faça(m) parte do caminho crítico** – seja(m) concluída(s) fora do prazo e, mesmo assim, o projeto seja executado no prazo esperado.

A técnica **PERT** - *Program Evaluation and Review Technique* - também é utilizada no planejamento do tempo estimado do projeto, de forma similar ao método CPM. Ambos utilizam o conceito de redes para planejar, visualizar e coordenar as atividades do projeto.

> Somente as atividades críticas fazem parte do caminho crítico: essas atividades condicionam o tempo total de duração do projeto.

A diferença, no entanto, consiste no seguinte: o **método CPM** utiliza o caminho crítico, cujas atividades não podem sofrer atrasos sem que se reflita em atraso na duração do tempo total do projeto; o **método PERT** calcula o tempo a partir da média ponderada de três estimativas de tempo das atividades: provável, pessimista e otimista. Assim, afirma-se que o PERT é probabilístico e o CPM, determinístico.

Tanto o PERT como o CPM permitem visualizar as relações de interdependência das/entre as atividades, por meio de uma **rede**, assim como determinar o tempo total de duração do projeto e o tipo de folga que existe entre as atividades.

COBIT é um guia de melhores práticas utilizado na gestão de Tecnologia da Informação; apresentado como *framework*, contém um sumário executivo, objetivos do controle, mapas de auditoria, ferramentas e técnicas de gerenciamento e controle. O COBIT independe da tecnologia adotada e vem sendo utilizado como forma de otimizar os recursos de TI. Sua estrutura compreende dezenas de processos, medidas para monitoramento/avaliação, e **quatro dimensões/domínios: Planejar e Organizar; Adquirir e Implementar; Entregar e Dar Suporte; Monitorar e Avaliar.**

O modelo COBIT tem como princípios: **gerir e controlar os recursos de TI, identificar os investimentos necessários (com base nos requisitos do negócio) e fornecer as informações que a organização precisa.**

O COBIT parte dos requisitos do negócio e é bastante utilizado na análise de riscos, atividades de controle e na **priorização de projetos,** pois permite identificar quais projetos têm maiores chances de sucesso e podem ser executados mais rapidamente.

Áreas de conhecimento	Iniciação	Planejamento	Execução	Monitoramento e controle	Encerramento
Integração	1.1 Desenvolver o termo de abertura do projeto	1.2 Desenvolver o plano de gerenciamento do projeto	1.3 Orientar e gerenciar o trabalho do projeto	1.4 Monitorar e controlar o trabalho do projeto 1.5 Realizar o controle integrado de mudanças	1.6 Encerrar o projeto ou fase
Escopo		2.1 Planejar o Gerenciamento do Escopo 2.2 Coletar os requisitos 2.3 Definir o escopo 2.4 Criar EAP		2.5 Validar o escopo 2.6 Controlar o escopo	
Tempo		3.1 Planejar o gerenciamento do Cronograma 3.2 Definir as atividades 3.3 Sequenciar as atividades 3.4 Estimar os recursos das atividades 3.5 Estimar a duração das atividades 3.6 Desenvolver o cronograma		3.7 Controlar o cronograma	
Custos		4.1 Planejar o gerenciamento da qualidade 4.2 Estimar custos 4.3 Determinar orçamentos		4.4 Controlar os custos	
Qualidade		5.1 Planejar o gerenciamento da qualidade	5.2 Realizar a garantia de qualidade	5.3 Controlar a qualidade	
Recursos Humanos		6.1 Planejar o gerenciamento do Recursos Humanos	6.2 Mobilizar a equipe do projeto 6.3 Desenvolver a equipe do projeto 6.4 Gerenciar a equipe do projeto		
Comunicações		7.1 Planejar o gerenciamento das comunicações	7.2 Gerenciar as comunicações	7.3 Controlar as comunicações	
Riscos		8.1 Planejar o gerenciamento dos riscos 8.2 Identificar os riscos 8.3 Realizar a análise qualitativa dos riscos 8.4 Realizar a análise quantitativa dos riscos 8.5 Planejar as respostas aos riscos		8.6 Controlar os riscos	
Aquisições		9.1 Planejar o gerenciamento das aquisições	9.2 conduzir as aquisições	9.3 Controlar as aquisições	9.4 Encerrar as aquisições
Partes interessadas	10.1 Identificar partes interessadas	10.2 Planejar o gerenciamento das partes interessadas	10.3 Gerenciar o envolvimento das partes interessadas	10.4 Controlar o envolvimento das partes interessadas	

9. PLANEJAMENTO ESTRATÉGICO

9.1 Processo de Planejamento

Maximiano descreve o planejamento como o processo de tomar *decisões para o futuro*. De forma mais completa, Chiavenato diz que *planejar é definir os objetivos e escolher antecipadamente o melhor curso de ação para alcançá-los.*

Para Felipe Sobral e Alketa Peci, o planejamento tem a dupla atribuição de definir o *que* deve ser feito – objetivos – e *como* deve ser feito – planos:

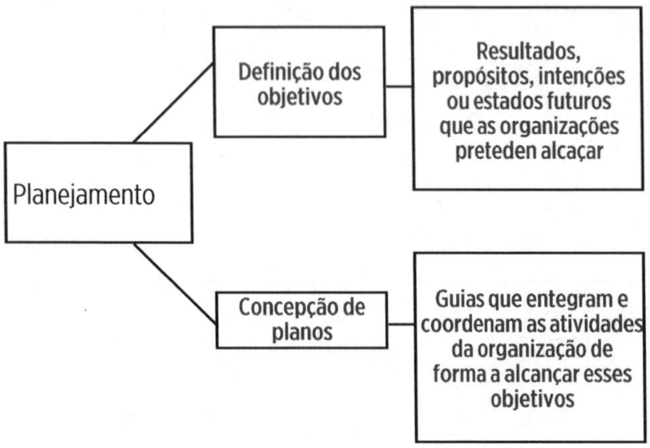

Na lição de Chiavenato (2006), o planejamento pode ser considerado como um processo constituído de uma série sequencial de seis passos:

01. Definição dos objetivos: o primeiro passo do planejamento é o estabelecimento dos objetivos que se pretende alcançar, ou seja, os objetivos da organização devem orientar todos os principais planos, servindo de base os objetivos departamentais. Os objetivos devem especificar resultados desejados e os pontos finais a que se pretende chegar, para se conhecer quais os passos intermediários para chegar lá.
02. Verificação da situação atual em relação aos objetivos: simultaneamente à definição dos objetivos, deve-se avaliar a situação atual em contraposição aos objetivos desejados, verificar onde se está e o que precisa ser feito.
03. Desenvolver premissas quanto às condições futuras: premissas constituem os ambientes esperados dos planos em operação. Como a organização opera em ambientes complexos. Trata-se de gerar cenários alternativos para os estados futuros das ações, analisando o que pode ajudar ou prejudicar o progresso em relação aos objetivos.
04. Analisar as alternativas de ação: o quarto passo do planejamento é a busca e análise dos cursos alternativos de ação. Trata-se de relacionar e avaliar as ações que devem ser empreendidas.
05. Escolher um curso de ação entre as várias alternativas: o quinto passo é selecionar o curso de ação adequada para alcançar os objetivos propostos. Trata-se de uma tomada de decisão, em que se escolhe uma alternativa e se abandona as demais. A alternativa escolhida se transforma em um plano para alcance dos objetivos.
06. Implementar o plano e avaliar os resultados: fazer aquilo que o plano determina e avaliar cuidadosamente os resultados para assegurar o alcance dos objetivos, seguir por meio do que foi planejado e empreender as ações corretivas à medida que se tornarem necessárias.

9.2 Níveis de Planejamento

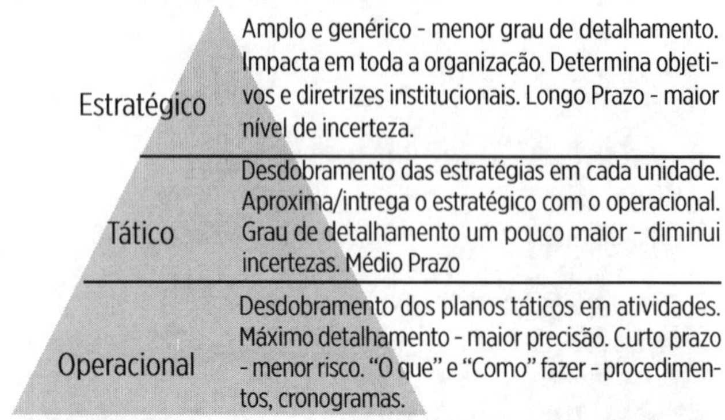

Planos Estratégicos	Definem a missão, o futuro e as formas de atuar no ambiente (produtos e serviços, clientes e mercados, vantagens competitivas), bem como os objetivos de longo prazo.
Planos Funcionais ou Administrativos	Definem os objetivos e curso de açãodas áreas funcionais (marketing, finanças, oprações, recursos humanos) para realizar os planos estratégicos.
Planos operacionais	Definem atividades, recursos e formas de controle necessários para realizar os cursos de ação escolhidos.

O planejamento estratégico é insuficiente de forma isolada para que as organizações alcancem vantagem competitiva, sendo necessário o desenvolvimento e a implantação dos planejamentos táticos e operacionais de forma integrada e alinhada.

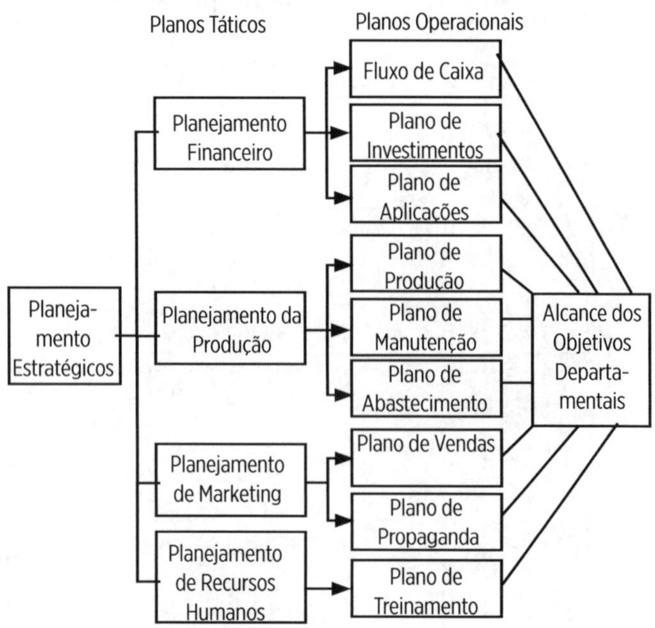

Planejamento estratégico

O ambiente cheio de incertezas em que estão inseridas as organizações faz com que elas busquem se adaptar constantemente.

E, nesse sentido, uma ferramenta indispensável é o planejamento estratégico, que proporciona flexibilidade na gestão das organizações com técnicas e processos administrativos.

No entanto, Matos e Chiavenato (1999) lecionam que o planejamento estratégico apresenta cinco características fundamentais:

> O planejamento estratégico está relacionado com a adaptação da organização a um ambiente mutável: ou seja, sujeito à incerteza a respeito dos eventos ambientais. Por se defrontar com a incerteza, tem suas decisões baseadas em julgamentos, e não em dados concretos. Reflete uma orientação externa que focaliza as respostas adequadas às forças e pressões que estão situadas do lado de fora da organização.

> O planejamento estratégico é orientado para o futuro: seu horizonte de tempo é o longo prazo. Durante o curso do planejamento, a consideração dos problemas atuais é dada em função dos obstáculos e barreiras que eles possam provocar para um almejado lugar no futuro.

> O planejamento estratégico é compreensivo: ele envolve a organização como uma totalidade, abarcando todos os seus recursos, no sentido de obter efeitos sinergéticos de todas as capacidades e potencialidades da organização. A resposta estratégica da organização envolve um comportamento global, compreensivo e sistêmico. A participação das pessoas é fundamental nesse aspecto, pois o planejamento estratégico não deve ficar apenas no papel, mas na cabeça e no coração de todos os envolvidos. São eles que o realizam e o fazem acontecer.

> O planejamento estratégico é um processo de construção de consenso: devido à diversidade dos interesses e necessidades dos parceiros envolvidos, o planejamento deve oferecer um meio de atender a todos na direção futura que melhor convenha para que a organização possa alcançar seus objetivos. Para isso, é preciso aceitação ampla e irrestrita para que o planejamento estratégico possa ser realizado, por meio dessas pessoas, em todos os níveis da organização.

> O planejamento estratégico é uma forma de aprendizagem organizacional: por estar orientado para a adaptação da organização ao contexto ambiental, o planejamento constitui uma tentativa constante de aprender a ajustar-se a um ambiente complexo, competitivo e suscetível a mudanças.

Etapas do planejamento estratégico

Para Maximiano, o planejamento estratégico é uma sequência de análises e decisões que compreende os seguintes componentes principais:

> - Entendimento da missão. (Em que ponto estamos?)

> - Análise do ambiente externo. (Quais são as ameaças e oportunidades do ambiente?)

> - Análise do ambiente interno. (Quais são os pontos fortes e fracos dos sistemas internos da organização?)

> - Definição do plano estratégico. (Para onde devemos ir? O que devemos fazer para chegar lá?)

Por seu turno, Chiavenato descreve sete etapas do planejamento estratégico:

> determinação dos objetivos;

> análise ambiental externa;

> análise organizacional interna;

> formulação de alternativas;

> elaboração do planejamento;

> implementação e execução;

> avaliação dos resultados.

Ademais, Djalma Rebouças de Oliveira dispõe que o planejamento estratégico compõe-se por quatro fases básicas:

Fase I – Diagnóstico estratégico – também denominada auditoria de posição, deve-se determinar "como se está". As pessoas representativas devem analisar os aspectos inerentes à realidade interna e externa da empresa. Essa fase pode ser dividida em cinco etapas básicas: (a) identificação da visão; (b) identificação dos valores; (c) análise externa; (d) análise interna; e (e) análise dos concorrentes.

Fase II – Missão da empresa – nesse momento, deve ser estabelecida a razão de ser da empresa, bem como o seu posicionamento estratégico. Essa fase divide-se em cinco etapas: (a) estabelecimento da missão da empresa; (b) estabelecimento dos propósitos atuais e potenciais; (c) estruturação e debate de cenários; (d) estabelecimento da postura estratégica; e (e) estabelecimento das macroestratégias e macropolíticas.

Fase III – Instrumentos prescritivos e quantitativos – nessa fase, deve-se estabelecer "de onde se quer chegar" e de "como chegar à situação que se deseja". Assim, pode-se dividi-la em dois instrumentos perfeitamente interligados: (a) instrumentos prescritivos (explicitação do que deve ser feito pela empresa); e (b) instrumentos quantitativos (projeções econômico-financeiras do planejamento orçamentário).

Fase IV – Controle e avaliação – deve verificar "como a empresa está indo" para a situação desejada.

Missão, visão, valores, questões e objetivos

A **missão significa a razão de ser da empresa**. A missão deve expressar o motivo da existência da organização e o que ela faz. Trata-se do propósito fundamental ou razão de existir de uma organização, independentemente de ser pública ou privada. É um referencial para as ações desempenhadas pela instituição.

Por outro lado, **a visão representa o consenso dos membros da organização sobre o futuro que se deseja**. Na hora de definir a visão, deve-se olhar para o futuro e identificar a forma como a organização deve ser vista por colaboradores, clientes, fornecedores e a sociedade em geral.

Por sua vez, os **valores são princípios, crenças, normas e padrões** que devem orientar o comportamento das pessoas na organização.

Ex.: Profissionalismo, Equidade, Ética e Transparência.

Por fim, os **objetivos são resultados que a empresa pretende alcançar; enquanto as metas são os desdobramentos dos objetivos.** As estratégias representam o caminho a ser seguido para alcançar os objetivos.

Evolução do pensamento estratégico

O pensamento estratégico vem evoluindo com o passar do tempo, sendo manifestado por meio de várias correntes. Moysés Filho et al. (2003, p. 15-30) descrevem as fases de evolução do pensamento estratégico empresarial, desde 1950 até os dias de hoje, por meio de seis escolas que se sucedem e se complementam no decorrer do tempo.

A primeira fase é correspondente **à Escola do Planejamento Financeiro**, segundo a qual a alta administração aprovava um orçamento visando apenas ao controle financeiro do desempenho.

A segunda fase, caracterizada pela **Escola do Planejamento a Longo Prazo**, baseava-se na projeção do futuro por meio da elaboração de cenários na premissa de que o futuro seria estimado pela projeção de indicadores passados e atuais, podendo ser melhorados a longo prazo pela intervenção ativa no presente.

A terceira fase, chamada de **Escola do Planejamento Estratégico**, caracterizou-se por se basear principalmente na análise das forças-fraquezas internas e das oportunidades-ameaças do ambiente, calçada na premissa de que as estratégias eficazes derivam de um processo de pensamento rigidamente formado, dando ênfase ao planejamento.

Já a quarta escola, definida com**o Escola da Administração Estratégica**, embora aceitasse a maioria das premissas desenvolvidas anteriormente, concentrou sua abordagem no argumento de que a implantação das estratégias era tão importante quanto a sua formulação, focando consequentemente a abordagem prescritiva do pensamento estratégico.

Na quinta fase, **Escola da Gestão Estratégica**, a abordagem sistêmica foi inserida a todo o processo, em que além do ato de planejar estrategicamente, era também necessário organizar, dirigir e coordenar estrategicamente, proporcionando, com isso, uma abordagem mais integrada e menos centralizada.

A sexta escola, chamada de **Gestão Estratégica Competitiva**, é descrita como uma tendência do pensamento estratégico contemporâneo. Esta Escola tem como premissa básica a ideia de que a estratégia deve assumir a forma de um processo de aprendizado ao longo do tempo, integrando oito características básicas: Atuação Global; Proatividade e Foco Participativo; Incentivo à Criatividade; Controle pelo Balanced Scorecard; Organização em Unidades Estratégicas de Negócios; Ênfase em Alianças Responsabilidade Social Aprendizagem Contínua.

Evolução do Pensamento Estratégico

Escola de Pensamento	Caracteristicas Principais	Sistemas de Valores	Problemas	Predominância
Planejamento Financeiro	- Orçamento Anual - Controle Financeiro -Administração por objetivos (APO)	-Cumprir o Orçamento	-Promover a Miopia	Década de 1950
Planejamento a longo prazo	-Projeção de Tendências -Análise de Lacunas - Estudos de Cenários	-Projetar o Futuro	-Não prever descontinuidades	Década de 1960
Planejamento estratégico	-Pensamento Estratégico -Analise de Mudanças no Ambiente -Analise dos Recursos internos e Competências - Alocação de Recursos - Foco na Formulação	-Definir a Estratégia	-Falta de Foco na Implementação	Década de 1970
Administração Estratégica	-Analise da Estrutura da Industria -Contexto Econômico e Competitivo -Estratégia Genéricas -Cadeia de Valor -Foco na análise e Implementação -Pesquisa e Informações com Base Analítica	-Definir as Atividades da Industria	-Não Desenvolver a Abordagem Sistêmica	Década de 1980
Gestão Estratégica	-Pensamento Sistêmico -Integração entre Planejamento e Controle -Coordenação de todos os Recursos para o Objetivo -Organização Estratégica -Direção Estratégica -Foco nos Objetivos Financeiros	-Buscar Sintonia Entre os Ambientes Internos e Externos	-Falta de Alinhamento com a Filosofia Organizacional	Década de 1990
Gestão Estratégica Competitiva	-Atuação Global -Proatividade e Foco Participativo -Incentivo à Criatividade -Controle pelo Balanced Scorecard -Organização em Unidades Estratégicas de Negócios -Enfase em Alianças -Responsabilidade Social -Aprendisagem Continua	-Estratégia como processo de Aprendisagem Continua e Integrada	--------------	Início do Século XXI

Análise swot

A técnica SWOT surgiu da tentativa de correção do planejamento corporativo, conhecido na época como planejamento estratégico malsucedido (Chiavenato 2000).

O planejamento estratégico, segundo Chiavenato (2000), é um método pelo qual uma organização deseja implantar uma determinada estratégia de negócios, crescimento e desenvolvimento almejando os objetivos propostos. Para Philip KOTLER (1975), o conceito de planejamento estratégico é um método gerencial pelo qual uma corporação estabelece sua direção a ser seguida, considerando a maximização da interação com o ambiente interno e externo. A direção estabelecida pela corporação deve considerar o âmbito de atuação, políticas funcionais, macropolíticas, estratégias funcionais, filosofia de atuação, macroestratégia, macro-objetivos e objetivos funcionais.

Segundo Andrade, et al. (2008),

"A sigla S.W.O.T., deriva da língua inglesa e traduz-se: ***sthreats*** *(forças),* ***Weaknesses*** *(fraquezas),* ***Opportunities*** *(oportunidades) e* ***Sthreats*** *(ameaças). Esta análise procura avaliar os pontos fortes e pontos fracos no ambiente interno da organização e as oportunidades e as ameaças no ambiente externo." (Andrade, et al. 2008).*

> S – Sthreats: Pontos fortes (Forças) – Descreve os pontos fortes da empresa que estão sob influência do próprio administrador;

> W – Weaknesses: Pontos fracos (Fraquezas) – Competências que estão sob influência do administrador, mas por algum motivo atrapalham ou não geram vantagem competitiva;

> O - Opportunities: oportunidades – Forças externas à empresa, influenciando positivamente, porém não estão sob controle do administrador.

> T - Threats: ameaças – Forças externas à empresa, que tendem a pesar negativamente nos negócios da empresa.

As Forças e Fraquezas são fatores que estão caracterizados como internos de criação ou de destruição de valores. Estes valores podem ser ativos, habilidades ou recursos financeiros e humanos que uma organização possui a disposição em relação aos seus concorrentes (Value Based Management, 2011).

Já as Oportunidades e as Ameaças são consideradas como fatores externos de criação ou de destruição de valores, não controlados pela empresa. Estes valores podem ser fatores demográficos, políticos, sociais, legais e Tecnológicos. (Value Based Management, 2011).

A análise SWOT é uma técnica que sintetiza os principais fatores internos e externos das organizações empresariais e sua capacidade estratégica de influenciar uma tendência de causar maior impacto no desenvolvimento da estratégia (Johnson, et al. 2007). O objetivo desta ferramenta "(...) é identificar o grau em que as forças e fraquezas atuais são relevantes para, e capazes de, lidar com as ameaças ou capitalizar as oportunidades no ambiente empresarial." (JOHNSON, et al. 2007).

Há várias vantagens na utilização desta técnica, dentre elas estão:

- Auxiliar a empresa a identificar o que a torna mais efetiva (forças), aumentando a confiança nas ações a serem tomadas, indicando um caminho mais seguro para sua ação no mercado.
- Planejar ações de correção e ajuste, identificando os pontos de melhoria da empresa (fraquezas).
- Usufruir das oportunidades identificadas.
- Diminuir os riscos referentes às ameaças identificadas.
- Alcance de um maior grau de conhecimento diante do negócio, ambiente e do nicho de mercado da empresa.
- Domínio do Problema.

A Análise SWOT ou Matriz SWOT, pode ser adotada por uma organização, unidade ou até mesmo por uma equipe favorecendo uma série de objetivos do projeto, podendo esta ser utilizada para avaliar um produto ou marca; uma terceirização de uma função de negócios; uma parceria ou aquisição. Além de que, quando bem aplicada pode trazer **benefícios** para o desenvolvimento de uma negociação, a aplicação de uma tecnologia específica ou uma fonte de alimentação especial.

- Neutralidade Aplicação: a análise SWOT é realizada por meio da identificação de um objetivo/problema, sendo assim deve se realizar uma sessão de Brainstorming utilizada para identificar os fatores internos e externos que são favoráveis e desfavoráveis para a realização deste objetivo. Permanecendo este mesmo critério para análise com finalidade de apoio ao planejamento estratégico, análise de oportunidades, análise competitiva, desenvolvimento de negócios ou processos de desenvolvimento de produtos.
- Análise Multinível: consiste em informações valiosas sobre as chances de seu objetivo, podendo ser fornecidas por meio da visualização de cada um dos quatro elementos das forças de análise SWOT (Forças, Fraquezas, Oportunidades e Ameaças), de forma independente ou em combinação.
- Integração de Dados: a análise SWOT propõe que as informações quantitativas e qualitativas a partir de um número de fontes devem ser combinadas, facilitando o acesso a uma gama de dados de múltiplas fontes, a fim de melhorar a comunicação, o nível de planejamento e tomada de decisões da empresa, auxiliando na coordenação de suas operações.
- Simplicidade: esse método de análise não requer habilidades técnicas nem treinamento. Sendo assim, ela pode ser realizada por qualquer pessoa com domínio e competência de realização sobre o negócio, ou setor em que ela opera. O processo envolve uma sessão de Brainstorming, em que serão discutidas as quatro dimensões de análise SWOT, como resultado, as crenças individuais de cada participante, os conhecimentos e os julgamentos são agregados em uma avaliação coletiva assegurada pelo grupo como um todo, com a finalidade de chegar a acordo/ solução.
- Custo: por meio da simplicidade de realização do método SWOT, a empresa pode escolher um membro da equipe em vez de contratar um consultor externo, reduzindo assim o custo de investimento. Além disso, pode ser realizado em um curto período de tempo já que o membro da empresa que irá realizar este método de análise já possui conhecimento sobre o negócio e a conduta da empresa.

As desvantagens em não utilizar a matriz swot

A MATRIZ SWOT é uma ferramenta que proporciona para as empresas a facilidade de poder identificar quais são seus pontos fortes e fracos, quais são suas oportunidades e ameaças. Com a sua implantação, pode trazer a capacidade de a empresa conseguir enxergar as características principais da empresa de um modo mais específico, profundo e detalhado.

Com a identificação dessas características, traz a facilidade de se fazer ou implantar melhorias em seu processo produtivo, e também aumenta sua vantagem competitiva no mercado. O importante é que as empresas se adequem a essa ferramenta, pois ela traz pode trazer um benefício qualitativo, e pode também agregar valor para a empresa e torna a empresa mais competitiva do ponto de vista da concorrência.

Empresas que não a implantam possuem grande dificuldade de identificar os pontos a serem melhorados, e quais são seus aspectos que podem lhe proporcionar oportunidades de melhoria? Não implantar a MATRIZ SWOT traz como consequência a baixa vantagem competitiva no mercado.

Empresas que optam por não a implantar podem conseguir sucesso, mas não com a mesma forma repentina e ágil de empresas que a implantam.

ESQUEMAS

Ambiente interno (variáveis controláveis):

Pontos fortes (Strengths) - são competências, fatores ou características internas positivas que a organização possui – Ex.: funcionários capacitados; e

Pontos fracos (Weaknesses) - são deficiências, fatores ou características internas negativas que prejudicam o desempenho e o cumprimento da missão organizacional – Ex.: funcionários não capacitados.

Ambiente externo (variáveis não controláveis):

Oportunidades (Opportunities) - as oportunidades são as forças externas à organização que influenciam positivamente no cumprimento da missão, mas que não temos controle sobre elas – Ex.: mercado internacional em expansão; e

Ameaças (Threats) - são aspectos externos à organização que impactam negativamente no desempenho e no cumprimento da missão – Ex.: governo cria um novo imposto.

Forças	Fraquezas
- Boa imagem - Qualidade do produto - Baixo custo - Parcerias - Distribuição - Liderança de mercado - Competência Tecnologia própria	- Falta de direção e estratégia - Pouco investimento em inovação - Linha de produtos muito reduzida - Distribuição limitada - Custos Altos - Problemas operacionais internos - Falta de experiência da administração - Falta de formação dos funcionários
Oportunidades	**Ameaças**
- Rápido crescimento de mercado -Abertura aos mercados estrangeiros - Empresa rival enfrenta dificuldade - Encontrados novos usos do produto - Novas tecnologias - Mudanças demográficas - Novos métodos de distribuição - Diminuição da regulamentação	- Receção - Nova tecnologia - Mudanças demográficas - Empresas rivais adaptam novas estratégias - Barreiras ao comércio exterior - Desempenho negativos das empresas associadas - Aumento da regulamentação

CURIOSIDADES
Uma das afirmações categóricas da abordagem sistêmica e amplamente divulgada e utilizada nas organizações contemporâneas é a de que a organização, sem dúvida, interage com o seu ambiente de atuação. Nesse sentido, Vasconcelos (1979) diz que o grau de interação entre uma organização e seu ambiente pode assumir três formatos: **positivo**, **neutro** ou **negativo**, a depender do comportamento estratégico assumido pela organização. Esse comportamento assumido pela organização irá refletir em algumas consequências. Vejamos:

Graus de interação	Comprotamento	Consequências
Negativoi ↓ [Dinossauro]	- Não reage - Não adapitativo - Não inovativo	Sobrevivência curto prazo ↓ [extinção]
Neutro ↓ [camaleão]	- Reagente - Adaptativo	Sobrevivência longo prazo ↓ [estagnação]
Positivo ↓ [homo sapiens]	- Reagente - Adaptativo - Inovativo	Sobrevivência longo prazo ↓ [desenvolvimento]

O cruzamento entre os quatro pontos da análise SWOT gera uma moldura em que a organização pode desenvolver suas estratégias e melhor aproveitar suas vantagens competitivas. Vamos utilizar, para essa demonstração, a nomenclatura FOFA:

FOFA		AMBIENTE INTERNO	
		Forças (S)	Fraquezas (W)
AMBIENTE EXTERNO	Oportunidades (O)	SO (máx.-máx.)- ALAVANCAGEM	WO (min.-máx.)- LIMITAÇÕES
		Tirar o máximo partido dos pontos fortes para aproveitar o máximo das oportunidades.	Minimizar ou superar os efeitos negativos dos pontos fracos e aproveitar oportunidades.
	Ameaças (T)	ST (máx. - min.)- VULNERABILIDADE	WT(min. - min.)- PROBLEMAS
		Tirar o máximo partido dos pontos fortes para minimizar efeitos das ameaças detectadas.	Minimizar ou ultrapassar pontos fracos e fazer face às ameaças.

Tipos de estratégias

O executivo poderá escolher determinado tipo de estratégia que seja o mais adequado, tendo em vista a sua capacitação e o objetivo estabelecido. Entretanto, deverá estar ciente de que a escolha poderá nortear o seu desenvolvimento por um período de tempo que poderá ser longo.

As estratégias podem ser estabelecidas de acordo com a situação da empresa: podem estar voltadas à sobrevivência, à manutenção, ao crescimento ou ao desenvolvimento, conforme postura estratégica da empresa.

A combinação de estratégias deve ser feita de forma que aproveite todas as oportunidades possíveis, e utilizando a estratégia certa no memento certo.

Estratégia de Sobrevivência

Este tipo de estratégia deve ser adotado pela empresa quando não existir outra alternativa para ela, ou seja, apenas quando o ambiente e a empresa estão em situação inadequada com muitas dificuldades ou quando apresentam péssimas perspectivas (alto índice de pontos fracos internos e ameaças externas). Em qualquer outra situação, quando a empresa adota esta estratégia como precaução, as consequências podem ser desastrosas, pois numa postura de sobrevivência, normalmente a primeira decisão do executivo é parar os investimentos e reduzir, ao máximo, as despesas.

A sobrevivência pode ser uma situação adequada como condição mínima para atingir outros objetivos mais tangíveis no futuro, como lucros maiores, vendas incrementadas, maior participação no mercado, etc., mas não como um objetivo único da empresa, ou seja, estar numa situação de “sobreviver por sobreviver”.

Os tipos que se enquadram na situação de estratégia de sobrevivência são:

- Redução de custos: utilizada normalmente em período de recessão, que consiste na redução de todos os custos possíveis para que a empresa possa subsistir.
- Desinvestimento: quando as empresas encontram-se em conflito com linhas de produtos que deixam de ser interessantes, portanto, é melhor desinvestir do que comprometer toda a empresa.

Se nenhuma estratégia básica de sobrevivência der certo, o executivo penderá para a adoção da estratégia de - Liquidação de negócio: estratégia usada em último caso, quando não existe outra saída, a não ser fechar o negócio.

Estratégia de Manutenção

Neste caso, a empresa identifica um ambiente com predominância de ameaças; entretanto, ela possui uma série de pontos fortes (disponibilidade financeira, recursos humanos, tecnologia etc.) acumulados ao longo dos anos, que possibilitam ao administrador, além de querer continuar sobrevivendo, também manter a sua posição conquistada até o momento. Para tanto, deverá sedimentar e usufruir ao máximo os seus pontos fortes, tendo em vista, inclusive, minimizar os seus pontos fracos, tentando ainda, maximizar os pontos fracos e minimizar os pontos fortes dos concorrentes.

A estratégia de manutenção é uma postura preferível quando a empresa está enfrentando ou espera encontrar dificuldades, e a partir dessa situação prefere tomar uma atitude defensiva diante das ameaças.

A estratégia de manutenção pode apresentar três situações:

> Estratégia de estabilidade: procura, principalmente, a manutenção de um estado de equilíbrio ameaçado, ou ainda, o seu retorno em caso de sua perda.

> Estratégia de especialização: a empresa busca conquistar ou manter a liderança no mercado por meio da concentração dos esforços de expansão numa única ou em poucas atividades da relação produto/mercado. Sua vantagem é a redução dos custos unitários, e a desvantagem é a vulnerabilidade pela alta dependência de poucas modalidades de fornecimento de produção e vendas.

> Estratégia de nicho: a empresa procura dominar um segmento de mercado que ela atua, concentrando o seu esforço e recursos em preservar algumas vantagens competitivas. Pode ficar entendido que este tipo de empresa tem um ambiente ecológico bem restrito, não procura expandir-se geograficamente e segue a estratégia do menor risco, executando-se aquele que é inerente a quem se encontra num só segmento. Assim a empresa dedica-se a um único produto, mercado ou tecnologia, pois não há interesse em desviar os seus recursos para outras atenções.

Estratégia de Crescimento

Nesta situação, o ambiente está proporcionando situações favoráveis que podem transformar-se em oportunidades, quando efetivamente é usufruída a situação favorável pela empresa. Normalmente, o executivo procura, nesta situação, lançar novos produtos, aumentar o volume de vendas etc.

<u>Algumas das estratégias inerentes à postura de crescimento são:</u>

> Estratégia de inovação: a empresa procura antecipar-se aos concorrentes por meio de frequentes desenvolvimentos e lançamentos de novos produtos e serviços; portanto, a empresa deve ter acesso rápido e direto a todas as informações necessárias num mercado de rápida evolução tecnológica.

> Estratégia de joint venture: trata-se de uma estratégia usada para entrar em novo mercado onde duas empresas se associam para produzir um produto. Normalmente, uma empresa entra no negócio com capital e a outra com a tecnologia necessária.

> Estratégia de internacionalização: a empresa estende suas atividades para fora do seu país de origem. Embora o processo seja lento e arriscado, esta estratégia pode ser muito interessante para empresas de grande porte, pela atual evolução de sistemas, como logísticos e comunicação.

> Estratégia de expansão: o processo de expansão das empresas deve ser muito bem planejado, pois caso contrário, elas podem ser absorvidas pelo Governo ou outras empresas nacionais ou multinacionais. Muitas vezes, a não expansão na hora certa pode provocar uma perda de mercado, de modo que a única providência da empresa perante esta situação seja a venda ou a associação com empresas de maior porte.

A decisão em investir na expansão é mais comum que na diversificação, pois esta última envolve uma mudança mais radical dos produtos, e dos seus usos atuais, enquanto a expansão aproveita uma situação de sinergia potencial muito forte.

Estratégia de Desenvolvimento

Neste caso, a predominância na situação da empresa é de pontos fortes e de oportunidades. Diante disso, o executivo deve procurar desenvolver a sua empresa por meio de duas direções: podem-se procurar novos mercados e clientes ou então, novas tecnologias diferentes daquelas que a empresa domina. A combinação destas permite ao executivo construir novos negócios no mercado.

> Desenvolvimento de mercado: ocorre quando a empresa procura maiores vendas, levando seus produtos a novos mercados.

> Desenvolvimento de produto ou serviços: ocorre quando a empresa procura maiores vendas mediante o desenvolvimento de melhores produtos e/ou serviços para seus mercados atuais. Este desenvolvimento pode ocorrer por meio de novas características do produto/serviço; variações de qualidade; ou diferentes modelos e tamanhos (proliferação de produtos).

> Desenvolvimento financeiro: união de duas ou mais empresas por meio da associação ou fusão, para a formação de uma nova empresa. Isto ocorre quando uma empresa apresenta poucos recursos financeiros e muitas oportunidades; enquanto a outra empresa tem um quadro totalmente ao contrário; e ambas buscam a união para o fortalecimento em ambos os aspectos.

> Desenvolvimento de capacidades: ocorre quando a associação é realizada entre uma empresa com ponto fraco em tecnologia e alto índice de oportunidades usufruídas e/ou potenciais, e outra empresa com ponto forte em tecnologia, mas com baixo nível de oportunidades ambientais.

> Desenvolvimento de estabilidade: corresponde a uma associação ou fusão de empresas que procuram tornar as suas evoluções uniformes, principalmente quanto ao aspecto mercadológico.

Entretanto a estratégia mais forte do desenvolvimento de uma empresa corresponde à diversificação, que é dividida em dois modelos:

> Diversificação horizontal: por meio desta estratégia, a empresa concentra o seu capital, pela compra ou associação com empresas similares. A empresa atua em ambiente econômico que lhe é familiar, porque os consumidores são do mesmo tipo. O potencial de ganhos de sinergia neste tipo de diversificação é baixo, com exceção da sinergia comercial, uma vez que os mesmos canais de distribuição são usados.

> Diversificação vertical: ocorre quando a empresa passa a produzir novo produto ou serviço, que se acha entre o seu mercado de matérias-primas e o consumidor final do produto que já se fabrica.

> Diversificação concêntrica: diversificação da linha de produtos, com o aproveitamento da mesma tecnologia ou força de vendas, oferecendo-se uma quantidade maior de produtos no mesmo mercado. A empresa pode ter ganhos substanciais em termos de flexibilidade.

> Diversificação conglomerada: consiste na diversificação de negócios em que a empresa não aproveitará a mesma tecnologia ou força de vendas.

> Diversificação interna: corresponde a uma situação em que a diversificação da empresa é, basicamente, gerada pelos fatores internos, e sofre menos influência dos fatores externos.

> Diversificação mista: trata-se de uma situação em que a empresa apresenta mais que um tipo anterior de diversificação ao mesmo tempo.

Diagnóstico		Interno	Interno
		Pontos Fracos	Pontos Forte
		Postura Estratégica de Sobrevivência	Postura Estratégica de Manutenção
EXTERNO	PREDOMINÂNCIA DE AMEAÇAS	Redução de Custos	Estabilidade
		Desinvestimento	Nicho
		Liquidação de Negocio	Especialização
		Postura Estratégica de Crescimento	Postura Estratégica de Desenvolvimento
	PREDOMINÂNCIA DE OPORTUNIDADES	Inovação	de Mercado
		Internacionalização	de Produção
		Joint Venture	Financeiro
		Expansão	de Capacidades
			de Estabilidade
			Diversificação

Resumo dos tipos básicos de estratégias:

Análise competitiva e estratégias genéricas de Michael Porter

Michael Porter desenvolveu um modelo de cinco forças competitivas. Esses fatores são os seguintes:

Ameaça de Novos Entrantes – Alto investimento necessário e economias de escala são alguns dos fatores que podem dificultar a entrada de um novo competidor em um mercado. Naturalmente, é mais difícil abrir uma nova indústria aeronáutica do que uma nova loja de roupas. Dessa forma, as empresas que estão em setores com altas barreiras à entrada sofrem menos competição dos que as que estão em mercados com baixas barreiras de entrada.

Poder de Negociação dos Clientes – Quanto mais informados estão os clientes, mais eles normalmente podem exigir das empresas qualidade, preço e serviços. Os clientes são poderosos quando são poucos, ou compram em grande quantidade, quando os custos de trocar de fornecedor são baixos, quando eles conhecem as estruturas de custos das empresas e quando podem deixar de consumir os produtos ou fabricá-los internamente.

Poder de Negociação dos Fornecedores – Muitos dos fatores que podem deixar os clientes fortes podem deixar os fornecedores poderosos se forem invertidos. Os fornecedores são fortes: quando são poucos e/ou dominam o mercado; quando o custo de trocar de fornecedor é alto; quando os clientes são pouco importantes; e quando podem se tornar competidores, ou seja, passar a concorrer no mercado do cliente.

Ameaça de Produtos Substitutos – Um produto é substituto quando satisfaz a mesma necessidade dos clientes (exemplo: manteiga e margarina). Se existem muitos produtos que podem substituir o produto que sua empresa fornece, a posição estratégica é difícil e o setor será menos atraente e lucrativo.

Rivalidade entre os Concorrentes – Se existem muitos concorrentes em um mercado e se a força deles é semelhante, pode ocorrer uma guerra de preços, levando a uma queda na atratividade do setor. Outros fatores que levam a isso são: custos fixos elevados, que podem levar as empresas a buscar operar com capacidade total, e uma grande barreira de saída, como instalações caras, de difícil venda, maquinário específico e altas indenizações, que podem levar empresas a continuar investindo e operando em mercados com lucratividades baixas.

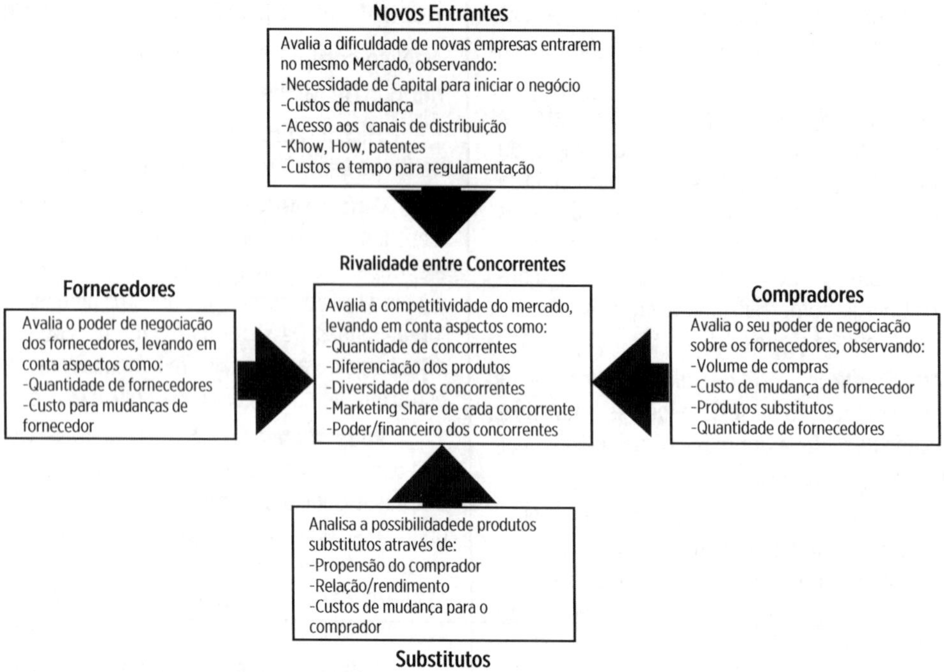

A partir das características de cada um dos fatores acima, as empresas podem tomar uma das **três estratégicas genéricas propostas por Porter: liderança em custo, diferenciação e foco (também chamado enfoque ou estratégia de nicho)**.

Liderança em custos – Nessa estratégia, a empresa busca ser a mais eficiente na produção de produtos e serviços em seu mercado, de modo que tenha vantagem competitiva em relação aos seus concorrentes. Pode-se alcançar isso com: economias de escala, acesso a matérias-primas mais baratas, entre outras. Essa posição de custo mais baixo que seus concorrentes permite uma série de vantagens, como operar com lucratividade quando seus concorrentes estão perdendo dinheiro, por exemplo.

Diferenciação – Uma empresa também pode ter vantagens competitivas tendo produtos com características únicas na percepção de seus clientes, que lhe possibilitem cobrar um preço mais alto sem perder sua clientela. Um exemplo atual é a Apple. Essa empresa, com seus produtos inovadores, como o iPhone e o iPad, tem conquistado uma maior lealdade de seus clientes e maior lucratividade. A diferenciação pode ocorrer na qualidade do produto, no atendimento, no estilo do produto, na marca etc.

Foco ou Enfoque – Também é chamada de estratégia de nicho. Nessa situação, a empresa foca seus esforços em um mercado pequeno (seja geográfico, produto ou clientela) de modo a conseguir uma vantagem específica naquele mercado, que não tenha como conseguir em todo o mercado (a Ferrari buscou essa estratégia com o foco em carros de alto desempenho, pois era pequena para concorrer no mercado de automóveis populares, muito maior, antes de ser comprada pela Fiat).

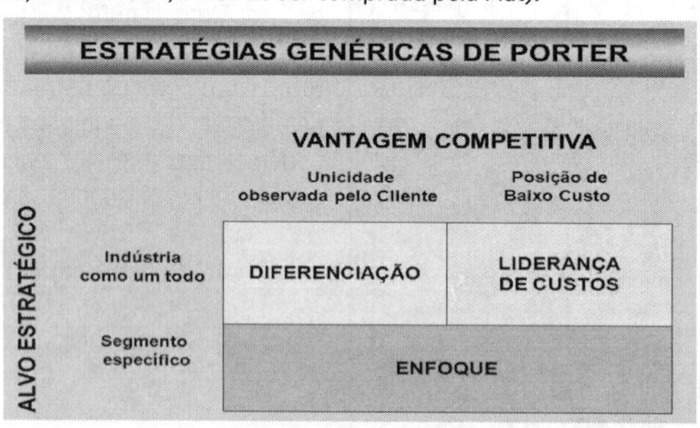

Em síntese, Porter identificou cinco forças competitivas que devem ser analisadas pelas empresas para que escolham uma de suas três estratégias genéricas.

Matriz *ansoff*

Um dos fatores mais importantes para o sucesso de uma organização ou de qualquer outro negócio é a análise estratégica do mercado. Igor *Ansoff*, professor e consultor russo, desenvolveu em 1965, uma ferramenta de análise e de definição dos problemas estratégicos.

A matriz de produtos e mercados de *Ansoff* tem como foco principal mostrar a expansão de produtos e mercados visando criar oportunidades de crescimento para as empresas. Um administrador pode usar essa matriz no momento em que estiver mapeando o portfólio da sua organização. Neste momento, será analisada a receita criada pelos produtos existentes, de modo a compará-la com a receita que a organização pretende alcançar. A matriz permite estruturar e definir a estratégia para esse crescimento.

A matriz *Ansoff* é um quadrante composto por duas dimensões: produtos e mercados. Do lado direito, encontram-se os produtos novos; e do esquerdo, os existentes. Essa combinação forma quatro estratégias para o crescimento e o desenvolvimento da empresa. Essas estratégias são: o desenvolvimento do mercado, a penetração no mercado, a diversificação e o desenvolvimento do produto.

A definição desse quadro mostra em qual mercado sua organização deseja atuar.

Desenvolvimento do mercado	No desenvolvimento de mercado, a empresa deseja vender seus produtos existentes em um mercado novo. Essa estratégia de desenvolvimento de mercado deve analisar os mercados parecidos com o seu, e pensar na expansão de seus negócios. Essa expansão deve analisar alguns fatores como localização geográfica e idade. Imaginemos uma loja de camisas on-line que vende apenas em um Estado. Ela pode expandir suas vendas para outras unidades federativas, incluindo outros serviços de entrega. Se o público-alvo dessa loja for composto por homens de uma determinada faixa etária, ela pode aumentar esse público ao incluir outras idades.
Penetração de mercado	A penetração de mercado visa vender os produtos existentes em um mercado existente, ou seja, pretende-se desenvolver uma estratégia para aumentar sua presença onde ela já atua. Essa estratégia pode ser feita por meio de liquidações, fidelização de clientes, promoções, entre outras ações.
Diversificação	A diversificação é uma estratégia que objetiva criar produtos, para atuar em novos mercados. Essa estratégia busca a inovação que inevitavelmente proporciona riscos, pois a empresa está entrando em um campo desconhecido. Logo, não tem muito como fugir desse fator. Criar uma estratégia para crescer e desenvolver nesse mercado é inerente a uma organização na maioria das vezes.
Desenvolvimento do produto	Essa estratégia sugere o desenvolvimento de novos produtos em mercados existentes. Isso pode ser feito por meio de aperfeiçoamento do produto e de melhorias tecnológicas. Um bom exemplo é a ação de empresas de refrigerantes que incluem em seu MIX de sucos e refrigerantes, versões diet e light.

		Produtos	
		Existentes	Novos
Mercados	Existentes	Penetração de Mercado	Desenvolvimento de produtos
	Novos	Desenvolvimento de Mercado	Diversificação

Construção de cenários

Para Godet (apud MARCIAL E GRUMBACH, 2008, p. 47), cenário é *"o conjunto formado pela descrição coerente de uma situação futura e pelo encaminhamento dos acontecimentos que permitem passar da situação de origem à situação futura"*.

A importância de se trabalhar com cenários, conforme menciona Valdez (2007), é que eles permitem "estimular a imaginação, reduzir as incoerências, criar uma linguagem comum e permitir a reflexão". Já Franco (2007) informa que *"a existência de mais de uma solução é condição básica para a tomada de decisão e uma das bases do planejamento estratégico"*.

No tocante à atividade de planejamento estratégico, Cortez (2007) anota dois tipos de enfoques que explicam os estudos referentes ao futuro: **a abordagem projetiva e a prospectiva**.

Segundo esse autor, a **abordagem projetiva** se refere a cenário único. É a abordagem clássica. Para os seguidores dessa linha de pensamento, as forças que atuaram no passado até o presente serão as mesmas que atuarão no presente até o futuro. Com esse raciocínio, acreditam poder prever o que ocorrerá. Naturalmente, a previsão clássica não considera o ambiente macro, tendo somente a visão parcial do problema.

A figura a seguir apresenta de maneira simples esta abordagem:

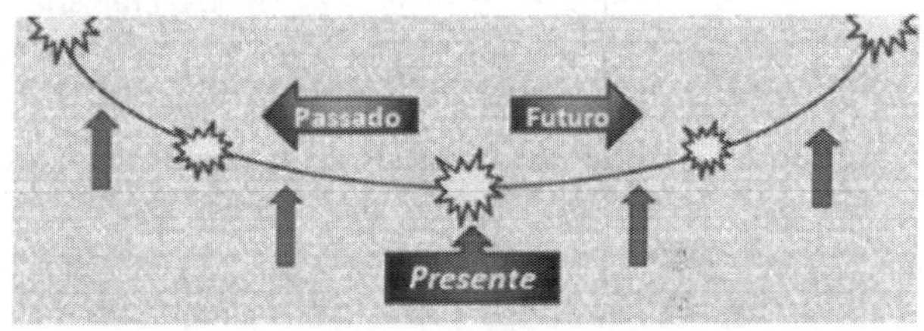

Figura 1 – Abordagem Projetiva

Pelo entendimento de Santos (2004), a abordagem prospectiva trata de vários cenários prováveis de ocorrer no futuro, dentro de um horizonte de tempo determinado. A abordagem prospectiva indica que as forças que atuaram no passado até o presente não necessariamente serão as mesmas que atuarão até o futuro. Desta forma, não existirá somente um só cenário.

A figura 2 exemplifica o raciocínio prospectivo:

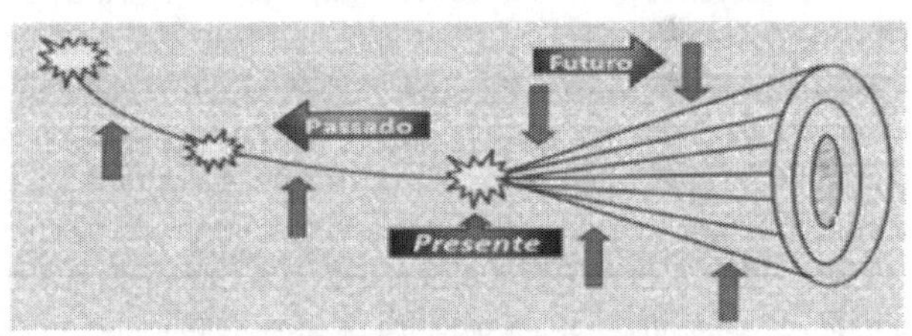

Figura 2 – Abordagem Prospectiva

O que se percebe é a criação de um cone (cone de futuro), em que o passado e o presente são conhecidos, sendo este último o vértice e os diversos caminhos até sua base os cenários que poderão vir a ocorrer.

A lógica dessa abordagem, segundo Marcial (2008), é no sentido de que, conhecendo os diversos caminhos, o homem pode influir na constituição de um futuro melhor. Isso requer que se considere o ambiente como um todo, levando em consideração as variáveis econômicas, ambientais, políticas, tecnológicas, entre outras, bem como os diversos agentes, clientes, governo, concorrentes etc. Perceber a intensidade dessas forças e, se possível, interferir para obter o melhor resultado é o propósito maior da análise prospectiva.

10. PROCESSO DECISÓRIO

De forma sintética, o **processo decisório representa a sequência de passos necessários para analisar e escolher as alternativas para determinado problema**.

Podemos apresentar cinco passos principais do processo decisório:

> **Identificação do problema ou oportunidade**: é a fase em que se percebe que o problema está ocorrendo e que é necessário tomar uma decisão.

> **Diagnóstico**: consiste em procurar entender o problema ou oportunidade e identificar suas causas e consequências. Há algumas técnicas que podem ser utilizadas para analisar os problemas de forma sistemática, estudando suas causas, consequências e prioridades, a exemplo do diagrama de causa e efeito e do princípio de Pareto.

> **Geração de alternativas**: em algumas situações, será necessário criar alternativas para solucionar o problema, utilizando ferramentas específicas, como o ***brainstorming*** (tempestade de ideias).

> **Escolha de uma alternativa viável**: nesse momento, as decisões devem ser avaliadas, julgadas e comparadas para, então, escolher a alternativa mais adequada para solucionar o problema.

> **Avaliação da decisão**: após implementar a decisão, torna-se necessário avaliar os seus efeitos. Assim, inicia-se um novo ciclo, que pode gerar outras decisões ou processos de resolver problemas.

10.1 O Ambiente da Tomada de Decisão

Assim, as **condições para a tomada de decisão** envolvem a **certeza**, a **incerteza**, o **risco** e a **ambiguidade**.

Certeza: situação na qual toda a informação necessária para a tomada de decisão se encontra disponível. Seria o caso em que a pessoa que decide possui todas as informações sobre as alternativas e seus resultados. Por exemplo, um investidor precisa escolher entre duas opções de aplicações. Ele possui todas as informações sobre os rendimentos e possui 100% de certeza que eles se confirmarão. Assim, ele poderá **tomar uma decisão com total certeza. Contudo, devemos destacar que esse tipo de situação dificil**mente irá ocorrer na vida real. Praticamente em todos os ambientes haverá um mínimo de incerteza sobre as decisões dos administradores.

> **Risco**: situação na qual não é possível prever com certeza os resultados associados a cada alternativa, mas há informação suficiente para estimar suas probabilidades de ocorrência. Assim, o risco é a probabilidade de algo acontecer e ter impacto, normalmente negativo, nos trabalhos. Para estimar os riscos, as organizações utilizam ferramentas probabilísticas, designando as chances ou não de um evento vir a acontecer. Em geral, quase toda decisão em uma organização envolve um determinado nível de risco.

> **Incerteza**: situação na qual a informação sobre as alternativas e suas consequências é incompleta e imprecisa. Assim, os administradores não conseguem estimar os riscos associados a cada alternativa disponível. Com isso, o tomador de decisão vai escolher uma alternativa sem conhecer totalmente as opções disponíveis ou sem ter certeza de seus resultados. Normalmente, as decisões das organizações são tomadas com algum nível de incerteza.

> **Ambiguidade**: condição na qual as metas a serem alcançadas ou o problema a ser resolvido não estão claros; é difícil definir as alternativas, e as informações sobre os resultados não estão disponíveis. É como ter que desenvolver um projeto sem receber diretrizes, orientações ou qualquer direção a seguir. Não se sabe o que se deve fazer, qual problema deve ser resolvido e quais os resultados esperados.

10.2 Tipos de Decisões

Nesse contexto, as decisões podem ser tomadas em diferentes contextos, o que vai gerar diferentes tipos de decisões. O **grau de disponibilidade de informação** precisa e confiável e o **nível no qual as decisões são tomadas** permitem distinguir dois tipos de decisões gerenciais: **programadas** e **não programadas**.

> **Decisão programada** – uma decisão tomada em resposta a uma situação que ocorre com frequência para permitir que as regras da decisão sejam desenvolvidas e aplicadas no futuro. Elas também são conhecidas como **decisões estruturadas**. Por exemplo, a decisão de recompor o papel e o cartucho de tinta quando os estoques estão baixos são decisões programadas. Normalmente, as decisões programadas são tomadas nos níveis mais baixos da organização.

> **Decisão não programada** – uma decisão tomada em resposta a uma situação isolada, mal definida, e, em grande parte, desestruturada, com importantes consequências para a organização. As decisões estratégicas da organização, por envolverem incertezas, podem ser consideradas decisões não programadas. Por exemplo: construir uma nova fábrica? Desenvolver um novo produto? Trocar uma unidade de sede?

10.3 Modelos de Tomada de Decisão

Os gerentes se utilizam de três tipos diferentes de abordagens para tomar as decisões: **modelo clássico, modelo administrativo e modelo político**. Para Richard Daft, a escolha do modelo depende da preferência pessoal, do tipo de decisão (programada ou não programada) e a extensão na qual a decisão é caracterizada pelo risco, pela incerteza e pela ambiguidade.

O **modelo clássico** é baseado na suposição de que os gerentes devem tomar decisões lógicas que estejam de acordo com os melhores interesses da organização. Nesse contexto, presume-se que as metas são conhecidas e acordadas e que os problemas são precisamente formulados.

Em síntese, entende-se, no modelo clássico, que o tomador de decisões possui condições de analisar logicamente o problema, pois todos os elementos necessários são conhecidos e previamente definidos, bastando, por conseguinte, escolher a melhor alternativa.

Já o **modelo administrativo** explica como os gerentes tomam as decisões em situações caracterizadas por decisões não programadas, incerteza e ambiguidade.

O modelo administrativo considera que os gerentes vivem em um ambiente de racionalidade limitada, que pressupõe que as pessoas têm o tempo e a capacidade cognitiva para processar somente uma quantidade limitada de informações. Assim, não possuem capacidade para analisar 100% das informações. Isso ocorre porque as organizações são extremamente complexas, fazendo com que as decisões não sejam inteiramente racionais.

Além disso, o modelo administrativo considera que os gerentes não buscam a decisão ótima, mas apenas uma decisão satisfatória. Isso quer dizer que os administradores escolhem a primeira alternativa de solução que satisfaça os critérios mínimos de decisão. Exemplificaremos como isso acontece:Imaginemos que Carlos irá participar de uma reunião muito importante, na qual ele está encarregado de apresentar um novo projeto para uma empresa parceira. Carlos sabe que o sucesso nessa apresentação pode significar uma promoção, com um aumento significativo no salário. Minutos antes da reunião, Carlos derruba café em sua camisa.

O que Carlos vai fazer? Ele corre para a primeira loja que encontrar, a fim de comprar a primeira camisa que resolver o seu problema. Ou seja, Carlos sabe que, na cidade, há centenas de lojas que podem vender o mesmo produto por condições melhores, mas ele vai fechar o negócio, pois sua preocupação, naquele instante, é resolver o problema. Assim, Carlos tomou a decisão satisfatória, mesmo sabendo que, com mais tempo, ele teria capacidade de decidir melhor.

Dessa forma, o modelo administrativo considera que as decisões se fundamentam na racionalidade limitada e na decisão satisfatória.

Por fim, o **modelo político** é útil para tomar decisões não programadas, em que as condições são incertas, as informações são limitadas e os gerentes podem estar em desacordo sobre quais metas perseguir ou qual curso de ação tomar. Assim, as pessoas formam uma coalização, isto é, uma aliança informal entre os gerentes que apoiam uma meta específica.

O modelo político parte do pressuposto segundo o qual as organizações são formadas por grupos com diferentes interesses, metas e valores.

Ademais, as informações são ambíguas e incompletas, e os gerentes não possuem tempo, recursos e capacidade para analisar todas as alternativas. Assim, os gerentes se envolvem em debates e, por meio de barganha e discussões, formam coalizões para defender o seu ponto de vista.

10.4 Armadilhas Psicológicas na Tomada de Decisão

O último assunto a ser abordado sobre a tomada de decisões corresponde às armadilhas.

Como vimos anteriormente, as decisões, de uma maneira geral, são tomadas em um ambiente de racionalidade limitada. O modelo clássico pode ser aplicado em raras exceções, uma vez que, comumente, as informações não são completas, ou não há tempo ou capacidade para analisá-las.

Assim, os tomadores de decisão utilizam um conjunto de regras empíricas, conhecidas como princípios heurísticos, que orientam implicitamente o julgamento do tomador de decisão. Ou seja, ao invés de tentar analisar todas as informações, as pessoas costumam basear-se em informações pré-estabelecidas ou de fácil acesso.

Isso facilita a tomada de decisão, tornando-a mais rápida. Contudo, as pessoas podem sofrer o que chamamos de "armadilhas psicológicas" na tomada de decisão, que são desvios psicológicos que geram tendências involuntárias e intuitivas, levando à perpetuação de erros na avaliação de situações e decisões.

Para melhorar as suas decisões, os administradores devem aprender a reconhecer e a evitar essas armadilhas.

Segundo Hammond e Raiffa, *apud* Sobral e Peci, existem oito tipos de armadilhas psicológicas na tomada de decisão:

> **Ancoragem**: tendência de ancorar o julgamento em uma informação inicial, dificultando assim o ajuste diante de informações posteriores. Lembremo-nos do famoso ditado "***A primeira impressão é a que fica***". É mais ou menos isso que ocorre.

> **Perpetuação do *status quo***: é o medo de mudar. Consiste na tendência a favorecer as alternativas que perpetuam a continuidade e evitem a mudança. Nesse tipo de armadilha, quando estiver diante de duas alternativas, o tomador de decisão tende a escolher aquela que não gera grandes mudanças.

> **Custo irrecuperável**: tendência de fazer escolhas que justifiquem suas decisões passadas, mesmo que essas decisões tenham se revelado erradas. É como decidir estudar para uma área e depois perceber que o concurso pelo qual tanto se esperava ainda demorará vários anos para acontecer. Ainda assim, o concurseiro não deixa de estudar o material que já adquiriu, pois não quer reconhecer a perda de dinheiro.

- **Evidência confirmadora**: é a tendência de buscar informações que corroborem seu instinto ou seu ponto de vista, de modo a evitar informações que o contradigam. As decisões são baseadas em informações não confirmadas, mas, ainda assim, assumidas, mesmo que de forma polêmica. O gerente quer tomar uma posição e, para isso, buscará somente as informações que podem ajudá-lo.
- **Formulação do problema**: está na forma como o problema é descrito. Às vezes, um mesmo problema pode ser descrito de maneira diferente, levando a mesma pessoa a decidir de forma distinta, sem saber que se tratava da mesma situação. Ou seja, um problema mal descrito pode gerar distorções e minar o processo decisório.
- **Excesso de confiança**: tendência de confiar demais na precisão de suas previsões, o que pode levar a falhas no julgamento e na avaliação de decisões.
- **Lembrança**: tendência a valorizar os acontecimentos que estão presentes na memória. Ou seja, a pessoa decide com base nas informações que estão "frescas" na memória.
- **Prudência**: é o medo de errar, em especial em decisões muito importantes. Assim, as pessoas podem fazer estimativas e projeções muito seguras ou muito conservadoras.

11. GESTÃO DE PROCESSOS

11.1 Conceitos

As organizações privadas ou públicas podem ser vistas como um conjunto de processos. Todo processo deve ter, **no mínimo**, entrada, processamento e saída. Os produtos mais típicos da saída são: bens, serviços e informações. É no "processamento" que estão concentradas as atividades do processo.

O processo existe em todas as empresas – de forma bem definida ou de forma fragmentada (ainda que as empresas não consigam visualizá-lo e defini-lo como tal).

O valor é o cliente quem atribui, reconhecendo sua importância e demonstrando disposição em pagar o preço estabelecido. Fonte: Agostinho Paludo, Administração Pública, 3ª edição, Editora Elsevier, 2013, página 339.

Um processo compreende uma série de atividades, racionalmente sequenciais e inter-relacionadas, que devem ser executadas para se obter determinado resultado pretendido. É um modo de transformar insumos em produtos para atender à necessidade de algum cliente. O processo inicia com a identificação de uma necessidade e termina com a entrega do produto (bem ou serviço) ao cliente.

Na visão de Thomas Davenport *o processo é uma ordenação específica das atividades de trabalho no tempo e no espaço, com um começo e um fim, **inputs** e **outputs** claramente identificados.* Segundo o mesmo autor, tais atividades são estruturadas com a finalidade de agregar valor às entradas *(inputs)*, resultando em um produto para um cliente.

Desta maneira, todo tipo de trabalho importante em uma organização faz parte de algum processo. Não existe produto ou serviço fornecido sem que exista um processo organizacional por trás.

Harrington define processo como a utilização de recursos da empresa para oferecer resultados objetivos aos seus clientes. Assim sendo, **o processo seria um fluxo de trabalho**, em que existiriam os *inputs* (materiais, informação, equipamentos etc.) que seriam trabalhados, de forma a agregar valor. Desta forma, o fluxo resultaria em uma série de *outputs* (produtos e serviços desejados pelos clientes).

Para o GesPública (2011), o *processo é um conjunto de decisões que transformam insumos em valores gerados ao cliente/cidadão.*

Portanto, cada atividade destas pode agregar valor ou não ao processo, pois um erro ou demora em uma delas acabará por prejudicar o cliente.

Assim, quando pensamos em processo, temos de entender que estas atividades estão interligadas e que não adianta uma delas ser muito bem feita se outra for deficiente.

Desta forma, a gestão por processos implica uma ênfase em "como" o produto ou serviço é feito, ao contrário do foco no "quê" é feito, característica das organizações tradicionais.

Assim, é possível afirmar que toda vez que tivermos um conjunto de atividades e tarefas sendo executadas de forma integrada para produzir um produto (bem ou serviço) com vistas a atender a necessidades de clientes – teremos um processo – seja ele reconhecido ou não, nominado ou não, compreendido como tal ou não.

De acordo com Nunes,
"O modelo de organização orientado por processos passou a ser considerado como alternativa mais adequada para promover uma maior efetividade organizacional. O pressuposto foi ode que nessa forma de organização ocorresse uma eliminação de barreiras dentro da empresa, possibilitando a visualização da organização como um todo e uma maior inter-relação entre os diferentes agentes da cadeia de valor (cliente, fornecedor, executores do processo)".

Cadeia de valor

Cadeia de Valor, para Michael Porter, é o conjunto de atividades tecnológicas e econômicas distintas que uma organização utiliza para entregar produtos e serviços aos seus clientes.

Cada uma dessas atividades (produção, distribuição, comercialização etc.) deve entregar algum "valor". Quanto mais valor agregado, mais competitiva fica a empresa. Este é um conceito relacionado com a vantagem competitiva.

Os processos podem ser assim classificados:

> **Processos negócio/principais/primários/chaves/essenciais/finalísticos,** que são os processos que resultam na entrega de algum bem ou serviço ao cliente final – devem satisfazer as necessidades e expectativas dos clientes e demais partes interessadas. Ex.: produção de um bem/prestação de serviço direto ao cliente final.

> **Processos secundários/administrativo/de suporte/auxiliares/meio,** que são os processos internos que geram apenas bens e serviços internos, mas que, ao mesmo tempo, são indispensáveis para que os processos principais possam ser executados (dão suporte à execução dos processos principais), contribuindo para o sucesso da organização. Ex.: gestão de pessoas, compras, manutenção em geral, contas a pagar, processos de recursos humanos etc.

> **Processos gerenciais**, ligados às estratégias e utilizados na tomada de decisão, no estabelecimento de metas, na coordenação dos demais processos e na avaliação dos resultados. Ex.: planejamento estratégico, gestão do conhecimento, avaliação de desempenho, avaliação da satisfação dos clientes etc.

Resumindo:

Percebe-se que os **processos de negócio** são os mais importantes para a organização, constituindo o cerne de sua existência, pois eles são responsáveis pelo atendimento das necessidades dos clientes, diferenciando a organização de suas concorrentes no mercado.

Os **processos organizacionais**, por sua vez, são aqueles que dão o devido suporte e apoio para que os processos de negócio possam funcionar bem e agregar valor para os clientes.

Os **processos gerenciais**, por sua vez, são aqueles relacionados às ações dos gerentes. Trata-se da tomada de decisões gerenciais pelos gerentes para que a organização possa seguir rumo ao futuro.

Por fim, apresenta-se outra visão, que divide os processos em:

> **Processos primários:** são aqueles que agregam valor para o cliente e que vão de ponta a ponta na organização. São equivalentes aos processos de negócio ou de clientes.

> **Processos secundários:** dão o suporte necessário para que os processos primários funcionem adequadamente. Relacionam-se com os processos de gerenciamento e administrativos.

11.2 Níveis de Detalhamento dos Processos

Em toda empresa, existem alguns processos mais complexos e outros mais simples. Além disso, existem processos mais importantes e outros menos importantes. O nível de detalhamento de um processo está relacionado com a sua complexidade.

Quanto mais complexo (mais atividades, entradas ou produtos resultantes), mais provável que tenhamos de "decompô-lo" em subprocessos para que seja mais fácil a análise e o controle.

A decomposição de um processo segue a seguinte lógica:

> **Macroprocesso:** compreende a visão mais geral do processo, que, em regra, abrange vários processos principais ou secundários e envolvem mais de uma função organizacional;

> **Processo:** conjunto de operações (atividades e tarefas) que recebe um insumo, agrega valor e transforma em um produto (bem/serviço) destinado ao atendimento de necessidades dos clientes internos e externos;

> **Subprocesso:** refere-se a uma parte específica do processo, composto por um conjunto de atividades que demandam insumos próprios e resultam em subproduto(s) que concorre(m) para o produto final do processo;

> **Atividade:** é um conjunto de tarefas com procedimentos definidos que descrevem o passo a passo para a execução de acordo com algum método/técnica. A atividade terá nome próprio, será precedida por um ***input*** (entrada) e resultará em um ***output*** (saída), em um produto parcial que concorre para o produto final do processo.

Atenção → São as atividades que agregam valor ao processo, assim, a cada atividade executada o processo deve adquirir um valor maior.

> **Tarefa:** é a menor divisão do trabalho, exclusivamente operacional, que corresponde ao fazer. É uma partição da atividade com rotina ou procedimento específico.

Atenção → Nos macroprocessos a visão é geral, sem detalhamentos, nos processos tem-se um nível intermediário de detalhamento, já para as atividades e tarefas o nível de detalhamento deve ser amplo, de forma a permitir que cada detalhe importante que compõe o processo possa ser claramente visualizado e compreendido.

Macroprocessos → Visão Geral
Processos → Detalhamento Intermediário
Atividades/Tarefas → Detalhamento Amplo

11.3 O Guia BPM CBOK

O gerenciamento de processos na Administração Pública brasileira utiliza as boas práticas previstas no guia *Business Process Management Common Book Of Knowledge* (BPM CBOK) - cujo nome pode ser traduzido como *Guia para o Corpo Comum de Conhecimentos sobre* ***Gerenciamento de Processos de Negócio.***

Trata-se de uma abordagem que busca identificar, desenhar, medir, monitorar, controlar e melhorar os processos de negócio nas organizações. A ideia é alinhar os processos de negócio à estratégia da organização para que ela obtenha o desempenho desejado.

Nas palavras do Guia BPM CBOK:

Gerenciamento de Processos de Negócio (BPM) é uma abordagem disciplinada para identificar, desenhar, executar, documentar, medir, monitorar, controlar e melhorar processos de negócio automatizados ou não para alcançar os resultados pretendidos consistentes e alinhados com as metas estratégicas de uma organização. BPM envolve a definição deliberada, colaborativa e cada vez mais assistida por tecnologia, melhoria, inovação e gerenciamento de processos de negócio ponta a ponta que conduzem a resultados de negócios, criam valor e permitem que uma organização cumpra com seus objetivos de negócio com mais agilidade. BPM permite que uma organização alinhe seus processos de negócio à sua estratégia organizacional, conduzindo a um desempenho eficiente em toda a organização por meio de melhorias das atividades específicas de trabalho em um departamento, a organização como um todo ou entre organizações.

O gerenciamento de processos do BPM é estabelecido com base em um ciclo de vida que possui seis etapas:

01. **planejamento;**
02. **análise;**
03. **desenho e modelagem;**
04. **implantação;**
05. **monitoramento e controle;**
06. **refinamento;**

Planejamento

É a primeira etapa do ciclo de gerenciamento de processos. É nesta fase que é desenvolvido um plano e uma estratégia dirigida aos processos da organização, estabelecendo a estratégia e o direcionamento do BPM. O início do plano se dá por meio do entendimento das estratégias e metas que são desenhadas para garantir que o cliente perceba valor nos processos de negócio da organização. A estrutura e o direcionamento dos processos centrados no cliente são baseados no plano.

O planejamento deve assegurar que a abordagem de gestão dos processos de negócio integre a estratégia, as pessoas, processos e sistemas ao longo dos limites funcionais.

É aqui também que são identificados os papéis e responsabilidades organizacionais de gerenciamento de projetos, o patrocínio executivo, metas, expectativas quanto à medição do desempenho e as metodologias a serem utilizadas.

Análise

Após considerar as metas e objetivos desejados, a análise dos processos busca entender os processos atuais, também chamados de *AS IS* (do inglês - "como é" - em oposição aos processos a serem implementados no futuro, chamados de *TO BE* ("como será"), no contexto das metas e dos objetivos desejados.

Segundo o Guia de Gestão de Processos de Governo do GesPública, a análise reúne informações oriundas de planos estratégicos, modelos de processo, medições de desempenho, mudanças no ambiente externo e outros fatores, a fim de compreender os processos no escopo da organização como um todo. Nessa etapa são vistos alguns pontos como: objetivos da modelagem de negócio, ambiente do negócio que será modelado, principais *stakeholders* e escopo da modelagem de processos relacionados com o objetivo geral.

A análise dos processos leva em conta diferentes metodologias para facilitar as atividades de identificação do contexto e de diagnóstico da situação atual, que constituem o foco desta etapa.

Desenho e modelagem

O desenho está focado sobre o desenho intencional e cuidadoso dos processos de negócio que entregam valor ao cliente. É no desenho que se definem as especificações dos processos de negócio, de modo que fique claro *o que, quando, onde, quem* e *como o trabalho* será realizado.

Conforme consta no Guia CBOK, o desenho dos processos trata da

Criação de especificações para processos de negócio novos ou modificados dentro do contexto dos objetivos de negócio, objetivos de desempenho de processo, fluxo de trabalho, aplicações de negócio, plataformas tecnológicas, recursos de dados, controles financeiros e operacionais, e integração com outros processos internos e externos.

Sobre a modelagem do processo, o Guia de Gestão de Processos de Governo do GesPública afirma o seguinte:

Já a modelagem de processo é definida como 'um conjunto de atividades envolvidas na criação de representações de um processo de negócio existente ou proposto', tendo por objetivo 'criar uma representação do processo em uma perspectiva ponta a ponta que o descreva de forma necessária e suficiente para a tarefa em questão'. Alternativamente chamada de fase de 'identificação', a modelagem pode ser também definida como 'fase na qual ocorre a representação do processo presente exatamente como o mesmo se apresenta na realidade, buscando-se ao máximo não recorrer à redução ou simplificação de qualquer tipo.

O Guia CBOK ressalta, no entanto, que a modelagem de processos pode ser executada tanto para o mapeamento dos processos atuais como para o mapeamento de propostas de melhoria.

Implementação

Para a realização das atividades de implementação, subentende-se que as fases anteriores criaram e aprovaram um conjunto de especificações que podem ser executados sofrendo apenas pequenos ajustes pontuais.

Deste modo, a implementação nada mais é do que a realização do desenho do processo de negócio aprovado. Ela se dá por meio de procedimentos e fluxos de trabalho documentados, testados e operacionais.

Monitoramento e controle

Esta etapa busca fornecer informações-chave de desempenho de processos por meio de métricas ligadas às metas estabelecidas e ao valor para a organização. A análise do desempenho realizada nesta etapa pode fazer com que se desenvolvam atividades de melhoria, redesenho ou reengenharia.

Refinamento

Segundo o Guia BPM CBOK, *o refinamento trata aspectos de ajustes e melhorias pós-implementação de processos com base nos indicadores e informações-chave de desempenho.*

Estes ajustes são feitos com base nas informações obtidas por meio da medição e do monitoramento de processos de negócio.

O Guia de Gestão de Processos de Governo afirma que esta etapa também pode ser chamada de "encenação", revendo o modelo de processo e implantando as mudanças propostas após o estudo de variados cenários.

11.4 Mapeamento de Processos

Para que possamos melhorar um processo necessitamos antes conhecê-lo. Desta maneira, precisamos analisar o processo, de forma a entender o fluxo de trabalho envolvido, quais são os setores e pessoas envolvidas e as decisões que devem ser tomadas durante o processo.

Portanto, o trabalho de "entender" e visualizar um processo de trabalho é chamado de **mapeamento de processos**. Este trabalho é executado, normalmente, por meio de uma ferramenta chamada de fluxograma, que será analisada posteriormente.

Técnicas de mapeamento, análise e melhoria de processos

Para que um profissional possa mapear um processo, ele deve primeiro compreendê-lo. Para que isso ocorra, existem diversas técnicas que podem ser utilizadas. As principais são:

> entrevistas e reuniões;

> observação das atividades *in loco*;

> análise da documentação e dos sistemas existentes;

> coleta de dados e evidências

Ao mapearmos um processo, este será descrito desde o início, deforma a representar cada atividade e decisão envolvida nele. Desta forma, a pessoa que estiver fazendo o mapeamento deverá compreender os elementos: (fornecedores, entradas, processo, saídas e clientes) de modo a descrever todos os aspectos do processo.

Entre os benefícios que uma organização pode ter ao mapear seus processos, temos:

> compreender o impacto que o processo tem para a organização e seus clientes;
> entender a relação de dependência entre os setores no processo;
> compreender quais são os "atores" envolvidos no processo;
> analisar se o processo é necessário e se é bem executado;
> propor mudanças no processo;
> identificar quais são os fatores críticos no processo.

Principais técnicas para mapeamento de processos

Segundo DE MELLO (2008, p. 27), a literatura apresenta algumas técnicas de mapeamento com diferentes enfoques tornando a correta interpretação destas técnicas fundamental no processo de mapeamento.

Dentre as diversas técnicas de mapeamento podemos citar:

SIPOC: o SIPOC é uma ferramenta que consiste na identificação clara dos elementos dos processos, incluindo o próprio processo, suas entradas e saídas, além dos clientes e fornecedores do processo.

Trata-se de uma técnica utilizada antes mesmo do trabalha com o processo começar. Ela é anterior à construção de um mapa do processo ou fluxograma, pois identifica os fornecedores, a entrada dos insumos da empresa, todo o conjunto de atividades de processamento (tais como transporte, montagem, armazenamento etc.), os produtos finais do processo e a destinação para os clientes.

Discutindo a técnica, Lobato e Lima (2010, p. 350) apresentam os seguintes conceitos segundo Mello et. al. (2002): *fornecedor é aquele que propicia as entradas necessárias, podendo ser interno e externo; entrada é o que será transformado na execução do processo; processo é a representação esquemática da sequência de atividades que levam a um resultado esperado; saída é o produto ou serviço como solicitado pelo cliente; cliente é quem recebe o produto ou serviço.*

Blueprinting: é uma técnica que permite retratar o processo de serviço, os pontos de contato e as evidências físicas de um serviço do ponto de vista do cliente. É uma verdadeira "impressão digital" do processo, representando um verdadeiro mapa das transações em um processo de prestação de serviço.

Segundo Frazzon *et al.* (2014) *O uso do Service Blueprint surgiu como uma técnica para identificação de pontos de falha no processo, porém seu uso foi expandido para a área estratégica, pois ele também permite identificar as áreas prioritárias para o cumprimento dos objetivos operacionais estratégicas da organização (GIANESI; CORREA, 1994). Assim como contribui para decisões referentes ao posicionamento estratégico da organização de serviços (SHOSTACK, 1987).*

Essa ferramenta possibilita uma visualização de todo o processo de serviço em um diagrama, especialmente dos encontros de serviço com o cliente, também chamados de momentos da verdade, em que as evidências físicas da prestação de serviço são demonstradas, permitindo ainda a separação dos processos primários dos processos de apoio.

Fluxograma: esta é uma ferramenta muito utilizada para que se possa visualizar com facilidade o fluxo de ações para que determinado processo possa ser concluído.

Trata-se de um gráfico que representa o fluxo ou sequencia normal de qualquer trabalho, produto, documento, informação etc., utilizando-se de diferentes símbolos que esclarecem o que está acontecendo em cada etapa.

Mapafluxograma: o mapafluxograma apresenta o fluxo de movimentação física de um determinado item com base em uma rotina produtiva preestabelecida. É como um fluxograma de como o material deverá se movimentar no espaço físico para que o processo seja desempenhado de acordo com o que está previsto no fluxograma.

Assim, o mapafluxograma permite, em conjunto com o fluxograma, o estudo do processo como um todo, tanto do ponto de vista do conjunto de atividades desempenhadas como da movimentação de material no espaço físico.

IDEF: (*Integration Definition for Function Modeling* – Definição integrada para modelagem de funções).

Segundo o CBOK, O IDEF é um padrão federal de processamento de informação (FIPS – *Federal Information Processing Standard*) desenvolvido pela Força Aérea dos EUA. **OIDEF é utilizado para criar uma descrição clara e detalhada de um processo ou um sistema.**

> **Utiliza-se quando for preciso descrever formalmente um processo, para garantir um resultado detalhado, claro e preciso.**
> **Utiliza-se quando o processo for complexo, e outros métodos fossem resultar em um diagrama mais complexo.**
> **Utiliza-se quando houver tempo hábil para trabalhar em entender e produzir uma descrição completa e correta do processo.**
> **IDEF 0 – Modelo de funções (processos)**
> **IDEF 1 – Modelo de informações (dados)**
> **IDEF 2 – Modelo dinâmico (comportamento)**
> **IDEF 3 – Modelo de fluxo de trabalho (*workflow*)**

O IDEF 0, mais utilizado da família na modelagem de processo, destina-se a descrever graficamente o processo de transformação ou produção de um bem ou serviço.

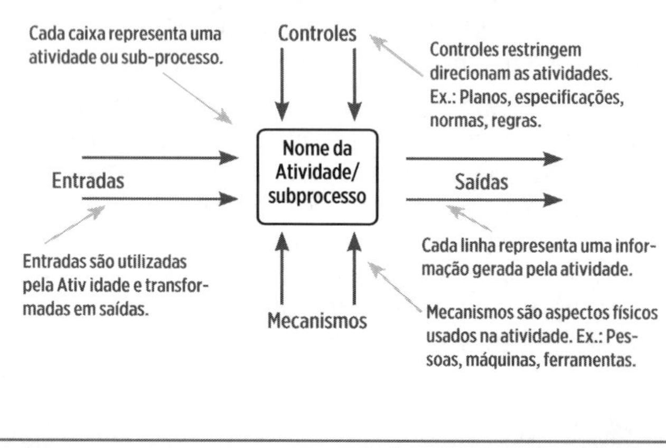

- **Mapeamento *Lean*:** é o mapeamento realizado com base na técnica do ***just in time*** para o processo, seja em manufatura, seja em serviço, tentando gerar economias ao longo do processamento para um processo enxuto. Sua base é a redução de desperdícios e de custos, eliminando do processo as atividades que não agregam valor, gerando um fluxo de valor. Por isso, a técnica também é conhecida como ***mapeamento do fluxo de valor do processo***.

11.5 Projeto de Mapeamento e Modelagem de Processos

O BPMN (Business *Process Modeling Notation*) é o padrão utilizado para o desenho (ou modelagem) dos processos em uma organização.

Consiste de um conjunto de **notações gráficas**, ou seja, um conjunto de símbolos padronizados que servem para que possamos descrever e redesenhar um processo. Esse diagrama, que nos permite visualizar um processo, também é conhecido como **fluxograma.**

Assim, essa é a ferramenta utilizada para efetuar o mapeamento e a modelagem dos processos. Desta forma, ele é utilizado para **descrever, de modo gráfico, um processo por meio do uso de símbolos e linhas.**

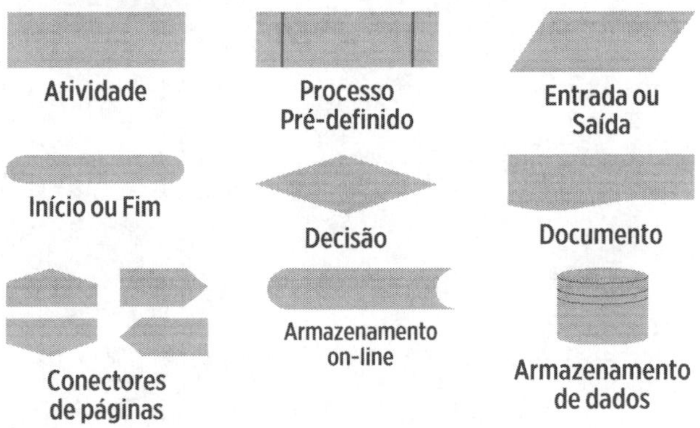

Grau de maturidade em processos

O grau de maturidade na Gestão de Processos de Negócio define a maturidade a partir de níveis, que medem a evolução da organização/instituição quanto às práticas de gestão/gerenciamento de processos.

O Guia de Gestão de Processos no Governo do GesPública (2011) descreve a maturidade do processo em 5 níveis, a partir de dois modelos. Esses níveis refletem a transformação da organização na medida em que seus processos e capacidades são aperfeiçoados.

Na **visão do CBOK** – *Business Process Maturity,* os níveis (exceto o primeiro) são compostos por **áreas de processos**, estruturadas com vistas a atingir metas de criação, suporte e sustentação específicas de cada nível. Nessas áreas a **ênfase é nas melhores práticas**, indicando o que deve ser feito (mas não de que forma devem fazer).

- **Nível 1, Inicial:** os processos são executados de maneira ***ad-hoc***, o gerenciamento não é consistente e é difícil prever os resultados.
- **Nível 2, Gerenciado:** a gestão equilibra os esforços nas unidades de trabalho, garantindo que sejam executados de modo que se possa repetir o procedimento e satisfazer os compromissos primários dos grupos de trabalho. No entanto, outras unidades de trabalho que executam tarefas similares podem usar diferentes procedimentos.
- **Nível 3, Padronizado:** os processos padrões são consolidados com base nas melhores práticas identificadas pelos grupos de trabalho, e procedimentos de adaptação são oferecidos para suportar diferentes necessidades do negócio. Os processos padronizados propiciam uma economia de escala e base para o aprendizado por meio de meios comuns e experiências.
- **Nível 4, Previsível:** as capacidades habilitadas pelos processos padronizados são exploradas e devolvidas às unidades de trabalho. O desempenho dos processos é gerenciado estatisticamente durante a execução de todo o ***workflow***, entendendo e controlando a variação, de forma que os resultados dos processos sejam previstos ainda em estados intermediários.
- **Nível 5, Otimizado:** ações de melhorias proativas e oportunistas buscam inovações que possam fechar os ***gaps*** entre a capacidade atual da organização e a capacidade requerida para alcançar seus objetivos de negócio.

11.6 Diferenciando BPM e BPMS

O BPM não aceita o conceito de processos da forma trazida pelos ERPs ou SIGs – ele tem entendimento próprio e separado. **Para o BPM o processo não se restringe à execução no sistema** – mas pode ser alterado, adaptado, melhorado, monitorado em tempo real e disponibilizado por toda a organização.

Assim, para dar suporte às novas exigências do BPM é que surgiram os BPMS. Mas o que são os BPMS?

- Os BPMS – ***Business Process Management Systems*** – correspondem ao sistema informatizado que dá suporte para a gestão de processos nas organizações/instituições; correspondem à tecnologia que suporta o conceito e as tarefas de gestão de processos do BPM.
- Os BPMS fazem referência a um sistema computacional que suporta a gestão da informação pela organização, com foco no gerenciamento de processos.
- Os BPMS constituem uma peça de *software* que dá suporte às atividades como modelagem, análise e aprimoramento de processos de negócio.
- Os BPMS correspondem à plataforma que dá suporte aos processos de negócio.

BPM → Foco no negócio e na gestão

BPMS → Foco em TI-Tecnologia da Informação

Reengenharia

Na década de 1980 (pode constar em prova também década de 90), a reengenharia foi um marco para a divulgação da administração de processos e do aprimoramento de processos. O autor desse conceito foi Michael Hammer, que o divulgou no artigo

"Promovendo a reengenharia do trabalho: não automatize, destrua". Nesse texto, Hammer usa o verbo "*to reengineer*" (sem equivalente em português; ficaria "reengenheirar" se fosse traduzido literalmente) com o sentido de reformular a maneira de conduzir os negócios. Hammer afirmava que a tecnologia da informação tinha sido usada de forma incorreta pela maioria das empresas. O que elas faziam, geralmente, era automatizar os processos de trabalho de forma como estavam projetados. Elas deveriam, em vez disso, redesenhar os processos.

Em seu livro de 1993, *Reengeneering the corporation*, escrito em parceria com James Champy, as ideias originais foram ampliadas e acrescidas de uma metodologia para a implantação da reengenharia. Nesse livro, os autores apresentaram as bases da administração de processos e do aprimoramento dos processos.

A reengenharia firmou-se como proposta de redesenhar a organização em torno de seus processos, para torná-la mais ágil e eficiente. Moreira (1994) apresentou a reengenharia como uma proposição audaciosa:

Fazer a reengenharia é reinventar a empresa, desafiando suas doutrinas, práticas e atividades existentes, para, em seguida, redesenhar seus recursos de maneira inovadora, em processos que integram as funções departamentais. Esta reinvenção tem como objetivo otimizar a posição competitiva da organização, seu valor para os acionistas e sua contribuição para a sociedade.

11.7 Ciclo PDCA

O Ciclo PDCA teve origem com Shewhart, nos Estados Unidos, mas tornou-se conhecido como ciclo de Deming a partir de 1950, no Japão. Para o glossário do GesPública, Ciclo PDCA é *uma ferramenta que busca a lógica para fazer certo desde a primeira vez*.

É uma técnica simples para o controle de processos, que também pode ser utilizada para o gerenciamento contínuo das atividades de uma organização. **É um método** usado para controlar e melhorar as atividades de um processo.

O PDCA:

> padroniza as informações de controle;
> reduz e evita erros lógicos;
> facilita o entendimento das informações;
> melhora a realização das atividades; e
> proporciona resultados mais confiáveis.

Também chamado Ciclo da Melhoria Contínua, o PDCA é uma "ferramenta oficial da qualidade", utilizado em processos de trabalho com vistas a maximizar a eficiência e alcançar a excelência de produtos e serviços.

O PDCA parte da insatisfação com o "estado atual das coisas" e analisa os processos com vistas a realizá-los de maneira otimizada. Inclui as seguintes etapas:

> **planejamento (*plan*):** estabelecer objetivos, metas e os meios para alcançá-los;
> **execução (*do*):** executar as atividades propostas no planejamento;
> **controle/ verificação (*check/control*):** monitora/controla a execução e verifica o grau de cumprimento do que foi planejado;
> **ação avaliativa (*act*):** identifica eventuais falhas e corrige-as, a fim de melhorar a execução.

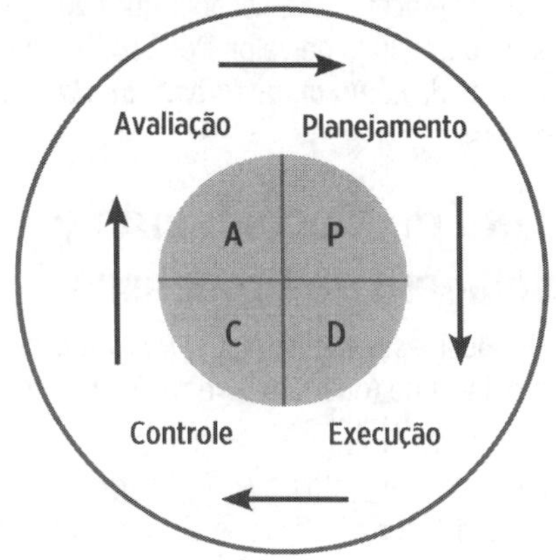

12. NOÇÕES DE GESTÃO DE PESSOAS

12.1 Escola das Relações Humanas

A Escola das Relações Humanas surgiu como oposição à Teoria Clássica da Administração, surgida na década de 1920. Essa escola, desde sua origem, apresentou como principal objetivo estabelecer uma relação de humanização nas empresas, pois o elemento humano tem suma importância nas relações de produção. Tal pensamento era inovador, visto que em propostas anteriores, como o Taylorismo e o Fordismo, a figura humana era controlada como máquina.

Taylorismo - a racionalização da produção

Também conhecido como Administração Científica, o Taylorismo é um sistema de organização industrial criado pelo engenheiro mecânico e economista norte-americano, Frederick Winslow Taylor, no final do século XIX. A principal característica desse sistema é a organização e divisão de tarefas dentro de uma empresa com o objetivo de obter o máximo de rendimento e eficiência com o mínimo de tempo e atividade, ou seja, Taylor tenta otimizar resultados respondendo à seguinte pergunta: como aumentar o consumo e o lucro diminuindo o tempo de produção e o custo?

As respostas são:

- Divisão das tarefas de trabalho dentro de uma empresa;
- Especialização do trabalhador;
- Treinamento e preparação dos trabalhadores de acordo com as aptidões apresentadas;
- Análise dos processos produtivos dentro de uma empresa com o objetivo de otimização do trabalho;
- Adoção de métodos para diminuir a fadiga e os problemas de saúde dos trabalhadores;
- Implantação de melhorias nas condições e nos ambientes de trabalho;
- Uso de métodos padronizados para reduzir custos e aumentar a produtividade;
- Criação de sistemas de incentivos e recompensas salariais para motivar os trabalhadores e aumentar a produtividade;
- Uso de supervisão humana especializada para controlar o processo produtivo;
- Disciplina na distribuição de atribuições e responsabilidades;
- Uso de métodos de trabalho que já foram testados e planejados para eliminar o improviso.

Fordismo

A melhor maneira de definir o Fordismo é entender que ele foi uma aplicação prática do Taylorismo. Funciona assim: Taylor pensa, mas é Ford que aplica. Isso mesmo, Ford ganhou dinheiro com a ideia de Taylor.

A principal característica do Fordismo é a **fabricação em massa**, baseada numa linha de montagem. Assim, temos uma redução significativa dos custos de produção, o que barateia o produto e possibilita a venda para o maior número possível de consumidores. Dentro desse sistema de produção, uma esteira rolante conduzia ao produto, no caso da Ford, os automóveis. Cada funcionário executava uma pequena etapa. Assim, os funcionários não precisavam sair do seu local de trabalho, o que resultava em uma maior velocidade de produção. Também não era necessária a utilização de mão de obra muito capacitada, pois cada trabalhador executava apenas uma pequena tarefa, todo dia, dentro de uma etapa de produção. Isso gerava um barateamento no processo produtivo.

O declínio do Fordismo pode ser observado a partir dos anos 70, quando foi substituído pelo Toyotismo.

Daí a necessidade daquilo que chamamos de humanização. O homem, a partir de então, passa a ser visto como um todo. O homem apresenta necessidades físicas, psicológicas e sociais. Tais necessidades passaram a interessar à organização, já que se compreendeu que o elemento humano é o capital mais precioso dentro de uma organização empresarial. Satisfação no trabalho, interação entre as pessoas, relações pessoais, interpessoais e sociais, aspectos relacionados à motivação, entre outros, acabam traçando os rumos das pesquisas na área de relações humanas.

Pirâmide de maslow x necessidades do trabalhador

Pirâmide de Maslow

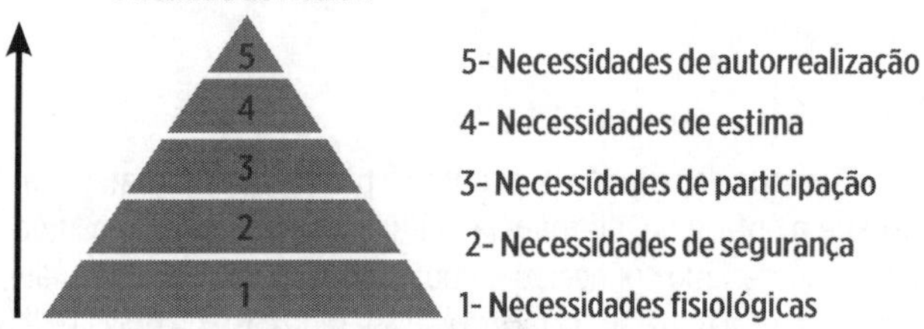

Alguns estudos também relacionaram a Maslow, as necessidades do indivíduo dentro das organizações:

Necessidades biológicas e fisiológicas

As empresas devem oferecer salários justos, horários adequados e intervalos de descanso.

Necessidades de segurança

As empresas devem deixar claro para seus funcionários que estão dentro das normas de segurança e de trabalho; e oferecer benefícios, como seguro de vida, planos de saúde e de aposentadoria.

Necessidades de participação

Mostrar aos colaboradores, por meio de projetos e palestras em grupo, a necessidade do trabalho em equipe e a importância das relações interpessoais.

Necessidades de estima

Reconhecer o trabalho e o esforço dos colaboradores por meio de elogios, promoções e premiações, não propriamente financeiras.

Necessidades de autorrealização

Viabilizar ideias dos funcionários, fazer com que estes participem das tomadas de decisões relacionadas ao seu trabalho; promover cursos de atualização e oferecer oportunidades dentro da empresa.

O autor Antônio Carlos Gil em sua obra Gestão de Pessoas: um enfoque profissional apresenta a seguinte definição:

É o ramo especializado da Ciência da Administração que envolve todas as ações que têm por objetivo a integração do colaborador no contexto da organização e no aumento de sua produtividade.

Para o autor Chivenato, gestão de pessoas: É o conjunto de decisões integradas sobre as relações de emprego que influenciam a eficácia dos funcionários e das organizações .

Segundo Merras: É o conjunto de políticas e práticas necessárias para conduzir os aspectos da posição gerencial relacionados com as pessoas, incluindo recrutamento, seleção, treinamento, recompensas e avaliação de desempenho.

12.2 Histórico da Gestão de Pessoas (GEP)

A evolução da GEP está atrelada à história da Administração, conforme já mencionamos. Usando como base fundamental as Escolas Administrativas, podemos observar o enfoque dado, em cada período, aos recursos humanos dentro da visão organizacional, assim distribuída:

Até 1930 – fase contábil

Período constituído por contexto histórico conturbado, marcado pela ênfase na alternância política entre São Paulo e Minas Gerais, no período conhecido como República do café-com-leite. Nessa época, a questão social era considerada caso de polícia. Não havia ainda uma legislação trabalhista e as condições do trabalho eram extremamente precárias. Essa fase é pioneira na gestão pessoal e, também, chamada de "pré-histórica" por alguns autores. Caracterizava-se pela preocupação existente com os custos da organização. Os trabalhadores eram vistos exclusivamente sob o enfoque contábil: comprava-se a mão de obra e, portanto, as entradas e saídas provenientes dessa conta deveriam ser registradas contabilmente, sem o estabelecimento direto da relação humana.

De 1930 a 1950 – fase legal

Com as transformações políticas a partir da Revolução de 1930 e da Era Vargas, também observamos mudanças no setor de gestão pessoal. Registramos o aparecimento da função de chefe de pessoal, profissional cuja preocupação estava centrada no acompanhamento e na manutenção das recém criadas leis trabalhistas da era getulista. As leis trabalhistas já estavam presentes na Constituição de 1934 e incluíam, entre outras coisas; descanso semanal remunerado, jornada de trabalho, férias, salário mínimo, etc. O poder até então, unicamente, centrado na figura dos feitores (chefes de produção) sobre os empregados, passou para as mãos do chefe de pessoal pelo domínio exercido sobre as regras e normas jurídicas, impostas pela CLT de 01 de maio de 1943.

De 1950 a 1965 – fase tecnicista

Período marcado pelo populismo político e pelo desenvolvimentismo econômico. A abertura da economia brasileira ao capital estrangeiro foi significativa nesse período. Uma industrialização intensa ampliou a mão de obra e as necessidades de emprego. Na Fase Tecnicista foi implantado no Brasil o modelo americano de gestão de recursos humanos e isso alavancou a função de RH ao status orgânico de gerência. Os empresários incluíram nos organogramas a figura do gerente de relações industriais. Isso representou, para as organizações e para os trabalhadores, um grande avanço na qualidade das relações entre capital e trabalho. Foi nessa fase que a área de RH passou a operacionalizar serviços como os de treinamento, recrutamento e seleção, cargos e salários, higiene e segurança, entre outros.

De 1965 a 1985 – fase administrativa ou sindicalista

Enfrentamos nesse contexto a fase da República Militar, em que ações populares eram vistas como uma "ameaça à ordem nacional". A Fase Administrativa criou um marco histórico nas relações entre capital e trabalho, uma vez que parte das conquistas é produto das lutas empreendidas pelos próprios trabalhadores. Implementou-se o movimento sindical denominado 'novo sindicalismo'. Nessa fase, registrou-se nova mudança significativa na denominação e na responsabilidade do até aqui gerente de relações industriais. O cargo passou a ser chamado como gerente de recursos humanos. Pretendia-se, com essa mudança, transferir a ênfase em procedimentos burocráticos e puramente operacionais para responsabilidades de ordem mais humanísticas, voltadas para os indivíduos e suas relações com os sindicatos, a sociedade, etc.

Posterior a 1985 – fase estratégica

A redemocratização do Brasil e as mudanças oriundas da Constituição de 1988 foram o fundamento dessa fase, demarcada operacionalmente pela introdução dos primeiros programas de planejamento estratégico de RH, atrelado ao planejamento central das organizações. Nessa fase é que se registraram as primeiras preocupações de longo prazo, por parte da direção das empresas, em relação aos trabalhadores. Iniciou-se uma nova alavancagem organizacional do cargo de gerente de recursos humanos, que, de posição gerencial, de terceiro escalão, em nível ainda tático, passou a ser reconhecido como diretoria, em nível estratégico nas organizações.

As etapas evolutivas da área de RH, podem ser sintetizadas em quatro, a saber:

- Administração de Pessoal;
- Relações Industriais;
- Administração de Recursos Humanos;
- Gestão de Pessoas.
- Podemos concluir que a Gestão de Pessoas surge da necessidade de conciliar os elementos humanos e operacionais dentro de uma visão estratégica do setor empresarial que se divide em:
- Provisão de Recursos Humanos;

- Aplicação de Recursos Humanos;
- Desenvolvimento de Recursos Humanos;
- Manutenção de Recursos Humanos;
- Monitoração de Recursos Humanos;

Processo de provisão

Consiste em abastecer a empresa com uma mão de obra que seja qualificada. É uma referência ao **recrutamento** e **seleção pessoal**.

Planejamento de Recursos Humanos

Processo que diz respeito à decisão relativa aos recursos humanos, necessários para alcançar os objetivos organizacionais dentro de um tempo determinado. É uma visão sobre a necessidade da força de trabalho e dos talentos humanos para realizar a ação organizacional futura. O Planejamento Estratégico do RH é parte integrante do Planejamento Estratégico da Organização e deve ter como objetivo o alcance das metas e a inclusão das necessidades individuais.

Recrutamento

É o conjunto de técnicas e procedimentos que visa a atrair candidatos potencialmente qualificados e capazes de ocupar cargos dentro da organização. O recrutamento é feito a partir das necessidades presentes e futuras de Recursos Humanos da organização.

Seleção de Pessoal

É a escolha dos candidatos recrutados que melhor se ajustam ao cargo em aberto. O objetivo essencial da seleção de pessoal é **escolher** e **classificar** os candidatos adequados às necessidades da organização.

Processo de aplicação

Consiste na análise e na descrição de cargos e na avaliação de desempenho.

Clima organizacional

É o modo como se desenvolve a conciliação entre a expectativa e a realidade dentro do ambiente de trabalho. Há um impacto do clima organizacional sobre a motivação, o desempenho e a satisfação no trabalho, pois é ele que cria certos tipos de expectativas, cujas consequências são decorrentes de diferentes ações. As pessoas esperam certas recompensas e satisfações. Assim, o clima organizacional é o conjunto de fatores que interferem na satisfação ou no descontentamento no trabalho. É o conjunto de variáveis que busca identificar os aspectos que precisam ser melhorados, em busca da satisfação e do bem-estar dos colaboradores.

Educação corporativa

É a prática coordenada de gestão de pessoas e de gestão do conhecimento, tendo como orientação a estratégia de longo prazo de uma organização.

Tecnologia em rh

É a otimização da gestão e dos custos de serviço por empregado; diminui a relação de dependência entre o empregado e os Recursos Humanos; dá mais autonomia aos empregados, que se tornam responsáveis pelo uso e benefício que obtêm dos sistemas e reduz os custos das tarefas administrativas.

Objetivos Organizacionais	Objetivos Individuais
Crescimento sustentado	Melhores salários
Lucratividade	Melhores benefícios
Produtividade	Estabilidade/segurança no emprego
Qualidade dos produtos/ serviços	Qualidade de vida
Novos mercados	Oportunidades de crescimento
Novos clientes	Liberdade de atuação
Competitividade	Lazer
Imagem no mercado	Reconhecimento e valorização

As organizações necessitam de pessoas para realizarem suas funções. Assim, com o crescimento da empresa, aumenta também a necessidade de recursos humanos que possam gerir os recursos materiais, financeiros e tecnológicos, com eficiência e eficácia.

Com isso, as pessoas passam a ser um diferencial na empresa, ou seja, constroem a competência básica da empresa em um cenário empresarial instável, globalizado e fortemente concorrencial.

12.3 As Pessoas como Parceiras da Organização

Dentro das organizações, todo processo produtivo de uma participação conjunta de diversos parceiros, que contribuam com algum recurso.

Os fornecedores contribuem com matérias-primas, insumos básicos, serviços e tecnologias. Os acionistas e investidores contribuem com capital e investimentos que permitem o aporte financeiro para a aquisição de recursos. Os empregados contribuem com seus conhecimentos, capacidades e habilidades, proporcionando decisões e ações que dinamizam a organização. Os clientes e consumidores contribuem, a dquirindo seus bens ou serviços colocados no mercado.

Mas, a relação não consiste numa unilateralidade, pois cada um dos parceiros tem alguma expectativa de retorno que sirva como estímulo para continuar seu investimento.

As pessoas devem ser visualizadas como parceiras das organizações, pois constituem parte integrante do capital intelectual. As organizações bem sucedidas se deram conta disso e tratam seus funcionários como parceiros do negócio e fornecedores de competências, e não mais como simples empregados contratados.

Nesse sentido, a gestão de pessoas é um ramo muito sensível e instável, pois vários fatores influenciam para que alcancem seus objetivos. Entre esses fatores, podemos destacar:

- Políticas organizacionais;
- Contexto ambiental;
- Tecnologia empregada;
- Formas de gestão.

No cenário do mundo globalizado, as instituições estão atuando de forma estratégica. Assim, um processo produtivo é realizado com o auxílio de vários colaboradores, os quais auxiliam com algum recurso. Nesse cenário, são os principais parceiros das empresas os ***stakeholders***.

Stakeholders

São as pessoas que afetam ou são afetadas de alguma forma pelas políticas das empresas. Também são considerados como públicos estratégicos, já que, de modo indireto ou direto, influenciam fortemente nos resultados das organizações. Podem estar divididos em dois grandes grupos: Diretos e Indiretos.

Diretos

São as pessoas que possuem uma relação direta com a organização, como: acionistas, clientes, fornecedores e funcionários.

Stakeholders Diretos	Relação de Troca com a Organização	
	Entregam	Esperam
Acionistas	Recursos financeiros (em forma de ações, empréstimos ou financiamentos)	Lucros para a Organização. Que a organização obtenha lucros
Fornecedores	Matéria - prima para a organização	Retorno financeiro e possibilidade de novos negócios
Empregados	Força de trabalho, esforço, conhecimento	Incentivos como remuneração e benefícios
Clientes	Dinheiro	Produtos de qualidade por um preço justo

Indiretos

Possuem significância mais indireta na empresa, como o governo a mídia e a sociedade.

Stakeholders Indiretos	Relação de Troca com a Organização	
	Entregam	Esperam Receber
Governo	Incentivos para que a organização se instale na cidade ou país (incentivos fiscais, doação de terrenos).	Os impostos pagos pelas organizações e o desenvolvimento da cidade ou país, já que as organizações geram emprego e desenvolvimento nos locais onde se instalam.
Mídia	Propaganda, que ajuda a organização a ser bem vista pelos seus clientes.	Pagamento por serviço prestado.
Sociedade	Os clientes, os empregados e os fornecedores.	Não apenas a obtenção de lucros, mas o desenvolvimento da sociedade.

Há três fatores que indicam a importância dos *Stakeholders* para a organização:

> **Urgência**: quando se necessita atenção imediata, pois sua necessidade é sensível ao tempo.

> **Poder:** quando, pela força ou poder coercitivo, se impõe em relação à organização.

> **Legitimidade:** quando o relacionamento é pautado ou protegido por leis ou normas legítimas.

Aspectos fundamentais

Alguns aspectos são fundamentais para a gestão de pessoas:

Pessoas como seres humanos

Reconhecer que as pessoas não são meramente recursos da empresa, mas são seres dotados de inteligência, personalidade, histórias particulares diferenciadas e possuidores de conhecimento e de capacidade adequada para a gestão dos demais recursos da organização. Isso implica no rompimento com a visão taylorista/fordista na qual as pessoas devem apenas reproduzir aquilo que lhes é ordenado. É perceptível a capacidade das pessoas em auxiliar, constantemente no processo de desenvolvimento da empresa.

Pessoas como elementos impulsionadores

Num cenário globalizado de constantes transformações, as pessoas geram a competitividade, já que dinamizam a organização, não sendo apenas agentes passivos e estáticos, mas agentes envolvidos no processo.

Pessoas como parceiros da organização

As pessoas movimentam e levam a empresa ao sucesso, pois são parceiras das organizações. Investindo nelas, há sempre um retorno.

Pessoas como talento

As pessoas são seres repletos de talentos e competências e, com isso, levam a organização ao sucesso. Visto que uma organização não pode ser formada apenas de máquinas e tecnologia, há sempre necessidade de alguém que as opere.

Pessoas como capital

As pessoas são o principal ativo organizacional, já que agregam conhecimento e inteligência à organização.

Objetivos

Os objetivos da Gestão de Pessoas são amplos, mas devem contribuir sempre para a eficácia organizacional por meio das seguintes ações:

> Corroborar para que a organização alcance sua missão e seus objetivos;

> Proporcionar maior competitividade à organização, otimizando a capacidade produtiva das pessoas para melhorar o atendimento aos parceiros;

> Propiciar pessoas bem treinadas e motivadas à organização, começando por manter um projeto de capacitação contínuo e o reconhecimento dos esforços depreendidos. Recompensar quem desempenha bem seu papel, não apenas com remuneração;

> Propiciar a satisfação e aumentar a autoavaliação, pois hoje as pessoas satisfeitas no trabalho são necessariamente mais produtivas, pois, com pessoas felizes, a organização ruma para o sucesso;

- Desenvolver a qualidade de vida no trabalho, já que a confiança nas organizações é fundamental para que a produtividade das pessoas seja maximizada. Devido a isso, as empresas estão investindo em programas para melhorar a qualidade e o ambiente de trabalho, visando à satisfação das necessidades individuais e proporcionando um local atraente e satisfatório para os trabalhadores;
- Ficar atendo às mudanças e adaptar-se a elas, contribuindo para o sucesso da organização;
- Trabalhar com princípios e valores éticos e responsabilidade social;
- Desenvolver uma equipe e uma empresa. Para isso, não basta cuidar das pessoas, é necessário levar em consideração a organização do trabalho e o estilo de gestão.

Processos organizacionais

A Gestão de Pessoas utiliza seis processos básicos:

- **Processos de agregar pessoas:** são os processos utilizados para incluir novas pessoas na empresa. Podem ser também denominados de processos de provisão ou suprimento de pessoas. Incluem as funções de recrutamento e seleção de pessoas.
- **Processos de aplicar pessoas:** são os processos utilizados para desenhar as atividades que as pessoas irão realizar na empresa, assim como, de orientar e acompanhar seu desempenho. Incluem as funções de desenho de cargos e de avaliação de desempenho.
- **Processos de recompensar pessoas:** são os processos utilizados para incentivar as pessoas e satisfazer suas necessidades individuais. Incluem as funções de remuneração e benefícios.
- **Processos de desenvolver pessoas:** são os processos utilizados para capacitar e incrementar o desenvolvimento profissional e pessoal. Incluem as funções de treinamento e de desenvolvimento.
- **Processos de manter pessoas:** são os processos utilizados para criar condições ambientais e psicológicas satisfatórias para as atividades das pessoas. Incluem as funções de higiene e segurança no trabalho, assim como de relações trabalhistas.
- **Processos de monitorar pessoas:** são os processos utilizados para acompanhar e controlar as atividades das pessoas e verificar os resultados. Incluem as funções de banco de dados e sistemas de informações gerenciais.

13. LIDERANÇA

A força de trabalho e o seu poder é o principal efeito da liderança, já que esta dá ritmo e energia ao trabalho desenvolvido que move uma organização.

Liderar

É conectar os empregados ao seu negócio.

É obter e manter empregados que ajam e trabalhem como proprietários.

Liderança

É a arte de fazer com que os outros tenham vontade de fazer algo que você está convencido de que deve ser feito.

É a arte de mobilizar os outros a batalhar por aspirações compartilhadas.

É a arte de obter resultados desejados, acordados e esperados por meio de empregados engajados.

Líder

É o portador da autoridade legitimada, ou seja, aquele em quem se reconhecem motivos para ser ouvido, acatado e seguido. *(Benedito Milioni)*

As empresas vêm buscando líderes e não apenas gerentes. Assim, uma característica marcante entre os líderes é a naturalidade de trabalhar em equipe, já que eles não podem agir sozinhos. Existem quatro competência comuns aos líderes:

> ***Atenção:*** o líder desperta a atenção e consegue o comprometimento de sua equipe, pois seus membros passam a querer participar dessa visão e alcançar os objetivos propostos pela liderança.

> ***Significado:*** os líderes possuem grande habilidade para a comunicação. Assim, conseguem passar de forma clara e concisa as informações para a sua equipe.

> ***Confiança:*** o líder inspira confiança, pois tem objetivos e propósitos consistentes.

> ***Conhecimento pessoal:*** os líderes sabem explorar seus pontos fortes e, ao mesmo tempo, buscam melhorar seus pontos fracos.

Em quaisquer definições de liderança, sempre haverá uma ou duas palavras, no máximo, que, se retiradas, mudam o significado de liderança para gerência ou chefia. Vejamos:

Gerenciar

É colocar para trabalhar os empregados no seu negócio.

É obter e manter empregados que ajam e trabalhem como empregados.

Gerência

É a arte de fazer com que os outros façam algo que você está convencido de que deva ser feito.

É a arte de mobilizar os outros a batalhar.

É a arte de obter resultados desejados, acordados e esperados por meio de empregados.

Diferenças entre Gerente e Líder	
Gerente	**Líder**
Administra	Inova
Prioriza as tarefas	Prioriza as pessoas
Prevê curto prazo	Estabelece longo prazo
Exerce o controle	Inspira a confiança
É eficiente	É eficaz

13.1 Tipos de Liderança

Liderança formal

Quando é conferida por alguém da organização, ou seja, a organização designa alguém para liderar, o que os torna gestores. Assim, nem todo gestor é um líder.

Liderança informal

São pessoas que não possuem o poder formal para liderar, porém lideram. Elas surgem normalmente dentro de um grupo sem serem designadas pela organização.

Gestor	Líder
Liderança baseada em leis impostas pela organização, fixa poder de comando.	Liderança baseada na confiança que os liderados têm nas qualidades de líder.
Os subordinados obedecem a autoridade imposta pela empresa, e não o gestor.	Os seguidores concordam com as ideias e visões que o líder possui.
Utiliza-se do poder coercitivo das regras da organização para forçar a obediência.	O poder vem da massa que o segue.

Liderança autocrática

Baseia-se numa relação de submissão, já que o líder tem uma postura dominadora e agressiva, não dando liberdade alguma a seus subordinados.

Liderança democrática

Consiste em uma liderança participativa, ou seja, o líder consegue motivar os liderados a participarem das decisões, pois possui caráter comunicativo. Esse tipo de liderança pode ser subdividido em duas subcategorias:

> **Consultivo:** ele pede a opinião dos liderados, porém, toma a decisão final sozinho.

> **Participativo:** ouve a opinião dos liderados, fazendo com que as decisões sejam tomadas pelo grupo, sendo orientadas pelo líder, mas decididas em coletivo.

Liderança liberal

Esse tipo de liderança é caracterizada, basicamente, pela ausência de líderes, já que o próprio grupo é quem toma as decisões.

Liderança orientada pelas tarefas

A preocupação central desse tipo de liderança é com a tarefa e não com a equipe que a executa. Assim, acaba se tornando uma liderança preocupada demasiadamente com tarefas, metas e objetivos a serem cumpridos.

Liderança orientada para as pessoas

O foco está na equipe de trabalho, O processo administrativo deve tornar o ambiente de trabalho confortável para as pessoas.

Liderança diretiva

Esse tipo de liderança esclarece as atividades e o que ele espera de seus subordinados, além de organizar as diretrizes, metas e objetivos de maneira clara.

Liderança apoiadora

É o líder que se mostra sensível às necessidades e expectativas das pessoas que compõem a sua equipe.

Liderança orientada para a conquista

Esse tipo de liderança impõe metas e objetivos desafiadores e espera de seus liderados que demonstrem desempenho máximo.

Liderança Carismática

É exercida pelo líder consegue obter a confiança de seus liderados, atribuindo a ele características de herói. Um líder carismático deve:

> Possuir visão;
> Dispor-se a correr riscos para alcançar essa visão;
> Ser sensível às necessidades de seus liderados;
> Ter comportamento diferente do comum.

Um líder não necessita nascer carismático; ele pode desenvolver um carisma se seguir três etapas, a saber:

> Visão otimista consiste em desenvolver uma aura de carisma, tendo sempre uma visão otimista e demonstrando isso com linguagem corporal. É aquela que utiliza paixão em tudo o que faz.
> Criação de confiança em seus liderados para segui-lo.
> Potencial - consegue extrair potencial de seus liderados.

Liderança visionária

Segundo Robbins, a liderança visionária é a habilidade para criar e articular uma visão do futuro, realista, digna de crédito e atraente, que cresce a partir do presente e o aperfeiçoa.

14. TREINAMENTO

Visa ao desenvolvimento de qualidades dos colaboradores a fim de torná-los mais produtivos e capazes de contribuir de forma mais adequada para o alcance dos objetivos organizacionais.

14.1 Processos de Treinamento

O treinamento é um processo cíclico e contínuo composto de quatro etapas. Para Chiavenato, muito parecido com a perspectiva de Rosemberg, citado por Abbad, que apresenta:

> **Diagnóstico:** é o levantamento das necessidades de treinamento a serem satisfeitas. Essas necessidades podem ser passadas, presentes ou futuras;

> **Desenho :** é a elaboração de um programa de treinamento para atender às necessidades diagnosticadas;

> **Implementação:** é a aplicação e a condução do programa de treinamento;

> **Avaliação :** é a verificação dos resultados do treinamento.

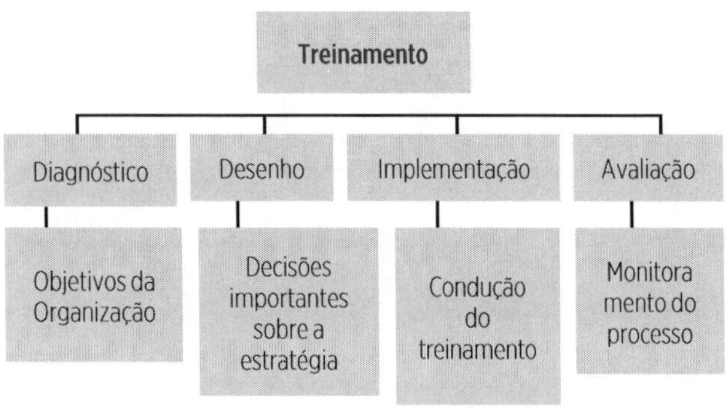

Diagnóstico

Tem por função identificar as necessidades de treinamentos a serem realizados, podendo essa necessidade ser passada, presente ou futura. As necessidades nem sempre são claras e, para serem apuradas, há quatro níveis de análise:

> **Organizacional:** analisa a organização como um todo, determinando os treinamentos necessários para que a missão, a visão e os objetivos da empresa sejam alcançados.

> **Recursos Humanos:** tem seu foco nos treinamentos necessários para que as pessoas possam contribuir para que os objetivos organizacionais sejam alcançados.

> **Estrutura de cargos**: analisa os quadros de cargos e determina quais são os treinamentos necessários para que as pessoas possam desenvolver adequadamente os cargos ou funções que ocupam.

> **Treinamento**: designa os objetivos que servirão de parâmetro para a avaliação da eficácia e da eficiência do programa de treinamento.

Desenho

Tem por função elaborar os projetos de treinamentos para as necessidades encontradas no diagnóstico. Esse treinamento deve ser coeso e integrado. Para isso, deve conter seis itens básicos: quem deve ser treinado, como treiná-lo, em que treinar, por que treinar, onde treinar, quando treinar e para que treinar.

Assim, os treinamentos devem estar intimamente ligados às necessidades da empresa. Nem sempre a compra de pacotes de treinamento dará resultados, já que eles não são pautados na organização e sim em um contexto genérico.

Quem treinar	Como treinar	Em que treinar
Treinados	Métodos de treinamento	Conteúdo dos treinamentos
Por quem	Quando treinar	Para que treinar
Instrutor	Horário de treinamento	Objetivo do treinamento

Implementação

Trata-se da efetiva execução e condução dos projetos de treinamento. Existem várias técnicas de treinamento, destacando-se:

> **Leitura:** é um dos métodos mais utilizados. O instrutor apresentar verbalmente o treinamento e os treinados apenas ouvirem. A vantagem é que o instrutor pode passar uma vasta gama de conhecimento em um curto espaço de tempo; contudo, há pouco esclarecimento de dúvidas e, basicamente, nenhuma prática, o que acaba por não gerar, significativas mudanças na organização.

> **Instrução programada:** é uma técnica que utiliza-se de programas para que as informações sejam transmitidas. Assim, não necessita de instrutor e é realizada aos poucos, dividida em blocos nos quais constam questões para o treinado responder e avaliar seu aprendizado.

> **Treinamento em classe:** é o mais utilizado, este é realizado em sala de aula, com o auxílio de um instrutor ou gerente que ministra o conteúdo.

> ***Computer-based training*** **(CTB):** é realizado a partir da utilização de tecnologias da informação, como a ajuda de CD's, DVD's ou ajudas gráficas. O treinamento fica restrito à entrega de instruções aos participantes.

> ***E-learning*:** utiliza-se a integração de diversas soluções propiciadas com o uso de tecnologias da internet, baseando-se em 3 princípios:

Criação de uma rede, também chamada de *network*, em que a atualização das instruções é feita instantaneamente.

Facilidade na entrega do treinamento aos participantes, pois são utilizados ferramentas padrão da internet.

Possibilita um aprendizado amplo, pois não se limita à simples entrega de instruções.

Vantagens do *E-Learning*

> Custo baixo;

> Fácil adaptação: pode ser regido ou adaptado às pessoas a quem será ministrado o conteúdo;

> Atualização instantânea;

> Pode ser acessado de qualquer lugar pela internet;

> Motiva a aprendizagem organizacional;

> Não tem limite de treinados, pode ser feito para 10 ou 1000 pessoas sem custo adicional.

Avaliação

É a análise dos resultados obtidos com a implementação do treinamento, a fim de saber se o treinamento alcançou o seu objetivo. É a etapa final do treinamento, utilizada para medir a eficácia do trabalho desenvolvido.

Dessa forma, é necessário que algumas medidas sejam levadas em consideração para a realização da avaliação do treinamento, sendo elas: custo, qualidade, serviço, rapidez e resultado.

CUSTO
- que foi investido no projeto de treinamento.

QUALIDADE
- se as expectativas foram obtidas.

SERVIÇO
- se as necessidades dos participantes foram cumpridas.

RAPIDEZ
- se os desafios oferecidos foram cumpridos.

RESULTADOS
- quais foram os resultados apresentados pelo programa.

A avaliação ajuda a determinar fatores importantes, como se os objetivos propostos para a realização de treinamento estão sendo alcançados. Para isso, há 5 níveis diferentes de resultados: reação,aprendizado,desempenho, resultado e avaliação do investimento.

> **Reação:** quando o treinamento modifica apenas a primeira reação do funcionário, mas sem grandes colaborações para o futuro.

> **Aprendizado:** o funcionário realmente absorve o que o treinamento lhe passou e transforma esse conhecimento em aprendizado.

> **Desempenho:** o treinamento foi recepcionado de forma positiva pelo funcionário, já que surtiu efeitos concretos em relação ao seu desempenho.

> **Resultado:** se, após o treinamento foram observardas mudanças consideráveis nos resultados obtidos pelos funcionários, minimizando os pontos fracos da organização.

> **Avaliação de investimento:** o treinamento será considerado satisfatório se o resultado alcançado justificar o investimento depreendido pela organização.

15. ARQUIVÍSTICA: PRINCÍPIOS E CONCEITOS

Segundo o Dicionário Internacional de Terminologia Arquivística publicado pelo Conselho Internacional de Arquivos (CIA), um arquivo é *o conjunto de documentos, quaisquer que sejam suas datas, suas formas ou seus suportes materiais, produzidos ou recebidos por pessoas físicas ou jurídicas, de direito público ou privado, no desempenho de suas atividades.* (1984, p. 25).

Para a Lei nº 8.159, de 8/1/1991 – que dispõe sobre a política nacional de arquivos públicos e privados:

> ***Art. 2º*** *Consideram-se arquivos, para os fins desta Lei, os conjuntos de documentos produzidos e recebidos por órgãos públicos, instituições de caráter público e entidades privadas, em decorrência do exercício de atividades específicas, bem como por pessoa física, qualquer que seja o suporte da informação ou a natureza dos documentos.*

Segundo a historiadora Heloísa Liberalli Bellotto, ***a natureza dos arquivos é administrativa, é jurídica, é informacional,*** *é probatória, é orgânica, é serial, é contínua, é cumulativa. A soma de todas essas características faz do arquivo uma instituição única e inconfundível.*

A Arquivologia ou Arquivística é uma das disciplinas que vem crescendo em importância nos últimos anos devido ao alto grau de especialização exigido nos concursos públicos atualmente.

Se fizermos uma análise superficial, facilmente perceberemos que matérias da área do Direito, há muito tempo, já não fazem a diferença em concursos. O nível de concorrência e competição entre os concurseiros tornou o conhecimento dessas disciplinas obrigatório.

Inicialmente, é importante ressaltar que os conceitos arquivísticos englobam uma infinidade de nomenclaturas e termos próprios, muitos desses capazes de confundir pela similaridade. Dito isso, será esquematizado todo o conteúdo para uma fácil e rápida assimilação, dando ênfase naquilo que vem sendo mais cobrado pela banca nos últimos certames.

15.1 Arquivologia ou Arquivística

É a ciência que tem por objetivo o conhecimento dos arquivos e das teorias, métodos e técnicas a serem observadas na sua **constituição, organização, desenvolvimento e utilização.** As palavras destacadas constituem a chave para o entendimento dessa disciplina.

Pode ser entendida como um dos ramos da **Ciência da Informação,** que engloba também a **Biblioteconomia** e a **Museologia.** Posteriormente, veremos o que as diferencia.

Apresenta-se como ciência capaz de oferecer subsídios para a realização da **gestão da informação.** Essa característica faz da arquivologia uma ciência ímpar, pois sua principal função é auxiliar o gestor, nos diferentes níveis hierárquicos, a tomar decisões.

A disciplina de Arquivologia fornecerá subsídios para a Gestão da Informação com a função de auxiliar o gestor nos diferentes níveis hierárquicos a tomar decisões e ter acesso rápido e fácil à documentação necessária.

Segundo o Conselho Nacional de Arquivos – CONARQ – em seu glossário, versão 2010, encontramos as seguintes definições para **Arquivo**:

01. Um conjuto de documentos produzidos e acumulados por uma entidade coletiva, pública ou privada, pessoa ou família, no desempenho de suas atividades, independentemente da natureza do suporte;
02. Uma instituição ou serviço que tem por finalidade a custódia, o processamento técnico, a conservação e o acesso a documento arquivístico, salientando-se, ainda que, Arquivo Digital é o Conjunto de bits que formam uma unidade lógica interpretável por um programa de computador e armazenada em suporte apropriado.

Em suma: **Arquivologia = Arquivística = Estudo dos Arquivos.**

O termo "ARQUIVO" também é utilizado para:

- Órgão de documentação: Arquivo Nacional.
- Conjunto de documentos.
- Móvel para guarda de documentos.

Segundo o Arquivo Nacional, 2006, p. 27: *conjunto de documentos produzidos e acumulados por uma entidade coletiva pública ou privada, pessoa ou família, no desempenho de suas atividades, independentemente da natureza do suporte.*

O arquivo não trata somente do armazenamento de documentos, pois se encontra muito associado à informação nele contida. Os documentos de arquivo são caracterizados por serem um conjunto orgânico, resultado das atividades de uma entidade pública, de uma pessoa física ou jurídica.

A informação não orgânica, existe muitas vezes nos setores de trabalho, mas, também, na biblioteca, no centro de documentação, sob a forma de publicações, de bancos de dados ou de dossiês temáticos, etc de acordo com Jean-Yves Rousseau e Carol Couture, em Os Fundamentos da Disciplina Arquivística, Capítulo 2: O Lugar da arquivística na gestão da informação, página 65, 1998.

A informação orgânica arquivística é utilizada pelos setores de trabalho da organização com o objetivo de decidir, de agir e de controlar as decisões e as ações empreendidas e, ainda, a fim de efetuar pesquisas sobre o passado que ponham em evidência decisões ou ações efetuadas anteriormente. Assim, reduzimos as incertezas e fazemos com que a tomada de decisões seja mais segura devido aos aprofundamentos do conhecimento da cultura institucional e do processo decisório.

"No Setor de Recursos Humanos são armazenadas uma quantidade relativamente grande de informações. Temos o registro da frequência dos empregados, o registro do pagamento de salários, encargos sociais etc. Essas informações são mantidas, produzidas, revisadas a partir das atribuições regimentais do setor, que é de gerenciar os recursos humanos. Entretanto, é possível encontrar outras informações que são mantidas no setor para subsidiar as suas ações, tais como: Diário Oficial da União, Coleção IOB, Manual da RAIS, CLT, dentre outras. São, portanto, informações não orgânicas".

Fonte: http://www.arquivoememoria.files.wordpress.com/Renato Tarciso Barbosa de Sousa.

"A significação orgânica entre os documentos é característica fundamental dos arquivos, de modo que um documento destacado de seu conjunto pode perder valor, pois o Arquivo é um todo orgânico e origina-se das atividades de um órgão e reflete o dia-a-dia dessas atividades. É, portanto, um organismo vivo que nasce, cresce e sofre transformações. Cada Arquivo é um Arquivo, possuindo cada um, características próprias. Um documento fora de seu dossiê pode não ter significado".

Fonte: http://www.senado.gov.br/senado.

15.2 Conceitos Básicos

Para a melhor compreensão do que é Arquivo, devemos conhecer três conceitos básicos: Documento, Informação e Suporte.

Documento

É toda informação registrada em um suporte material, suscetível de consulta, estudo, prova e pesquisa, que comprova ou atesta os fatos, fenômenos, formas de vida e pensamento do gênero humano em determinada época ou lugar.

Atualmente, não devemos mais associar os arquivos ao mero armazenamento de papel. Temos um novo paradigma arquivístico, muito mais associado à informação do que necessariamente ao suporte em que essa informação é armazenada ou transmitida.

Informação

É uma ideia ou conhecimento, um elemento de referência ou uma mensagem contida no documento. De acordo com o Dicionário Brasileiro de Terminologia Arquivística por informação temos um elemento referencial, noção, ideia ou mensagem contidos em um documento.

"As práticas arquivísticas de acesso e suas normas e orientações no contexto informacional estabelecem que o documento de arquivo exerça sua função social somente ao ser divulgado e conhecido. É a descrição arquivística que torna possível ao cidadão e ao pesquisador o acesso às informações e aos testemunhos contidos nos documentos, situando-os em seu contexto de produção. O Programa de Assistência Técnica visa a alcançar, a curto e médio prazos, os seguintes resultados: i) conscientização da função social dos arquivos como instrumento de apoio ao Estado e ao cidadão, bem como à pesquisa histórica e ao desenvolvimento científico e cultural".

Fonte: Resolução nº 3, de 26 de dezembro de 1995. ARQUIVO NACIONAL. Conselho Nacional de Arquivos - CONARQ.

Suporte

É o meio material no qual a informação é registrada. Meio físico.

Ex.: papel, CD, DVD, fotografia, filme.

Ao se tratar com de Documentos de Arquivo devemos considerar que:

> São produzidos ou recebidos;
> São recebidos por uma Instituição ou pessoa;
> São acumulados.

Documento = Informação + Suporte

15.3 Profissional da Informação

O Decreto nº 82.590/1978 regulamenta a profissão criada pela Lei nº 6.546, de 4 de julho de 1978, que, pela evolução em suas atribuições passou a ser denominada de "gestão de documentos" que é definida pela Lei nº 8.159/1991:

__Art. 3º__. Conjunto de procedimentos e operações técnicas referentes à produção, tramitação, uso, avaliação e arquivamento do documento em fase corrente e intermediária, visando a sua eliminação ou recolhimento para guarda permanente.

No livro Arquivística, Temas Contemporâneos, Vanderlei Batista dos Santos (org.), Editora Senac, 3ª edição, p. 188 afirma: *(...) o arquivista, ou o profissional da informação de forma geral, seja atuante no ciclo decisório que envolve os objetivos institucionais. (...) atuar de forma pró-ativa significa antecipar demandas e elaborar instrumentos que permitam aos clientes de informação concatenarem fontes e chegarem às suas próprias decisões com base em insumos de alto valor agregado.*

Atribuições do arquivista

A Lei nº 6.546, de 04 de julho de 1978 regulamenta a profissão de arquivista e, em seu Art. 2º, determina quais são as atribuições do arquivista:

01. planejamento, organização e direção de serviços de arquivo;
02. planejamento, orientação e acompanhamento do processo documental e informativo;
03. planejamento, orientação e direção das atividades de identificação das espécies documentais e participação no planejamento de documentos e controle de multicópias;
04. planejamento, organização e direção de serviços e centros de documentação e informação constituídos de acervos arquivísticos e mistos;
05. planejamento, organização e direção de serviços de microfilmagem aplicada aos arquivos e orientação do planejamento da automação aplicada aos arquivos;
06. orientação quanto a classificação, arranjo e descrição de documentos e orientação da avaliação e seleção de documentos para fins de preservação;
07. adoção de medidas necessárias à conservação de documentos;
08. elaboração de pareceres e trabalhos de complexidade sobre assuntos arquivísticos e assessoramento aos trabalhos de pesquisa científica ou técnico-administrativa;
09. desenvolvimento de estudos sobre documentos culturalmente importantes.

Atribuições dos técnicos de arquivo

A mesma Lei, em seu Art. 3º, estabelece quais são as atribuições dos Técnicos de Arquivo:

01. recebimento, registro e distribuição dos documentos, bem como controle de sua movimentação;
02. classificação, arranjo, descrição e execução de demais tarefas necessárias à guarda e conservação dos documentos, assim como prestação de informações relativas aos mesmos;
03. preparação de documentos de arquivos para microfilmagem e conservação e utilização do microfilme;
04. preparação de documentos de arquivo para processamento eletrônico de dados.

No Art. 4º da referida lei temos, ainda: *O exercício das profissões de Arquivista e de Técnico de Arquivo depende de registro na Delegacia Regional do Trabalho do Ministério do Trabalho*, que foi regulamentado pelo Decreto nº 93.480, de *29 de outubro de 1986. E em seu Art. 5º a Lei nº 6.546/1978 diz: Não será permitido o exercício das profissões de Arquivista e de Técnico de Arquivo aos concluintes de cursos resumidos, simplificados ou intensivos, de férias, por correspondência ou avulsos.*

Os arquivistas devem obedecer às naturezas dos documentos, pois documentos sigilosos não devem ter seu conteúdo divulgado enquanto permanecerem sob sigilo. De acordo com o Dicionário Brasileiro de Terminologia Arquivística, acesso significa a "possibilidade de consulta a documentos e informações ou a Função arquivística destinada a tornar acessíveis os documentos e a promover sua utilização".

15.4 Documentos de Arquivo

Conceitualmente, são aqueles mantidos por uma instituição ou pessoa ao longo de suas atividades administrativas, com valor de prova. Os documentos de arquivo são produzidos ou recebidos. Isso significa que são acumulados dessa forma. Os documentos de arquivo apresentam as seguintes características:

> **Autenticidade:** está ligada ao processo de criação, manutenção e custódia; os documentos são produtos de rotinas processuais que visam ao cumprimento de determinada função ou consecução de alguma atividade; e são autênticos, quando são criados e conservados, de acordo com procedimentos regulares que podem ser comprovados a partir dessas rotinas estabelecidas.
>
> **Os documentos devem possuir marcas, sinais ou símbolos que indicam sua origem. Não devemos confundir com veracidade da informação, pois esta pode ser falsa ou verdadeira.**

> **Naturalidade:** os registros arquivísticos não são coletados artificialmente, mas acumulados de modo natural nas instituições, em função das atividades desenvolvidas por elas; os registros arquivísticos se acumulam de maneira contínua e progressiva. São como sedimentos sobrepostos e isso os dotam de um elemento de coesão natural, embora estruturada.

> **Inter-relacionamento:** os documentos estabelecem relações no decorrer do andamento das transações para as quais foram criados; eles estão ligados por um elo que é criado no momento em que são produzidos ou recebidos; os registros arquivísticos são um conjunto indivisível de relações.

> **Unicidade:** cada registro documental assume um lugar único na estrutura documental do grupo ao qual pertence.

> **Imparcialidade:** Os documentos só servem à administração e são isentos de parcialidade. Os documentos são inerentemente verdadeiros, livres da suspeita de preconceito no que diz respeito aos interesses em nome dos quais são usados hoje. Os arquivos não têm interesses, paixões, vontades ou ambições, eles simplesmente registram.

15.5 Princípios Arquivísticos

Como toda ciência, a Arquivologia é composta e regida por princípios e conceitos. Alguns são mais cobrados pelas bancas, outros nem tanto. Dentre os que mais aparecem em questões de concursos, destacam-se:

> **Proveniência ou Respeito aos Fundos:** respeitar que todos os documentos recebidos ou produzidos devem ser imediatamente anexados à pasta do funcionário. Visa fixar a identidade dos documentos relativa ao seu produtor. Os documentos devem ser observados e organizados segundo a competência e as atividades da instituição ou de uma pessoa; devem manter individualidade, não sendo misturados aos de origem diversa. Os documentos são arquivados respeitando-se a separação por pessoa, setor, divisão, departamento e instituição de origem. O Objetivo desta separação é facilitar o acesso, a consulta e o manuseio para acelerar a acessibilidade à informação contida no documento. Ao tratar documentação de uso não corrente deve-se obedecer ao princípio da proveniência, segundo o qual, devem ser mantidos reunidos, num mesmo fundo, todos os documentos provenientes de uma mesma fonte geradora de arquivo.

> **Organicidade:** também chamado de Respeito pela Estrutura. Este princípio reflete a estrutura, as funções e as atividades da instituição produtora ou acumuladora em suas relações internas e externas. Os documentos não devem ser misturados com de outras entidades produtivas. Para verificar a sua organicidade enquanto documento de arquivo, é necessário fazer a vinculação do documento com a estrutura da empresa e suas atividades, se o documento reflete essa estrutura ele é orgânico, se não refletir não é orgânico.

Relação orgânica são os vínculos que os documentos arquivísticos guardam entre si e que expressam as funções e atividades da pessoa ou organização que os produziu.

> **Unicidade:** qualidade pela qual os documentos de arquivo, a despeito de forma, espécie ou tipo, conservam caráter único em função de seu contexto de origem.

> **Integridade:** um fundo deve ser preservado sem dispersão, mutilação, alienação, destruição não autorizada ou acréscimo indevido.

> **Cumulatividade:** os documentos possuem uma formação progressiva, natural e orgânica. Este princípio é fundamentado pelas ideias do italiano Elio Lodolini ao afirmar que o arquivo é uma informação espontânea, natural e sedimentar já que o documento de arquivo é aquele que foi produzido no transcurso de uma atividade administrativa.

O princípio da cumulatividade é um dos princípios fundamentais que rege a organização dos arquivos e serve de base à análise tipológica dos documentos arquivísticos. A análise tipológica dos documentos pressupõe conhecimento dos princípios arquivísticos: a estrutura orgânico-funcional da instituição; as reorganizações; o fluxo de informação; as funções/atividades definidas por lei e as atípicas. O Princípio da Cumulatividade também pode ser conhecido por Naturalidade.

- **Ordem Original:** levam-se em consideração as relações estruturais e funcionais que presidem a gênese dos arquivos.

Pelo Princípio do respeito à Ordem Original o arquivo deve conservar o arranjo dado pela entidade produtora, pois a aplicação deste princípio garante a manutenção da organicidade dos documentos de arquivo. Saliente-se que este princípio não faz referência à ordem material, ele faz referência à ordem intelectual de acumulação dos documentos.

- **Territorialidade:** jurisdição a que pertence cada documento de acordo com a área territorial, a esfera de poder e o âmbito administrativo em que foi produzido e recebido (nacional, regional e institucional).

O princípio da Territorialidade, portanto, tem entre seus objetivos a necessidade de manter os documentos no território em que foram produzidos, haja vista que, alguns postulados jurídicos de um Estado só são válidos e aplicáveis dentro dos limites territoriais em que esse Estado exerce a sua soberania.

- **Princípios da Legalidade:** os registros arquivísticos são provas confiáveis das ações a que se referem e devem essa confiabilidade às circunstâncias de sua criação e às necessidades de prestar contas.
- **Imprescritibilidade:** princípio pelo qual é assegurado ao Estado o direito sobre os arquivos públicos, sem limitação de tempo, por serem estes considerados bens públicos inalienáveis.
- **Inalienabilidade:** princípio pelo qual é impedida a alienação de arquivos públicos a terceiros.
- **Pertinência Territorial:** é um princípio que possui um conceito oposto ao do princípio da proveniência e segundo o qual, documentos ou arquivos, deveriam ser transferidos para a custódia de arquivos com jurisdição arquivística sobre o território ao qual se reporta o seu conteúdo, sem levar em conta o lugar em que foram produzidos.
- **Princípio da Pertinência:** princípio segundo o qual os documentos deveriam ser reclassificados por assunto sem ter em conta a proveniência e a classificação original. Também pode aparecer em suas provas com o nome de princípio temático.
- **Princípio da Reversibilidade:** princípio segundo o qual todo procedimento ou tratamento empreendido em arquivos pode ser revertido, se necessário.

15.6 Função do Arquivo

- Guardar e organizar os documentos que circulam na instituição, tornando disponíveis as informações mantidas sob sua guarda, utilizando, para isso, técnicas que permitam um arquivamento ordenado e eficiente (**Valor Primário**).
- Garantir a preservação dos documentos, utilizando formas adequadas de acondicionamento, levando em consideração temperatura, umidade e demais aspectos que possam danificá-los os mesmos.
- Atendimento aos pedidos de consulta e desarquivamento de documentos pelos diversos setores da instituição, de forma a atender rapidamente à demanda pelas informações ali depositadas.

Além dessas funções principais, podemos destacar outras de relativa importância, como a expedição da correspondência, criação dos modelos para documentos e criação das normas de gestão documental da instituição.

15.7 Características dos Arquivos

Os Arquivos possuem as seguintes características básicas:

01. A exclusividade de criação e recepção por uma repartição, firma ou instituição.
02. A origem no curso de suas atividades, devendo os documentos servir de prova de transações realizadas e o caráter orgânico que liga o documento aos outros do mesmo conjunto. Segundo Solon Buck, ex-arquivista dos Estados Unidos, no livro de Marilena Leite Paes: Arquivo: Teoria e prática, Ed. FGV, 2013, página 19: ***(...) Desse conceito, podemos deduzir três características básicas que distinguem os arquivos***:

    a) *Exclusividade de criação e recepção por uma repartição, firma ou instituição. Não se considera arquivo uma coleção de manuscritos históricos reunidos por uma pessoa.*

    b) *Origem no curso de suas atividades – os documentos devem servir de prova de transações realizadas.*

    c) *Caráter orgânico que liga o documento aos outros do mesmo conjunto. Um documento, destacado de seu conjunto, do todo a que pertence, significa muito menos do que quando em conjunto...*

Para alcançar esses objetivos, é necessário que o arquivo disponha dos seguintes requisitos:

- contar com pessoal qualificado e em número suficiente;
- estar instalado em local apropriado;
- dispor de instalações e materiais adequados;
- utilizar sistemas racionais de arquivamento, fundamentados na teoria arquivística moderna;
- contar com normas de funcionamento;
- contar com dirigente qualificado, preferencialmente formado em Arquivologia;

A importância do arquivo para a instituição está associada ao aumento expressivo do volume de documentos que ela se utiliza no exercício de suas atividades e a necessidade de se estabelecerem critérios de guarda e de eliminação de documentos quando estes já não são mais úteis para a organização.

A adoção de técnicas arquivísticas adequadas permite não apenas a localização eficiente da informação desejada, mas também a economia de recursos para a instituição.

Entende-se, então, que a finalidade do Arquivo é facilitar a consulta aos documentos e, com isso, servir à administração no processo de aquisição de conhecimento e tomada de decisão.

15.8 Distinção entre Arquivo, Biblioteca e Museu

Embora arquivo, museu e biblioteca tenham a mesma finalidade (guardar documentos), seus objetivos são diferentes, tendo em vista os tipos documentais que cada instituição trata.

Objetivos Comuns
Guardar documentos
Preservar documentos
Dar acesso aos documentos

Arquivo

É o conjunto de documentos criados ou recebidos (acumulados) por uma instituição ou pessoa, no exercício de sua atividade, preservados para garantir a consecução de seus objetivos. Os documentos não são objetos de coleção (escolha artificial) e sim da acumulação natural, no decurso de atividades administrativas.

Relembrando: os documentos de Arquivo são **produzidos** ou **recebidos.** Isto significa que são **acumulados** dessa forma.

Sua função é guardar e organizar os documentos, tornando disponíveis as informações mantidas sob sua guarda. E sua finalidade é servir à Administração e **secundariamente** servir à História.

Os documentos de arquivos provêm de atividades públicas ou privadas, servidas pelo arquivo e são produzidos um único exemplar ou em número restrito de cópias. Há, assim, uma significação orgânica entre os documentos. Saliente-se que o Princípio da Cumulatividade afirma que os arquivos são uma formação progressiva, natural e orgânica.

Dentro de sua finalidade funcional, preservam as informações que evidenciam o funcionamento da instituição ao longo do tempo.

Biblioteca

É o conjunto de material, em sua maioria, impresso e não produzido pela instituição em que está inserida. Normalmente constituída de coleções temáticas.

A biblioteca tem finalidade essencialmente **cultural** – guardar informações para estudo. Seus documentos são acumulados por meio de **compra, doação** ou **permuta.**

Museu

É uma instituição de interesse público, criada com a finalidade de conservar, estudar e colocar à disposição do público conjuntos de peças e objetos de valor cultural.

Podemos verificar que, enquanto o arquivo tem finalidade funcional, a finalidade das bibliotecas e dos museus é essencialmente **histórica e cultural**, embora o arquivo também possa adquirir, com o tempo, caráter cultural, a partir do caráter histórico que alguns de seus documentos podem adquirir.

A presença de peças tridimensionais em um conjunto documental indica tratar-se de museu e os documentos de museus são peças e objetos de valor cultural, tendo os mais variados tipos e dimensões e, por serem objetos, são caracterizados como tridimensionais.

As finalidades da biblioteca e do museu são didáticas, culturais, técnicas ou científicas. A diferença entre os arquivos e as bibliotecas pode ser reconhecida na função administrativa que os arquivos têm para uma organização pública ou privada, diferentemente da função cultural das bibliotecas, pois o arquivo caracteriza-se por ser um conjunto orgânico, resultado das atividades de uma pessoa física ou jurídica, e não uma coleção de documentos de diversas fontes. O arquivo de um órgão é o conjunto de documentos recebidos ou expedidos por esse órgão no exercício de suas atividades. Esse conjunto de documentos pode ser formado por qualquer espécie documental. A biblioteca é um órgão colecionador, enquanto o arquivo é um órgão receptor. As finalidades da biblioteca e do museu são didáticas, culturais, técnicas ou científicas.

Quadro comparativo entre **biblioteca, museu** e **arquivo:**

Diferenças		
	Biblioteca e Museu	**Arquivo**
Objetivos	Objetivos Culturais	Objetivos Funcionais
	Provêm de várias fontes (colecionadores, doações, compra)	Provém somente das atividades públicas ou privadas
	Existem vários exemplares	Há um número de cópias restritas
Avaliar	Unidades isoladas	Conjunto (refere-se a uma atividade)
	Caráter revogável	Caráter irrevogável
	Questão de conveniência e não de preservação	Normalmente se encontra em uma única via
Classificar	Métodos determinados previamente	Métodos variáveis de acordo com o órgão
Descrição	Unidades discriminadas	Conjunto de documentos

15.9 Classificação dos Arquivos

Os arquivos podem ser classificados em 4 tipos:

> **Quanto à Entidade Mantenedora**
» Público ou privado.

> **Quanto à Natureza dos Documentos**
» Especial ou especializado.

> **Quanto ao Estágio de Evolução**
» Intermediário ou Corrente.

> **Quanto à Extensão de sua Atuação**
» Setorial ou central.

Quanto à entidade mantenedora

> Dividem-se em público e privado.

Público

Órgãos dos Poderes Executivo, Legislativo e Judiciário, nas esferas Federal, Estadual, Municipal e do DF. Também são considerados públicos os arquivos das Fundações Públicas e Empresas Públicas.

Art. 7º, Lei nº 8.159/1991. *Os arquivos públicos são os conjuntos de documentos produzidos e recebidos, no exercício de suas atividades, por órgãos públicos de âmbito federal, estadual, do distrito federal e municipal em decorrência de suas funções administrativas, legislativas e judiciárias;*

§ 1º. São também públicos os conjuntos de documentos produzidos e recebidos por instituições de caráter público, por entidades privadas encarregadas da gestão de serviços públicos no exercício de suas atividades.

Privado

São aqueles mantidos por instituição de caráter particular. Exemplos: arquivo de instituições financeiras, arquivo de grandes redes de lojas, arquivo de imprensa.

Existe, ainda, na doutrina, a seguinte divisão: públicos, institucionais, comerciais, pessoais ou familiares. Sobre isso, devemos lembrar que os institucionais, comerciais, pessoais ou familiares devem ser entendidos como arquivos privados.

Quanto à natureza dos documentos

Podem ser especiais ou especializados.

Arquivos especiais

São arquivos cuja forma física (suporte) dos documentos exige cuidado especial, diferenciado, por causa da sua preservação ou manuseio. Exemplos: foto, filme, negativo, microfilme.

Especializados

São aqueles que mantêm em sua guarda documentos de determinada área do conhecimento, relacionados a assunto específico. Exemplo: arquivo médico, arquivo cartográfico, arquivos de engenharia.

Quanto ao estágio de evolução ou teoria das três idades

Ciclo Vital Arquivístico			
	Corrente	Intermediário	Permanente
Características	Ainda em tramitação	Consultados esporadicamente	Aqueles que serão arquivados definitivamente
	Também chamado de aquivos ativos	Normalmente, por já terem cumprido seu objetivo administrativo, são transferidos para um arquivo central	Não serão jamais eliminados
	Possuem valor administrativo para a organização, valor primário	Cumprem prazos prescricionais e precaucionais antes de sua destinação final (guarda permanente ou destruição)	Valor secundário, ou seja, histórico-cultural
	Definido devido a sua frequente utilização e consulta	Arquivos chamados também de semiativos	Arquivo são abertos ao público
	Arquivos fechados ao público	Possuem também valor primário	São chamados de arquivos inativos
		Arquivos fechados ao público	
Exemplo	Protocolo, arquivamento, consulta, empréstimo, expedição		Documentos que contam a história da organização: sua origem, constituição, normas e regulamentos

Segundo a Teoria da Três Idades, os documentos de arquivo passam por três estágios distintos de arquivamento, de acordo com a frequência de utilização, a utilidade administrativa para a instituição e o valor intrínseco do documento. Geralmente, as questões de prova podem ser facilmente respondidas observando-se as seguintes características:

1ª IDADE: Arquivo Corrente – valor primário – uso restrito aos produtores do documento. Estes arquivos também podem ser chamados de Arquivo Corrente, Arquivo Ativo ou Arquivo de Movimento. São consultados frequentemente pelos administradores ou gestores, assim, devem permanecer em locais de fácil acesso. Os documentos que fazem parte desse arquivo possuem elevado Valor Primário.

2ª IDADE: Arquivo Intermediário - documentos que aguardam destinação final – depósito temporário – valor primário – acesso com autorização do órgão produtor. Estes arquivos também podem ser chamados de Arquivo Semiativo, Arquivo Intermediário, "limbo" ou "purgatório" e deixaram de ser consultados com frequência, portanto, não é necessário conservá-lo próximo ao local de uso, todavia, ainda possuem Valor Primário. Um dos motivos que fazem com que esses arquivos permaneçam distante do local de uso é em função dos custos de manutenção dos mesmos.

3ª IDADE: Arquivo Permanente - é o arquivo propriamente dito – valor secundário e histórico. Estes arquivos são chamados de Arquivo Inativo, Arquivo Permanente ou Arquivo de Custódia. Os documentos que estão neste arquivo perderam seu valor de natureza administrativa, no entanto, conservam seu valor histórico e documental, portanto, possuem Valor Secundário: histórico, probatório ou informativo. É o arquivo propriamente dito.

Arquivo corrente

É onde se localizam os documentos mais utilizados, sendo esta, a fase em que são criados os documentos e sua tramitação é acentuada, bem como, o índice de consultas elevado, assim, sua localização deve ser de fácil acesso.

Os documentos com alta frequência de uso ou com grande possibilidade de uso fazem parte de um Arquivo Corrente e um documento de elevado valor primário deve permanecer próximo ao seu local de uso em função de constantes consultas por parte dos gestores ou administradores.

Arquivo corrente, para alguns autores, também pode ser denominado: arquivo de prosseguimento, arquivo imediato, arquivo de andamento, arquivo de vigilância ou arquivo "follow up".

Os arquivos correntes localizam-se nos próprios setores que produzem/recebem os documentos (**arquivos setoriais**) ou em locais próximos a estes (**arquivo central/geral**).

As principais rotinas que envolvem o arquivamento na fase corrente são:

- **Inspeção**: verificação se realmente o arquivo destina-se ao arquivamento, pois pode ser apenas para anexar ou apensar ou simplesmente para ser fornecida uma informação.
- **Análise:** consiste em classificar e determinar como será codificado, caso não tenha sido feita a classificação no protocolo.
- **Ordenação:** dispor os documentos conforme a codificação.
- **Arquivamento:** inserir o documento na unidade pré-estabelecida.
- **Empréstimo ou Consulta:** retirada para empréstimo ou consulta.

Arquivo intermediário

São os arquivos que guardam os documentos utilizados com menor frequência pela instituição. No arquivo intermediário, os documentos possuem baixa frequência de uso, mas ainda possuem fim administrativo.

Devemos lembrar que:

- É a fase em que os documentos ainda têm valor administrativo, mas são pouco consultados.
- A sua transferência para o arquivo intermediário permite que os setores otimizem seu espaço.
- Não há necessidade de serem conservados próximos aos setores.
- Nesta fase, os documentos aguardam sua destinação final (**eliminação ou guarda permanente** – aqueles que possuem valor histórico para a instituição).

Saliente-se que a transferência e o recolhimento são feitos em razão da frequência de uso do documento e não do seu valor. Assim, a divisão em corrente, intermediário e permanente são gradações de frequência de uso e não de valor documento.

Observe, todavia, que as Bancas têm colocado em suas provas a existência de uma gradação de valor, ou seja, há uma diminuição do valor primário, assim, os documentos serão transferidos para o Arquivo Intermediário.

O arquivo intermediário também pode ser chamado de transitório, pois os documentos que estão no arquivo intermediário conservam a classificação que lhes foi dada no arquivo corrente. Aqueles que produziram o documento mantém poder sobre o mesmo podendo dar autorização para que outros o consultem. O arquivo deve, portanto, ser dirigido por profissionais de arquivo conhecedores dos métodos tradicionais de classificação e elaboração de instrumentos de pesquisa.

De acordo com Marilena Leite Paes na obra Arquivo: Teoria e Prática (2002, p.117), tratando-se do arquivo intermediário: ***Sua função principal consiste em proceder a um arquivamento transitório, isto é, em assegurar a preservação de documentos que não são mais movimentados, utilizados pela administração e que devem ser guardados temporariamente, aguardando pelo cumprimento dos prazos estabelecidos pelas comissões de análise ou, em alguns casos, por um processo de triagem que decidirá pela eliminação ou arquivamento definitivo, para fins de prova ou de pesquisa.***

Arquivo permanente

De acordo com a Lei nº 8.159, de 8 de janeiro de 1991:

> ***Art. 8º, § 3º.*** *Consideram-se permanentes os documentos de valor histórico, probatório e informativo e devem ser definitivamente preservados.*

Ou seja, são os documentos que possuem Valor Secundário. São os arquivos que guardam os documentos que, já tendo cumprido seu fim administrativo, sua função administrativa, agora são preservados e conservados pelo seu valor histórico para a Instituição (**valor secundário**).

Dicas que ajudarão a identificá-lo:

- É o arquivo em que os documentos já perderam seu valor administrativo e são guardados pelo seu valor histórico, probatório ou informativo.
- Permitem conhecer a História da Instituição.
- Revelam a origem e constituição da Instituição.
- Os documentos desta fase jamais serão eliminados.

→ **Processo mnemônico:**

1ª idade	Corrente	Valor primário
2ª idade	Intermediário	Valor primário
3ª idade	Permanente	Valor secundário

Valor do documento

O documento só é guardado e preservado pela instituição porque possui algum valor. Esse valor pode ser **Administrativo** ou **Histórico**.

A Arquivologia denomina o valor administrativo como valor primário.

Sobre o Valor Primário, é preciso lembrar-se de que:

- Serve à Administração dando suporte/apoio às atividades da instituição.
- É um valor temporário – em determinado momento o valor administrativo irá acabar (quando ocorre a destinação final).
- Todo documento nasce com valor administrativo.
- Finalidade: servir à administração.

A Arquivologia denomina o valor histórico como valor secundário.

Sobre o Valor Secundário, lembre-se de que:

- Está presente no documento que perdeu seu valor administrativo, mas adquiriu valor histórico.
- Serve de fonte de pesquisa para terceiros e/ou para própria instituição.
- Finalidade: servir à História.
- O documento que possuir valor secundário será recolhido ao Arquivo Permanente.
- O documento de valor secundário jamais poderá ser eliminado.

Quanto à extensão de sua atuação

Classificação relativa ao local de instalação do arquivo.

Arquivos setoriais

São aqueles instalados nos setores que utilizam os documentos de uso constante e cotidiano. Dicas:

- É um arquivo descentralizado.
- Cada setor de trabalho possui o seu.

Arquivos centrais

São aqueles localizados fora do local de trabalho e acumulam, em um único local, documentos provenientes dos diversos setores da instituição, de forma centralizada.

É relevante destacar que extensão da atuação não se confunde com estágio de evolução ou ciclo de vida do documento. É muito comum a confusão entre arquivo central e fase ou arquivo intermediário.

15.10 Classificação dos Documentos

O Arranjo e a Classificação têm o mesmo significado, pois, segundo Schellenberg, classificação, em se tratando de documentos públicos, significa o arranjo dos mesmos segundo um plano destinado a facilitar o seu uso corrente.

Os documentos de arquivos possuem as seguintes classificações:

- Gênero.
- Espécie/tipologia documental.
- Forma.
- Formato.
- Natureza do assunto.

Gênero

Esta classificação está relacionada ao suporte no qual a informação é registrada; o gênero proporciona ao arquivista o devido tratamento ao documento, especialmente nas políticas de conservação e preservação. Existem sete tipos diferentes de gênero documental:

- Escritos ou textuais.
- Iconográficos.
- Sonoros.
- Filmográficos.
- Informáticos ou digitais.
- Cartográficos.
- Micrográficos.

Escritos ou textuais

Documentos cuja informação esteja manuscrita ou impressa. Exemplos: contrato, atas, relatórios, certidões.

Iconográficos

Documentos cuja informação esteja em forma de imagem estática. Exemplos: fotografias, negativos, diapositivos (slides), desenho e gravuras.

Sonoros

Documentos cuja informação esteja em forma de som/áudio. Exemplos: escuta telefônica, gravador analógico.

Filmográficos

Documentos cuja informação esteja em forma de imagem em movimento (com ou sem som). Exemplos: películas filmográficas, filmagens, vídeos.

Informáticos ou digitais

Documentos gravados em meio digital e que, por isso, necessitam de equipamentos eletrônicos para serem lidos. Exemplos: arquivo em MP3, arquivo do Word, etc.

Cartográficos

Documentos que representem, de forma reduzida, uma área maior. Exemplos: mapas e plantas de engenharia.

Micrográficos

Documentos em microformas. Exemplos: microfilmes e microfichas.

Espécie/tipologia documental

Enquanto a **Espécie** é a denominação que se dá ao aspecto formal de um documento, a Tipologia Documental corresponde à denominação que se dá quando reunimos determinada espécie à função ou atividade que o documento irá exercer. A doutrina admite diversas espécies documentais. Exemplos: ofício, memorando, declaração, certidão.

Da mesma forma, dentre as diferentes espécies, encontramos tipos peculiares. Exemplos: declaração de imposto de renda, certidão de nascimento.

Exemplos de Espécie e Tipo Documental:

Espécie	Tipologia
Contrato	Contrato de locação
Alvará	Alvará de funcionamento
Certidão	Certidão de casamento
Declaração	Declaração de Imposto de Renda

Forma

É a classificação relacionada quanto à forma do estágio de preparação do documento. São as formas documentais: rascunho ou minuta; original e cópia. O original é o documento com o sinal de subscrição (ou assinatura), que lhe dá autenticidade jurídica e arquivística. O rascunho é o documento com rasuras ou anotações suplementares, anterior à elaboração do original. A minuta não é rascunho e sim um pré-original, com um aspecto limpo, elaborado, mas sem a assinatura da autoridade responsável. E a cópia é o teor documental reproduzido na íntegra.

Formato

Denomina-se formato de um documento o seu aspecto físico, independentemente da informação nele registrada. São formatos documentais: ficha, livro, caderno, pergaminho, apostila, etc.

Natureza do assunto

Em relação à natureza dos assuntos, ou seja, o grau ou nível de acessibilidade às informações contidas nos documentos, eles são classificados como ostensivos ou sigilosos.

Ostensivos

É a classificação dada ao documento cuja divulgação não prejudica a segurança ou as atividades desenvolvidas pela instituição. O documento ostensivo pode ser de livre conhecimento do público em geral.

Sigilosos

Documento que, por sua natureza, deve ser de conhecimento restrito.

A Legislação brasileira prevê apenas três graus de sigilo – ultrassecreto, secreto e reservado – nos documentos, portanto, fique atento, quando questões fazem referência aos documentos confidenciais. Documentos Confidenciais NÃO possuem previsão em nossa legislação. Todavia, é bom ter conhecimento que documento confidencial não requer alto grau de segurança, mas seu conhecimento por pessoa não autorizada pode ser prejudicial ou criar embaraços administrativos.

01. Ultrassecreto

Excepcional grau de segurança. Conhecimento somente de pessoas intimamente ligadas ao seu estudo e manuseio. Possui prazo máximo de restrição de acesso à informação de 25 anos que entra em vigor a partir da data de sua produção.

02. Secreto

Alto grau de segurança. Acesso a pessoas autorizadas. Possui prazo máximo de restrição de acesso à informação de 15 anos que entra em vigor a partir da data de sua produção.

03. Reservado

Não deve ser do conhecimento do público em geral. Possui prazo máximo de restrição de acesso à informação de 5 anos que entra em vigor a partir da data de sua produção.

Não há impedimento legal para a reprodução de documento classificado como sigiloso, pois, de acordo com a Lei nº 12.527, de 18 de novembro de 2011:

> ***Art. 1º.*** *(....), com o fim de garantir o acesso a informações (...).*
> ***Art. 3º***, *os procedimentos previstos nesta lei destinam-se a assegurar o direito fundamental de acesso à informação e devem ser executados em conformidade com os princípios básicos da administração pública e com as seguintes diretrizes:*
>
> ***I.*** *Observância da publicidade como preceito geral e do sigilo como exceção;*
>
> ***II.*** *Divulgação de informações de interesse público, independentemente de solicitações;*
>
> ***III.*** *Utilização de meios de comunicação viabilizados pela tecnologia da informação.*

Decreto nº 7.845, de 14 de novembro de 2012 regulamenta os procedimentos para credenciamento de segurança e tratamento de informação classificada em qualquer grau de sigilo, e dispõe sobre o Núcleo de Segurança e Credenciamento e sobre a Reprodução:

> ***Art. 33: A reprodução do todo ou de parte de documento com informação classificada em qualquer grau de sigilo terá o mesmo grau de sigilo do documento;***
> ***§ 1º A reprodução total ou parcial de informação classificada em qualquer grau de sigilo condiciona-se à autorização expressa da autoridade classificadora ou autoridade hierarquicamente superior com igual prerrogativa;***
> ***§ 2º As cópias serão autenticadas pela autoridade classificadora ou autoridade hierarquicamente superior com igual prerrogativa.***
> ***Art. 34.*** *Caso a preparação, impressão ou reprodução de informação classificada em qualquer grau de sigilo for efetuada em tipografia, impressora, oficina gráfica ou similar, essa operação será acompanhada por pessoa oficialmente designada, responsável pela garantia do sigilo durante a confecção do documento.*

O recebimento de documento sigiloso deve ser informado ao remetente no menor prazo de tempo possível e de acordo com o Decreto nº 7.845, de 14 de novembro de 2012 em seu Art. 29: Cabe aos responsáveis pelo recebimento do documento com informação classificada em qualquer grau de sigilo, independente do meio e formato:

> ***I.*** *Registrar o recebimento do documento;*
>
> ***II.*** *Verificar a integridade do meio de recebimento e registrar indícios de violação ou de irregularidade, comunicando ao destinatário, que informará imediatamente ao remetente; e*
>
> ***III.*** *Informar ao remetente o recebimento da informação, no prazo mais curto possível.*

A Lei de Acesso à informação – Lei nº 12.527, de 18 de novembro de 2011:

> ***Art. 12:*** *O serviço de busca e fornecimento da informação é gratuito, salvo nas hipóteses de reprodução de documentos pelo órgão ou entidade pública consultada, situação em que poderá ser cobrado exclusivamente o valor necessário ao ressarcimento do custo dos serviços e dos materiais utilizados.*
> ***Parágrafo único.*** *Estará isento de ressarcir os custos previstos no caput todo aquele cuja situação econômica não lhe permita fazê-lo sem prejuízo do sustento próprio ou da família, declarada nos termos da Lei nº 7.115, de 29 de agosto de 1983.*

Lei nº 12.527, de 18 de novembro de 2011

Os documentos ditos sigilosos eram regulados pela Lei nº 8.159/1991, cujos artigos foram revogados pela Lei nº 12.527 de 18 de novembro de 2011, que, a partir de então, estabelece as regras para os diferentes graus de sigilo.

Vale destacar, ainda, em se tratando de graus de sigilo dos documentos, a mesma Lei nº 12.527, de 18 de novembro de 2011:

> ***Art. 7º***, *§ 2º. Quando não for autorizado acesso integral à informação por ser ela parcialmente sigilosa, é assegurado o acesso à parte não sigilosa por meio de certidão, extrato ou cópia com ocultação da parte sob sigilo.*

O processo descrito é de responsabilidade da Comissão Mista de Reavaliação de Informações, conforme o determinado pela Lei nº 12.527, de 18 de novembro de 2011, em seu Art. 35, I.

Seção ii

Da classificação da informação quanto ao grau e prazos de sigilo

> ***Art. 24.*** *A informação em poder dos órgãos e entidades públicas, observado o seu teor e em razão de sua imprescindibilidade à segurança da sociedade ou do estado, poderá ser classificada como ultrassecreta, secreta ou reservada.*
> ***§ 1º*** *os prazos máximos de restrição de acesso à informação, (...), a partir de sua produção (...):*
>
> ***I.*** *ultrassecreta: 25 anos;*
>
> ***II.*** *secreta: 15 anos;*
>
> ***III.*** *reservada: 5 anos.*

§ 2º As informações que puderem colocar em risco a segurança do presidente e vice-presidente da república e respectivos cônjuges e filhos(as) serão classificadas como reservadas e ficarão sob sigilo até o término do mandato em exercício ou do último mandato, em caso de reeleição.

§ 3º Alternativamente aos prazos previstos no § 1o, poderá ser estabelecida como termo final de restrição de acesso a ocorrência de determinado evento, desde que este ocorra antes do transcurso do prazo máximo de classificação.

§ 4º Transcorrido o prazo de classificação ou consumado o evento que defina o seu termo final, a informação tornar-se-á, automaticamente, de acesso público.

Seção v

Das informações pessoais

Art. 31. *O tratamento das informações pessoais deve ser feito de forma transparente e com respeito à intimidade, vida privada, honra e imagem das pessoas, bem como às liberdades e garantias individuais.*

§ 1o *as informações pessoais, a que se refere este artigo, relativas à intimidade, vida privada, honra e imagem:*

I. *terão seu acesso restrito, independentemente de classificação de sigilo e pelo prazo máximo de 100 (cem) anos a contar da sua data de produção, a agentes públicos legalmente autorizados e à pessoa a que elas se referirem; e*

II. *poderão ter autorizada sua divulgação ou acesso por terceiros diante de previsão legal ou consentimento expresso da pessoa a que elas se referirem.*

§ 2º *aquele que obtiver acesso às informações de que trata este artigo será responsabilizado por seu uso indevido.*

Não poderá ter acesso negado à informação necessária à tutela judicial ou administrativa de direitos fundamentais.

É relevante mencionar que o §1º do Art. 24 da Lei nº 12.527, de 18 de novembro de 2011, dispõe que os prazos máximos de restrição de acesso à informação, conforme a classificação prevista no caput, vigoram a partir da data de sua produção e são os seguintes:

I. *ultrassecreta: 25 (vinte e cinco) anos;*

II. *secreta: 15 (quinze) anos; e*

III. *reservada: 5 (cinco) anos.*

Você deve ter observado que a referida lei só traz três graus de sigilo, excetuando-se o grau confidencial.

15.11 Prazo de Guarda dos Documentos

O prazo de guarda dos documentos é o período em que o documento deve ser mantido nos arquivos corrente e intermediário, e vincula-se à determinação do valor do documento, de acordo com os seguintes fatores:

> Frequência do uso das informações contidas nos documentos.

> Existência de leis ou decretos que regulem a prescrição legal dos documentos (prazo prescricional).

> Existência de outras fontes com as mesmas informações (documentos repetitivos).

	Arquivo	Biblioteca	Museu	Centro de documentação
Tipo de Suporte	Manuscritos, impressos, audiovisuais, exemplar único	Impressos, manuscritos, audiovisuais, exemplares,	Objetos bi/ tridimensionais, exemplar único	Audiovisuais (reproduções) Exemplar único ou múltiplo
Tipo de Conjunto	Fundos, documentos unidos pela origem	Coleção, documentos unidos pelo conteúdo	Coleção, documentos unidos pelo conteúdo ou pela função	Coleção, documentos unidos pelo conteúdo
Produtor	A máquina administrativa	Atividade humana individual e coletiva	Atividade humana, a natureza	Atividade humana
Fins de Produção	Administrativos, jurídicos, funcionais, legais	Culturais, científicos, técnicos, artísticos, educativos	Culturais, artísticos, funcionais	Científicos
Fins de Produção	Provar, testemunhar	Instruir, informar	Informar e Entreter	Informar
Entrada de documentos	Passagem natural de fonte geradora única	Compra, doação, permuta de fontes múltiplas	Compra, doação, permuta, de fontes múltiplas	Compra, doação, pesquisa

Processamento técnico	Registro, arranjo, descrição: guias, inventários, catálogos etc.	Tombamento, classificação, catalogação, fichários	Tombamento, catalogação, inventários, catálogos	Tombamento, classificação catalogação, fichários ou computador
Público	Administrador e pesquisador	Grande público e pesquisador	Grande público e pesquisador	Pesquisador

> Necessidade de guarda de documentos por precaução, em virtude das práticas administrativas (prazos precaucionais).

15.12 Destinação Final dos Documentos

Todo documento, seguindo o ciclo vital, deverá ser encaminhado à sua destinação final, que irá ocorrer no momento em que ele perder seu valor administrativo ou valor primário. Existem duas situações, a saber:

> Eliminação.

> Recolhimento.

Eliminação

Ocorre quando o documento perde o valor administrativo e não apresenta valor histórico.

A esse respeito, a Resolução nº 25, de 27 de abril de 2007 define que a Gestão Arquivística de Documentos tem como objetivo principal o recolhimento de documentos para guarda permanente ou, então, a sua eliminação, pois estabelece em seu Artigo 1º: ***Recomendar aos órgãos e entidades integrantes do Sistema Nacional de Arquivos – SINAR, a adoção do Modelo de Requisitos para Sistemas Informatizados de Gestão Arquivística de Documentos - e-ARQ Brasil***: (aprovado na 43ª reunião plenária do CONARQ, realizada no dia 4 de dezembro de 2006, disponibilizada em www.conarq.arquivonacional.gov.br). e Temos no §1º: ***Considera-se gestão arquivística de documentos o conjunto de procedimentos e operações técnicas referentes à produção, tramitação, uso, avaliação e arquivamento de documentos em fase corrente e intermediária, visando a sua eliminação ou recolhimento para guarda permanente***.

As primeiras preocupações em relação à eliminação dos documentos arquivísticos surgem em meados do século XX e, assim, aparecem dois modelos para o processo de eliminação documental:

01. **Modelo Inglês**

    Estabelece que a eliminação seria responsabilidade exclusiva da entidade produtora. Esta é a proposta defendida por Hilary Jenkinson para quem ***a eliminação de documentos não deveria fazer parte das atribuições dos arquivistas***.

02. **Modelo Alemão**

    Sustenta que a "***importância que da tarefa de eliminação exige a intervenção do arquivista***".

Para o norte-americano Teodoro Roosevelt Schellenberg ,***os documentos arquivísticos têm um valor primário, que por estar ligado aos motivos da criação dos documentos diz respeito à entidade produtora, e um valor secundário, que por estar ligado ao seu conteúdo de caráter informativo diz respeito à investigação científica***.

Guarda permanente

Ocorre quando o documento perde o valor administrativo, mas apresenta valor histórico.

Transferência

É a passagem dos documentos da fase corrente para a intermediária.

Recolhimento

É a passagem dos documentos das fases corrente e intermediária para a fase permanente.

Ao longo do ciclo vital dos documentos, existem quatro possibilidades:

> O documento foi criado na fase corrente; cessada essa fase, ele será eliminado sem passar pela fase intermediária.

> O documento foi criado na fase corrente, cumpre seu prazo de guarda nessa fase, posteriormente será transferido para o arquivo intermediário, em que cumprirá seu prazo de guarda; cessada essa fase, ele será eliminado.

> O documento foi criado na fase corrente; cessada essa fase, ele será recolhido ao arquivo permanente.

> O documento foi criado na fase corrente; cessada essa fase, ele será transferido para o arquivo intermediário, no qual cumprirá seu prazo de guarda; cessada essa fase, ele será recolhido ao arquivo permanente.

16. RECURSOS PATRIMONIAIS

16.1 Conceitos e Objetivos

Os recursos patrimoniais são formados por elementos imprescindíveis para que uma organização possa operar e produzir produtos e serviços que irão atender às demandas de mercados. Para tanto, uma perfeita adequação e manutenção dos bens patrimoniais de uma organização é de suma importância.

O fato é que as instituições transacionam constantemente seus recursos patrimoniais, seja comprando, vendendo ou trocando-os sempre com o objetivo de otimizar os processos e proporcionar mais satisfação para os clientes externos e internos. Dessa forma, gerenciar os recursos patrimoniais de uma empresa é atividade fundamental na administração empresarial.

16.2 Recursos Patrimoniais

Mas o que são os recursos patrimoniais? São as instalações utilizadas nas operações do dia a dia da empresa, mas que são adquiridas esporadicamente. Prédios, equipamentos e veículos da organizações, por exemplo, podem ser classificados como recursos patrimoniais. São todos os bens necessários para as empresas operarem, criarem valor e proporcionarem satisfação ao cliente. Os bens patrimoniais não são adquiridos todos de uma só vez, mas durante a sua existência, eles podem ser classificados como equipamentos e máquinas, edificações, terrenos, jazidas e intangíveis, são eles

> Equipamentos e máquinas são as ferramentas, máquinas operatrizes, caldeiras, guindastes, pontes rolantes, compressoras, dispositivos, veículos, computadores, móveis, etc.

> Prédios são os galpões, escritórios, almoxarifados, garagens, etc.

> Terrenos compreendem o local onde estão as instalações, suas áreas livres e terrenos vazios que pertençam à empresa.

> Jazidas são as localizações onde a empresa tem direitos, poder ou autorização de extração de produtos minerais.

> Intangíveis são os recursos que não podemos tocar, não tem corpo ou forma física; são as patentes, projetos, direitos autorais e marcas.

A compra de um recurso patrimonial, em razão de sua peculiaridade e complexidade, deve ser feita mediante contratos que garantam todas as especificações e exigências legais e do projeto.

A aquisição de bens patrimoniais pode ocorrer em duas etapas:

> **Primeira etapa:** é quando se está iniciando o negócio. Dessa forma elabora-se um projeto amplo, envolvendo todas as necessidades iniciais da empresa e os bens são adquiridos em uma só vez ou dentro de um planejamento financeiro para que em determinado período a instituição tenha todos os recursos necessários para iniciar suas atividades.

> **Segunda etapa:** é o momento em que se está ampliando ou trocando os recursos, esta troca deverá estar subordinada a um planejamento estratégico de médio e longo prazo e fundamentada em uma projeção de retorno de investimento para sua aprovação e garantia de sucesso.

O autor Hamilton Pozo, em sua obra Administração de Recursos Materiais e Patrimoniais menciona ainda que os móveis e imóveis também fazem parte dos recursos patrimoniais. Aqueles são os que podem ser movimentados, deslocados de um lugar para outro (máquinas, veículos, móveis, etc.). Estes, são os que, se forem movidos ou deslocados de seu local perdem sua forma física.

Patrimônio da empresa

Para a contabilidade, os recursos patrimoniais fazem parte dos ativos imobilizados, ou seja, é o conjunto de bens, direitos e obrigações que são colocados à sua disposição pelos sócios e/ou fornecedores. O papel do administrador de recursos patrimoniais é zelar pelos recursos, gerindo-os de forma a garantir sua utilização racionalmente a fim de permitir que se atinjam os objetivos organizacionais de maximização dos resultados (lucros).

Esse "conjunto de bens, direitos e obrigações", segundo o autor Razzolini Filho, representa os recursos que, bem administrados, poderão contribuir com os objetivos da organização.

16.3 Controle Físico de Bens Patrimoniais

A inclusão dos bens patrimoniais do ativo permanente da empresa se dá na data do seu fornecimento pelo órgão supridor, com base na documentação prevista pelo sistema de Administração de Material e seus respectivos modelos. A inclusão física do bem no sistema de patrimônio será feita pelo órgão de controle de movimentação e compreenderá os seguintes procedimentos:

> Registro no livro de tombamento.

> Emissão da ficha de controle físico.

> Identificação por número de tombamento através de plaquetas.

> Confecção do termo de transferências de Responsabilidade de Bens Patrimoniais ao usuário.

A inclusão contábil do bem no sistema de patrimônio será efetuada pela área da contabilidade – através de procedimentos previamente determinados pela empresa.

> Classificação contábil analítica do bem.

> Registro do custo de aquisição.

> Data de aquisição e outros dados pertinentes.

Para o caso de bens doados e de bens existentes e não incorporados, os que dizem respeito aos procedimentos para inclusão serão retirados do documento de doação, nota fiscal ou laudo de avaliação existentes ou emitidos por comissão de avaliação especialmente designada.

Transferências

→ Os bens patrimoniais podem ser transferidos por:

> **Remanejamento interno**: é quando acontece o remanejamento do bem patrimonial dentro da empresa entre setores ou funcionários.

> **Remanejamento interórgãos:** é quando acontece a transferência dos bens patrimoniais entre órgãos diferentes da empresa.

- **Remanejamento interestadual:** é quando a transferência acontece entre órgãos situados em diferentes unidades federativas.
- **Remanejamento contratual:** é a transferência dos bens patrimoniais à terceiros, por termo de depósito ou contrato de comodato.

Como se pode perceber, a transferência de bens patrimoniais pode ocorrer de diversas formas. Para tanto é necessário o preenchimento do formulário "transferência de responsabilidade de bens patrimoniais"; esse preenchimento só não é necessário quando o mesmo ocorre internamente, ou seja, sem alteração de local.

16.4 Inventário de Bens Patrimoniais

Para manter atualizados os registros dos bens patrimoniais, é de responsabilidade dos setores conservar atualizado a localização dos mesmos. Por isso serão realizados, periodicamente, inventários através de verificações físicas no encerramento de cada exercício fiscal. A partir das diferenças observadas por meio do inventário, será possível elaborar um relatório à administração explicando os índices encontrados.

No final do exercício será realizado um levantamento geral, no qual serão contados todos os itens, será feita uma avaliação e, consequentemente, a contabilização dos Bens Patrimoniais. Nesse momento são levantados todos os bens patrimoniais que se encontram obsoletos, em desuso ou avariados e, de posse dessa informação o setor responsável por esse inventário deverá informar a área de Administração de Recursos Materiais e Patrimoniais para que a mesma proceda à alienação.

No levantamento da listagem anual, deverão ser incluído todos os bens patrimoniais, inclusive aqueles que fisicamente se encontram fora da empresa, tais como:

- Bens patrimoniais enviados para terceiros que não pertencem à empresa.
- Bens patrimoniais em trânsito entre as filiais sendo arrolados pelo órgão de origem.
- Bens Patrimoniais cedidos por empréstimo a outros órgãos públicos ou a terceiros.

Deverão ainda ser incluídos no inventário, porém relacionados à parte, os bens patrimoniais que, embora se encontrem na empresa fisicamente, pertençam a terceiros, como por exemplo:

- Bens patrimoniais a serem devolvidos aos fornecedores por não terem sido aprovados na inspeção.
- Bens patrimoniais recebidos de órgãos públicos de fornecedores como demonstração.

Emplaquetamento de bens patrimoniais

Segundo o autor Severo Filho, o emplaquetamento tem a finalidade de colocar plaquetas de identificação de bens, buscando sempre não ferir a estética destes.

Critérios de Fixação de Plaquetas

A colocação de plaquetas de identificação de bens patrimoniais é de competência do órgão de patrimônio dos setores afins. Devem seguir os seguintes critérios:

- Fixação na parte superior não visível.
- Fixação na parte superior visível.
- Fixação no local mais adequado.

Critérios utilizados na colocação de plaquetas

A fim de determinar os modos de colocação, os bens se dividem nos seguintes grupos para fixação dos registros de identificação:

- Equipamento de ar, água e ventilação: parte superior visível.
- Equipamentos de duplicação: parte superior visível.
- Equipamentos de escritório: parte superior não visível.
- Equipamento foto cinematográfico: parte inferior visível ou de melhor adaptação.
- Equipamentos de limpeza: parte superior visível.
- Equipamento de prevenção e proteção ao fogo: parte superior visível.
- Equipamento de processamento de dados: parte superior visível.
- Equipamento elétrico: parte superior ou de melhor adaptação.
- Mobiliário de escritório: parte superior visível.
- Mobiliário hospitalar: parte superior visível.
- Mobiliário residencial: parte superior visível.

16.5 Alienação de Bens

É o ato de transferir o domínio de bens de um indivíduo ou corporação, seja por venda, por troca ou doação, para um terceiro. Ou seja, é a transferência de qualquer item de valor econômico, como: imóveis, moto, automóvel, barco, computador, filmadora, etc., que pode ser convertido em dinheiro. Nos exemplos mais comuns de alienação têm-se os títulos, contas a receber, estoque, equipamentos de escritório, imobiliária, carros e outros bens.

Importa mencionar também a existência da alienação de bens públicos, que ocorre quando a sua administração admite unicamente sua utilização e conservação segundo a destinação natural ou legal de cada coisa, e, em sentido amplo, os bens públicos devem ser alienados quando se mostrarem inúteis ou inconvenientes ao domínio público.

Para melhor compreensão, vale ressaltar que, na administração pública, a alienação está sujeita a certas regras.

Alienação de bens públicos

A alienação de bens públicos é a transferência do domínio de um bem do ente governamental para qualquer pessoa, física ou jurídica, e subordina-se sempre à existência de um interesse público devidamente justificado.

Existem cinco formas de alienação de bens pelo poder público: venda, dação em pagamento, doação, permuta, investidura.

Quando se tratar de bens imóveis, ela estará sujeita à prévia autorização legislativa. Já nas demais situações, os bens, obrigatoriamente, devem ser alienados pela modalidade de licitação leilão. Quanto aos de uso comum do povo e aos bens de uso especial, é vedada sua alienação, sob qualquer forma enquanto guardarem essa qualidade.

Alienação de bens públicos - dação em pagamento

Ato de transferência de um bem em pagamento de um débito ou uma obrigação. Depende sempre de avaliação prévia e, se tratar de bem imóvel, também de autorização legislativa. A licitação é dispensada, por tornar-se inviável.

Alienação de bens públicos – doação

Ato de transferência de um bem do poder público para o particular, mediante autorização legal e avaliação prévia (dispensada também a licitação). A título gratuito ou oneroso.

Alienação de bens públicos - investidura

Entende-se como tal a alienação aos proprietários de imóveis lindeiros (vizinhos), por preço nunca inferior ao da avaliação, de área remanescente ou resultante da obra pública, desde que se torne inaproveitável isoladamente. Além da avaliação, depende de autorização legislativa. Dessa forma, a licitação, mais uma vez, é dispensada pela legislação.

Alienação de bens públicos – permuta

Ocorre quando há interesse do Poder Público na realização de negócio com particular ou outra entidade pública. Exige que os valores dos bens envolvidos sejam compatíveis. Depende de avaliação prévia e autorização legislativa, porém, a licitação está dispensada pela Lei nº 8.666, de 1993.

Alienação de bens públicos – venda

Tratando-se de bem imóvel, será sempre precedida de autorização e de licitação, na modalidade de concorrência, conforme determina a **Lei nº 8.666, de 1993**. Não cumpridos esses requisitos, poderá ser decretada a nulidade da transação. Tratando-se de bem móvel, a mesma legislação exige que se proceda à licitação, dispensada, porém, a autorização legislativa. Em ambos os casos é forçoso realizar a correspondente avaliação.

16.6 Alterações e Baixa de Bens

→ **Baixa de um bem patrimonial:**

Só poderá ocorrer mediante autorização da administração – em documentos próprios e nas seguintes condições:

Por doação: é quando o bem patrimonial é doado definitivamente para alguma instituição pública ou privada, porém, que não pertença à empresa.

Por alienação: é quando há constatação de inservibilidade. Quando ocorre a decisão por vender o bem, a alienação será processada de forma análoga às decisões de compras previstas na norma de contratação de compras, serviços e obras referentes a material ou observando-se as disposições legais pertinentes e também com base na instrução de alienação (SEVERO FILHO, 2006).

Por perda ou extravio: é quando algum dos setores da empresa informa o setor de patrimônio que houve perda ou extravio de um determinado bem. Quando isso ocorre, imediatamente a área que promove o controle de bens patrimoniais procederá a análise sem prejuízo da apuração da responsabilidade.

Assim, de posse dos documentos da área contábil, o gestor de materiais patrimoniais irá proceder a baixa do bem patrimonial, baseando-se em dados, tais como: motivos da baixa, o favorecido e outros dados necessários para a realização do lançamento contábil.

17. SETOR DE COMPRAS

17.1 Noções Fundamentais de Compras

Muito embora todos saibam comprar, em função do cotidiano, (afinal exercemos tal prática desde que entramos em contato com algum tipo de capital, e isso ocorre em tenra idade), é necessária a conceituação da atividade, que significa procurar e providenciar a entrega de materiais, na qualidade especificada e no prazo estipulado, a um preço justo, para o funcionamento, a manutenção ou a ampliação da empresa.

Compra: é a função responsável pela obtenção do material no mercado fornecedor, interno ou externo, em termos de fornecedor/requisitante. É, ainda, a unidade organizacional que, agindo em nome das atividades requisitantes, compra o material certo, ao preço certo, na hora certa, na quantidade certa e da fonte certa (LINS, 2005).

O que comprar?

> Especificação/Descrição do Material

Quanto e Quando Comprar?

> Expectativa de consumo, disponibilidade financeira, capacidade de armazenamento e prazo de entrega.

Onde Comprar?

> É a busca da resposta no cadastro de fornecedores

Como comprar?

> Levar em consideração as normas ou manual de compras da empresa

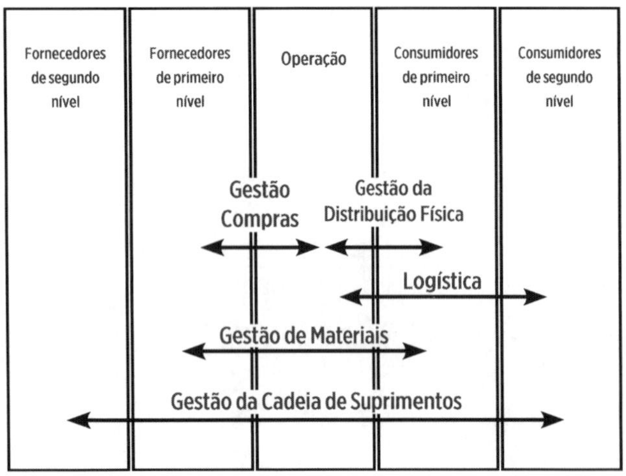

17.2 Material Certo

É importante que o comprador esteja em situação de certificar-se se o material comprado de um fornecedor está de acordo com o solicitado. O comprador deve, portanto, desenvolver um sentido técnico a fim de descobrir eventuais discrepâncias entre as cotações de um fornecedor e as especificações da Requisição de Compras. Deve ter condições de reconhecer, em uma eventual alternativa de cotação, uma economia do custo potencial ou a ideia de melhoria do produto. Evidentemente, em tais circunstâncias, a decisão final não será do consumidor, mas ele deve ter habilidade para encaminhar aos setores requisitantes ou técnicos da empresa essas sugestões.

Toda vez que uma requisição não for suficientemente clara, o comprador deverá solicitar esclarecimentos ou, se for o caso, devolvê-la a fim de que seja preenchida corretamente e de maneira que transmita exatamente o que se deseja adquirir. Em hipótese alguma, ele deve dar início a um processo de compras sem ter ideia exata de que produto quer comprar. Objetivando um melhor conhecimento do que se vai comprar, o comprador, sempre que possível, deverá entrar em contato com os setores que utilizam ou que vão utilizar o material ou serviço a ser adquirido, de que maneira, e se inteirar de todos os problemas e dificuldades que poderão ocorrer ou ocorrem quando da utilização do item solicitado. Em resumo: cada vez mais, atualmente, o comprador deve ser um técnico.

17.3 Preço Certo

Nas grandes empresas, subordinado a Compras, existe o Setor de Pesquisa e Análise de Compras. Sua função é, entre outras, a de calcular o "preço objetivo" do item (com base em desenhos e especificações). O cálculo desse "preço objetivo" é feito baseando-se no tempo de execução do item, na mão de obra direta, no custo da matéria-prima com mão de obra média no mercado; a esse valor deve-se acrescentar um, pré-calculado, de mão de obra indireta. Ao valor encontrado, soma-se o lucro. Todos esses números podem ser obtidos por meio de valores médios do mercado e do balanço e demonstrações de lucros e perdas dos diversos fornecedores.

O "preço objetivo" é que vai servir de orientação ao comprador quando de uma concorrência. No julgamento desta, duas são as possíveis situações:

Preço muito mais alto do que o "preço objetivo": nessas circunstâncias, eventualmente, o comprador poderá chamar o fornecedor e solicitar esclarecimentos ou uma justificativa do preço. Este ou está querendo ter um lucro excessivo, ou possui sistemas onerosos de fabricação, ou um mau sistema de apropriação de custos.

Preço muito mais baixo que o "preço objetivo": o menor preço não significa, hoje em dia, o melhor negócio. Se o preço do fornecedor for muito mais baixo, dois podem ser os motivos: 1) O produtor desenvolveu uma técnica de fabricação tal que conseguiu diminuir seus custos; 2) O fornecedor não soube calcular os seus custos e, nessas circunstâncias, dois problemas podem ocorrer: ou ele não descobre os seus erros e fatalmente entrará em dificuldades financeiras com possibilidades de interromper seu fornecimento, ou descobre o erro e então solicita um reajuste de preço que, na maioria das vezes, poderá ser maior que o segundo custo na concorrência original. Portanto, se o preço for muito mais baixo que o preço objetivo, o fornecedor precisa ser chamado, a fim de prestar esclarecimentos. Deve-se sempre partir do princípio fundamental de que toda empresa deve ter lucro, evidentemente, um lucro comedido, e que, portanto, não interessa que qualquer produtor tenha prejuízos. Se a instituição não tiver condições de determinar esse preço objetivo, pelo menos o consumidor deve abrir a concorrência tendo uma ideia do que vai encontrar pela frente. Nessas condições, ele deve tomar como base ou o último preço, ou, se o item for um novo, deverá fazer uma pesquisa preliminar de valores.

Nunca o comprador deve dar início a uma concorrência sem ter uma ideia do que vai receber como propostas.

17.4 Hora Certa

O desenvolvimento industrial atual e o aumento cada vez maior do número de empresas de produção em série, tornam o tempo de entrega, ou os prazos de entrega, um dos fatores mais importantes no julgamento de uma concorrência. As diversas flutuações de preços do mercado e o perigo de estoques excessivos fazem com que o comprador necessite coordenar esses dois fatores da melhor maneira possível, a fim de adquirir, na hora certa, o material para a instituição.

17.5 Quantidade Certa

A quantidade a ser adquirida é cada vez mais importante por ocasião da compra. Até pouco tempo atrás, aumentava-se a quantidade a ser adquirida objetivando melhorar o preço; entretanto, outros fatores, como custo de armazenagem, capital investido em estoques, etc., fizeram com que maiores cuidados fossem tomados na determinação da quantidade certa ou na mais econômica a ser adquirida. Para isso, foram deduzidas fórmulas matemáticas objetivando facilitar a determinação da porção a ser obtida. Contudo, qualquer que seja a fórmula ou método a ser adotado, não elimina a decisão final da Gerência de Compras com eventuais alterações dessas quantidades, devido às situações peculiares do mercado.

17.6 Fonte Certa

De nada adiantará ao comprador saber exatamente o material a adquirir, o preço certo, o prazo certo e a quantidade certa, se não puder encontrar uma fonte de fornecimento que possa agrupar todas as necessidades. A avaliação dos fornecedores e o desenvolvimento de novas fontes de fornecimento são fatores fundamentais para o funcionamento de compras. Devido a essas necessidades, o consumidor, exceto o setor de vendas da empresa, é o elemento que mantém e deve manter o maior número de contatos externos na busca, cada vez mais intensa, de ampliar o mercado de suprimento. Mais adiante será tratado com detalhes como escolher e selecionar novos fornecedores.

17.7 Função de Compras

A Função Compras é uma das mais importantes engrenagens do conjunto que denomina-se Sistema Empresa ou Organização, e dentro desse contexto é que ela deve ser considerada. Observa-se um mercado cada vez mais competitivo onde compras a preços satisfatórios podem influenciar nos rendimentos finais da organização.

Para que isso ocorra, deve-se considerar o custo, manutenção de estoques, custo de aquisição, etc. Essas observações básicas são o elemento primordial de toda ciência de compras.

São atribuições da Função de Compras:

- Cadastramento de Fornecedores;
- Coleta de Preços;
- Definição quanto ao transporte do material;
- Julgamento de Propostas;
- Diligenciamento do preço, do prazo e da qualidade do material;
- Recebimento e Colocação da Compra.

17.8 Objetivo de Compras

Certamente, a Função Compras não existe somente no momento da compra propriamente dita. Ela existe numa amplitude maior e envolve as análises e tomada de decisões, levando em consideração uma série de fatores.

Para que esses objetivos sejam atingidos, deve-se buscar alcançar as seguintes metas fundamentais:

- Atender o cronograma de produção, por meio do fornecimento contínuo de materiais;
- Estocar ao mínimo, sem comprometer a segurança da produção, desde que represente uma economia para a organização;
- Evitar multiplicidade de itens similares, o desperdício, deterioração e obsolescência;
- Manter a qualidade dos materiais conforme especificações;
- Adquirir os materiais a baixo custo sem demérito na qualidade;
- Manter atualizado o cadastro de fornecedores.

Tipos de compras

De acordo com Lins, 2005: toda e qualquer ação de compra é precedida por um desejo de consumir algo ou investir. Dessa maneira, compreende-se então que existem basicamente dois tipos de compra que podem ser levados em consideração:

Compra para investimento: enquadram-se as compras de bens e equipamentos que compõem o ativo da empresa (recursos patrimoniais).

Compras para consumo: matérias primas e materiais destinados à produção, incluindo-se a parcela de material de escritório. Algumas empresas denominam esse tipo de aquisição como compras de custeio.

As compras para consumo, segundo alguns estudiosos do assunto, subdividem-se em:

Materiais produtivos: aqueles que integram o produto final; portanto, nesse caso, matéria-prima e outros materiais que fazem parte do produto, sendo que esses diferem de indústria - em função do que é produzido.

Materiais improdutivos: aqueles que, sendo consumidos normal e rotineiramente, não integram o produto, o que quer dizer que são apenas materiais de consumo forçado ou de custeio.

Em função do local onde os produtos estão sendo adquiridos, ou de suas origens, a compra pode ser classificada como: compras locais ou compras por importação.

Compras Locais: as atividades de compras locais podem ser exercidas na iniciativa privada e no serviço público. A diferença fundamental entre tais atividades é a formalidade no serviço público e a informalidade na iniciativa privada, muito embora com procedimentos praticamente idênticos, independentemente dessa particularidade. As Leis nº 8.666/93 e 8.883/94, que envolvem as licitações no serviço público, exigem total formalidade. Seus procedimentos e aspectos legais serão detalhados em Compras no Serviço Público.

Compras por Importação: as compras por importação envolvem a participação do administrador com especialidade em comércio exterior. Seus procedimentos encontram-se expostos a contínuas modificações de regulamentos, que compreendem, entre outras, as seguintes etapas:

> Processamento de faturas pró-forma;
> Processamento junto ao Departamento de Comércio Exterior – DECEX – dos documentos necessários à importação;
> Compra de câmbio, para pagamento contra carta de crédito irrevogável;
> Acompanhamento das ordens de compra (*purchase order*) no exterior;
> Solicitação de averbações de seguro de transporte marítimo e/ou aéreo;
> Recebimento da mercadoria em aeroporto ou porto;
> Pagamento de direitos alfandegários;
> Reclamação à seguradora, quando for o caso.

Tem-se que considerar também a formalização das compras. Nesse caso, elas podem ser de dois tipos:

Compras Formais: aquisições de materiais em que é obrigatória a emissão de um documento o qual expresse diretamente a formalização do ato de compra. Existe uma estrutura a ser respeitada, as aquisições são determinadas em função de valores pré-estabelecidos e conforme o custo e a formalidade, não estando necessariamente no mesmo grau.

Compras Informais: compras que, devido ao seu valor irrisório, não justificam o processo burocrático envolvido numa compra Formal, por exemplo.

A sequência lógica de compras

O momento da compra é um momento no qual importantes decisões precisam ser tomadas, e muitas vezes de maneira rápida, devido ao movimento do próprio mercado.

Para que se tenha sucesso é preciso conhecer, e de certa forma antever, a resposta para cinco perguntas básicas que compõe a lógica de qualquer compra.

O que comprar? Quando fazemos essa pergunta, estamos esperando exatamente a Especificação/Descrição do Material. Normalmente ela será respondida pelo requisitante. Ele pode fazê-la de maneira independente ou estar apoiado por áreas técnicas ou até mesmo pelo setor de compras.

Quanto e Quando comprar? É função direta da expectativa de consumo, disponibilidade financeira, capacidade de armazenamento e prazo de entrega. A maior parte das variáveis acima deve ser determinada pelo órgão de material ou suprimento no setor denominado Gestão de Estoques. A disponibilidade financeira deve ser determinada pelo orçamento financeiro da Empresa; a capacidade de armazenamento é limitada pela própria condição física da Empresa.

Onde comprar? A melhor e mais segura alternativa é a busca da resposta no Cadastro de Fornecedores. Aqui entra a responsabilidade do órgão de compras: criar e manter um cadastro seguro (qualitativamente) e numericamente adequado dentro da realidade contextual (quantitativamente). Como suporte alimentador do cadastro de fornecedores, deve figurar o usuário de material ou equipamentos e, logicamente, os próprios compradores.

Como comprar? A melhor resposta é levar em consideração as Normas ou Manual de Compras da Empresa.

Essas Normas deverão retratar praticamente a política de compras na qual se fundamenta a Instituição. Originadas e definidas pela Cúpula Administrativa, deverão mostrar, entre outras, competência para comprar, contratação de serviços, tipos de compras, fórmulas para reajustes de preços, formulários e rotinas de compras, etc.

Outros fatores

Além das respostas às perguntas básicas, o comprador com base na sua experiência e conhecimento deve procurar e sentir em cada compra qual fator que a influência mais, a fim de que possa ponderar melhor o seu julgamento. Os fatores de maior influência na compra são: Preço, Prazo, Qualidade, Prazos de Pagamento e Assistência Técnica.

17.9 Organização do Serviço de Compras

Quando aborda-se o setor de Compras, deve-se considerar que as compras podem ser centralizadas ou não. O que definirá essa necessidade será o tipo de empreendimento.

Possuir um Comitê de Compras é uma prática muito utilizada; nesse caso, as pessoas de todas as áreas da empresa participam das decisões. As vantagens da centralização dos serviços são sempre postas em dúvida pelos departamentos que necessitam de materiais, mas, modo geral, ela apresenta aspectos realmente positivos, pela redução dos preços médios de aquisição, apesar de, em certos tipos de compras, ser mais aconselhável a aquisição descentralizada.

Centralização das compras

Mantém-se um departamento separado para compras em quase todas as empresas. Isso acontece em função da padronização e custos. Dessa forma, somente alguns materiais são delegados a aquisição, normalmente os de uso mais insignificante.

A instituição que atua em diversos locais distintos não necessariamente deve centralizar compras em um único local. Sendo assim procede-se a uma análise e, se a mesma for favorável, deve-se regionalizar as compras, visando um atendimento mais rápido e um custo menor de transporte.

O abastecimento centralizado oferece as seguintes vantagens:

> Melhor aproveitamento das verbas para compras: a concentração das verbas para compras aumenta o poder de barganha;
> Melhor controle por parte da direção;
> Melhor aproveitamento de pessoal;
> Melhoramento das relações com fornecedores.

Há também aqueles que defendem a descentralização, a qual também apresenta pontos positivos:

Adequação da compra devido ao conhecimento dos problemas específicos da área onde o comprador exerce sua atividade.

Menor estoque e com uma variedade mais adequada, por causa de peculiaridades regionais da qualidade, quantidade e variedade.

Coordenação, em virtude do relacionamento direto com o fornecedor, levando a unidade operacional a atuar de acordo com as necessidades regionais.

Flexibilidade proporcionada pelo menor tempo de tramitação das ordens, provocando menores faltas.

Seleção de fornecedores

A escolha de um fornecedor é uma das atividades fundamentais e prerrogativa exclusiva de Compras. Afinal, um bom fornecedor é o responsável por garantir que todas aquelas cláusulas solicitadas, quando de uma compra, sejam cumpridas. O comprador deve procurar, de todas as maneiras, aumentar o número de produtores em potencial a serem consultados, de maneira que se tenha certeza de que o melhor negócio foi executado em benefício da empresa. O processo de seleção das fontes de fornecimento não se restringe a uma única ocasião, ou seja, quando é necessária a aquisição de determinado material.

A atividade deve ser exercida de forma permanente e contínua, por meio de várias etapas, entre as quais destacam-se as seguintes:

Primeira etapa: levantamento e pesquisa de mercado

Estabelecida a necessidade da aquisição para determinado material, é necessário levantar e pesquisar fornecedores em potencial. O levantamento poderá ser realizado por meio dos seguintes instrumentos:

- Cadastro de Fornecedores do Órgão de Compras.
- Edital de Convocação.
- Guias Comerciais e Industriais.
- Catálogos de Fornecedores.
- Revistas Especializadas.
- Catálogos Telefônicos.
- Associações Profissionais e Sindicatos Industriais.

Segunda etapa: análise e classificação

Compreende a análise dos dados cadastrais do fornecedor e a respectiva classificação quanto aos tipos de materiais a fornecer, bem como, a eliminação daqueles que não satisfizerem as exigências da empresa.

Terceira etapa: avaliação de desempenho

Essa etapa é efetuada pós-cadastramento e nela faz-se o acompanhamento do fornecedor quanto ao cumprimento do contratado, servindo, não raras vezes, como elemento de eliminação das empresas fornecedoras.

17.10 Compras X Custos Industriais

Atualmente a função de compras tem sido desenvolvida dentro de um novo sistema de maturidade, com técnicas mais sofisticadas.

Um dos aspectos que devem merecer muita atenção são os custos industriais, que representam percentual considerável na composição final do preço de venda.

Custo Industrial: Custo de Aquisição + Custo de Transformação.

O controle da eficiência dos custos de transformação já são perfeitamente realizados por meio de técnicas consagradas, entretanto, o controle da eficiência de aquisição constitui um problema de difícil equacionamento, principalmente em virtude de a atividade de aquisição estar voltada para fora da empresa e sujeita a um sem-número de fatores ainda não controláveis.

Muitos estudos têm mostrado que os gastos relativos a compras em empresas de manufatura podem alcançar mais de 50% da receita líquida.

Cuidados ao comprar

O Professor Wendell Léo Castellano cita em "Administração de Materiais e Recursos Patrimoniais":

"O processo de produção inicia-se com planejamento das vendas, estabelecimento de uma política de estoque de produtos acabados e listagem dos itens e quantidades de produtos a serem fabricados, quantidades essas distribuídas ao longo de um cronograma de produção.

Um sistema de planejamento de produção fixa as quantidades a comprar somente na etapa final da elaboração do plano de produção. As quantidades líquidas a comprar serão apuradas pela desagregação das fichas de produção e, em especial, pela listagem de materiais necessários para compor cada unidade de produto a ser produzido. Será necessário comparar as necessidades de materiais com as existências nos estoques de matérias-primas, para se apurar as necessidades líquidas distribuídas no tempo, conforme o cronograma de produção necessária para atender ao planejamento de vendas.

Entretanto, a execução da compra será a primeira etapa executiva do programa de produção. O término da programação e o início das atividades de compra caracterizam-se, portanto, como uma área com muitas facilidades de conflitos, conflitos esses sempre agravados pelos atrasos normais e habituais do planejamento.

As pressões exercidas pelos setores de produção e faturamento reforçam ainda mais a probabilidade de atritos na área de compras. Nesse momento todos se esquecem dos atrasos no planejamento das vendas e na programação da produção.

Outro aspecto interessante do relacionamento dentro da área de compras é a inversão curiosa de atitude que se processa entre o comprador e o vendedor após a emissão do pedido. A posição inicial de vendedor é sempre solicitante e o comprador nessa fase poderá usar seus recursos de pressão para forçar o vendedor a chegar às condições ideais para a empresa.

Uma vez emitido o pedido, o comprador perde sua posição de comando e passa a uma atitude de expectativa. Procurará, de agora em diante, adotar uma atitude de vigilância, procurando cuidar para que os fornecimentos sejam feitos e os prazos cumpridos."

Cotação de preços

O depto. de Compras, com base nas solicitações de mercadorias, efetua a cotação dos produtos requisitados. Depois de efetuadas, o órgão competente analisa qual a proposta mais vantajosa, levando em consideração os seguintes itens:

> Prazo de pagamento;

> Valor das parcelas.

O pedido de compra

Após o término da fase de cotação de preços dos materiais e análise da melhor proposta para fornecimento, o setor de Compras emite o pedido de compras para a empresa escolhida. Esse pedido deverá ter com clareza a descrição do material a ser comprado, bem como as descrições técnicas, para que não ocorram as frequentes dúvidas que comumente acontecem.

Preferencialmente, a requisição deverá ser emitida em 3 vias, sendo as 1ª e 2ª vias enviadas ao fornecedor, o qual colocará "ciente" na 2ª via e a devolverá, o que passará a ter força de contrato, funcionando como um "instrumento particular de compromisso de compra e venda". A 3ª via funciona como *follow up* do pedido.

O recebimento dos materiais

No recebimento dos materiais solicitados, alguns principais aspectos deverão ser considerados:

> **Especificação técnica:** conferência das especificações pedidas com as recebidas;

> **Qualidade dos materiais:** conferência física do material recebido;

> **Quantidade:** executar contagem física dos materiais ou utilizar técnicas de amostragem quando for inviável a contagem um a um.

> **Preço:**

> **Prazo de entrega**: conferência se o prazo está dentro do estabelecido no pedido;

> **Condições de pagamento**: conferência com relação ao pedido.

Ética em compras

O problema da conduta ética é comum em todas as profissões, porém, em algumas delas, como a dos médicos, engenheiros e compradores, assume uma dimensão mais relevante. A abordagem mais profunda do assunto leva invariavelmente ao estudo do comportamento humano no seu ambiente de trabalho, que está fora do escopo aqui proposto.

Abordando a questão mais na sua forma operacional, entende-se que o assunto deva ser resolvido por meio do estabelecimento de regras de conduta devidamente estabelecidas, divulgadas, conhecidas e praticadas por todos os envolvidos, procurando fixar limites claros entre o "legal" e o "moral".

Assim, esses aspectos são extremamente importantes para aqueles que atuam em Compras, fazendo com que muitas empresas estabeleçam um "código de conduta ética" para todos os seus colaboradores.

No setor de Compras o problema aflora com maior intensidade devido aos altos valores monetários envolvidos, relacionados com critérios muitas vezes subjetivos de decisão. Saber até que ponto uma decisão de comprar seguiu rigorosamente um padrão técnico, em que prevaleça o interesse da empresa, ou se a barreira ética foi quebrada, prevalecendo aí interesses outros, é extremamente difícil. O objetivo de um código de ética é estabelecer os limites de uma forma mais clara possível, e que tais limites sejam também de conhecimento dos fornecedores, pois, dessa forma, poderão reclamar quando se sentirem prejudicados. Outro aspecto importante é que esse código de ética seja válido tanto para vendas quanto para compras.

Não é correto uma empresa comportar-se de uma forma quando compra e de outra quando vende. Os critérios devem ser compatibilizados e de conhecimentos de todos os colaboradores. É comum empresas incluírem, nos documentos que o funcionário assina ao ser admitido, um código de conduta (ou de ética) que deva ser seguido, sob pena de demissão por justa causa.

O problema ético de Compras não se restringe aos compradores, mas também ao pessoal da área técnica, que normalmente especifica o bem a ser comprado. É normal encontrar especificações tão detalhadas, e muitas vezes mandatórias, que praticamente restringem o fornecedor a uma única empresa. Isso é eticamente correto? Mais uma vez o problema aflora. E o comprador, nesse caso, o que pode fazer? Cabe à gerência e à alta direção da empresa ficarem atentas a todos esses aspectos, questionando sempre a validade das especificações e a sua justificativa.

E quanto aos "presentes", "lembranças", "brindes", como agendas, canetas, malas e convites, que normalmente são distribuídos, por exemplo, ao pessoal de Compras, do controle da qualidade e da área técnica?

Como abordar esse assunto? Deve ser permitido que recebam? A melhor forma de abordar o assunto é definir, da forma mais clara possível, um código de conduta, de conhecimento de todos, pois não há dúvida de que aquele que dá presentes tem a expectativa de ser "lembrado". Quando o presente tem maior valor, maior será a obrigação de retribuição.

Deve também ficar claro para os compradores como agir no trato com empresas que, sistematicamente, com política própria, oferecem uma "comissão". Devem tais instituições ser excluídas entre as licitantes? As comissões devem ser incorporadas como forma de desconto nos preços propostos? E os outros fornecedores, como ficam? Enfim, esses aspectos devem ser abordados no código de ética.

Toda essa questão fica mais grave quando a figura do suborno aparece. A intenção premeditada é a essência do suborno, ninguém é subornado por acidente. Nesses casos, uma vez consumado o delito, o assunto já passa para a alçada judicial. Não é raro se ler nos jornais situações em que empresas demitem, de uma só vez, até mesmo todos os componentes de seu setor de Compras. Por exemplo, já foi manchete da Gazeta Mercantil o fato de a Fiat brasileira ter demitido "oito funcionários da área de compras – alguns com cargos de gerência - acusados de estar recebendo propinas e presentes de fornecedores", além de suspeitas de superfaturamentos ou desvio de dinheiro.

No setor público, todo processo de licitação é claramente definido por meio de legislação específica (Lei 8.666/93), cujo fim precípuo é resguardar os interesses do Estado.

Outro aspecto concernente à ética em Compras é o manuseio de informações, como o repasse dos critérios de julgamento e dados contidos nas propostas já entregues a um outro fornecedor que ainda está elaborando a sua. Esse comportamento aético leva a situações em que produtores altamente qualificados se neguem a apresentar propostas a "clientes" não confiáveis. Estabelece-se assim uma relação de desconfiança que prejudica a todos, isto é, todos perdem.

A fim de evitar essas situações, mais uma vez o código de ética entra em cena. A empresa precisa estabelecer políticas claras sobre as informações que devem ser manuseadas.

Pode-se inferir que a área de Compras, outrora restrita à atividade de aquisição, atualmente é parte de um processo complexo que engloba outros setores que executam papel estratégico na organização.

Contudo, apesar da função Compras ser mais relevante em algumas empresas do que em outras, em qualquer organização ela deve receber real atenção, visando que pode significar uma grande minimização dos custos.

Nesse cenário, o exercício da compra deve ser posicionado no processo de suprimentos como uma poderosa ferramenta de melhoria na lucratividade da empresa. Sendo que, para tanto, o profissional deve primar pela qualidade, bem como quantidade almejada, fazendo a melhor opção na escolha dos fornecedores.

18. ÉTICA NO SERVIÇO PÚBLICO

Nesta unidade, trabalharemos o seguinte conteúdo: Ética e moral; Ética, princípios e valores; Ética e democracia: exercício da cidadania; Ética e função pública; Ética no setor público: Código de Ética Profissional do Serviço Público (Decreto nº 1.171/1994). Acrescentamos, ao final, o Decreto nº 6.029/2007, que revogou o Decreto nº 1.171/1994 em parte, e que, muito embora não seja mencionado no edital, tem sido cobrado.

O Código de Ética Profissional do Serviço Público (Decreto nº 1.171/1994) contempla essencialmente duas partes.

A primeira, dita de ordem substancial (fundamental), fala sobre os princípios morais e éticos a serem observados pelo servidor, e constitui o Capítulo I, que abrange as regras deontológicas (Seção I), os principais deveres do servidor público (Seção II), bem como as vedações (Seção III).

Já a segunda parte, de ordem formal, dispõe sobre a criação e funcionamento de Comissões de Ética, e constitui o Capítulo II, que trata das Comissões de Ética em todos os órgãos do Poder Executivo Federal (Exposição de Motivos nº 001/94-CE).

Este conteúdo, referente ao Código de Ética Profissional do Serviço Público, considerando os últimos conteúdos cobrados, é um dos mais relevantes e que mais deve ser estudado.

18.1 Ética e Moral

Ética

A palavra "ética" vem do grego *ethos*, que significa "modo de ser" ou "caráter" (índole).

Ética → do grego *ethos* → caráter

A ética é a parte da filosofia que estuda a moralidade das ações humanas, isto é, se são boas ou más. É uma reflexão crítica sobre a moralidade.

A ética faz parte do nosso dia a dia. Em todas as nossas ações e também relações, em algum grau, utilizamos nossos valores éticos. Isso não quer dizer que o homem já nasça com consciência plena do que é bom ou mau. Essa consciência existe, mas se desenvolve a partir do relacionamento com o meio e do autodescobrimento.

> A ética pode ser definida como a teoria ou a ciência do comportamento moral, que busca explicar, compreender, justificar e criticar a moral ou as morais de uma sociedade. Compete à ética chegar, por meio de investigações científicas, à explicação de determinadas realidades sociais, ou seja, ela investiga o sentido que o homem dá a suas ações para ser verdadeiramente feliz. A ética é, portanto, filosófica e científica.

De acordo com o autor espanhol, Adolfo Vázquez, a ética representa uma abordagem científica sobre as constantes morais, ou seja, refere-se àquele conjunto de valores e costumes mais ou menos permanente no tempo e no espaço. Em outras palavras, a ética é a ciência da moral, isto é, de uma esfera do comportamento humano.

Mas a Ética não é puramente teoria; é um conjunto de princípios e disposições voltados para a ação, historicamente produzidos, cujo objetivo é balizar (limitar) as ações humanas.

Todavia, segundo Vázquez, não cabe à ética formular juízos de valor sobre a prática moral de outras sociedades, ou de outras épocas, em nome de uma moral absoluta e universal, mas deve antes explicar a razão de ser desta pluralidade e das mudanças de moral; isto é, deve esclarecer o fato de os homens terem recorrido a práticas morais diferentes e até opostas.

Em um sentido mais amplo, a ética engloba um conjunto de regras e preceitos de ordem valorativa, que estão ligados à prática do bem e da justiça, aprovando ou desaprovando a ação dos homens de um grupo social ou de uma sociedade.

Em suma, a ética é um conjunto de normas que rege a boa conduta humana.

Para que uma conduta possa ser considerada ética, três elementos essenciais devem ser ponderados: a ação (ato moral), a intenção (finalidade), e as circunstâncias (consequências) do ato. Se um único desses três elementos não for bom, correto e certo, o comportamento não é ético.

A norma ética é aquela que prescreve como o homem deve agir. Possui, como uma de suas características, a possibilidade de ser violada, ao contrário da norma legal (lei).

A ética não deve ser confundida com a lei, embora, com certa frequência, a lei tenha como base princípios éticos. Ao contrário da lei, nenhum indivíduo pode ser compelido, pelo Estado ou por outros indivíduos, a cumprir as normas éticas, nem sofrer qualquer sanção pela desobediência a estas.

Para o autor Lázaro Lisboa, a ética tem por objeto o comportamento humano no interior de cada sociedade, e o estudo desse comportamento com o fim de estabelecer níveis aceitáveis que garantam a convivência pacífica dentro das sociedades e entre elas, constitui o objetivo da Ética. (LISBOA; MARTINS, 2011).

O estudo da ética demonstra que a consciência moral nos inclina para o caminho da virtude, que seria uma qualidade própria da natureza humana. Logo, um homem para ser ético precisa necessariamente ser virtuoso, ou seja, praticar o bem usando a liberdade com responsabilidade constantemente.

Segundo a classificação de Eduardo Garcia Maýnez, são quatro as formas de manifestação do pensamento ético ocidental:

- Ética empírica.
- Ética dos bens.
- Ética formal.
- Ética de valores.

A Ética empírica está dividida em:

Ética Anarquista: só tem valor o que não contraria as tendências naturais.

Ética Utilitarista: é bom o que é útil.

Ética Ceticista: não se pode dizer com certeza o que é certo ou errado, bom ou mau, pois ninguém jamais será capaz de desvendar os mistérios da natureza.

Ética Subjetivista: "o homem é a medida de todas as coisas existentes ou inexistentes" (Protágoras).

Já a Ética dos bens divide-se em:

Ética Socrática: para Sócrates (469 - 399 a.C.), o supremo bem, a virtude máxima é a sabedoria. As duas máximas de Sócrates são: "Só sei que nada sei" e "Conhece-te a ti mesmo".

Ética Platônica: para Platão (427 - 347 a.C), todos os fenômenos naturais são meros reflexos de formas eternas, imutáveis, sugerindo o "mundo das ideias".

Ética Aristotélica: para Aristóteles (384 - 322 a.C.), a felicidade só pode ser conseguida com a integração de suas três formas: prazer, virtude (cidadania responsável), sabedoria (filosofia/ciência).

Ética Epicurista: para Epicuro (341 - 270 a.C.), o bem supremo é a felicidade, a ser atingido por meio dos prazeres (eudaimonismo hedonista) e os do espírito são mais elevados que os do corpo. Seu objetivo maior era afastar a dor e os sofrimentos.

Ética Estóica: Zenão (300 a.C.) fundou esta filosofia que ensina a ética da virtude como fim: o estóico não aspira ser feliz, mas ser bom.

Para a ética formal, segundo Kant, uma ação é boa, tem valor, deve ser feita, se obedece o "princípio categórico", que está baseado na ideia do dever (vale sempre e é uma ordem).

Por fim, para a ética de valores, uma ação é boa (e consequentemente é um dever) se estiver fundamentada em um valor.

Moral

Os romanos traduziram o ethos grego para o latim mos, de onde vem a palavra "moral".

O termo "moral", portanto, deriva do latim "mos" ou "mores", que significa "costume" ou "costumes (VÁZQUEZ, 2011).

Moral → do latin *MOS* ou *MORES* →
Costume ou Costumes

A moral é definida como o conjunto de normas, princípios, preceitos, costumes, valores que norteiam o comportamento do indivíduo no seu grupo social. A moral é normativa.

Em outras palavras, a moral é um conjunto de regras de conduta adotadas pelos indivíduos de um grupo social e tem a finalidade de organizar as relações interpessoais segundo os valores do bem e do mal.

A moral é a "ferramenta" de trabalho da ética. Sem os juízos de valor aplicados pela moral seria impossível determinar se a ação do homem é boa ou má.

A moral ocupa-se basicamente de questões subjetivas, abstratas e de interesses particulares do indivíduo e da sociedade, relacionando-se com valores ou condutas sociais.

A moral possui, portanto, um caráter subjetivo, que faz com que ela seja influenciada por vários fatores, alterando, assim, os conceitos morais de um grupo para outro. Esses fatores podem ser sociais, históricos, geográficos etc. Observa-se, então, que a moral é dinâmica, ou seja, ela pode mudar seus juízos de valor de acordo com o contexto em que esteja inserida.

Sendo assim, para Vázquez a moral é mutável e varia historicamente, de acordo com o desenvolvimento de cada sociedade e, com ela, variam os seus princípios e as suas normas. Ela norteia os valores éticos na Administração Pública.

Aristóteles, em seu livro "A Política", assevera que "os pais sempre parecerão antiquados para os seus filhos". Essa afirmação demonstra que, na passagem de uma geração para outra, os valores morais mudam.

Para que um ato seja considerado moral, ou seja, bom, deve ser livre, consciente, intencional e solidário. O ato moral tem, em sua estrutura, dois importantes aspectos: o normativo e o factual. O normativo são as normas e imperativos que enunciam o "dever ser". Ex.: cumpra suas obrigações, não minta, não roube etc. O factual são os atos humanos que se realizam efetivamente, ou seja, é a aplicação da norma no dia a dia, no convívio social.

Apesar de se assemelharem, e mesmo por vezes se confundirem, ética e moral são termos aplicados diferentemente. Enquanto o primeiro trata o comportamento humano como objeto de estudo e normatização, procurando tomá-lo de forma mais abrangente possível, o segundo se ocupa de atribuir um valor à ação. Esse valor tem como referências as normas e conceitos do que vem a ser bom ou mau, baseados no senso comum.

No contexto da ação pública, ética e moral não são considerados termos sinônimos. Portanto, não devem ser confundidos.

Enquanto a ética é teórica e busca explicar e justificar os costumes de uma determinada sociedade, a moral é normativa. Enquanto a ética tem caráter científico, a moral tem caráter prático imediato, visto que é parte integrante da vida cotidiana das sociedades e dos indivíduos. A moral é a aplicação da ética no cotidiano, é a prática concreta. A moral, portanto, não é ciência, mas objeto da ciência; e, neste sentido, é por ela estudada e investigada.

18.2 Ética: Princípios e Valores

Princípios

Segundo o dicionário Houaiss, princípio pode ser considerado o primeiro momento da existência (de algo) ou de uma ação ou processo. Pode também ser definido como um conjunto de regras ou código de (boa) conduta, com base no qual se governa a própria vida e ações.

Dados esses conceitos, percebe-se que os princípios que regem a conduta em sociedade são aqueles conceitos ou regras que se aprendem por meio do convívio, passados de geração para geração.

Esses conhecimentos se originaram, em algum momento, no grupo social em que estão inseridos, convencionando-se que sua aplicação é boa, e assim aceita pelo grupo.

Quando uma pessoa afirma que determinada ação fere seus princípios, ela está se referindo a um conceito ou regra, que foi originado em algum momento em sua vida ou na vida do grupo social em que está inserida, e que foi aceito como ação moralmente boa.

Valores

O conceito de valor tem sido investigado e definido em diferentes áreas do conhecimento (filosofia, sociologia, ciências econômicas, "marketing" etc).

Os valores são as normas, princípios ou padrões sociais aceitos ou mantidos por indivíduos, classe ou sociedade. Dizem, portanto, respeito a princípios que merecem ser buscados.

O valor exprime uma relação entre as necessidades do indivíduo (respirar, comer, viver, posse, reproduzir, prazer, domínio, relacionar, comparar) e a capacidade das coisas, objetos ou serviços de satisfazê-las.

É na apreciação desta relação que se explica a existência de uma hierarquia de valores, segundo a urgência/prioridade das necessidades e a capacidade dos mesmos objetos para as satisfazerem, diferenciadas no espaço e no tempo.

Nas mais diversas sociedades, independentemente do nível cultural, econômico ou social em que estejam inseridas, os valores são fundamentais para se determinar quais são as pessoas que agem tendo por finalidade o bem.

O caráter dos seres, pelo qual são mais ou menos desejados ou estimados por uma pessoa ou grupo, é determinado pelo valor de suas ações.

Todos os termos que servem para qualificar uma ação ou o caráter de uma pessoa têm um peso bom e um peso ruim. Cite-se, como exemplo, os termos verdadeiro e falso, generoso e egoísta, honesto e desonesto, justo e injusto. Os valores dão "peso" à ação ou ao caráter de uma pessoa ou grupo.

Kant afirmava que toda ação considerada boa moralmente deveria ser universal, ou seja, ser boa em qualquer tempo e em qualquer lugar. Infelizmente o ideal kantiano de valor e moralidade está muito longe de ser alcançado, pois as diversidades culturais e sociais fazem com que o valor dado a determinadas ações mude de acordo com o contexto.

O complexo de normas éticas se alicerça em valores, normalmente designados valores do "bem".

"Valores éticos são indicadores da relevância ou do grau de atendimento aos princípios éticos". Por exemplo, a dignidade da pessoa sugere e exige que se valorize o respeito às pessoas.

Esses valores éticos só podem ser atribuídos a pessoas, pois elas são os únicos seres que agem com conhecimento de certo e errado, bem e mal, e com liberdade para agir. Algumas condutas podem ferir os valores éticos.

A prática constante de respeito aos valores éticos conduz as pessoas às virtudes morais." ALONSO, Felix Ruiz; LÓPEZ, Francisco Granizo; CASTRUCCI, Plínio de Laura - Curso de Ética em Administração. São Paulo: Atlas, 2008. (Adaptado).

18.3 Ética e Democracia: Exercício da Cidadania

Ética e democracia

O Brasil ainda caminha a passos muito lentos no que diz respeito à ética, principalmente no cenário político.

Vários são os fatores que contribuíram para esta realidade, dentre eles, principalmente, os golpes de Estado, a saber, o Golpe de 30 e o Golpe de 64.

Durante o período em que o país vivenciou a ditadura militar e em que a democracia foi colocada de lado, tivemos a suspensão do ensino da filosofia e, consequentemente, da ética, nas escolas e universidades, e além disso, os direitos políticos do cidadão suspensos, a liberdade de expressão caçada e o medo da repressão.

Como consequência dessa série de medidas autoritárias e também arbitrárias, nossos valores morais e sociais foram perdendo espaço para os valores que o Estado queria impor, levando a sociedade a uma espécie de "apatia" social.

Nos dias atuais, estamos presenciando uma nova fase em nosso país, no que tange à aplicabilidade das leis e da ética no poder.

Os crimes de corrupção envolvendo desvio de dinheiro estão sendo mais investigados e a polícia tem trabalhado com mais liberdade de atuação em prol da moralidade e do interesse público, o que tem levado os agentes públicos a refletir mais sobre seus atos antes ainda de praticá-los.

Essa nova fase se deve principalmente à democracia, implantada como regime político com a Constituição de 1988.

Etimologicamente, o termo democracia vem do grego demokratía, em que kratía significa governo e demo, povo. Logo, a democracia, por definição, é o "governo do povo".

A democracia confere ao povo o poder de influenciar na administração do Estado. Por meio do voto, o povo é que determina quem vai ocupar os cargos de direção do Estado. Logo, insere-se nesse contexto a responsabilidade tanto do povo, que escolhe seus dirigentes, quanto dos escolhidos, que deverão prestar contas de seus atos no poder.

A ética exerce papel fundamental em todo esse processo, regulamentando e exigindo dos governantes comportamento adequado à função pública, que lhe foi confiada por meio do voto, e conferindo ao povo as noções e os valores necessários tanto para o exercício e cobrança dos seus direitos quanto para atendimento de seus deveres.

É por meio dos valores éticos e morais - determinados pela sociedade - que podemos perceber se os atos cometidos pelos ocupantes de cargos públicos estão visando ao bem comum e ao interesse público.

Exercício da cidadania

Em se tratando do exercício da cidadania, podemos afirmar que todo cidadão tem direito a exercer a cidadania, isto é, seus direitos de cidadão; direitos esses garantidos constitucionalmente.

Direitos e deveres andam juntos no que tange ao exercício da cidadania. Não se pode conceber um direito que não seja precedido de um dever a ser cumprido; é uma via de mão dupla.

Os direitos garantidos constitucionalmente, individuais, coletivos, sociais ou políticos, são precedidos de responsabilidades que o cidadão deve ter perante a sociedade. Por exemplo, a Constituição garante o direito à propriedade privada, mas exige-se que o proprietário seja responsável pelos tributos que o exercício desse direito gera, como, por exemplo, o pagamento do Imposto Predial e Territorial Urbano (IPTU).

Exercer a cidadania, por consequência, é ser probo (íntegro, honrado, justo, reto), agir com ética assumindo a responsabilidade que advém de seus deveres enquanto cidadão inserto no convívio social.

18.4 Ética e Função Pública

Função pública é a competência, atribuição ou encargo para o exercício de determinada função. Ressalta-se que essa função não é livre, devendo, portanto, estar o seu exercício sujeito ao interesse público, ou seja, da coletividade.

No exercício das mais diversas funções públicas, os servidores devem respeitar, além das normatizações vigentes nos órgãos e entidades públicas que regulamentam e determinam a forma de agir dos agentes públicos, os valores éticos e morais que a sociedade impõe para o convívio em grupo. A não observação desses valores acarreta uma série de erros e problemas no atendimento ao público e aos usuários do serviço, o que contribui de forma significativa para uma imagem negativa do órgão ou entidade e também do serviço público.

O padrão ético dos servidores públicos, no exercício da função pública, advém de sua natureza, ou seja, do caráter público e de sua relação com o público.

O servidor deve estar atento a esse padrão não apenas no exercício de suas funções, mas também na vida particular. O caráter público do seu serviço deve se incorporar à sua vida privada, a fim de que os valores morais e a boa-fé, amparados constitucionalmente como princípios básicos e essenciais a uma vida equilibrada, sejam inseridos e se tornem uma constante em seu relacionamento com os usuários do serviço bem como com os colegas.

Os princípios constitucionais devem ser observados para que a função pública se integre de forma indissociável ao direito. Os princípios são:

Legalidade: todo ato administrativo deve seguir fielmente os meandros da lei.

Impessoalidade: aplicado como sinônimo de igualdade – todos devem ser tratados de forma igualitária e respeitando o que a lei prevê.

Moralidade: respeito ao padrão moral para não comprometer os bons costumes da sociedade.

Publicidade: refere-se à transparência de todo ato público, salvo os casos previstos em lei.

Eficiência: ser o mais eficiente possível na utilização dos meios que são postos a sua disposição para a execução do seu mister (cargo ou função).

Ética no setor público

As questões éticas estão cada vez mais em voga na cena pública brasileira, dada à multiplicação de casos de corrupção e, sobretudo, à reação da sociedade frente a um tal grau de desmoralização das relações políticas e sociais.

Com os escândalos e denúncias de corrupção expostas pela mídia, refletir sobre essas questões traz à tona os conceitos éticos que envolvem a busca por melhores ações tanto na vida pessoal como na vida pública.

A ética é pautada na conduta responsável das pessoas. Daí a importância da escolha de um político com esse caráter, a fim de diminuir o mau uso da máquina pública e evitar que se venha auferir ganhos e vantagens pessoais.

Porém, as normas morais apenas fornecem orientações, cabendo ao político determinar quais são as exigências e limitações e decidir pela melhor alternativa de ação, que detém a responsabilidade em atender as demandas, no papel de representantes democráticos, com integridade e eficiência.

Durante as últimas décadas, o setor público foi alvo, tanto por parte da mídia quanto do senso comum vigente, de um processo deliberado de formação de uma caricatura, que transformou sua imagem no estereótipo de um setor muito burocrático, que não funciona e custa caro à população.

O cidadão, mesmo bem atendido por um servidor público, não consegue sustentar uma boa imagem do servidor e também do serviço público, pois o que faz a imagem de um órgão ou entidade pública parecer boa diante da população é o atendimento de seus funcionários, e por mais que os servidores sérios e responsáveis se esforcem, existe uma minoria que consegue facilmente acabar com todos os esforços levados a cabo por aqueles bons funcionários.

Nesse ponto, a ética se insere de maneira determinante para contribuir e melhorar a qualidade do atendimento, inserindo no âmbito do poder público os princípios e regras necessários ao bom andamento do serviço e ao respeito aos usuários.

Os novos códigos de ética, além de regulamentar a qualidade e o trato dispensados aos usuários e ao serviço público e de trazer punições para os que descumprem as suas normas, também têm a função de proteger a imagem e a honra do servidor que trabalha seguindo fielmente as regras nele contidas, contribuindo, assim, para uma melhoria na imagem do servidor e do órgão ou entidade perante a população.

Em se tratando da ética no serviço público, destacamos o Código de Ética Profissional do Servidor Público do Poder Executivo Federal, aprovado pelo Decreto nº 1.171, de 22 de junho de 1994, que foi revogado em parte pelo Decreto nº 6.029, de 1º de fevereiro de 2007, que institui Sistema de Gestão da Ética do Poder Executivo Federal. Ambos os Decretos seguem na íntegra.

19. CONTRATOS

Para conceituarmos os contratos administrativos, em primeiro lugar, devemos isolar as palavras. A partir de então, podemos definir:

Contratos: são acordos de vontades, manifestações bilaterais que formam um vínculo jurídico entre as partes, estipulando obrigações recíprocas para o atingimento de determinado objetivo comum.

Os contratos podem ser classificados como contratos públicos e contratos privados.

Contratos Privados: são contratos regulados integralmente pelo direito privado. A principal característica dos contratos privados é a absoluta igualdade entre as partes.

Contratos Públicos: são contratos regulados predominantemente pelo direito público, mas com observância de algumas regras gerais relativas ao direito privado. Em um contrato público, predomina a relação da desigualdade entre as partes, pois dentre de um contrato público figura alguma entidade da Administração Pública e tal entidade é dotada de poderes especiais que a outra parte (particular) não possui e obrigatoriamente deve aceitar.

Os contratos, sejam eles públicos ou privados, são acordos de vontades, ou seja, são manifestações bilaterais de vontade.

Os contratos administrativos são públicos, e a diferença marcante entre os contratos administrativos e os privados é que aqueles são regidos predominantemente por um regime jurídico de direito público e estes são predominantemente regidos por normas de direito privado.

O jurídico de direito público dos contratos administrativos se manifesta por meio da existência das cláusulas exorbitantes, que serão vistas logo adiante.

Apesar de os contratos administrativos serem regidos predominantemente por um regime jurídico de direito público, aplica-se a esses a teoria geral dos contratos, na qual se manifesta o núcleo de disposições de direito privado dos contratos administrativos.

Em algumas situações, a administração celebra contratos que são regidos precipuamente por normas de direito privado, nesse caso, temos os contratos da administração.

→ **Contratos Administrativos:** regidos predominantemente por normas de direito público, ou seja, normas de direito privado e normas de direito público (cláusulas exorbitantes).

→ **Contratos da Administração:** regidos predominantemente por normas de direito privado.

19.1 Conceito

Segundo o parágrafo único do Art. 2º da Lei 8.666, considera-se contrato todo e qualquer ajuste entre órgãos ou entidades da Administração Pública e particulares em que haja um acordo de vontades para a formação de vínculo e a estipulação de obrigações recíprocas, seja qual for a denominação utilizada.

Segundo Hely Lopes Meirelles1, "contrato administrativo é o ajuste que a Administração Pública, agindo nessa qualidade, firma com particular ou com outra entidade administrativa para a consecução de objetivos de interesse público, nas condições estabelecidas pela própria Administração".

Quando o autor utiliza a expressão "ajuste", fica claro que o contrato administrativo é um negócio jurídico firmado com a Administração, ou seja, um negócio em que a mesma será uma das partes. Porém, a expressão "agindo nessa qualidade" deixa claro que, em função da importância do objeto dessa avença, a administração deverá ter cuidados especiais, acautelando-se na proteção do interesse público.

Para tanto, a Administração necessita de mecanismos legais que lhe permitam firmar contratos que a coloquem em posição de supremacia. Isso para que possa, utilizando seu poder de império, fazer cumprir o contrato com o máximo de ganho para a sociedade. Afinal, ambas as partes representam interesses opostos, quando, por exemplo, em um contrato de concessão de serviços públicos, a sociedade deseja serviços públicos de qualidade, enquanto o particular deseja o lucro.

Como em qualquer estado de direito, em que ninguém será obrigado a fazer ou deixar de fazer alguma coisa, senão em virtude de lei, é ela que estabelece os mecanismos para que a Administração Pública possa garantir a supremacia do interesse público sobre o particular quando firma contratos administrativos, estabelecendo um regime jurídico que se caracteriza pelo estabelecimento de prerrogativas e sujeições.

19.2 Normas Constitucionais

A Carta Magna de 1988 estabeleceu como privativa da União a competência para legislar sobre normas gerais de licitação e contratação, em todas as modalidades, para as Administrações Públicas Diretas, Autárquicas e Fundacionais da União, Estados, Distrito Federal e Municípios, obedecido o disposto no Art. 37, XXI, também para as empresas públicas e sociedades de economia mista.

O Art. 37, XXI, estabelece que, ressalvados os casos especificados na legislação, as obras, os serviços, as compras e as alienações serão contratados mediante processo de licitação pública que assegure igualdade de condições a todos os concorrentes, com cláusulas que estabeleçam obrigações de pagamento, mantidas as condições efetivas da proposta, nos termos da lei, que somente permitirá as exigências de qualificação técnica e econômica indispensáveis à garantia do cumprimento das obrigações.

Como a regra geral é de competência da União, cabe a Estados e Municípios estabelecerem regras suplementares.

19.3 Lei nº 8.666/93

Como principal mandamento legal que disciplina a matéria, essa lei regulamenta o Art. 37, inciso XXI, da Constituição Federal visto acima, institui normas para licitações e contratos da Administração Pública e dá outras providências.

Essa Lei estabelece normas gerais sobre licitações e contratos administrativos pertinentes a obras, serviços, inclusive de publicidade, compras, alienações e locações no âmbito dos Poderes da União, dos Estados, do Distrito Federal e dos Municípios.

Subordinam-se ao regime dessa Lei, além dos órgãos da Administração Direta, os Fundos Especiais, as Autarquias, as Fundações Públicas, as empresas públicas, as sociedades de economia

1 MEIRELES, Hely lopes. Direito Administrativo Brasileiro, 25ª ed. atualizada por Eurico de Andrade Azevedo et al, São Paulo Malheiros, 2000, p. 199.

mista e demais entidades controladas direta ou indiretamente pela União, Estados, Distrito Federal e Municípios.

19.4 Outras Leis

Várias leis versam sobre contrato, mas, de forma específica tratam sobre à matéria que se referem, sendo aplicadas as regras da Lei 8.666/93 de forma subsidiária. São elas:

Lei nº 8.987/95

Essa lei dispõe sobre o regime de concessão e permissão da prestação de serviços públicos, previsto no Art. 175 da Constituição Federal, e dá outras providências.

Estabelece a lei que as concessões de serviços e de obras públicas e as permissões de serviços públicos reger-se-ão pelos termos do Art. 175 da Constituição Federal, por essa Lei, pelas normas legais pertinentes e pelas cláusulas dos indispensáveis contratos.

Lei nº 9.074/95

Estabelece normas para outorga e prorrogações das concessões e permissões de serviços públicos e dá outras providências.

Sujeitam-se ao regime de concessão ou, quando couber, de permissão, nos termos da Lei nº 8.987, de 13 de fevereiro de 1995, os seguintes serviços e obras públicas de competência da União:

- Vias federais, precedidas ou não da execução de obra pública;
- Exploração de obras ou serviços federais de barragens, contenções, eclusas, diques e irrigações, precedidas ou não da execução de obras públicas;
- Estações aduaneiras e outros terminais alfandegados de uso público, não instalados em área de porto ou aeroporto, precedidos ou não de obras públicas;
- Os serviços postais.

Outras leis esparsas foram editadas visando à regulamentação de serviços específicos, como as Leis nos 9.427/97 (energia elétrica) e 9.472/97 (telecomunicações), além da Lei no 11.079/2004, que regulamenta as parecerias público privadas.

19.5 Características

Formalismo

Os contratos administrativos devem ser formais e escritos.

Em regra, é nulo e sem efeito o contrato verbal com a administração, salvo o de pequenas compras de pagamento imediato (compras de valor não superior a R$ 4.000,00).

Cláusulas Essenciais

Todo contrato deve mencionar os nomes das partes e os de seus representantes, a finalidade, o ato que autorizou a sua lavratura, o número do processo da licitação, da dispensa ou da inexigibilidade, a sujeição dos contratantes às normas dessa Lei e às cláusulas contratuais.

São cláusulas necessárias em todo contrato as que estabeleçam:

- O objeto e seus elementos característicos;
- O regime de execução ou a forma de fornecimento;
- O preço e as condições de pagamento, os critérios, data-base e periodicidade do reajustamento de preços, os critérios de atualização monetária entre a data do adimplemento das obrigações e a do efetivo pagamento;
- Os prazos de início de etapas de execução, de conclusão, de entrega, de observação e de recebimento definitivo, conforme o caso;
- O crédito pelo qual correrá a despesa, com a indicação da classificação funcional programática e da categoria econômica;
- As garantias oferecidas para assegurar sua plena execução, quando exigidas;
- Os direitos e as responsabilidades das partes, as penalidades cabíveis e os valores das multas;
- Os casos de rescisão;
- O reconhecimento dos direitos da Administração, em caso de rescisão administrativa prevista no Art. 77 dessa Lei;
- As condições de importação, a data e a taxa de câmbio para conversão, quando for o caso;
- A vinculação ao edital de licitação ou ao termo que a dispensou ou a inexigiu, ao convite e à proposta do licitante vencedor;
- A legislação aplicável à execução do contrato e especialmente aos casos omissos;
- A obrigação do contratado de manter, durante toda a execução do contrato, em compatibilidade com as obrigações por ele assumidas, todas as condições de habilitação e qualificação exigidas na licitação.

A publicação na imprensa oficial do resumo do instrumento de contrato é um requisito de eficácia dos contratos administrativos.

Obrigatoriedade e Exceção dos Contratos

Obrigatoriedade: o instrumento de contrato é obrigatório nos casos de concorrência e de tomada de preços, bem como nas dispensas e inexigibilidades cujos preços estejam compreendidos nos limites dessas duas modalidades de licitação.

Os contratos decorrentes de dispensa ou de inexigibilidade de licitação devem atender aos termos do ato que os autorizou e da respectiva proposta.

Facultativo: nos demais em que a Administração puder substituí-lo por outros instrumentos hábeis, tais como carta-contrato, nota de empenho de despesa, autorização de compra ou ordem de execução de serviço.

É importante observar que nos casos em que o contrato é facultativo, esse será substituído por algum outro instrumento hábil, tal como a carta-contrato, a nota de empenho, entre outros.

Dispensável: é dispensável o "termo de contrato" e facultada à substituição por outro instrumento, a critério da Administração e independentemente de seu valor, nos casos de compra com entrega imediata e integral dos bens adquiridos, dos quais não resultem obrigações futuras, inclusive assistência técnica.

Contratos de Adesão

Os contratos administrativos são de adesão, pois a Administração cria as regras do contrato e a outra parte não pode propor alterações.

Uma minuta do contrato integrará o edital de licitação, para que os interessados em celebrá-lo possam conhecer suas cláusulas. Os particulares não propõem alterações no contrato, mas em contrapartida não estão obrigados a aceitá-lo. Todavia, uma vez concordando participar da licitação, o particular já sabe que, caso saia vencedor, será obrigado a celebrar o contrato, no entanto, caso não aceite participar, não há se falar em obrigatoriedade de celebrar o contrato.

Pessoalidade / *intuitu personae*

A execução do contrato deve ser feita pela pessoa física ou jurídica que aceitou as obrigações contratuais.

Em decorrência dessa característica, em regra, é vedada a subcontratação para a execução ou fornecimento do objeto do contrato.

Exceção: o contratado, na execução do contrato, sem prejuízo das responsabilidades contratuais e legais, poderá subcontratar partes da obra, serviço ou fornecimento, até o limite admitido, em cada caso, pela Administração. Nesse caso, as regras da subcontratação deverão integrar o edital de licitação e o próprio contrato.

Na situação de prestação de serviços técnicos especializados em que a empresa apresente relação de integrantes do seu corpo técnico como elemento de justificação de dispensa ou inexigibilidade de licitação, ficará a empresa obrigada a garantir que os referidos integrantes realizem pessoal e diretamente os serviços objeto do contrato. Nesse caso, temos uma vedação absoluta à subcontratação, ou seja, nessas circunstâncias, não há que se falar em subcontratação.

19.6 Cláusulas Exorbitantes

As cláusulas exorbitantes são regras que extrapolam as comuns do direito privado; nesse, tais cláusulas seriam inaceitáveis, pois elas conferem mais poderes a uma parte do que a outra, e, no direito privado, as partes gozam de uma relação jurídica horizontal, igual.

Essas cláusulas exorbitantes representam as prerrogativas de direito público da administração pública nos contratos administrativos, indicam a supremacia da vontade do Estado diante da vontade individual e confere a esses contratos uma relação jurídica vertical entre a administração e o particular que celebra o contrato.

As principais cláusulas exorbitantes estão descritas no Art. 58:

> ***Art. 58.*** *O regime jurídico dos contratos administrativos instituído por esta Lei confere à Administração, em relação a eles, a prerrogativa de:*
>
> ***I.*** *Modificá-los, unilateralmente, para melhor adequação às finalidades de interesse público, respeitados os direitos do contratado;*

As cláusulas econômico-financeiras do contrato deverão ser revistas para que se mantenha o equilíbrio contratual.

> ***II.*** *Rescindi-los, unilateralmente, nos casos especificados no inciso I do Art. 79 desta Lei;*
>
> ***III.*** *Fiscalizar lhes a execução;*
>
> ***IV.*** *Aplicar sanções motivadas pela inexecução total ou parcial do ajuste;*
>
> ***V.*** *Nos casos de serviços essenciais, ocupar provisoriamente bens móveis, imóveis, pessoal e serviços vinculados ao objeto do contrato, na hipótese da necessidade de acautelar apuração administrativa de faltas contratuais pelo contratado, bem como na hipótese de rescisão do contrato administrativo.*

Além dessas hipóteses, nós temos as restrições à oposição pelo contratado da "exceção do contrato não cumprido" e as normas acerca da exigência de garantia pela administração.

19.7 Poder de Alteração Unilateral do Contrato (Mutabilidade)

Os contratos regidos por normas de direito público podem ser alterados, com as devidas justificativas, nos seguintes casos:

Unilateralmente pela Administração:

> Quando houver modificação do projeto ou das especificações, para melhor adequação técnica aos seus objetivos (alteração qualitativa);

> Quando necessária a modificação do valor contratual em decorrência de acréscimo ou diminuição quantitativa de seu objeto, nos limites permitidos em Lei (alteração quantitativa).

A alteração quantitativa sofre um limite, conforme veremos a seguir:

O contratado fica obrigado a aceitar, nas mesmas condições contratuais, os acréscimos ou supressões que se fizerem nas obras, serviços ou compras, até 25% (vinte e cinco por cento) do valor inicial atualizado do contrato, e, no caso particular de reforma de edifício ou de equipamento, até o limite de 50% (cinquenta por cento) para os seus acréscimos.

Nenhum acréscimo ou supressão poderá exceder os limites estabelecidos.

No caso de supressão de obras, bens ou serviços, se o contratado já houver adquirido os materiais e posto no local dos trabalhos, esses deverão ser pagos pela Administração pelos custos de aquisição regularmente comprovados e monetariamente corrigidos, podendo caber indenização por outros danos eventualmente decorrentes da supressão, desde que regularmente comprovados.

Quaisquer tributos ou encargos legais criados, alterados ou extintos, bem como a superveniência de disposições legais, quando ocorridas após a data da apresentação da proposta, de comprovada repercussão nos preços contratados, implicarão a revisão desses para mais ou para menos, conforme o caso.

Em havendo alteração unilateral do contrato que aumente os encargos do contratado, a Administração deverá restabelecer, por aditamento, o equilíbrio econômico-financeiro inicial.

A variação do valor contratual para fazer face ao reajuste de preços previsto no próprio contrato, as atualizações, compensações ou penalizações financeiras decorrentes das condições de pagamento nele previstas, bem como o empenho de dotações orçamentárias suplementares até o limite do seu valor corrigido, não caracterizam alteração do mesmo, podendo ser registrados por simples apostila, dispensando a celebração de aditamento.

Por acordo das partes:

> Quando conveniente a substituição da garantia de execução;

> Quando necessária a modificação do regime de execução da obra ou serviço, bem como do modo de fornecimento, em face de verificação técnica da inaplicabilidade dos termos contratuais originários;

> Quando necessária a modificação da forma de pagamento, por imposição de circunstâncias supervenientes, mantido o valor inicial atualizado, vedada a antecipação do pagamento, com relação ao cronograma financeiro fixado, sem a correspondente contraprestação de fornecimento de bens ou execução de obra ou serviço;

> Para restabelecer a relação que as partes pactuaram inicialmente entre os encargos do contratado e a retribuição da administração para a justa remuneração da obra, serviço ou fornecimento, objetivando a manutenção do equilíbrio econômico-financeiro inicial do contrato, na hipótese de sobrevirem fatos imprevisíveis, ou previsíveis, porém, de consequências incalculáveis, retardadores ou impeditivos da execução do ajustado, ou, ainda, em situação de força maior, caso fortuito ou fato do príncipe, configurando álea econômica extraordinária e extracontratual.

19.8 Fiscalização da Execução do Contrato

A execução do contrato deverá ser acompanhada e fiscalizada por um representante da Administração especialmente designado, permitida a contratação de terceiros para assisti-lo e subsidiá-lo de informações pertinentes a essa atribuição.

O representante da Administração anotará, em registro próprio, todas as ocorrências relacionadas com a execução do contrato, determinando o que for necessário à regularização das faltas ou defeitos observados.

As decisões e providências que ultrapassarem a competência do representante deverão ser solicitadas a seus superiores em tempo hábil para a adoção das medidas convenientes.

A fiscalização pelo poder público não isenta o particular contratado das suas responsabilidades legais.

Deveres do Contratado quanto à Fiscalização

O contratado deverá manter preposto, aceito pela Administração, no local da obra ou serviço, para representá-lo na execução do contrato. Ele é obrigado a reparar, corrigir, remover, reconstruir ou substituir, às suas expensas, no total ou em parte, o objeto do contrato em que se verificarem vícios, defeitos ou incorreções resultantes da execução ou de materiais empregados.

Além disso, é responsável pelos danos causados diretamente à Administração ou a terceiros decorrentes de sua culpa ou dolo na execução do contrato, não excluindo ou reduzindo essa responsabilidade à fiscalização ou ao acompanhamento pelo órgão interessado. Nesse caso, estamos diante da responsabilidade civil subjetiva do contrato, pois depende de dolo ou culpa, entretanto, quando se tratar de obra pública, se o dano causado for pelo simples fato da obra, então, estaremos diante da responsabilidade civil objetiva da Administração, não importe quem esteja realizando a obra.

O contratado é responsável pelos encargos trabalhistas, previdenciários, fiscais e comerciais resultantes da execução do contrato.

A inadimplência do contratado, com referência aos encargos trabalhistas, fiscais e comerciais não transfere à Administração Pública a responsabilidade por seu pagamento, nem poderá onerar o objeto do contrato ou restringir a regularização e o uso das obras e edificações, inclusive perante o Registro de Imóveis.

A Administração Pública responde solidariamente com o contratado pelos encargos previdenciários resultantes da execução do contrato.

19.9 Aplicação de Sanções

O atraso injustificado na execução do contrato sujeitará o contratado à multa de mora, na forma prevista no instrumento convocatório ou no contrato.

> A multa aplicada após regular processo administrativo será descontada da garantia do respectivo contratado.

> Se a multa for de valor superior ao da garantia prestada, além da perda dessa, responderá o contratado pela sua diferença, a qual será descontada dos pagamentos eventualmente devidos pela Administração ou ainda, quando for o caso, cobrada judicialmente.

Pela inexecução total ou parcial do contrato a Administração poderá, garantida a prévia defesa, aplicar ao contratado as seguintes sanções:

> Advertência;

> Multa na forma prevista no instrumento convocatório ou no contrato;

Suspensão temporária de participação em licitação e impedimento de contratar com a Administração, por prazo não superior a 2 (dois) anos;

Declaração de inidoneidade para licitar ou contratar com a Administração Pública enquanto perdurarem os motivos determinantes da punição ou até que seja promovida a reabilitação perante a própria autoridade que aplicou a penalidade, que será concedida sempre que o contratado ressarcir a Administração pelos prejuízos resultantes e após decorrido o prazo da sanção aplicada com base no inciso anterior.

> Esta última sanção é de competência exclusiva (não pode ser delegada) do Ministro de Estado, do Secretário Estadual ou Municipal, conforme o caso, facultada a defesa do interessado no respectivo processo, no prazo de dez dias da abertura de vista, podendo a reabilitação ser requerida após dois anos de sua aplicação.

As sanções podem ser aplicadas de forma cumulativa, facultada a defesa prévia do interessado, no respectivo processo, no prazo de cinco dias úteis.

19.10 Ocupação Temporária

Nos casos de serviços essenciais, a Administração pode ocupar provisoriamente bens móveis, imóveis, pessoais e serviços vinculados ao objeto do contrato.

Finalidade: necessidade de acautelar apuração administrativa de faltas contratuais pelo contratado, bem como na hipótese de rescisão do contrato administrativo.

Essa regra decorre do princípio da continuidade dos serviços públicos.

Nos contratos de concessão e permissão de serviços públicos, a ocupação temporária aparece com o nome de intervenção.

19.11 Exceção do Contrato Não Cumprido / Exceptio Non Adimpleti Contractus

No direito privado, caso uma das partes descumpra as cláusulas contratuais, é permitido a outra suspender a execução de sua parte até o adimplemento da outra parte.

Nos contratos de direito público, à exceção do contrato não cumprido, tem a seguinte aplicação:

Particular Descumpre sua Parte:

A Administração pode descumprir sua parte até o adimplemento do particular, e além disso, é possível que a administração aplique diretamente sanções ao particular.

Administração Descumpre sua Parte:

Regra: o particular é obrigado a continuar executando sua parte do contrato, não podendo alegar a exceção do contrato não cumprido.

Exceção: é facultado ao particular suspender a execução das suas obrigações diante de atraso superior a 90 dias dos pagamentos devidos pela administração decorrentes de obras, serviços ou fornecimento, ou parcelas desses, já recebidos ou executados, até a normalização da situação, salvo em caso de calamidade pública, grave perturbação da ordem interna ou guerra.

19.12 Exigência de Garantia

A Administração pode exigir dos licitantes garantias cuja finalidade é assegurar o adequado cumprimento do contrato ou, no caso de inexecução, facilitar o ressarcimento dos prejuízos sofridos pela administração.

Modalidades

A critério da autoridade competente, em cada caso, desde que prevista no instrumento convocatório, poderá ser exigida prestação de garantia nas contratações de obras, serviços e compras.

Caberá ao contratado optar por uma das seguintes modalidades de garantia:

> Caução em dinheiro ou em títulos da dívida pública, devendo esses terem sido emitidos sob a forma escritural, mediante registro em sistema centralizado de liquidação e de custódia autorizado pelo Banco Central do Brasil e avaliados pelos seus valores econômicos, conforme definido pelo Ministério da Fazenda;

> Seguro-garantia;

> Fiança bancária.

Valor da Garantia

Regra: não excederá a cinco por cento do valor do contrato e terá seu valor atualizado nas mesmas condições daquele.

Exceção: para obras, serviços e fornecimentos de grande vulto envolvendo alta complexidade técnica e riscos financeiros consideráveis, demonstrados por meio de parecer tecnicamente aprovado pela autoridade competente, o limite de garantia poderá ser elevado para até dez por cento do valor do contrato.

Nos casos de contratos que importem na entrega de bens pela Administração, dos quais o contratado ficará depositário, ao valor da garantia deverá ser acrescido o valor desses bens.

19.13 Restituição da Garantia

A garantia prestada pelo contratado será liberada ou restituída após a execução do contrato e, quando em dinheiro, atualizada monetariamente.

19.14 Prazo de Duração dos Contratos Administrativos

Art. 57. *A duração dos contratos ficará adstrita à vigência dos respectivos créditos orçamentários, exceto quanto aos relativos:*

I. *Aos projetos cujos produtos estejam contemplados nas metas estabelecidas no Plano Plurianual, os quais poderão ser prorrogados se houver interesse da Administração e desde que isso tenha sido previsto no ato convocatório;*

II. *À prestação de serviços a serem executados de forma contínua, que poderão ter a sua duração prorrogada por iguais e sucessivos períodos com vistas à obtenção de preços e condições mais vantajosas para a administração, limitada a sessenta meses;*

Em caráter excepcional, devidamente justificado e mediante consentimento superior, o prazo poderá ser prorrogado por até doze meses.

IV. *Ao aluguel de equipamentos e à utilização de programas de informática, podendo a duração estender-se pelo prazo de até 48 (quarenta e oito) meses após o início da vigência do contrato.*

V. *Às hipóteses previstas nos incisos IX, XIX, XXVIII e XXXI do Art. 24, cujos contratos poderão ter vigência por até 120 (cento e vinte) meses, caso haja interesse da administração:*

Art. 24. *É dispensável a licitação:*

IX. *Quando houver possibilidade de comprometimento da segurança nacional, nos casos estabelecidos em decreto do Presidente da República, ouvido o Conselho de Defesa Nacional;*

XIX. *Para as compras de material de uso pelas Forças Armadas, com exceção de materiais de uso pessoal e administrativo, quando houver necessidade de manter a padronização requerida pela estrutura de apoio logístico dos meios navais, aéreos e terrestres, mediante parecer de comissão instituída por decreto;*

XXVIII. *Para o fornecimento de bens e serviços, produzidos ou prestados no País, que envolvam, cumulativamente, alta complexidade tecnológica e defesa nacional, mediante parecer de comissão especialmente designada pela autoridade máxima do órgão.*

XXXI. *Nas contratações visando ao cumprimento do disposto nos Arts. 3º, 4º, 5º e 20 da Lei nº 10.973, de 2 de dezembro de 2004, observados os princípios gerais de contratação dela constantes.*

Art. 57, *§1º. Os prazos de início de etapas de execução, de conclusão e de entrega admitem prorrogação, mantidas as demais cláusulas do contrato e assegurada a manutenção de seu equilíbrio econômico-financeiro, desde que ocorra algum dos seguintes motivos, devidamente autuados em processo:*

I. *Alteração do projeto ou especificações, pela Administração;*

II. *Superveniência de fato excepcional ou imprevisível, estranho à vontade das partes, que altere fundamentalmente as condições de execução do contrato;*

III. *Interrupção da execução do contrato ou diminuição do ritmo de trabalho por ordem e no interesse da Administração;*

IV. *Aumento das quantidades inicialmente previstas no contrato, nos limites permitidos por esta Lei;*

V. *Impedimento de execução do contrato por fato ou ato de terceiro reconhecido pela Administração em documento contemporâneo à sua ocorrência;*

VI. *Omissão ou atraso de providências a cargo da Administração, inclusive quanto aos pagamentos previstos de que resulte, diretamente, impedimento ou retardamento na execução do contrato, sem prejuízo das sanções legais aplicáveis aos responsáveis.*

vedado o contrato ...m prazo de vigên... a indeterminado.

§2º *- Toda prorrogação de prazo deverá ser justificada por escrito e previamente autorizada pela autoridade competente para celebrar o contrato.*

19.15 Recebimento do Objeto do Contrato

Art. 73. *Executado o contrato, o seu objeto será recebido:*

I. *Em se tratando de obras e serviços:*

a) *provisoriamente, pelo responsável por seu acompanhamento e fiscalização, mediante termo circunstanciado, assinado pelas partes em até 15 (quinze) dias da comunicação escrita do contratado;*

b) *definitivamente, por servidor ou comissão designada pela autoridade competente, mediante termo circunstanciado, assinado pelas partes, após o decurso do prazo de observação, ou vistoria que comprove a adequação do objeto aos termos contratuais. Este prazo não poderá ser superior a 90 (noventa) dias, salvo em casos excepcionais, devidamente justificados e previstos no edital.*

II. *Em se tratando de compras ou de locação de equipamentos:*

a) *provisoriamente, para efeito de posterior verificação da conformidade do material com a especificação;*

b) *definitivamente, após a verificação da qualidade e quantidade do material e consequente aceitação.*

§1º *- Nos casos de aquisição de equipamentos de grande vulto, o recebimento far-se-á mediante termo circunstanciado e, nos demais, mediante recibo.*

§4º *- Na hipótese de o termo circunstanciado ou a verificação não serem, respectivamente, lavrado ou procedida dentro dos prazos fixados, reputar-se-ão como realizados, desde que comunicados à Administração nos 15 (quinze) dias anteriores à exaustão dos mesmos.*

§2º *- O recebimento provisório ou definitivo não exclui a responsabilidade civil pela solidez e segurança da obra ou do serviço, nem ético-profissional pela perfeita execução do contrato, dentro dos limites estabelecidos pela lei ou pelo contrato.*

Dispensa do Recebimento Provisório

Art. 74. *Poderá ser dispensado o recebimento provisório nos seguintes casos:*

I. *Gêneros perecíveis e alimentação preparada;*

II. *Serviços profissionais;*

III. *Obras e serviços de valor até o valor de R$ 80.000,00, desde que não se componham de aparelhos, equipamentos e instalações sujeitos à verificação de funcionamento e produtividade.*

Parágrafo único. *Nesses casos o recebimento será feito mediante recibo.*

19.16 Extinção do Contrato

Com a extinção do contrato, temos a abolição das obrigações de ambas as partes, que pode acontecer em decorrência das seguintes situações:

- Conclusão do objeto do contrato;
- Término do seu prazo de duração;
- Anulação do contrato;
- Rescisão do contrato.

Anulação do contrato

A anulação do contrato é idêntica à abolição de um ato administrativo, assim sendo, se um contrato foi celebrado com ilegalidade, ele deve ser extinto. Essa regra se estende à fase da licitação, pois, se houve alguma ilegalidade na tramitação do processo licitatório, tal ilegalidade acarretará a nulidade do contrato.

A anulação pode ser feita pela própria administração pública de ofício ou a pedido e também pode ser feita pelo poder judiciário, somente por provocação.

A declaração de nulidade do contrato administrativo opera retroativamente impedindo os efeitos jurídicos que ele, ordinariamente, deveria produzir, além de desconstituir os já produzidos.

A nulidade não exonera a Administração do dever de indenizar o contratado pelo que esse houver executado até a data em que ela for declarada e por outros prejuízos regularmente comprovados, contanto que não lhe seja imputável, promovendo-se a responsabilidade de quem lhe deu causa.

Rescisão

A rescisão do contrato, em algumas hipóteses, se dá unilateralmente pela administração e, em outras, de forma amigável ou via judicial.

Rescisão Unilateral pela Administração

Em regra, estamos diante de situações que caracterizam culpa do particular, entretanto, a rescisão unilateral do contrato administrativo também pode ter por motivo razões superveniente de interesse público, o caso fortuito e a força maior. Nessas três últimas situações, a rescisão unilateral do contrato não resulta de culpa do particular. Segue abaixo a lista das hipóteses que acarretam a rescisão unilateral pela administração pública:

Art. 78. *Constituem motivo para rescisão do contrato:*

I. *O não cumprimento de cláusulas contratuais, especificações, projetos ou prazos;*

II. O cumprimento irregular de cláusulas contratuais, especificações, projetos e prazos;

III. A lentidão do seu cumprimento, levando a Administração a comprovar a impossibilidade da conclusão da obra, do serviço ou do fornecimento, nos prazos estipulados;

IV. O atraso injustificado no início da obra, serviço ou fornecimento;

V. A paralisação da obra, do serviço ou do fornecimento, sem justa causa e prévia comunicação à Administração;

VI. A subcontratação total ou parcial do seu objeto, a associação do contratado com outrem, a cessão ou transferência, total ou parcial, bem como a fusão, cisão ou incorporação, não admitidas no edital e no contrato;

VII. O desatendimento das determinações regulares da autoridade designada para acompanhar e fiscalizar a sua execução, assim como as de seus superiores;

VIII. O cometimento reiterado de faltas na sua execução, anotadas na forma do § 1º do Art. 67 desta Lei;

IX. A decretação de falência ou a instauração de insolvência civil;

X. A dissolução da sociedade ou o falecimento do contratado;

XI. A alteração social ou a modificação da finalidade ou da estrutura da empresa, que prejudique a execução do contrato;

XII. Razões de interesse público, de alta relevância e amplo conhecimento, justificadas e determinadas pela máxima autoridade da esfera administrativa a que está subordinado o contratante e exaradas no processo administrativo a que se refere o contrato; (Não há culpa do particular)

XVII. A ocorrência de caso fortuito ou de força maior, regularmente comprovada, impeditiva da execução do contrato (não há culpa do particular);

Parágrafo Único. Os casos de rescisão contratual serão formalmente motivados nos autos do processo, assegurado o contraditório e a ampla defesa.

XVIII. Desrespeitar o Art. 7º, inciso XXXIII, da CF: a proibição de trabalho noturno, perigoso ou insalubre a menores de dezoito e de qualquer trabalho a menores de dezesseis anos, salvo na condição de aprendiz, a partir de quatorze anos;

Rescisão Amigável ou Judicial

A rescisão amigável ou judicial decorre de hipóteses que caracterizam culpa da administração em relação as suas obrigações contratuais.

Art. 78. Constituem motivo para rescisão do contrato:

XIII. A supressão, por parte da Administração, de obras, serviços ou compras, acarretando modificação do valor inicial do contrato além do limite permitido no § 1º do Art. 65 desta Lei;

XIV. A suspensão de sua execução, por ordem escrita da Administração, por prazo superior a 120 (cento e vinte) dias, salvo em caso de calamidade pública, grave perturbação da ordem interna ou guerra, ou ainda por repetidas suspensões que totalizem o mesmo prazo, independentemente do pagamento obrigatório de indenizações pelas sucessivas e contratualmente imprevistas desmobilizações e mobilizações e outras previstas, assegurado ao contratado, nesses casos, o direito de optar pela suspensão do cumprimento das obrigações assumidas até que seja normalizada a situação;

XV. O atraso superior a 90 (noventa) dias dos pagamentos devidos pela Administração decorrentes de obras, serviços ou fornecimento, ou parcelas destes, já recebidos ou executados, salvo em caso de calamidade pública, grave perturbação da ordem interna ou guerra, assegurado ao contratado o direito de optar pela suspensão do cumprimento de suas obrigações até que seja normalizada a situação;

XVI. A não liberação, por parte da Administração, de área, local ou objeto para execução de obra, serviço ou fornecimento, nos prazos contratuais, bem como das fontes de materiais naturais especificadas no projeto;

Consequências da Rescisão

As consequências da rescisão variam de acordo com a existência ou não de culpa do contratado, é importante observar que o simples fato da rescisão acontecer de forma unilateral por parte da administração pública não define as consequências, mas sim, a presença de culpa ou não do contratado.

Consequências da Rescisão Unilateral quando Não há Culpa do Contratado

Observe que nesses casos temos as hipóteses de que a culpa é da administração e ainda as de que a responsabilidade não é da administração, nem do contrato como nos casos de ocorrência de razões de interesse público que justifique a rescisão, bem como diante de caso fortuito ou força maior.

O contratado será ressarcido dos prejuízos regularmente comprovados que houver sofrido, tendo ainda direito a:

I. Devolução de garantia;

II. Pagamentos devidos pela execução do contrato até a data da rescisão;

III. Pagamento do custo da desmobilização.

Consequências da Rescisão Unilateral quando Há Culpa do Contratado

I. Assunção imediata do objeto do contrato, no estado e local em que se encontrar, por ato próprio da Administração;

II. Ocupação e utilização do local, instalações, equipamentos, material e pessoal empregados na execução do contrato, necessários à sua continuidade.

Esse ato deverá ser precedido de autorização expressa do Ministro de Estado competente, ou Secretário Estadual ou Municipal, conforme o caso.

III. Execução da garantia contratual, para ressarcimento da Administração, e dos valores das multas e indenizações a ela devidos;

IV. Retenção dos créditos decorrentes do contrato até o limite dos prejuízos causados à Administração.

19.17 Tipos de Contrato

Contrato de Obra Pública

É todo ajuste entre a Administração pública e o particular que tenha por objeto construção, reforma, fabricação, recuperação ou ampliação de móvel ou imóvel cuja finalidade seja à população em geral ou a prestação de serviços públicos.

Contrato de Serviço

É todo ajuste entre a Administração Pública e o particular que tenha por objeto atividade destinada a obter determinada utilidade de interesse para a Administração, tais como: demolição, conserto, instalação, montagem, operação, conservação, reparação, adaptação, manutenção, transporte, locação de bens, publicidade, seguro ou trabalhos técnico-profissionais.

A diferença marcante entre o contrato de obra pública e o de serviço é que, neste caso, a administração contrata um particular para exercer uma atividade de caráter contínuo, e no primeiro caso, a administração contrata o particular para realizar algo em que predomina o emprego de materiais, não havendo caráter contínuo, pois a obra um dia chegará ao fim. O mesmo raciocínio não é válido para a contratação de serviços.

Contrato de Fornecimento

É todo ajuste entre a Administração Pública e o particular que tenha por objeto a aquisição remunerada de bens para fornecimento de uma só vez ou parceladamente.

Contrato de Concessão

Contrato de concessão é o contrato administrativo pelo qual a Administração confere ao particular a execução remunerada de serviço público ou de obra pública, ou lhe cede o uso de bem público, para que o explore por sua conta e risco, pelo prazo e nas condições regulamentares e contratuais.

Convênio

É um acordo, ajuste ou qualquer outro instrumento que discipline a transferência de recursos financeiros de dotações consignadas nos Orçamentos Fiscal e da Seguridade Social da União e tenha como partícipe, de um lado, órgão ou entidade da Administração Pública Federal, direta ou indireta, e, de outro, órgão ou entidade da Administração Pública Estadual, Distrital ou Municipal, direta ou indireta, ou ainda, entidades privadas sem fins lucrativos, visando à execução de programa de governo, envolvendo a realização de projeto, atividade, serviço, aquisição de bens ou evento de interesse recíproco, em regime de mútua cooperação.

Contrato de Repasse

É o instrumento administrativo por meio do qual a transferência dos recursos financeiros se processa por intermédio de instituição ou agente financeiro público federal, atuando como mandatário da União.

Termo de Cooperação

É o instrumento por meio do qual é ajustada a transferência de crédito de órgão da Administração Pública Federal Direta, autarquia, fundação pública, ou empresa estatal dependente, para outro órgão ou entidade federal da mesma natureza.

Consórcio Público

É a pessoa jurídica formada exclusivamente por entes da Federação, na forma da Lei nº 11.107, de 2005, para estabelecer relações de cooperação federativa, inclusive a realização de objetivos de interesse comum, constituída como associação pública, com personalidade jurídica de direito público e natureza autárquica, ou como pessoa jurídica de direito privado sem fins econômicos.

19.18 Contratação Temporária

A Lei nº 8.745/1993 trata da contratação por tempo determinado para atender a necessidade temporária de excepcional interesse público, no serviço federal, nos termos do inciso IX do Art. 37 da Constituição Federal.

Para atender a necessidade temporária de excepcional interesse público, os órgãos da **Administração Federal Direta, as autarquias e as fundações públicas** poderão efetuar contratação de pessoal por tempo determinado, devem observar as condições e prazos fixados na Lei nº 8.745/1993.

> ***Art. 2º.*** *Considera-se necessidade temporária de excepcional interesse público:*
>
> ***I.*** *Assistência a situações de calamidade pública;* (prazo máximo de 6 meses)
>
> ***II.*** *Assistência a emergências em saúde pública;* (prazo máximo de 6 meses)
>
> ***III.*** *Realização de recenseamentos e outras pesquisas de natureza estatística efetuadas pela Fundação Instituto Brasileiro de Geografia e Estatística - IBGE;* (prazo máximo de 1 ano)
>
> ***IV.*** *Admissão de professor substituto e professor visitante;* (prazo máximo de 1 ano)
>
> ***V.*** *Admissão de professor e pesquisador visitante estrangeiro;* (prazo máximo de 4 anos)
>
> ***VI.*** *Atividades:*
>
> ***a)*** *Especiais nas organizações das Forças Armadas para atender à área industrial ou a encargos temporários de obras e serviços de engenharia;* (prazo máximo de 4 anos)
>
> ***b)*** *De identificação e demarcação territorial;* (prazo máximo de 2 anos)
>
> ***c)*** *Revogado.*
>
> ***d)*** *Finalísticas do Hospital das Forças Armadas;* (prazo máximo de 1 ano)
>
> ***e)*** *De pesquisa e desenvolvimento de produtos destinados à segurança de sistemas de informações, sob responsabilidade do Centro de Pesquisa e Desenvolvimento para a Segurança das Comunicações - CEPESC;* (prazo máximo de dois anos)
>
> ***f)*** *De vigilância e inspeção, relacionadas à defesa agropecuária, no âmbito do Ministério da Agricultura e do Abastecimento, para atendimento de situações emergenciais ligadas ao comércio internacional de produtos de origem animal ou vegetal ou de iminente risco à saúde animal, vegetal ou humana;* (prazo máximo de 1 ano)
>
> ***g)*** *Desenvolvidas no âmbito dos projetos do Sistema de Vigilância da Amazônia - SIVAM e do Sistema de Proteção da Amazônia - SIPAM;* (prazo máximo de 4 anos)
>
> ***h)*** *Técnicas especializadas, no âmbito de projetos de cooperação com prazo determinado, implementados mediante acordos internacionais, desde que haja, em seu desempenho, subordinação do contratado ao órgão ou entidade pública;* (prazo máximo de três anos)
>
> ***i)*** *Técnicas especializadas necessárias à implantação de órgãos ou entidades ou de novas atribuições definidas para organizações existentes ou as decorrentes de aumento transitório no volume de trabalho que não possam ser atendidas mediante a aplicação do Art. 74 da Lei nº 8.112, de 11 de dezembro de 1990;* (prazo máximo de 4 anos)
>
> ***j)*** *Técnicas especializadas de tecnologia da informação, de comunicação e de revisão de processos de trabalho, não alcançadas pela alínea i e que não se caracterizem como atividades permanentes do órgão ou entidade;* (prazo máximo de 4 anos)
>
> ***l)*** *Didático-pedagógicas em escolas de governo;* (prazo máximo de três anos)
>
> ***m)*** *De assistência à saúde para comunidades indígenas;* (prazo máximo de 2 anos)
>
> ***VII.*** *Admissão de professor, pesquisador e tecnólogo substitutos para suprir a falta de professor, pesquisador ou tecnólogo ocupante de cargo efetivo, decorrente de licença para exercer atividade empresarial relativa à inovação;* (prazo máximo de três anos)

VIII. *Admissão de pesquisador, de técnico com formação em área tecnológica de nível intermediário ou de tecnólogo, nacionais ou estrangeiros, para projeto de pesquisa com prazo determinado, em instituição destinada à pesquisa, ao desenvolvimento e à inovação; (Redação dada pela Lei nº 13.243, de 2016)*

IX. *Combate a emergências ambientais, na hipótese de declaração, pelo Ministro de Estado do Meio Ambiente, da existência de emergência ambiental na região específica;* (prazo máximo de 6 meses)

X. *Admissão de professor para suprir demandas decorrentes da expansão das instituições federais de ensino, respeitados os limites e as condições fixados em ato conjunto dos Ministérios do Planejamento, Orçamento e Gestão e da Educação;* (prazo máximo de 1 ano)

XI. *Admissão de professor para suprir demandas excepcionais decorrentes de programas e projetos de aperfeiçoamento de médicos na área de Atenção Básica em saúde em regiões prioritárias para o Sistema Único de Saúde (SUS), mediante integração ensino-serviço, respeitados os limites e as condições fixados em ato conjunto dos Ministros de Estado do Planejamento, Orçamento e Gestão, da Saúde e da Educação;* (prazo máximo de três anos)

XII. *Admissão de profissional de nível superior especializado para atendimento a pessoas com deficiência, nos termos da legislação, matriculadas regularmente em cursos técnicos de nível médio e em cursos de nível superior nas instituições federais de ensino, em ato conjunto do Ministério do Planejamento, Desenvolvimento e Gestão e do Ministério da Educação. (Incluído pela Lei nº 13.530, de 2017)*

As contratações dessas atividades serão feitas exclusivamente por projeto, **vedado o aproveitamento** dos contratados em qualquer área da administração pública.

A **Contratação de Professor Substituto** poderá ocorrer para suprir a falta de docente efetivo em razão de:

- Vacância do cargo.
- Afastamento ou licença, na forma do regulamento.
- Nomeação para ocupar cargo de direção de reitor, vice-reitor, pró-reitor e diretor de campus.

O número total de professores substitutos e visitantes **não poderá ultrapassar 20% do total de docentes efetivos em exercício** na instituição federal de ensino.

Ato do Poder Executivo disporá, para efeitos dessa Lei, sobre a declaração de emergências em **saúde pública.**

A contratação de **Professor Visitante** e de **Professor Visitante Estrangeiro** tem por **Objetivo**:

- Apoiar a execução dos programas de pós-graduação *stricto sensu*.
- Contribuir para o aprimoramento de programas de ensino, pesquisa e extensão.
- Colaborar para a execução de programas de capacitação docente.
- Viabilizar o intercâmbio científico e tecnológico.

Essas contratações (professor visitante e professor visitante estrangeiro) deverão:

- Atender a requisitos de titulação e competência profissional; ou
- Ter reconhecido renome em sua área profissional, atestado por deliberação do Conselho Superior da instituição contratante.

São **requisitos mínimos de titulação e competência profissional** para a contratação:

- Ser portador do título de doutor, no mínimo, há dois anos.
- Ser docente ou pesquisador de reconhecida competência em sua área.
- Ter produção científica relevante, preferencialmente nos últimos cinco anos.

Excepcionalmente, no âmbito das Instituições da Rede Federal de Educação Profissional, Científica e Tecnológica, poderão ser contratados professor visitante ou professor visitante estrangeiro, **sem o título de doutor**, desde que **possuam comprovada competência** em ensino, pesquisa e extensão tecnológicos ou reconhecimento da qualificação profissional pelo mercado de trabalho, na forma prevista pelo Conselho Superior da instituição contratante.

A contratação de professores substitutos, visitantes e visitantes estrangeiros poderá ser autorizada pelo dirigente da instituição, condicionada à existência de recursos orçamentários e financeiros para fazer frente às despesas decorrentes da contratação e ao quantitativo máximo de contratos estabelecido para a IFE.

A contratação dos professores substitutos fica limitada ao regime de trabalho de 20 horas ou 40 horas.

O recrutamento do pessoal a ser contratado, nos termos da Lei nº 8.745/1993, será feito mediante **processo seletivo simplificado** sujeito à ampla divulgação, inclusive por meio do Diário Oficial da União, **prescindindo de concurso público** (não precisa de concurso público).

A contratação para atender às necessidades decorrentes de calamidade pública, de emergência ambiental e de emergências em saúde pública prescindirá de processo seletivo. Nesses casos, a contratação dispensa até mesmo o processo seletivo.

Algumas contratações poderão ser efetivadas em vista de notória capacidade técnica ou científica do profissional, mediante análise do ***curriculum vitae***:

- Relacionadas a um Professor visitante.
- Referentes a um Professor e pesquisador visitante estrangeiro.
- Especiais nas organizações das Forças Armadas para atender à área industrial ou a encargos temporários de obras e serviços de engenharia.
- Finalísticas do Hospital das Forças Armadas.
- De pesquisa e desenvolvimento de produtos destinados à segurança de sistemas de informações, sob responsabilidade do Centro de Pesquisa e Desenvolvimento para a Segurança das Comunicações – Cepesc.
- Desenvolvidas no âmbito dos projetos do Sistema de Vigilância da Amazônia - Sivam e do Sistema de Proteção da Amazônia – Sipam.
- Didático-pedagógicas em escolas de governo.
- De assistência à saúde para comunidades indígenas.

- Admissão de pesquisador, nacional ou estrangeiro, para projeto de pesquisa com prazo determinado, em instituição destinada à pesquisa.

As seguintes contratações de pessoal serão feitas mediante processo seletivo simplificado, observados os critérios e condições estabelecidos pelo **Poder Executivo**:

- Técnicas especializadas, no âmbito de projetos de cooperação com prazo determinado, implementados mediante acordos internacionais, desde que haja, em seu desempenho, subordinação do contratado ao órgão ou entidade pública.
- Técnicas especializadas necessárias à implantação de órgãos ou entidades ou de novas atribuições definidas para organizações existentes ou as decorrentes de aumento transitório no volume de trabalho que não possam ser atendidas mediante a aplicação do Art. 74 da Lei nº 8.112, de 11 de dezembro de 1990.

É admitida a prorrogação dos contratos:

Prazo total não excedente a dois anos:

» Admissão de professor substituto e professor visitante.

» De identificação e demarcação territorial.

» Finalísticas do Hospital das Forças Armadas.

» De vigilância e inspeção, relacionadas à defesa agropecuária, no âmbito do Ministério da Agricultura e do Abastecimento, para atendimento de situações emergenciais ligadas ao comércio internacional de produtos de origem animal ou vegetal ou de iminente risco à saúde animal, vegetal ou humana.

» Admissão de professor para suprir demandas decorrentes da expansão das instituições federais de ensino, respeitados os limites e as condições fixados em ato conjunto dos Ministérios do Planejamento, Orçamento e Gestão e da Educação.

Prazo total não excedente a **três anos**:

» Realização de recenseamentos e outras pesquisas de natureza estatística efetuadas pela Fundação Instituto Brasileiro de Geografia e Estatística – IBGE.

» De pesquisa e desenvolvimento de produtos destinados à segurança de sistemas de informações, sob responsabilidade do Centro de Pesquisa e Desenvolvimento para a Segurança das Comunicações – CEPESC.

Prazo total não excedente a **quatro anos:**

» Admissão de professor e pesquisador visitante estrangeiro.

» Especiais nas organizações das Forças Armadas para atender à área industrial ou a encargos temporários de obras e serviços de engenharia.

» Técnicas especializadas, no âmbito de projetos de cooperação com prazo determinado, implementados mediante acordos internacionais, desde que haja, em seu desempenho, subordinação do contratado ao órgão ou entidade pública.

» Didático-pedagógicas em escolas de governo.

» De assistência à saúde para comunidades indígenas.

» Admissão de pesquisador, nacional ou estrangeiro, para projeto de pesquisa com prazo determinado, em instituição destinada à pesquisa.

Prazo Total não Excedente a **Cinco anos**:

» Desenvolvidas no âmbito dos projetos do Sistema de Vigilância da Amazônia - Sivam e do Sistema de Proteção da Amazônia - Sipam.

» Técnicas especializadas necessárias à implantação de órgãos ou entidades ou de novas atribuições definidas para organizações existentes ou as decorrentes de aumento transitório no volume de trabalho que não possam ser atendidas mediante a aplicação do Art. 74 da Lei nº 8.112, de 11 de dezembro de 1990.

» Técnicas especializadas de tecnologia da informação, de comunicação e de revisão de processos de trabalho, não alcançadas pela alínea "i" e que não se caracterizem como atividades permanentes do órgão ou entidade.

Prazo Total não Excedente a **Seis anos:**

» Admissão de professor, pesquisador e tecnólogo substitutos para suprir a falta de professor, pesquisador ou tecnólogo ocupante de cargo efetivo, decorrente de licença para exercer atividade empresarial relativa à inovação.

» Admissão de professor para suprir demandas excepcionais decorrentes de programas e projetos de aperfeiçoamento de médicos na área de Atenção Básica em saúde em regiões prioritárias para o Sistema Único de Saúde (SUS), mediante integração ensino-serviço, respeitados os limites e as condições fixados em ato conjunto dos Ministros de Estado do Planejamento, Orçamento e Gestão, da Saúde e da Educação.

» **Pelo Prazo Necessário** à superação da situação de calamidade pública ou das situações de emergências em saúde pública, desde que **não exceda a dois anos**, nos casos de:

- Assistência a situações de calamidade pública.
- Assistência a emergências em saúde pública.

As contratações somente poderão ser feitas com observância da dotação orçamentária específica e mediante prévia autorização do Ministro de Estado do Planejamento, Orçamento e Gestão e do Ministro de Estado sob cuja supervisão se encontrar o órgão ou entidade contratante, conforme estabelecido em regulamento.

Os órgãos e entidades contratantes encaminharão à Secretaria de Recursos Humanos do Ministério do Planejamento, Orçamento e Gestão, para controle do disposto na Lei nº 8.745/1993, síntese dos contratos efetivados.

É **Proibida a Contratação**, nos termos Lei nº 8.745/1993, de servidores da **Administração Direta ou Indireta** da União, dos Estados, do Distrito Federal e dos Municípios, bem como de **empregados ou servidores de suas subsidiárias e controladas.**

Essa proibição, entretanto, não aplica-se no caso de **formal comprovação da compatibilidade de horários**, a contratação de:

> **Professor Substituto nas Instituições Federais de Ensino**, desde que o contratado não ocupe cargo efetivo integrante das carreiras de magistério de que trata a Lei nº 7.596, de 10 de abril de 1987.

> **Profissionais de Saúde em Unidades Hospitalares**, quando administradas pelo Governo Federal e para atender às necessidades decorrentes de calamidade pública, desde que o contratado não ocupe cargo efetivo ou emprego permanente em órgão ou entidade da Administração Pública Federal Direta e Indireta.

No caso de violação dessa proibição, sem prejuízo da nulidade do contrato, essa infração importará responsabilidade administrativa da autoridade contratante e do contratado, inclusive, se for a situação, solidariedade quanto à devolução dos valores pagos ao contratado.

A remuneração do pessoal contratado temporariamente nos termos da Lei nº 8.745/1993 será fixada: Em importância não superior ao valor da **remuneração fixada para os servidores de final de Carreira das mesmas categorias**, nos planos de retribuição ou nos quadros de cargos e salários do órgão ou entidade contratante.

Admissão de professor substituto e professor visitante.

Admissão de professor para suprir demandas decorrentes da expansão das instituições federais de ensino, respeitados os limites e as condições fixados em ato conjunto dos Ministérios do Planejamento, Orçamento e Gestão e da Educação.

Admissão de professor para suprir demandas excepcionais decorrentes de programas e projetos de aperfeiçoamento de médicos na área de Atenção Básica em saúde em regiões prioritárias para o Sistema Único de Saúde (SUS), mediante integração ensino-serviço, respeitados os limites e as condições fixados em ato conjunto dos Ministros de Estado do Planejamento, Orçamento e Gestão, da Saúde e da Educação.

Em importância **não superior ao valor da remuneração constante dos planos de retribuição ou nos quadros de cargos e salários do serviço público, para servidores que desempenhem função semelhante, ou, não existindo a semelhança, às condições do mercado de trabalho:**

> Assistência a situações de calamidade pública.

> Assistência a emergências em saúde pública.

> Realização de recenseamentos e outras pesquisas de natureza estatística efetuadas pela Fundação Instituto Brasileiro de Geografia e Estatística – IBGE.

> Admissão de professor e pesquisador visitante estrangeiro.

> Atividades do inciso VI.

> Admissão de pesquisador, nacional ou estrangeiro, para projeto de pesquisa com prazo determinado, em instituição destinada à pesquisa.

Quando se tratar de coleta de dados, o valor da remuneração poderá ser formado por unidade produzida, desde que obedecido à mesma regra acima disposta:

> Realização de recenseamentos e outras pesquisas de natureza estatística efetuadas pela Fundação Instituto Brasileiro de Geografia e Estatística – IBGE.

Para os efeitos do cálculo dessa remuneração, não se consideram as vantagens de natureza individual dos servidores ocupantes de cargos tomados como paradigma.

Caberá ao Poder Executivo fixar as tabelas de remuneração para as hipóteses de contratações previstas nas alíneas h, i, j, l e m do inciso VI do *caput* do Art. 2º da Lei nº 8.745/1993.

Ao pessoal contratado nos termos da Lei nº 8.745/1993 aplica-se o disposto na Lei nº 8.647, de 13 de abril de 1993 (lei que trata da vinculação do servidor público civil, ocupante de cargo em comissão sem vínculo efetivo com a Administração Pública Federal, ao Regime Geral de Previdência Social).

O pessoal contratado nos termos da Lei nº 8.745/1993, Art. 9º **não poderá**:

> ***I.*** *Receber atribuições, funções ou encargos não previstos no respectivo contrato.*
>
> ***II.*** *Ser nomeado ou designado, ainda que a título precário ou em substituição, para o exercício de cargo em comissão ou função de confiança.*
>
> ***III.*** *Ser novamente contratado, com fundamento nessa Lei,* ***antes de decorridos 24 meses do encerramento de seu contrato anterior*** (salvo nas hipóteses dos incisos I e IX do Art. 2º desta Lei, mediante prévia autorização, conforme determina o Art. 5º da Lei nº 8.745/1993).

A inobservância dessas proibições importará na **rescisão do contrato** (nos casos dos incisos I e II) ou na **declaração da sua insubsistência** (no caso do inciso III), **sem prejuízo da responsabilidade administrativa** das autoridades envolvidas na transgressão.

As infrações disciplinares atribuídas ao pessoal contratado nos termos da Lei nº 8.745/1993 serão apuradas mediante sindicância, concluída no prazo de **trinta dias e assegurada ampla defesa.**

Extinção do Contrato (sem direito a indenizações)

> Pelo término do prazo contratual (comunicada com antecedência mínima de 30 dias).

> Por iniciativa do contratado (comunicada com antecedência mínima de 30 dias).

> Pela extinção ou conclusão do projeto, definidos pelo contratante, nos casos da alínea h do inciso VI do Art. 2º da Lei nº 8.745/1993.

A extinção do contrato, por iniciativa do órgão ou entidade contratante, decorrente de **conveniência administrativa**, importará no pagamento ao **contratado de indenização correspondente à metade** do que lhe caberia referente ao restante do contrato.

O tempo de serviço prestado em virtude de contratação temporária nos termos dessa Lei será contado para todos os efeitos.

20. EXECUÇÃO INDIRETA DE ATIVIDADES - TERCEIRIZAÇÃO

O Decreto nº 9.507/18 dispõe sobre a execução indireta, mediante contratação, de serviços da Administração Pública federal direta, autárquica e fundacional e das empresas públicas e das sociedades de economia mista controladas pela União.

O referido decreto uniformizou regras já praticadas pelos gestores de compras e determinou quais serviços não podem ser terceirizados no Governo Federal. O normativo coíbe o nepotismo nas contratações públicas e estabelece, ainda, padrões de qualidade esperados na prestação dos serviços.

Uma das diretrizes do decreto é a premissa de que a Administração Pública federal contrata serviços, e não mão de obra, afastando qualquer possibilidade de vínculo empregatício, inclusive com vedações de reembolso de salários, pessoalidade e subordinação direta.

Serviços que serão preferencialmente objeto de execução indireta mediante contratação, ou seja, serviços terceirizados:

- Alimentação;
- Armazenamento;
- Atividades técnicas auxiliares de arquivo e biblioteconomia;
- Atividades técnicas auxiliares de laboratório;
- Carregamento e descarregamento de materiais e equipamentos;
- Comunicação social, incluindo jornalismo, publicidade, relações públicas e cerimonial, diagramação, design gráfico, web design, edição, editoração e atividades afins;
- Conservação e jardinagem;
- Copeiragem;
- Cultivo, extração ou exploração rural, agrícola ou agropecuária;
- Elaboração de projetos de arquitetura e engenharia e acompanhamento de execução de obras;
- Geomensuração;
- Georreferenciamento;
- Instalação, operação e manutenção de máquinas e equipamentos, incluindo os de captação, tratamento e transmissão de áudio, vídeo e imagens;
- Limpeza;
- Manutenção de prédios e instalações, incluindo montagem, desmontagem, manutenção, recuperação e pequenas produções de bens móveis;
- Mensageria;
- Monitoria de atividades de visitação e de interação com público em parques, museus e demais órgãos e entidades da Administração Pública Federal;
- Recepção, incluindo recepcionistas com habilidade de se comunicar na Linguagem Brasileira de Sinais - Libras;
- Reprografia, plotagem, digitalização e atividades afins;
- Secretariado, incluindo o secretariado executivo;
- Segurança, vigilância patrimonial e brigada de incêndio;
- Serviços de escritório e atividades auxiliares de apoio à gestão de documentação, incluindo manuseio, digitação ou digitalização de documentos e a tramitação de processos em meios físicos ou eletrônicos (sistemas de protocolo eletrônico);
- Serviços de tecnologia da informação e prestação de serviços de informação;
- Teleatendimento;
- Telecomunicações;
- Tradução, inclusive tradução e interpretação de Língua Brasileira de Sinais (Libras);
- Degravação;
- Transportes;
- Tratamento de animais;
- Visitação domiciliar e comunitária para execução de atividades relacionadas a programas e projetos públicos, em áreas urbanas ou rurais;
- Monitoria de inclusão e acessibilidade; e
- Certificação de produtos e serviços, respeitado o contido no Art. 3º, §2º do Decreto 9.507, de 2018.

Não serão objeto de execução indireta na Administração Pública federal direta, autárquica e fundacional, os serviços:

- que envolvam a tomada de decisão ou posicionamento institucional nas áreas de planejamento, coordenação, supervisão e controle;
- que sejam considerados estratégicos para o órgão ou a entidade, cuja terceirização possa colocar em risco o controle de processos e de conhecimentos e tecnologias;
- que estejam relacionados ao poder de polícia, de regulação, de outorga de serviços públicos e de aplicação de sanção; e
- que sejam inerentes às categorias funcionais abrangidas pelo plano de cargos do órgão ou da entidade, exceto disposição legal em contrário ou quando se tratar de cargo extinto, total ou parcialmente, no âmbito do quadro geral de pessoal.

Assim, podemos asseverar que não poderão ser terceirizados os serviços quando relativos à fiscalização e relacionados ao exercício do poder de polícia.

Atenção: é vedada a contratação, pelo Poder Público, de pessoa jurídica na qual haja administrador ou sócio com poder de direção que tenham relação de parentesco com:

- detentor de cargo em comissão ou função de confiança que atue na área responsável pela demanda ou pela contratação; ou
- autoridade hierarquicamente superior no âmbito de cada órgão ou entidade.

Para a execução indireta de serviços, no âmbito da Administração Pública, as contratações deverão ser precedidas de planejamento e o objeto será definido de forma precisa no instrumento convocatório, no projeto básico ou no termo de referência e no contrato como exclusivamente de prestação de serviços.

É vedada a inclusão de disposições nos instrumentos convocatórios que permitam:

- a indexação de preços por índices gerais, nas hipóteses de alocação de mão de obra;
- a caracterização do objeto como fornecimento de mão de obra;
- a previsão de reembolso de salários pela contratante; e
- a pessoalidade e a subordinação direta dos empregados da contratada aos gestores da contratante.

A gestão e a fiscalização da execução dos contratos compreendem o conjunto de ações que objetivam:

- aferir o cumprimento dos resultados estabelecidos pela contratada;
- verificar a regularidade das obrigações previdenciárias, fiscais e trabalhistas; e
- prestar apoio à instrução processual e ao encaminhamento da documentação pertinente para a formalização dos procedimentos relativos a repactuação, reajuste, alteração, reequilíbrio, prorrogação, pagamento, aplicação de sanções, extinção dos contratos, entre outras, com vistas a assegurar o cumprimento das cláusulas do contrato a solução de problemas relacionados ao objeto.

Será admitida a repactuação de preços dos serviços continuados sob regime de mão de obra exclusiva, com vistas à adequação ao preço de mercado, desde que:

- seja observado o interregno mínimo de um ano das datas dos orçamentos para os quais a proposta se referir; e
- seja demonstrada de forma analítica a variação dos componentes dos custos do contrato, devidamente justificada.

O reajuste em sentido estrito, espécie de reajuste nos contratos de serviço continuado sem dedicação exclusiva de mão de obra, consiste na aplicação de índice de correção monetária estabelecido no contrato, que retratará a variação efetiva do custo de produção, admitida a adoção de índices específicos ou setoriais.

*O valor de R$ 20 milhões que consta na pág. 70 (nas duas colunas) deve ser alterado para R$ 10 milhões (conforme redação da Lei nº 13.529, de 2017).

21. LEI Nº 14.133/2021 - NOVA LEI DE LICITAÇÃO

A Lei de Licitações mudou! A **Lei nº 14.133/2021 substituiu o texto da Lei nº 8.666/1993**, criando um novo marco para as contratações públicas ao unificar a *Lei do Pregão* (Lei nº 10.520/2002), a *Lei das Licitações* (Lei nº 8.666/1993) e do *Regime Diferenciado de Contratações Públicas* (RDC – Lei nº 12.462/2011) e mais de 20 instruções normativas.

A nova legislação entra em vigor **imediatamente** (não haverá *vacatio legis*), mas a revogação das normas anteriores sobre licitação e contratos **ocorrerá no prazo de 2 anos**. Nesse período, tanto as normas antigas quanto a nova Lei continuarão produzindo efeitos jurídicos. Nessa medida, ambas poderão ser cobradas em **provas de concurso público**, exceto quanto às disposições penais da Lei nº 8.666/1993, que foram revogadas de imediato. Após o decurso de dois anos, as normas antigas serão revogadas.

Nesse período, as novas e antigas regras estarão presentes em nosso ordenamento jurídico simultaneamente e a Administração Pública poderá optar os dispositivos que irá aplicar. Entretanto, a parte dos crimes na licitação substitui, de imediato, as regras anteriores, uma vez que os arts. 89 a 108 da Lei nº 8.666/1993, que se referem aos crimes licitatórios, foram sumariamente revogados.

A nova Lei estabelece as normas gerais sobre licitação e contratos administrativos que serão aplicadas a toda **Administração Pública direta**, **Autárquica** e **Fundacional de todos os entes da Federação (União, estados, DF e municípios)**, incluindo os Fundos Especiais e as Entidades Controladas. Contudo, ela **não** se aplica às licitações e aos contratos administrativos envolvendo as empresas estatais – empresas públicas e sociedades de economia mista –, que continuam a ser regidas pela Lei nº 13.303/2016, com exceção às disposições penais, questões atinentes a critérios de desempate e quando o próprio estatuto das estatais prevê aplicação das regras relativas ao pregão. Ademais, também não serão regidos pela nova norma os contratos que tenham como objeto **operações de crédito e gestão da dívida pública**, uma vez que possuem regulamentação própria.

De forma resumida, temos aplicação da nova Lei da seguinte forma:

→ **Administração Direta, Autárquica e Fundacional:** aplicação integral da Lei 14.133/2021.

→ **Empresas Públicas e Sociedades de Economia Mista:**
- Lei nº 13.303/2016: como norma principal (primária).
- Lei nº 14.133/2021: nos casos expressamente determinados pela Lei nº 13.303:
  - critérios de desempate previstos no art. 60 (conforme art. 55, III, da Lei das Estatais, combinado com o previsto no art. 189 da Lei nº 14.133/2021);
  - modalidade pregão (conforme art. 32, IV, da Lei das Estatais, combinado com o previsto no art. 189 da Lei nº 14.133/2021);
  - disposições penais previstas no art. 178 (Título XI da Parte Especial do Decreto-lei nº 2.848, de 7 de dezembro de 1940 – Código Penal).

21.1 Novos Princípios do Procedimento Licitatório

A Nova Lei de Licitação traz muitos novos princípios para reger as licitações e os contratos administrativos. Vejamos a previsão do art. 5º:

> ***Art. 5º** Na aplicação desta Lei, serão observados os **princípios da legalidade, da impessoalidade, da moralidade, da publicidade, da eficiência, do interesse público, da probidade administrativa, da igualdade, do planejamento, da transparência, da eficácia, da segregação de funções, da motivação, da vinculação ao edital, do julgamento objetivo, da segurança jurídica, da razoabilidade, da competitividade, da proporcionalidade, da celeridade, da economicidade e do desenvolvimento nacional sustentável,** assim como as disposições do Decreto-lei nº 4.657, de 4 de setembro de 1942 (Lei de Introdução às Normas do Direito Brasileiro).*

Objeto

Conforme prevê a Lei nº 8.666/93:

> ***Art. 1º** Esta Lei estabelece normas gerais sobre licitações e contratos administrativos pertinentes a obras, serviços, inclusive de publicidade, compras, alienações e locações no âmbito dos Poderes da União, dos Estados, do Distrito Federal e dos Municípios.*

A nova Lei, por sua vez, prevê:

> ***Art. 2º** Esta Lei aplica-se a: [...]*
>
> *I - alienação e concessão de direito real de uso de bens;*
>
> *II - compra, inclusive por encomenda;*
>
> *III - locação;*
>
> *IV - concessão e permissão de uso de bens públicos;*
>
> *V - prestação de serviços, inclusive os técnico-profissionais especializados;*
>
> *VI - obras e serviços de arquitetura e engenharia;*
>
> *VII - contratações de tecnologia da informação e de comunicação.*

Destaca-se que não se subordinam ao regime desta Lei:

> *I - contratos que tenham por objeto operação de crédito, interno ou externo, e gestão de dívida pública, incluídas as contratações de agente financeiro e a concessão de garantia relacionada a esses contratos;*
>
> *II - contratações sujeitas a normas previstas em legislação própria.*

Nova finalidade da licitação

O processo licitatório tem como objetivo:

- assegurar a seleção da proposta apta a gerar o resultado de contratação mais vantajosa para a Administração Pública, inclusive no que se refere ao ciclo de vida do objeto;
- assegurar tratamento isonômico entre os licitantes;
- **justa competição** (NOVO);
- **evitar contratações com sobrepreço ou com preços manifestamente inexequíveis e superfaturamento na execução dos contratos** (NOVO);
- incentivar a inovação e o desenvolvimento nacional sustentável.

Microempresa e empresa de pequeno porte

A legislação prevê as seguintes preferências para microempresa (ME) e empresa de pequeno porte (EPP), quais sejam: comprovação da regularidade fiscal e trabalhista apenas para fins assinatura do contrato, ou seja, a microempresa poderá participar do processo de seleção ainda que não possua as mencionadas comprovações, sendo exigida a apresentação das comprovações apenas no momento da assinatura do contrato. Ademais, possibilidade de ofertar nova proposta para fins de desempate, inferior à do licitante que seria o vencedor. Cumpre ressaltar que se considera "empatada" a proposta da MP ou EPP (i) igual ou até 10% superior à do licitante mais bem classificado; (ii) no pregão, o limite é de até 5%.

Tradução jurídica

Exemplo: em uma licitação para aquisição de um produto, pelo critério de menor preço, uma grande empresa de materiais de escritório fez uma oferta de R$ 5.000,00. Em outra medida, uma microempresa fez uma oferta de R$ 5.003,00. Nesse caso, como a segunda empresa é uma microempresa, ela terá o direito de exercer a sua preferência, ou seja, poderá apresentar uma nova oferta de R$ 4.999,00 e vencer a licitação.

Além disso, a legislação prevê a realização de licitação exclusiva para ME e EPP, para os itens até o valor de R$ 80 mil, poderá exigir subcontratação de ME e EPP em obras e serviços; e deverá estabelecer cota de até 25%, para ME e EPP, na aquisição de bens divisíveis.

Novas modalidades de licitação

Além das modalidades já existentes de licitação, quais sejam, concorrência, pregão, concurso e leilão, a Lei nº 14.133/2021 trouxe uma nova modalidade: o diálogo competitivo. Outrossim, cumpre destacarmos que a nova norma extinguiu a modalidade de convite, Tomada de Preço e RDC.

Antes da Lei nº 14.133	Com a Lei nº 14.133
Concorrência	Concorrência
Pregão	Pregão
Concurso	Concurso
Leilão	Leilão
Convite	Diálogo Competitivo
Tomada de Preços	
RDC	

Interessante observar que o art. 78 da Lei nº 14.133/2021 prevê procedimentos auxiliares das licitações:

a) credenciamento;

b) pré-qualificação;

c) procedimento de manifestação de interesse;

d) sistema de registro de preços;

e) registro cadastral.

Ressalta-se ainda que a Lei nº 8.666/1993 tinha previsão de que a modalidade de licitação era definida pelo valor estimado da contratação ou pela natureza do objeto. Porém, a partir de agora, o que define a modalidade de licitação que será utilizada é apenas a natureza do objeto.

Concorrência

Trata-se da modalidade de licitação para contratação de bens e serviços especiais e de obras e serviços comuns e especiais de engenharia, cujo critério de julgamento poderá ser:

a) menor preço;

b) melhor técnica ou conteúdo artístico;

c) técnica e preço;

d) maior retorno econômico;

e) maior desconto

Concurso

É a modalidade de licitação para escolha de trabalho técnico, científico ou artístico, cujo critério de julgamento será o de melhor técnica ou conteúdo artístico, para fins de concessão de prêmio ou remuneração.

> **Critério de julgamento:** o concurso passa a ter como critério de julgamento a **melhor técnica e melhor conteúdo artístico**.

Leilão

Trata-se da modalidade de licitação para fins **alienação de qualquer bem pertencente à Administração Pública.** Além disso, não há mais o limite máximo de valor para a realização do leilão de bens móveis, que atualmente é o mesmo valor da tomada de preços – R$ 1,430 milhão.

Pregão

O pregão é a modalidade de licitação obrigatória para aquisição de bens e serviços comuns, cujo critério de julgamento poderá ser o de menor preço ou o de maior desconto.

> **Critério de julgamento:** menor preço e maior desconto.

Diálogo competitivo

Trata-se de nova modalidade de licitação que será utilizada para contratação de obras, serviços e compras em que a Administração Pública realiza diálogos com licitantes previamente selecionados mediante critérios objetivos, com o intuito de desenvolver uma ou mais alternativas capazes de atender às suas necessidades, devendo os licitantes **apresentar proposta final após o encerramento dos diálogos**.

A modalidade diálogo competitivo, conforme previsto no art. 32 da Lei, é restrita a contratações em que a Administração:

I - vise contratar objeto que envolva as seguintes características:
a) inovação tecnológica ou técnica;
b) impossibilidade de o órgão ou entidade ter sua necessidade satisfeita sem a adaptação de soluções disponíveis no mercado; e
c) impossibilidade de as especificações técnicas serem definidas com precisão suficiente pela Administração;
II - verifique a necessidade de definir e identificar os meios e as alternativas que possam satisfazer suas necessidades, com destaque para os seguintes aspectos:
a) a solução técnica mais adequada;
b) os requisitos técnicos aptos a concretizar a solução já definida;
c) a estrutura jurídica ou financeira do contrato.

Novos conceitos – agentes públicos

O termo "Agente Público" refere-se ao indivíduo que, em virtude de eleição, nomeação, designação, contratação ou qualquer outra forma de investidura ou vínculo exerce mandato, cargo, emprego ou função em pessoa jurídica integrante da Administração Pública. A nova Lei trouxe novos conceitos relacionados aos agentes públicos, que serão parte do processo de licitação e contratações públicas.

a) **Agente de contratação:** trata-se da pessoa designada pela autoridade competente, entre servidores efetivos ou empregados públicos dos quadros permanentes da Administração Pública, para tomar decisões, acompanhar o trâmite da licitação, dar impulso ao procedimento licitatório e executar quaisquer outras atividades necessárias ao bom andamento do certame até a homologação.

   Destaca-se que a nova Lei extinguiu a figura da comissão de licitação e estipulou que o agente de licitação terá uma equipe de apoio que exercerá o assessoramento aos trabalhos, não tendo, entretanto, poder decisório.

   Entretanto, cabe destacar que "em licitação que envolva bens ou serviços especiais, desde que observados os requisitos estabelecidos no art. 7º desta Lei, o agente de contratação poderá ser substituído por comissão de contratação formada por, no mínimo, 3 (três) membros, que responderão solidariamente por todos os atos praticados pela comissão, ressalvado o membro que expressar posição individual divergente fundamentada e registrada em ata lavrada na reunião em que houver sido tomada a decisão."

b) **Comissão de contratação:** quando se tratar da contratação de bens e serviços especiais, é possível (mas não obrigatório) o estabelecimento de uma comissão de, no mínimo, três membros. Por sua vez, quando a modalidade licitatória for o diálogo competitivo, será obrigatória a formação de comissão de licitação com pelo menos três membros.

   A comissão de licitação deverá atender aos critérios do art. 7º. Logo, serão "preferencialmente" servidores efetivos ou empregados do quadro permanente. No caso da modalidade diálogo competitivo, os membros da comissão deverão ser servidores efetivos ou empregados do quadro permanente.

Vedações – agente de contratação

> ***Art. 9º** É vedado ao agente público designado para atuar na área de licitações e contratos, ressalvados os casos previstos em lei:*
>
> *I - admitir, prever, incluir ou tolerar, nos atos que praticar, situações que:*
>
> *a) comprometam, restrinjam ou frustrem o caráter competitivo do processo licitatório, inclusive nos casos de participação de sociedades cooperativas;*
>
> *b) estabeleçam preferências ou distinções em razão da naturalidade, da sede ou do domicílio dos licitantes;*
>
> *c) sejam impertinentes ou irrelevantes para o objeto específico do contrato;*
>
> *II - estabelecer tratamento diferenciado de natureza comercial, legal, trabalhista, previdenciária ou qualquer outra entre empresas brasileiras e estrangeiras, inclusive no que se refere a moeda, modalidade e local de pagamento, mesmo quando envolvido financiamento de agência internacional;*
>
> *III - opor resistência injustificada ao andamento dos processos e, indevidamente, retardar ou deixar de praticar ato de ofício, ou praticá-lo contra disposição expressa em lei.*
>
> *§ 1º Não poderá participar, direta ou indiretamente, da licitação ou da execução do contrato agente público de órgão ou entidade licitante ou contratante, devendo ser observadas as situações que possam configurar conflito de interesses no exercício ou após o exercício do cargo ou emprego, nos termos da legislação que disciplina a matéria.*

Contratação direta

A Lei nº 8.666/1993 traz em seu bojo hipóteses de contratação direta por meio de inexigibilidade ou dispensa de licitação, que foram reforçadas pela Lei nova, com alguns detalhes.

Inexigibilidade de licitação

A Lei nº 8.666/1993 prevê três hipóteses de inexigibilidade de licitação, que ocorrem quando não é possível a contratação por meio de licitação. Essas hipóteses são as seguintes:

01. contratação com exclusividade de fornecedor;

02. contratação de serviço técnico;

03. contratação de profissional do setor artístico.

Essas três hipóteses continuam existindo com algumas especificidades na nova Lei. Contudo, a nova norma prevê que a contratação do serviço técnico especializado deve atender a duas características:

01. natureza predominantemente intelectual;

02. prestação por um profissional de notória especialização.

A nova Lei prevê ainda duas novas hipóteses para a contratação direta mediante inexigibilidade:

- **Credenciamento:** é o processo administrativo de chamamento público em que a Administração Pública convoca interessados em prestar serviços ou fornecer bens para que, preenchidos os requisitos necessários, credenciem-se no órgão ou na entidade para executar o objeto quando convocados, já que não existe competição.
- **Aquisição ou locação de imóveis cujas características de instalações e de localização tornem necessária sua escolha:** trata-se da situação em que há necessidade de locação ou compra de um imóvel específico, destinada a atender determinada finalidade pública. Essa hipótese é classificada pela Lei nº 8.666/1993 como licitação dispensável, porém, essa classificação foi alterada pela nova Lei, tornando-se hipótese de inexigibilidade.

Licitação dispensável

A licitação é dispensável quando o legislador dispensa a Administração de realizá-la, permitindo a contratação direta. Nesse sentido, a nova Lei de Licitação traz algumas mudanças importantes. As principais são as seguintes:

> **Baixo valor:** o valor máximo para a dispensa de licitação por baixo valor passa a ser R$ 100 mil para obras e serviços de engenharia e para **serviços de manutenção de veículos automotores** (nova hipótese) e R$ 50 mil para compras e outros serviços.

> **Emergência:** nos casos de emergência e calamidade pública, pode haver uma contratação direta com prazo máximo de um ano de duração do contrato.

Lei nº 14.133/2021

Art. 75. *É dispensável a licitação:*

I - para contratação que envolva valores inferiores a R$ 100.000,00 (cem mil reais), no caso de obras e serviços de engenharia ou de serviços de manutenção de veículos automotores;

II - para contratação que envolva valores inferiores a R$ 50.000,00 (cinquenta mil reais), no caso de outros serviços e compras;

III - para contratação que mantenha todas as condições definidas em edital de licitação realizada há menos de 1 (um) ano, quando se verificar que naquela licitação:

a) não surgiram licitantes interessados ou não foram apresentadas propostas válidas;

b) as propostas apresentadas consignaram preços manifestamente superiores aos praticados no mercado ou incompatíveis com os fixados pelos órgãos oficiais competentes;

IV - para contratação que tenha por objeto:

a) bens, componentes ou peças de origem nacional ou estrangeira necessários à manutenção de equipamentos, a serem adquiridos do fornecedor original desses equipamentos durante o período de garantia técnica, quando essa condição de exclusividade for indispensável para a vigência da garantia;

b) bens, serviços, alienações ou obras, nos termos de acordo internacional específico aprovado pelo Congresso Nacional, quando as condições ofertadas forem manifestamente vantajosas para a Administração;

c) produtos para pesquisa e desenvolvimento, limitada a contratação, no caso de obras e serviços de engenharia, ao valor de R$ 300.000,00 (trezentos mil reais);

d) transferência de tecnologia ou licenciamento de direito de uso ou de exploração de criação protegida, nas contratações realizadas por instituição científica, tecnológica e de inovação (ICT) pública ou por agência de fomento, desde que demonstrada vantagem para a Administração;

e) hortifrutigranjeiros, pães e outros gêneros perecíveis, no período necessário para a realização dos processos licitatórios correspondentes, hipótese em que a contratação será realizada diretamente com base no preço do dia;

f) bens ou serviços produzidos ou prestados no País que envolvam, cumulativamente, alta complexidade tecnológica e defesa nacional;

g) materiais de uso das Forças Armadas, com exceção de materiais de uso pessoal e administrativo, quando houver necessidade de manter a padronização requerida pela estrutura de apoio logístico dos meios navais, aéreos e terrestres, mediante autorização por ato do comandante da força militar;

h) bens e serviços para atendimento dos contingentes militares das forças singulares brasileiras empregadas em operações de paz no exterior, hipótese em que a contratação deverá ser justificada quanto ao preço e à escolha do fornecedor ou executante e ratificada pelo comandante da força militar;

i) abastecimento ou suprimento de efetivos militares em estada eventual de curta duração em portos, aeroportos ou localidades diferentes de suas sedes, por motivo de movimentação operacional ou de adestramento;

j) coleta, processamento e comercialização de resíduos sólidos urbanos recicláveis ou reutilizáveis, em áreas com sistema de coleta seletiva de lixo, realizados por associações ou cooperativas formadas exclusivamente de pessoas físicas de baixa renda reconhecidas pelo poder público como catadores de materiais recicláveis, com o uso de equipamentos compatíveis com as normas técnicas, ambientais e de saúde pública;

k) aquisição ou restauração de obras de arte e objetos históricos, de autenticidade certificada, desde que inerente às finalidades do órgão ou com elas compatível;

l) serviços especializados ou aquisição ou locação de equipamentos destinados ao rastreamento e à obtenção de provas previstas nos incisos II e V do caput do art. 3º da Lei nº 12.850, de 2 de agosto de 2013, quando houver necessidade justificada de manutenção de sigilo sobre a investigação;

m) aquisição de medicamentos destinados exclusivamente ao tratamento de doenças raras definidas pelo Ministério da Saúde;

V - para contratação com vistas ao cumprimento do disposto nos arts. 3º, 3º-A, 4º, 5º e 20 da Lei nº 10.973, de 2 de dezembro de 2004, observados os princípios gerais de contratação constantes da referida Lei;

VI - para contratação que possa acarretar comprometimento da segurança nacional, nos casos estabelecidos pelo Ministro de Estado da Defesa, mediante demanda dos comandos das Forças Armadas ou dos demais ministérios;

VII - nos casos de guerra, estado de defesa, estado de sítio, intervenção federal ou de grave perturbação da ordem;

VIII - nos casos de emergência ou de calamidade pública, quando caracterizada urgência de atendimento de situação que possa ocasionar prejuízo ou comprometer a continuidade dos serviços públicos ou a segurança de pessoas, obras, serviços, equipamentos e outros bens, públicos ou particulares, e somente para aquisição dos bens necessários ao atendimento da situação emergencial ou calamitosa e para as parcelas de obras e serviços que possam ser concluídas no prazo máximo de 1 (um) ano, contado da data de ocorrência da emergência ou da calamidade, vedadas a prorrogação dos respectivos contratos e a recontratação de empresa já contratada com base no disposto neste inciso;

IX - para a aquisição, por pessoa jurídica de direito público interno, de bens produzidos ou serviços prestados por órgão ou entidade que integrem a Administração Pública e que tenham sido criados para esse fim específico, desde que o preço contratado seja compatível com o praticado no mercado;

X - quando a União tiver que intervir no domínio econômico para regular preços ou normalizar o abastecimento;

XI - para celebração de contrato de programa com ente federativo ou com entidade de sua Administração Pública indireta que envolva prestação de serviços públicos de forma associada nos termos autorizados em contrato de consórcio público ou em convênio de cooperação;

XII - para contratação em que houver transferência de tecnologia de produtos estratégicos para o Sistema Único de Saúde (SUS), conforme elencados em ato da direção nacional do SUS, inclusive por ocasião da aquisição desses produtos durante as etapas de absorção tecnológica, e em valores compatíveis com aqueles definidos no instrumento firmado para a transferência de tecnologia;

XIII - para contratação de profissionais para compor a comissão de avaliação de critérios de técnica, quando se tratar de profissional técnico de notória especialização;

XIV - para contratação de associação de pessoas com deficiência, sem fins lucrativos e de comprovada idoneidade, por órgão ou entidade da Administração Pública, para a prestação de serviços, desde que o preço contratado seja compatível com o praticado no mercado e os serviços contratados sejam prestados exclusivamente por pessoas com deficiência;

XV - para contratação de instituição brasileira que tenha por finalidade estatutária apoiar, captar e executar atividades de ensino, pesquisa, extensão, desenvolvimento institucional, científico e tecnológico e estímulo à inovação, inclusive para gerir administrativa e financeiramente essas atividades, ou para contratação de instituição dedicada à recuperação social da pessoa presa, desde que o contratado tenha inquestionável reputação ética e profissional e não tenha fins lucrativos;

XVI - para aquisição, por pessoa jurídica de direito público interno, de insumos estratégicos para a saúde produzidos por fundação que, regimental ou estatutariamente, tenha por finalidade apoiar órgão da Administração Pública direta, sua autarquia ou fundação em projetos de ensino, pesquisa, extensão, desenvolvimento institucional, científico e tecnológico e de estímulo à inovação, inclusive na gestão administrativa e financeira necessária à execução desses projetos, ou em parcerias que envolvam transferência de tecnologia de produtos estratégicos para o SUS, nos termos do inciso XII do caput deste artigo, e que tenha sido criada para esse fim específico em data anterior à entrada em vigor desta Lei, desde que o preço contratado seja compatível com o praticado no mercado.

§ 1º Para fins de aferição dos valores que atendam aos limites referidos nos incisos I e II do caput deste artigo, deverão ser observados:

I - o somatório do que for despendido no exercício financeiro pela respectiva unidade gestora;

II - o somatório da despesa realizada com objetos de mesma natureza, entendidos como tais aqueles relativos a contratações no mesmo ramo de atividade.

§ 2º Os valores referidos nos incisos I e II do caput deste artigo serão duplicados para compras, obras e serviços contratados por consórcio público ou por autarquia ou fundação qualificadas como agências executivas na forma da lei.

§ 3º As contratações de que tratam os incisos I e II do caput deste artigo serão preferencialmente precedidas de divulgação de aviso em sítio eletrônico oficial, pelo prazo mínimo de 3 (três) dias úteis, com a especificação do objeto pretendido e com a manifestação de interesse da Administração em obter propostas adicionais de eventuais interessados, devendo ser selecionada a proposta mais vantajosa.

§ 4º As contratações de que tratam os incisos I e II do caput deste artigo serão preferencialmente pagas por meio de cartão de pagamento, cujo extrato deverá ser divulgado e mantido à disposição do público no Portal Nacional de Contratações Públicas (PNCP).

§ 5º A dispensa prevista na alínea «c» do inciso IV do caput deste artigo, quando aplicada a obras e serviços de engenharia, seguirá procedimentos especiais instituídos em regulamentação específica.

§ 6º Para os fins do inciso VIII do caput deste artigo, considera-se emergencial a contratação por dispensa com objetivo de manter a continuidade do serviço público, e deverão ser observados os valores praticados pelo mercado na forma do art. 23 desta Lei e adotadas as providências necessárias para a conclusão do processo licitatório, sem prejuízo de apuração de responsabilidade dos agentes públicos que deram causa à situação emergencial.

§ 7º Não se aplica o disposto no § 1º deste artigo às contratações de até R$ 8.000,00 (oito mil reais) de serviços de manutenção de veículos automotores de propriedade do órgão ou entidade contratante, incluído o fornecimento de peças.

Licitação dispensada

Nesse ponto da matéria, estamos diante de um tema que provavelmente será objeto de muita discussão doutrinária. Segundo a Lei nº 8.666/1993, a licitação é dispensada quando o legislador determina que não se faça licitação em algumas hipóteses de alienação de bens da Administração. Ocorre que a nova norma utiliza o termo "admitida a dispensa" para se referir às mesmas hipóteses trazidas na Lei nº 8.666/1993, mas ainda não é possível saber se esse termo significa dispensada (obrigatória a dispensa) ou dispensável (possível dispensa). Essa questão provavelmente será objeto de debate doutrinário futuramente.

Critérios de julgamento

O que na antiga norma era denominado de "tipo de licitação", na nova Lei passa a ser chamado de critério de julgamento. Os critérios de julgamentos que já existiam e permanecerão existindo, de acordo com nova Lei, são:

- menor preço;
- técnica e preço – o julgamento por técnica e preço considerará a maior pontuação obtida a partir da ponderação, segundo fatores objetivos previstos no edital, das notas atribuídas aos aspectos de técnica e de preço da proposta;
- maior lance, no caso de leilão (não é mais possível para a concorrência).

E as novidades são:

- maior desconto – o julgamento por maior desconto terá como referência o preço global fixado no edital de licitação, e o desconto será estendido aos eventuais termos aditivos;
- melhor técnica ou conteúdo artístico – o julgamento por melhor técnica ou conteúdo artístico considerará exclusivamente as propostas técnicas ou artísticas apresentadas pelos licitantes, e o edital deverá definir o prêmio ou a remuneração que será atribuída aos vencedores;
- maior retorno econômico – o julgamento por maior retorno econômico, utilizado exclusivamente para a celebração de contrato de eficiência, considerará a maior economia para a Administração, e a remuneração deverá ser fixada em percentual que incidirá de forma proporcional à economia efetivamente obtida na execução do contrato.

Procedimento e fases da licitação

As fases de licitação na nova Lei seguem o que já era praticado anteriormente na Lei do Pregão, com a chamada "inversão das fases" da licitação. O procedimento atualizado se inicia, em regra, pelo julgamento e depois a habilitação das propostas, com fase única de recurso.

As fases, agora, seguirão a seguinte ordem:

a) Preparatória (chamada de fase interna na Lei nº 8.666/1993).
b) Divulgação do edital de licitação.
c) Apresentação de propostas e lances, quando for o caso.

d) Julgamento.
e) Habilitação.
f) Recursos.
g) Homologação.

A nova Lei de Licitações em seu art. 18 passa a prever de forma pormenorizada os critérios para o lançamento de uma licitação, elencando todos os requisitos que devem compor um projeto preliminar, projeto básico e edital. Contudo, a Administração poderá realizar a inversão de fases, hipótese em que a habilitação será realizada ANTES do julgamento. Nessa situação, todos os licitantes participarão da fase de habilitação.

Prazos de divulgação

A nova Lei de Licitações estipula que todos os prazos agora são contados em dias úteis e variam de acordo com a natureza do objeto e em conformidade com o critério de julgamento.

a) Licitação para aquisição de bens

> Menor preço ou maior desconto: 8 dias úteis.
> Maior retorno econômico ou leilão: 15 dias úteis.
> Técnica e preço ou de melhor técnica ou conteúdo artístico: 35 dias úteis.

b) Licitação para a realização de serviços e obras

> Serviços comuns e de obras e serviços comuns de engenharia:
  » Menor preço ou de maior desconto: 10 dias úteis.
> Serviços especiais e de obras e serviços especiais de engenharia:
  » Menor preço ou de maior desconto: 25 dias úteis.
> Contratação integrada: 60 dias úteis.
> Contratação semi-integrada: 35 dias úteis.

Regimes de execução

Os regimes de execução da Nova Lei são os que seguem:

a) empreitada por preço unitário;
b) empreitada por preço global;
c) empreitada integral;
d) contratação por tarefa;
e) contratação integrada;
f) contratação semi-integrada;
g) fornecimento e prestação de serviço associado (novidade).

Publicidade e sigilo

A regra continua sendo da publicidade, mas há uma exceção, quando o sigilo for imprescindível à segurança da sociedade e do Estado. Ademais, a nova norma prevê duas situações em que a publicidade é diferida, ocorrendo apenas após certo momento. São elas:

> **Quanto ao conteúdo das propostas, até a respectiva abertura:** com o objetivo de manter o caráter competitivo da licitação, o conteúdo das propostas só é divulgado após a abertura da sessão.
> **Quanto ao orçamento da Administração, desde que justificado:** o sigilo do orçamento é exceção, só pode ocorrer quando houver uma justificativa.

A nova Lei de Licitação traz como regra o processo eletrônico, que é muito mais transparente e eficiente que a licitação presencial. A novidade é que todos os elementos do edital – incluídos minuta de contrato, termos de referência, anteprojeto, projetos e outros anexos – deverão ser divulgados em sítio eletrônico oficial na mesma data de divulgação do edital, sem necessidade de registro, identificação para acesso ou mesmo compra presencial do edital (art. 25, § 3º).

Ressalta-se que o processo pode ser presencial, desde que exista uma motivação para sua realização dessa forma. No caso da sessão presencial, esta deverá ser registrada em ata e gravada mediante utilização de recursos tecnológicos de áudio e vídeo.

Tipificação de crimes relacionados a licitações

A nova lei de licitações também faz a tipificação de crimes que estão relacionados com licitações e contratos públicos, além de estipular multas e penalidades.

> ***Art. 337-E.*** *Admitir, possibilitar ou dar causa à contratação direta fora das hipóteses previstas em lei:*
> ***Pena*** *- reclusão, de 4 (quatro) a 8 (oito) anos, e multa.*
> *Frustração do caráter competitivo de licitação.*
> ***Art. 337-F.*** *Frustrar ou fraudar, com o intuito de obter para si ou para outrem vantagem decorrente da adjudicação do objeto da licitação, o caráter competitivo do processo licitatório:*
> ***Pena*** *- reclusão, de 4 (quatro) anos a 8 (oito) anos, e multa.*
> *Patrocínio de contratação indevida.*
> ***Art. 337-G.*** *Patrocinar, direta ou indiretamente, interesse privado perante a Administração Pública, dando causa à instauração de licitação ou à celebração de contrato cuja invalidação vier a ser decretada pelo Poder Judiciário:*
> ***Pena*** *- reclusão, de 6 (seis) meses a 3 (três) anos, e multa.*
> *Modificação ou pagamento irregular em contrato administrativo.*
> ***Art. 337-H.*** *Admitir, possibilitar ou dar causa a qualquer modificação ou vantagem, inclusive prorrogação contratual, em favor do contratado, durante a execução dos contratos celebrados com a Administração Pública, sem autorização em lei, no edital da licitação ou nos respectivos instrumentos contratuais, ou, ainda, pagar fatura com preterição da ordem cronológica de sua exigibilidade:*
> ***Pena*** *- reclusão, de 4 (quatro) anos a 8 (oito) anos, e multa.*
> *Perturbação de processo licitatório.*
> ***Art. 337-I.*** *Impedir, perturbar ou fraudar a realização de qualquer ato de processo licitatório:*
> ***Pena*** *- detenção, de 6 (seis) meses a 3 (três) anos, e multa.*
> *Violação de sigilo em licitação.*
> ***Art. 337-J.*** *Devassar o sigilo de proposta apresentada em processo licitatório ou proporcionar a terceiro o ensejo de devassá-lo:*
> ***Pena*** *- detenção, de 2 (dois) anos a 3 (três) anos, e multa.*
> *Afastamento de licitante.*
> ***Art. 337-K.*** *Afastar ou tentar afastar licitante por meio de violência, grave ameaça, fraude ou oferecimento de vantagem de qualquer tipo:*
> ***Pena*** *- reclusão, de 3 (três) anos a 5 (cinco) anos, e multa, além da pena correspondente à violência.*
> ***Parágrafo único.*** *Incorre na mesma pena quem se abstém ou desiste de licitar em razão de vantagem oferecida.*
> *Fraude em licitação ou contrato.*

Art. 337-L. *Fraudar, em prejuízo da Administração Pública, licitação ou contrato dela decorrente, mediante:*

I - entrega de mercadoria ou prestação de serviços com qualidade ou em quantidade diversas das previstas no edital ou nos instrumentos contratuais;

II - fornecimento, como verdadeira ou perfeita, de mercadoria falsificada, deteriorada, inservível para consumo ou com prazo de validade vencido;

III - entrega de uma mercadoria por outra;

IV - alteração da substância, qualidade ou quantidade da mercadoria ou do serviço fornecido;

V - qualquer meio fraudulento que torne injustamente mais onerosa para a Administração Pública a proposta ou a execução do contrato:

Pena *- reclusão, de 4 (quatro) anos a 8 (oito) anos, e multa.*

Contratação inidônea.

Art. 337-M. *Admitir à licitação empresa ou profissional declarado inidôneo:*

Pena *- reclusão, de 1 (um) ano a 3 (três) anos, e multa.*

§ 1º *Celebrar contrato com empresa ou profissional declarado inidôneo:*

Pena *- reclusão, de 3 (três) anos a 6 (seis) anos, e multa.*

§ 2º *Incide na mesma pena do caput deste artigo aquele que, declarado inidôneo, venha a participar de licitação e, na mesma pena do § 1º deste artigo, aquele que, declarado inidôneo, venha a contratar com a Administração Pública.*